太湖大学堂丛书
Taihu Great Learning Center

典藏版
# 南怀瑾选集
（第一卷）

南怀瑾　著述

复旦大学出版社

# 南怀瑾选集典藏版出版缘起

南怀瑾先生，1918年生于浙江温州乐清县，以书香门第，幼承庭训，泛览旧学，又勤于习武。抗战伊始，先生甫冠，乃投笔从戎，跃马西南，尔后执教于当时的中央军校及金陵大学。先生资禀超脱，不为物羁，每逢闲暇，芒鞋竹杖，遍历山川，访求大德，遭逢奇人异士甚夥，转益多师，皆助道行。曾闭关峨眉山大坪寺三载，绝顶风雪，覃思赜奥，遍窥佛藏。旋走康藏，谒密教诸师，于藏传佛教各派教义，均有精深研究。既离藏，转赴昆明，初讲学于云南大学，后任教于四川大学。抗战胜利后返乡，不久归隐杭州天竺和江西庐山，潜心治学。后至台湾，受聘于文化大学、辅仁大学，以及其他大学、研究所，又传学日本、美国和中美洲诸国。2006年创建太湖大学堂于江苏吴江太湖之滨，绛帐传薪，弦歌不辍。

中国传统文化千门万户，郁郁璨璨，而儒道释为其纲要，先生会通三教，群机都摄，尤擅讲论佛法，曹溪一脉，绍流如线，浩浩乎厄言日出，妙义宛然，等身著作，千言万语，一一从智慧海中称性流出，而皆为众人讲说，读其书，想其人，山高水长，人所咏叹。

复旦大学出版社于1990年梓行《论语别裁》，此先生文字首现于中国大陆者,此后又有二十三种重要作品陆续推出,泽被读者,甲于书业。2003 年 7 月,经先生和原出版单位授权,复旦大学出版社将二十四种著述编成十卷,精装刊印,风行宇内。

辛卯之秋,值复旦大学出版社创业 30 周年,而中国大陆有先生之书已二十余载矣,遂排印《论语别裁》线装限量本,古雅可宝,贡献书林。次年,经台湾老古文化事业股份有限公司授权,增入《庄子諵譁》、《南怀瑾与彼得·圣吉》、《南怀瑾讲演录》、《答问青壮年参禅者》、《人生的起点和终站》五种,与原十卷本合并,都十二卷,重加校订,善为装帧,名之为典藏版以行世。

《南怀瑾选集》典藏版各卷收录情况如下:

第一卷:《论语别裁》

第二卷:《老子他说》、《孟子旁通》

第三卷:《庄子諵譁》

第四卷:《易经杂说》、《易经系传别讲》

第五卷:《禅宗与道家》、《道家、密宗与东方神秘学》、《静坐修道与长生不老》

第六卷:《禅海蠡测》、《禅话》、《中国佛教发展史略》、《中国道教发展史略》

第七卷:《历史的经验》、《亦新亦旧的一代》、《中国文化泛言》

第八卷:《如何修证佛法》、《药师经的济世观》、《学佛者的基本信念》

第九卷:《金刚经说什么》、《楞严大义今释》

第十卷:《圆觉经略说》、《定慧初修》、《楞伽大义今释》

第十一卷:《原本大学微言》

第十二卷:《南怀瑾讲演录》、《南怀瑾与彼得·圣吉》、《答问青壮年参禅者》、《人生的起点和终站》。

复旦大学出版社　谨识<br>2012 年 9 月 29 日

# 目 录

南怀瑾选集（第一卷）

| | |
|---|---|
| 出版说明 | 001 |
| 再版记言 | 002 |
| 前言 | 003 |

## 学而第一 ...... 005

| | |
|---|---|
| 三言四语 | 005 |
| 语文的变与不变 | 006 |
| 四书五经的假面目 | 007 |
| 被忽视的道家 | 008 |
| 三家店卖的是什么 | 009 |
| 冤枉的一打 | 010 |
| 再论《论语》 | 011 |
| 学而有何乐 | 012 |
| 真人和假人 | 013 |
| 寂寞的享受 | 014 |
| 谁来了解你 | 015 |
| 爱与罪 | 016 |
| 孝道是这样一个东西 | 018 |
| 秃头的十字架 | 018 |
| 谁能忘情 | 020 |

花言巧语 ………………………………………………… 021
三面镜子 ………………………………………………… 022
可爱的小学生 …………………………………………… 024
吕端大事不糊涂 ………………………………………… 027
饮食男女 ………………………………………………… 028
没有朋友的上帝 ………………………………………… 031
种瓜者 …………………………………………………… 033
孔子的素描 ……………………………………………… 035
五字串通五经 …………………………………………… 036
善知识与恶知识 ………………………………………… 038
老鼠生儿的孝道 ………………………………………… 040
无所适从的礼俗 ………………………………………… 041
上帝的外婆是谁 ………………………………………… 044
《三国演义》的幕后功劳 ……………………………… 045
多才多艺的子贡 ………………………………………… 047
诗的人生 ………………………………………………… 051

## 为政第二 054

孔子不谈政治 …………………………………………… 054
大政治家的风范 ………………………………………… 054
星辰知多少 ……………………………………………… 055
刘备上了曹操的当 ……………………………………… 057
从台风了解人生 ………………………………………… 059
圣人也势利吗？ ………………………………………… 061
悠美的情歌 ……………………………………………… 062
诗的伟大 ………………………………………………… 063
穷哉法治 ………………………………………………… 066
孔子的自剖 ……………………………………………… 067
车上的一课 ……………………………………………… 070

以孝治天下 ·············································· 073
康麻子的教孝教忠 ···································· 076
晚娘面孔难为人 ······································· 078
孔子也会看相 ·········································· 081
是什么东西 ············································· 086
异端与偏激 ············································· 089
由养士到考试 ·········································· 092
天下英雄入彀中 ······································· 094
千里求官只为财 ······································· 096
治国难！齐家更难！ ································· 099
高明之家鬼瞰其室 ···································· 102

## 八佾第三 ············································ 104

礼乐衣冠 ················································ 104
泰山之旅 ················································ 108
志在《春秋》 ············································ 110
秉笔直书　罪罪恶恶 ································· 112
承让　领教 ············································· 114
澹泊以明志 ············································· 115
穷源溯本 ················································ 117
心香一瓣　诚则灵 ···································· 119
拍灶君的马屁 ·········································· 122
量力而为　谦虚好学 ································· 125
儒冠错换八卦袍的诸葛亮 ··························· 128
孔子的换心术 ·········································· 130
追的哲学 ················································ 132
传统历史上的精神堡垒 ······························ 135
责备贤者 ················································ 137
敲响了的活礼乐 ······································· 139

衰世的通病 …… 141

**里仁第四** …… 144
　　那"仁"却在灯火阑珊处 …… 144
　　月是故乡明 …… 148
　　照临万类的仁道 …… 149
　　兼收并蓄见仁心 …… 152
　　了知生死不相关 …… 153
　　富贵不淫贫贱乐 …… 154
　　敝屣功名尊道义 …… 156
　　孔子四字禅 …… 159
　　吉光片羽　稍纵即逝 …… 162
　　仁义值千金 …… 165
　　孝子仁人不二门 …… 167
　　仁者之言 …… 169

**公冶长第五** …… 172
　　孔子选女婿 …… 172
　　高高山顶立 …… 176
　　深深海底行 …… 177
　　立己易　立人难 …… 178
　　孔子要出国 …… 179
　　孔门弟子画像 …… 180
　　吾爱吾师 …… 183
　　手倦抛书午梦长 …… 184
　　人到无求品自高 …… 186
　　推己及人难又难 …… 187
　　孔门文武事功的二子 …… 189
　　盖棺成定论 …… 190
　　名臣的典范 …… 194

玩物丧志 ·············································· 196
进退揖让之间 ········································ 200
濯足沧浪哪得清 ······································ 202
想得太过了 ·········································· 204
难得糊涂 ············································ 205
不如归去 ············································ 206
一乐也的对话 ········································ 211

## 雍也第六 215
闲置帝王才 ·········································· 215
当皇帝的能受气 ······································ 218
周富济贫 ············································ 220
天生我才必有用 ······································ 223
各有千秋 ············································ 224
爵禄不能移——闵子骞 ································ 227
李斯的老鼠哲学 ······································ 229
不在愁中即病中 ······································ 232
学问的鸿沟 ·········································· 233
知人之明 ············································ 235
功成身退 ············································ 236
圣人也有牢骚吗？ ···································· 238
百无一用是书生 ······································ 240
人性的基本问题 ······································ 241
还是老虎可爱 ········································ 243
楼下黄金楼上人 ······································ 245
我误聪明 ············································ 247
政治与宗教 ·········································· 248
不在山水之间 ········································ 251
变了形的文化样品 ···································· 252

君子可欺以其方 …… 254
冲冠一"路"为红颜 …… 256
此事古难全 …… 260

## 述而第七 …… 263
一肩挑尽古今愁 …… 263
梦中的忧乐 …… 266
道德仁艺 …… 269
孔子的学费问题 …… 271
刺激和诱导的教育法 …… 273
千古艰难唯一死 …… 275
男儿到此是英雄 …… 277
南面王不易也 …… 279
进步和退步 …… 282
聪明人的玩具 …… 285
谦虚和自信 …… 287
时衰鬼弄人 …… 292
虚字文章实事知 …… 294
孔子的行谊 …… 298
同姓不婚的优生学 …… 300
生活的艺术 …… 302
凡圣之分 …… 304
祈祷是求救的信号 …… 306
要愁哪得工夫 …… 310
光风霁月 …… 311

## 泰伯第八 …… 313
薄帝王而不为 …… 313
贵为天子而友布衣 …… 316
无愧平生事大难 …… 319

冯道的故事 ………………………………………… 321
学问深时意气平 …………………………………… 326
临大节而不可夺 …………………………………… 327
怎样才算知识分子 ………………………………… 329
文章自己的好 ……………………………………… 330
愚民政策 …………………………………………… 333
社会动乱之源 ……………………………………… 334
知人于微 …………………………………………… 335
求学的目的为什么 ………………………………… 337
入山唯恐不深的隐士 ……………………………… 339
秀才未必知天下事 ………………………………… 342
文化复兴运动 ……………………………………… 344
三代之治 …………………………………………… 347
民主乎？专制乎？ ………………………………… 350
大禹和墨子 ………………………………………… 354

## 子罕第九 358
利害攸关的生命意义 ……………………………… 358
历史文化先驱 ……………………………………… 360
礼的变态 …………………………………………… 361
良冶之门多钝铁 …………………………………… 366
古之学者为己 ……………………………………… 367
行为心理学 ………………………………………… 371
不见顶相 …………………………………………… 374
见与师齐　减师半德 ……………………………… 375
大丈夫当如是乎？ ………………………………… 378
解脱生死 …………………………………………… 380
卖不出去的无价宝 ………………………………… 382
不落醉梦中 ………………………………………… 384

水流花谢两无情 …… 386
女人未必皆祸水 …… 388
学而有成之难 …… 391
勿轻后学 …… 393
高帽压人低 …… 396
意气凌云 …… 397
三达德的重心 …… 400
圣人之道与才 …… 402
赞元禅师与王安石 …… 403

# 先进第十一 …… 405

半部《论语》 …… 405
素朴的美 …… 406
知人论事 …… 408
听话的颜回 …… 410
孝子闵子骞 …… 411
才命相妨的颜回 …… 412
不问苍生问鬼神 …… 414
生命的幽默 …… 419
孔门弟子的素描 …… 421
言语的艺术 …… 423
子路的琴学入门 …… 424
低昂失律的资质 …… 425
儒家四相 …… 427
颜回的空　子贡的有 …… 428
不着痕迹的善人 …… 429
应机施教 …… 431
死有重于泰山 …… 433
历史人物典型的塑立 …… 433

从政与求学 ································· 435
　　力挽狂澜的子路 ····························· 437
　　谦谦君子的冉求 ····························· 439
　　性天风月 ································· 441
　　春风化雨 ································· 444

**颜渊第十二** ································· 446
　　天人合一 ································· 446
　　静的修养 ································· 449
　　乾坤马一毛 ······························· 452
　　大光明与复礼 ······························ 454
　　无所住心 ································· 456
　　身非我有 ································· 458
　　梦幻空花非真无 ····························· 459
　　顿悟与渐修 ······························· 462
　　司马牛的问题 ······························ 465
　　四海之内皆兄弟 ····························· 466
　　自知者明 ································· 468
　　众志成城 ································· 469
　　内外兼修之谓美 ····························· 470
　　历代兴衰的趋势 ····························· 472
　　继绝传薪 ································· 474
　　书画琴棋诗酒花 ····························· 474
　　吃饭大如天 ······························· 476
　　知人易　自知难 ····························· 478
　　相对的人为政治 ····························· 480
　　能平不平的子路 ····························· 482
　　理难清 ································· 483
　　完美之不易 ······························· 485

上不正　下便歪 …… 488
风吹草动 …… 490
闻人与贤达 …… 491
修养上的三岔路口 …… 493
樊迟问"知""仁" …… 496
交友的艺术 …… 498

## 子路第十三 …… 500
先天下之忧而忧 …… 500
才难 …… 502
孔子要正什么名 …… 503
问舍求田 …… 506
斗屋升基之争 …… 509
政治、经济、文化 …… 511
仁德须加累积成 …… 513
正己而后正人 …… 516
闲话一句 …… 518
风头主义的英雄 …… 520
画龙点睛 …… 522
是不是——士 …… 525
有恒为成功之本 …… 527
乡愿之见 …… 529
国防第一 …… 531

## 宪问第十四 …… 533
侠隐中人——原宪 …… 533
名利浓于酒 …… 534
隐痛诗人——吴梅村 …… 536
草泽中自有经纶 …… 538
狼虎丛中安身 …… 539

| | |
|---|---|
| 度德不量力 | 541 |
| 爱里生害 | 543 |
| 为政难　做人更难 | 544 |
| 不学谓之贫 | 545 |
| 识人难　识己更难 | 547 |
| 全才——智、清、勇、艺、礼 | 549 |
| 疑假疑真 | 551 |
| 挟兵自重 | 552 |
| 管鲍之交难 | 553 |
| 死生亦大矣 | 555 |
| 人尽其才 | 557 |
| 为正义而言 | 558 |
| 风云际会 | 560 |
| 为谁读书 | 562 |
| 称职的使者 | 565 |
| 宿将还山不论兵 | 566 |
| 思无邪 | 567 |
| 智、仁、勇 | 568 |
| 待人接物 | 570 |
| 夫子何为者 | 570 |
| 报怨与报德 | 574 |
| 存心自有天知 | 576 |
| 入山未必心安 | 577 |
| 大隐市朝 | 579 |
| 收场不易 | 580 |
| 不合时宜 | 582 |
| 圣人头痛的事 | 586 |
| 急功近利之徒 | 588 |

## 卫灵公第十五 ………………………………………………… 590
又说一贯 …………………………………………………… 591
使节的信条 ………………………………………………… 593
长安居大不易 ……………………………………………… 597
夏历与过年 ………………………………………………… 600
时空问题 …………………………………………………… 604
英雄无奈是多情 …………………………………………… 605
精神失落的病态 …………………………………………… 608
反求诸己 …………………………………………………… 609
多为别人想一想 …………………………………………… 611
毁与誉 ……………………………………………………… 614
出入无车少马骑 …………………………………………… 616
小忍与大谋 ………………………………………………… 617
几人忧道不忧贫 …………………………………………… 620
器小易盈 …………………………………………………… 621
烫手的山芋 ………………………………………………… 623
花果枝叶 …………………………………………………… 625

## 季氏第十六 ……………………………………………………… 628
兴灭继绝 …………………………………………………… 628
族姓的家谱 ………………………………………………… 630
孔孟曾颜的通天谱 ………………………………………… 633
红蓝画线　鬼哭神号 ……………………………………… 634
传统历史的资料 …………………………………………… 636
侵略者的遁词 ……………………………………………… 638
老虎出笼　珠宝完蛋 ……………………………………… 640
孔子与冉求政略的论辩 …………………………………… 643
先知的预言 ………………………………………………… 646
朋友之道 …………………………………………………… 649

| 说话难　难说话 | 652 |
| 谁人肯向死前休 | 653 |
| 怕的哲学 | 655 |
| 学问的条件 | 657 |
| 诗礼传家 | 660 |
| 称呼的礼节 | 662 |

## 阳货第十七 663

| 阳货的火腿 | 665 |
| 《三字经》与孔子 | 667 |
| 孔子与子路唱双簧 | 671 |
| 正反相依 | 673 |
| 重论诗教 | 676 |
| 面壁而立的悲叹 | 677 |
| 礼乐的基本精神 | 679 |
| 摆虚架子 | 679 |
| 古老文化社会的通病 | 681 |
| 患得患失 | 682 |
| 今古人物论 | 683 |
| 法尔如是 | 685 |
| 手挥五弦　目送归鸿 | 689 |
| 爱的回报——孝 | 691 |
| 麻将的学术思想 | 694 |
| 男人与女人 | 696 |

## 微子第十八 699

| 隐士与历史文化 | 700 |
| 众鸟高飞尽 | 702 |
| 王不留行 | 704 |
| 江山与美人 | 706 |

凤凰离乱不如鸡 …………………………………… 708
　　处处关津处处寒 …………………………………… 709
　　如此风波不可行 …………………………………… 712
　　穷达行藏 …………………………………………… 714
　　时衰鬼弄人 ………………………………………… 717
　　周公遗训 …………………………………………… 718
子张第十九 …………………………………………… 721
　　有容德乃大 ………………………………………… 723
　　雕虫小技大有可观 ………………………………… 724
　　学问无尽　岁月难留 ……………………………… 725
　　体相圆融　用之不穷 ……………………………… 727
　　交浅不言深 ………………………………………… 728
　　大行与小节 ………………………………………… 729
　　学与仕 ……………………………………………… 732
　　办丧事不是演戏 …………………………………… 736
　　难能可贵 …………………………………………… 738
　　继往开来 …………………………………………… 739
　　法律不外人情 ……………………………………… 742
　　成败论英雄 ………………………………………… 743
　　圣人无常师 ………………………………………… 744
　　宫墙外望 …………………………………………… 745
　　圣人心日月 ………………………………………… 748
　　欲赞无词 …………………………………………… 748
尧曰第二十 …………………………………………… 751
　　历史文化的重心——公天下 ……………………… 752
　　天人合一的气数 …………………………………… 753
　　辨中边论 …………………………………………… 756
　　禹分九州 …………………………………………… 757

周重九鼎 ······ 759
　　上古的政治经济 ······ 760
　　人治法治并重 ······ 762
　　承先启后 ······ 764
　　养生送死无憾 ······ 766
　　从政典范论 ······ 767
　　四恶 ······ 769
　　学至三知的结论 ······ 770

乡党第十 ······ 773
　　《乡党》的歇后语 ······ 774

附录 ······ 776
　　孔学新语自序 ······ 776
　　孔学新语发凡 ······ 776

南怀瑾先生著述目录 ······ 782

# 出版说明

由孔子的弟子及其后学编集的《论语》，是一部记载孔子言语行事的重要儒家经典。自西汉以来，《论语》所表述的孔子学说迅速扩展，其影响遍及政治、思想、文化、教育、伦理道德等各个领域，成为中国传统文化的一大标识。有关《论语》的章句注疏也累代不绝。著名学者南怀瑾先生以渊博的学识，旁征博引，拈提古今而撰成的《论语别裁》，就是关于《论语》的讲演录。书中对《论语》二十篇的每一段原文，都作了详细而又生动的讲述。不仅有篇章结构、段落联结上的提示，而且有原文义旨以及所涉人文掌故的阐发。尤为新颖的是，作者将对原文的串讲撮编为一个个历史故事，蕴意深邃而妙趣横生，这在众多的《论语》章疏中是别具一格的。原书由台湾老古文化事业公司于1976年5月出版，迄至1988年，已印了十八版。为弘扬海峡两岸同源的中国文化，兹征得作者和原出版单位同意，将《论语别裁》2011年11月版改排出版，以供研究。

复旦大学出版社
2012年9月5日

# 再版记言

　　本书自今年端午节出版之后，蒙广大读者的爱好，现在即须再版。这实在是始料所不及的事。
　　由此可见社会人心的向背，孔子学说的可贵，毕竟是万古常新，永远颠扑不破。因此反而使我深为惭愧，当时并未加以严谨的发挥，未免罪过。当初版问世之时，承蒙朋友们的盛意，纷纷惠示意见，希望继续开讲《孟子》等经书，俾使儒家一系列的学说，以现代化的姿态出现。此情极为可感。无奈青春顽劣，白首疏狂的我，向来只图懒散。况且先孔子而生，非孔子无以圣。后孔子而生，非孔子无以明。我辈纵有所见，亦无非先贤的糟粕而已，真是何足道哉！何足道哉！因此当时便写了一首总答朋友问的诗："古道微茫致曲全，由来学术诬先贤。陈言岂尽真如理，开卷倘留一笑缘。"际此再版，同学们要我写点意见，便记此以留一笑之缘可也。

岁次丙辰(一九七六年)冬月
南怀瑾记于台北

# 前　　言

回首十五年的岁月,不算太多,但也不少。可是我对于时间,生性善忘,悠悠忽忽,真不知老之将至,现在为了出版这本《论语》讲录,翻检以前的记录,才发觉在这短短的十五年历程中,已经讲过三四次《论语》。起初,完全是兴之所至,由于个人对读书的见解而发,并没有一点基于卫道的用心,更没有标新立异的用意。讲过以后,看到同学的笔记,不觉洒然一笑,如忆梦中呓语。"言亡虑绝,事过无痕。"想来蛮好玩的。

第一次讲《论语》,是 1962 年秋天的事,当时的记载,只有开始的六篇,后来出版,初名《孔学新语——〈论语〉精义今训》,由杨管北居士题签。有一次曾经在有关单位讲了半部《论语》,没有整理记录。再到 1974 年 4 月开始,又应这边邀约安排,固定每周三下午讲两小时,经过近一年时间,才将全部《论语》讲完。而且最可感的是蔡策先生的全部笔录。他不但记录得忠实,同时还替我详细地补充了资料,例如传统家谱的格式,另外还有对传统祭礼的仪范,可惜他事情太忙,未能全部补充。蔡君在这段时间,正担任《中央日报》秘书的职务。一个从事笔政工作的人,精神脑力的劳碌,非局外人可以想象,而他却毫无所求地费了十倍听讲的时间,完成这部记录,其情可感，其心可佩。

　　此外，这本讲录，曾经承唐树祥社长的厚爱。在《青年战士报》慈湖版全部发表（自 1975 年 4 月 1 日开始到 1976 年 3 月 16 日止）；同时《人文世界》刊登大部分。又蒙李平山先生见爱，资助排印成书。不过，这部《论语》的讲述，只是因时因地的一些知见，并无学术价值。况且"书不尽言，言不尽意"，更谈不到文化上的分量。今古学术知见，大概都是时代刺激的反映，社会病态的悲鸣。谁能振衰补敝，改变历史时代而使其安和康乐？端赖实际从事工作者的努力。我辈书生知见，游戏文章，实在无补时艰，且当解闷消愁的戏论视之可也。

　　至于孔子学说与《论语》本书的价值，无论在任何时代、任何地区，对它的原文本意，只要不故加曲解，始终具有不可毁、不可赞的不朽价值，后起之秀，如笃学之、慎思之、明辨之，融会有得而见之于行事之间，必可得到自证。现在正当此书付印，特录宋儒陈同甫先生的精辟见解，以供读者借镜。

　　如其告宋孝宗之说："今之儒者，自以为正心诚意之学者，皆风痹不知痛痒之人也。举一世安于君父之仇，而方低头拱手以谈性命，不知何者谓之性命。"而于《论语》，则说："《论语》一书，无非下学之事也。学者求其上达之说而不得，则取其言之若微妙者玩索之，意生见长，又从而为之辞：曰此精也，彼特其粗耳。此所以终身读之，卒堕于榛莽之中，而犹自谓其有得也。夫道之在天下，无本末，无内外。圣人之言，乌有举其一而遗其一者乎！举其一而遗其一，是圣人犹与道为二也。然则《论语》之书，若之何而读之，曰：用明于心，汲汲于下学，而求其心之所同然者，功深力到，则他日之上达，无非今日之下学也。于是而读《论语》之书，必知通体而好之矣。"

　　本书定名为"别裁"，也正为这次的所有讲解，都自别裁于正宗儒者经学之外，只是个人一得所见，不入学术预流，未足以论下学上达之事也。

岁次丙辰（一九七六）年三月<br>
南怀瑾记于台北

# 学而第一

## 三言四语

现在各大专学校的学生,有一个新称号——"三四教授"。假如我们看见一位不认识的教授,想知道这位老师是教什么的,往往被询问的同学会说:"哦,三四教授。"这句话含有非常轻视的意思。所谓"三四教授"就是教三民主义、四书五经的教授。他们在学校里是没有人看得起的,同军训教官一样,被学生另眼相视,这是一个非常严重的问题。

八、九年前,和一位国立大学教书的朋友谈起,问他怎么搞的,教得学生对三民主义如此反感?他说这件事没有办法。我认为不是没有办法,表示愿意代他教几个小时。后来有个机会,一位某大学的学生要我去参加他们开会,他说他们要开会讨论"中国文学的再革命",听到这个题目,我说:"你们要搞这个东西?!我晚上来看看!"

我约了那位三民主义教授一起去参加。参加开会的都是调皮学生,他们激昂慷慨,说了一大篇话,最后要我讲话。我就告诉这些同学们,首先应该了解"革命"是什么意思。这所大学是国立的最高学府,在这里的青年知识分子,对它的意义不能不懂,要知道"革命"一词,出于我国最古老著作之一的《易经》,然后讲了许多理由。

我说,譬如中国文学自"五四运动"以来,由旧的文学作品改成白话文后,有什么功用呢?几十年来亲眼所见,中国的教育普及了,知识普遍了,对世界知识的吸收力增加了,无可否认,这些对于国家的进步有贡献。但是对于中国文化,却从此一刀斩断了。什么原因呢?中国文化库存里堆积的东西太多了,几千年来的文化都藉着古文保留着。至于接受白话文学教育的人们看不懂古文,当然就打不开这个仓库,因此从中国文化的立场看,就此一刀拦腰斩断了。

你们现在讲文学再革命,讲白话文学,我们先要知道为什么要推行白话。在"五四运动"前后,一般人认为救这个国家,必须吸收新的知识,尤其要融会古今中外的学术文化,于是老牌留学生到外面一看,任何国家的语言和文字都是一致的,因此认为中国所以不进步,是文字工具害了我们,尤其四书五经"子曰、孔子曰"一塌糊涂,非把这个打倒不可,所以提倡了白话文。

## 语文的变与不变

但是有一点要注意,我们看世界的文字,不管英文、德文、法文,虽然现在的文字和语言是合一的,但是语言大约三十年一变,所以一百年以前的英文、法文书籍,除非专家,否则是莫辨雌雄。

我们中国的老祖宗晓得语言和时代是要变的,所以把文字脱开了语言,只是用很短的时间,经过二三年的训练就会写出来,这个文字就单独成为一个体系,表达了思想。因此这种文字所保留下来的几千年以上的思想,在几千年以后的人看来,如面对现在,没有阻碍,它对于国家有什么错误呢?没有错。只是因为教育不普及,大家对于这个国文的修养没有学好。当时提倡"五四运动"的部分人士,求进之心是对的,在学问修养上,老实讲,还有商量的必要,于是这一文学革命就出了问题。

举例来讲,生活上每天必有的一件事——上厕所,我们小时候叫"出恭",后来叫"解手",现在叫"上一号"了,看看几十年来,变了好多。因此，我们翻开资料，对"五四运动"前后的白话文，现在看来，简直不通；到了现在的文章，说它不好吗？真好。好吗？文章看完了，价值也完了，多半没有保留的价值。将来怎样演变还不知道，所以你们为什么要文学再革命，我就不懂。

因此，文学革命，我没有资格讲，你们也没有资格讲。为什么呢？如果古文、四六体、作诗、填词，都能露一手，然后发现这种文学有毛病，这才有资格谈革命。现在你们连"命"都还没有，还"革"个什么呢？你们还有文学革命的资格吗？

我这番话一讲，他们听傻了。这个会后来也就搞不成了。无形中也把大专院校中这个小风波平息了。因此，我告诉那位教三民主义的朋友，一定替他教几个钟点课，因为大学生中，信仰坚强的固然很多，而对三民主义头痛的也大有人在。后来我去替这位朋友讲课，起初不讲三民主义，而讲中国文化与中国思想演变的原因道理。分析自上古到现在为什么变得这样，演变到后来，所以才有我们国父的三民主义出来，问同学对不对？对！有没有价值？有价值！所以要读三民主义，读了以后再加批评都可以，不能盲目地不去看它，就说这个三民主义是党八股。党八股你懂不懂？不懂就不能随便批评。这一来，引起他们读三民主义的兴趣了，这是我所经历的故事。

## 四书五经的假面目

讲到四书也是一样，我们在这里讲推行复兴文化运动，而在外面，尤其是新的教育——国民义务教育施行以后，讨厌四书五经的情形，是无以复加了，而问题出在四书五经的孔孟思想被讲解错了。这不是现在才开始，从唐宋以后，乃至远从汉唐以来，许多要点，就一直讲解错了。

要说明这个道理，我们也要讲一个实际的故事。

我们这一代，就时代背景而言，是生活在夹缝中，是新、旧、中、外交接巨变中的人生，我的幼年在私塾中度过，当时读四书五经也非常反感，因为以前老师对学生的质疑，只说"将来你会懂"，这个"将来"不知要"将"到几时。所以后来"五四运动"，闹新学派风潮的时候，我们虽然没有参加做打手，但是多少也有点愤慨。步入中年以后，对中外思想，尤其在这个时代的演变，看到了这么许多，自己要找症结了。

所谓找症结，那也是十七八年以前，好几位先生在一起谈起，大家认为要救中国就要复兴文化。于是有些教授学者们，主张把四书重新编辑。他们认为四书杂乱无章，要分门别类编在一起，讲孝的归到孝，讲仁的归到仁，把《论语》的篇章整理一遍，希望我也负责一个部门。当时我答应考虑考虑，回家拿出四书重读一遍后，发现这个改编方法有问题。第二天开会，我就反对，不赞成改编，因为，以全部《论语》来讲，他本身就有一贯的系统，完全是对的。我们不需要以新的观念来割裂它。问题出在过去被一般人解释错误了。我们要把握真正的孔孟思想，只要将唐宋以后的注解推开，就自然会找出孔孟原来的思想。这叫做"以经解经"，就是仅读原文，把原文读熟了，它本身的语句思想，在后面的语句中就有清晰的解释。以这个态度研究《论语》，它可以说前后篇章贯而通之，因此我不主张改编。

## 被忽视的道家

后来，在一些地方讲解《论语》，我就提起一个问题了。就是我们自"五四运动"以来，有个口号，叫"打倒孔家店"的问题。

中国文化的演变发展，大致分两大段。譬如一提起秦汉以前的中国文化，人们就拿孔孟思想代表了一切。其实所谓孔孟思想，只是中国文化中间主要的一环。另外还有道家、墨家、诸子百家……很多很多，都是中国文化一个系统下来的。如果把它缩小范围，则有儒、墨、道主要的三家。尤其中国文化在政治上历代引用的是道家思想，这一点我们要注意。

中国历史上，每逢变乱的时候，拨乱反正，都属道家思想之功；天下太平了，则用孔孟儒家的思想。这是我们中国历史非常重要的关键，身为中国人，这个历史关键是应该知道的。

孔孟思想，本来与道家是不分家的，这种分家是秦汉以后的事，到了唐代，讲中国文化，已不是儒、墨、道三家，而是儒、释、道三家了。

"释"就是印度来的佛学，代表整个印度文化的精华，它从西汉末年开始传入中国，一直到宋代。宋朝以后，印度本身已没有真正的佛学，而被阿拉伯民族的伊斯兰教思想及婆罗门教等所占据，佛学思想在印度式微了。现在要研究真正的佛学，只有到中国来。欧洲人乃至日本人讲的那一套是不正确的。

## 三家店卖的是什么

唐宋以后的中国文化，要讲儒、释、道三家，也就变成三个大店。

佛学像百货店，里面百货杂陈，样样俱全，有钱有时间，就可去逛逛。逛了买东西也可，不买东西也可，根本不去逛也可以，但是社会需要它。

道家则像药店，不生病可以不去，生了病则非去不可。生病就好比变乱时期，要想拨乱反正，就非研究道家不可。道家思想，包括了兵家、纵横家的思想，乃至天文、地理、医药等等无所不包，所以一个国家民族生病，非去这个药店不可。

儒家的孔孟思想则是粮食店，是天天要吃的，"五四运动"的时候，药店不打，百货店也不打，偏要把粮食店打倒。打倒了粮食店，我们中国人不吃饭，只吃洋面包，这是我们不习惯，吃久了胃会出毛病，吃到后来，西方思想出现了。那些思想是西方来的，不是从我们中国文化思想中来的。那么它为什么会来？为什么会变成这一套？就在要深切了解中国文化历史的演变，不但要了解何以今天会如此，还要知道将来该怎么办，这都是当前很重要的问题，因此我们要研究四书。

研究中国固有文化并不是开倒车，而是要以最新的观念去理解它。并且，我们要了解中国上下这两千多年的文化、思想、历史，不管它是什么政体，大致都以司法为中心，司法与行政是分不开的。谈到司法就讲到法律，现在我们只讲两大法系，所谓海洋法系与大陆法系。司法方面的立法，也根据这两个法系的精神而来。我们却忘记了中国自秦代以来，汉、唐、宋、元、明、清，有我们"中国系统"的一个法律系统。这个中国法律系统的哲学背景，就是以四书五经作基础，例如过去中国许多判例的根据，就是根据四书五经中的道德观念而来。所以这部四书五经，在过去无宪法观念时代，严格说来就是一种宪法思想，也就是政治哲学思想的中心，法律思想的中心。其他各种哲学思想也都归之于它，这是讲好的一方面。

## 冤枉的一打

讲坏的一方面，孔家店为什么会被人打倒？"五四运动"当年，人们都要打倒它，这是必然的。但为什么道理呢？后来才发现，实在打得很冤枉。因为这个店，本来是孔孟两个老板开的股份有限公司，下面还加上一些伙计曾子、子思、荀子等等，老板卖的东西货真价实。可是几千年来，被后人加了水卖，变质了。还有些是后人的解释错了，尤其是宋儒的理学家为然。这一解释错，整个光辉的孔孟思想被蒙上一层非常厚重的阴影，因此后人要推倒孔孟思想。

现在，面对思想学术界的情况，我们有个更重要的课题，那就是如何了解文化的宝库。因为现在中年以下的人，对此几乎一无所知。

尤其现在中学以上到大学的青年,根本不知道中国文化的宝藏。由于这个原因,所以今天开始讲四书,并从《论语》讲起。

## 再论《论语》

《论语》,凡是中国人,从小都念过,现在大家手里拿的这一本书,是有问题的一个版本,它是宋朝大儒朱熹先生所注解的。朱熹先生的学问人品,大致没有话可讲,但是他对四书五经的注解绝对是对的吗?在我个人非常不恭敬,但却负责任地说,问题太大,不完全是对的。

在南宋以前,四书并不用他的注解,自有了他的注解,而完全被他的思想所笼罩,那是明朝以后,朱家皇帝下令以四书考选功名,而且必须采用朱熹的注解。因此六七百年来,所有四书五经,孔孟思想,大概都被限制在"朱熹的孔子思想"中。换句话说,明代以后的人为了考功名,都在他的思想中打圈子。其中有许许多多问题,我们研究下去,就会知道。所以各位手上这本朱熹先生注解的书,值得参考,但不能完全相信。

我们既然研究孔子,而孔子在《易经·系传》上就有两句话说道:"书不尽言,言不尽意。"以现代观念来讲,意思是人类的语言不能表达全部想要表达的思想。现在有一门新兴的课程——语意学,专门研究这个问题。声音完全相同的一句话,在录音机中播出,和面对面加上表情动作的说出,即使同一个听的人,也会有两种不同的体会与感觉。所以世界上没有一种语言能完全表达意志与思想。而把语言变成文字,文字变成书,对思想而言,是更隔一层了。

我们研究孔孟思想,必须要从《论语》着手。并不是《论语》足以代表全部孔孟思想,但是必须从它着手。现在我的观念,有许多地方很大胆地推翻了古人。在我认为《论语》是不可分开的,《论语》二十篇,每篇都是一篇文章。我们手里的书中,现在看到文句中的一圈一圈,是宋儒开始把它圈断了,后来成为一条一条的教条,这是不可以圈断的。再说《论语》二十篇整个连起来，是一整篇文章。至少今天我个人认为是如此，也许明天我又有新认识，我自己又推翻了自己，也未可知，但到今天为止，我认为是如此。

## 学 而 有 何 乐

现在这篇《学而》，包括了孔门当年教学的目的、态度、宗旨、方法等等。过去我们把它圈开来，分作一条一条读，这是错误的。

子曰：学而时习之，不亦说乎？有朋自远方来，不亦乐乎？人不知而不愠，不亦君子乎？

这三句话连起来看，照字面讲，凡是中国人，无论老少，一定都知道。照古人的注解，学问是要大家随时练习它。"不亦说乎"，"说"是古文借用字，就是高兴的那个"悦"字，是很高兴的。假如这是很正确的注解，孔子因此便可以作圣人了，那我是不佩服的，连大龙峒孔子庙我也不会去了。讲良心话，当年老师、家长逼我们读书时，那情形真是"学而时习之不亦'苦'乎"。孔子如果照这样讲，我才佩服他是圣人，因为他太通达人情世故了。

至于"有朋自远方来，不亦乐乎"，是似通非通的，什么道理呢？从一般人到公务员，凡靠薪水吃饭的，是"富不过三天，穷不过一月"，遇上了穷的那几天，朋友要来家里吃饭，当裤子都来不及，那是痛苦万分的事。所以是"有朋自远方来不亦'惨'乎"，绝不是不亦乐乎。

第三句话"人不知而不愠，不亦君子乎"，所谓"愠"，就文字解释，是放在心中的怨恨，没有发出来，在内心中有烦厌、厌恶、讨厌、怨恨之感。那么，别人不了解我，而我并不在心中怨恨，这样才算是君子。那我宁可不当君子，你对我不起，我不打你，不骗你，心里难过一下总可以吧！这也不可以，才是君子，实在是做不到。

根据书上的字面,顺着注释来看,就是这样讲的。所以几百年甚至千多年以来,不但是现在的年轻人对四书反感,过去的读书人也对四书反感。因为它变成了宗教的教条,硬性的法律,非遵守不可。

事实上不是这么一回事,等到真正了解了以后,就知道孔子真是圣人,一点也没错。

"学而时习之",重点在时间的"时",见习的"习"。首先要注意,孔子的全部著述讲过了,孔子的全部思想了解了,就知道什么叫作"学问"。普通一般的说法,"读书就是学问",错了。学问在儒家的思想上,不是文学。这个解说在本篇里就有。学问不是文学,文章好是这个人的文学好;知识渊博,是这个人的知识渊博;至于学问,哪怕不认识一个字,也可能有学问——做人好,做事对,绝对的好,绝对的对,这就是学问。这不是我个人别出心裁的解释,我们把整部《论语》研究完了,就知道孔子讲究做人做事,如何完成做一个人。

## 真 人 和 假 人

讲到做人,我们就想到庄子也提到过这件事,《庄子》这本书把有道的人叫"真人"。唐宋以后,对神仙、得了道的人叫"真人"。譬如现在指南宫供奉的吕纯阳叫"吕真人"。如今的人听到"真人"这个名称,就好像带有宗教色彩,相当于西方的上帝,中国的仙、佛一样。实际上过去道家所谓的"真人",是指学问道德到了家的人。与这名词对称的叫假人,假人还是人,不过没有达到做人道德的最高标准。发挥了"人"的最高成就,在道家就称之为"真人",孔子认为这就是学,就是学而之人。于是一个"学"字,这么多观念都被他包括了。

那么学问从哪里来呢?学问不是文字,也不是知识,学问是从人生经验上来,做人做事上去体会的。这个修养不只是在书本上念,随时随地的生活都是我们的书本,都是我们的教育。所以孔子在下面说"观过而知仁",我们看见人家犯了这个错误,自己便反省,我不要犯这个错误,这就是"学问","学问"就是这个道理,所以他这个研究方法,随时随地要有思想,随时随地要见习,随时随地要有体验,随时随地要能够反省,就是学问。开始做反省时也不容易,但慢慢有了进步,自有会心的兴趣,就会"不亦说乎"而高兴了。我们平日也有这个经验,比如看到朋友做一件事,我们劝他:"不可以做呀!老兄!一定出毛病。"他不听,你心里当然很难过,最后证明下来,果然你说得对,你固然替他惋惜,对于自己认识的道理,也会更进一层得到会心的微笑——"说",不是哈哈大笑。悦者,会心的微笑,有得于心。

上面第一点所讲的是学问的宗旨,随时注重"时"和"习",要随时随地学习,不是我们今天来读四书就叫做学问,不念四书就不叫做学问,这不是它的本意。

# 寂寞的享受

第二点接着下来,是说做学问的人要准备一件事,就我个人研究,有个体会——真正为学问而学问,"君子有所为,有所不为",该做的就做,不该做的杀头也不干,所谓"仁之所至,义所当然"的事,牺牲自己也做,为世为人就做了,为别的不来。因此为学问而学问,就准备着一生寂寞。我们看历史——即看孔子就知道。孔子一生是很寂寞的,现在到处还给他吃冷猪头,当年连一个"便当"也吃不到。但是他没有积极去求富贵。怎么知道这一套他不来呢?因为他明知当时有拿到权位的可能,乃至他的弟子们也要他去拿权位。因为孔子时代中国人口只有几百万人,在这几百万人中,他有三千弟子,而且都是每一个国家的精英,那是一股不得了的力量。所以有些弟子,尤其是子路——这个军事学的专家,几乎就要举起膀子来:"老师,我们干了!"那种神气,但是孔子不来。为什么呢?他看到,即使一个安定的社会,文化教育没有完成,是不能解决其他问题的。基本上解决问题是要靠思想的纯正,亦即过去所谓之"德性"。因此他一生宁可穷苦,从事教育。所以做学问要不怕寂寞、不怕凄凉。要有这个精神,这个态度,才可以谈做学问。

虽然做学问可能一辈子都没有人了解,但是孔子说只要有学问,自然有知己。因此他接着说"有朋自远方来,不亦乐乎?"一个人在为天下国家、千秋后代思想着眼的时候,正是他寂寞凄凉的时候,有一个知己来了,那是非常高兴的事情。而这个"有朋自远方来"的"远"字,不一定是远方外国来的,说外国来几个人学中国文化,我们就乐了吗?那是为了外汇,多赚几个钱罢了。《论语》不是这个意思,他这个"远"字是形容知己之难得。我们有句老话:"人生得一知己,死而无憾。"任何一个人做了一辈子人,包括你的太太、儿女、父母在内,可不一定是你的知己,所以人能得一知己,可以死而无憾。一个人哪怕轰轰烈烈做一辈子,不见得能得一知己,完全了解你,尤其做学问的人更是如此,所以第二句话跟着说:"有朋自远方来,不亦乐乎?"——你不要怕没有人知道,慢慢就有人知道,这人在远方,这个远不一定是空间地区的远。孔子的学问,是五百年以后,到汉武帝的时候才兴起来,才大大的抬头。董仲舒弘扬孔学,司马迁撰《史记》,非常赞扬孔子,这个时间隔得有多远!这五百年来是非常寂寞的,这样就懂得"有朋自远方来,不亦乐乎"了。

## 谁来了解你

第三句"人不知而不愠,不亦君子乎",就是说做学问的人,乃至一辈子没有人了解,也"不愠"。

"不愠"这个问题很重要。"怨天尤人"这四个字我们都知道,任何人碰到艰难困苦,遭遇了打击,就骂别人对不起自己,不帮自己的忙,或者如何如何,这是一般人的心理。严重的连对天都怨,而"愠"就包括了"怨天尤人"。

人能够真正做到了为学问而学问,就不怨天、不尤人,就反问自己,为什么我站不起来?为什么我没有达到这个目的?是自己的学问、修养、做法种种的问题。自己痛切反省,自己内心里并不蕴藏怨天尤人的念头。拿现在的观念说,这种心理是绝对健康的心理,这样才是君子。君子才够得上做学问,够得上学习人生之道,拿现代的新观念来讲,就是讲究人生哲学的开始。

再说,连贯这三句话的意义来说明读书做学问的修养,自始至终,无非要先能自得其乐,然后才能"后天下之乐而乐"。所以这三句话的重点,在于中间一句的"不亦乐乎"。我们现在不妨引用明代陈眉公的话,作为参考:"如何是独乐乐?曰:无事此静坐,一日是两日。如何是与人乐乐?曰:与君一席话,胜读十年书。如何是众乐乐?曰:此中空洞原无物,何止容卿数百人。"有此胸襟,有此气度,也自然可以做到"人不知而不愠"了。不然,知识愈多,地位愈高,既不能忘形得意,也不能忘形失意,那便成为"直到天门最高处,不能容物只容身"了。

## 爱 与 罪

接下来是有子的话:

有子曰:其为人也孝弟,而好犯上者,鲜矣;不好犯上而好作乱者,未之有也。君子务本,本立而道生;孝弟也者,其为仁之本与?

首先就讲到孝悌,是人的根本,仁孝是孔子学问的基本。但是,"孝弟"就是孔家店要被人打倒的"罪状"之一。

为什么孝悌会成为被打倒的"罪状"之一呢？这要先知道一件事，就是司马迁作《史记》是一件大事。他当时对汉武帝的有些做法是反感的，但又不能不服从。服从吗？在良心上又不安，他就作《史记》，将自己的思想，容纳到《史记》中去。如记帝王的事，称为本纪，而他将未做皇帝的项羽也列到本纪中去，就是暗示汉高祖与项羽，一个是成功的英雄，一个是失败的英雄。又如《史记》中"世家"本来是记载诸侯和大臣的事，而孔子不是诸侯，也列入世家，司马迁的意思，是孔子有千秋的事业，说孔子的言行思想，影响将及于千秋后世，所以将他列入世家。

孔子思想言行表现在书本上的有多处，而孔子最大的重要著作为《春秋》，他著《春秋》后最重要的两句话是："知我者《春秋》，罪我者《春秋》。"千古以来，这两句话各有各的解释，都非常暧昧，到了我们这种时代搞清楚了。为什么呢？自从民主时代以来，大家都骂孔子帮助专制皇帝，因为专制皇帝的思想和制度，用了孔子"尊君"这一部分思想精神，后来我们打倒他，也就认为他是这样的。现在再读《春秋》，再研究孔子思想，不是这样一回事了，而是另有一番道理。

第二点我们讲到孝悌，这是中国文化的精神，讲到这里我要说两个现实故事。

十多年前，有一个哈佛大学博士班的学生，跟我做中国文化的论文，他回国之前，我嘱他回到美国去提倡中国文化的孝道，他说很难。我告诉他这是千秋事业，不是现世功业，告诉他孝道是什么东西。我说，中国人谈孝字，"父慈子孝"是相对的，父亲对儿子付出了慈爱，儿子回过头来爱父亲就是孝。"兄友弟恭"，哥哥对弟弟好，弟弟自然爱哥哥。我们后来讲孝道："你该孝，天下无不是的父母。"这说法有问题，天下的确有些"不是的父母"，怎么没有"不是的父母"呢？这不是孔孟的思想，是别人借用孔孟的帽子，孔家店被人打倒，这些冤枉罪受得大了。

# 孝道是这样一个东西

且看世界上的生物——人也是生物,中国道家过去叫人为"倮虫"——不带毛的光光的虫。人号称万物之灵,是人自己在吹,也许在猪、牛、狗、马看起来,人是万物中最坏的了,"专吃我们猪、牛、狗、马",这是立场不同。拿生物学的思想,从另外一个观点来说,"倮虫"与其他生物是一样,人之所以与其他生物不同,就是加上人文文化。由此可知文化的可贵。

为什么讲这个道理?世界上凡是动物,猪、牛、狗、马、鸡、鸭等等,都是一样的,以母鸡保护小鸡的现象来看,可见世界上最伟大的是母性。等孩子带大了,走开了又各不相顾。各种动物都是一样,人原来何尝不是这样,但人现在为什么不会这样?于是谈到人文文化的教育来了。

# 秃头的十字架

西方人常自称为十字架的文化——爱下一代。大家知道,美国是孩子的天堂,中年人的商场(等于赌场),老年人的坟场。到现在为止,西方文化的结晶就是如此,只知道爱下一代,下一代长大了,结婚了,就是夫妇。对父母、兄弟、姊妹都不管了。由男女变成夫妇,而家庭,而社会,而国家,横着向世界发展,又下而爱孩子。就这样循环下去。他们自认为是十字架的文化,我看这个十字架断了,是丁字架的文化,因为没有上半截了。我这样说他们也许不承认。但是谈自然科学,他们可以把我们当学生,谈到人文文化,他们做我们的学生还不够。美国立国才两百年,我们有五千多年历史,谈到人文文化,靠经验而来，尤其中国历史，多少失败，多少破碎，一直到现在，才完成了这个文化系统。当然他们不承认十字架文化没有上面，因为上面有上帝。但却看不见，摸不着，谁相信呢？姑且承认有上帝，但是由人到达上帝的桥梁，在中国文化有孝。"孝"是什么呢？就是他们西方文化叫的"爱"，也就是回过来还报的爱。就是说父母好比两个朋友，照顾了你二十年，如今他们老了，动不得了，你回过来照顾他，这就是孝。孝道的精神就在这里，假使一个人连这点感情都没有，就不行。

那么西方文化有没有这个爱呢？绝对有，只是生活的方式不同而已。父母到子女家，尽管要事先写信给子女，使他得准备，子女还是会思念父母。又如祭祖宗，西方人不一定清明节扫墓，但到了坟场，在亲人的坟墓前，悲哀的情绪是一样的，只是表达方法不同而已。遗憾的是，外国人没有把"孝道"在文化上培养起来的心理建设。

"孝"的问题解决了。什么叫作"弟"呢？"弟"就是兄弟姊妹的友爱。中国的五伦有君臣、父子、夫妇、兄弟、朋友。这五伦中四伦都讲得通，为什么加朋友这一伦？这就是中国文化的特点。朋友在五伦的思想上也占一席，为什么呢？有时候有许多话，许多心情和苦痛，上不可以对父母，下不可以对妻儿讲，只有找朋友讲，所以朋友为五伦之一。朋友是一种感情的结合，这是中国文化的特殊处，这个"弟"就包括了对兄弟、姊妹，一直到朋友，伸展到社会的友情。

说到这里，又一个故事来了。五六年前，哈佛大学社会学教授来访问，他问了好几个问题，中间他提到一个问题，他非常佩服我们《大学》一书的思想，"但是《大学》思想有一个问题"，他说："我是一个社会学教授，而《大学》中有诚意、正心、修身、齐家、治国、平天下，其间没有社会思想，这是个遗憾。"我听了哈哈大笑，然后告诉他，《大学》思想包含有社会思想在内，其中"齐家"即是社会思想。中国"齐家"的家，不是到教堂中一结婚就成了家的家，那是西方文化小家庭制度的家。过去的中国文化是大家庭制度，有宗族、有祠堂，所谓五世同堂,聚族而居。大家庭固然有许多小毛病,但也有它的好处,像宗族的发展,即由此而起,这是孝道的精神。大家庭制度假使不破坏,西方思想在当年也打不进来,因此,我要重复说一句,"齐家"的"家"就是社会。大家庭制度,是值得必须要研究的。

又如江西人称"老表",是最亲切、最好的称呼。其由来是古时候战乱,江西人很多移民到湖南,许多年后,年轻的后代,还回到江西扫墓,而留在江西的后代子孙,以为是祖宗坟墓被他人误祭或盗葬,次年预先守候,两方相见,论起家族上代渊源,认出是表亲关系来,而称"老表"。这个"老表"就说明了宗法社会对血统、家族的重视。如以西方制度电气化的小家庭,来看我们"大家族"的"齐家",岂不是大笑话?

把这几个问题解决了,我们再来看这里的书就懂了。有子是谁呢?有子名有若,孔子的学生,字子有,少孔子四十三岁,孔子死后,学生们怀念孔子,因有子的学问好,曾请他上堂讲课。所以孔门弟子编这一篇书时,立即提出有若的话,因为当时他等于一个助教,先由他讲。他说一个人有没有学问,就看这个人能否对父母尽孝,对兄弟、姊妹、朋友是否友爱。

"而好犯上者,鲜矣",犯上就是捣乱——"孝弟"的人有深厚的感情,这种人是不好捣乱的。

## 谁 能 忘 情

这点我们要注意,有人是反对温情主义的。他们为什么要反对孔孟思想?因为他们不相信世间这种感情力量。中国文化中的"感情力量"是巨大的,尤其是宗族的力量最大。所以由"友道"形成的这套结合,我名之为"特殊社会",就是后世所讲的帮会。我国的帮会,从秦、汉以来,唐、宋、元、明、清,历代一直都有。曾经有人说,中国的农民与知识分子一结合,就会发生变乱。这说法我不同意,我认为中国过去的农民最乖了。他们只要能安居乐业,国泰民安,少找麻烦,有口青菜豆腐饭吃就好了。中国怕的是半农民,不是真农民。中国知识分子与特殊社会一结合,社会就会乱。但是这种特殊社会非常讲仁义之道。这种特殊社会包括孔子、墨子、游侠三种思想的结合,在中国文化中根深蒂固,力量很大,但是他们凡事是诉诸情感的。所以我们要看清楚他们所打击的,就是我们固有的好东西。至于应该如何去发扬光大,这是另一个问题。

所以有子说,一个人有真性情,就不会犯上作乱,不好犯上而好作乱的,这是不可能的,因为这种人有分寸、有限度。

因此,大家要知道学问的根本是什么呢?"君子务本"。文学好,知识渊博,那是枝节的,学问之道在自己做人的根本上,人生的建立,内心的修养。所以"本立而道生",学问的根本,在培养这个孝悌,孝悌不是教条。换句话说,培养人性光辉的爱,"至爱"、"至情"的这一面,所谓"孝弟也者,其为仁之本与",他说这个是"人"的本。至于什么是"仁",下面有一专篇,我们暂且不去讨论它。

这个"仁",就是孔子做学问的最高目的。

## 花 言 巧 语

有子的话讲完了,接下来就是:

子曰:巧言令色鲜矣仁。

什么是"巧言"? 现在的话是会吹、会盖。孔子说有些人很会盖,讲仁讲义比任何人讲得头头是道,但是却不脚踏实地。"令色"是态度上好像很仁义,但是假的,这些与学问都不相干。"鲜矣仁"——很少真能做到"仁"这个学问的境界,因为那是假的。我们从电视中就看得到,那个小丑表演的角色,动作一出来,就表示"巧言令色"。

"巧言令色鲜矣仁",我经常也跟同学们讲,做领导人第一个修养是容忍。有的人不一定像小丑那样的"巧言令色",但每个人都喜欢戴高帽子,人若能真正修养到戴高帽子感觉不舒服,而人家骂我,也和平常一样,这太不容易。所以知道了自己的缺点和大家的缺点,待人的时候,不一定看到表面化的"巧言令色"。大家经验中体会到,当你在上面指挥时,觉得那种味道很好;但是这中间很陷人、很迷人,那就要警惕自己。你说素来不要名、不要钱,只讲学问,就有人来跟你谈学问。要注意,"上有好者,下必甚焉",他那个学问是拿来作工具的,所以除了要懂"巧言令色鲜矣仁"这个道理以外,相反的,我们作学问要踏实,不能"巧言令色"。

## 三 面 镜 子

下面讲要怎样做学问:

曾子曰:吾日三省吾身,为人谋而不忠乎?与朋友交而不信乎?传不习乎?

曾子为孔子的学生,名参,少孔子四十六岁。由这一点我们看到,孔子回到鲁国讲学传道的时候,都是培养年轻的一代,同我们的心情一样,怕自己死了以后,这个命脉,这个根本失传了。和我们现在一样,对于年轻学生,拼命讲给他们听,好有一个交代。

曾子在当时孔子的学生中比较鲁,鲁就是拙一点,其实并不是笨,只是人比较老实,不太说话,后来嫡传孔门道统。他著《大学》,孔子的孙子子思著《中庸》,也是跟他学的,所以现在一般人拿《大学》、《中庸》,代表了孔子思想,我们千万不要这样跟着搞错了。《大学》是曾子作的,原来是《礼记》里的一篇,后来到唐宋的时候,才把它拉出来,变成了四书之一。所以把《大学》、《中庸》思想,就认为是孔子的思想,是不大妥当的,这仅是孔子思想的演变。孟子是子思的学生,孔子三传的弟子,这时已经到了战国时代。孟子的思想又与孔子的思想有些出入,孔子温文儒雅、修养极高;孟老夫子,有时好像卷起袖子伸出拳头,有点侠气,也有一谈就使气的味道,和他们所处的时代有关。这也代表了时代和文化思想的演变。

曾子说,我这个人做学问很简单,每天只用三件事情考察自己。要注意的,他做的是什么学问?"为人谋而不忠乎?"替人家做事,是不是忠实?什么是"忠",古代与后世解释的"忠"稍有不同,古代所谓的"忠"是指对事对人无不尽心的态度——对任何一件事要尽心地做,这叫做"忠"。这个忠字在文字上看,是心在中间,有定见不转移。"为人谋而不忠乎?"是我答应的事如果忘了,就是不忠,对人也不好,误了人家的事。"与朋友交而不信乎?"与朋友交是不是言而有信?讲了话都兑现?都做得到?第三点是老师教我如何去做人做事,我真正去实践了没有?曾子说,我只有这三点。我们表面上看这三句话,官样文章很简单,如果每一个人拿了这三点来做,我认为一辈子都没有做到,不过有时候振作一点而已。

曾子这几句话,为什么要摆在这里?严格地说,这些学问不是文学,要以做人做事体会出来,才知道它难,这就是学问。

这个学问讲到这里,都是个人的修养。但是学问只讲个人修养是不是可以?不是的,扩而充之就是社会问题、政治问题。所以上面是讲学问的内涵,下面就讲学问的外用了。引用孔子的话:

子曰:道千乘之国,敬事而信,节用而爱人,使民以时。

这"道"是领导的导,换句话就是孔子也教我们领导之德、领导的修养,以领导千乘之国。

讲到"国"字,研究中国文化便要注意,看到秦汉以前古书里的"国"字,很多学者都容易产生很大的误解。比如老子曾说"小国寡民",讲老子的思想,就讲小国的政治,在民国初年,又有人将无政府主义与老子思想拉在一起。要知道秦汉以上,到汉代初期的"国"字,不是现在的国家观念,那个时期的"国"字、"邦"字都是地方政治单位的名称。所谓"诸侯就国",就是中央政府下一个命令,要这些地方官(诸侯)各自回自己的岗位(封地)去。那时地方单位有千乘之国、百乘之国。"千乘之国"用现在的观念比方总是不伦不类,还是不作比方的好。"乘",古代以战车、壮丁、田赋等合在一起计算的。汉、唐以来有很多考证注解,不必多说。换句话说,领导一个大国家,或者领导一个单位,乃至领导地方的政治,要"敬事而信",这是很难的。"敬事",对一件事认真做为"敬事",一项职务宁可不接受,既接受了就要认真去做,现在就有许多地方许多人不敬其事的。至于"而信"是使下面的人绝对信服。争取下面的"信",如何得到"信",就要敬其事,说了的话一定要兑现。如好的将领,身先士卒就是敬事,那么谁也会受感动而信赖他。所以要"敬事而信"。

"节用而爱人",节用指经济政策的措施,对经济要能够节省,是经济原则。节用是为什么呢?不是为我,而是为"爱人"。

第三点"使民以时",用人时应该把握时间。这个"时"很重要。在军事思想方面来讲,包括很大,所以《孙子兵法》讲时讲势,也有用势之道。对人在道德上要知道"时",比如部下生重病,你不去慰问,反责备他不来上班,这就是不"爱人","使民不以时"了。所以"使民以时"是用人要在时间上恰到好处。这样部属都听你指挥,乃至全国老百姓自然跟你走。这是道德的修养,也就是学问。

这些话不但是孔子教育门人做学问的道理,同时也是孔子当时针对社会人情的弊病而指点的。我们只要研究春秋战国时代的史料,为什么那个时代是那么的紊乱,便可了然于心了!

## 可爱的小学生

以上讲到"道千乘之国,敬事而信,节用而爱人,使民以时",便是孔门做学问的目的、态度和方法的记录。说到这里,我们已经了解了,所谓做学问,是要从人生的经验中去体会,并不是读死书。假使一个人文章写得好,只能说他文学好;这个人知识渊博,只能说他"见闻广博",不一定能说他有学问。一个人即使没有读过书,可是他做人做事完全对了,就是有学问。何以见得呢?下面就是一个证明了,跟着讲学问的道理。

子曰:弟子入则孝,出则弟,谨而信,泛爱众,而亲仁。行有余力,则以学文。

这话在文字上解释当然容易,但我们深入研究一下。所谓弟子,古代称学生为"弟子",中国古代老师对于学生,看成自己的儿子一样。讲到这里,我们有点感慨了,中国的文化,师生之间有如父子,过去有"一日从师,终身若父"的情形,而老师对于学生,也负了一辈子的责任。我们亲眼看到的,几十年前,还保留了这个风气,一个学生纵然中了状元,官做得很大了。回到家乡,看见老师,而老师既没有功名,也没有地位,学生对他一样的要跪拜,和当年从师一样。学生对老师是如此,老师对学生,也是负了一辈子责任。

举个特殊的例子来说,我们很明显地看到明朝的方孝孺,后来永乐帝要杀他的时候,他为了要做忠臣,不怕死,他说充其量灭我的九族,而永乐偏偏要杀他的十族,加上的一族就是他老师的家族,认为老师没有教好。

从这件事情,我们可看出过去中国文化中的一种精神,那就是"师道精神"。谈到过去的道,在人文世界的道中,就有这三道:一个是"君道",讲究如何领导,如何当家长,如何当国家的领袖,乃至如何当一个班长,这都是"君道"。其次是"臣道",就是说我们怎样做一个忠实的部下,怎样帮助人完成一件事。再其次"师道"。中国过去文化中,这三道是合一的,所谓作之君、作之亲、作之师。换句话说,那时的教育、行政、司法和教化(教育与教化,应该有其不同的意义,我们将来再讨论)集于一身。那么师道的精神就形成了中国人尊师重道的观念,所以老师称学生为弟子,弟等于兄弟,有朋友之间的友情,又等于自己的孩子,所以学生称弟子,再传称门人,这个观念和习惯是这样来的。

到了我们现在,值得研究了,我们须注意将来如何建立,如何复兴固有的尊师重道精神。现在的尊师重道,只是一句口号而已,真正尊师重道的人是小学生,我想诸位都有这个经验,我们的孩子如果在小学念书,回来就开口老师怎么说的,闭口老师怎么说的。几年前,教师节的时候,孩子回家要敬师金,说给他五十元,孩子一定说不行,这是敬老师的要一百元。这种事到了中学就淡了;到了高中以上根本没有这个观念了;到了大学,学生看老师是不相干的陌路人。相对的,老师对学生也是如此,挟了一个皮包上来,拿一本书讲解一番,便有钟点费,彼此都是商业行为,教完了以后,懂不懂是你的事,挟个皮包走了。学生与老师在路上见面,万一点个头,在我觉得,已经是很稀奇了。一般都彼此不认识,就这么迎面过去,堂而皇之的,学识愈高,愈没有尊师重道的精神。这是今日中国文化一个极大的讽刺。

至于说老师与学生之间的道义关系、感情关系,除非这位老师很有地位。据我所经验的,每个学生要拿学位,做论文的时候,便随时来找:"老师怎么办?"很亲切。我还碰到过这样的事实,有个要拿学位的学生天天来,来了非常恭敬,甚至觉得他恭敬得过分,我家里的孩子们说:"这个学生好,真有礼貌。"但是,你得注意,这是"币重言甘"哪!他也的确送礼来,还送得蛮讲究,我说你送礼送得这么重,虽然有研究费领,可是一个月的研究费也不够买这些东西,何苦呢?他说:"对老师应该恭敬。"我晓得这不是诚意的话,因为他的言语太恭敬,太甜了。"巧言令色"、"币重言甘"是靠不住的。结果毕了业以后连影子都看不见了。这就是现在中国文化的怪现象,是文化道德的普遍事实。国民道德的修养从教育界开始,是应该彻底研究的,所以我在这里要讲到师生的道理。

## 吕端大事不糊涂

现在,孔子告诉我们说,这个学生"入则孝",在家里是个孝子(怎么才叫孝,下面有很多地方研究孝道,在此暂且不谈)。"出则弟",出门在外面与兄弟分开了,怎么弟呢?就是在外面,对朋友、对社会、对一般人能够友爱,扩而充之爱国家、爱天下都是这弟字的意义。"谨而信",做人非常谨慎,但是谈到这"谨"字要注意,不要变成小器。谨慎与拘谨是两回事,有些人做人很拘谨,过分了就是小器。"谨慎"在历史上有个榜样,就是我们中国人最崇拜的人物之一诸葛亮。所谓"诸葛一生唯谨慎,吕端大事不糊涂"。这是一副名联,也是很好的格言。吕端是宋朝一个名宰相,看起来他是笨笨的,其实并不笨,这是他的修养,在处理大事的时候,遇到重要的关键,他是绝不马虎的。那诸葛亮则一生的事功在于谨慎,要找谨慎的最好榜样,我们可多研究诸葛亮,这里暂且不提。

总之,所谓谨慎不可流于小器,这点修养要注意,这个人能谨慎处世而信——在人与人之间,人与社会之间,一切都言而有信。同时又"泛爱众",有伟大的胸襟,能够爱人,尤其在此时此地来讲,对同志的友爱,扩而充之,对其他人的友爱。理论上讲起来很容易,而广泛的爱人,那就是"君道""师道"的综合,爱天下人就如爱自己一样,理论容易,要修养到如此真难。孔子说,假使一个人对这些都做到了,"而亲仁",再亲近有学问道德的人做朋友,"行有余力则以学文",做到以后,还有剩余的精力,然后再"学文",爱做文学家也可以,爱做科学家也可以,爱做艺术家也可以,爱做别的都可以,那是你的志向所在,兴趣问题,可以量力而行,各听自由。

# 饮 食 男 女

子夏曰：贤贤易色，事父母能竭其力，事君能致其身，与朋友交言而有信，虽曰未学，吾必谓之学矣。

这几句话，是接着证明了学问的目的，不是文学、不是知识，是做人做事。子夏比孔子少四十四岁，他的名字叫卜商。孔子死后，在战国开始的初期，他讲学河东，在战国时期一般对时代有影响的大学者，蒙受他的影响很大。所以这也是我们大家要注意的。领导历史、领导国家社会的，到底还是学问思想。

现在引用子夏的话，证明学问是什么。我们看原文"贤贤易色"，两个贤字，第一个贤字作动词用，因为中国文字有时候是假借的。第二个贤字是名词，指贤人——学问修养好的人。"易色"，古人如宋儒他们，是怎么解释的呢？他们对"色"字解作"女色"、"女人"、"男女之色"了（孔子被人叫打倒，就是这样受冤的）。"贤贤易色"就是看到贤人——有学问道德的人，马上跟他学了。"易色"，女色都不要了，太太都不要了，在恋爱中的，把女朋友都丢掉了。如是女方，男朋友也不要了。如果真如宋儒的说法，我认为孔夫子不是圣人了。因为圣人，是不会违反人情的。孔子在《礼记》里讲"饮食男女，人之大欲存焉"，的确是孔子对于人生的看法——形而下的，不讲形而上的。凡是人的生命，不离两件大事：饮食、男女。一个性的问题，一个生活的问题。所谓饮食，等于民生问题。男女属于康乐问题，人生就离不开这两件事。有时候看到有关中国文化的文章说"食色性也"是孔子说的，错了，这句话不是孔子说的，是与孟子同时的告子说的。以后引用文章，不要将错就错，一错再错。

这个性的问题，究竟先天的性或后天的性呢？以后再讨论。但宋儒解释"贤贤易色"，为了做学问，都可以把自己的妻女或丈夫丢开,这是不通的。

　　这个"色"字,很简单,就是态度、形色,下面还有证明,所谓"态色"就是态度。"贤贤易色"意思是:我们看到一个人,学问好,修养好,本事很大,的确很行,看到他就肃然起敬,态度也自然随之而转。这是很明白,很平实的,是人的普通心理,不管一个如何坏的人,看到一个好人,总会不自觉地对这好人比较友善,这是人之常情。

　　"事父母能竭其力"是讲孝道。这句话有一个问题产生了,子夏为什么提到"竭其力"呢?重点在这个"竭"字。

　　过去一般人讲到对父母的孝顺,是"非孝不可"。其实孝道也要量力而为,孝要竭其力,不要过分了。前一两年,有个年轻人基于天生的(不是教育的)孝心,为了孝养父母,去做了小偷,犯了法,对于这样行孝的人,在心理道德上,我们觉得这个人"非其罪"也,因为他为了孝顺,为了医母亲的病,结果偷了钱,犯了法,这是可以原谅的。但是在学问修养上看,对他的批评是"这个人没有受良好的教养"。在道理上来讲,这个青年是好心,但是好心要学识来培植它,使他知道要"竭其力"而不要做过分的事。中国古人有两句话综合起来的一副对联说:"百善孝为先,原心不原迹,原迹贫家无孝子。万恶淫为首,论迹不论心,论心世上少完人。"其"原心不原迹"就只看他的心孝不孝。比如一个人很穷,想买一罐奶粉给父母吃,但实在没有钱,买不起,因此心里很痛苦,只有希望慢慢积蓄点钱再去买。只要有这个心,只要他这份情感是真的,我们就不能说他不孝。"原迹贫家无孝子",如果一定要在事实上有表现,那穷人家里就没得孝子了。这个道理非常清楚,我们用这个道理来解释,就是说明"事父母能竭其力"是尽自己的心力做到了就是孝。

　　"事君能致其身"这个"君"字,成为过去打倒孔家店,乃至诬蔑孔子,毁灭中国文化那些人的口实。他们认为这是专制思想,是捧帝王、捧独裁的古老教条。事实上不是这么回事,我们先要了解中国文化的"君"字是什么意思。从文字的字形上看,"君"字古写,头上"尹"

字,"尹"字的古写是"丮"。我们的文字,是由图案演变而来的,手里拿一根拐杖,下面一个口,代表一个人,这个人年龄大了,学问道德很高,拿根拐杖,也等于指挥杖,所以凡是拿拐杖的,指挥杖的,都是君。后来才转借变成皇帝的专用,其实中国文化中的"君"也不是皇帝的专用词,比如我们过去写封信给平辈,不好称他先生,也不好意思称他老弟;乃至一位老师写给学生,这位老师谦虚一点就称学生"某某君",如果说君是代表皇帝,就是"某某皇帝"了,通吗?没有这回事。日本人学我们中国文化,写信通常都是以君为尊称词。

这句"事君能致其身"的意思是:不论朋友或同事,他跟你感情好,他了解你、认识你,认为非你帮忙不可,而你答应了,那他就是君,你既已答应帮忙朋友完成一件事,要抬轿子就规规矩矩一定尽心,答应了就言而有信。"能致其身",竭尽自己身、心的力量。就好比结婚一样,要做到从一而终。否则当初不要答应,既然答应了,讲做人的道理,就要有信。至于替人家做事的道理就是忠,也就是尽自己的力。不可以表面上愿意帮忙,做出部下很恭敬的样子,背地里却一切不同意,反而捣乱扯腿。即使在外面做主管,也常会碰到这些事。这就是做人的"臣道"不够,简单说就是不诚恳。

所以,"贤贤易色,事父母能竭其力,事君能致其身",白话解释就是看到好的人能肃然起敬,在家能竭心尽力地爱家庭,爱父母。在社会上做事,对人、对国家,放弃自我的私心,所谓许身为国。还有"与朋友交言而有信",这句话再三提到,在感情上说,每个人都认为做到了对朋友言而有信。据我自己的反省,虽然很想彻底做到,事实上却很困难。有时候对朋友答应了的事做不到,心里非常难过,为了自己道德的要求,想尽办法去做,所以仔细研究起来,"与朋友交言而有信"这句话,实在很不容易。所以子夏说,能够做到这样,"虽曰未学,吾必谓之学矣"。尽管这个人没有读过一天书,我一定说这人真有学问,这不是说明"学而时习之"并不是说一定读死书吗?

因此,我们不要跟着宋儒一段一段地去解释,整篇连贯读下来,自己就搞清楚了。

## 没有朋友的上帝

下面讲到学问态度,那就更妙了。引用了孔子的话:

子曰:君子不重则不威,学则不固,主忠信,无友不如己者,过则勿惮改。

讲到这里,说句笑话,朱文正公及有些后儒们,都该打屁股三百板,乱注乱解错了,所以中国文化,给自己人毁了。我们怎么看出来的呢?不知道诸位是否跟我一样都见过的,清朝末年,老一套的学者,大体上许多都是这样的,他们读了这句"君子不重则不威"的书,就照宋儒他们的解释学样起来,那样子,用现代的话来讲,对于年轻人真是"代沟"。那时老头子们在那里谈笑——你不要以为老头子们谈笑会有第二个方式,还不是一样谈饮食男女,人事是非。再不然就谈调皮话,不管他学问多高,都是人嘛!人很普通,都是一样。可是那些老头子明明正在谈笑不相干的事,看到我们年轻人一进去,那个眼镜搁在鼻尖上,手拿一根烟筒的老头子,便憋起嗓子道:"嘿!你们来做什么?好好念书去!"一副道学面孔。他们认为对年轻后代要"重",可是他们不知道"重"是怎么解释,以为把脸上的肉挂下来就是"重",为什么呢?"君子不重则不威",硬要重,"学则不固",不重呀!学问就不稳固了。

接着"无友不如己者",照他们的解释,交朋友不要交到不如我们的。这句话问题来了,他们怎么注解呢?"至少学问道德要比我们好的朋友"。那完了,司马迁、司马光这些大学问家,不知道该交谁了。照他这样——交朋友只能交比我们好的,那么大学校长只能与教育部长交朋友,部长只能跟院长做朋友,院长只能跟总统做朋友,当了总统只能跟上帝做朋友了?"无友不如己者"嘛!假如孔子是这样讲,那孔子是势利小人,该打屁股。照宋儒的解释,那么下面的"过则勿惮改"又怎么说呢?又怎么上下文连接起来呢?中国文化就是这样被他们糟蹋了。

事实上是怎么说的?"君子不重则不威"的"重"是自重,现在来讲是自尊心,也就是说每个人要自重。"君子不重则不威",拿现代话来讲,也可以说是自己没有信心。今天中午有一位在国外学哲学的青年,由他父母陪来找我,这青年说:"我觉得我自己不存在。"我说:"你怎么不存在?"他说:"我觉得没有我。"我说:"现在我讲话你听到了吧?既听到了怎么会不存在呢?根据西方哲学家笛卡儿的思想,'我思故我在',你能够思想,你就存在,你怎么没有?"他说:"没有,我觉得我什么都不行。"我说:"你非常行,比任何人都行。"事实上这个孩子是丧失了自信心,要恢复他的自信心就好。

我们要知道,人都天生有傲慢,但有时候,对事情的处理,一点自信都没有,这是心理的问题,也是大众的心理。比如交代一个任务给诸位中间任何一人,所谓"见危授命",你有时候会丧失了这个信念,心理非常空虚,在这地方,就需要真正的学问,这个学问不是在书本上,这就是自重。所以一个人没有自信也不自己重视自己,不自尊,"学则不固",这个学问是不稳固的,这个知识对你没有用,因此我们必须建立起自己的人格,自己的信心来。

那么"无友不如己者",是讲什么?是说不要看不起任何一个人,不要认为任何一个人不如自己。上一句是自重,下一句是尊重人家。我们既然要自尊,同时要尊重每一个人的自尊心,"无友不如己者",不要认为你的朋友不如你,没有一个朋友是不如你,世界上的人,聪明智慧大约相差不多,反应快叫聪明,反应慢就叫笨。你骗了聪明的人,他马上会知道,你骗了笨人,尽管过了几十年之久,他到死终会清楚的。难得有人真正笨到被你骗死了都不知道的,这个道理要注意。

所以,不要看不起任何一个人,人与人相交,各有各的长处,他这一点不对,另一点会是对的。有两个重点要注意的:"不因其人而废其言,不因其言而废其人。"这个家伙的行为太混蛋了,但有时候他说的一句话,意见很好。你要注意,不要因为他的人格有问题,或者对他的印象不好,而对他的好主意,硬是不肯听,那就不对了。有时候"不因其言而废其人",这个人一开口就骂人,说粗话,你认为说粗话的土包子,没有学问,然后把他整个人格都看低了。这都不对,不能偏差,"无友不如己者",世界上每个人都有他的长处,我们应该用其长而舍其短,所以"过则勿惮改",因为看到了每一个人的长处,发现自己的缺点,那么不要怕改过,这就是真学问。

据心理学的研究,人对于自己的过错,很容易发现。每个人自己做错了事,说错了话,自己晓得不晓得呢?绝对晓得,但是人类有个毛病,尤其不是真有修养的人,对这个毛病改不过来。这毛病就是明明知道自己错了,第二秒钟就找出很多理由来,支持自己的错误完全是对的,越想自己越没有错,尤其是事业稍有成就的人,这个毛病一犯,是毫无办法的。所以过错一经发现后,就要勇于改过,才是真学问、真道德。

那么,我如何来证明这个"无友不如己者"是这样解释呢?很自然的,还是根据《论语》。如果孔子把"无"字作动词,便不用这个"无"了。比如说,下面有的"毋意"、"毋我"等等,都用这个"毋"字。而且根据上下文,根据整个《论语》精神,这句话是非常清楚的,上面教你尊重自己,下面教你尊重别人。过去一千多年来的解释都变成交情当中的势利,这怎么通呢?所以我说孔家店被人打倒,老板没有错,都是店员们搞错了的,这要特别修正的。

## 种 瓜 者

下面一节,等于一个结论:

曾子曰：慎终追远，民德归厚矣。

古人对于这一句的解释，我也有点意见。拿孝道来讲，过去讲中国文化的孝道，本来很重要，我们看历史上给皇帝的奏议，常有"圣朝以孝治天下"这句话。等于是宪法的基础精神，过去我们没有"宪法"这个名称，但是有这个精神——宪法的哲学精神，以孝道为基础、作中心。所以过去的皇帝，权倾天下，一到内宫，见到母后，皇帝也要跪下来，皇太后对什么事讲一句不应该，皇帝就非改不可（但是出了内宫，母后则不能干政）。固然，我们向来以孝治天下，但硬拉上了作解释，也是不对的，古人就解释"慎终追远"是孝道。所以过去在大陆，人家大厅里的祖宗牌位上面，总是"慎终追远"四个字，这就是因为古人解释"慎终追远"只对孝道而言的。他们解释：慎其终者，是说对过去了的，死了的先人，我们要怀念他。"民德归厚矣"，他们解释，如果大家都能孝顺父母，孝于祖宗的话，社会风气就趋于厚道了。

这是有问题的，意思对，但牵强附会。为什么引用曾子的这一段话讲学问呢？"慎终追远"是什么意义？"终"就是结果，"远"就是很远的远因，用现在观念的一句话来讲就解决了，"一个人要想好的结果，不如有好的开始。"欲慎其终者，先追其远，每件事的结果，都是由那远因来的，这里我们可以引用佛学里的一句话："菩萨畏因，凡夫畏果。"佛家的菩萨，大致相当于中国儒家的圣人，圣人们非常重视一件事情的动机。比如有一个朋友来约你做生意，这个动机，也就是这个初因，我们要注意，也许是善因，也许是恶因，如果是恶因，即使叫你做董事长，将来坐牢的也是你，那么这个因要注意了，所以菩萨是怕这个因。而"凡夫"——普通一般人畏果，像死刑犯到执行时才后悔，这个后果来了他才怕。真要注意学问的人，对每一件事，在有动机的时候就做好，也就是刚才说的，要有好的结果，不如有好的开始，也就是开始就要慎重。

有人不择手段地创业，经常喜欢引用西方宗教革命家马丁·路德的"不择手段"这句话。但是你要注意，对马丁·路德这句话，不要只说一半,他是说:"不择手段,完成最高道德。"现在把这句话拦腰一刀,砍去一半,把"不择手段"拿去用,而不是"完成最高道德",这就很危险了。

所以"慎终追远"的意思,是说与其要好的结果,不如有好的开始,西方文化中有一句俗语:"好的开始是成功的一半。"也是这个道理。大家认识了这个道理,则"民德归厚矣"。社会道德的风气,自然都归于厚道严谨。这是"学问"的道理。

## 孔子的素描

讲到这个地方,一直太严肃了,所以下面来个滑稽的事情。在这里,也可窥见孔门弟子写文章的笔法,并不呆板,是活泼生动的。

子禽问于子贡曰:夫子至于是邦也,必闻其政,求之与?抑与之与?子贡曰:夫子温、良、恭、俭、让以得之。夫子之求之也,其诸异乎人之求之与!

子禽名亢,又字子元,少孔子四十岁。孔子一生讲学,尤其是周游列国回来,专心培养后一代,教育后一代,所以学生都是年轻人。子贡是孔子弟子中最出色的一个人物。吴越之战,也和他有关,他为了保护自己的父母之邦——鲁国,自动以国民外交的身份到吴、越去动之以利害,而引起这场战争。

这一段是说有一天子禽问子贡的话,如果把它改编作话剧,那一定是一场很滑稽、很有趣、令人莞尔的戏。好像是子禽悄悄地扯了子贡的袖子,把他拉到门边,避开了孔子的视线,然后压低嗓门轻轻的问道:"喂!子贡!我问你,我们这位老师,到了每一个国家,都要打听人家的政治,他是想官做,还是想提供人家一点什么意见,使这些国家富强起来?"子贡答得很妙!他说:"我们的老师是温、良、恭、俭、让以得之的。老弟，夫子不是像你们这一般思想，对于一件事情总把人家推开，自己抢过来干的。他是谦让给人家，实在推不开了，才勉强出来自己做的。假如你认为老师是为了求官做，也恐怕与一般人的求官、求职、求功名的路线两样吧？"可见他没有作正面的答复，只把反面的道理告诉子禽，等于对年轻后进同学的一种教育方法，这方法是启发式的，不作正面解答，要受教的人自己去思考判断。

温、良、恭、俭、让。现在先简单的解释这五个字的五种观念。

"温"是绝对温和的，用现代的语汇来讲就是平和的。"良"是善良的、道德的。"恭"是恭敬的，也就是严肃的。"俭"是不浪费的。"让"是一切都是谦让友好的、理性的、把自己放在最后的。上面这五个字，也可以说是五个条件。描写了孔子的风度、性格及他的修养。

这五个字包含了许多，也就是中国儒家教人作为一个人，要在这五个字上作重大的研究，多下功夫。

## 五字串通五经

讲到温、良、恭、俭、让这五个字，就又牵涉到中国文化的全体根源。因此，我们首先就要研究一本书——《礼记》。它是中国文化的一个宝库。我们的"大同"思想，就是《礼记》中《礼运》篇里的一节。要了解"大同"思想的哲学基础，必须要把《礼运》这一篇全盘搞清楚。所以《礼记》是我们文化的宝库，也是过去几千年来宪法精神的所在，里面包括了现代的学问：政治、经济、哲学、教育、社会、科学，什么东西都有，乃至医药、卫生，以及中国人过去的科学观念，都有了。所以要了解中国文化的根本，《礼记》是不能不研究的。岂但是《礼记》，换句话说，要了解我们中国文化，了解孔孟思想，了解尧、舜、禹、汤、文、武、周公、孔子一直下来的根本渊源，还必须了解其他"五经"。

谈到"五经"，《礼记》中有一篇《经解》，对于"五经"作总评。这怎么说法呢？以现在的观念来说，就是对"五经"扼要简单的介绍：对《诗》、《书》、《易》、《礼》、《乐》、《春秋》以一两句话批评了。

《经解》篇说："孔子曰：入其国，其教可知也。"意思是，到一个地方，看社会风气，就可知道它的文教思想。

《经解》篇接着说："其为人也，温柔敦厚，《诗》教也。"所谓诗的教育，就是养成人的温柔敦厚。讲到温、良、恭、俭、让这个"温"字，就得注意孔子所说诗教的精神（现在我们不偏向于这方面，暂时只作一参考）。

"疏通知远，《书》教也。"《书经》又叫《尚书》，是中国第一部历史，也不止讲历史，而是中国历史文献的第一部资料。现在西方人学历史（现在我们研究历史的方法，多半是由西方的观念来的），是钻到历史学的牛角尖里去了，是专门对历史这门学识的研究，有历史的方法，历史的注解，历史对于某一个时代的影响。中国过去的情形，学术家与文学家是不分的，学术家与哲学家也是不分的。中国人过去读历史的目的，是为了懂得人生，懂得政治，懂得过去而知道领导未来，所以它要我们"疏通知远"。人读了历史，要我们通达，透彻了解世故人情，要知道远大。这个"远大"的道理，我讲个最近的故事来说明。有一位做外交官的朋友出国就任，我送他一副对联，是抄袭古人的句子："世事正须高著眼，宦情不厌少低头。"一般人应当如此，外交官更要善于运用它。对于世局的变化，未来的发展，要有眼光，要看得远大。"宦情"是做官的情态，要有人格，尤其外交官，代表了国格，代表全民的人格，要有骨头，站得起来，少低头，并不讨厌"少低头"。不能将就人家，要怎样才做得到呢？就是懂得历史——疏通知远——这是《书经》的教育精神。

"广博易良，《乐》教也。"乐包括了音乐、艺术、文艺、运动等等。在我们的传统文化中，这些都包括在"乐"里，也就是所谓育乐的要旨，以养成"广博"伟大的胸襟；"易良"就是由坏变好，平易而善良。

"絜静精微，《易》教也。"《易经》的思想，是老祖宗们遗留下来的文化结晶。我们先民在文字尚未发明时，用八卦画图开始记事以表达意思。什么叫絜静呢？就是哲学的、宗教的圣洁；"精微"则属科学的。《易经》的思想是科学到哲学。融合了哲学、科学、宗教三种精神。所以说"絜静精微，易教也"。

至于"恭俭庄敬，礼教也"，是人格的修养，人品的熏陶。

"属辞比事，《春秋》教也。"《春秋》也是孔子作的，也是历史。什么是"属辞比事"呢？看懂了《春秋》这个历史，可提供我们外交、政治，乃至其他人生方面作为参考。因为人世上许多事情的原委、因果是没有两样的，因此常有人说历史是重演的。这是一个哲学问题，历史会重演吗？不可能。真的不可能吗？也许可能，因为古人是人，我们也是人，中国人是人，外国人还是人，人与人之间，形态不同，原则却变不到哪里去，所以说历史是重演的。但是，不管历史重演不重演，尤其中国文化有五千年的历史，对于做人处世，处处都有前辈的经验。虽然古代的社会形态与我们不同，原则却没有两样，所以读了《春秋》，"属辞比事"，就知识渊博，知道某一件事情发生过，古人也曾有这样一件事情，它的善恶、处理方法都知道，这个就叫"比事"了，是"《春秋》教也"。

以上五经，在《经解》中，只用几个字，就将每一部书的精华思想予以表征。拿现在的白话文来讲，这每一句话的几个字，就可以拿到好几个博士学位。"小题大作"嘛！尽管作，从西方文化自十六世纪的文艺复兴运动开始，到现在为止，一切都扯进来，扯到最后，说明了这一点，就可以完成一篇博士论文了。但是在古人，几句话而已。

## 善知识与恶知识

下面还有："故《诗》之失，愚。"老是去搞文学的人，变成读书读酸了的书呆子，很讨厌，那就是笨蛋。任何学问，有正反两面，五经也如此。

接着提到："《书》之失，诬。"所以读历史要注意，尤其读中国史更要注意，因为宋朝的历史是元朝人编的，元朝的历史是明朝人编的，明朝的历史是清朝人编的，事情相隔了这么久，而且各人的主观、成见又不同，所以历史上记载的人名、地名、时间都是真的，但有时候事实不一样，也不见得完整。为了弥补这个缺陷，还要读历史的反面文章。反面文章看什么呢？看历朝的奏议，它相当于现代报纸的社论，在当时是大臣提出的建议和报告。为什么要提出建议报告？可见所提的事出了毛病，否则就没有建议了。宋朝王荆公——王安石就说过懒得读《春秋》，认为那是一本烂账簿，这也是认为"《书》之失，诬"的观念。这点是我们研读历史要注意的。

"《乐》之失，奢。"光是讲艺术等等，又容易使社会风气变得太奢靡了。

"《易》之失，贼。"一个人如果上通天文，下通地理，手指八卦，未卜先知，别人还没有动，他就知道了一切，这样好吗？坏得很！"察见渊鱼者不祥"。如果没有基本道德修养，此人就鬼头鬼脑，花样层出了。所以学《易》能"上通天文，下通地理"固然很重要，但"做人"更重要，如果做人没有做好，坏人的知识愈多，做坏事的本领越大，于是就"《易》之失，贼"了。

"《礼》之失，烦。"礼很重要，过分讲礼就讨厌死了，等于说我们全照医学理论，两手就不敢摸面包。全听律师的话，连路都不敢走，动辄犯法。你要搞礼法，那烦透了。所以"礼"要恰到好处。

"《春秋》之失，乱。"懂了历史的春秋大义以后，固然是好，有时候读了历史又有问题，好像一个人不研究军事哲学，则这个人作为一个健全的国民不成问题，等到研究了军事哲学以后，相反的，他又容易闯乱。不会武术的人，最后可以寿终正寝；会了武术，反而不得好死，是一样的道理。

《经解》对五经的批评，正面反面都讲了。下面一段，就是告诉我们，五经的修养，要做到温柔敦厚而不愚。这样的人，才能爱任何一个人，爱任何一个朋友。所谓敦厚，对别人的缺点，容易包涵，容易原谅，对别人的过错，能慢慢地感化他，可是他并不是一个迂夫子，那么才是"深于诗者也"，这样才算是诗的教育。以下《书》、《易》、《礼》、《乐》、《春秋》，都是如此。现在我们再回到《论语》上来。

子贡所讲孔子的温、良、恭、俭、让，是讲孔子的修养，是集中国古代传统文化之大成，他有了这样高深的修养，所以他的目的，就是我国古代的"淑世主义"，他具有救世救人的思想，也就是我们前面所提到的他的千秋大业。千秋大业就是学问思想，千秋事业在当时是很寂寞的，例如孔子、老子、释迦牟尼、耶稣、穆罕默德等等，在当时并未受人重视，可是德及万世，名震千古。孔子这种千秋事业是要集中国文化、思想、精神之大成，认清楚自己的任务，牺牲现实的荣华，才能够做到。所以子贡对子禽说，你问到老师究竟为什么来着？你看看老师是这样一个人，如果你一定要认为他对政治有野心、有要求的话，恐怕他所要求的，也不是一般人所能了解的。

经过了这一段有趣味的回答，下面一段的问题就来了。

## 老鼠生儿的孝道

子曰：父在观其志，父没观其行，三年无改于父之道，可谓孝矣。

讲到这里，我们要向前辈的某些儒者、理学家、读书人告个罪了，他们的解释，又是错误的。他们说看一个人，他父母还在的时候看他的志向，父母死了的时候看他的行为，三年当中，没有改变他父母所走的路线，这个人就叫作孝子了。问题来了，假使父母行为不端，以窃盗为生，儿子不想当小偷，有反感，可是为了孝道，就不能不当三年小偷去。这样，问题不就来了？如果遇到坏人的话，明明知道错，可推说："孔子说的呀！圣人说的呀！为了做孝子，也只好做错三年呀!"这叫圣人吗?照这样讲,我就叫它是老鼠生儿的孝道哲学。为什么呢?俗话说:"龙生龙,凤生凤,老鼠生儿打地洞。"通吗?不通!这些问题,都出在过去的误解。当然,宋儒并不一定完全错,但像这种错的地方,我们要注意。所以古人说,读书要顶门上另有一只眼。中国宗教里有的神像,多一只眼睛,名为智慧眼。我们要用宗教家所谓的智慧之眼去看,就很容易了解了。

"父在观其志"的这个"志",古人的文字"志"为"意志"之意,它包括了思想、态度。我们都曾经做过儿子,都有这样的经验:当父亲、师长的面前,听到教训吩咐,口口声声称"是",但背过身来,却对着同学、朋友,做一个鬼脸,表示不听。所以"父在观其志"这话,是说当父母在面前的时候,要言行一致。就是父母不在面前,背着父母的时候,乃至于父母死了,都要言行一致,诚诚恳恳,非常老实,说不接受就是不接受;如果做好人,就要做到底,父母死了,于三年之内,无改于父之道,说得到做得到,经过三年这么久的时间,感情没有淡薄,言行一致,一贯作法,这就是孝子。

## 无所适从的礼俗

下面讲做学问的态度。

有子曰:礼之用,和为贵,先王之道,斯为美,小大由之;有所不行,知和而和,不以礼节之,亦不可行也。

为什么讲学问讲到礼?这个礼,刚才提到了《礼记》。讲到礼,感慨良深!我们知道,中国人都自称"礼义之邦",现在很成问题。几十年前,遇到人打恭,后来慢慢改成鞠躬,以后再加上一点军事化的,将手举起掌近于眉,十五度的半鞠躬,以后改成两方面握手,又变成现在的点一个头,后来又变成翘一个下巴。现在我们中国人,见面施礼的动作,不知道是哪一套了。所以说,讲到文化,感慨良深。

文化表现在形态上,常有四样大类:"衣、冠、文、物"。我们在日本都还看得到,日本人平常也穿西装,但是遇到皇室的重大典礼,还是穿自己制定的民族礼服。过去执政党在抗战以前,拟过一个关于"衣、冠、文、物"的文件草案,对国民的衣服,都有了规定,后来因抗战军兴,没有实行。

现在我们在礼仪方面,看见了人,刚说的五套礼貌都要来的,再加上在飞机场,还有抱一下,贴个脸的,真可谓集古今中外之大成。又看结婚礼仪,过去拜天地,拜父母,后来改成文明结婚,新娘穿白衣服,这是我们过去的孝服;还有男傧相,拉纱的花童,这叫"文明结婚"。再后来,法律问题,写一张婚约,盖两个章,还加上证人,大有为离婚作准备的味道,现在更简单了,跟外国人结婚的,外国人穿上那种日本式的木拖板,就去结婚了。到法院公证处看看,什么怪样子的都有。

丧事上更看出来了,军乐队、西乐队、锣鼓队、笙箫队、和尚、道士,集古今中外之大成,出殡行列,什么都有,不伦不类。所以讲这个礼仪,我们大家要注意,为自己的国家建立文化,是非常重要的事情。我们大家要起来做具体的研究。

此外,《论语》上的"礼"是社会秩序的礼,个人的礼。曾有一个学生给我的信上称"南老师",我对他说,不知道你究竟写信给谁,因为我的孩子也在教书,也是"南老师",你既不照中国礼法称名,也可照西洋规矩称"亲爱的某某",只来一个"南老师","南"是姓氏,是通称;名是特称。在我们中国的礼貌,有事写信用通称,呼姓是不礼貌的。更滑稽的是他自称"愚生某某"。这个"愚",本来是平辈稍长或长辈自称的谦词,"愚兄"、"愚叔"、"愚舅"等等。而他来个"愚生",就不知道到底谁是谁的学生了。这是一般人看不起中国文化,不加以注意,所发生的许多问题之一。信不会写,礼貌不懂,不知道进退应对,不晓得席位尊卑。现代坐沙发,坐汽车,西方物质文明产品的使用,西方人也还是有西方人的礼貌、西方人的规矩,尤其学外交的人不能不懂。而现在年轻人常弄错,所以我们自称"文章华国,诗礼传家",反省起来,是很难过的,非常沉痛的;为了国家民族,这些地方是要注意的。

再讲到有子的话"礼之用,和为贵",这等于礼的哲学。礼是干什么的?是中和作用,说大一点就是和平。这也就是礼的思想。人与人之间会有偏差的,事与事之间彼此有矛盾;中和这个矛盾,调整这个偏差,就靠礼。那么法律也就是礼的作用,法律的原则之下,理国乃至办事的细则,就是礼的作用。假如没有礼,社会就没有秩序,这怎么行?所以人与人之间要礼,事与事之间要礼,而礼的作用,"和为贵",就是调整均衡。

"先王之道,斯为美,小大由之"。中国文化中称先王,不是指那一个皇帝是先王,"先王"这两个字,就是我们现在讲的"传统文化"、"中国文化"的意思。所谓"王者望也"、"王者用也"这些注解以外,我们了解"先王"两字的精神,就代表列祖列宗。所以中国文化的先王之道"斯为美矣",最了不起的,我们人文文化的建立比世界上任何民族、任何国家都更早。"小大由之",无论大事小事,都要由礼的精神来处理,失去了礼的精神就不行,一定出毛病。

"有所不行,知和而和,不以礼节之,亦不可行也。"这是讲相当矛盾的道理。我们经常看到"矫枉过正"四个字,"枉"是歪了,看见事物歪了,必须要矫正它;矫正得过分了,又是歪了。换句话说,不是向这边歪,就是向那边歪。总之"过正"就是歪。礼也是这样,要中和,过分的调节也不好。一个青年一点不懂礼貌固然不对,但他一天到晚都讲礼貌,太多礼了,人家就要误会他拍马屁,所以"知和而和",对一件事,了解了它的中和之道,而去中和、去调整它。但过分的调整就错了,"不以礼节之,亦不可行也"。所以礼义的基本精神,是调节一件事物,中和一件事物,但是有一定的限度,超过了这个限度,又要重新把它调整。

## 上帝的外婆是谁

要研究中国文化,孔子所编的《礼记》是不能不看的。它是我国传统文化初期包罗万象的著作。以现代学术来讲,包括了哲学、政治、军事、经济、卫生、医学等各方面的学问。当然,是原则,不像现在分得那么细。所以《礼记》这部书,并不是只讲礼貌,我们的礼节礼貌,只是礼的一种表现而已。

中国文化的"礼"字,拿西方文化来讲,就是哲学。哲学大致可分两个范围,以中国道理来讲,一个是形而上的,一个是形而下的。所谓形而下的,是宇宙万有一切学问,都包括在内;形而上的,在中国人叫作"道",在儒家思想叫作"天","天道"也就是"本体论"。形而下的,在西方哲学,就是"知识论"、"人生的价值论"。西方哲学大概是这样分类的。"形而上"这个名称,来自《易经》,日本人翻译希腊哲学时,借用了《易经》上孔子所说的这个名词——"形而上者谓之道"。

什么是"形而上"?就是宇宙来源的问题——先有鸡还是先有蛋?先有男或是先有女?究竟这个宇宙万有是谁创造的?宗教家说是一位主宰创造的。哲学家就问这个主宰是哪里来的?创造主宰的又是谁?假使创造主宰的是主宰的妈妈,那么主宰的外婆又是谁?哲学家是一路追到底的。讨论这形而上的道,就是"本体论"。"形而下"是讲宇宙万有形成以后的各种现象和各种知识。西方"本体论"的探讨,最早发源于希腊,也已经两三千年了。当时大概又分作两派,一派是唯物思想,一派是唯心思想。这个唯心与中国固有文化所讲的唯心,又不相同。讲到哲学,这个基本上的思想来源问题,首先要认识清楚,以免混淆。

后来哲学家认为,人为什么会知道宇宙的来源?是靠知识来的,靠思想来的,那么,思想的本身是不是靠得住?就先要研究了。于是产生了知识论。假使思想的本身都靠不住,那么用思想所了解的"宇宙的本来",也是不完整的。这就是哲学的范围了。一直经历了上下几千年的这一学术,中国人根据日本人的翻译,叫它为"哲学"。

另外一部分是"人生哲学"——研究人的价值问题。

在西方哲学家看来,中国人没有哲学,至少过去中国没有像西方人一样,追究宇宙的本体。像我们现在看到的,西方文化这个系统是很严谨的,他们的哲学思想最初是宗教,宗教只教人信,而且是专制强权,绝不容许你怀疑。你想知道上帝怎么来的,但是你不能问,只要"信"就得救。哲学家说,你要我信可以,不过你要把那个幕拉开给我看看,我看到了以后,绝对信! 这是哲学精神。

后来,因为哲学的发展,又形成了科学,科学家更进一步说,光看一下还是不行,我要摸到以后,我才相信的确有这个东西。所以由宗教而哲学,而科学,是今日西方文化发展的步骤。

中国人真的没有哲学吗? 有! 所有哲学是"人生哲学"。只讲做人伦理的道德,讲做人应该怎样。西方人认为我们没有哲学,过去我国的一些学者也跟着人家这样讲,是不对的。事实上,中国哲学思想,都包括在《礼记》《易经》等书里面,而且最多了,不过需要大家努力整理。我国学者,在这几十年来,所整理出来的哲学思想,还是不够的,太不够了! 而且有所偏。这还要我们自己温故知新,多向这方面努力。

现在,我们讲的重点:"礼"不光是礼貌、礼节,而且包括了形而上的哲学,和形而下人生上的一切运用。因此,下面就接到这一节了。

## 《三国演义》的幕后功劳

有子曰:信近于义,言可复也;恭近于礼,远耻辱也;因不失其亲,亦可宗也。

"信近于义，言可复也。"为什么中国文化提倡"仁、义、礼、智、信"？"信"有什么好处？为什么教人建立"信"？因"信近于义"，义者相宜也。这"义"字上表现了中西文化的不同。我们要注意"仁义"两字，"仁"字，凡是博爱、慈爱都叫"仁"，世界各国文化，都有"仁"的同义字；但中国的"义"字，英文、法文、德文，任何一国文字中都没有同义的字。只有中国文化中才有的。这个"义"字，有两个解释，儒家孔门的解释讲："义者宜也。"恰到好处谓之宜，就是礼的中和作用，如"时宜"就是这个意思。另外一个解释，就是墨子的精神——"侠义"，所谓"路见不平，拔刀相助"。中国人有这个性格，为朋友可以卖命，我们中国人这种性格，有时候比儒家的影响还要大，为了朋友，认为这条命该送给你，没有关系，帮你的忙给了你，其他民族也有这种精神，可是没有这种定义。我们有这种文化，而且过去中下层社会普遍存在。这很重要，尤其一个国家在变乱的时候更明显，在抗战期间就看到，老百姓为国家民族牺牲的精神，非常伟大，就是中国文化的表现。有人说这是儒家孔孟思想影响的，并不尽然，其实是《三国演义》等等几部小说教出来的。所以中华民族能够有忠义之气，这是我们民族的特性，特别的长处，所以我们负责教育的，要留意这类问题。

这里"信近于义"的"义"，与墨子的"义"字，有相同之处。人为什么守信？答应的话，一定做到。所以我们历史上有著名"季布一诺千金"的故事。《论语》中的子路也是这样的人。"言可复也"，守信的人，不可讲空话，因为"言可复也"，讲了话必须恢复。什么是"恢复"？就是讲了的话要"兑现"。

"恭近于礼，远耻辱也。"礼貌的当中要恭敬。所谓恭，就是内心对事情的庄重认真，并不是看见人敬礼就是恭；虽然不敬礼，当朋友有困难的时候，那种无限关心的神态，不说出来就知道。所以人恭敬不恭敬，表面态度虽然重要，更重要的是内心的事。因此恭敬就是礼。人与人为什么要恭敬？"远耻辱也"，免得招来无谓的耻辱。"因不失其亲，亦可宗也。"因就是动机，中国文化：亲亲、仁民、爱物。

"因不失其亲"，意思是人绝对无私是做不到的（这个问题，将来会讨论到，中国文化中两个观念是由道家出来的，一个是大公无私，一个是绝对自私，两种极端思想，对我们而言都做不到的。而儒家则主张有限的自私）。举个例子，如果大家没有衣服穿，我弄到了一件，先给我的父亲穿，父亲穿了给我穿，等自己多一件时，再给别人穿。助人的心行，由近而远，渐渐扩及他人。"亦可宗"，像这个样子，也可以宗仰。

这些都是讲做学问的态度。然后再引用孔子的话：

子曰：君子食无求饱，居无求安，敏于事而慎于言，就有道而正焉，可谓好学也已。

说明学问的道理，并不是只读死书，而是注重现实人生中的做人处世。孔子说生活不要太奢侈，"食无求饱"，尤其在艰难困苦中，不要有过分的、满足奢侈的要求。与《乡党篇》孔子自己生活的态度、做人的标准是相通的。"居无求安"，住的地方，只要适当，能安贫乐道，不要贪求过分的安逸，贪求过分的享受。这两句话的意义，是不求物质生活的享受，而重视精神生命的升华。"敏于事而慎于言"，包括了一切责任、一切应该做的事，要敏捷——马上做。"慎于言"，不能乱说话。"就有道而正焉"，这个"道"就是指学问、修养。那么哪里叫"有道"呢？古人的书本，书本上就是"有道"，从书本上去修正做人做事的道理，这个样子就叫作好学。可见《学而》一篇，并不是说读书就是学问，前后好几处，都是这样证明的。

## 多才多艺的子贡

接下来讲子贡。我们特别留心这个人，上面也曾提到过，子贡在孔门弟子中，不但是学问家，也是外交家、政治家，以现代观念来讲，也是工商界的钜子。

读司马迁的《史记》,就可以看见一篇东西——《货殖列传》,《史记》这部书,在中国历史文化上,有了不起的价值。《货殖列传》就是讲商业家,讲社会工商经济发展的情形。中国文化在过去始终是轻商的,所谓士、农、工、商,商人的阶级,列在四民之末,为社会所轻视,而司马迁特别提出商来,写了这篇文章。以后中国的历史,才有《货殖列传》的精神,顺便也记载一般经商者的事。司马迁当时写《货殖列传》的动机,是认为工商社会的发展,是关系国家政治的命脉,不能不注意,可是当时不能如此明显提倡,所以他写了《货殖列传》。其中还包涵许多褒贬的微词。

司马迁有很多东西是创作,像他又写了《游侠列传》。在过去,人们认为游侠这一批人,作奸犯科——"老子拳头大",就是那么回事。司马迁却特别写了《游侠列传》,他认为这些人在社会落伍的时候、动乱的时候,道德、道理、人情、法律都没有办法的时候,只有"老子拳头大!"一伸胳膊则没有事了,才可解决问题,所以他觉得这种精神,非常可取,就写了《游侠列传》。

《史记》这部书,研究起来很有趣,中国文化的许多精神,司马迁都在《史记》上点出来了。

我们讲子贡,牵涉到《史记》,司马迁在《货殖列传》中,特别提到子贡这个人,非常了不起,乃至强调地说,孔子的学说思想,后来能够流传下来,端赖他的出力。

现在讲到学问的修养,提到子贡一段非常重要的话:

子贡曰:贫而无谄,富而无骄,何如?子曰:可也,未若贫而乐,富而好礼者也。子贡曰:诗云:"如切如磋,如琢如磨。"其斯之谓与!子曰:赐也,始可与言诗已矣!告诸往而知来者。

这一段很值得注意的。以前一直讲学问,这一段则是描写有一天子贡问孔子的故事。有如电视上的一个短剧。

子贡说,老师！人穷了,倒楣了,还是不谄媚,不拍马屁,不低头；发财了,得意了,还能够对人不骄傲,何如？这个"何如？"若演起戏来,导演一定教演员作得意状。子贡这个时候,似乎认为自己学问修养做到这个地步已经很不错,很有心得了,心里在想一定可以得到老师的欣赏,给一个一百分,至少九十分,所以他这"何如"用白话来说是："老师！你看看我怎么样？"那种自肯的味道,完全在这"何如"两个字上表现出来了。

我们都常听说"得意忘形",但是,据我个人几十年的人生经验,还要再加上一句话——"失意忘形"。有人本来蛮好的,当他发财、得意的时候,事情都处理得很得当,见人也彬彬有礼；但是一旦失意之后,就连人也不愿见,一副讨厌相,自卑感,种种的烦恼都来了,人完全变了——失意忘形。所以我就体会到孟子讲的："富贵不能淫,贫贱不能移,威武不能屈。"一个人做学问,只要做到"贫贱不能移"一句话——能够受得了寂寞,受得了平淡,所谓"唯大英雄能本色",无论怎么样得意也是那个样子,失意也是那个样子,到没有衣服穿,饿肚子仍是那个样子,这是最高修养,达到这步修养太难了。所以子贡讲的"贫而无谄,富而无骄"的确是不容易,很难得。可是孔子并没有给他九十分,只是"可也"而已。下面还有一个"但是",但是什么？"未若贫而乐,富而好礼者也。"你做到穷了、失意了不向人低头,不拍马屁,认为自己就是那么大,看不起人,其实满肚子的不够；或者你觉得某人好,自己差了,这样还是有一种与人比较的心理,敌视心理,所以修养还是不够的。同样的道理,你到了富而不骄,待人以礼,因为你觉得自己有钱有地位,非得以这种态度待人不可,这也不对,仍旧有优越感。所以要做到真正的平凡,在任何位置上,在任何环境中,就是那么平实,那么平凡,才是对的。所以孔子告诉子贡,像你所说的那样,只是及格而已,还应该进一步,做到"贫而乐,富而好礼",安贫乐道。安贫就非常难,孔子在下面就有"君子,素富贵,行乎富贵；素贫贱,行乎贫贱"的话。所以有些朋友很了不起,很清高,聊天时常常问起:"你看我这个人怎么样?"我说:"我个人不完全同意你,你是很清高,不过有一点苟求清高。"一个人是应该清高的,但有人是苟求清高,或者为了标榜自己清高,因此只好忍痛牺牲。那就大可不必,这就不平凡,不平凡不是真涵养的精神。因此孔子告诉子贡,要安贫乐道,要平实,他说仅是做到不骄傲,不算好,还要进一步做到好礼,尊重别人和爱人。

富而好礼的方面,我们与工商界人士接触就看得出来,社会上的有钱人,有的非常讨厌,不学无术,一开口庸俗不堪,所以富有不一定好礼。好礼不一定仅仅讲礼貌,而是在学问做人各方面随时虚心求进。假如一个真正富有的人,能够不断追求学问,不断讲究做人做事的道理,实在了不起。有的人事业成功了以后,往往亲朋间脱离了关系,这是遗憾的事。

讲到这里,再看下去,知道子贡是服了老师,孔子是了不起的,所以子贡提出了一句话来说:"诗云:'如切如磋,如琢如磨。'其斯之谓与!"这首诗是古代的诗,谁作的呢?前辈古人作的,当时流传很广。"如切如磋,如琢如磨"这八个字是引用古诗里的原句。这诗是讲做玉石的方法,如花莲的玉石,最初是桌面大的一块石头,买来以后,先将它剖开,里面也许能有几百个戒指面,也许只有十个八个也说不定。做玉器的第一步,用锯子弄开石头叫剖,也就是切;找到了玉,又用锉子把石头的部分锉去,就是第二步手术叫磋;玉磋出来了以后,再慢慢地把它雕琢,琢成戒指型、鸡心型、手镯型等一定的型式、器物,就是琢;然后又加上磨光,使这玉发出美丽夺目的光彩来,就是磨。切、磋、琢、磨,这就是譬喻教育。一个人天生下来,要接受教育,要慢慢从人生的经验中,体会过来,学问进一步,工夫就越细,越到了后来,学问就越难。所以"如切如磋,如琢如磨,其斯之谓与!"这句话大有推崇孔子的意思,好像说:"做学问还要像玉一样地切磋琢磨,我懂了。"那么孔子答复他了,子曰:"赐也,始可与言诗已矣!告诸往而知来者。"赐是子贡的名字,孔子说你懂得这个道理,现在可以开始读书了,也可以开始读诗了,因为我刚刚提示了你一个道理,你自己就能够另外推演出别的道理来。这表示了一个人的天分高,拿现在的教育来说,是教了一个原则,其他就可以自己类推了。

## 诗 的 人 生

不过这句话研究起来有一个问题,是诗的问题。我们知道中国文化,在文学的境界上,有一个演变发展的程序,大体的情形,是所谓汉文、唐诗、宋词、元曲、明小说,到了清朝,我认为是对联,尤其像中兴名将曾国藩、左宗棠这班人把对联发展到了最高点。我们中国几千年文学形态的演变,大概是如此。

今天中午有位学者,谈到很多人写作的东西,他说过去看了一些作品,马马虎虎过得去,还不注意。现在看一些作品可难了。他这话是真的。有些人有文学家的天才,随便写几句,从笔调上一看,就知道他在文学上一定会有成就;也有的人力学一辈子,也不能变成文学家。虽然写文章写得蛮好,但是他到不了那个程度,怎么下工夫都无法突破他们自己的那一个极限,他的文章始终只是一个科学家的文章。所以看科学的书,没有办法看得有趣味。我曾经对学生说,你教化学的,如配合文学手法来教,会比较成功。科学本身很枯燥,所以最好把它讲得有趣味,比如对一个公式,先不要讲公式,讲别的有趣的;最后再说明这个有趣的事,跟某一公式的原理是一样的,听的人就可以贯通。结果有几个学生用这个方法教,的确很成功。但现在中国文学正在剧变当中,还找不出一个法则来。

至于诗,过去我们读书,没有人不是在小学(不是现代的小学)就开始学诗的。每一个人都会作诗,不过是不是一个诗人,是另一个问题。有人问为什么我们对诗的教育这样重视,这是个大问题。下面第二篇《为政》里就有一个要点,说明这个道理。一般人通常认为,作诗就是无病呻吟,变成诗匠。从前也有人打趣这种诗,所谓"关门闭户掩柴扉",关门就是闭户,闭户也是关门,掩柴扉还是关门。平仄很对,韵脚也对,但是把它凑拢来,一点道理都没有。这就是无病呻吟,这样的文学,实在有问题,都变成"关门闭户掩柴扉"了。

过去还有一个笑话,在几十年前,有一种所谓"厕所文学"。在江南一带,像茶馆等公共场所的墙上,乱七八糟的字句,写得很多。这些字句,无以名之,有人就称它为"厕所文学"。有人看了这些文字,实在看不下去了,也写了一首诗,这首诗也代表了中国文化中文学的末流。原句是:"从来未识诗人面,今识诗人丈八长,不是诗人长丈八,如何放屁在高墙?"这是当时批评"厕所文学"的滑稽之作,像这类衰败的情形,我们现在看来很平常,但当时却很严重。所以当年国父不得不提倡革命。那时文学、文化的问题,是非常严重。那些无病呻吟的诗,衰败的东西太多了!像这一类含义的笑话,实在太多。所以后来"五四运动"的时候,要打倒旧文化,固然打错了,可是这个错误,实在也不能完全由当时动手打的人担负起来。这个错误是在那个时代,由历史的包袱给他们的压力而造成的。

这里孔子对子贡说的话,点出了"诗"的道理是什么,作诗学诗的人,并不光是想当一个诗人,否则当诗人就要被骂"如何放屁在高墙"。所以诗的目的,并不是专搞文学,其中所含的道理非常重要。关于诗的文化,孔子在下一篇说了,在这里他告诉子贡,读了诗,并不是教你变成一个酸溜溜的书呆子,一定要"告诸往而知来者"。岂但作诗,我们读历史也是一样,我们为什么读历史?现在大学里的历史系、历史研究所的研读历史,虽然拿到好成绩,但对做人做事,一点用处都没有。我们中国人过去读历史,主张要学以致用,它的精神就是"告诸往而知来者",懂了过去就要知道未来,这也就是诗的精神。

到了最后,是这一篇的结论了。大家可以很容易地看出来,《论语》第一篇《学而》篇的开始:"学而时习之,不亦说乎?有朋自远方来,不亦乐乎?人不知而不愠,不亦君子乎?"你看这一篇文章又是怎么作结论？恰恰好头尾相顾。最后一句怎么说呢？

子曰：不患人之不己知，患不知人也。

这是《学而》这一篇的精神所系。他说一个人不怕人家不了解你，最怕你自己不了解别人。这就归结了那句"人不知而不愠，不亦君子乎"。大概人们都有的一个通病，就是总觉得自己了不起，往往我们说错一句话，脸红了；但三秒钟以后，脸不红了，自己马上在心里头找出很多的理由来支持自己的错误，认为自己完全对，再过个把钟头，越看自己越对。人，就是这样，所以人总怪人家不了解自己，而对于自己是不是了解别人这个问题，就不去考虑了。所以《学而》这一篇的宗旨，最后的一点，以本篇第一节的"人不知而不愠，不亦君子乎"为重点。这个结论的重点就是你为什么在心中怨恨？不要怕人家不了解你，最重要的是你是否了解别人。于是这一篇作学问的目的，到这里得到结论，整个结束。

# 为政第二

## 孔子不谈政治

第一篇《学而》是讲个人作学问的内在修养,接着下来第二篇《为政》则是讲学问的外用。

不过提到为政,有一点要注意:我们常发现在一些著作中,许多人认为《为政》是孔子的"政治思想",或者用现代的语汇来说,称之为"政治哲学"。在我个人研究的结果,认为这个说法是不对的。孔子很少提到完整观念的"政治",孔子只说"为政",这点我们要特别注意。站在学术的立场,态度要非常严谨。我们常说一句话:"在法律面前,人人平等,要服真理。"作学问的立场,就是"在学术面前,态度要非常严谨,服从真理"。孔子只讲"为政",不谈政治;"政治"如国父所说的:"管理众人的事。"孔子所提的"为政"是教化,教化是中国文化的名词,不能看成是教育。教是教育,化是感化,但过去又不叫作感化,而叫作风化。为政的意义包括了教化。这个重点我们必须把握住。因此第二篇《为政》,也是谈到学问外用的道理。

## 大政治家的风范

子曰:为政以德,譬如北辰,居其所,而众星共之。

"共"即"拱"。这几句话，表面上看来，非常容易懂。孔子提出来，为政最重要是"德"。说到这里，我们要注意，春秋战国时代，"道德"两个字，是很少连起来用的，那个时候，道是道，德是德；魏晋南北朝以后，到唐宋之间，才把这两个字连起来，变成一个名词为"道德"；到现在年轻人一提到道德，都当成讨厌的名词。这是文化思想的演变。所以我们要知道，秦汉以前，德是德；而"道"与"天"，在当时可说是最麻烦、最难于界说的两个字，同样的有无穷意义。有时候"道"字，是形而上的那个本体的代表；有时候是道路之道，有时候是原则或法则，像《孙子兵法》："兵者诡道也。"这个道就是法则的意思；有时候又是道德的代表。"天"字也是这样，包含有四五个意义之多。在同一本书，甚至在同一句里，前后的道字，所代表的意义就不同。这个好像是中国文化的毛病，其实也是长处，尤其在古代印刷术还没有发明，一个观念用一个字来代表，用刀刻到竹简上，在当时就足以完全表达。

再说到这个"德"字的意义，过去"德"是表示好行为的成果和作用。古时人解释"德者得也"。因此我们了解孔子讲的"为政以德"，是好行为的成果，也和后世讲的"道德"意义差不多。如果不作深入研究，一般在学校里，就告诉学生，这里的"德"就是"道德"，因为学生不到相当的程度，老师也无法多搬古董来为他们作详细解说。孔子为什么提出这个"德"字，这是第一个问题。

## 星辰知多少

第二个问题说到"北辰"。我们中国文化发达得最早的是天文。过去我们把天体分成二十八宿和三垣——紫微、太微、天市，类似于我们现在讲天文的经纬度。经纬度是西方的划分法。曾经有位天文学家主张，我们自己重新划过，不照西方的度数划，如格林威治时间是英国人划的，与我们不相干。我们为什么不讲自己的中原时间，或以台湾作中心，把经纬度再划过呢？而事实上，我们过去是划分过的。天体的分度为三垣、二十八宿，就是把天体星座的范围，划分二十八个部分。为什么叫"宿"呢？这是指每天太阳从西方落下去的时候，东方天上是哪一个星座出来，这星座就是"宿"。这出来的星座，每个月不同，每半个月不同，每七天不同，所以分作二十八宿，又分为十二辰，作为时间与天体的关系。过去发现了北斗七星，就是现在西方人所指大小熊星座之际。在夏天我们可以看到一条银河，在银河的北面，那七颗最亮的星就是北斗星，这七颗星连起来，像舀水的瓢，古时叫"斗"。现在的天文学，也没有离开我们老祖宗那个原则。整个天体那许多星星，都是以北极星作为中枢，众星拱卫着它，每到晚上，北斗七星的斗柄前方，一定有两颗最亮的星，名招摇二星，它的光最为闪烁，很容易看见。春天北斗星一定指着东方的寅宫。过去做大将的，要上通天文，下通地理，中通人事，无所不通，才能带兵。因为天文在军事上非常重要，就拿行军来说，如夜间迷了路，即观星斗，不藉仪器，就可辨别出方向来。我国过去这一套文化是很普遍的，现在对于固有的"天文学"，我们反而一点认识都没有了。对于老祖宗传下来的这些东西，我们不能不注意，一定要把它捡回来。

　　一年四季，天体星座的移动，好像听北斗星的指挥，跟着它，绕着它转动。不但一年四季，每个月北斗星所指的方向都不同，整个天体随时在运转。每天十二个时辰，北斗星的方向也在变动，而且这是几千万亿年，固定的一种变动，不能错乱，事实上它也决不会错乱。

　　对于"北辰"我们了解了，那么孔子这句话是什么意思呢？就是说"为政以德"，内心有道，表现在外的行为就无懈可击。譬如北辰，有中心的思想，中心的作风，以道德的感化，你在那里本身不要动，只要发号施令，下面的人就像满天无数的星座，都会跟着你的方向动。

## 刘备上了曹操的当

在军事思想上,大家都知道"万众一心"以及"运用之妙,存乎一心"这两句。大家对它的解释也各有不同的见解。有的人解释成"千万雄师千万心",那就不太好了,最好的主帅在这情形下也没有办法,这就是思想问题,思想一定要集中。"运用之妙,存乎一心",是岳飞所提出的。现在我们如果解释为主帅心计的变通,所谓"山人自有妙计",那就更糟了。我们研究起来,岳飞这句"存乎一心"的"一心",就是"万众一心"的意思比较恰当。那么"居其所而众星共之"就是这个道理。

其次,我们知道,儒道两家的思想,在秦汉以前并不分家。大家都知道,老庄道家的思想讲"无为而治",有些讲道家"无为而治"思想的人,都解释为在上面领导的人,什么都不管,就是"无为而治"。这完全搞错了,道家没有这个说法,是"无为无不为"。所谓"无为而治"是制其机先,看起是没有事。譬如说,一个领导的人,一个主持的人,对任何一个方法,一开始你就要先透析它的流弊,毛病出在哪里,先找到病源,把它疏通了,再不会出毛病,然后才能无为而无所不为。

讲到这里,说一个笑话,当年抗战期间,有一个朋友在一个行政督察专员公署当保安副司令,他差不多天天都在外面剿匪,我问他:"你们地方上哪来这么多土匪?"他怪我一天到晚留心天下大事,连鹅毛扇都不去拿,不会当军师。我问他这话是什么意思。他说:"如果把土匪都剿完了,我们怎么办?"我说你们原来是这样干的。他说:"不是我们要这样干,是邻县要这样干,把土匪赶来赶去,剿的次数多,功劳多,他们要这样干,那我们又有什么办法呢?"也有人说刘备是曹操培养出来的,假如他不培养一个刘备,就不能挟天子以令诸侯了。

天下事原来如此。现在讲这样坏的一个故事,以解释这个道理——这种无为而治,实在是太不道德。我们在政治学上、军事学上的政治思想中,都看得出来,所谓"为大将者无赫赫之功",这句话在军事思想上的意义,是所谓"不战而屈人之兵"。只要大将在那里,敌人就怕了,不敢动了,仗就打不起来了。这当然是了不起的。假如是一个普通人有赫赫之功,又是另外一件事了。所谓无为的道理,大致的要点也在此,孔子讲道德的政治,就是这个道理。

为什么孔子老是提到这一类的东西呢?古人对中国历史研究的方法,有一句话叫"经史合参"。什么叫经呢?就是常道,就是永恒不变的大原则,在任何时代,任何地区,这个原则是不会变动的。但不是我们能规定它不准变动,而是它本身必然如此,所以称为"经"。而"史"是记载这个原则之下的时代的变动、社会的变迁。我们要懂得经,必须要懂得史。拿历史每个时代、每个社会来配合。这样研究经史,才有意义。譬如孔子说的"为政以德",表面上看起来,好像是一则刻板的教条。其实不是的。我们读历史就知道,孔子出生的那个时代,我们后世称它为"春秋时代",就是西周与东周之间的时代,孔子写了一本书叫作《春秋》,后来"春秋"成了历史的代名词。在孔子前后,有人写了历史,都称春秋。中国文化中为什么把历史称为"春秋"而不称为"冬夏"呢?照理冷就是冷,热就是热,称冬夏也无不可。有人说因为春秋第一句话"春王正月"——后世把"春王正月"读成一句话,是读错了。所以我们再三讲,读古书要注意的,因为那时候还没有纸笔,文字要用刀刻在竹简上,很艰难,所以往往一个字就代表了一个复杂的意义。这个"春"是春季;"王"是中央政府,是周朝;"正月"是周朝所行月令的正月;而成为"春王正月"——以此来解释历史所以称作春秋的原因,这是不对的。

刚才提到,中国文化发展得最早的是科学,而科学中最先发展的是天文,讲世界科学史,乃至讲科学,一定先研究天文。要讲天文,则中国的天文,在三千年以前就发达了。在全世界而言,是一马当先的。讲天文又必须讲数学,而中国的数学,六千年以前,也很发达。这方面等将来有机会谈到《易经》的时候,再讨论它。

中国的文化是自天文来的——我们知道一年四季的气候是不平均的,冬天太冷,夏天太热。讲昼夜,白昼在冬天太短,在夏天太长,都不平均。只有春天二月间和秋天八月间,"春分""秋分"两个气节,就是在经纬度上,太阳刚刚走到黄道中间的时刻,白昼黑夜一样长,气候不冷不热很温和,所以称历史为春秋。这就是中国的历史学家,认为在这一个时代当中,社会、政治的好或不好,放在这个像春分秋分一样平衡的天平上来批判。拿现在的观念来说,称一下你够不够分量,你当了多少年皇帝,对得起国家吗?你做了多少年官?对得起老百姓吗?都替你称一称。历史叫作"春秋"就是这个道理。

## 从台风了解人生

我们看了《春秋》,看了春秋战国时候的历史,孔子在《易经》的《系传》上说:"臣弑其君,子弑其父,非一朝一夕之故,其所由来者,渐矣。"当孔子写《易经·系传》的时候,正是春秋时期动乱的时候,犹如今日世界上许多地方的乱象——当然还没有现在这么严重。但是孔子认为"非一朝一夕之故"——不是一天所形成的。道家的庄子说:"飓风起于萍末",飓风就是现在广东话、福建话所讲的台风,现在西方人用中国语音译过去,也叫台风。我们看到台风的力量这么猛烈,但它在水面上初起的时候,只见到水面上的一叶浮萍,稍稍动一下,紧接着水面上一股气流冒上来,慢慢大了,变成台风。道家这句话是说,个人也好,家庭也好,社会、国家、天下事都是一样,如果小事不在乎,则大问题都出在小事上。"飓风起于萍末",大风暴是从一个小风波来的。所以孔子在《易经》中说的上面那一段话,说明天下事的形成不是偶然的,几乎没有偶然。平常听人说:"这个机会很偶然",实际上没有偶然的事情。

以中国文化《易经》的道理来说,认为天地间的事都有原因,有很多因素的。譬如有人捡到一块钱,"这么么偶然!"但仔细分析,一点不偶然,它的前因是什么?因为他走出门来了,如果没有走出门这个前因,就不会有捡到一块钱的后果。或者说,坐在家里就掉下一块钱来了,这该是偶然了吧?但是因为他坐在家里,这块钱掉下来他才捡得到呀!假如他出门不坐在家里,掉下来的钱,也不会是他的了,所以坐在家里不出去,也是得到这块钱的前因。因此这些都是因素,"其所由来者,渐矣",都是慢慢转变来的。《易经》告诉我们,天下的事,没有突变的,只有我们智慧不及的时候,才会看到某件事是突变的,其实早有一个前因潜伏在那里。

我们懂了《易经》这几句话,孔子著《春秋》,正是赶上那个时代,他所以那么偏重教化,正是在那三四百年当中,社会风气乱得不得了。我们不妨引用下面几个人的话,就可以知道春秋时代乱到什么程度。

司马光说:"今晋大夫暴蔑其君,剖分晋国(指赵、魏、韩三家分晋),天子既不能讨,又宠秩之,使列于诸侯,是区区之名分复不能守,而并弃之也,先王之礼,于斯尽矣!"

又说:"天下以智力相雄长,遂使圣贤之后为诸侯者,社稷无不泯绝,生民之类,糜灭几尽,岂不哀哉。"

顾亭林说:"春秋时犹严祭祀,重聘享,而七国则无其事矣!春秋时犹论宗姓氏族,而七国则无一言及之矣!……邦无定交,士无定主,此皆变于一百三十三年之间,史之阙文,而后人可以意推者也,不待始皇之并天下,而文武之道尽矣!"

从上面的记载,说明了春秋战国当时社会之乱,变乱是不得了的。当时,大家重视权利的斗争,社会秩序很乱,文化衰败,与我们现在有些地区的社会情况相比较,几乎有相同之处。孔子面对这个动乱,非常担忧,因此他说为政,权力是没有用的,唯"德"而已。

## 圣人也势利吗?

讲到"德",第三个观念来了,我们看中国历史,儒家思想为什么对于尧、舜、禹、汤、文、武、周公这样推崇?以前我有一个老朋友,他比我大几十岁,是我的忘年交,四川人,自称为"厚黑教主"的李宗吾,此人当系大家都知道的。他本人道德非常好,就喜欢故意骂人,我劝他少骂人一点,不要提倡厚黑学,我说人性本来就是那么一回事,脸厚心黑,但还用一张幕掩盖起来的,为什么一定要把它揭开来呢?他说:"揭开吗?你搞错了,我是拉开坏的一幕,教人看后面真的。"李宗吾对历史非常怀疑,他说圣人靠不住,为什么专推崇尧、舜、禹、汤、文、武、周公这些成功的人?不成功的就没有圣人吗?所以他有一篇文章叫"对圣人的怀疑"。这位老兄,专写反面文章,问他为什么要这样做?他说:"老弟,你不知道,我和爱因斯坦同年,我那位同年发明了相对论名闻世界了。我呢?当个厚黑教主还没有当好,所以我非要调皮一下不可。"此人很妙,我认识他时,他已六十多岁,整天不吃饭,老喝酒,喝酒就饱。精神、道德都很好。

讲到这里,再回头讲正题,孔子为什么推崇尧、舜、禹、汤、文、武、周公等等?第一,有道德思想,没有德业的成果,只能说他有道,不见得有德。有道德的思想,又有德业的成果,道与德配合,才叫"道德"。

历史上,道家、儒家都提到尧、舜、禹、汤、文、武、周公,是因为那时谈到"为政",讲究"德"字,到秦汉以后,只讲事功,所谓"三王之治在道德,五霸之志在事功"。王、霸之不同在于此,等而下之,连霸业都谈不上,连事功都没有,光是拿偷鸡摸狗的手段窃国而已。

这几句话虽然简单,解释起来,却有一大堆的意思,我们把它整个了解了,就晓得它的价值了。

## 悠美的情歌

子曰:《诗》三百,一言以蔽之,曰:思无邪。

所以有人说《论语》要重新编排,他们看《论语》看到这里就说:"讲为政讲得好好的,为什么又突然讲到文学上去,而讲起诗来了呢?还不是编错了,编乱了吗?应该把它拿出来,照现在西方办法,逻辑的整理一番。"我说:"逻辑?! 大概是把它逻过一下,再辑一辑吧?"只好为他们的主张作如是解释。殊不知《论语》已经编得非常完整了。

为什么在《为政》里谈这个问题。

"《诗》三百",是指中国文学中的《诗经》,是孔子当时集中周朝以来数百年间,各个国家(各个地方单位)的劳人思妇的作品。所谓劳人就是成年不在家,为社会、国家在外奔波,一生劳劳碌碌的人。男女恋爱中,思想感情无法表达、蕴藏在心中的妇女,就是思妇。劳人思妇必有所感慨。各地方、各国家、各时代,每个人内心的思想感情,有时候是不可对人说,而用文字记下来,后来又慢慢地流传开了。孔子把许多资料收集起来,因为它代表了人的思想,可以从中知道社会的趋势到了什么程度,为什么人们要发牢骚?"其所由来者渐矣!"总有个原因的。这个原因要找也不简单,所以孔子把诗集中起来,其中有的可以流传,有的不能流传,必须删掉,所以叫做"删《诗》、《书》,定《礼》、《乐》"。他把中国文化,集中其大成,做一个编辑的工作。对于诗的部分,上下几百年,地区包括那么广,他集中了以后,删除了一部分,精选编出来代表作品三百篇,就是现在流传下来的《诗经》。

读《诗经》的第一篇,大家都知道的"关关雎鸠,在河之洲,窈窕淑女,君子好逑。"拿现在青年的口语来讲,"追!"追女人的诗。或者说,孔子为什么这样无聊,把台北市西门町追女人那样的诗都拿出来,就像现在流行的恋爱歌"给我一杯爱的咖啡"什么的,这"一杯咖啡"实在不如"关关雎鸠,在河之洲"来得曲折、含蓄。由此我们看到孔子的思想,不是我们想象中的迂夫子。上次提到过"饮食男女,人之大欲存焉。"人一定要吃饭,一定要男女追求,不过不能乱,要有限度,要有礼制。所以他认为正规的男女之爱,并不妨害风化,这也叫"为政",正规的。那么他把文王——周朝所领导的帝王国度中,男女相爱的诗列作第一篇,为什么呢?人生:饮食男女。形而下的开始,就是这个样子。人一生下来就是要吃,长大了男人要女人,女人要男人,除了这个以外,几乎没有大事。所以西方文化某些性心理学的观念,强调世界进步,乃至整部人类历史,都是性心理推动的。

《诗经》归纳起来,有两种分类——"风、雅、颂"、"赋、比、兴"。什么叫"风"?就是地方性的,譬如说法国的文学是法国的文风,法国文风代表法国人的思想、情感,所以《诗经》有《郑风》、《鲁风》、《齐风》等等。"雅"以现代用词来讲,是合于音乐、文学的标准,文学化的、艺术化的,但有时候也不一定文学化、艺术化。"颂"就是社会、政府公事化的文学叫"颂"。

作品另三种形态,一种是"赋",就是直接的述说。其次是"比",如看见下大雪,想起北国的家乡来,像李太白的诗:"举头望明月,低头思故乡。"因这个感触联想到那个,就叫"比"。"兴"是情绪,高兴的事自己自由发挥;悲哀的事也自由发挥;最有名的,像大家熟悉的文天祥《过零丁洋》七律诗:"辛苦遭逢起一经,干戈寥落四周星;山河破碎风飘絮,身世浮沉雨打萍;惶恐滩头说惶恐,零丁洋里叹零丁;人生自古谁无死?留取丹心照汗青。"这也就是"兴"。他在挽救自己的国家,挽救那个时代,而遭遇敌人痛苦打击的时候,无限的情感,无限的感慨。这也就是真的牢骚,心里郁闷的发泄,就是"兴"。

## 诗 的 伟 大

孔子说我整理《诗》三百篇的宗旨在什么地方?"一言以蔽

之"——一句话,"思无邪"。人不能没有思想,只要是思想不走歪曲的路,引导走上正路就好,譬如男女之爱。如果作学问的人,男女之爱都不能要,世界上没有这种人。我所接近的,社会上普遍各界的人不少,例如出家的和尚、尼姑、神父、修女,各色各样都有,常常听他们诉说内心的痛苦。我跟他讲,你是人,不是神,不是佛,人有人的问题,硬用思想把它切断,是不可能的。人活着就有思想,凡是思想一定有问题,没有问题就不会思想,孔子的"思无邪"就是对此而言。人的思想一定有问题,不经过文化的教育,不经过严正的教育,不会走上正道,所以他说整理《诗》三百篇的宗旨,就为了"思无邪"。

那么为什么把这个讲文学境界的话,要放到《为政》篇来呢?这不是次序乱了吗?一点都不乱,这就是"点题"了,就是把题目的中心抓住,先拿出来。

第一个点题:以现在的话来说,一切政治问题、社会问题只是思想问题。只要使得思想纯正,什么问题都解决了。我们知道,现在整个世界的动乱,是思想问题。所以我在讲哲学的时候,就说今天世界上没有哲学家。学校里所谓的哲学,充其量不过是研究别人的哲学思想而已。尤其是做论文的时候,苏格拉底怎么说,抄一节;孔子怎么说,抄一节。结果抄完了他们的哲学,自己什么都没有,这种哲学只是文凭!

世界上今天需要真正的思想,要融会古今中外,真正产生一个思想。可是,现在不止中国,这是个思想贫乏的时代,所以我们必须发挥自己的文化。

第二个点题:牵涉到人的问题。

中国史上,凡是一个大政治家,都是大诗人、大文学家,我常和同学们说,过去人家说我们中国没有哲学,现在知道中国不但有哲学,几乎没有人有资格去研究。因为我们是文哲不分,中国的文学家就是哲学家,哲学家就是文学家,要了解中国哲学思想,必须把中国五千年所有的书都读遍了。西方的学问是专门的,心理学就是心理学,生理学就是生理学,过去中国人作学问要样样懂一点,中国书包括的内容这样多,哪一本没有哲学?哪一样不是哲学?尤其文学更要懂了,甚至样样要懂,才能谈哲学,中国哲学是如此难学。譬如唐初有首诗,题名《春江花月夜》中有几句说:"江上何人初见月?江月何年初照人?"与西方人的先有鸡还是先有蛋的意思一样,但到了中国人的手里就高明了,在文字上有多美!所以你不在文学里找,就好像中国没有哲学,在中国文学作品中一看,哲学多得很,譬如苏东坡的词:"明月几时有?把酒问青天,不知天上宫阙,今夕是何年?"不是哲学问题吗?宇宙哪里来的?上帝今天晚上吃西餐还是吃中餐?"不知天上宫阙,今夕是何年?"他问的这个问题,不是哲学问题吗?所以中国是文哲不分的。此其一。

文史不分:中国历史学家,都是大文学家,都是哲学家,所以司马迁著的《史记》里面的八书等等,到处是哲学,是集中国哲理之大成。此其二。

文政不分:大政治家都是大文豪,唐代的诗为什么那么好,因为唐太宗的诗太好了,他提倡的。明代的对联为什么开始发展起来,朱元璋的对联作得很不错,他尽管不读书,却喜欢作对联。有个故事,朱元璋过年的时候,从宫里出来,看见一家老百姓门前没有对子,叫人问问这家老百姓是干什么的,为什么门口没有对子。一问是阉猪的,不会作对联。于是朱元璋替他作了一副春联:"双手劈开生死路,一刀割断是非根。"很好!很切身份。唐太宗诗好,大臣都是大文学家,如房玄龄、虞世南、魏徵,每位的诗都很好。为什么他们没有文名?因为在历史上,他们的功业盖过了文学上的成就。如果他们穷酸一辈子,就变文人了,文人总带一点酒酿味,那些有功业的变成醇酒了。其次,像宋代的王安石,他的诗很好,但文名被他的功业盖过了。所以中国文史不分、文哲不分、文政不分,大的政治家都是大文学家。我们来一个老粗皇帝汉高祖,他也会来一个:"大风起兮云飞扬,威加海内兮归故乡。"别人还作不出来呢!不到那个位置,说不定作成:"台风来了吹掉瓦,雨漏下来我的妈!"所以大政治家一定要具备诗人的真挚情感。换句话说,如西方人所说,一个真正做事的人,要具备出世的精神——宗教家的精神。此其三。

第三个点题:中国人为什么提倡诗和礼?儒家何以对诗的教育看得这么重要?因为人生就有痛苦,尤其是搞政治、搞社会工作的人,经常人与人之间有接触、有痛苦、有烦恼。尤其中国人,拚命讲究道德修养,修养不到家,痛苦就更深了。我经常告诉同学们,英雄与圣贤的分别:"英雄能够征服天下,不能征服自己,圣贤不想去征服天下,而征服了自己;英雄是将自己的烦恼交给别人去挑起来,圣人自己挑尽了天下人的烦恼。"这是我们中国文化的传统精神,希望每个人能完成圣贤的责任,才能成为伟大的政治家。从事政治碰到人生的烦恼,西方人就付诸宗教;中国过去不专谈宗教,人人有诗的修养,诗的情感就是宗教的情感,不管有什么无法化解的烦恼,自己作两句诗,就发泄了,把情感发挥了。同时诗的修养就是艺术的修养,一个为政的人,必须具备诗人的情感、诗人的修养。我们看历史就知道,过去的大臣,不管文官武将,退朝以后回到家中,拿起笔,字一写,书一读,诗一诵,把胸中所有的烦闷都解决了。不像现在的人上桌子打麻将或跳舞去了。这种修养和以前的修养不同了,也差远了。

由此我们已了解,孔子说《为政》的"《诗》三百,一言以蔽之,曰思无邪",就是告诉我们为政的人,除了领导思想不走邪路以外,对于自己的修养,更要有诗人的情操,才能温柔敦厚,才能轻松愉快的为政。

## 穷 哉 法 治

下面提出问题来了:

子曰:道之以政,齐之以刑,民免而无耻。道之以德,齐之以礼,有耻且格。

这个"道"是领导的导。刚才我们提出来,说孔子讲的为政,不是谈政治,以现在观念勉强说来,他讲的是政治哲学,或说是政治的原理。他说领导一个国家,一个社会,如果以政治体制来领导,再用法制来管理,"齐之以刑",使大家不犯法,犯法就罚他。但是用法制来管理人民,这样一来"民免",一般人会逃避,钻法律的漏洞,而且他逃避了责任、法律及处罚,他还会自鸣得意,认为你奈何他不了,毫无羞耻心。这和道家老子讲的"法令滋彰,盗贼多有"的道理一样,法令越多,犯法的人越多。

因此孔子又说:"道之以德,齐之以礼,有耻且格。"假如以道德来领导,每个人都有道德的涵养,"齐之以礼",以礼教化。这就谈到礼义精神了,大家能自动自发,如果做错了,有那惭愧的心情,这样做到人人有耻,不敢做不道德的事,不要等到法律制裁,自己就很难过,这就是有耻。到了这种情形,则"且格",就达到了政治的目的。所以他是主张用道德的政治、道德的感化,这就是儒家与法家的精神之不同了。不过,中国的政治,向来是道家、儒家、法家合用的。

## 孔子的自剖

下面更有趣了。

子曰:吾十有五而志于学,三十而立,四十而不惑,五十而知天命,六十而耳顺,七十而从心所欲,不逾矩。

这是孔子的自我报告。为什么孔子在谈到为政时,要作自我报告呢?孔子是七十二岁死的。他用简单几句话,报告了自己一生的经历,艰苦奋斗的精神。他的身世很可怜,父亲去世的时候,他还有一个半残废的哥哥和一个姐姐,对家庭,他要挑起这担子来,他的责任很重。他说十五岁的时候,立志作学问,经过十五年,根据他丰富的经验,以及人生的磨炼,到了三十岁而"立"。立就是不动,做人做事处世的道理不变了,确定了,这个人生非走这个路子不可。但是这时候还有怀疑,还有摇摆的现象,"四十而不惑",到了四十岁,才不怀疑,但这是对形而下的学问人生而言。还要再加十年,到了五十岁,才"五十而知天命"。天命是哲学的宇宙来源,这是形而上的思想本体范围。到了"六十而耳顺",这里问题又来了,孔子在六十以前耳朵有什么问题不顺,耳腔发炎吗?这句很难解释,可能在当时漏刻了文字。可能是"六十而"下面有一个句读。如果照旧,"耳顺"的道理就是说,自十五岁开始做人处世,学问修养,到了六十岁,好话坏话尽管人家去说,自己都听得进去而毫不动心,不生气,你骂我,我也听得进去,心里平静。注意!心里平静不是死气沉沉,是很活泼,很明确是非善恶,对好的人觉得可爱,对坏的人,更觉得要帮助改成好人,要这样平静,这个学问是很难的。然后再加十年,才"从心所欲"。西方的文化就是自由,但下面有一句很重要的话:"不逾矩。"我们上街去看看,这家包子做得好,就拿来吃,"从心所欲"嘛!行吗?要"不逾矩"。人与人之间要有一个范围。"从心所欲"——自由而不能超过这个范围,所以"不逾矩",同时这句话也通于形而上的道理。

讲到这里,我们要研究孔子为什么把几十年所经历做人、做事、做学问的经验,要放在《为政》篇里。这经验太重要了,本来为政就是需要人生的经验。

在世界上有两个东西是没有办法实验的,就是政治和军事。这两个东西,包罗万象,变动不居。从历史上看,古今中外的政治,专制、君主、民主、集体,究竟哪样好?谁能下得了这个结论?尤其现代的中国,几十年来,西方的什么思想文化,都搬到中国这个舞台上来玩过,但是西方思想是西方文化来的,结果如何呢?所以为政的人要了解人生,要有经验,要多去体会。因此孔子将自己的经验讲出来,编到《为政》这一篇,就是暗示一般从政者,本身的修养以及做人做事的艰难,并不简单,要效法他这个精神,在工作上去体会、了解它,才把这一段编到《为政》中来。

从上面几段，我们得到一个结论：不管是为政或做事，是要靠人生经验的累积。而人生经验累积成什么东西呢？简单的四个字——"人情世故"。

讲到人情世故，中国人现在往往把这个名词用反了，这是很坏的事。如果说"这家伙太世故了！"便是骂人。尤其外国人批评中国人，几年前在《中央日报》我就看到这样的文章，说中国人什么都好，就是太重人情了。这里一般年轻人的反应，认为这个外国人的文章写得非常透彻，我说你们不要认为外国人在中国留学二三年，就能懂中国文化，那你们都是干什么的？几十年的饭是白吃了。中国文化一直在讲人情，所谓"人情"，不是过年过节的时候，提着一只火腿，前街送到后巷，左邻送到右舍，在外面送来送去地转了个把月，说不定又转回来物归原主了。这只是情礼的象征，中国文化所讲的"人情"是指人与人之间的性情。人情这两个字，现在解释起来，包括了社会学、政治学、心理学、行为科学等等学问都在内，也就是人与人之间融洽相处的感情。

"世故"就是透彻了解事物，懂得过去、现在、未来。"故"就是事情，"世故"就是世界上这些事情，要懂得人，要懂得事，就叫做人情世故。但现在反用了以后，所谓这家伙太"世故"，就是"滑头"的别名；"人情"则变成拍马屁的代用词了。就这样把中国文化完全搞错了，尤其是外国人写的更不对。

为政以"德"为本，再以学来培育"诗"的温柔敦厚精神，是不是就具备了为政的条件了？不然！不然！就好像一个军人，把中外古今的军事思想理论都翻遍了，但是连枪怎么放都不会，二等兵、上等兵是怎么回事也不晓得，这等人充其量只能当个参谋，绝对不能带兵上战场的。所以《论语》行文的气势，轻轻一转，把孔子的简略自传编进来了。也就是告诉我们，为政的道理就是要真正能多懂得人情世故。

我曾讲过，世界上所有的政治思想归纳起来，最简单扼要的，不外中国的四个字——"安居乐业"。所有政治的理想、理论，都没超过这四个字的范围;都不外是使人如何能安居,如何能乐业。同时我们在乡下也到处可以看到"风调雨顺,国泰民安"这八个字,现代一般人看来,是非常陈旧的老古董。可是古今中外历史上,如果能够真正达到这八个字的境界,对任何国家、任何民族、任何时代来说,无论是什么政治理想都达到了。而这些老古董,就是透彻了人情世故所产生的政治哲学思想。

## 车上的一课

接下来,根据我们全篇连贯起来的观念,似乎有了问题了,因为下面接着是说:

孟懿子问孝,子曰:无违。樊迟御,子告之曰:孟孙问孝于我,我对曰:无违。樊迟曰:何谓也?子曰:生,事之以礼;死,葬之以礼,祭之以礼。

如此一节,我们不要看宋儒这样的一圈,就把它圈断了;这是后人圈的,是不对的,上加一圈,下加一圈,结果就变成了教条。其实它是连贯的,也就是前面"为政以德"的引申发挥,把中国文化里面的孝道精神,扩充到待人处世上面,中国自古以来大政治家的出入不苟的胸襟,就是根据这一点培养出来的。

现在我们先对文字作一了解。孟懿子不一定是孔子的学生,而是介于学生与朋友之间的关系,他是鲁国的大夫。当时的"大夫",当然不是现代的医生,而是一个相当高的官位。勉强比,有如现在的内阁官员之流,通称作"大夫"。"大夫"是官阶,不是官职。中国这些官阶职务,历代都有变动的。我们要了解中国历代政治形态的变迁,必须读"十通"或"三通"——《通典》、《通志》、《文献通考》。里面不仅包括了中国政治制度的演变、官职的演变、一切的演变,乃至现代研究三民主义思想,国父为什么采用了五权分立制度,都与"三通"、"十通"的文化有绝对的关系。这是讲到孟懿子的职位,顺便提到的。

既然孟懿子是这样一位人物,以当时孔子的立场来讲,这一段问答,到底是孔子做鲁国司寇以前,或以后说的,就很难考证了。孔子当时在国际——诸侯间——的地位也很特殊,是一位突出人物。所以孟懿子来问他什么是孝,孔子只告诉他"不要违背"。如果根据这句话来看,孔子讲话非常滑头。不要违背什么呢?没有下文。这是一个很奇怪的答话,接下来,又是一幕短剧式的谈话。我们看《论语》,深入了,很有趣味,像看小说一样,不必用那么严肃的态度去看。

"樊迟御"——樊迟是孔子的学生,名叫樊须,字子迟,小于孔子三十六岁,是年轻的一辈。"御"是驾车。孟懿子刚刚来拜访孔子,并请教什么是孝道这个问题,孔子说"不要违背",就只有这么一句话。等一会儿孔子出门了,因为请不起司机,都是学生来服务。现在由年轻的樊迟来驾车子,不像现在的汽车,孔子那时坐的是马车,驾马车有一套专门技术,很不容易的。那么孔子坐进车厢了,樊迟坐在前面的驾驶台上,开动了车子,在途中,孔子坐在车厢中和学生谈起话来了。从这一点也可以看到孔子的教育,是随时随地都在对学生施教的。

"子告之曰"是描写孔子在车上特别告诉樊迟一件事:"孟孙问孝于我,我对曰:无违。"孟孙是孟懿子的号,因为他是当朝有相当地位的人,而且在当时政界来讲,还算好的一个人,所以孔子对他相当尊敬,便只称他的号。孔子说,他问我什么叫作孝,我答复他"无违",不要违背。"樊迟曰:何谓也?"从这一句话,我们看到那个画面上,学生正在前面驾车,静静的,没有开腔,而老师好像在自言自语的告诉他,刚才答复孟懿子问孝的经过,樊迟一听,回过头来说,老师,你这句话是什么意思呢?跟我们现在的疑问一样。"无违",不要违背,这是什么意思?

于是孔子说,没有什么,很简单。"生,事之以礼。"这个"事"字是古人以下对上而说的。孔子说,当父母活着的时候,我们要孝敬他——"事之以礼"。怎么叫以"礼"事之呢?很难说了,这个礼不是说见到父母行个礼就叫孝。礼是包括生活上的照应、爱护(这一切道理,将来我们还有专门讲"礼"的机会,在这里暂不详述)。又说:"死,葬之以礼。"所以礼是中国文化中很重要的一个基本概念,看到这个礼字,绝不能作狭义的礼貌解释。去世以后则"祭之以礼"。我们研究这一段,好像没有什么了不起,可是又把这一段问答记到《论语》里,到底有什么意义呢?对为政又有什么关系呢?

我们把这些问题先放在一边,再看下一段,然后综合起来作研究。

下面跟着记载的,是孟武伯问孝。

**孟武伯问孝。子曰:父母唯其疾之忧。**

孟武伯是何许人也?就是刚才所讲的孟懿子的儿子,他是"世家公子"。这又牵涉到什么是"世家",古代的制度,和现代两样,尤其在春秋时代,与印度、欧洲古代又不相同。所谓"世家"就是作官的,子子孙孙都有这个官作,不过是长子继承这个官位,即所谓的封建时代。但是与欧洲的封建不同,不是永久的,谁家不好,就被除掉。在中国这样传下来的家庭叫"世家",长子有继承权,第二以及第三、四、五个孩子都是另外在一边了。孟武伯是孟懿子的儿子,是正统的世家公子。父亲刚刚问了孝道(当然不是同一天的事,不过编书的人——孔子的学生们,硬要把它编在一起)。儿子孟武伯也来问孝,孔子的答复,和答复他父亲的是两样的。

孔子说:"父母唯其疾之忧。"这句话就是说父母看到孩子生病了,那种忧愁、担心,多么深刻,你要去体会这种心境。

孔子这个答复有多妙!这句话,我们要这样说,这个问题只有自己做了父母的人才真能体会出来。这种情形是,自己要上班,家里钱又不够,小孩病了,坐在办公室里,又着急,又出汗,又不敢走开,可是心里记挂着。这种心境就是"父母唯其疾之忧"。孔子对孟武伯就是说,对父母能付出当自己孩子生病的时候,那种程度的关心,才是孝道。

## 以孝治天下

这两段话都是大问题,现在我们转回来谈第一点。我们知道中国文化经常讲孝道,尤其儒家更讲孝道。把四书五经编辑起来,加上《孝经》、《尔雅》等,汇成一系列的总书叫十三经。《孝经》是孔子学生曾子著的,我们要研究孝道,就必须看孔子思想系统下的这部《孝经》,《孝经》中说什么样子才是孝呢?不单是对父母要孝,还要扩而充之大孝于天下,爱天下人,谓之大孝。为政的人以孝子之心来为政,也就是我们所讲公务员是人民公仆的道理一样的,所以后来发展下来,唐宋以后的论调:"求忠臣必于孝子之门。"一个人真能爱父母、爱家庭、爱社会,也一定是忠臣,因为忠臣是一种情爱的发挥。假使没有基本的爱心,你说他还会对国家民族尽忠吗?这大有问题。关于忠字有一点,是古人讲的:"慷慨捐躯易,从容就义难。"慷慨赴死是比较容易的,等于西门町太保打架,打起来,不是你死就是我死,脾气来了,真是勇敢,视死如归;假如给他五分钟时间去想想看该不该死,这就要考虑了,"从容"——慢慢的来,看他愿不愿意死,这就很难说了。所以说忠臣必出于孝子之门,要有真感情,真认识的人,才能够尽忠。

因此,孔子答复孟懿子的话不同,孟懿子是从政的人,孔子相当尊敬他,答话就比较含蓄,只说:"不要违背",不要违背什么呢?不违背天下人的意思,必须大孝于天下,就是这个道理。他知道这样的答复孟懿子也不一定懂,这种说法,土话名之为"歇后语"、"隐语",像"外甥打灯笼——照旧(舅)","瞎子吃汤团——肚里有数",都是"歇后语"。讲了半天,后面的意思要人猜的。他为什么这样答复?意思是说,你孟懿子的身份不同,既然是从政的人,对天下人要负公道的责任,视天下人如父母,那才是真孝,这是大臣的风度。所以"无违",就是不可违反人心。

他也知道孟懿子未必懂,所以与樊迟的一段师生对白是"打丫头骂小姐"的用意,知道樊迟也一定不懂,不懂让他不懂,慢慢去传话,作间接的教育,所以等学生驾车时有这段对白。这种间接的教育,比直接的教育更有效。个人的孝道,能做到对樊迟所讲的,是了不起的孝子;对国家大事,能够做到"无违"就是了不起的大臣。

但是他对孟武伯这位世家公子的问孝,答复就大不同了,他说孝道很简单,你只要想到当你病的时候,你的父母那种着急的程度,你就懂得孝了。以个人而言——所谓孝是对父母爱心的回报,你只要记得自己出了事情,父母那么着急,而以同样的心情对父母,就是孝;换句话说,你孟武伯是世家公子,将来一定会当政的。我们读历史晓得一句话,就是最怕世家公子当政"不知民间之疾苦"。所以为政的道理,要知道民间疾苦,晓得中、下层社会老百姓的苦痛在哪里。所以爱天下人,就要知道天下人的疾苦,如父母了解子女一样,你将来从政,必须记住这个道理。这两段穿插在《为政》篇中,用得很妙。

当然,世家公子不知民间之疾苦,往往是失败的,我们看到晋惠帝当天下大荒年的时候,太监对他讲大家没有饭吃,他说:"何不食肉糜?"他就不知道连饭都吃不上,哪里吃得到比饭更不容易的肉糜。这就是不知道民间之疾苦。我们也可以从历史上得到一个结论,凡是创业的帝王,都了不起,两三代以后的皇帝"长于深宫寺人女子之手",连米从哪棵"树"上长出来都不知道的这一类皇帝,我代他创造了一个名称,叫他们为"职业皇帝",他天生的一定当皇帝。这些"职业皇帝"往往犯一个心理毛病——自卑感,他们非常自卑。所以历史上"职业皇帝"非常糟糕,对于文臣,反感他学问比自己好,对于武将,他也要反感,觉得武功不如人,所以"职业皇帝"往往是做出杀戮重臣、罢黜能臣等等莫名其妙的事，注定了他的失败。

同样的，除了帝王政治以外，我们做任何一个主管，对于大小事情都应该知道，尤其对于下层的事务，更是不能马虎。

然后，我们要讨论到一个孝道的大问题。中国文化，对于家庭教育来讲，素来就有以"忠孝传家"相标榜的，可见中国文化把孝道看得严重，这个我们就要先懂得中国整个的历史文化了。中国这个民族，这个国家，与欧美各国都不同。所以这几天，几个在外国留学返国的学生来看我，大谈欧美情形，一位在德国念了博士以后，现在又学精神分析的学生说，在外国看了这么多年，结果证明我几年前告诉他们的话没有错。我告诉他们，研究西方文化，不要只以美国为对象，美国立国还不到两百年，谈不上什么，要从整个欧洲去看；而研究欧洲文化，必须研究希腊文化，从雅典、斯巴达两千多年以前开始。同时要知道西方文化与我们有基本的不同，中国这个国家，因为地理环境影响，能够"以农立国"，欧洲做不到，尤其希腊做不到，他们要生存，必须发展商业。过去欧洲的历史，在海上的所谓商业，看得见就是做生意，看不见时就做海盗，所以十六世纪以前，西方缺乏财富，穷得一塌糊涂。十六世纪以后，抢印度、骗中国，黄金才流到西方去，所谓西方文化、经济发展等等，原先都是这样来的。

我们了解西方文化以后，再回头来看中国，中国以农立国，有一个文化精神与西方根本不同，那就是中国的宗法社会。三代以后，由宗法社会，才产生了周代的封建。现代人一般讲的封建，是指西方型的封建，不是中国的封建，把中国封建的形态，与西方文化封建的奴隶制度摆在一起，对比一下，就看出来完全是两回事，完全搞错了。中国的封建，是由宗法形成的。因为宗法的社会，孝道的精神，在周以前就建立了，秦汉以后，又由宗法的社会变成家族的社会，也是宗法社会的一个形态，那么家族的孝道，把范围缩小了，但精神是一贯的。这个孝字，也是我们刚刚提到的，是人情世故的扩充，把中国这个孝字，在政治上提倡实行而蔚为风气，是什么时候开始的呢？是在西汉以后，魏晋时代正式提倡以孝道治天下。我们看到二十四孝中有名的王祥卧冰，他就是晋朝的大臣。晋朝以后，南北朝、唐、宋、元、明、清一直下来，都是"以孝治天下"。我们看历朝大臣，凡是为国家大问题，或是为爱护老百姓的问题，所提供的奏议，很多都有"圣朝以孝治天下"的话，先拿这个大帽子给皇帝头上一戴，然后该"如何如何"提出建议，这是我们看到中国文化提倡孝的好处、优点。

但是天下事谈到政治就可怕了，我们关起门来研究，也有人利用孝道作为统治的手段。谁做了呢？就是清朝的康熙皇帝。

## 康麻子的教孝教忠

我们看历史，经常可以看到有个因果律，如清朝，孤儿寡妇率领三百万人，入了中原，统治了四万万人，最后清朝完了，又仍然是孤儿寡妇，夹了一个皮包，回到关外去了。一部历史，怎么样开始，就是怎么样结束，好像呆板的。古今中外的历史，也几乎完全是跟着循环往复的因果律在演变。

清朝孤儿寡妇入关以后，顺治很年轻就死掉了，不过这是清朝一个大疑案，有一说顺治没有死，出家去了，这是清人历史上不能解决的几大疑案之一。接着康熙以八岁的小孩当皇帝。到十四岁，正式亲政。老实讲，那时候如果是平庸之辈，要统治这样庞大的四万万人的中国，是没有办法的，但这个十四岁的小孩很厉害，康麻子——康熙脸上有几颗麻子的——十四岁开始统治了中国几十年（康熙八岁当皇帝，十四岁亲政，六十九岁去世，在位六十一年），清朝天下在他手里安定下来。当时，中国知识分子中，反清复明的人太多了，如顾亭林、李二曲、王船山、傅青主这一班人都是不投降的，尤其是思想上、学说上所做反清复明的工作，实在太可怕了。结果呢？康麻子利用中国的"孝"字，虚晃一招，便使反清的种子一直过了两百年才发芽。清兵入关,有三部必读的书籍,哪三部书呢?满人的兵法权谋,学的是《三国演义》,还不是《三国志》,在当时几乎王公大臣都读《三国演义》。第二部不是公开读的,是在背地里读的——是《老子》,当时康熙有一本特别版本的《老子》,现在已经问世,注解上也没有什么特殊的地方,但当时每一个清朝官员,都要熟读《老子》,揣摩政治哲学。另一部书是《孝经》。但表面上仍然是尊孔。说到这里,诸位读历史,可以和汉朝"文景之治"作一比较,"文景之治"的政治蓝本,历史上只用八个字说明——"内用黄老,外示儒术。"这么一来,康熙就提倡孝道,编了一本语录——《圣谕》,后来叫《圣谕宝训》或《圣谕广训》,拿到地方政治基层组织中去宣传。以前地方政治有什么组织呢?就是宗法社会中的祠堂,祠堂中有族长、乡长,都是年高德劭,学问好,在地方上有声望的人。每月的初一、十五,一定要把族人集中在祠堂中,宣讲圣谕,圣谕中所讲都是一条条做人、做事的道理,把儒家的思想用进了,尤其提倡孝道。进一步分析,康熙深懂得孝这个精神而加以反面的运用。要知道康熙把每一个青年训练得都听父母的话,么又有哪一个老头子、老太太肯要儿子去做杀头造反的事呢?所以康熙用了反面,用得非常高明。此其一。

其二:当时在陕西的李二曲,和顾亭林一样,是不投降的知识分子,他讲学于关中,所以后来顾亭林这班人,经常往陕西跑,组织反清复明的地下工作。康熙明明知道,他反而征召李二曲作官,当然李二曲是不会去作的。后来康熙到五台山并巡察陕西的时候,又特别命令陕西的督抚,表示尊崇李二曲先生为当代大儒,是当代圣人,一定要亲自去拜访李二曲。当然,李二曲也知道这是康熙下的最后一着棋,所以李二曲称病,表示无法接驾。哪里知道康熙说没有关系,还是到了李二曲讲学的那个邻境,甚至说要到李家去探病。这一下可逼住了李二曲了,如果康熙到了家中来,李二曲只要向他磕一个头,就算投降了,这就是中国文化的民族气节问题;所以李二曲只好表示有病,于是躺到床上,"病"得爬不起来。但是康熙到了李二曲的近境,陕西督抚以下的一大堆官员,都跟在皇帝的后面,准备去看李二曲的病。康熙先打听一下,说李二曲实在有病,同时,李二曲也只好打发自己的儿子去看一下康熙,敷衍一下。而康熙很高明,也不勉强去李家了。否则,他一定到李家,李二曲骂他一顿的话,则非杀李二曲不可。杀了,引起民族的反感;不杀,又有失皇帝的尊严,下不了台,所以也就不去了。安慰李二曲的儿子一番,要他善为转达他的意思,又交待地方官,要妥为照顾李二曲。还对他们说,自己因为作了皇帝,不能不回京去处理朝政,地方官朝夕可向李二曲学习,实在很有福气。康熙的这一番运用,就是把中国文化好的一面,用到他的权术上去了。可是实在令人感慨的事,是后世的人,不把这些罪过归到他的权术上,反而都推到孔孟身上去,所以孔家店被打倒,孔子的挨骂,都太冤枉了。

实在讲,孝道的精神绝对是对的,要说它对的理由,很多很多,现在是讲《论语》,不在本题外说得太多,只在这里提一下,就可以了解"孝"可以治天下。由各人的孝父母,扩而充之爱天下人,就是孝的精神。这个精神的更深处,我们再看一下《孝经》,就了解了。

## 晚娘面孔难为人

再下来是:

子游问孝。子曰:今之孝者,是谓能养。至于犬马,皆能有养。不敬,何以别乎!

子游是孔子的弟子,姓言,名偃,子游是字,少孔子四十五岁。他问孝,孔子讲解很明白,他说现在的人不懂孝,以为只要能够养活爸爸妈妈,有饭给他们吃,像现在一样,每个月寄五十或一百元美金给父母享受享受,就是孝了。还有许多年轻人连五十元也不寄来的,寄来了的,老太太老先生虽然在家里孤孤独独,"流泪眼观流泪眼,断肠人对断肠人",但看到五十元还是欢欢喜喜。所以现在的人,以为养了父母就算孝,但是"犬马皆能有养",饲养一只狗、一匹马也都要给它吃饱,有的人养狗还要买猪肝给它吃,所以光是养而没有爱的心情,就不是真孝。孝不是形式,不等于养狗养马一样。

这里我们看出来了,孔子对学生讲孝道与答复从政的人讲孝道完全两样,所以我们证明孔子前两段话是歇后语,用隐语的。

至于接着下面讲孝道:

子夏问孝。子曰:色难。有事弟子服其劳,有酒食,先生馔。曾是以为孝乎?

子夏来问孝,孔子说色难。什么叫色难呢?态度问题,上面讲不敬何以为孝,就是态度很难。他说:"有事,弟子服其劳。"有事的时候,像我们做后辈儿女的,看见父母扫地,接过扫把来自己做。"有酒食,先生馔。"(先生是现代的一般称呼,古代对前一辈的人都尊称为先生)有好吃的,就拿给父母长辈吃。"曾是以为孝乎?"("曾是"是假定的意思)你以为这样就是孝吗?替长辈做了事,请长辈吃了好的,不一定就是孝了,为什么呢?"色难"。态度很重要,好像我们下班回家,感到累得要命,而爸爸躺在床上,吩咐倒杯茶给他喝。做儿女的茶是倒了,但端过去时,沉着脸,把茶杯在床前几上重重的一搁,用冷硬的语调说:"喝嘛!"在儿女这样态度下,为父母的心理,比死都难过,这是绝不可以的。所以孝道第一个要敬,这是属于内心的;第二个则是外形的色难,态度的。

为什么这两节放在这里呢?这就包括了君道、臣道。一种是做人长官,领导人的;一种是做人部下,配合别人的。所以我们谈为政之道,也是"色难",也是"不敬,何以别乎?"我们爱护部下,态度很难。历史上的名帝王唐太宗,天生就很威严,有一天他问魏徵,为什么这些大臣们,当着他的面都不讲话。魏徵就告诉他——也只有魏徵敢和他这样讲——陛下自己不知道,因为陛下很威严,大臣们看见你后,心理上先就怕了,所以讲不出话来。唐太宗听了这话以后,就去对着镜子学笑,见了人就笑,慢慢使自己的态度变得和蔼起来。所以为政之道,也是色难。有时到机关中去,尤其邮政局或银行,许多人怕那里的面孔,譬如到邮局买一块钱邮票,邮局的柜台小姐,忙累得那个样子,给你邮票时,那种好像欠她多还她少的态度,实在叫人受不了。但替她想想也够可怜,坐了一整天,有些人对她还够啰苏。所以领导别人的,或者做部下的,都"色难"——态度不容易作好。内心上更难。"敬"——真爱人,不容易作好。所以把这两句孝道的话摆在《为政》篇中,也就是从政的修养与态度,这是真学问。你说你对部下是最爱护的,可是你对他开口就骂,把脾气都发在他的身上,发了脾气以后,对他再好也没有用了。

现在接下来讲孔子与颜回的谈话,包括了上面子游与子夏问孝道的,连起来放在《为政》篇里,是臣道与君道的理。这一段是没有问题,单独记述出来的。

子曰:吾与回言终日,不违如愚。退而省其私,亦足以发。回也,不愚。

我们知道,孔子最得意的学生就是颜回,又叫颜渊,无论在道德或学问上,是孔门中首屈一指的人物,所以孔子经常提到颜回。

讲到这里,我们说个笑话,我常常说年轻学生们没有办法自己写东西,但是世界上最高明的人,从不写作东西,一个字也不写,他们的思想、学说,都是学生写。像释迦牟尼、耶稣都是自己不写东西,而由学生写。可是中国的两个圣人就惨了,最糟糕的是孔子,学生不大写,都是老师写东西捧学生的。老子也很可怜,只一个学生,也没写,自己写了五千字,这是中外圣人不同之处。今日我们所以知道颜回,也是孔子经常在他的著作里,提到他这位得意弟子。这一段话,提到颜回。他说,我和颜回谈话,有时谈了一整天,他从来没有反对过我的意思,看起来笨笨的,但当他离开我而单独生活,不在我面前时,做人做事都会自己检讨自己,结果不但是懂了我的意思,还能更进一步发挥我的意思,由此看来颜回并不笨。

现在问题在于为什么又把这样一段话,编在这里呢?就是谈到《为政》这一篇书,上面两段的问孝,第一个是"敬",第二个是"色难",和臣道、君道都有关。现在以颜回的态度来讲臣道,上面对你讲话都答"是",都是只有接受、服从。可是,光接受、服从,有时候反而有问题,不一定是对的,所以有了接受、服从的修养,还要"退而省其私,亦足以发"。再加以发挥,能够扩而充之,这才是事业的好干部,为政的人才。所以把颜回的个人修养,放在《为政》篇的这一段。

## 孔子也会看相

到了下面,文章就转了,正式谈为政的道理。关于孔子对人的观察。

子曰:"视其所以,观其所由,察其所安,人焉廋哉!人焉廋哉!

这是孔子观察人的道理。

讲到观察人的道理,我们都知道看相算命,尤其现在很流行。这两种事,在中国有几千年历史,就是世界各国,有所谓意大利相法,日本相法等等。由此可见任何国家民族,都很流行。讲中国人看相的历史,那很早了。在春秋战国时就多得很,一般而言,中国人的看相,自有一套,包括现在市面上流行的,麻衣、柳庄、铁关刀,乃至现代意大利、日本人研究出来的手相学、掌纹学,许多新的东西都加上,也逃不出中国相法的范围。但中国人还有另外一套看相的方法,叫"神相"或"心相",这就深奥难懂了。"神相",不是根据"形态"看,而是看"神态"的;还有一种"心相",是以中国文化的基本立场,绝对唯心(非西洋唯心的哲学），所以有几句名言："有心无相，相由心变。有相无心，相随心转。"一个人思想转变了，形态就转变，譬如我们说一个人快发脾气了，是怎么知道的呢？因为从他相上看出来了，他心里发脾气，神经就紧张，样子就变了。所以，看相是科学。有人说，印堂很窄的人度量一定小，印堂——两个眉尖中间的距离——很宽就是度量大，这是什么道理？有人天生的性格，稍遇不如意事，就皱眉头，慢慢的印堂的肌肉就紧缩了，这是当然的道理。还有人说露门牙的人往往短命，因为他露牙齿，睡觉的时候嘴巴闭不拢来，呼吸时脏的东西进到体内，当然健康要出问题。还有很多这一类的道理，都是这样的，但是古人看相，很多人是知其然，不知其所以然。问他什么原因，他说："是书上说的。"实际上，这些东西是从经验中来的。有人说，清代中兴名臣曾国藩有十三套学问，流传下来的只有一套——曾国藩家书，其他的没有了，其实传下来的有两套，另一套是曾国藩看相的学问——《冰鉴》这一部书。它所包含的看相的理论，不同于其他的相书。他说："功名看器宇"，讲器宇，又麻烦了。这又讲到中国哲学了，这是与文学连起来的，这"器"怎么解释呢？就是东西。"宇"是代表天体。什么叫"器宇"？就是天体构造的形态。勉强可以如此解释。中国的事物，就是这样讨厌，像中国人说："这个人风度不坏。"吹过来的是"风"，衡量多宽多长就是"度"。至于一个人的"风度"是讲不出来的，这是一个抽象的形容词，但是也很科学，譬如大庭广众之中，而其中有一人，很吸引大家的注意，这个人并不一定长得漂亮，表面上也无特别之处，但他使人心里的感觉与其他人就不同，这就叫"风度"。

　　"功名看器宇"，就是这个人有没有功名，要看他的风度。"事业看精神"，这个当然，一个人精神不好，做一点事就累了，还会有什么事业前途呢？"穷通看指甲"，一个人有没有前途看指甲，指甲又与人的前途有什么关系呢？绝对有关系。根据生理学，指甲是以钙质为主要成分，钙质不够，就是体力差，体力差就没有精神竞争。有些人指甲不像瓦型的而是扁扁的,就知道这种人体质非常弱,多病。"寿夭看脚踵",命长不长,看他走路时的脚踵。我曾经有一个学生,走路时脚根不点地,他果然短命。这种人第一是短命,第二是聪明浮躁,所以交待他的事,他做得很快,但不踏实。"如要看条理,只在言语中",一个人思想如何,就看他说话是否有条理,这种看法是很科学的。中国这套学问也叫"形名之学",在魏晋时就流行了。有一部书——《人物志》,大家不妨多读读它,会有用处的,是魏代刘劭著的,北魏刘昞所注,是专门谈论人的,换句话说就是"人"的科学。最近流行的人事管理、职业分类的科学,这些是从外国来的。而我们的《人物志》,却更好,是真正的"人事管理"、"职业分类",指出哪些人归哪一类。有些人是事业型的,有些人绝对不是事业型的,不要安排错了,有的人有学问,不一定有才能,有些人有才能不一定有品德,有学问又有才能又有品德的人,是第一流的人,这种人才不多。

以前有一位老朋友,读书不多,但他从人生经验中,得来几句话,蛮有意思,他说:"上等人,有本事没有脾气;中等人,有本事也有脾气;末等人,没有本事而脾气却大。"这可以说是名言,也是他的学问。所以各位立身处世,就要知道,有的人有学问,往往会有脾气,就要对他容忍,用他的长处——学问,不计较他的短处——脾气。他发脾气不是对你有恶意,而是他自己的毛病,本来也就是他的短处,与你何关?你要讲孝道,在君道上你要爱护他,尊重他。我有些学生,有时也大光其火,我不理他,后来他和我谈话,道歉一番,我便问他要谈的正题是什么?先不要发脾气,只谈正题,谈完了再让你发脾气。他就笑了。

第二部应该研究的书是什么呢?就是黄石公传给张良的《素书》,这一部书很难说确是伪书,但它也的确是中国文化的结晶。对于为人处世及认识人物的道理,有很深的哲学见解,也可以说是看相的书,他并不是说眉毛长得如何,鼻子长得怎样,它没有这一套,是真正相法。眉毛、鼻子、眼睛都不看的,大概都看这个人处世的态度和条理。孟子也喜欢看相,不过他没有挂牌,他是注意人家的眼神,光明正大的人眼神一定很端正；喜欢向上看的人一定很傲慢；喜欢下看的人会动心思；喜欢斜视的人，至少他的心理上有问题。这是看相当中的眼神，是孟子看相的一科，也可说是看相当中的"眼科"吧！

孔子观察人谈原则。"视其所以"——看他的目的是什么？"观其所由"——知道他的来源、动机，以法理的观点来看，就是看他的犯意，刑法上某些案子是要有了犯意才算犯罪，过去中国人不大打官司，喜欢打官司的叫作讼棍。曾经有这样一个故事，有人被控用刀杀人，这是有罪的，要偿命的。有讼棍要被告一千两银子，包可无罪。被告为了保命，就是上当受骗，也只好出这一千两银子了。而那个讼棍得了银子，将送出去的公文抽回来，将"用刀杀人"的"用"字，轻轻加了一笔，变成"甩"字，于是"甩"刀杀人，没有犯意，是无罪的。

还有清朝时，祭孔大典，凡是参加的人，是不得在祭典中东张西望，或转头回身说话的，否则就犯了"大不敬"，重则杀头，轻则坐牢，至少是免职永不录用。有一次，一位督抚率领部属祭孔，在部属中同僚有隙，某甲到皇帝面前，告某乙在祭典中回头说话，于是皇帝下命令督抚查明这件事。督抚一接到圣旨，惶恐得不得了，最后从部属中，找来了平日最讨厌的讼棍，被敲了八千两银子，一千两银子买一个字，讼棍还说白送了一个字，共有九个字："臣位列前茅，不敢反顾。"这样答复上去，不但没有事，那个原告，也不敢顶上去了。因为追究下去，你自己如果规规矩矩不转头，又怎么知道被告转了头呢？有罪大家有罪嘛！一件要杀大官们脑袋的大案，就这样由讼棍用九个字，轻轻地平息下去了。

李陵答苏武书中所谓"刀笔之吏，弄其文墨"，从政的人，都要了解这一点，公事办久了，从政久了，法律熟了，专门在笔杆上做工夫，害死人杀死人，比刀都厉害。

所以讲到这里，要"视其所以"，看他的动机、目的。"观其所由"，看他的来源，整个行动的经过。"察其所安"，再看看他平常做人是安于什么？能不能安于现实。譬如有些人就很难安，有一位七十多岁的朋友,已满头白发了,读书人,学问蛮好。刚刚退休,太太过世了,在生活上打牌没有兴趣,书法好但没兴趣写字,读书人本可看书,但是拿到书,就想睡觉,躺下来又睡不着——讲到这里,请青年朋友们注意,老年人很可怜,有几件事是相反的:坐着想睡,躺下来却睡不着。哭起来没有眼泪,笑起来把眼泪笑出来了。讲现在的事,当面讲当面忘,对过去的事,连小时候的都记得起来。讲他好话听不见,骂他的话马上听到了。这是老年人的惨状——因为他太无聊、寂寞,事事无兴趣,只好交了个女朋友,我劝他不必结婚了。他这种现象,就是老年人的无所安,心不能安,这是老年人,但是年轻人也一样。这是心理上的问题,一个人作学问修养,如果平常无所安顿之处,就大有问题。有些人有工作时,精神很好;没有工作时,就心不能安,可见安其心之难。

孔子以这三点观察人,所以他说"人焉廋哉!人焉廋哉!"这个廋是有所逃避的意思。以"视其所以,观其所由,察其所安"这三个要点来观察人,就没什么可逃避的了。看任何一个人做人处世,他的目的何在?他的做法怎样?前者属思想方面,后者属行为方面。另外,再看他平常的涵养,他安于什么?有的安于逸乐,有的安于贫困,有的安于平淡。学问最难是平淡,安于平淡的人,什么事业都可以做。因为他不会被事业所困扰,这个话怎么说呢?安于平淡的人,今天发了财,他不会觉得自己钱多了而弄得睡不着觉;如果穷了,也不会觉得穷,不会感到钱对他的威胁。所以安心是最难。以这三点观人,放在《为政》篇中,就是知人励品的重点所在。

接下来的一句话,是我们都很熟悉的。

子曰:温故而知新,可以为师矣。

从文字上去解释,大家都知道,意思就是温习过去,知道现在的,便可以做人家的老师了。照表面文字上的解释,只此而已,实际上我们要更深一步体会。"温故"——说过去的我们要知道,譬如讲中国历史,上下五千年,二十五部大史,真不容易,倘使读历史的,目的并不在拿学位,那么为了什么呢?为了"温故知新",认识了过去,就知道未来,这样,"可以为师矣",过去就是你的老师,"前事不忘,后事之师也。"温故而知新就是这个意思,这是什么道理呢?因为前面的成功与失败,个人也好,国家也好,是如何成功的,又是如何失败的,历史上就很明显地告诉了我们很多。刚才和人闲谈,就谈到过,现在这一代青年作学问很难,不但要知道自己中国文化传统的根——过去,也要知道现在社会的新学问,不但是国内的事,国外的事也要清楚,古今中外都要了解,所以为政的人,更要注意这事,为政到底是要有学问的,所以"温故而知新,可以为师矣",这样才真能师法过去的历史,判断未来新的事物的发展。

## 是什么东西

下面接着是:

子曰:君子不器。

如照字面翻成白话就很好笑了——孔子说:"君子不是东西。"提到这个思想,我常说我们中国人实在了不起,个个懂得哲学,尤其骂人的时候更是如此。譬如说:"你是什么东西?"拿哲学来讲,我真不知道我是什么东西,因为人的生命究竟怎么回事,还搞不清楚嘛!所以真不知道我是什么东西。

但孔子这句话到底是什么意思呢?因为"为政"要通才,通才就要样样懂。"不器"就是并不成为某一个定型的人,一个为政的人,就要上下古今中外无所不通。从表面上看,一个很好的大政治家,好像一个很好的演员,演什么角色,就是什么角色。当演工友的时候,就是规规矩矩扫地倒茶,当演大官的时候,温温和和就是作官,干哪一行就是那一行。"君子不器"这个学问,就是成为了真正的通才,否则只有变成专才、专家。所以君子不器放在《为政》篇,就是说明为政在这方面的道理,换句话说:"允文允武",也便是"君子不器"的说明。

《论语》在这里讲到了君子,什么是君子呢?下面提到:

子贡问君子,子曰:先行其言,而后从之。

儒家孔孟思想,经常提到君子,什么是君子?将来我们还要讨论到的,这是另外一个问题,在这里不发挥。我们这里只讲子贡问"君子",孔子是怎么答复他的?孔子说,把实际的行动摆在言论的前面,不要光吹牛而不做。先做,用不着你说,做完了,大家都会跟从你,顺从你。古今中外,人类的心理都是一样的,多半爱吹牛,很少见诸于事实;理想非常的高,要在行动上做出来就很难。所以,孔子说,真正的君子,是要少说空话,多做实在的事情。

接着下来,对于君子的涵义,又有一说:

子曰:君子周而不比,小人比而不周。

君子与小人的分别是什么呢?周是包罗万象,就是一个圆满的圆圈,各处都到的。他说一个君子的做人处世,对每一个人都是一样,不是说对张三好,对李四则不好,这就不对了,这就叫比而不周了。你拿张三跟自己比较,合适一点,就对他好,不大同意李四这个人,就对他不好,就是"比"。一个大政治家是和宗教家一样,爱人是不能分彼此的,我们对于人,好的固然好,爱他;但对不好的更要爱他,因为他不好,所以必须去爱他,使他好。这样一个真正的大政治家,也就是宗教家,也就是教育家的态度,这就是"周而不比",要周全,不能比附一方。"比"是什么呢?我们知道中国字,古写的篆文比字,是这样写的——𣬉,象形两个人相同,同向一个方向;而古文北字——𣬊就是相背,各走极端的象形字,所以"比"就是说要人完全跟自己一样,那就容易流于偏私了。因此君子周而不比,小人呢?相反,是比而不周,只做到跟自己要好的人做朋友,什么事都以"我"为中心、为标准,这样就不能够普遍。

讲到这里,君子的道理还没有讲完:

子曰:学而不思则罔,思而不学则殆。

这是我们前面讲到的,过去的历史,对于人才,有三个基本的原则,便是才、德、学。有些人的品德是天生的——品德往往大半出于天性——但没有才能。我们知道有品德的人,可以守成,教这种人到大后方坐镇,好得很;教他设法打开一个局面,冲出去,那他办不到,他没有这个才,他只有守成之才,没有开创之才。所以守成之才,偏重品德。而才德两个字很难兼全的,但有一个东西可以补救,那就是学,用学问来培养那所缺的一面。有些人虽然天生有才有德,但还是需要学问来培养的。

讲到学问,就需两件事,一是要学,一是要问。多向人家请教,多向人家学习,接受前人的经验,加以自己从经验中得来的,便是学问。但"学而不思则罔",有些人有学问,可是没有智慧的思想,那么就是迂阔疏远,变成了不切实际的"罔"了,没有用处。如此可以作学者,像我们一样——教书,吹吹牛,不但学术界如此,别的圈子也是一样,有学识,但没有真思想,这就是不切实际的"罔"了。

相反的,有些人"思而不学则殆"。他们有思想,有天才,但没有经过学问的踏实锻炼,那也是非常危险的。许多人往往倚仗天才而胡作非为,自己误以为那便是创作,结果陷于自害害人。

尤其是目前的中国青年,身受古今中外思潮的交流、撞击,思想的彷徨与矛盾,情绪的郁闷与烦躁,充分显示出时代性的紊乱和不安,因此形成了青少年们的病态心理。而代表上一代的老辈子人物,悲叹穷庐,伤感"世风日下"、"人心不古",大有日暮途穷,不可一日的忧虑;其实童稚无知,怀着一颗赤子之心,来到人间,宛如一张白纸,染之朱则赤,染之墨则墨,结果因为父母的主观观念——"望子成龙,望女成凤",涂涂抹抹,使他们成了五光十色,烂污一片,不是把他们逼成了书呆子,就是把他们逼成太保,还不是真的太保。我经常说,真太保是创造历史的人才。所以老一辈人的思想,无论是做父母的,当教师的,或者领导人的,都应该先要有一番自我教育才行。尤其是搞教育、领导文化思想的,更不能不清楚这个问题。

所以青少年教育的问题,首先要注意他们的幻想,因为幻想就是学问的基础。据我的研究,无论古今中外,每一个人学问、事业的基础,都是建立在少年时期的这一段,从少年时期的这一段,从少年的个性就可以看到中年老年的成果。一个人的一生,也只是把少年时期的理想加上学问的培养而已,到了中年的事业就是少年理想的发挥,晚年就回忆自己中少年那一段的成果。所以我说历史文化,无论中外,永远年轻,永远只有三十岁,没有五千年,为什么呢?人的聪明智慧都在四十岁以前发挥,就是从科学方面也可以看到,四十岁以后,就难得有新的发明,每个人的成就都在十几岁到二三十岁这个阶段,人类在这一段时间的成果,累积起来,就变成文化历史。人类的脑子长到完全成熟的时候,正在五六十岁,可是他大半像苹果一样,就此落地了。所以人类智慧永远在这三四十岁的阶段作接力赛,永远以二三十年的经验接下去,结果上下五千年历史,只有二三十年的经验而已。所以人类基本问题没有解决。先有鸡还是先有蛋?宇宙从哪里来的?人生究竟如何?还是没有绝对的答案。因此,有了思想,还要力学。上面所说,有了学问而没有思想则"罔",没有用处;相反的,有了思想就要学问来培养,如青少年们,天才奔放,但不力学,就像美国有些青少年一样,由吸毒而裸奔,以后还不知道玩出什么花样。所以思想没有学问去培养,则"殆",危险。

## 异 端 与 偏 激

接着下来是:

子曰:攻乎异端,斯害也已。

这是一个问题了。我们知道,"异"就是特别的,"端"也就是另外一头。但在宋儒以后,"异端"两字,就用来专指佛、道两家,宋以前则没有这种肯定的说法。

讲到这里,顺便提到一个问题:现在世界上流行一个名词——汉学。欧美各国讲中国学问,都称之为"汉学",这是世界通称,成了习惯,已经没办法更正了。事实上这个观念是错误的。在我们中国文化中所称的汉学,是指汉儒的作学问,注重于训诂。所谓"训诂",就是对于文字的考据,研究一个字作什么解说,为什么这样写?不过汉学很讨厌,他们有时候为了一个字,可以写十多万字的文章,所以我们研究这一方面的书,也是令人头大的。但是古人所谓博士学位——我们现在的博士也是这样——往往凭藉这些专深的研究,可以作一百多万字的文章,这就是训诂之学。后来发展为考据,就是对于书本上的某一句话,研究他是真的或是假的。这些学问,为了一个题目,或某一观念也可写百多万字。总之,汉儒就是训诂考据之学;在中国文化上叫"汉学",意思是汉儒作的学问。汉学自汉武帝开始,就有"五经博士",就是四书五经等书中,通了一经的就是"博士",所以中国有博士这个尊称,也是从汉朝开始的。所谓博士,就是专家。如《诗经》博士,就是《诗经》的专家。到了唐代以后,就慢慢注重文学了,因为几百年训诂考据下来,也整理得差不多了。

到了宋代,当时有所谓五大儒者,包括了朱熹等五个人,他们提倡新的观念,自认为孔孟以后继承无人,儒家的学问断了,到他们手里才接上去。这中间相隔差不多一千多年,不知道他们在哪里碰到孔子和孟子,就一下子得了秘传一样,把学说接上去了,这是宋儒很奇怪的观念。然后他们就批评各家都不对,创了所谓理学。不过有一点要注意,我们现在的思想界中,理学仍然非常流行,有一派自称新理学,讲儒学的学问。但很遗憾,他们还不成体系,仍旧不伦不类的。至于宋儒的理学家,专门讲心性之学,他们所讲的孔孟心性之学,实际上是从哪里来的呢?一半是佛家来的,一半是拿道家的东西,换汤不换药地转到儒家来的。所以,我不大同意宋儒。对于宋儒的理学,我也曾花了很大的工夫去研究,发现了这一点,就不同意他们。一个人借了张家的东西用,没有关系,可以告诉老李,这是向张家借来的,一点不为过。可是借了张家的东西,冒为己有充面子,还转过头来骂张家,就没道理了。宋儒们借了佛道两家的学问,来解释儒家的心性之学,一方面又批驳佛道。其结果不止如此而已,从宋儒一直下来,历代的这一派理学,弄到后来使孔孟学说被人打倒,受人批评,宋儒真要负百分之百的责任。以后经过宋、元、明、清四朝,都在宋儒的理学范围中转圈圈,是不是阐扬孔子的真义,很难下一定论。有一本《四朝学案》,是讲宋、元、明、清几百年来儒家心性之学的。尤其到了明朝末年,理学非常盛行,所以清兵入关的时候,很多人对明儒的理学非常愤慨,认为明儒提倡理学的结果是:"平时静坐谈心性,临危一死报君王。"指责理学对国家天下一点都没有用。平常讲道德、讲学问,正襟危坐谈心性,到了国家有大难的时候——"临危一死报君王"一死了之,如此而已。不过话说回来,能够做到"临危一死报君王"已经很不容易了,但对于真正儒家的为政之道而言,未免太离谱了。因此,清初一般学者,对于此高谈心性、无补时艰的理学相当反感。最著名的如顾亭林、李二曲、王船山、傅青主这一些人,也绝不投降清朝,而致力反清复明的工作。后来中国社会帮会中的洪帮,现在又叫洪门,就是他们当时的地下组织,是士大夫没有办法了,转到地下去的,洪门首先是在台湾由郑成功他们组织,一直影响到陕西,都是他们的活动范围,所谓天地会等等,都由洪门后来的分衍而来。

清初顾亭林这些人,既不同意宋明儒者的空谈,于是回过头来作学问,再走考据的路子,叫作"朴学",因此也有称之为汉学的。我们身为中国人,必须要了解"汉学"这个名称是这样来的。外国人研究中国的学问也称汉学,是指中国学问。古书上所指的汉学,是偏重于考证的学问,这是顺便介绍的。

我们为什么引出了这个问题呢?就是为了孔子这句话:"攻乎异端,斯害也已。"自宋朝以后,七百年来,一提到异端,一般人都认为专指佛道两家。这句话不要搞错了,在孔子当时,没有佛家,也没有道家。在当时儒道不分家的。以儒、佛、道三家的文化,作为中国文化中心,是唐代以后的事,所以认为《论语》中异端两个字,是专指佛道而言,则是错误的观念。

现在我们回转来研究,什么叫"异端"呢?这在文字上解释非常简单。"端"就是两头,尖端,两边的头,或多边的头谓之"端"。"异端"是走极端偏向的路线,不走中道的。不但不走中道,而且还标新立异,特别从事怪异的思想。关于这一点我们如果用现代的思想问题和心理学来研究,也可以说一般的人,大都是喜欢异端的,每个人都有爱好标新立异的天性。

## 由养士到考试

大家有机会可以读一篇文章,对于处世大有助益,这篇文章简称《论养士》,苏东坡作的。这篇文章在中国的政治思想——政治哲学领域中,占了重要的地位,尤其是研究政治与社会的人不能不看。这篇文章很有意义,它提出了一个原则,讲得非常有道理。

"养士"这个名称,出在战国时代,当时书籍不如现在普及,也没有考试制度,一般平民有了知识,就依靠权贵人家求出路,到他们家里作宾客。过去叫宾客,现在的名称等于"随员";从唐代到清代叫"幕府"。像曾国藩,不少有本领的人,都在他的幕府里——等于现在的研究室、参谋团、秘书室。现在也有称作幕僚。六国的"养士"就是这样的情形。

那时养士,养些什么人呢?苏轼指出的分类是智、辩、勇、力四种人；实际上也可说只是两种人，一种用头脑，一种用体力。讨论这四种人，如果以现代职位分类的科学来作博士论文，起码可以写他两百万字不成问题。但是我国古代文化喜欢简单，所以几百字的文章就解决了。

苏轼在这篇文章中说，社会上天生有智、辩、勇、力这四种人，他认为这一类的人好役人——坐着吃人家的——无法役于人。如果我们用社会学来研究，社会上有许多人是这样的，用头脑非常能干，叫他用劳力就不行，有些人叫他用头脑就像要他的命，要他做劳力就蛮好。但有些人有力去打架，力气好得很，要他做工，做三个小时就做不下去了。所以研究社会、研究政治，要多观察人，然后再读有关的书，才有道理。又像许多人有智，这个智是聪明才智；有许多人有辩术，专门用手段，不走正道，走异端，打鬼主意第一流，正当方法想不出来。但是不要忘了，他也是一个人才，就看老板怎么用他，这就是所谓会不会用人了。所以智与辩看起来是一样，聪明的人做事一定有方法，但是正反两面的方法不能相违。勇与力看起来似乎也是一样，但是勇敢的人不一定有力气，而个子高大孔武有力的人，教他去前方打仗、为国牺牲，他怕死了不干，这是有力没有勇。因此苏东坡说智、辩、勇、力四种人，往往需要人家养他，不能自立。不过依恃人家，攀龙附凤，也可以立大功，成大业，教他一个人干，就没有办法。

所以到秦始皇统一中国以后，焚书坑儒，不养士了，这些人就走向民间去，结果怎样呢？反了！后来到了汉朝的时候，对这种士怎么办呢？到汉武帝时代，就是中国选举制度的开始，那个时代的选举，当然不像现代的由人民去投票——这是西方式的选举。中国式古老时代的选举，是由地方官参考舆论，把地方上公认是贤、良、方、正的人选出来（以现代名词而言，是人才的分类，贤是贤，良是良，方是方，正是正，不要混为一谈，这是四个范围），称为孝廉（中国文化以孝治天下，所以称孝廉。到清朝时，考取了举人，还是用孝廉公这个名称，那是沿用汉朝的）。汉朝实行这样的选举制度，就取代了战国时养士的制度,所以汉朝四百年天下,就可以定下来,到隋朝又开创以文章取士的考试办法。到唐太宗统一天下以后,正式以汉朝地方选举的精神,采用了隋朝考试取士的方法,综合起来产生了唐朝考选进士的制度。所谓进士,就是将民间有才具的知识分子,提拔出来,进为国士的意思。那时候考的秀才不是清代的秀才,清代的秀才是考试阶级的一个名称,秀才再考举人,举人再考进士,进士第一名是状元。唐代的秀才,也便是进士的通称,凡是学问好的、优秀的,都称秀才。

## 天下英雄入彀中

唐太宗创办了考试制度,录取了天下才人名士以后,站在最高的台上,接受第一次录取者朝见之后,忍不住得意的微笑道:"天下英雄尽入吾彀中!"他的意思是说,你看我这一玩,天下的英雄都自动来钻进我的掌握中,再不会去造反了。有功名给你,有官给你做,只要你有本事,尽管来嘛!这是唐太宗的得意之处。苏轼也说,建立了考试制度以后,就等于六国时候的"养士",所以他认为养士是很重要的事。以现在的观点来说,就是智、辩、勇、力分子没有安排很好的出路,没有很好的归宿,就是社会的大问题,也是政治的大问题。但是如何使他们得其养,又是个问题。起用也是养,退休也是养。讲到养,我们要想到前面所讲的,犬马也有所养呀!不是说有饭吃就得养了,仅仅这样是养不了的。智辩勇力之士,有时候并不一定为了吃饭。天生爱捣乱的人,如果没有机会给他捣乱,他好像活不下去,若不要他捣乱,就得把他引入正途,这就是为政教化的道理。

解释了半天,"异端"就是走特殊思想,不走正路的,走偏道,而偏道中还想出特别花样。但是,异端有没有用处?仍是有用处的。举个例子来说,汉朝平定天下,汉高祖说,我不过得到几个人而已。他是指张良、萧何、陈平等,尤其是陈平这个人,在历史上也是有名的六出奇计,他只为汉高祖提过六个建议,还是秘密的建议,后世从历史上知道内容的也只有五次,另外一次到底是什么花样,直到现在无法确定。所谓奇计者,就是古怪的、特殊的。我们读了历史也就知道,异端不能乱用,还要以德业为基础,异端多半走入术的路子,术就是方法、权术。权术没有德业为基础,就要不得。所以我们再看历史,《史记》记载很清楚,陈平六出奇计,帮助汉高祖统一天下,但是陈平说了一个预言,他的后代不会太好。人家问他什么原因,他说他喜欢用阴谋,他说:"阴谋者,道家之所忌也。"为天道所忌。果然汉高祖封给他的国,到他孙子手里就亡,他也早知难逃自取灭亡之道。

这个道理,是说明孔子所说的"异端",并不是宋儒所指佛道两家而言的异端,而是走偏道,喜欢走特殊路子钻牛角尖的异端。所以孔子说:"攻乎异端,斯害也已。"

跟着下来,什么不是异端呢?什么是做人做事应该的道理?

子曰:由!诲,女知之乎?知之为知之,不知为不知,是知也。

由是名字,子路的名字叫仲由。"诲"字下应该有一个小标点,诲是说教育、教诲。"汝知之乎?"你知道吗?"知之为知之,不知为不知,是知也。"——一个人要平实,尤其是当主管领导人要注意,懂得就是懂得,不懂就是不懂,这就是最高的智慧。换句话说,不懂的事,不要硬充自己懂,否则就真是愚蠢。

关于这一点,几十年来看得很多。这个时代,很容易犯这个毛病。很多学问,明明不懂的,硬冒充自己懂,这是很严重的错误,尤其是出去做主管的人要注意。我们看历史上伟大的成功人物,遇事常说:"我不懂,所以要请教你,由你负责去办,大原则告诉我就行了。"说这话的人就成功了。如果硬充懂就不行,结果一无所成。历史上,古今中外莫不如此。政治的道理也一样,懂就懂,不懂的就是"对不起……我不懂。"这是最高的智慧,也是最高的礼貌。所以我常对出国的学生们说,有一个最高的原则,也是走遍天下的国际礼貌,那便是你走到任何国家说:"对不起,我是中国来的,对这件事我不懂,请问应该怎么办?"万万不要认为这样说是丢人,这是最大的礼貌,不会吃亏,尤其做国民外交更用得着,最怕冒充懂,就会失礼。

到这里是为政的大原则,下面文章的气势为之一转,而转到另外一个人。

## 千里求官只为财

> 子张学干禄。子曰:多闻阙疑,慎言其余,则寡尤;多见阙殆,慎行其余,则寡悔。言寡尤,行寡悔,禄在其中矣!

子张是孔子的学生,他姓颛孙,名叫师,少孔子四十八岁,是位年轻学生。他到孔子这里来是要学干禄的。什么叫"干禄"呢?就是怎样去谋生。古代俸和禄是两回事。"俸"等于现在的月薪;"禄"有食物配给。禄位是永远的,所以过去重在禄。"干"就是干进、干求、干禄,就是如何拿到禄位。换句话说,孔子希望弟子们学仁学义,子张这位学生来的时候,大概填志愿表与众不同,直截了当,干脆两个字——干禄;要找饭吃,怎样找公务员当。但是孔老夫子没有气得把他撵出去,反而传授他一套办法说,想做一个好干部,做一个良好的公务员,要知识渊博,宜多听、多看、多经验,有怀疑不懂的地方则保留。阙就是保留,等着请教人家,讲话要谨慎,不要讲过分的话。本来不懂的事,不要吹上一大堆,好像自己全通,最后根本不通,这就丢人了。如不讲过分的话,不吹牛,就很少过错;多去看,多去经验,对有疑难问题多采取保留的态度。换句话说,对于模棱两可的事,随时随地都用得到古人的两句话:"事到万难须放胆,宜于两可莫粗心。"第二句就是多见阙殆的意思,这个时候要特别小心处理,不要有过分的行动,这样处世就少后悔。一个人做到讲话很少过错,处世很少后悔,当然行为上就不会有差错的地方。这样去谋生,随便干哪一行都可以，禄位的道理就在其中了。

从这一段书中，我们看到孔子的教育态度，实在了不起，这个学生是来学吃饭的本领，要如何马上找到职业。孔子教了，教他做人的正统道理，也就是求职业的基本条件，我们为人做任何事业，基本条件很要紧，孔子说的这个基本条件已经够了。

到这一节为止，上面都是讲为政中关于做人处世的部分，下面高峰突起，就正式讲到政治问题。

哀公问曰：何为则民服？孔子对曰：举直错诸枉，则民服。举枉错诸直，则民不服。

哀公是鲁国的国君，孔子自己祖国的君侯，孔子忠君爱国之心是很强的，自己国家的领袖问他怎样使老百姓心服。要注意这个"服"字，含义可说是服从，也可以说绝对服了，不敢反抗，这是重点。以鲁国的国君，问到这样一个问题，是一大笑话。在中国政治的道理，所谓服与不服，在德不在力，权力的使人服是霸术、霸道；道德的使人自然顺服，才是王道。鲁哀公拿这个问题问孔子，你说孔子怎么办？他很婉转地说明这道理，他说："举直错诸枉，则民服。"这个"举"就是提拔，这是针对鲁哀公当时的政治毛病而来。举直，就是提拔直心直道而行的人，包括圣贤、忠诚、有才能的人。"错诸枉"的错等于措，就是把他摆下去，放下去，把狂妄的人安置下去，这样老百姓自然就服了。相反的，"举枉错诸直"，把狂妄的人提拔起来，或只用自己喜欢的人，而把好人打击下去，老百姓自然就不服了。这是谁都懂的道理，而孔子拿这人人都懂的话去告诉他，就好像说当诸侯、君王的人都不懂，未免太笨了。

但人生经验告诉我们，一个人到了那个权位的情况，就很难讲了。譬如我们平时常会说，假如我做了某一位置的事，一定公正，但是真的到了那一天，就做不到绝对公正。人总会受人情的包围，例如，人家送高帽子，明知是高帽子，仍然觉得蛮舒服的，这就是要命的心理了。所以一个人能够做到公正廉明,真是一种最高的修养。像唐朝的历史中记载,武则天问武三思,朝中谁是忠臣?武三思说,跟我好的都是忠臣。武则天说,你这是什么话?武三思说,我不认识的,怎么知道他好不好?同样的道理,看戏容易做戏难,所以我们批评历史容易,身为当局者时,就真不容易了。因此我们知道孔子答复鲁哀公的话,虽然非常平淡,但最平淡的道理是最难做到的。

下面接着是季康子的问话,我们曾经提到过,季家是鲁国的权臣,后来鲁国就是亡在他们手里,季康子问什么呢?

季康子问:使民敬忠以劝,如之何?子曰:临之以庄,则敬。孝慈,则忠。举善而教不能,则劝。

使民,就是怎样使用群众的意思,在为政的道德上而言,这个动机就有问题,要想使用别人就已经是问题了,他还用了一个当时蛮流行的口头语,敬啊!忠啊!这些都是老子当时所骂的假仁假义(其实老子并不反对仁义,只是当时社会普遍流行谈的仁义,变成了虚假无实的名词,所以老子反对)。他提到敬与忠两个字,是大问题。敬是尊敬人,忠是忠于事,劝是教导的意思,等于现在所说的"教育"。孔子对于季康子所提这几个大问题,没有批评不对,认为都对。但是孔子告诉他,不要只是空洞的宣传,口头话没有用,天下人的聪明相等,口头骗得了一时,骗不了永久。所以他告诉季康子,接近老百姓,内心要有真正的庄严情操,百姓对你自然就恭敬了。如对人敬礼,只是表面的动作,而内心却是不诚,则敬礼的姿势都不对的,这样的敬礼有什么意义?要内心真正的庄严,尤其对部下、对群众,有发自内心的庄严情操,部下对你自然就恭敬了。"孝慈则忠",真正爱人,人对你自然尽忠,一个人对部下与群众,付出爱儿女一样的心肠,付出了真情,则没有不收到忠的反应。如果没有这种慈孝,光是劝导教化是没有用的。"举善而教不能则劝",对善的奖励提倡,不作官样文章,诚恳的举善。"教不能",部下不懂的,并不讨厌他,教他,因为你要作之君,作之师,等于他的长辈,既然作长辈,就是作老师,尽量教他,他自然受感化。

由这里看到答复国君的问话与答复权臣的问话不同之处;都在《为政》篇中,连起来文章又转了一个味道了,所以连贯起来看《论语》文章的编排非常妙。尤其古代文章,几句话在不同时间、不同地点说的,把它连贯起来,而仍能成为一篇曲折有致,蛮讲究结构的文章,它的文学价值,也实在不简单。

## 治国难!齐家更难!

或谓孔子曰:子奚不为政?子曰:《书》云"孝乎,唯孝友于兄弟,施于有政。"是亦为政,奚其为为政?

这时候有人说话了。对孔子说,你吹了半天牛,说了许多为政的大道理,头头是道,你自己怎么不出来为政呢?你自己来干嘛!讲到这里,我要特别提醒诸位,以前我们说过《为政》这一篇,被大家解释成是孔子的政治哲学思想,是不大对的,因为孔子不讲政治,只讲为政。拿现代政治哲学来讲,是大原则,并不是政治的一种方法。所以孔子对于这个问题的答复,他引用了《书经》里的话解释说,《书经》里不是讲过孝道吗!一个人在家里能够孝敬父母、友爱兄弟、家人、朋友(社会关系),这也就是政治了。有朋友说自己不得志,我说你有什么不得志?不是员,就是长,他说没有什么长在身,我说你至少是家长呀!这个资格还真不容易,这件事情也真不容易做好。孔子说的也就是这个意思,所以他说,何必一定要出来从事政治工作,才叫作政治呢?

下面讲为政的原则。

子曰:人而无信,不知其可也。大车无輗,小车无軏,其何以行之战!

这节很重要。为政的道理——言而有信,是非常重要的。我们读中国历史,对于从政的人,始终要注意一个道理,所谓"百年大计"。一件事情,一个政策下来,要眼光远大,至少须看到百年或几十年以后的变化与发展,这是古人政治的道理。

天下没有一个完整无缺的法律或完整无缺的办法。天下事一定会变,而且时时在变,这张桌子今天是新的,十年以后就不新了。不新了该怎么办?今天就要预作最好的、最切合十年后应变的方案。我们看小说,诸葛亮给人补救的方法,都是"锦囊妙计"先放在那里。对为政来讲,这个"锦囊妙计"就是百年大计。不可只顾目前,如只顾目前,事情因时间的发展改变而情况不同,就变成言而无信,结果就是朝令夕改。早上下的命令,晚上认为不对,去赶快改过来,究竟哪个对?老百姓搞不清楚,这就是大问题。所以孔子说做人、处世、对朋友,"信"是很重要的,无"信"是绝对不可以。尤其一些当主管的人,处理事情不多想想,骤下决定,以致随时改变,使部下无所适从,所以孔子说:"人而无信,不知其可也。"

"大车无輗,小车无軏。"輗和軏两个字,是古代车子上的车杆子。大车是牛车,輗就是牛车上一根用来套在牛肩上,中间的大梁子;小车是马车,軏就是马车上挂钩的地方,这都是车子上的关键所在。他说做人也好,处世也好,为政也好,言而有信,是关键所在,而且是很重要的关键。有如大车的横杆,小车的挂钩,如果没有了它们,车子是绝对走不动的。

讲到这里,本篇快近尾声。子张,就是刚才说到那个来问谋生办法的子张,现在提出一个大问题:

子张问:十世可知也?子曰:殷因于夏礼,所损益可知也。周因于殷礼,所损益可知也。其或继周者,虽百世可知也。

现在说十世的问题。先说世,什么是世?西方的观念,一百年为一世纪,西方文化以耶稣诞生那一年(约在我国汉朝的时候)开始为纪元——第一年。现在为一九七四年,又称二十世纪。我们现在也用这个西元,站在中国文化的立场上,是相当令人痛心的事,一个当祖父的,不应该与孙子平行,不应该把自己的历史抹煞,这实在痛心。这暂且不提,我们知道现代西方文化以一百年为一世纪,而中国文化过去的世,小的单位以三十年为一世,这是一个时间的代表单位,后来用以作抽象的代表单位了。这是把一代叫作一世。所以每说到"世"的问题,常以"十世"表示久远。唐代以后,佛学进了中国,又有"三世"之说,什么叫"三世"呢?过去、现在、未来,就叫"三世"。几千万年前是过去,前一秒钟也是过去的;现在就是现在;未来,此后的一秒钟是未来,以后的千百万年也是未来。这就叫"三世"——是佛学的名称;儒学则称之为"十世"。这里《论语》上的十世,等于说千秋以后将来的世代。

子张问孔子是不是可以先知,预言将来怎么演变,孔子在这里讲到夏、商、周三世,只是引用过去以代表将来。子张问孔子将来时代的演变知不知道?孔子说知道。怎么会知道呢?孔子说殷商的文化是哪里来的,是由夏朝的文化演变而来。不过由于时代的变迁,夏朝原有的文化,有的减损了,有的增益了。但增益也好,减损也好,总由前面的历史迹象而来,必须要变才变。殷商以后是周朝,所以周朝文化,又是从殷商渐变而来的。我们现在说传统文化,所谓传统,就是这样在一个系统中渐变传下来的,并不是顽固得一定永远保留原来的样子,才叫传统。所以周朝就因为殷礼——殷商的文化,演变成周朝的文化。那么从周朝的文化,也可以看到前朝,殷商文化的对与不对,而有所改变。"其或继周者",孔子是东周时代的人,这意思就是说,周代的文化也是要变的,而将来的历史演变,不必说下一代会变成什么样子,就是千百万年以后会变成什么样子,也可以知道。孔子并不是有宗教性的神通,也不是先知,换句话说,是他要人凭借智慧,多读历史,就知道过去。

既然用上述的法则,循历史的轨迹就可以知道过去,用同一法则,也就能知道未来。以前提到过,温故而知新,也是这个道理。历史的演变,不会突然的,都是渐变而来的。所以将来的历史,未来的时代,明天怎么样?几乎很清楚的可以了解。

下一段把为政的道理讲完了,每篇都有一个结论,但是本篇的这个结论,非常有意思。

## 高明之家鬼瞰其室

子曰:非其鬼而祭之,谄也。见义不为,无勇也。

为什么把这两句话作为《为政》篇的结论?而且为什么提到鬼呢?中国文化讲孝道,敬祖宗,就要拜鬼了。所以鬼在这里,不是一般人讲的魔鬼,而是祖宗的灵魂。要拜鬼,要拜自己的鬼,还是拜别人的鬼呢?这句话的意思很妙,很幽默,也很深远,拜人家的祖宗就是拍马屁(谄媚),不知从何说起才对。

因为夏朝的文化尚忠,殷朝的文化尚质。但是殷也尚鬼,那时社会的风气,每个人都诚恳老实,迷信的成分也多;周则尚文,才注重人文文化。孔子所崇拜的是人文文化,这是上古历史文化演变有名的转捩点,所以孔子在这里提到鬼以后,第二句就说:"见义不为,无勇也。"看到应该做的事情,不敢去做,没有勇气。没有智、仁、勇就无法从政,换句话说,也不应该从政。

历史上有许多人是见义不为,对许多事情,明明知道应该做,多半推说没有办法而不敢做。我们做人也是这样,"看得破,忍不过。想得到,做不来。"譬如抽香烟,明明知道这个嗜好的一切害处,是不应该抽,这是"看得破",但口袋里总是放一包香烟——"忍不过"。对于许多事,理论上认为都对,做起来就认为体力不行了,这就是"想得到,做不来"。对个人的前途这样,对天下事也是这样。这是一个重要问题,所以为政就是一种牺牲,要智、仁、勇齐备,看到该做的就去做,打算把这条命都付出去了。尽忠义,要见义勇为。所以把这句话加在《为政》篇的最后,这是为政的基本精神——要有见义而为的大勇;要有人溺己溺,人饥己饥的胸怀。

# 八佾第三

## 礼 乐 衣 冠

首先，我们对本篇篇名作个简单的解释：八佾——"佾"与"仪"同音，如今在孔庙中拿羽毛，在祭孔典礼中所舞蹈的叫八佾之舞。用现代的名称，可说它是"文化舞"，代表古代文化的一种舞蹈。当时中央政府是周天子，天子举行国家大典，代表国家的精神，用作余兴的舞蹈，典礼开始的礼乐。八佾是八个人一排，共有八排；诸侯之邦，六人一排叫六佾。诸侯之下的大夫——大臣之家，用四人一排，共四排，叫四佾。这是固定的形式，周朝的礼乐、衣冠、文物等，都有周详规定。

那么，孔子为什么在这一篇里教起跳舞来了呢？不是的。这篇书的全部重心，以现代用语说，是代表了文化精神。他的内容讲"礼"。礼的根本，也就是孔子一生做学问之所在。只是因为当时写文章的习惯，而用了《八佾》这个名称做篇名。

"礼"是中国文化中最重要的一环，所以我们要了解中国文化，五经中《礼》这部书是不能不研究的，尤其因为它偏向于中国哲学思想的根本，同时包括形而上宗教哲学的问题。但本篇是以过去的观念而言，当然，我们现在讲的"文化"这个名词，与过去的观念不同。过去的观念，文化偏重于人文——人伦的道理，即是伦理的道德、政治的伦理与社会的伦理。现在"文化"这个名词的含义，包括了政治、经济、军事、社会、教育、哲学、宗教等等归纳起来,成为文化的总体。因此,对于"文化"这一名词,古今定义不同,为了讲书的方便,应该先有一个认识。我们说《八佾》这一篇全篇的精神在于文化,是切合古代所谓"文化"的定义而言的。

第一篇《学而》,是个人求学的宗旨;第二篇《为政》,也就是为学的外用;第三篇是把个人的内圣为学,乃至于外用的为政,综合起来的文化精神,放在《八佾》篇中,这是从一个故事开始的。

孔子谓季氏:八佾舞于庭,是可忍也,孰不可忍也!

季氏即季家,当孔子时代,鲁国有三家权臣,即所谓权门,而且不是普通的权门,是可以动摇政权的权门。这三大家是孟孙、仲孙、季孙,国君都拿他们没办法,整个政权都操在他们手上,鲁国当时的国君就那么可怜。

季氏这位权臣,有一天高兴起来,在家里开家庭舞会,结果,玩出天子的味道来了。照规定他只能欣赏四人一排的舞蹈,他居然摆出八人一排的舞,完全是天子的味道,要与中央抗衡,已经不把朝廷放在眼里。有人把这事告诉孔子,孔子就说:"是可忍也,孰不可忍也。"照后世学者们的解释,好像孔老夫子听了这件事,大发脾气,握着拳头,敲响了桌子,厉声斥责道:假如这件事我们都能忍耐下去,容许他去干,那么还有什么事情不能容忍他季某去做呢?事实上,并不是后儒们所解释的这样,假如真是后儒所解释的这样,那么《学而》篇当中:"温、良、恭、俭、让"形容孔子的五个字里的"温"字,要用红笔打×了,孔子的修养就不行了。

很简单,《为政》篇不是刚说过孔子能不能先知的问题吗?其实孔子早已看出季氏的动向,所以有人告诉他季氏八佾舞于庭,在家里摆天子的排场时,孔子就说,这要注意!季家的野心不小,像这样的事情,季家都忍心做了,还有什么事情他不忍心去做呢?叛变、造反,他都会干的。孔子就以这件事断定,季氏将来什么事都做得出来,所以"是可忍也,孰不可忍也",是说季氏竟然忍心做这些事。并不是孔子在那里发脾气骂人,这些很明显的文字,不必要故意转个弯来把它乱解释。

不但如此,那时社会变乱得很厉害,正如现在所讲的文化堕落。现在再看:

三家者,以雍彻。子曰:"相维辟公,天子穆穆。"奚取于三家之堂?

哪三家呢?就是这季氏三家权臣,他们不但眼里没有顶头上司的鲁君,连中央的周天子,他们也不放在眼里,结果不但在家里开舞会,摆出八佾之舞,还在家里宴客完了撤席时,奏起天子所用的国乐来。"彻"就是撤宴撤席,"雍"就是天子所用的国乐。他们三家权门,竟在家里奏天子所用的音乐于宴席之中。所以孔子引用古代的诗说:"相维辟公,天子穆穆。"他的意思是说,在中央政府天子奏"雍"这支国乐的时候,天子站在中央,辟公(即当时的诸侯)站在两边拥护着天子,然后天子从中间走过。因为天子本身代表国家的精神,所以态度也非常庄严,绝不会左右乱看。而现在这三家权臣,拿了中央天子用的这种庄严的国乐到家里开舞会,真不知道他们用意何在?换句话说,一个时代的社会风气开始变坏,是由有权势的人所引导的。所以孔子非常感伤,接着感叹起来。

子曰:人而不仁,如礼何?人而不仁,如乐何?

仁是孔子学问的中心,下面第四篇就专讲仁,这里暂时不去讨论它。上面几句话的意思说,一个人没有中心思想,"如礼何?"文化对他有什么用?文化是靠每一个人自觉自发,自省自悟的;文化不是法律,不能由他人来管的。所以,"人而不仁,如礼何?人而不仁,如乐何?"一个人如果自己不省悟,文化与艺术对他又有什么用呢?这是孔子的感叹。

由于孔子对"礼"、"乐"的感叹,再转到:

林放问"礼之本"。子曰：大哉问！礼，与其奢也，宁俭。丧，与其易也，宁戚。

林放这个人问孔子，礼的根本是什么？这个问题太大了，我们讲过的，中国文化这个"礼"字，如果谈到根本，是哲学最高的问题，也是宗教哲学最高的问题。宇宙万有怎样来的？哪一天开始的？这个本体论，也就是礼的根本所在。所以林放问礼的根本是什么，孔子说，他这个问题太大了。孔子不跟他谈哲学，不谈文化的精神，只答复他关于礼仪的问题。孔子说礼仪的过分铺张就不合理，宁可简单隆重。办丧事太轻率了也不好，宁可取悲戚的态度。拿我们现在的情形来看，假如孔子现在还活着，处在我们这个社会中，他不知要感慨到什么程度。现在我们的礼恰恰与孔子讲的相反，礼不从简而从奢，越奢侈越有排场，丧事不从悲而从易，家人逝世了，送殡仪馆，火葬过后三天，又在家开舞会了。

孔子当时对文化衰败非常感叹，因此他的结论：

子曰：夷狄之有君，不如诸夏之亡也。

过去所谓夷狄，就是文化落后的边疆地区，孔子的思想是以文化为中心，凡没有文化的，称为夷狄，因为东夷、西戎、南蛮、北狄这四种族在当时是没有文化，非常野蛮。中国则称中夏、中原，是有文化的。孔子说那些蛮族落后地区的人，也有头子，有君主、酋长。但光有形态，没有文化，有什么用，不如夏朝、殷商，虽然国家亡了，但历史上的精神，永垂万古，因为它有文化。

所以我们知道一个很严重的问题，国家不怕亡国，亡了国还有办法复国，如果文化亡了，则从此永不翻身。试看古今中外的历史，文化亡了的民族而能翻身的，史无前例。所以对于文化重建的工作，我们这一代的责任太重大了，绝不能让它在我们这一代的手中断送掉。这是很重要的，像孔子在这里说："夷狄之有君，不如诸夏之亡也。"夏朝虽然亡了，成了历史的名词，但夏朝的文化，一直流传下来，现在我们也还接受。譬如过年,我们喜欢过阳历年还是阴历年呢?平心而论,还是喜欢过阴历年。对阳历年,那是不得不过的。阴历就是夏历,是夏朝留下来的文化。很多很多我们现在的文化,还是夏朝的文化。所以孔子这句话的意思,就是说,有政权的存在而没有文化的精神,那有什么用呢?因此文化精神一定要建立。

## 泰 山 之 旅

再看下面,季氏的野心越来越明显了:

季氏旅于泰山,子谓冉有曰:女弗能救与?对曰:不能。子曰:呜呼!曾谓泰山不如林放乎?

这段事情,记载得这么简单,但妙不可言。

冉有是孔子的学生,后来成了文人而带兵的统帅。孔子穷是自己穷,他所教的学生,后来很多都很得志,他培养这批年轻人,在教育上大有成就。冉有这时在季家为相,等于总管。

季氏旅于泰山,"旅"依现在解释,就是旅行。我们现代看来,是蛮好的事情,发展观光事业,有什么不好?孔子为什么要反对呢?我们读书要注意时空关系,要注意当时的时代和事件发生的地区,这样就会更了解真相了。泰山是当时文化精神的集中点,也是因为中国古代相信天道,国家政治太平了,上泰山去祭告天地,这叫"封禅",像后来秦始皇去泰山封禅,立了碑,回来在路上病死了。古代对"封禅"这件事,迷信得不得了,皇帝不敢随便封禅的,封禅以后几乎都倒楣。古代的观念,认为泰山有神,所以要国家的领袖,才能到泰山去祭告天地。告就是祷告,而季家旅于泰山,带些部队说要去泰山打猎,但这是假的,实际上他是想造反,到泰山去祈祷神的保佑,这个政治内幕,孔子根据观察,当然知道。所以把他的学生冉有叫来,对他说:"女弗能救与?"——你不能救他们季家吗?他们这样一定会失败的,一定败全家性命丧亡。他怎么可以做这样狂妄的事!冉有的答复是不能救,因为冉有讲的话,他们也不听,所以冉有做不到。孔子到这时候叹口气说:"呜呼!曾谓泰山不如林放乎?"他说难道泰山就不如林放吗?这句话是什么意思呢?因为上面讲了,林放问礼之本,表示林放这个人,还知道讲究礼的根本。又为什么说泰山不如林放呢?因古代认为泰山有神,所谓"东岳之神",季氏想去祭东岳之神,等于现在的拜拜。我对任何宗教的感情是一样的,但我们看见拜拜的情形:三支香、五块钱香蕉、十块钱饼、磕了几个头,然后要求发财,公公要活到八十岁,儿子要考上大学,功名富贵,前途无量。一切都求完了,五块钱香蕉还要带回去,这样小的代价,求那么大的报酬。神如果有灵,这种神叫我做,我就不愿干。两家人有了仇恨,也去拜拜菩萨,求神要整倒对方,双方都同样要求,到底要整倒哪一方,我也不知道,所以神也难当。

　　季家也和一般人一样,他想造反,到泰山去拜神。所以如果有神的话,难道还不如林放吗?林放是个普通的人,他都知道问礼,一个神——中国人讲神是怎样做的呢?"聪明正直,死而为神。"这八个字是神的资格,任何一个人,凡是聪明正直的人,都可以修到死而为神。既然东岳之神是聪明正直,季家去拜他,拍拍马屁,他怎会帮忙季家呢?难道那个泰山之神,还不如林放这个人吗?以上这一节就是这个道理。

　　有许多人把权力把前途诉诸迷信,寄托在狭义的宗教上。我们以人文文化为基础,不管上帝也好,菩萨也好,神也好,如果因为肯拜拜他,他就会保佑,不信他,就不管——果真是如此,第一个我就不敢信他,因为他太偏私,又太意气用事了,反不如一个普通人。如果不分善恶,有求必应,那做人很容易,我尽管做坏事,天天去拜他,或做了坏事再去忏悔就可以了,这岂是神的意旨?

## 志在《春秋》

季氏旅于泰山这一段，是表示春秋时代社会风气之乱。乱在什么地方？乱在春秋时代整个的都是在讲究"权"与"术"，后来大家把这个字连起来用了。所谓"权"就是政治上讲的统治，也就是霸道。春秋末期王道衰微，霸道因此起来了。其次是"术"，也就是一般人所谓的用手段。不讲传统文化的道德和理性，就是用手段。以手段而取天下，就是"权术"。因此，我们要了解当时的政治变乱，一定先要了解一本书——《春秋》。

《春秋》是孔子著的，像是现代报纸上国内外大事的重点记载。这个大标题，也是孔子对一件事下的定义，他的定义是怎样下法呢？重点在"微言大义"。所谓"微言"是在表面上看起来不太相干的字，不太要紧的话，如果以文学的眼光来看，可以增删；但在《春秋》的精神上看，则一个字都不能易动；因为它每个字中都有大义，有很深奥的意义包含在里面。所以后人说："孔子著《春秋》，乱臣贼子惧。"为什么害怕呢？历史上会留下一个坏名。微言中有大义，这也是《春秋》难读的原因。

孔子著的《春秋》，是一些标题，一些纲要。那么纲要里面是些什么内容呢？要看什么书？就要看三传——《左传》、《公羊传》、《穀梁传》。这是三个人对《春秋》的演绎，其中《左传》是左丘明写的，左丘明和孔子是介于师友之间的关系。他把孔子所著《春秋》中的历史事实予以更详细的申述，名为《左传》。因为当时他已双目失明，所以是由他口述，经学生记录的。

《公羊》、《穀梁》又各成一家。我们研究《春秋》的精神，有"三世"的说法。尤其到了清末以后，我们中国革命思想起来，对于《春秋公羊》之学，相当流行。如康有为、梁启超这一派学者，大捧

《公羊》的思想，其中便提《春秋》的"三世"。所谓《春秋》三世，就是对于世界政治文化的三个分类。一为"衰世"，也就是乱世，人类历史是衰世多。研究中国史，在二三十年以内没有变乱与战争的时间，几乎找不到，只有大战与小战的差别而已，小战争随时随地都有。所以人类历史，以政治学来讲，"未来的世界"究竟如何？这是一个非常大的问题。学政治哲学的人，应该研究这类问题。

如西方柏拉图的政治思想——所谓"理想国"。我们知道，西方许多政治思想，都是根据柏拉图的"理想国"而来的。在中国有没有类似的理想？当然有，第一个：《礼记》中《礼运·大同篇》的大同思想就是。我们平日所看到的大同思想，只是《礼运》篇中的一段，所以我们要了解大同思想，应该研究《礼运篇》的全篇。其次是道家的思想"华胥国"，所谓黄帝的"华胥梦"，也是一个理想国，与柏拉图的思想比较，可以说我们中国文化有过之而无不及。但从另一方面看，整个人类是不是会真正达到那个理想的时代？这是政治学上的大问题，很难有绝对圆满的答案。因此我们回转来看《春秋》的"三世"，它告诉我们，人类历史衰世很多，把衰世进步到不变乱，就叫"升平"之世。最高的是进步到"太平"，就是我们中国人讲的"太平盛世"。根据中国文化的历史观察来说，真正的太平盛世，等于是个"理想国"，几乎很难实现。

我们《礼运篇》的大同思想，就是太平盛世的思想，也就是理想国的思想，真正最高的人文政治目的。历史上一般所谓的太平盛世，在"春秋三世"的观念中，只是一种升平之世，在中国来说，如汉、唐两代最了不起的时候，也只能勉强称为升平之世。历史上所标榜的太平盛世，只能说是标榜，既是标榜，那就让他去标榜好了。如以《春秋》大义而论，只能够得上升平，不能说是太平。再等而下之，就是衰世了。国父思想中所揭立的三民主义最后的目标是世界大同，这也是《春秋》大义所要达成的理想。

## 秉笔直书　罪罪恶恶

又怎样从春秋《左传》看得出它的"微言大义"呢？如果读懂了《左传》上第一篇的《郑伯克段于鄢》，就大概可知《春秋》的笔法。

郑伯是一个诸侯（春秋时，王道衰微，五霸崛起。五霸中郑庄公是第一个称霸的，接下来有齐桓公、晋文公、秦穆公、宋襄公等），在本篇中，孔子的"微言"在哪一个字呢？那就是这个"克"字。"段"是郑庄公的亲兄弟——共叔段。对兄弟是不能当敌人看待的，"克"字有敌对的涵义在内，打败了敌人就是克敌，结果他对待兄弟用对待敌人的办法——事先不肯教化，不止恶于其先，而且还故意培养罪行，最后又故作仁义。因此《春秋》的笔法，就在这一个"克"字的微言上，定了他千秋的罪状。

左丘明写这段历史怎么说呢？大家也许都读过了，我们也不妨温习一下。

郑伯——郑庄公是老大，他母亲姜氏生他的时候是寤生——迷迷糊糊在昏迷中生的，做母亲的受了惊，害怕了，于是心理学问题来了，姜氏因为这次受惊，从此对庄公没有好感，始终心里不高兴。由此可知，现代研究青少年思想问题的人要注意，有许多青少年的思想，主要都是在小的时候受到环境影响而形成的，环境上每一件事，影响他们的心理很大。譬如从小贫穷的人，尤其是孤儿，他们大多容易产生偏激心理，我也曾栽培过好几个孤贫的少年，并告诉他们，穷苦出身、孤儿出身的人，最后只走两条路，没有第三条路：一种是他将来成功了，对于社会非常同情，他有办法时，同情别人、同情社会，因为他觉得自己是从苦难中出来的，就非常同情苦难的人。另一种人成功了，对社会非常反感，对于社会上的任何事、任何人都怀疑、都仇恨。他认为自己当年有谁同情？社会？社会上哪有公平？他心里始终反感。这两种相反的心理,同样是受环境影响而产生的,至于为什么同样的原因而产生相反的结果,这又牵涉到遗传本质及教育等等问题了,如参照上文"学而不思……"这段,便可思过半矣。所以有许多从事社会工作的人员办孤儿院,办得无论怎么好,孩子还是有反感。对自己的孩子骂了以后,孩子虽然生气,但过了一会儿就忘了。假如孤儿和那些有心理问题的孩子挨了骂,他不会生气,可是他永远不会忘记,因为他天生有反感。所以研究社会、研究政治,这多方面的学识,一定要注意。

讲到这里,就知道郑庄公的母亲姜氏有了心理偏见,而孩子在这种环境之下长大以后,就产生不正常的心理了。后来姜氏又生了一个孩子段——次子。在中国古代,长子是继承官位的,将来继承诸侯的当然是郑伯。中国有句老话:"皇帝爱长子,百姓爱么儿。"就因为长子是继承人,而老百姓则往往喜欢年老时生的孩子。可是姜氏生了第二个孩子后,告诉丈夫,希望将来由次子继承王位,但基于传统习惯是不可以的,所以后来还是由郑庄公继位做了诸侯。姜氏就要郑庄公让弟弟段到"制"这个最好的地方去做首长。而郑庄公对妈妈说,"制"这个地方并不好,是艰苦之地,没有发展的价值,既没有经济价值,又不是政治重心,把弟弟派到这样一个地方去不太好,还是换一个地方好,叫妈妈另外选一个地方,结果把弟弟封到"鄢"这个地方去。实际上"制"在当时郑国,是军事、政治上的重镇,他不敢养痈贻患,因此,郑庄公用了权术,说了一篇假仁假义的话,骗了母亲。孔子写这一段,是说郑庄公没有用道德,而用权术。

后来,母亲姜氏和弟弟"段"要起来造反,招兵买马,积草囤粮,已经有了反叛的明显迹象,左右大臣都向郑庄公报告,郑庄公明明清楚了,但说没有问题,姑且等等看吧!意思是说,他的狐狸尾巴还没有露出来,要培养他把狐狸尾巴露出来,再处理他。这就是政治上古代奸雄权术中的一套,道德的政治,绝对不可这样。两者的差别也就在这里。尤其对亲兄弟,应该感化他,把这件事情坦然地告诉母亲来处理,不应该像培养敌人罪行那样培养他,最后母亲与弟弟通同造反,郑庄公出兵灭了这个弟弟。所以历史上有人说,曹操培养了刘备和孙权,以便挟天子以令诸侯,这个手段是效法郑庄公的,因此便指历史上第一个奸雄是郑庄公。

孔子著《春秋》为什么用这件事开始呢?这就是说明社会的变乱,并不是普通人能够引导的,都是权臣、有地位的人变坏了风气,所谓乱自上生,所以上面讲到季氏旅于泰山的故事,孔子说:"曾谓泰山不如林放乎?"也就是这个意思。

## 承让　领教

现在下文是孔子讲的原则:

子曰:君子无所争,必也射乎。揖让而升,下而饮,其争也君子。

这是讲人类文化的基本问题,孔子用"举一隅"的教育方式来讲。中国文化的所谓"君子",是与"小人"对立的名称,等于是个符号,怎么叫君子?怎么叫小人?很难下定义,等于说好人、坏人很难下定义一样。尤其站在哲学的观点来看,更是如此。好人对某一件事情好,有时在好里会变坏;坏人一切都坏,但有时在某一点上会变好。所以好人与坏人很难下定义。可是在社会、政治的立场,不能以哲学观点来讨论,好与坏是对事功而言。现在孔子所讲的君子,是站在哲学的立场讲,是一个抽象的代名词。

中国文化所讲的君子是无所争的,不但于人无争,于事也无所争,一切是讲礼让而得。无所争就是窝囊吗?不是的,孔子以当时射箭比赛的情形,说明君子立身处世的风度。射是六艺——礼、乐、射、御、书、数——之一,这个射代表军事训练。他说,当射箭比赛开始的时候,对立行礼,表示对不起——礼让。然后开始比赛。比赛完了,不论谁输谁赢,彼此对饮一杯酒,赢了的人说:"承让!"输了的人说:"领教!"都有礼貌,即使在争,始终保持人文的礼貌。人之所以不同于生物世界中其他的动物,就是这一点人类文化的精神。其实人类有什么了不起,其所以为人,因为有思想,加上文化的精神。孔子讲这一件小事,也就是说人应不应该争?不论于人于事,都应该争,但是要争得合理,所以"揖让而升,下而饮,其争也君子"。就是在争,也始终保持君子的风度。以现代而言,类似于希腊的所谓民主思想。中国人过去也讲民主,这个问题在《论语》中将来另有专题再去讨论它。而中华文化的民主精神,一个人立身、处世,乃至一切,都要民主。我们民主的精神基于礼让;而西方民主的精神基于法治。礼让与法治有基本上的不同,法治有加以管理的意义,礼让是个人内在自动自发的道德精神。

## 澹泊以明志

再看下面,进一步讲到中国文化的精神:

子夏问曰:"巧笑倩兮,美目盼兮,素以为绚兮。"何谓也?子曰:绘事后素。曰:礼后乎?子曰:起予者商也,始可与言诗已矣。

子夏引用到古人的诗来讨论,他们并不是作文学的研究。本来中国人作诗填词,也不是无病呻吟的,诗包括了人的思想与感情,所以他们是讨论这首诗中的意义。

诗中的"兮"字,古音是否如现在兮音的读法,并不一定,因为音韵及语言,相隔数十年就会有变动的,这个字有如今日歌曲中的"啊!"一样,没有实质的意义。再说"巧笑",笑就是笑,为什么要来个"巧笑"呢?我们知道有所谓苦笑、大笑等许多笑态。"巧笑"就好比广告上女孩子的那个笑,似笑非笑,不是笑吗?还真是笑,笑得很迷人的就是巧笑。巧笑已经很难描述了,还要"倩兮","倩"是什么呢?好像电影中女演员的表演,笑得那么俏皮,还带点诱惑性的,就是"巧笑倩兮"。"美目盼兮",漂亮的眼睛已经够厉害了,还要盼兮,眼神中流露着"道是无情却有情"的意味。"素以为绚兮",素就是一张白纸那样,"为绚兮",是说在白底子上画了很漂亮的图案,如果用现在的文学手法来处理这三句话,可以写好几本很好的小说。

子夏问孔子,这三句话到底说些什么——"何谓也?"当然子夏并不是不懂,他的意思是这三句话形容得过分了,所以问孔子这是什么意思。孔子告诉他"绘事后素",他说绘画完成以后才显出素色的可贵。这句话的意思,以现在人生哲学的观念来说,就是一个人由绚烂归于平淡。就艺术的观点来说,好比一幅画,整个画面填得满满的,多半没有艺术的价值;又如布置一间房子,一定要留适当的空间,也就是这个道理。这是孔子的启发教育,以子夏的聪明,一听就懂,于是提出了心得报告:"礼后乎?"难道礼仪的后面还有一个"礼"的精神吗?也就是说礼的内涵比表之于外的礼仪更重要吗?说到这里,难怪孟夫子有"得天下英才而教育之,一乐也"的感怀,而后世当老师的,也应该学习孔子对学生鼓励的方式,他说:"起予者商也。"认为子夏不但讲得对,而且更启发了他自己。当一个主管的,更要效法孔子这种精神,遇到部下有好的意见,就说:"对!你完全对。"这样的主管,才是成功的领导者。孔子继续称赞子夏"始可与言诗已矣",真正懂得诗了。

诗教并不是教人做一个诗人,酸溜溜地"关门闭户掩柴扉"有什么意思?要懂得,透过诗的感情以培育立身处世的胸襟,而真正了解诗背后的人生、宇宙的境界,这才是懂得诗的道理。换句话说,人更要注意这个"素"字,素就是平淡。所以孔子在后面提到"素富贵行乎富贵,素贫贱行乎贫贱"。这也是后来中国文化里讲人生的道理:"唯大英雄能本色,是真名士自风流。"所谓大英雄,就是本色、平淡,世界上最了不起的人就是最平凡的,最平凡的也是最了不起的。换句话说：一个绝顶聪明的人，看起来是笨笨的，事实上也是最笨的，笨到了极点，真是绝顶聪明。这是哲学上一个基本的问题。人没有谁算聪明，谁又算笨，笨与聪明只是时间上的差别。所谓聪明人，一秒钟反应就懂了，笨的人想了五十年也懂了，这五十年与一秒钟，只是那么一点差别而已，所以了不起就是平凡。唯大英雄能本色——平淡。上台是这样，下台也是这样。所以曾国藩用人，主张始终要带一点乡气——就是土气。什么是土气？我是来自民间乡下，乡下人是那个样子，就始终是乡下人那个样子，没有什么了不起。所以彭玉麟、左宗棠这一班人，始终保持他们乡下人的本色，不管自己如何有权势，在政治功业上如何了不起，但我依然是我，保持平凡本色是大英雄。另一句"是真名士自风流"，同一意义，不再重复了。

这一段说明了"绘事后素"，是指一个人不要迷于绚烂，不要过分了，也就是一般人所谓不必"锦上添花"，要平淡。这以后，又引用孔子的话，说明中国文化传统的立场。

## 穷源溯本

子曰：夏礼，吾能言之，杞不足徵也。殷礼，吾能言之，宋不足徵也。文献不足故也。足，则吾能徵之矣。

孔子说中国传统文化，是根据历史来的，而历史与文化是不可分开的。

我们讲的传统，由来远矣。昨天有个从美国回来的学生，谈到他看到一本新出版的书《文明的历程》，他告诉我这本书所论述的某个观点，和我以前对他们讲的思想一样，认为人类文化历史，从上一个冰河时期，就流传下来了。如宗教思想、哲学思想，在上一个冰河时期，人类毁灭的时候，极少数没有死的人传下来的，并不是这一个冰河时期所新兴起。我们中国文化，向来就是这样说的，所以要中国人讲自己传统的历史，看看古时的人所记载的，有一百二十万年，至少也有十二万年，我们现在讲五千年文化，那是客气话。不过很可怜，现在还不敢吹五千年，只说三千年文化，因为西方文化讲历史，动辄只提两千多年，我们说得太多了，好像不大对似的。在中国古代历史，动辄讲一百多万年。现在孔子在这里说，不管多少年，文化是历史传统来的，所以夏朝的文化，我可以研究讨论，不过"杞不足征也"，杞是周朝封的一个国家，是夏朝的后代，封到杞国。我们晓得"杞人忧天"这句话，就是这个国家的典故。

这里我们要了解中国的封建制度。当周武王统一了中国，所谓封建，并不是只封自己家里的人，像尧、舜、禹、汤的后代，都封了诸侯，所以周朝的封建，不是西方的封建，更不能跟着现代一般人的想法，随便把中国封建制度与西方的所谓封建混为一谈，那是错的，等于说没有把自己的家当搞清楚。——这里孔子说如果拿杞国的文化，来看夏代的文化，并不准确，更不完整，但殷商以后的宋国，所保留的文献资料也是不够的，这两个诸侯之国所保留的祖宗文化都没有了——这里要特别注意，任何一个民族的后代，如果不重视自己的文化历史，就是自己把自己毁灭，后代就无法考证。孔子说，假如他们自己不毁灭自己，保存了祖宗的文化资料，我就有办法整理。

这里放进了孔子的话，就是说明保存文化的重要，因此继续在下面讲到文化与礼的关系：

子曰：禘自既灌而往者，吾不欲观之矣。

讲到这里，又是一个问题了，是由中国文化中"礼"而来的。所谓"禘"，是中国古代的一种礼。中国文化和西方一样，有狭义的宗教。"禘"象征宗教的精神，祭天地祖宗之礼。讲到这里，要认识"禘"字的来源了，至少要拿《康熙字典》来研究。过去读书，五六岁以后，先研究"小学"，就是研究做人的道德行为，等于现在学校的公民课程——洒扫应对。"洒扫"从文字上看很简单，洒洒水、扫扫地而已；"应对"

可就麻烦了,对老前辈行什么礼,到了客厅坐什么位置,送一封信给叔叔伯伯,讲话的态度该怎样等等,做人处世都包括在应对当中。除此之外,研究"小学"之学,就是后来所谓的《说文》、训诂等的文字学,探讨文字的来源。中国文字不同于西方文字的拼音而成,中国文字有所谓六书——象形、指事、会意、形声、转注、假借的法则。

## 心香一瓣　诚则灵

我们知道中国字的部首是从"一"字开始。"一"就画分了上下,所谓一画分天地;再在上面加一画"二"(上),就是上,下面加一画就成"二"(下),是为下。宇宙本来是圆的,无法分别,现在分了以后,"人"在"二"的下面,即成为"天",这个字就代表了天。我们看到了"示"这个字,就是表示上天垂下来许多象征,显示给人们看,太阳、月亮、风云、雷雨都是上天的垂示,所以这个字,就代表了与上天的关系。圆圈中间加个十字,就代表了土地的"田"字,这土地上面出了一点苗芽便是"由",再向下伸展成为上下通的便为"申",在申旁再加上"示",表示由天上来的,而上下左右都能通达,便谓之神。只能下行旁通而上面长了一根象征性的毛毛"鬼"就是鬼。那帝的篆文"帝"也是表示上天垂示下来的征象,代表形而上的,不可知,不可说,也无法形容他,有这样一个力量,这样一个东西在,就叫做帝,再加上示,就成了一个宗教性的哲学观念。中国古礼称祭天地的礼为"禘"。至于形而上,到底有没有?又是怎么样一个东西?暂时不谈,到此为止,如再向上讨论,就牵涉到哲学与科学的问题了。

禘,古代国家举办禘礼,皇帝代表全民祭祀大典,仪式非常隆重。皇帝在此期内,不回内宫,必须清心寡欲,反省自己。在中国古文中所谓的斋戒沐浴,便是如此。"斋"是内心的反省(后来中国人对佛教的吃素也叫吃斋,那是有不同的意义,由于佛教戒律中一种"八关斋戒"而来)。斋是中国文化中心理的净化,用现代的话来讲,就是清理思想、排除人欲,真正的做到肃庄叫做斋戒。沐浴也不止是洗澡,而是孔子在《易经·系辞》上所讲"洗心退藏于密"的意义。所以古代禘礼,是国家的大典,全民的大典,领导者皇帝斋戒沐浴七天或三天以后,才代表全民出来主祭,要全副精神,诚心诚意,很郑重的,等于是一个宗教家的大祈祷,绝对不可马虎。在这里,孔子指出当时文化的衰败,大家参加禘礼,都只是在真戏假做而已。这等于现代有许多人吊亲友乃至长辈的丧事匆匆忙忙,叫一辆计程车,赶到市立殡仪馆,签一个名,行三鞠躬礼,好像去缴一百元什么税似的,缴完了,赶紧就跑,没有一点肃庄悲戚之感。今日社会这种风气,也是文化精神一个重大的问题。

孔子对春秋时代的情形怎样说的呢?

子曰:"禘,自既灌而往者。"就是说禘礼开始以后,主祭者端上一爵奉献神祇的酒以后,心里就想赶快走了,接着祈祷等等隆重的祭礼,都在那里应付了事。孔子看到这种情形感叹地说:"吾不欲观之矣!"我实在不想看下去了,为什么不想看?就是认为何必勉强做假,而丧失了这件事的实际精神呢!

孔子这几句话,有很多意义。譬如现在社会上举办许多事情,内心没有真正的诚意。无论是宗教仪式或任何社会的宣誓,只要举起手来表示一下,心里完全没有肃庄恭敬的诚意。冷眼旁观者看来,不得不油然而兴"禘自既灌而往者,吾不欲观之矣"的感慨。这就是中国文化告诉我们,事事要发自内心的诚恳,而不完全在于形式,一切形式,都必须配合内心的诚恳,才有意义。

由此再进一层,便引出下面一段话。

或问禘之说。子曰:不知也。知其说者之于天下也,其如示诸斯乎?指其掌。

有人问孔子,关于"禘"这个礼仪的说法,和这一套学术思想的理论,它的基本精神又在哪里?孔子怎么答复呢?他说:"不知也"——我不知道。孔子真的不知道吗?当然,这是他幽默的话,换句话说,是一种"反教育",用现代术语来说,是"反激式的教育"。他的意思是说,这一种基本的文化精神,大家应该知道的。既然大家都不知道,那么我也不知道了。且看他说了不知道以后又怎么说下去,就可明白他真的知道不知道了,"……'知其说者之于天下也,其如示诸斯乎?'指其掌。"孔子指着自己的手掌说,真正懂得禘这个文化精神的人,看天下国家事事物物的道理,就好像是呈现在这掌心上,这么清楚明白了。他指着他的掌心,用动作来表示天下的事理,就像指顾之间,如在目前那样的容易。由此你说他懂不懂禘之礼?当然懂。

为什么要拜天地呢?这就代表了中国文化基本精神所在之处。我们以前过年,正月初一早上起来,家长带领全家的人,先要祭天地、拜祖宗,虽然仪式简单,但却很严肃,而慎重。春秋二季要祭祖,也就是实行"祖宗虽远,祭祀不可不诚"的尊敬传统的精神。现代一般家庭,就从来不祭祖,连跪拜的礼都不会行,这就是教育的问题,值得重新研究、重新修整。保持这一点传统,这一点习惯,使后代知道源远流长的民族传统,这也是我们的责任。

刚才讲到禘礼与中国文化精神的关系,跟着便提到孔子几句有名的话,后世一般人们都流行而变为成语的:

> 祭如在,祭神如神在。子曰:吾不与祭,如不祭。

这是孔子所说祭祀祖宗和祈祷时心仪的原则,当我们祭祖宗的时候要以"如在"目前相对的诚心,犹如祖宗尚在面前一样的诚敬。假使是祭神,神就在此。要表里如一,才是肃斋庄敬的道理。所以他又说:"吾不与祭,如不祭。"假使说我因为没有时间,没有亲自参与这个祭典,只是象征式由别人去代表一番,这样就等于不祭,又何必故作排场呢?这种精神,不但告诉我们对于任何祭典要如此,同时也间接地告诉我们做人的道理,无论对生者或死者,由明里到暗里,都要由衷一贯。

我们现在讲民族精神。热爱国家民族的人,为什么到了国外,看到自己的国旗便肃然起敬?我们在国外看到国旗的那种心情,与在国内看到国旗的心情绝对不同。在某一个时候甚至会为之掉下眼泪。其中道理,就是这种精神的流露。所以一个人的修养,对人对事,都要有这种"祭神如神在"的心理。否则,表面上非常恭敬,内心里又是另一回事,那是没有用的。所以由于孔子的这番话,了解了祭礼,依此来讲做人的道理,也就可以触类旁通了。

## 拍灶君的马屁

王孙贾问曰:"与其媚于奥,宁媚于灶。"何谓也?子曰:不然。获罪于天,无所祷也。

王孙贾是卫国的大夫,孔子在卫国很多年,卫灵公对他非常好,但卫灵公又偏宠有名的美人——南子。卫灵公实在很想起用孔子,卫国的权臣王孙贾有一天就对孔子说出"与其媚于奥,宁媚于灶"的问题。这也是中国古代宗教思想中很有趣的历史性问题。凡是中年以上的人,都见过我们在大陆上家庭中供奉的灶神。每到夏历十二月二十三的晚上,家家户户都要送灶,小孩子们非常高兴,口袋里就可装糖果了。现在用电炉、瓦斯炉,没有灶了,当然也就没有灶神。为什么要祭灶神呢?以宗教思想来说,中国人信仰的是多神教,什么神都信。

十年前有一位外国的神父来和我研究中国宗教思想问题,他说中国人没有宗教信仰。我说中国绝对有宗教信仰。第一个是礼,第二个是诗。不像西方人将宗教错解成为"信我得救,不信我不得救"的狭义观念。我说这一点的误解,使我绝对不能信服,因为他非常自私嘛!对他好才救,对他不好便不救。成吗?一个教主,应该是信我的要救,不信我的更要救;这才是宗教的精神,也就是中国文化的精神。其次,谈到中国"诗的精神",所谓诗的文学境界,就是宗教的境界。所以懂了诗的人,纵使有一肚子的难过,有时候哼呀哈呀的念一首诗,或者作一首诗,便可自我安慰,心灵得到平安,那真是像给上帝来个见证。第三,中国信多神教,这代表了中国的大度宽容。出了一个老子,还是由东汉、北魏到唐代才被后人捧出来当上个教主——老子自己绝对没有想过要当教主。孔学后来被称为孔教,是明朝以后才捧的,孔子也不想当教主。总之,世界上的教主,自己开始都不想当教主,如果说为了想当教主而当上教主的话,这个教主就有点问题,实在难以教人心服。因为宗教的热忱是无所求,所以他伟大,所以他当了教主。我们中国,除了老子成为教主以外,孔子的儒家该不该把它称为宗教,还是一个问题。但是中国人的宗教,多是外来的,佛教是印度过来的,天主教、基督教也是外来的。我们中国人自古至今对于任何宗教都不反对,这也只有中华民族才有如此的雍容大度。为什么呢?有如待客,只要来的是好人,都"请上坐,泡好茶"。一律以礼相待,诚恳的欢迎。所以我们的宗教信仰,能叫出五教合一的口号,而且这种风气,目前已经传到美国去了。现在纽约已经有教堂,仿照我们中国人的办法,耶稣、孔子、释迦牟尼、老子、穆罕默德,都"请上坐,泡好茶"了,凡是好人都值得恭敬。所以我最后告诉那位外国神父,不是因为我是中国人替中国的宗教辩护,而是外人没有研究深入而已。

现在我们再讲"奥"与"灶"。为什么他们拜灶神?如果以政治哲学的思想来讲,"民以食为天",这是管子讲的名言。因为饮食最值得重视,值得注意,所以拜灶神。尤其在过去,教育不普及,讲礼治的时代,家里有灶神、财神和祖宗等神祇的牌位。中国古代的建筑,大多有这一套设计,进门一定是大厅,大厅上供祖宗牌位,有的上面写着:"天地君亲师之位"。民国初年,牌位上的君字改成国字,看这五个字,中国人究竟信哪一个教呢?任何一教都不信,而任何一教都信。还有财神供在卧房里,灶神供在厨房里。"奥"是古代的家神,我们中国古代的神——宗教很妙,代表中国政治组织的理想。家里有家长,就有家神。还有灶神,连吃饭都要管。据说灶神一年到头,不但对家里人的行为要管,连在心里起了好念头,或动过歪脑筋,他都会记录下来,到一年终了:上天报告好坏。所以乡下人送灶,弄块糖给他吃,送一个红包给他,以便"上天言好事,下地报吉祥",请他上天报告时,多替家里讲讲好话,回来时候多赐些福祉。所以在腊月二十三以后,一直等到第二年初四之间,他在天上还未回来以前,不在家里的时候,偶尔背后轰他一下,暗地里幽默他几句。

中国民间这些神话故事,现代也可以归到"民俗学"。要了解这些,起码要看《荆楚岁时记》这本书,尤其是南方——长江南北过年过节的风俗,这本书大概都有了。在人世间的社会上有里长、乡长、区长。在看不见的一面,便有土地、城隍等神。城隍归谁管?归阎王管。阎王归玉皇大帝管,玉皇大帝归谁管?玉皇大帝的妈妈——瑶池圣母。由此看来世界上的宗教,最高都是女神。天主教来个圣母,佛教的观音菩萨,中国的瑶池圣母。所以女性还是最伟大。同时也可知人们讲了半天的宗教,尽管教理和教条如何如何的,但他们最后还是崇拜女性的,因为母性的慈爱毕竟是最伟大的。像这样一个宗教组织,无所不包,代表了中国人的政治哲学思想。所以天与人是一贯的。

王孙贾问孔子这个奥与灶的问题,是非常幽默的,他的意思,是告诉孔子说,你老是跟诸侯往来,我们这些士大夫如不在君王面前替你讲几句好话,是没有用的呀!你拜访了诸侯,还是该来向我们烧烧香。孔子却作正面的答法:"不然。获罪于天,无所祷也。"这是中国人宗教思想的精神。他说一个人真的做坏人、做坏事,怎样祷告都没有用,任何菩萨都不能保佑你。所谓自助天助,神是建立在自己的心中。换句话说,人有人格,尤其需要心理上建立起人格,不靠外来的庇护。如果进教堂,上帝就保佑,那么上帝首先就犯了接受贿赂的罪。同时也等于孔子答复王孙贾说,这些手法我全知道,只是不屑于如此而已。

从上面的话也可知道,由周代开始的文化,和孔子的教化,始终走人文文化的路线,所以孔子又说:

子曰:周监于二代,郁郁乎文哉!吾从周。

这就是前面提到过,中国夏、商、周三个朝代文化的演变:夏尚忠,殷尚质(鬼),周尚文。尚的意思就是崇尚、偏重的意思,夏的文化偏重于忠诚、朴实。殷商的文化仍是重质朴,但是宗教观念很强。周代文化呢?我们今天讲孔孟思想中的中国文化,就是周代文化,重在人文文化。"周监于二代",是说周朝所建立的文化是集上古之大成。我们今天的中国文化,是以周代文化作代表。"郁郁乎文哉",郁郁是形容词,意思是非常茂盛、伟大与光辉的人文文化。孔子在此自称他的文化思想,是承先启后,发扬周代的文化精神。这是连接到上面所讲的宗教文化之后。孔子认为只有人文文化这个路线是完全正确的。

## 量力而为　谦虚好学

现在讲到另一段:

子入大庙,每事问。或曰:孰谓鄹人之子知礼乎?入大庙,每事问。子闻之曰:是礼也。

鄹是孔子出生的地方,即邹。鄹人之子即指孔子。这一段所讲的应该是正当孔子做鲁国司寇的时候——司法行政部长兼行政院副院长(古代官制,无法与现代比类,为了便于了解,姑且作此近似的比拟),参与了代表国家、代表王室的宗庙大典。他进去以后,对于每件事都要问问清楚,向人请教。走哪里?坐哪里?每事都问人。于是有人笑他说,一般人乱捧,都说孔子这个人了不起,处处懂礼,可是这个"鄹地佬"进了大庙,什么都不懂,事事都向人请教。这话被孔子知道了,他说:"这就是礼啊!"以前我们提到过,假如出国到了别人的国度,风俗习惯不同,对人家的事,不懂的应该多问。到人家家里也是一样,求学问也是一样,做事也是一样,诚恳向人请教,就是礼的精神,也是做人的道理。

子曰:射不主皮,为力不同科,古之道也。

射是古代传统的武功——射箭,那时的武功还没有发展到少林拳、武当派(这些是唐、宋以后的事)。周代的军事武功是车战的时代,最重要的武器还是拉弓射箭,武功高低的标准,就看射箭的高明到什么程度,相当于现代打靶、射箭的标准,在于射中了红心没有,而不问箭能否透过牛皮,每枝箭射中了标的,就绝对够标准,箭能不能透过牛皮,则不作考虑。因为每个人天生的膂力不同,有些人膂力很强壮,他的箭不但可穿牛皮,甚而可穿过墙,有些人的箭射出去不能穿透牛皮,但他每箭都中红心,也就够标准了。

这一段是说明做人做事,够不够道德的标准,只问合不合正道,并不苛求他对事功成就的程度。因为没有机会给他表现,环境不对,时代不对,他也就无从表现,这有什么办法?由此触类旁通,对人对事就可减掉些苛求了。

子贡欲去告朔之饩羊。子曰:赐也!尔爱其羊,我爱其礼。

非常慎重的祭典之一——告朔。每个月的初一为朔,十五为望,月暗为晦。过去没有订出现在这些假日,"朔望"就是休息的时候,不过不像现在这样重视。每月的初一,主政者要代表国家,向天地祖宗,禀告所作所为,这就是所谓的"告朔"。用现在观念来说,就是说在那时发表政见。对谁发表呢?对天地鬼神。现在对大众发表政见,讲了不兑现的也有。当时对天地鬼神讲的话,如不兑现自己就害怕了,有一个看不见的力量在监视管制。所以告朔这件事也很郑重。

从前告朔时一定要杀羊。到春秋战国时代,社会风气已开始衰败,这些礼仪的精神,也慢慢跟着衰落变化了,所以子贡当时准备去掉告朔时候用的饩羊。饩羊是蒸过了的,等于现在拜拜,杀了猪羊,还没有炊熟就放在祭桌上,稍稍蒸一下免得腐臭,这就是饩羊。子贡当时想,拜拜就拜拜,这只羊可以省下来。所以孔子告诉子贡说,你的主张也对,为了经济上的节省而不用羊也好,为了表示诚恳而不必用羊也好,不过我不主张去掉,不是为了这只羊要不要省,而是因为它代表了一种精神。固然不用象征性的东西,只要内心诚恳就可以,但现在的人,真正诚恳的心意发不起来了,就必须要一件象征性的东西才能维系得住,所以你子贡爱这只羊,而我更重视这礼仪和它的精神内涵。

由这件事我们就懂得,在社会上,或在政治上,有时绝对空洞的精神,并不足以维系一件事物,而必须配合某些实质的东西才能生效。如口惠而实不至,有时候就要失败了。

这里又引用孔子另外一段话,颇为感慨。

子曰:事君尽礼,人以为谄也。

这段话,连起上一段来说,是说做人处世的艰难。我想大家有时也会有同感。一个人想做个忠臣,有时候也很难。对主管、对领导人尽礼,处处尽忠合礼,而旁边的人会认为是拍马屁。所以孔子非常通人情世故。凡是当过长官也当过人部下的,都有这种经验。如果自己毅力不坚定,见解不周到,受环境影响,只好变了。那么该怎么办呢?还是以礼为准,也是上面的话"尔爱其羊,我爱其礼",人格还是建立在自己身上。别人尽管不了解,只看自己内心真正的诚与不诚。诚正的建立,久后自知。自己的见解与人格的精神,等待时间来考验,等待时间来证明并不是他人说的那么一回事,也就心安理得了。

## 儒冠错换八卦袍的诸葛亮

平常一般人谈到修养的问题,很喜欢引用一句话——"宁静致远,澹泊明志。"这是诸葛亮告诫他儿子如何做学问的一封信里说的,现在先介绍原文:

"夫君子之行:静以修身,俭以养德。非澹泊无以明志,非宁静无以致远。夫学须静也,才须学也。非学无以广才,非静无以成学。慆慢则不能研精,险躁则不能理性。年与时驰,意与日去,遂成枯落,多不接世。悲守穷庐,将复何及!"——诸葛亮《诫子书》

有人说文人都喜欢留名,其实,岂只文人喜欢把自己的著作留给后人。好名好利,是人心的根本病根,贤者难免。先不谈古人,就拿现在来说,几十年来,不知出版了多少著作,但其中能被我们放在书架上要保留它到二三十年的,又有几本书?尤其现在流行的白话文章,看完了就丢,只有三分钟的寿命,因为它缺乏流传的价值。一本著作,能够使人舍不得丢掉,放在书架上,才有流传的可能。所以留名是很难的。清代诗人吴梅村说的:"饱食终何用,难全不朽名。"一点不错。

所以古人又有一句名言说:"但在流传不在多。"比如诸葛亮的一生,并不以文章名世,当然是他的功业盖过了他的文章。而他的文章——只有两篇《出师表》,不为文学而文学的写作,却成为千古名著,不但前无古人,也可说是后无来者,可以永远流传下去。他的文学修养这样高,并没有想成为一个文学家。从这一点我们也看到,一个事业成功的人,往往才具很高,如用之于文学,一定也会成为一个成功的文学家。文章、道德、事功,本难兼备,责人不必太苛。

诸葛亮《出师表》外,留下来的都是短简,文体内容简练得很,一如他处事的简单谨慎,几句话,问题就解决了。看他传记里,孙权送他东西,他回信不过五六句话,把意思表达得非常清楚,就这么解决了。

这一篇《诫子书》,也充分表达了他儒家思想的修养。所以后人讲养性修身的道理,老实说都没有跳出诸葛亮的手掌心。后人把诸葛亮这封信上的思想,换上一件衣服,变成儒家的。所以这封信是非常有名的著作。他以这种文字说理,文学的境界非常高,组织非常美妙,都是对仗工整的句子。作诗的时候,春花对秋月,大陆对长空,很容易对,最怕是学术性、思想性的东西,对起来是很难的。结果,诸葛亮把这种思想文学化。后来八股文也是这样,先把题目标好,所谓破题,就是把主题的思想内涵的重心先表达出来。他教儿子以"静"来做学问,以"俭"修身,俭不只是节省用钱;自己的身体、精神也要保养,简单明了,一切干净利落,就是这个"俭"字。"非澹泊无以明志",就是养德方面;"非宁静无以致远",就是修身治学方面;"夫学须静也,才须学也",是求学的道理,心境要宁静才能求学,才能要靠学问培养出来,有天才而没有学问修养,我们在孔子思想里也说过的,"学而不思,思而不学"的论点,和"才须学也"的道理是一样的。"非学无以广才",纵然是天才,如没有学问,也不是伟大的天才。所以有天才,还要有广博的学问。学问哪里来的?求学来的,"非静无以成学"。连贯的层次,连续性的对仗句子。"慆慢则不能研精",慆慢也就是"骄傲"的这个"骄"字。讲到这个"骄"字很有意思,我们中国人的修养,力戒骄傲,一点不敢骄傲。而且骄傲两个字是分开用的:没有内容而自以为了不起是骄,有内容而看不起人为傲,后来连起来用以骄傲。而中国文化的修养,不管有多大学问、多大权威,一骄傲就失败。所以孔子在《论语》中也提到过"如有周公之才之美,使骄且吝,其余不足观也已",一个人即使有周公的才学,有周公的成就,假如他犯了骄傲,和很吝啬不爱人的毛病,这个人就免谈了。

我们中国人,力戒骄傲,现在外国文化一来,"我有了他真值得骄傲"这类的话,就非常流行,视骄傲为好事情,这是根据外国文字翻译错了，把骄傲当成好事。照中国文化规规矩矩翻译，应该是"欣慰"就对了。这是几十年来翻译过来的东西，将错就错，积非成是，一下子没办法改的地方。但是，为了将来维护我们中国文化的传统精神，是要想办法的。有许多错误的东西，都要慢慢改，转移这个社会风气才是对的。这是说到悒慢所引出来的。

再回到本文"悒慢则不能研精"，悒就是自满，慢就是自以为对。主观太强，那么求学问就不能研精。"险躁则不能理性"，为什么用"险躁"？人做事情，都喜欢占便宜走捷径，走捷径的事就会行险侥幸，这是最容易犯的毛病。尤其是年轻人，暴躁、急性子，就不能理性。"年与时驰，意与日去"，这个地方，有些本子是"志"字，而不是"意"字，大概"意"字才对，还是把它改过来。——年龄跟着时间过去了，三十一岁就不是三十岁的讲法，三十二岁也不同于三十一岁了。人的思想又跟着年龄在变。"遂成枯落，多不接世。悲守穷庐，将复何及！"少年不努力，等到中年后悔，已经没有法子了。

看诸葛亮这篇《诫子书》，同他做人的风格一样，什么东西都简单明了。这道理用之于为政，就是孔子所说的"简"；用以持身，就是本文所说的"俭"。但是文学的修养，只是学问的一种附庸，这是做学问要特别注意的。由历史文化谈到诸葛亮的学养，到此告一段落，现在再继续原文。

# 孔子的换心术

定公问：君使臣，臣事君，如之何？孔子对曰：君使臣以礼，臣事君以忠。

这个问题，以现代的观念来说，就牵涉到政治思想，也可以说是政治的做法，简明一点就叫政治领导术。鲁定公所问的，是领导术或领导的方法，而孔子答复他的，是领导的道德，撇开了鲁定公所问的方法。换言之,乃是在驳鲁定公。认为用方法——手段——是错误的,所谓领导应该是以"德"领导人。从什么地方可看出孔子这种意思来呢?就在这"君使臣,臣事君"两句话中的"使"字。我们知道鲁定公是个诸侯,以一个"王者"——这是随便借用一个头衔来形容的——之尊问孔子,孔子当然也尊重他。鲁定公问,假使一个帝王领导人,该怎样去指挥下面的干部?相对的,一个忠贞的干部,对于领导人,又应该用什么方法理事及自处?鲁定公当然问得很客气,很婉转。而孔子则用两句话,解答了鲁定公这两个对立的问题——"君使臣以礼,臣事君以忠。"我们中国文化讲孝道,但孝道也是相对的,"父慈子孝,兄友弟恭",父母付出了爱心的教养,才有子女孝道的反哺,两者是对立的。忠也是一样,就如孔子的话,上面对下面以礼,礼敬——也是爱的一种形态,等于父母爱子女的爱心。这种礼义德业的流衍,道德的风行,则下面对上面自然就敬而忠了。所以这种君臣的上下关系是建立在道德上,不是建立在手段上,两句话就答复了鲁定公的问题。

有些人看了老子的两句话,认为对于忠孝的观念,老子和孔子是持相反意见的。其实不然,只是表达的方法不同而已。老子说:"六亲不和有孝慈,国家昏乱有忠臣。"在表面上误解了这两句话,好像老子是反对孝、反对忠的。其实不是这个意思。他是说一个不和的问题家庭中,有几个孩子,其中一个最乖的,于是人们便说这个儿子才是孝子,拼命地标榜他,而忘记了基本上"家庭不和"这个问题。一个家庭如果不出问题,个个都是孝子,何必特别标榜一个孝子?所以要六亲不和的时候,才看得出孩子的孝或父母的慈。至于"国家昏乱有忠臣"也是同样的道理。文天祥在宋朝亡国了,才表现出他的忠贞,假使宋代不到亡国的时候,就看不出文天祥对国家有如此尽忠,虽然文天祥仍是忠心耿耿,但是没有那种成仁的表现机会。因此我们对历史、对国家,并不希望常常有文天祥那样的情形出现,而希望国家能长治久安。所以用白话来说老子这两句话,加上一个"才"字,成为

"六亲不和才有孝子,国家昏乱才有忠臣",那么就可以知道老子并不是反对忠、孝了。假如在一个团体中,我们说某某人是好人,那么其他都是坏人了吗?希望全体都是好人,无所谓谁好谁坏,这就最好。

孔子答复鲁定公的话中,意思是说,你不要谈领导术,一个领导人要求部下能尽忠,首先从自己衷心体谅部下的礼敬做起。礼是包括很多,如仁慈、爱护等等,这也就是说上面对下面的如果尽心,那么下面对上面也自然忠心。俗语说人心都是肉做的,一交换,这忠心就换出来了。

现在要研究《论语》,为什么把这段话放在这里?这就是我们上面说过的,此乃《春秋》笔法的"微言大义",在春秋战国的时候,整个社会上下一片混乱,乱到持德者寡,用术者多,所以孔子提倡仁,提倡孝,提倡道德,因为大家都用手段。譬如现代人们流行的一句话,常说"你少用手段",尤其这六七十年来,每论团体或个人的经验,玩手段的一个比一个高明,谁都玩不过谁,玩到最后还是个笨蛋。所以还不如规规矩矩、诚恳的好,如果把真正的诚恳当作手段,这个手段还值得玩,这也是最高明的。这六十年来的变乱,对于手段,谁都学会了,谁要玩几套手段,别人没有不知道的。只有老实人最可爱,讲道德的人才是最可爱,最后的成功还是属于真诚的人,这是千古不移的道理。我们从现实生活中,也可体会得出来。孔子答复鲁定公这几句话的时候,就是针对着当时的风气。一个风气之来,就像台风一样,不但下层、中层社会受影响,上层也是一样。鲁定公是领导阶级的上层,结果还是犯了这个毛病,孔子就针对他的毛病,开了这个药方。

## 追 的 哲 学

讲完这方面以后,又讲到纯文学的观点。

子曰：《关雎》，乐而不淫，哀而不伤。

孔子又在讨论《诗》的文学了。刚才谈政治，现在又谈《诗》；上面和鲁定公谈的是政治风气，也包括了社会风气，那么政治的风气、社会的风气哪里来的？如果站在文化的——礼的立场来讲，它是由文化而来的；谈到文化，就提到孔子所重视的《诗经》。我们知道《诗经》是代表各地社会风气的自然演变，《诗经》的第一篇，就是讲男女相爱。讲到《诗经》的男女相爱，有一句话要注意的，孔子在《礼记》中提到人生的研究："饮食男女，人之大欲存焉。"（上面也曾提到）孔子知道人生的最高境界，但是却往往避而不谈，偏偏谈到最起码的、很平实的这两件人生大事。我们曾经说过，一般人引用的"食色性也"这句话不是孔子说的，是与孟子同时代的告子说的，两人的话相近，但观念完全不同。男女饮食不是"性"也，不是人先天形而上的本性，是人后天的基本欲望。一个人需要吃饭，自婴儿生下来开始要吃奶，长大了就需要两性的关系，不但人如此，生物界动物、植物都是如此，因此人类文化就从这里出发。

说到这里，我们就联想到，影响这个时代观念的两种思想，一个是马克思的《资本论》，影响了这个时代；另一个也是近代西方文化的重心，弗洛伊德的性心理观，认为人类一切心理活动，都由男女性欲的冲动而来，这一思想对现代文化影响也很大。弗洛伊德原来是个医生，后来成为一个大心理学家。比如西方的存在主义，也是几个医生闹出来的，有人依据弗洛伊德的性心理观点，来看历史文化（这个性不是我们所说人类本性的性，是男女性行为的性）。认为历史上的英雄创业，就是一种性冲动，乃至说希特勒是性变态心理。我们现代思想界受这说法影响的也很多，乃至把旧的历史写成的小说，多半都加上这种观念。甚至许多戏剧、电影故事，总要插上一些性——医学上的性；而文学上改用一个好听的名词——爱，等于一个人穿上外衣、结上领带，好看一点，也礼貌一点而已。在中国古老的文化中，我们懂不懂这方面的道理呢？孔子也早已提出了，所以《诗经》第一篇选了《关雎》,根据"饮食男女"的基本要求,指出人生的伦理是由男女相爱而成为夫妇开始的,所谓君臣、父子、兄弟、朋友,所有社会一切的发展,都由性的问题开始。

曾有一位学者对我说,他有一个新发现——"性非罪"论要提出讨论,他所指的这个"性"是狭义的,指男女性行为的性而言。我没有立即答复这个问题,他把文章留下来,后来函电催问,我始终觉得碍难直接答复,后来我写了一篇文章,大概谈了一下,但还是避开了他那个观点。我认为这是人生哲学上最高的问题。究竟这是本能的冲动吗?这个本能又是什么?不过我告诉他,世界上的宗教家,都认为性是罪恶的。中国文化中,过去的思想——万恶淫为首;西方的基督教思想,亚当和夏娃不吃那个苹果,一点事都没有,上了魔鬼的当去吃苹果,他们也认为性是罪恶的。曾经听过一个笑话,说西方文化是两个半苹果而来的:第一个苹果是亚当夏娃吃了,闯了祸,所以我们人类到如今那么痛苦。第二个苹果,启发牛顿发现了地心吸力,中国人吃了很多苹果都不晓得。另外半个苹果,是木马屠城记所表现的英雄思想。这是西方文化来自两个半苹果的笑话,当然这不是偶然说说的。

西方与东方宗教家都认为性是罪恶,哲学家则逃避这个问题。我们现在看孔子,他可以说是哲学家、宗教家,又是教育家。我认为现代观念的什么"家"、什么"家"都可以给他加上。反正孔子,集中国文化之大成。我们中国人自己对他的封号最好——大成至圣先师,我们不要跟外国人走,给他加上了一个"家"字,反而不是大成,而是小成了,所以不要上西方文化的当。

孔子认为"关关雎鸠"男女之间的爱,老实讲也有"性非罪"的意思在其中。性的本身不是罪恶,性本身的冲动是天然的,理智虽教性不要冲动,结果生命有这个动力冲动了。不过性的行为如果不作理智的处理,这个行为就构成了罪恶。大家试着研究一下,这个道理对不对?性的本质并不是罪恶,"饮食男女,人之大欲存焉。"只要生命存在,就一定有这个大欲。但处理它的行为如果不对,就是罪恶。孔子就是这个观念,告诉我们说,《关雎》乐而不淫。大家要注意这个"淫"字,现代都看成狭义的,仅指性行为才叫淫,在古文中的"淫"字,有时候是广义的解释:淫者,过也,就是过度了。譬如说我们原定讲两小时的话,如果讲了两个半小时,把人家累死了,在古文中就可以写道:"淫也";又如雨下得太多了,就是"淫雨"。所以《关雎》乐而不淫,就是不过分。中国人素来对于性、情及爱的处理,有一个原则的,就是所谓"发乎情,止乎礼"。现在观念来说,就是心理的、生理的感情冲动,要在行为上止于礼。只要合理,就不会成为罪恶,所以孔子说《关雎》乐而不淫。

但《关雎》这篇诗中,也有哀怨,我们看这一篇诗,很好玩的。虽然只有几个字,假使用现代文学来描写,就够露骨的了。它最后说:"求之不得,辗转反侧。"这个求,就是现在白话文的追呀!追呀!追不到的时候睡不着呀!睡不着还在床上翻来覆去打滚哩!但古文用"辗转反侧"四个字都形容尽了。可见这中间还有哀怨,尽管哀怨,并不到伤感、悲观的程度。这个道理就是说一个人情感的处理适中,合乎中道。

譬如我对音乐是外行,但在许多地方,听到播放日本音乐,只要他一开口,听起来就使人有不胜哀戚之感。隐隐象征了这个海岛民族的命运,也可以说是日本民族性的表现。不管它怎么变,一听就知道是日本音乐,哀怨中有悲怆,悲怆中有哀怨。

现在我们的音乐等等一切文化,能不能做到乐而不淫,哀而不伤呢?恐怕还没有做到。我们读了孔子这一段话以后,对于目前社会上的文化思想,必须深切地反省。所以孔子在答复鲁定公问政之后,随即谈到诗的问题,就是表示修身要具备"诗"的感情,从政更要把握"诗"的情操。

## 传统历史上的精神堡垒

这个又转到另一个文化问题:

哀公问社于宰我。宰我对曰：夏后氏以松，殷人以柏，周人以栗。曰：使民战栗。子闻之曰：成事不说，遂事不谏，既往不咎。

宰我是孔子的学生，他白天睡觉，挨了孔子的骂。这个问题，等下面讲到的时候再讨论。

鲁哀公问社。什么叫社呢？这里的社就是社稷的简称，有形的社稷坛，过去国家的首都建有社稷坛，就是代表国家和天人之间的象征。我们现在社稷的精神象征，譬如过去在南京到中山陵谒陵献花，几十年来，我们还没有完全正式确定这个精神的代表，最近又好像有外宾到国父纪念馆致敬了。相对的，假定我们去国外做国民外交，或者负了国家外交任务出去，这一点要特别注意。到别的国家，就要随他们的礼俗，到他们所尊奉的地方行礼。这是古今中外不移的礼貌，也是现代国际上外交的礼貌。像当年西方英雄拿破仑，当他到每一个地方，即如信奉伊斯兰教的国家，他也要到伊斯兰教教堂行礼。这点他实在很聪明。同时我们再看到一点，从十七世纪末叶开始，印度由英国的东印度公司统治，英国并派了总督驻在印度统治。英国人也深懂这套手法。所以有人说英国人专门研究老子，因为老子的政治手法很高明。英国总督出门，看到印度的婆罗门教（印度在宋以后没有佛教了，那时起佛教已经完全移送到中国来，印度人保留只是穿白衣的婆罗门教），总督立即停车，下来站在路边合十，让婆罗门教士先过去。这就是说尊敬一个地方的民间信仰，对于他的工作很有帮助。这是由社讲到社稷的精神而牵涉到的附带问题。

现在回到本文，哀公问宰予，社稷坛与历史文化演变有什么关系呢？宰予告诉他夏朝社稷坛上栽的是松树，殷朝栽的是柏树，周朝栽的是栗树（有如现在的国花，是国家的标志）。不过他说栗树栽得不好，栗树使人看了会害怕，战战兢兢。宰予后来回到孔子这里，报告见哀公的问答，孔子听了以后就感叹了。就周朝而言，孔子觉得文王、武王在各方面都没有错，只在这件事上还不大妥当，但对前辈的圣人，不好意思多加批评，所以他说已经既成事实，再说也没有用。

对人与人之间相处来说,既成事实,劝也劝不回来了,过去了何必追究呢?

孔子这番话,虽然看起来是对历史的一个宽恕,实际上透过这个宽恕,表明了孔子认为周朝的这件事是有问题的。这是怎么说的呢?因为社稷坛种的树,就像是一个民族文化、国家精神的标志。如日本人以樱花为国花,虽然很烂漫,但总是开得不长久;其他各民族、国家也都有标志。宗教方面也不例外。基督教的十字架,佛教的莲花。再看欧洲人的标志用猛兽,有虎、有狮;印度人用的是飞禽;美国人用老鹰,也不太好;中国文化则用龙,龙是水、陆、空三栖的东西。对于文化的标志,我们要特别注意选择决定,但有时有人漫不经心就定了。过去有一位朋友,想把台北市搞成为杜鹃城。后来在一次宴会中碰面,说起此事,好在他的杜鹃城没做成,否则我第一个反对。因为杜鹃是亡国之花,又名杜宇;也是鸟名,又名子规,又叫望帝。唐人的诗所谓:"望帝春心托杜鹃",有一个神话故事,上古时蜀国亡,蜀国的太子伤心而死,精魂不散,变成杜鹃鸟,昼夜啼哭,泪枯血出,滴在花上变成杜鹃花。这些事,和《易经》的谶纬之学也有关系的。许多看起来不相干的事,有时候关系很大,尤其研究国家的历史文化,不能不注意,孔子对于这件事情也是很注意。不过他也只好说"成事不说,遂事不谏,既往不咎"了。所以我们将来在处事的时候,必须注意这些事情,这也是学问。

## 责备贤者

子曰:管仲之器小哉!或曰:管仲俭乎?曰:管氏有三归,官事不摄,焉得俭!然则管仲知礼乎?曰:邦君树塞门,管氏亦树塞门。邦君为两君之好有反坫,管氏亦有反坫。管氏而知礼,孰不知礼?

管仲的时代比孔子早一点,在下面我们可以看到孔子对管仲佩服得很,他曾经赞叹过,如果没有管仲助齐桓公称霸的一段历史,我们几乎变野蛮人了。在这里他说管仲的器局太小,这话也是对的。管仲不过帮助齐桓公完成霸业而已,但未能走入王道,这样的器局就嫌小了。这是他评论历史的感叹。但是有人就问,管仲是讲究节俭的吧?他的政治思想、经济思想,都够得上俭的。这里的"俭"字,正如诸葛亮《诫子书》中所说"俭以养德"的那个俭字一样,包括了许多东西。我们提到俭字,再看看老子思想,老子说他有三宝:"曰慈,曰俭,曰不敢为天下先。"老子再三提到俭,孔子也再三提到俭,下面有关俭字的话也蛮多的,上面谈到诸葛亮时,已经介绍过了。历史上称有成就的人"沉默寡言",就是一个人"俭"德的描写。成大事的人很少说话,讲出来一两句话,扼要简单,解决了一切问题。既不沉着,话又多的人,那就免谈成什么大事了。

孔子说了管仲的器局小,别人并不和他争论这个问题,而提出来问管仲是不是够得上"俭"德的修养。可是孔子的答复,从个人来说,以管仲有三归之堂,可以说他在经济生活上非常浪费。三归堂是建筑物的名称,就是说他的宰相府,还是相当讲究漂亮的,可见他还不够俭朴。我们可以在历史上看到汉文帝的俭朴、节省,是皇帝中有名的,一件袍子,穿了一二十年还补起来穿。后来景帝、武帝时代的经济繁荣,就是他打下的基础,因为他本身就非常俭朴。所以管仲的生活,诚如孔子说的并不俭朴。另外在公事上,孔子又说他"官事不摄"。在公家的政治制度上,又不能做到扼要统筹。只知因人设官,重重叠叠设置了太多的部门,其实可简化而他没有简化,这是在行政上的不俭,那他怎么算得"俭"呢?

我们从这一点可以看到,要真正处理好公事,制度与编制的紧缩很重要,法令也不可繁琐,这是孔子对管仲两方面的批评,也是我们后人应该警惕的地方。

在管仲的俭德上,孔子有所批驳之后,此人又提出管仲是不是懂礼的问题来。中国文化以礼义为中心,懂礼是很重要的,但孔子认为管仲在这方面的修养还不够。虽然管仲是个大政治家,但他还不能担负领导历史文化的重任。这是什么道理呢?邦君齐桓公在大门外建立屏风——塞门(讲到这里,我们顺便讲到现在很难看得到的,古代衙门前的大屏风,上面都写有"尔俸尔禄,民脂民膏。下民易虐,上天难欺"这四句话,已经流传下来一千多年了。后来到清末腐败的时候,大概是我们革命前辈老党员骂清朝的杰作,改为"尔俸尔禄民,脂民膏下民;易虐上天难,欺欺欺欺欺"的笑话)。在中国的古礼,只有领导人、诸侯才可以有塞门,可是管仲的宰相府也摆起这样的东西来,这就是不懂礼。其次国君为了外交的关系,有反坫之坛,这是两国元首见面时用的。结果管仲的家里也有反坫。就凭这两点,如果说管仲也懂礼的话,还有哪一个不懂礼?如以管仲作懂礼的标准,人人都懂礼了,这是孔子对管仲批评的话。下面就谈到中国文化与"礼"并称的"乐"了。

## 敲响了的活礼乐

　　子语鲁大师乐曰:乐其可知也。始作,翕如也。从之,纯如也,皦如也,绎如也。以成。

　　这是孔子讲音乐的原理及作用。大师乐是古代专门掌理乐教的官名,他的职掌重在以乐配合政教,当然也包括了当时的一般音乐。讲到这里,也是中国文化很可惜的事,因为我国原有的古乐早已没有了。现在我们能够听到的,只是明清以来的遗音。据朋友们说,目前在韩国,还可以隐约窥见唐太宗统一天下以后的大乐章——《秦王破阵舞》,以及《霓裳羽衣曲》的古琴曲调,还可欣赏到中国的古乐和古乐器的流风遗韵,同时把诗、词谱在中国的古乐器上弹出来。除了韩国,在日本也还找得到一点影子。所以说中国文化的衰落,不完全是我们这一代的责任。相反的,故作自我解嘲地说,这也是我们中国人的伟大之处,人家外国人说我们不珍惜自己的文化,但是我们也可以说我们的好东西太多,满不在乎的丢,外国人听了也没有话说。

孔子和鲁国的大师乐讨论音乐的原理。他非常谦虚地说,音乐的原理大概可以了解——其实孔子对音乐是很内行的。接着他就谈论一首代表国家民族精神的曲子。音乐开始的时候,好像含苞待放的花蕾,轻轻地舒展,慢慢地发声。跟着下来,由小而大,但是很纯正。后来到了高潮,激昂慷慨,或非常庄严肃穆,最后这个乐曲奏完了,但还是余音缭绕,后面好像还有幽幽未尽之意。这便是成功的音乐。这些是孔子的客气话,请教的态度,也证明了他深通音乐的修养。今日我们看到自己国内的音乐,的确是问题很大,中不中、西不西;轻薄有余,温柔敦厚不足,实在可叹。不过一切文化,今日都处在古、今、中、外的巨流涌变之间,始终未定。旧的已经打倒,新的如何建立,还要靠我们这一代的继续努力了。

仪封人请见。曰:君子之至于斯也,吾未尝不得见也。从者见之。出曰:二三子,何患于丧乎?天下之无道也久矣,天将以夫子为木铎。

仪是一个地名。古时的这个"封"字,是指的封疆。所谓"封人",是管诸侯国界的人。勉强拿现在的职务来讲,是管土地、管地政的人。他来请见孔子之时,从字里行间看来,他似乎有被挡驾的样子。但封人有封人的理由,他说,有道德、有学问的人,到了我们这个地方,每个人我都见过。他的意思好像是说,你们的老师孔子尽管伟大,像我这样的人,你老师也应该接见一番。他说了这番话以后,跟随孔子的那些人无话可说,就安排了一个机会,让他去见孔子。但是孔子和他谈了些什么话就不知道了。他出来以后,就告诉孔子的弟子们说:你们诸位不必担心文化的衰落,我们中国文化有救了。天下乱了这么久,文化已将凋零,上天降生了孔子,孔子的学问道德将影响你们和世人。上天要以孔子作为警惕世界的木铎的,你们不要担忧了。古代木做的铎,是用来敲响作警惕用的,好像庙堂里的敲钟打磬一样。

这是对孔子从事人文文化教育的赞叹,所以也放在讲文化精神的《八佾》篇中。画龙点睛,别有用意。

跟着是:

子谓韶:尽美矣,又尽善也。谓武:尽美矣,未尽善也。

这是孔子对礼乐文化的批评。韶是舜乐,代表那个时代,国家民族历史文化的精神,他说很好,很美,也很善。以现在西方观念来说,真、善、美的价值都具备了。但武王时代的音乐,代表那时代的历史精神,好是好,美是真美,可不能说它是至善。等于对社稷坛标志的批评一样,都有点遗憾的味道。

## 衰世的通病

下面是这一篇的结论,所以我说《论语》是整篇连贯接起来的,是完整的。《八佾》讲历史时代文化的精神。那么,这篇最后引用孔子对于当时那个时代的批评作结语,就特别有韵味了,例如:

子曰:居上不宽,为礼不敬,临丧不哀,吾何以观之哉?

他在这里提出了一个原则,一个时代到了衰落的时候,最怕在上面的领导人以及各级单位主管,待部下和对人并不宽厚,这是很严重的偏差。讲到这里,我们看中国历史上,记载了许多做人或做官的过分尖刻或凉薄。什么是刻?所谓"察察之明",为人太过精明,做部下的就不容易发挥他的才能。因此,中国古人在政治领导上,都采用道家老子的道理。也就是像郭子仪的故事:唐明皇因安禄山之乱由京城逃走,一直逃到了四川成都,终于靠郭子仪打败了安禄山,收复两京,迎唐明皇还都。郭子仪也因功封王。以后唐代宗把公主下嫁郭子仪的儿子。有一次小夫妻吵架吵得很厉害,郭子仪的儿子说,公主有什么希罕,你父亲的天下,若不是我父亲替你们打回来,还有你公主当吗?这句话的确讲得太严重了。公主气了,马上回宫去报告唐代宗。郭子仪听了儿子的报告,也吓坏了,知道这件事可不得了,马上把儿子绑起来送到宫中去。唐代宗自然先听到了公主的报告,说郭子仪他们意图造反,唐代宗安慰了女儿一番,要她先在宫里休息。见亲家把女婿绑进宫来,不但不生气追究,反而问老亲家好好把个儿子绑进宫来是为了什么?郭子仪报告并论罪一番。唐代宗真是个好皇帝!他对郭子仪说,他们小俩口吵架是年轻人的常事,你去管他干嘛呢?"不痴不聋,不做阿姑阿翁。"这个故事后来也编成了平剧及其他地方戏。故事本身也说明了如果一个当主管的有"察察之明",下面部下就难为了。

前几天,有位同学当了法院的庭长,他来看我,我告诉他一句话:历来做法曹的最怕"深文刻法"。这句话就是当公务员的也要注意。什么叫"深文刻法"?就是根据条文,一个字一个字去推敲,在鸡蛋里去挑骨头,真是要了命。虽然法律的条文,完全合于逻辑。但有时不合道理、不合情理的,完全用逻辑是用不通的,举个例子来说,法律规定,抓到小偷应该送到法院办,如果打他两拳打伤了,小偷可以告你伤害,在法理的逻辑上完全对,但讲到人的常情上就不对的。所以我和这位同学说,搞法律的人,就怕深文刻法,都讲逻辑,则天下是非辨不清了。因此中国人有一句名言,告诉作公务人员的朋友说:"公门里面好修行。"否则的话,人们便把公务员的过错、怨气统统都累积到政府头上。自己如果多动动脑筋,别人就省了气力,同时也消弭了怨气,这就是道德。所以"居上要宽",要求别人过严,别人没这个本事;天下无全才,不必求之太严。如果要求过严,希望别人都是圣人、全才。在道德上人人如孔子,而防他又如防土匪,用他又随便用得像机器。这是不可以的,切记居上要宽。

为礼要敬,并不是只限于下级对上级行礼要恭敬,上面对下面的爱护，也包括在礼的范围之内。而且都要敬，就是都要做到诚恳、真挚，不真诚没有用。天天行个礼很方便，搞惯了成机械式很容易，但中间没有诚意就没有用。同样的，做长官的对部下的爱护关怀，也要有诚敬之心，假的关怀没有用。

临丧不哀，以前讲过，我们到殡仪馆吊丧，没有一点哀戚之意，毫不相关，何必去呢？但这个丧也是狭义的，广义的是对于某一件沉重的大事，假如没有沉痛的心情，也是属于"临丧不哀"的一种情况。

孔子提出来这三点，有感于当时春秋时候的社会风气那么坏，孔子讲这些话，都是开药方。当时有这种坏风气，他就开出医治的方法。所以他说像这个样子的社会，就没有什么可看了，这是感叹当时文化思想的衰落。实际上我们看历史，每到衰乱的时候，都有这种情形，岂止春秋战国而已呢！《八佾》这一篇，把前后对照起来，很明显地可以看出来，他完全是在阐扬中国文化的思想精神。

# 里仁第四

## 那"仁"却在灯火阑珊处

现在我们讲到《论语》第四篇,是最重要的一篇,这篇的问题很大。

首先谈第四篇的题目《里仁》。过去对"里仁"的一般解释,里就是乡里之里,也就是住的地方;照过去的传统,一般三家村学究们解释"里仁"的意思,就说孔子的意思是如果买房子,或租房子,应选择"仁里"。换句话说,要住到好人堆里去。如果真是这个意思,那么坏人堆里没人住了吗?而且哪一个地方才是好人堆?哪个地方是坏人堆呢?台北市有"仁爱"路!那么除了仁爱路,没地方可住了?所以三家村学究们的解释是大有问题的。

这个"里"字应该作为动词看,当然也指居住的地方。但是居住的地方,有处的意思。"居、住、处"在古文中,有时是表示站或坐在那里,是动词。我们读春秋战国时代著的书,经常看到"居"单独一个字。我国古代没方桌子,没有椅子。日本人的榻榻米,是我们中国去的,由秦、汉到魏,都还是席地而坐。魏晋以后才从西域传进椅子来。唐代以前我们还看到一句话——"据胡床而坐",胡床就是椅子的初形,从西域过来的。我们中国文化,许多名词有一胡字,如胡椒,一看就知道这样东西是外来的;不是"胡"就是"番",番茄就是外国来的。后来又加上"洋",如脚踏车是外国来的,四川人叫"洋马儿",甚至如病名"洋梅疮"也是外国传来的。在明代以前,我国的医学书籍上,没有看过这种病,可见这是从外国传进来的,而且开始由广东方面上岸的,所以又称作"广疮"。

我们知道了这些道理,就了解居、里的意义就是"自处","里仁"的意思也就是一个人如何处在仁的境界。处世,处人,尤其是自处,都要有"自处之道"。再明白点讲,什么叫"里仁"呢?就是我们随时要把修养、精神放在仁的境界。

现在讨论"仁"。说到仁字,孔子学问的中心来了,头大的问题来了。上面三篇中,第一篇学而时习之,学的是什么?学的是仁。"仁"是什么?两千年以来,莫衷一是,这真是一个大问题。

最近,有位立法委员提出一篇质询,就谈这个"仁"字。前一个礼拜他把这质询给我看,问我的意见,我说无可奉告。因为他已经提出来了,我们又何必再作讨论?不过我认为"仁"字的确很难谈,我这样说也就是"微言大义"的精神吧!我们现在讨论到这里,全部《论语》的中心谈"仁","仁"是什么?过去有几种解释法。最有名的是"博爱之谓仁",许多人谈到仁的意义,都会这样答复,而且以肯定的语气说,这是孔子的意思。其实错了,这句话不是孔子说的,也不是孟子说的。孔家店的两大股东——孔、孟都没说过,这是孔家店的伙计——唐朝的韩愈讲的。在唐代大家也讨论什么是"仁"的问题,而韩愈下的定义:博爱叫做仁。后世以讹传讹,就认为这是儒家思想了。这也是有问题的。韩愈为什么会下这个定义?虽然称他"文起八代之衰",他的定义不一定也是起八代之衰的。真理是不能够用名气压住人的,韩愈的思想,并不都是孔、孟思想。他是研究墨子的专家,墨子的思想就有"兼爱",大家现在忘记了韩愈是研究墨子思想的专家,所以他把墨子的思想,融会到儒家思想中去,把"兼爱"换一个字改为"博爱",等于把长袍脱掉穿上西装而已。后世不明真相,就以为博爱之谓仁是儒家思想的解释。我们并不一定说韩愈这个定义下得不对。我们的态度要客观,真理只有一个。我们拿哲学观点来说,宇宙万有的那个最原始的东西,哲学家说它是本体,西方的宗教家叫它作上帝,印度人叫"佛"叫"如来",中国人叫"道"。名称不同而所指的是同一东西。等于馒头与面包,名称不同,一样是用面做成,可以吃饱的东西。所以我们不要被某一名词捆住,各个表现的方式不同而已。

其次,汉代以来一直到唐代,对仁的解释,漫无限制。古代书上不管说什么,都"仁呀!仁呀!"的大谈仁义之道。孔子讲仁,孟子讲义,最后连起来就是仁义;仁义即孔孟,孔孟即仁义。如果我们作八股文就这样大作文章了:"仁义者,孔孟之说也,孔孟之说者,仁义之道也……"这篇文章通了。实际说了半天,如果以逻辑来批评,只有八个字:"陈言颠倒,不知所云。"等于清代乾隆年间才子纪晓岚批评文章的一个故事,有一个学生拿一篇文章请他看,他引用了两句古诗来评语:"两个黄鹂鸣翠柳,一行白鹭上青天。"说这个学生的文章"不知所云,越说越远"了。所以汉唐以来,一般学者讲孔子之仁的,都可借用纪晓岚这个批评,也是"不知所云,越说越远"了。那时的学者,讨论这个仁字的文章,有多达一百万字的,这样一个字会扯得那么多,孔子何尝有这个本意!所以我常说,老子写了五千言,后世解释老子的文章,古今中外累积起来,有几千万字,到目前为止,外文翻译有好几十种《老子》之多,如果老子知道了,会把大牙都笑掉。大家讲了半天,是不是老子原来的意思呢?张先生讲的张老子,刘先生讲的刘老子。谁的老子才是老子?

到了宋代的理学家,自认为继孔孟之心传。孔子传心法与曾子,作了《大学》这篇书,曾子传心法与子思,子思写了《中庸》。子思传心法与孟子,孟子以后失传了。宋代理学家自认为又得了这个心传秘诀。中间事隔千把年,不知道宋代理学家们在哪里拿到这个秘诀的。其实他们把佛家、道家的东西挖了来,然后还要骂佛家、道家,所以宋代理学家的学问态度很有点不对劲,这种做法实在不大高明。其次,他们拿心性——哲学的道理解释"仁"说:"仁者核之心也。"如核桃的仁、杏仁。同时他们又加上佛家的思想，认为万物的果实，都是阴阳两瓣，中间空心的，所以仁便是道体的心空境界。

宋儒另一个解释，他们说医书上麻木就叫不仁，可见仁是讲心的知觉性的，这样一来，他们暴露了身份，这完全是佛家的话，不过硬将光头的和尚拉来戴上孔子的帽子。

在唐代以后讲孔孟的心法，而传承孔孟之心法者，就是这些宋儒——理学家。

汉唐之学讲仁，到底讲什么？我们勉强可以说他们讲用。宋儒讲的仁，则扯到哲学里面讲体。我们讲了他们的缺点，也该说他们的好处，宋代及汉唐的儒家，各有所长，汉唐以来的儒家，了解孔子心法"仁"的用，宋儒借用佛道两家之学，了解孔子心法"仁"的体。他们都有划时代的创见，但每家都是不同的孔子。

讲到体用，我们要顺便提一下，拿中国唐代以后佛学原理来说，万物只有三个理则——体、相、用。如这茶杯，玻璃为"体"，"相"就是它的形状，"用"就是它的功用，即是可以盛液体的东西。抽象的思想，也是一样。譬如我们现在讲的，以孔子的《论语》思想为"体"，"相"就是《论语》二十篇，我们来研究、解释。"用"是了解孔子以后，才知反对孔子错在何处，又该怎样去弘扬中国文化，其"用"就在此。

汉唐儒者对于仁都讲用，而孔子当时讲仁，也多半是针对那个时代讲用。宋儒扯到哲学里讲仁的体，从现象来探究体，不能说在见解上没有一点进步，但可惜的也只是各执一端，闭户称王而已。

了解这些资料以后，再回转看这个"仁"。"仁"是什么？中国古代"仁"字就是这样写：人两足走路旁加个二，为什么不就旁加个"一"？"二人"是两个人，就是人与人之间，有我就有你，有你我就有他。有你、我、他，就有社会。一个人没有问题，有两个人就发生了怎样相处、怎样相爱、怎样互助的问题，就是仁。仁就是人与人之间的事，这是文字上的解释。

现在归纳起来。

第一,题目的里仁。自处于仁,里仁象征了学问的中心在如何自处。自心是"体",处于人之间就是"相"和"用"了。相就是人的行为,用则是发挥的作用。所谓自处就是自立,所谓处人就是立人。佛家的所谓"菩萨"之道,自立立人就是菩萨,这是梵文"菩堤萨埵"的译音,译成中文简称菩萨,等于中文的圣贤,名称不同而已。自处处人,就是仁的体用。

第二,本篇孔子就讲到"吾道一以贯之",换句话说,就是体用一贯,有体有用。所以说仁只是行为,只讲用不讲体,不讲内心修养,也错了。如果像另一派的宋儒所说,仁就是在那里静坐,养性谈心为仁,不讲究用,不能救世救人,不能立己立人,也错了,应该体用一贯。

第三,在第七《述而》里有"子曰:志于道,据于德,依于仁,游于艺",这四点是孔子讲学问的中心纲要。这也是他"一贯"的道理。但在《颜渊》篇中却提到"一日克己复礼,天下归仁"的彻底语。这些资料,我们要先了解,以后再研究这篇的本身,最后把结论沟通起来,大家就可以豁然贯通了。

## 月是故乡明

《里仁》篇第一段:

子曰:里仁为美,择不处仁,焉得知?

照三家村学究的解释就是:"孔子说,我们所住的乡里,要择仁人的乡里,四周邻居,都是仁人君子,就够美了。"真不知道世界上哪来这许多仁人君子,对"择不处仁,焉得知?"他们解释说:"我们选择一个居住的地方,假使不住在仁里的当中,这个人就不算有智慧的聪明人。"如果真是如此,那么,我们大家都是笨蛋!对于这种解释,刚才批评过了,这是三家村的学究们的解释。

现在依照我们新三家村学究的解释，"里仁为美"意思是我们真正学问安顿的处所，要以仁为标准，达到仁的境界，也就是学问到了真善美的境界。"择不处仁"的意思是我们学问、修养，没有达到处在仁的境界，不算是智慧的成就，这是第一原则。

第二段：

子曰：不仁者，不可以久处约，不可以长处乐；仁者安仁，知者利仁。

孔子说假使没有达到仁的境界，不仁的人，不可以久处约，约不是订一个契约，约的意思和俭一样。就是说没有达到仁的境界的人，不能长处在简朴的环境中。所以人的学问修养，到了仁的境界，才能像孔子最得意的学生颜回一样；一箪食，一瓢饮，可以不改其乐，不失其节。换句话说，不能安处困境，也不能长处于乐境。没有真正修养的人，不但失意忘形，得意也会忘形。到了功名富贵快乐的时候忘形了，这就是没有仁，没有中心思想。假如到了贫穷困苦的环境就忘了形，也是没有真正达到仁的境界。安贫乐道与富贵不淫都是很不容易的事，所以说："知者利仁。"如真有智慧、修养到达仁的境界，无论处于贫富之际，得意失意之间，就都会乐天知命，安之若素的。

## 照临万类的仁道

所谓"仁者安仁"相当于仁的体，"知者利仁"相当于仁的用。我们研究孔子学说，他的主要精神是"仁"。对于仁的道理，我们最好不要拿自己的意见来作注解，要把有体有用的道理把握住。前面提到唐代韩愈拿自己的意见作了注解，说"博爱之谓仁"。我们现在不用自己的意见作注解，拿接近孔子的，或拿孔子本身的意见作注解。孔子对于仁的注解全部都在《里仁》这一篇中，本篇里都是谈"仁"；谈它的用,比谈它的体来得多,正如孔子在《易·系传》中所说的:"显诸仁,藏诸用。鼓万物而不与圣人同忧,盛德大业至矣哉!"

再其次,我们可以从《孟子》的资料中找到一些有关仁的界说,现在我们看《孟子》最后一篇《尽心》章的上章里所提到:"君子所性,虽大行不加焉,虽穷居不损焉,分定故也。君子所性,仁、义、礼、智根于心。其生色也,睟然见于面,盎于背,施于四体,四体不言而喻。"这几句话,上面讲到"根于心"是讲体,以下是讲用,这是很明显的。所以我们做学问的办法,最好以经注经,以他本身的学说,或者本人的思想来注解经典,是比较可靠的事。然后,把古人的学说消化以后,再吐出来,就是你自己的学问。有些人做学问,对古人的东西没有吃进去,即使吃进去,也消化不了,然后东拉西扯,拼凑一番,这方法是不能采用的。我们要真的吃下去,经过一番消化,再吐出来,才是真学问。正如雪峰禅师所谓:"语语从胸襟中流出,盖天盖地。"

现在我们继续看下去。

子曰:唯仁者,能好人,能恶人。

这是仁的体用并讲。孔子说真正有"仁"的修养的人,真能喜爱别人,也真能够讨厌别人。"好"就是爱好的"好"。"恶"字读去声,照现在的国语读法是读作第四声,就是厌恶的意思。我们读历史,有"善善恶恶"的话,上面的"恶"是厌恶,可恶的恶;下面是恶的本字,很坏的意思。过去的古文以及许多奏议中,有"善善而不能用,恶恶而不能去"的话,等于说喜欢这个有才干的部下,但又不能提拔他、奖励他;讨厌那个坏的部下,而又不能去掉他。

这里孔子说有"仁"的修养的人,是真能够爱人,也真能够讨厌人。但孔子的话,假如说到这里停住了,像宋儒一样把它圈断了,那么我们研究起来,对孔子思想的"仁"还是无法有清晰的认识。现在我们把下面一句:

子曰:苟志于仁矣,无恶也。

## 里仁第四

与上面的话连接起来就懂了。他这句话的意思是说,一个人真有了仁的修养,就不会特别讨厌别人了,好比一个大宗教的教主,对好人固然要去爱他,对坏人也要设法改变他、感化他,最好也使他进天堂,这样才算对。所以说一个真正有志于仁的人,看天下没有一个人是可恶的,对好的爱护他,对坏的也要怜悯他、慈悲他、感化他。

下面讲仁的重要:

子曰:富与贵,是人之所欲也,不以其道得之,不处也。贫与贱,是人之所恶也。不以其道得之,不去也。君子去仁,恶乎成名?君子无终食之间违仁,造次必于是,颠沛必于是。

这是儒家仁的修养,一个人要在心地上下工夫。刚才我们提到《孟子·尽心》篇,就是讲研究孔子"仁"的学问,我们应该读读《孟子·尽心》上下两篇,对于仁的涵义会有更深切的领会的。

孔子说,富与贵,每个人都喜欢,都希望有富贵功名,有前途,做事得意,有好的职位,但如果不是正规得来则不要。相反地,贫与贱,是人人讨厌的,即使一个有仁道修养的人,对贫贱仍旧不喜欢的。可是要以正规的方法上进,慢慢脱离贫贱,而不应该走歪路。接着他讲:"君子去仁,恶乎成名?"他说一个人去了"仁"字,就没有中心思想。即使其他方面有成就。如文学高的,不过是一个才子风流而已,知识渊博的不过是一个才人而已。所以君子没有"仁"这个境界,就没有中心思想,既没有中心思想,靠什么成名呢?所以做学问的人,"无终食之间违仁",就是说没有在一顿饭那样短的时间违背了仁的境界。"造次必于是,颠沛必于是。"造就是创造、作为,次就是这个情况。这句话是说任何事业的成功都靠仁;倒楣的时候不颓丧,不感觉到环境的压迫,也靠这"仁"的修养而安然处之。换句话说,得意的时候,要依仗仁而成功,失败了,也要依靠"仁"而安稳。

# 兼收并蓄见仁心

因此他说明达到仁的修养：

子曰：我未见好仁者，恶不仁者。好仁者，无以尚之；恶不仁者，其为仁矣，不使不仁者加乎其身。有能一日用其力于仁矣乎？我未见力不足者，盖有之矣，我未之见也！

他说我没有看过一个真正喜欢仁的人，讨厌那个不仁的人，看不起那个不仁的人。拿我们现在的观念来看，他是说我没有看到一个真正爱好道德的人，讨厌一个不道德的人。为什么呢？一个爱好"仁"道而有道德的人，当然他的修养几乎无人可以比拟，实在很难得；可是，他如果讨厌不仁的人，看不起不仁的人，那么他还不能说是个仁者。但有些人的看法，就不一样了，宋儒的解释，认为爱好道德的人，讨厌、看不起不道德的人，就是仁的境界。这样一来，宋代以后的儒家，意见纷争，越来越多。我们看《论语》的原文，并不是这样解释。因为接着下面就说："不使不仁者加乎其身"，意思是说，一个仁者，看到一个不仁者，应该是同情他、怜悯他，想办法怎样把他改变过来，这是真正仁者的用心。我们讲道德，别人不讲道德，我们就非常讨厌他，那么我们是同样以"不仁"的心理对付人家，我们这个仁还是不究竟。所以孔子说："不使不仁者加乎其身。"这是孔子讲的忠恕之道，推己及人的写照。我觉得冷了，想到别人也怕冷，要别人快去加衣服；想到自己，就联想到别人。假如我自己仁，看到别人不仁就讨厌，那我也是不仁。

下面跟着是讲"仁"的用："有能一日用其力于仁矣乎？"这是他假设的话。他是说，仁是很难的修养，人本来有爱人之心。我们观察一个幼儿，同情人家的时候特别多，后来渐渐长大了，心里的厌恶也越大,仁心就不能够发挥。所以他说仁是人人可以做到的,但几乎没有人能在一天当中,用心处世,完全合于仁道。假使有,他仁的修养必然很高超。只要立志,没有说因力量小而达不到仁的境界。但是他又补充一句,也许有力量不足而达不到的,但我从来没有看到这种情形。

这篇从开头的一节,到这里为止,都是讲仁的体与用。所谓体是内心的修养,如何做到仁、爱人;仁的用,有推己及人的精神,心胸宽大,包容万象,能够感化他人,这是仁的用。

讲了仁的体用之后,下面引申讲仁的修养方法:

子曰:人之过也,各于其党,观过,斯知仁矣。

孔子说人的毛病,各于其党。这个"党"不要以现代的观念来解释为政党之"党"。古人所讲的党是乡党,包括了朋友在内。儒家思想,时常用到这个乡党的观念。古代宗法社会的乡党,就是现代社会的人际关系。交朋友等社会人际的关系对一个人影响很大。孔子说一个人会有过错,往往都是社会关系的因果。我们在社会关系中看到一个人的过错,譬如某人做人的态度非常坏,而我们看得清楚,那么自己就要反省,自己是不是有同样的过错,假如有,就改过来,假如没有,就更加勉励。所以看看人家的过错,可以引发仁的修养。

## 了知生死不相关

子曰:朝闻道,夕死可矣!

这个"道"就有两个研究了。前面曾提到过,在《述而》里头,孔子真正的学问精神是讲"仁",他的根基则在于"道"。所谓:"志于道,据于德,依于仁,游于艺。"这是孔门学问的四大原则。那么这个"道"是什么道?这是很难讲得清楚的问题。现在这个问题来了,我们前面稍微提过,研究上古时代的"道"字与"天"字,都有几个意思。同样是个道字,用处不同,有时"道"是代表形而上的所谓本体,就是先有鸡、先有蛋的问题;也是指人生宇宙万有最初的那个本体。老子说:"道可道,非常道。"第一个道是指那个本体。"可道"说可以用一个方法,一个原则把它假设说明。"非常道",但毕竟不是平常的假设可以表达得出。就在这两句话中,三个同样的道字,意义都不同。中国文字有假借用的。碰到这些问题就很讨厌。例如"道"有时表示形而上的本体,有时候表示形而下的法则、原则、守则,如治道。又如《孙子兵法》说:"兵者,诡道也。"因为军事思想是活动的,用兵是不厌其诈的,一切为了打胜仗,这个"道"与老子的"道可道,非常道",又完全是两回事。还有时候是道路的道,一条路叫作道。有时候又是指心性而言,是心性的本体,也就是理性、理念的最高境界叫作道。

那么孔子在这里讲的"朝闻道,夕死可矣"的道,究竟是形而上的那个道,还是形而下的那个心性的法则呢?无法定论,这个问题很大。在本篇里,后面有孔子对曾子传道的话,到那时再来研究,可以连贯起来解释的。如果在本篇来讲:道是仁之体,仁是道之用。所以他说,一个人如果真正得了道,早晨得了道,晚上死了都合算,人生就是怕不闻道。

## 富贵不淫贫贱乐

子曰:士志于道,而耻恶衣恶食者,未足与议也。

一个人如果真正立志于修道,这个"修道"不是出家当和尚、当神仙的道,而是儒家那个"道",也就是说以出世离尘的精神做入世救人的事业。一个人如果志于这个道,而讨厌物质环境艰苦的话,怕自己穿坏衣服,怕自己没有好的吃,换句话说,立志于修道的人而贪图享受,就没有什么可谈的了。因为他的心志已经被物质的欲望分占了。

孔子这句话是说，一个人的意志，会被物质环境引诱、转移的话，无法和他谈学问、谈道。

子曰：君子之于天下也，无适也，无莫也，义之与比。

讲到仁的用世，一个大政治家处理国家的事情，没有自己固执的成见。"无适也"是说并不希望自己一定要发多大的财，作多大的官。虽然这样没有成见，也不是样样都可以。"无莫也"就是有所为，有所不为。那么应该走哪一条路呢？"义之与比"，义就是仁的用，只问应不应该做，为道德应该做的就做了，不应该做就不做，以义作比对。推之个人的立身处世，也是一样的道理，这是讲仁的修养条件。

子曰：君子怀德，小人怀土。君子怀刑，小人怀惠。

孔子在这里讲君子与小人在仁上的分野。他说君子的思想中心在道德，违反道德的事不干，小人则不管道德不道德，只要有土地就干了。古时的土地，相当现代的财富。有钱就是好的，小人想念的都是财富、利益。"君子怀刑"，君子最怕的事，是自己违反德性，其次怕做犯法的事情。法律和门锁一样，防君子不防小人，小偷真正要偷，锁是没有办法的。法律也是一样，真要犯法的人，很多是精通法律的，不精通法律的不敢犯法。所以要有道德作基础，才能补救法律之不足，因此君子是怀畏刑法，小人只是怀思福惠——处处讲利害，只要有好处就干了。中国过去商场上有句话："杀头的生意有人做，蚀本的生意没有人做。"就是这个道理。这里孔子是说明仁义之道。但说起来很容易，真正的修养却很难做到，因此下面补充一句：

子曰：放于利而行，多怨。

这个放，就是开展、放任。一个人基于利害而做人做事，最后招来的是怨怼；对于朋友，若是以利害相交，要当心，这种利害的结合，不会有好结果，最后还是怨恨以终。

## 敝屣功名尊道义

以下讲到仁人对社会做大事业的原则:

子曰:能以礼让为国乎,何有?不能以礼让为国,如礼何?

古代的诸侯立国的大原则,是要谦让就位,最后又功成不居,所以老子就说:"功成,名遂,身退,天之道也。"这是上古文化的传统思想,后来儒道两家都奉为圭臬。而中国几千年来历史的事实,每当拨乱反正的时候,都是道家的人物,用道家的思想来完成大业的。等到天下太平了,才由儒家的人物出来大讲治平之道。道家的功成身退,而又退得不大好的有两人,一个张良,一个诸葛亮。比较退得可以打八十分的是姜太公,诸葛亮大概可以打六十五分到七十分,因为欲罢不能,只好鞠躬尽瘁了。

道家的人不求名不求利,隐显无常,所以更觉亲切可爱。这与西方文化的观念大相异趣。我们看历史上道家的人物,要去考证他们可真要命,他们学问再高,功劳再大,最后还是隐掉了,修道去了。修道以后连自己的名字都不要了,最多报个代号叫什么子、什么老的就算了,有时还装疯装癫,如神龙见首不见尾。近世的西方文化可不然,一个人如果成功了,就要拿什么什么奖金,名要大,利要多,越大越多越好。由此看来,中西文化的确在基本上有所不同。中国文化真诚谦虚的精神,是孔子非常赞成的事,他大加赞扬身退之道。尤其他对吴泰伯、伯夷、叔齐等不肯当帝王,最后逃走了的这些人,称扬得不得了。这并不是他鼓励人不要当皇帝,不要搞政治,而是说你有才干的话,就好好干一番,成功了就退隐而不居功。所以孔子在这里感叹,能以礼让为国的人哪里有呢?不以礼让为国,用争夺来的,或用手段骗来的,那么文化的精神就不要谈了。司马迁就根据这个道理,写了一部《史记》,大谈其历史哲学的观点了。

说到这里,想起我以前的一位老师,他是逊清最后一次科举的探花。我学习旧体文写了一篇文章向他请教,他许以在清朝时考一名举人、进士没有问题,我当时也很傲慢,心想前清进士的文章,也不过如此而已。后来碰到一位老师,我把写的诗文拿给他看,他派头十足,瞄一眼,往旁边一搁,响都不响。我心想这是什么道理?后来写了一篇文章,再给他看,又是往旁边一摆,他说:"你怎么会写文章?"我说:"人家还说写得不错哩!"我这个人狂妄得很,我说:"老师,你说哪点不对?不对的,帮我改。"他说:"《伯夷叔齐列传》你读过没有?"我说:"当然读过呀!《古文观止》上都有,我还背得呢!"他说:"你背过了《伯夷叔齐列传》,你就懂吗?"我说:"那么!要请老师再加指点。"他说:"你回去。再倒背一百遍,背完了来见我,再告诉你!"这位老师真了不起,我心里很不服气,气得不得了,其实他这种教育法,当时是要刺激我。我回去再看,后来看出道理来了,我去看他,我说:"老师!我看出道理来了,我讲给你听。"他笑着说:"好!你真懂了,不需要再讲了。你也可以写文章了,这样才能懂历史文化,文中才另有一只眼呢!"这位老师的教育手法是这样的好,实在终生感激不尽。

《伯夷叔齐列传》真难懂,司马迁的全部思想的纲要都摆进去了。在《史记》中,帝王的传记叫"本纪";诸侯、宰相等,有功业成就的人的传记叫"世家";再其次为"列传",为某人的传记。讲列传,大体上应该和我们现代的传记一样,某人,某地人,家世如何,出身什么等等。可是《伯夷叔齐列传》中,叙述伯夷、叔齐的话没有几句,初看起来,还真似"两个黄鹂鸣翠柳,一行白鹭上青天。"不知他说些什么,越说越远。文章一开头是:"夫学者载籍极博,犹考信于六艺……"等等,一路下来,乱七八糟,东一句,西一句,伯夷、叔齐的事情,倒是没说几句。可是他把历史哲学全部的观点,都放在这一篇里。他同时讲到,上古中国文化,以礼让为国,但告诉我们,尧让位于舜,舜让位于禹,都不是那么简单的。并不是说句:"你还不错,由你来做。"这样简单,尧让位给舜,舜让位给禹,都经过"典职数十年",叫他跟着做事做了几十年,做部长,又做行政院长,都做了。考察他,认为他实在行了,然后才让位给他。"传天下若斯之难也",中国文化公天下个个让位的过程,是这样不容易——德业的建立,需要经过这样长久的考察。他说从此以后没有了,不是你拉过来,就是他抢过去。他说得很明白,因此他说从此以后就有问题了。武王统一天下,"伯夷、叔齐叩马而谏",把武王的马拉住,告诉武王:"你不能这样做。"原因如何如何。武王以后,礼让为国的精神就更没有了。不过说得没有这么明显而已,必须你自己去体会。所以有人说《史记》是汉代的谤书。实际不止是汉代的谤书,是对中国历史严厉批评的一部谤书。但是司马迁有一个把握,他说要把这部书"藏之名山,传之其人"。这个牛可吹大了,换句话说,他把当时的学者骂尽了。他等于说:"你们还能看懂我的书吗?只有把它藏起来,将来会有人看得懂我的书。"

由此再回转去看孔子所说的"礼让为国"的精神,在春秋之世已经没有了,于是接着说下去为什么要礼让为国的政治哲学。

子曰:不患无位,患所以立。不患莫己知,求为可知也。

一个人不怕没有地位,最怕自己没有什么东西站得起来。根本要建立。如何建立?拿道家的话来说:立德、立功、立言——古人认为三不朽的事业,这是很难的成就。上古之人首在立德,后世则重立功——到周秦以下,就只讲功业了。再其次就重立言,如退隐的老子,后世儒家尊奉为"素王"的孔子。这个"立",是自己真实的本领,自己站得起来的立。不怕没有禄位,也可以说是不求人爵的位子,只管天爵的修养。同时也不要怕没有知己,不要怕没有人了解,只要能够充实自己,别人自然能知道你。同《学而》篇最后的结论,是一样的道理。

## 孔子四字禅

讲到这里,刚才提到过的一个问题又来了,上文孔子曾说:"朝闻道,夕死可矣。"这个大问题。现在呢?

子曰:参乎!吾道一以贯之。曾子曰:唯。子出,门人问曰:何谓也?曾子曰:夫子之道,忠恕而已矣!

这是千古以来一个大问题、一个大疑案。孔子说"一以贯之"以后,现在便有什么"一贯道"等附会的宗教团体出现,成了问题中的问题,真有匪夷所思之感了。

曾是曾参。孔子对曾参说,为什么不对别人说?这就是人的问题了,怎么是人的问题?这个问题解释起来很讨厌。我们现在姑且把他剧本化来说,有一天孔子坐在教室里,曾参经过他的前面,于是孔子便叫住他:"参!"曾参听到老师叫,回过头来,于是孔子便告诉他说:"吾道一以贯之。"就是说,我传给你一个东西,一以贯之。这一以贯之的是什么呢?如果说是钱,把它贯串起来还可以,这"道"又不是钱,怎么一以贯之呢?但曾子听了这句话以后,打了个拱说:"是,我知道了。"孔子讲了这句话,自己又默然不语了。同学们奇怪了,等孔子一离开,就围着曾参,问他跟老师打什么哑谜呢?夫子又传了些什么道给曾参呢?曾子没有办法告诉这些程度不够的同学,只有对他们说,老师的道,只有忠恕而已矣。做人做事,尽心尽力,对人尽量宽恕、包容。就此便可以入道了。曾参讲的对不对呢?有问题!那不叫"一以贯之",该"二"以贯之了,因为一个忠,一个恕,岂不是二贯?明明孔子告诉他"一以贯之",为什么他变出两个——忠恕来?这是一个大问题。所以说我们研究孔子的心法,这是一个讨厌的问题,因此只有借用别家的东西,讲几个故事给大家听,作为本题的参考。

我们知道，目前最流行述古的禅宗，现在社会上一般都称为"禅学"。禅宗有一个故事，在文学上也很有名的，就是"拈花微笑"的故事，是说佛教的教主释迦牟尼（释迦牟尼是梵文的译音，释迦是姓，中文的意思是"能仁"，牟尼译成中文是"寂默"。晚年住在灵山——也叫灵鹫山。释迦是十九岁丢开了王位出家，三十二岁成道弘法，一直到八十一岁才过世，有四五十年从事于教育，现在我们暂且不用宗教的观点来研究它）。有一天上课，在禅学里叫"上堂"，后来我们的理学也用这个名词。下面有很多学生们等他，都不知道他这天要讲什么，结果他上去，半天没有说话，他在面前的花盆中，拿了一朵花，对着大家转一圈，好像暗示大家看一看这朵花的样子，一句话也没有讲，下面的学生，谁也不懂老师这一个动作是什么意思。所以这叫做"拈花"，就是释迦拈花。释迦拈花后，他有一个大弟子迦叶尊者（叶，根据旧的梵文译音，音协。尊者，就是年高德劭的意思），释迦牟尼的弟子，大部分与孔子的相反，孔子所教的都是年轻一辈。释迦牟尼所教的弟子，大部分比他年纪大。佛经上记载，迦叶尊者在释迦拈花后"破颜微笑"。什么叫做破颜呢？因为宗教的教育集团，上来都规规矩矩、鸦雀无声，大家神态都很严肃。可是在这严肃的气氛中，迦叶尊者忍不住了，于是"噗嗤"一笑，这就叫作破颜，打破了那个严肃的容颜，但是不敢大笑，因为宗教性团体的戒律，等于说管理制度，非常严肃。他破颜以后，没有大笑，只是微笑。那么两人的动作联合起来，就叫做"拈花微笑"。此时释迦牟尼讲话了，这几句话是禅学的专门用语，等于孔子对曾参讲的"一以贯之"是一个道理。解释起来是很麻烦的事情，这几句话译成中文是："吾有正法眼藏，涅槃妙心，实相无相，微妙法门，不立文字，教外别传，付嘱摩诃（音玛哈，意为大，大成的意思）迦叶。"就是说我有很好的方法，直接可以悟道的，现在已交给了这位大弟子迦叶。这就是禅宗的开始。所以又称禅宗为"教外别传，不立文字"的法门。说它不须要透过文字言语，而能传达这个道的意思。现在我们不是讲禅学，暂时不要去研究它（我是不大主张人家去研究的,我常常告诉朋友们不要去研究,因为怕一般人爬进去了,钻不出来)。只是引证这样一件事,比拟于"子曰:参乎!吾道一以贯之。"类似相同。孔子讲的一贯是什么?而佛家又为什么一个拈花,一个微笑?等于我们有两个人,一个举起一支粉笔,另一个说:"懂了!"除非这两个人有"黑道"术语、暗号,才知道彼此讲的是什么。对吗?——一笑。

现在我们再引第二个故事加以说明。禅宗到了中国是在南北朝梁武帝时(这个教外别传的法门,就是脱离了佛教的经典之外,不限用文字,而以另外的方法来传心,后来宋儒理学讲"孔门心法",也就是套用这个名词的意义而来),一个印度籍的达摩祖师(所谓祖师,就是有别于教主),他也是王子出家,禅宗的传心法门,到了他的时候已经是二十八代了。我们知道,到了我国宋朝的初年,印度的佛教,整个没有了。阿拉伯文化的侵入,伊斯兰教权力统治了印度。所以宋朝以后,印度连佛教的文献都没有。今天要研究佛教思想,老实说,只有中国保留的文献最完整。十七世纪以后,英法等国才开始由印度找到残缺的、遗留的佛教文化资料,译成外文而产生了西方的佛学系统。但到现在为止,他们不承认中国的佛学系统,这是西方人有意的,尤其是有些人有意制造的。实际上宋代以后,印度的佛学系统已经全部到了中国,非常完整,且具规模。印度本土的佛学则可说是销声匿迹了。十七世纪以后的梵文佛学系统,是另外一个系统,那应该说是西方人的后来的佛学系统。这是世界学术史上的一个大问题,我们在这里不去管它了。

达摩祖师是在隋唐以前,梁武帝这个阶段,从印度把禅宗带到了中国。后来流传下来,到唐代传至禅宗的六祖——广东的惠能,就是中国的第六代禅宗祖师,他没读过书,却成为了不起的人物。在中国文化史里,这一段相当于是佛教的革命,推翻了依文解义的经典研究,产生了中国文化中一股佛教的新精神。六祖下来,后来有一个和尚"俱胝禅师",我国禅宗"一指禅"故事就是由他而来——不过要注意,有一本书名为《三指禅》,是研究按脉的医书,不要误认作禅宗的书。怎么叫"一指禅"? 禅宗是不限于借用言语文字传道的。六祖以后的这位大禅师,有人问他什么是"道"? 他回答得很简单,每次都是举起一根食指示人,说道,"就是这个!"这个是什么? 谁也不知道,可是问他的人却懂了,悟了道。

　　有一天老和尚出门了,不在家,一个跟了他很多年的小沙弥在守庙。这天有个人来找老和尚问道,小沙弥说师父不在,你要问道问我好了。问道的人便请小沙弥告诉他什么是道,小沙弥学师父的模样,举起一根食指向那问道的人说:"这个!"那个问道的人很高兴,跪下来了,因为问道的人真懂了,悟了道。这个小沙弥可真不懂。等师父回来了,小沙弥把这件事,原原本本告诉了师父。师父听了报告进去了,一会儿背着手出来,要小沙弥再说他怎样向人传道,小沙弥再比划着伸出一根食指说:"这个!"师父放在背后的手一挥,手上拿了一把利刀,把小沙弥的那根食指砍断了。小沙弥手指被砍,大叫一声:"唉哟!"小沙弥也因此悟了道。

　　禅宗像这类的故事很多,我们不管禅宗的道。这里所提到的几个故事,跟孔子说的:"参乎! 吾道一以贯之。"不是一样吗? 这是由禅学回头来看《论语》,发现孔子也和一指禅一样,他说的"一以贯之"这个"一"字是什么东西? 曾子听了,也等于迦叶的微笑一样,说:"是! 我懂了。"曾参懂了以后,孔子出去,门人们围着曾子,问老师说了什么? 可见孔子对曾参说这段话蛮不简单的,所以同学们才问他到底什么意思,曾子于是回说:"夫子之道,忠恕而已矣!"实际上,意思是说,你们不要问,你们的程度还没有到哩!

## 吉光片羽　稍纵即逝

　　讲到这里,《论语》上还有一个大问题,和这个问题是一样的,将来要讲到,现在先连起来研究,是在第十篇《乡党》的最后一段:"色斯举矣。翔而后集。曰:山梁雌雉,时哉时哉!子路共之,三嗅而作。"朱熹——宋代的大理学家朱夫子,以及历代的学者,认为这段书的上下文中掉了文字。古代不像我们现代印刷发达,书籍是用刀刻在竹片上的所谓竹简,一片一片很容易弄掉。但是这种观点也有不能完全采信之处。

我们看原文:"色斯举"就是说鸟在开始飞翔之前,拍展着羽翼,飞向青天,而后又翩然而逝。这是一幅自然美丽的生动画面,意境之美颇似最近流行的"天地一沙鸥"。现在看看原文:山梁——山岗上面,雌雉——雌的野鸡(山岗上的雌野鸡),时哉时哉——就在这个时候。那么子路在旁边听到了,"共之"——就是躬身一拱手说:"哦!"的情状,又为什么"三嗅而作"呢?"三嗅"——所谓嗅,就是用鼻子吸气的意思。我们年轻时候说笑话:"子路共之,三嗅而作。"为什么?是子路想吃野鸡肉,先用鼻子闻闻很香。又说:子路是练气功的,先吸三口气,"而作",再打出去,于是野鸡被子路打倒了。这些都是笑话。那么这一段到底记载的是些什么东西?用我们的观点,就是和"吾道一以贯之"一样,也和禅宗"拈花微笑"的道理一样。我认为并没有掉落了文字,上面是记载当时的情形,描写飞翔的景象。"色斯举"——大家也看过孔雀,看过野鸡。我曾在山里住过很久一段时间,山中一大群野鸡出来,的确很漂亮。"色斯举矣",野鸡要起飞之前,翅膀尾巴一展,像孔雀一样很美丽,然后起飞了,"翔"是飞翔一阵,然后又下来,停在什么地方呢?在山岗上面。孔子当场看到这个景象,野鸡羽毛很鲜艳,仔细一看,是只母野鸡,悠闲安然地站在山岗上。这时候子路也在旁边,孔子就告诉子路:"时哉!时哉!"

这个"时哉!时哉!"在孔子一生思想中占很重要的地位,尤其研究《易经》及中国文化,关于"时"的问题,更要注意。人生一切,个人小事也好,国家大事也好,都要把握时机。还有"位"——环境。《易经》重点,就在这里。天下万事万物都在变,随时在变,没有不变的

163

事,时间一分一秒在变,空间随时随地在变。所以孔子经常在《易经》中提到时空的变。我常告诉年轻同学们,不要怨恨,也不要牢骚,年轻人不怕没有前途,只问你能不能够站得起来;但要懂得把握时间和空间。如同赶公共汽车一样,这就是人生。等得久的人,不要埋怨,是自己到站太早了;有的刚刚赶到,汽车开出去了,于是气得不得了,大骂一阵,骂有什么用?干脆等下一班第一个上去,不就好了。从这一点小事,也可了解人生,怎样去安排自己,把握时间,孔子告诉子路"时哉!时哉!"也包含了这个道理。

野鸡站在山岗上面,显得很神气,假使它站在中央菜市场的鸡笼旁边,你说它的后果是什么?它站在那山岗上,就大有凤凰之象。正如晋代左思的诗:"振衣千仞岗,濯足万里流。"一幅大自然的画面,上是千仞岗,下是长江浪,一人怡然自得地站在上面,真是神仙中人,了不起,这就是得时、得位。孔子指着那山岗上美丽的雌雉对子路说:"时哉!时哉!"意思就是说,你看,那只雌雉正在这个时候飞起来,然后又降落在那么一个好地方,这一幕活动的画面,影射了人生处世之理。孔子周游列国,要想救这个时代,救这个世界,救这个历史文化,但却深感回天乏术。他藉着这一幕景致对子路表达这个意思,而不从正面讲,好像释迦牟尼拈花微笑的手法。不用语言,就用目前这个事实指示给子路,你要懂得这个,要立足,要站稳,要站得好,早一点站到你的好位置。"时哉!时哉!"要把握时机。子路这时候拱手:"是!"三嗅是子路听懂以后,恍然领悟而生感叹的反应。

中国文字,古文非常简单,就是这么回事,但是拿现代文字改写成剧本的话,起码是两页的对白,加上表演,镜头恐怕花费二十分钟。

这段在研究《乡党》时要极小心,在此只提前作个简述。现在再回到讲仁的这篇上面:"参乎!吾道一以贯之。"此一说词内涵的道理。也相当于子路那一则"山梁雌雉……时哉!时哉!"的道理。前面说过曾子的"吾日三省吾身",这个人用功,很注重培养自己内心的宁静,德行的修养到了相当的程度,孔子看到他进来——一个人道德素养到了宁静安详的境界,走路的神态和平常不同;忧郁时,走路的神态又变得与高兴时不同。他的学问、道德修养到了这个境界,在孔子面前一走过来,这位至圣先师就看出了火候。所以孔子把他叫过来:"参乎!吾道一以贯之。"——其他学问讲了半天,都是空的。等于释迦牟尼说的不立文字,真理就在你自己内心里,内心随时随地都能宁静、安详、平淡,这个境界就差不多了。你永远保持修养上的这个境界,久而久之即可随心所欲而不逾矩了。但是一般同学们没有修养到这个程度,此中道理,并不是即讲即知,必须要有内涵的真正修养。曾子也知道一般同学没有到达这个程度,因此就轻轻一推,推到行为上去,告诫他们先要留心做人做事的忠恕之道。

孔子的学问,的确有一段内在修养、真实工夫,并不是完全谈空洞的理论而已。这一段我们暂时讲到这里为止,恕我才疏学浅,言难尽意。这类的问题后面还是有的,以后还可以谈到。

## 仁义值千金

再接下去:

子曰:君子喻于义,小人喻于利。

这一段记载,涉及孔门的仁学,也就是心学。这个"心"包括了现在所谓的思想等等的心理之学,但却不限于目前心理学的心,而是指"吾道一以贯之"的心性之心。

什么叫"喻"?这个字要注意。现代人喜欢讲逻辑,逻辑是西方文化,十六世纪以后逻辑之道大行,它是根据希腊的原始逻辑发展而来的。逻辑是一种思考的方法。我们曾经介绍哲学,哲学要问宇宙是怎样开始的?先有鸡还是先有蛋?先有男或者先有女?对此哲学家有两派见解:一种是唯物思想,他说宇宙开始先有水,由水变成火,而后冷却逐渐形成现在的大千世界。印度也有一派讲地、水、火、风的四大是天地开始的根源。相当于中国金、木、水、火、土的五行道理。这些理论慢慢演变成后世的唯物思想。另一派是讲唯心的,认为宇宙有一个超越物质的精神主宰,物质是由他所创造产生的。这牵涉到哲学问题,解说很多。到了后世,提出了问题,问及哲学家怎么知道宇宙从何而来的?哲学家说是靠学问思想来的,那么先行研究你哲学家那个思想(工具)的判断准确不准确。因此产生了逻辑学——对思路法则的研究。这种思路的法则学,在印度的佛学中,早在希腊之先就有了。

对于这问题,世界学者也有两派说法:一派是西方人的立场,认为印度的思考方法是从希腊来的;一派是东方人——包括了我们中国传统文化的说法,认为希腊的逻辑,是从印度方法来的。印度这套方法,我们翻译过来叫"因明学",比西方的逻辑还要完备,还要严密。西方文化中妇孺皆知的黑格尔辩证法——"正、反、合"是举世闻名的。所以有许多人谈到《易经》时,说我们的《易经》真了不起,和黑格尔的辩证法"正、反、合"完全一样。这是中国人的悲哀!我说,老兄!我们《易经》是五千年以前的产物,黑格尔几时才发明辩证法?为什么把我们老祖宗的东西,拿来与西洋人比,还说同他一样?这等于在街上看到祖父拉着孙子走,说祖父长得像孙子,而不说孙子长得像祖父。

怎么说因明的方法比逻辑高明?因明有几个步骤,简单地讲:"宗、因、喻、合。""宗"就是前提,说话必有宗,引伸"宗"的理由为"因"。有时候有宗有因还讲不清楚的事情,只有用比喻来说明,这就是"喻",在《庄子》中叫做"寓言"。每个宗教里的寓言都很多,像西方文化中基督教的《圣经》,就有很多寓言,每个大教主都很会讲譬喻,其中还包括了隐语和幽默话。宗、因都讲通了,那么就是结论的"合"了。

因为讲到《论语》中的喻,所以引出这些闲话来。"君子喻于义,小人喻于利"的意思是：与君子谈事情，他们只问道德上该不该做；跟小人谈事情，他只是想到有没有利可图。如果拿孔子这个观点来看今天的世界就惨了，今天世界的一切都是喻于利，处处要把利欲摆在前面才行得通。不过，满天下都是小人，也就单纯了，麻烦的是，始终还有小人与君子的分野存在，这就很难办了。

那么，要如何才能做到仁呢？

子曰：见贤思齐焉，见不贤而内自省也。

上面曾经讲到过，真正"仁"道的人，一定能爱人，不会讨厌人。即使讨厌，也是要把讨厌的人改变过来，使他同样地能达到"仁"的境界。在这里又补充这个道理说，我们看见一个道德、学问有修养的贤者，就想达到他那个境界，跟他在造诣上有同等的成就；如果看到不贤的人、坏的人，最好当作自己的借镜，藉以自我反省。上面一句话就是说明上文仁者爱人不能恶人的道理；下面一句话，就是解释上文"人之过也，各于其党"的道理。

# 孝子仁人不二门

子曰：事父母几谏，见志不从，又敬不违，劳而不怨。

现在又讲到孝道中仁的范围，他说对于父母的过错必须"几谏"。什么叫"几谏"呢？我们好几次提到孔家店被打倒，都由孔家店的店员搞错了观念而出的毛病。宋儒以后论道学，便有："天下无不是之父母"的名训出现。因此"五四运动"要打倒孔家店时，这些也成为罪状的重点。其实孔子思想并不是这样的，天下也有不是的父母，父母不一定完全对，作为一个孝子，对于父母不对的地方，就要尽力的劝阻。"见志不从"就是说父母不听劝导的话，那么就"又敬不违，劳而不怨"，只好跟在后面大叫、大哭、大闹，因为你是我父母，你要犯法，我也没有办法,但是我要告诉你,这是不对的。你是我的父母,我明知道跟去了这条命可能送掉,因为我是你的儿子,只好为你送命,不过我还是要告诉你,这样是不对的。这种孝道的精神,也并不是说父母一定会不对,只是说如有不对的地方,要温和地劝导,即使反抗也要有个限度。总之,父母有不对的地方,应该把道理明白地告诉他,可是自己是父母所生的,所养育的,必要时只好为父母牺牲,就是这个原则。

因此:

子曰:父母在,不远游,游必有方。

古人讲父母老了,怕没人照应,而不远游,即使要远游,也一定要有个方向。这种解释,我不大同意。有哪一个人出门会没有一定方向乱走的呢?到月球去也还是个方向。我认为"游必有方"的方是指方法的方,父母老了没人照应,子女远游时必须有个安顿的方法,这是孝子之道。"方"者应是方法,不是方向。

子曰:三年无改于父之道,可谓孝矣。

这个问题已经讨论过,但本篇到这里,为什么又单独的提出来呢?这是接到上面一句"游必有方"所引起。离开了父母,不在父母面前三年,对父母的爱心、孝心深系于怀,这就是孝子。同时,对于古人在上面解释这句话的错误,也有了明证,而可以纠正过来了。

子曰:父母之年,不可不知也,一则以喜,一则以惧。

孔子说,我们做子女的人,对父母的年龄不能不知道。为什么呢?两种心理,一种因为知道父母的年龄多了一岁,寿又添了一岁而高兴;但同时又害怕,因为父母年岁越高,距离人生的终站越近,为儿女与父母相处行孝的时间也越短,所以就有这两种矛盾的心理了。

以上是由仁讲到孝,现在要由孝重返于仁的道理。

## 仁 者 之 言

子曰:古者言之不出,耻躬之不逮也。

这是讲到用仁之重要。孔子说古代的人不肯乱讲话,更不说空话,为什么不随便说话呢?因为怕自己的行为做不到。所以行仁的人,有信义的人,往往不轻易答应,不轻易发言。我们历史上有句话——"重然诺",这就是说不肯轻易地答应一句话,答应了一定要做得到。我们又在历史上看到"轻诺则寡信"的相反词,这是说随便答应一件事的人,往往不能兑现守信,所以孔子指出了这个道理。

子曰:以约失之者,鲜矣。

因此个人的修养也好,处理大事也好,小事也好,最好注意"以约失之者,鲜矣!"

约就是约束、检束、小心、谨慎,意思是要常常约束自己。谨慎的人,过失比较少;放荡的人,容易犯错;讲话随便的人就容易失信。所以个人行为道德能自我约束、自我管理,失败的事情就少了。

子曰:君子欲讷于言,而敏于行。

最后又讲到仁的言行之重要。"讷",是嘴巴好像笨笨的;利嘴除了教书、吹牛、唱歌以外,没什么用。真正的仁者,不大会说空话,做起事情,行为上却很敏捷。换句话说,先做后说,不要光吹而不做。

子曰:德不孤,必有邻。

依我对《论语》的研究,认为每篇里面的章句是连贯而不能拆开的,二十篇前后次序也是连贯不能拆开的,现在这里又可以证明。这篇《里仁》,并不是教你去找一个仁爱路去住。古人的解释,即是选一个住处要找一个仁里,世界上哪来这许多仁里?到哪里去找?孔子自己的家乡,当年也不一定是仁里。哪里是仁里?假如我们的故乡是不仁统治的世界,我们就不管他了吗?我们正要把他恢复回来,把罪恶打垮。这才是人性的仁道呀!其实那个"里"字,就是"自处其中"的意思,脚跟站得稳的地方就叫"里"。"里仁",是我们做人的立足点处于仁道。所以"德不孤,必有邻"。自己有道德的涵养,能体用兼备,自然会影响近身的人。《大学》里的修、齐、治、平也是这个道理。一般人往往以现前利益的眼光,批判道德为无用之修养。讲到这里,我最近读了一本清人的笔记,提到有一个人很清廉,告老回乡,一天在门前看到乡下人卖一条新鲜的鱼,问价以后,摸摸口袋中没有钱,没有买成。回家和太太提起,太太说你何不写一张条子给他呢!他问写什么条子可以买到鱼?太太说你写上"清官"两字,他就把鱼给你了。太太幽他一默,这个老头子被逗得笑了。这说明什么?就是说明为道德而活着,有时候你会感到寂寞、冷清。所以我认为如果寂寞能当成一种享受,那就可以讲道德了。如果你视寂寞为痛苦而不是享受,就难讲真学问真道德了。但是在此,孔子告诉我们,如果真为道德而活,绝对不会孤苦伶仃,一定有与你同行的人,有你的朋友。

讲到这里是一个结论了,上面全篇几乎都是孔子的话,最后这两句则用子游的话:

子游曰:事君数,斯辱矣。朋友数,斯疏矣。

我们看《论语》,好像《庄子》一样,最后往往吊两句,好像毫不相干的话。这里最妙的不用孔子的,而用他学生子游的话。子游这话的意思是说,要讲仁爱之"行",也要懂得方法,不能乱干。对君王尽忠,也不容易。君王有了不对,每次见了劝他,次数多了,硬要做忠臣,就自己跟自己过不去,有时命都丢了。对朋友也是一样,朋友不对,你劝他劝多了以后,他不听你的,就会变成冤家了。

子游的话为什么放在这里?这是人性的另一面。虽然行仁之道,理所当然,但是要讲究方法。譬如大家喜欢看《贞观政要》这本书。魏徵的忠贞和他的道德学问,使唐太宗很敬畏,而且信任他。唐太宗喜欢一只小鹞子,一天正在玩鸟,魏徵来了,唐太宗怕他讲话,赶快把小鸟藏到怀里,魏徵假装没看到,故意留下来和他谈国家大事,唐太宗心里虽为鸟着急,也拿他没办法。等魏徵走了,唐太宗拿出怀里心爱的小鸟一看,早已魂归奈何天了。于是伤心得回到后宫,大发雷霆说:"我非杀掉这个田舍翁(乡巴佬,指魏徵)不可!"长孙皇后问明了原委,立刻穿了大礼服向唐太宗行礼道贺,唐太宗说有什么可贺的?皇后说,唐朝有魏徵这样的好臣子,又有你这样的好皇帝,这是有史以来没有过的好现象,国家的兴盛是可期的,这还不可贺吗?于是唐太宗息怒不谈了。以唐太宗这样器量宽宏的人,对魏徵的意见,样样接受,到最后唐太宗还气得要杀他,若不是唐太宗的皇后暗中救魏徵一把,这个老头儿的头也是要保不住的啊!后来魏徵死了,唐太宗终于信了谗言,还是把他的墓碑给推倒了。一直到唐太宗征高丽失败后,才又想起魏徵若在,必不会有此失。因此又树立起他的墓碑。

这里把子游这几句话,放在讲仁道这一篇的最后,是含有深意的感慨。但是如果随时随地把这两句话记牢,做人家的部下也好、朋友也好,就变成滑头,不负责任了,那又不是仁道。所以我们研究了孔孟学说,懂得了人生,才知道做人真不容易,的确需要多体会历史、多体会人生,然后才能做到"造次必于是,颠沛必于是",随时随地里居于仁道之境了。

# 公冶长第五

以上四篇是孔门学问之道的纲要,本篇是拿事例来说明孔门的学问,对话录和讨论集的味道更浓。

孔门学问之道多半是讲"用"——做人做事的应用。下面记录的都是孔子学生的故事,里面谈到孔子教育的方法和在事实上面启发教育的作用。

## 孔子选女婿

这一篇以公冶长为篇名,他是孔子的学生,在《史记》孔门弟子传,乃至《孔子家语》中,对公冶长的资料都有限。不过散见其他杂学中的记载,公冶长是懂鸟语的。几十年前听到这种事还会哈哈大笑,现在并不希奇了。因为现代研究生物科学的人,对于动物的语言和动作所表达的意思都懂了。所以科学发达以后,对古代人懂鸟语这种知识,反而并不觉得是笑话。所以我们的俗话有:"近水知鱼性,在山识鸟音。"这是很普通的事,也可以说是生活习惯上体验得来的。在现代来讲,因为古人不大有研究科学的精神,所以对于公冶长识鸟语,简直不相信。过去的儒家因此也就不敢说这个话,认为这是个笑话。但到现在由我们研究起来,它不会是笑话。

子谓公冶长,可妻也,虽在缧绁之中,非其罪也。以其子妻之。

"以其子妻之"的"子"就是女儿。古时候"子"字是男女通用的，所谓女子、男子，都用"子"。因此古代中国文化对自己女儿可以称子；而兄弟姊妹之间，妹妹可以称女弟；到后世反不大习惯用，也可说在另一方面看，中国过去是男女平等的。现在就孔子所讲公冶长的资料，只知道他坐过牢，为什么坐牢不知道，在历史上查不出来。在另外的杂书上，有一则关于他的故事说，公冶长因为懂鸟说话，有一次对鸟失了信用，鸟就害他，所以他坐了牢。为什么呢？传说的故事是这样的：有一次鸟对他说："公冶长！公冶长！南山有头羊，你吃肉，我吃肠。"结果公冶长忘记了，把整只羊连肚里东西都吃掉了，鸟没东西可吃，就想害他。后来又对公冶长说南山有只羊，公冶长跑去，羊没看到，而看到一个被害死的人，有口难辩，结果坐了牢。这是我们小时候听过的故事。这种小孩子神话的传说，大概有几千年了，也是根据杂家的学问而来，当然这仅是传说而已。究竟公冶长为什么被关在牢里？就不知道了。但是孔子认为公冶长坐牢，不是罪有应得，因此孔子把自己的女儿嫁给他。

由这件事看来，我们可以知道孔子的为人，绝对不是要选一个有财、有势或有学位的人，才把女儿嫁给他。而且最妙的是，他把女儿嫁给坐过牢的公冶长，又把侄女儿嫁给南容——南宫适。为什么呢？我们看下面的理由。

子谓南容，邦有道不废，邦无道免于刑戮。以其兄之子妻之。

我们先要了解一个要点，孔子的出身很苦，他的生母是继室，孔子的前娘留下来一个残废的哥哥，家里很贫穷。孔子十一二岁间，就负担起了家庭生活，一切艰难困苦他都尝过，他是从艰苦中站起来的一个人。他的道德、学问、文章被后世尊称为圣人，这圣者不是偶然的。他对哥哥留下来的这个女儿，也是尽心的照应，最后将这个侄女嫁给南容。

《论语》中好几处提到过南容，下面还说到南容"三复白圭"，孔子才把侄女嫁给他。白圭是什么东西呢？是白玉，"圭"就是做官的人上朝时手上拿的手板，秦汉以后又经改变形式为"竹简"；所谓"朝笏"的便是它。这是干什么用的呢？第一是礼仪的规定；第二作为大事的记载。现在可以用日记本抄一下，古代没有日记本，遇到朝政大事，像对皇帝报告，如果忘记了怎么办？就把重要事写在朝笏上，这是它的第二个用处。所以我们看上古图画中的帝王，手里也都拿一块长型式的手板。

古人之所以重玉，是有其意义的，并不像现代人爱好宝石的心理，说它是稀世奇珍。古人重玉，是因为"玉洁冰清"，人品要做到像玉一样洁白，拿玉来比自己人格学问的修养，所以重玉。后世相传，才戴玉的戒指、手镯。至于腰带挂玉佩，这又是什么意思呢？据说人跌倒了如会受伤，则所佩的玉会先代人受伤。玉碎了，人就可以免于损伤。这种迷信的传说，是否真有其事？在力学上可能有这样一个作用，并不是玉有什么神灵。

我们知道，白圭就是一块玉。上古有篇《白圭》，是专门赞叹玉的诗。赞叹玉，并不是因为宝石价值高，可值多少美金，而是赞叹它的"玉洁冰清"。玉的洁白，不能够有一点瑕疵、污点。南容读到这篇诗的时候，非常欣赏，再三地朗诵。孔子听到他再三朗诵这首诗，就把侄女嫁给他。如果说这记载的内容就只这样简单，那么我们年轻人看到哪家小姐漂亮，去她家门口唱几支歌试试看，不把你赶出去才怪呢。孔子就那么爱听歌吗？那为什么孔子听南容吟了三次诗就把侄女嫁给他呢？是因为孔子平日考察，如今日训导处之有资料，南容非常注重品德的修养，因此他读到这篇诗的时候，有特别的感慨，被孔子听见，这时就决定了把侄女嫁给他。到底孔子对南容学问、人品等修养的考察有何观感？一个时代——社会上了轨道的太平时代——就需要像南容这样的人才。他不会埋没，一定会出头。南容的才具由此可见。但是，凡有才具的人，多半锋芒凌厉，到不得势的时候，一定受不了，满腹牢骚，好像当今天下，舍我其谁？如果我出来，起码可比诸葛亮。有才具的人,往往会有这个毛病,非常严重!南容的智慧、才具是不会被遗弃的,太平治世自然少不了他;一旦到了混乱的时代,才能越高的人,艰难险阻也越多,甚至生命也越危险,但南容不会。因为当社会乱的时候,也有善于自处、清以自守之道,他绝不会遭遇杀身之祸,可以免于刑戮。换句话说,他擅于用世。不但有用世的才具,也擅于自处之道。因此孔子把自己的亲侄女嫁给他。

我们把这两节合起来研究,就可见孔子处事有一定的原则。南容虽然善于自处,但公冶长在学问修养上,有更深的功夫,所以遭遇困逆还能够不怨不尤,涵养得平平淡淡。事实上比起来,他认为公冶长比南容更了不起。但是假如孔子把侄女嫁给公冶长,很可能遭到社会的批评,说他没存好心,把侄女嫁给坐过牢的公冶长,而把自己女儿嫁给世家公子的南容。可是他的做法,恰恰相反。在这些地方,我们虽有作吹毛求疵研究之嫌,但它是一个事实。重点在于"邦有道不废,邦无道免于刑戮",这两句话是孔子处世的原则。一个人如何做到治平之世,才具不被埋没;混乱之际,不会遭遇生命危险,实在颇为不易。

第三个评论的学生为子贱。子贱姓宓,名不齐,子贱是他的号。这是年轻人,《史记》上记载他比孔子少三十岁,《家语》记载他比孔子少四十多岁,到底小多少岁?在这里不是主题,反正这是孔子晚年所收的学生,以全部精神培植的年轻人之一。孔子对他的评语:

子谓子贱,君子哉若人,鲁无君子者,斯焉取斯?

孔子大概在这里对学生们有所感叹。他说,子贱真了不起,是一个君子。"鲁无君子者,斯焉取斯?"周公之后封于鲁,鲁国保存的文化风规,是周代文化的代表。从春秋战国直到秦、汉之间,都是如此,也是中国文化中心的所在。但是从这一节上,我们也可以看到,当时的人,对鲁国文化也有感叹,指出文化要没落了,至少一些人物已经没有了。孔子特别提出子贱对同学们说,你们看,不论内在的修养品德,或者发挥于外的才能,宓子贱都可称得上是一个君子;假使现在有人认为鲁国没有一个君子,那么子贱这个人不就是君子吗?如果说这人不是君子,还有什么人可以说是君子呢?在此隐约透露出:第一,文化精神教育的目的,是在于培养承先启后的继起人才。第二,注意奖励后起之秀,导之使他发扬光大。

以上是孔子对学生学问、德行的评论。讲过了三个人,下面是文章中的一个插曲,也等于一个转捩点。由此更显得《论语》文章的活泼。

# 高高山顶立

子贡问曰:赐也何如?子曰:女器也。曰:何器也?曰:瑚琏也。

子贡看见老师评论了三个同学,自己忍不住了,突然起来发问,老师!你看我怎么样?孔子对他说,你是个东西。我们曾经提到过,中国人骂人的习惯,往往会说你是什么"东西"?人要构成一个东西,可也真不容易,等于说你有什么名堂?我自己想想,的确什么名堂都没有,只会吹牛。可是在这里孔子等于说子贡,你已经成了一个典型了。子贡又再问,那我到底是个什么东西呢?孔子说,你是个瑚琏。"瑚琏"是古代的玉器,这个玉器,还不是民间普通老百姓可用的。是古代用来供于庙堂之上的,相当于中央政府、皇宫的布置,摆在上面,非常精洁庄严。为什么呢?它是"高"、"贵"、"清"的象征。子贡形成这种精神的典型,未免有点太高、太贵、太清了。古代要在国家有大典的时候,才请出瑚琏来亮一下相。平常的时候,只好锁在柜子里藏起来,保护起来。

一天,同学拿了张钞票说:"好脏,要当心细菌。"我说:"这就是人生哲学的写照。"人如果拿了一张新钞票,喜欢它,总想多保留些时候;旧的钞票,先拿来用掉,所以钞票越破旧越容易流通。同样道理,好的东西深藏不露,保存起来。子贡就是这样一个被存起来,保护起来的人物。历史上,我们可以看到,后来孔子自己父母之国——鲁国——有难,孔子想要自己出马解决,同学们劝孔子,您老人家不要去,让我们出去替国家办外交。孔子说,自己国家的事,不能不管了,还是要去。后来子贡来了说,老师!我去。孔子立刻答应由子贡去。子贡是政治、经济、外交、工商,样样皆通的大通才。国际上走一趟,游说诸侯,就把鲁国稳定下来了。我们知道吴越之战等等大战争,最后的决战,是子贡挑起来的。子贡为什么要把战争挑起来?因为齐国要打鲁国,他就吴齐之战开始,一路挑下来,把越、晋也挑动了,这么一来,于是鲁国就泰然无事。他才具之高,本事之大,于此可见。但是后面还会讲到子贡"赐不受命,而货殖焉,亿则屡中"。后来他官不想当,什么都不想做,专门去做生意,而且做生意总发财,孔子晚年的生活好像都靠他照应的。子贡这个人就是豪迈慷慨,什么都不能拘束他,但是他绝不骄傲。所以孔子说他形成了高、贵、清的风格。对低下的事情不屑去做,就成了这"瑚琏"的典型了。

## 深深海底行

下面再说一个孔子的学生冉雍,号仲弓,比孔子少二十九岁,是平民出身,但是孔子认为这个学生有帝王之才。颜回固然是道德学问都好,可以传道,但并不一定能成帝王之才,或者做惊人的事业。这里提到冉雍。

或曰:雍也,仁而不佞。子曰:焉用佞,御人以口给,屡憎于人。不知其仁,焉用佞?

或,是不定词。不知道谁看到孔子对冉雍太好,有点不服气,就对孔子说,你经常说冉雍非常好,他人是蛮好,仁慈、爱人、宽宏、厚道,优点不少,就是有一点,说起话来不大动听,态度上也不随和。——"不佞",这个佞字的意义,以现代话来解释,就是既会吹牛又会拍马。不佞就是口才不好,态度也不很随和的样子。孔子听了这个人的话后,对他说:"焉用佞?"——一个人为什么要耍嘴皮子呢?"御人以口给,屡憎于人,不知其仁,焉用佞?"他说耍嘴皮子是最可怕的,会讲话的人,常犯一个毛病,喜欢用嘴巴得罪别人或刻薄别人。说话刻薄别人的人,常常被别人讨厌,有时言语给人的伤害,比杀人一刀还痛苦。所以"御人以口给",用嘴巴和人家对抗的人,常被人讨厌。于是他进一步说:"不知其仁,焉用佞?"假如一个人没有做到仁的修养,光是利嘴有什么用? 这一节首先讲明人格修养的标准;其次说明了孔子再三强调以冉雍为榜样的道理。

## 立己易 立人难

子使漆雕开仕。对曰:吾斯之未能信。子说。

漆雕开是孔子学生中专门研究历史的,从《史记》上知道,他曾随孔子学习《尚书》。《尚书》就是现在说的《书经》,是孔子所整理中国上古的历史资料。他年纪比较大一点,只少孔子十一岁。漆雕是姓,名开,字子若。

这里提到,孔子有一天对漆雕开说,你的学养已经可以为社会服务了,出去做官吧。可是漆雕开说,老师,谢了!对这件事,我没有自信。这句话蕴含的修养很高,他是说你让我出去做事,我真能够替国家,为社会做得了什么事吗? 我的学问够吗? 你吩咐我做什么都可以,但是出来为别人担当大事这一点,我没有自信,我不想出去做官。孔子听到他这样的话,高兴极了,因为在他的学生中,也有许多是急功好利的。

孔子周游列国。自己尽管穷,尽管倒楣,但每个诸侯对于他的推荐,还是要买账的。同时,孔子的学生在外面了不起的也很多,当军事统帅的也有,当行政首长的也有,权位很高的也有。只是每一个诸侯都不敢用他,因为他的学生太多了,在当时那样少的人口——大约几百万人口,他就有三千弟子。以今日人口比例来说,他该有多少学生?而且学生们对他都很忠实,他只要动一下,任何一个诸侯之国都可能会动摇,谁敢用他?但是他的学生一个个出来都吃香,因此有些孔门弟子,很可能也想走他们老师的路线。由少正卯的聚徒讲学,拉走了孔子许多学生的例证,便可推想而知。但是漆雕开,听到孔子叫他出来,他反而说对做官这件事没有自信,由此可见他为学之诚,行道之笃。所以孔子听了非常高兴。

## 孔子要出国

老师论评学生的记载到这里,又一转,来一个轻松的题材。

子曰:道不行,乘桴浮于海。从我者,其由与?子路闻之喜。子曰:由也,好勇过我,无所取材。

这是孔子晚年感觉到,文化衰颓的振兴以及社会风气的挽回,有如海上仙山,可望而不可即。所以他感叹地说,今日文教、德育的路是走不通了;世界变了,大家都现实,对于文化没人讲究了,还是出国吧!——这个出国,不比现在是好事,那时出国是很痛苦的,海外都还没有开发,完全是原始状态,那是去受罪。现在出国还了得,如果孔子要想为功名富贵而出国,就不是圣人,跟大家一样了。他当时还不是坐船出国,而是乘桴。

古代交通不发达,把一根大木头中间挖空,就成为"桴"了。当时江南一带是用木筏、竹筏;在北方多半用桴。他感叹地说,万一自己在中国无法传道,无所作为,那只好做个独木舟,到海外野蛮的地方归隐,默默无闻以终此生。到那时候,大概子路还会跟我一块儿走吧(子路武功好,是弟子中军事成就最大的,有统帅之才),子路在旁边听了老师这句话非常高兴,好像孔子马上就准备出发的样子。所以孔子说,子路的武功、勇气都超过我,但是他的暴躁也超过我,对于事情,不知道仲裁(无所取材的"取材"就是中肯的判断),不明断,太过偏激了。

# 孔门弟子画像

讲到这里,来一串总评。同时可看出孔子说话的艺术。

孟武伯问:子路仁乎?子曰:不知也。又问。子曰:由也,千乘之国,可使治其赋也;不知其仁也。求也何如?子曰:求也,千室之邑,百乘之家,可使为之宰也;不知其仁也。赤也何如?子曰:赤也,束带立于朝,可使与宾客言也;不知其仁也。

孟武伯这个人,我们前面介绍过,是鲁国一位大夫,当时的当政者,向孔子征询人才——要他介绍学生。因为孔子学问的最高境界是仁。所以他先就孔子学生中最出名的几人问起,问他们有没有学养到"仁"的最高境界。

首先他问子路的学问有没有达到仁的境界,也就是说是否达到以仁道入世的程度?孔子说:"不知也。"这个"不知也"的意思,我与古人的解释又不同了。古人常解释说,孔子答复孟武伯,子路不知道仁,我认为不是这个意思。孔子说的是一句幽默的答辞,不肯定的话;等于有人来问我们说,你认为你的学生某某的能力,能不能当省主席?我们也许答复他,这个我不晓得。也许我们的心里认为这个学生的本事,还超过了这个地位,但口头上不能这样吹;也许我们认为这个学生当科员的本事都不够,也不能说得他太难堪了,否则害他没有前途、没有饭吃,我只有说不知道。所以孔子说"不知道"这句话时,是带着笑容说的,就是不作肯定答复,当然语意中隐含了子路还没有达到仁的境界的意思。这是我对这个"不知也"含义的看法。

为什么会有这样的看法?因为孟武伯的这个问题,得不到结果,没有听到肯切的答复。所以下面又有"又问"的一层转折,由此便可自得证明。因此孟武伯又向孔子追问子路的成就究竟到了什么程度?孔子就具体介绍自己的学生,他说子路如在千乘之国——在春秋战国时候,是一个大国——"可使治其赋也",可以让他当统帅。"赋"在古代,包括了军事和赋税的征调,乃财、政、经,联合为一的制度。所以赋有时可以代表三军统帅中,后勤补给的联勤总务。所谓千乘之国,上古是车战时代,四匹马拖一辆车叫一乘,车上是兵员、战备、武器,千乘之国是最大的国家。他说子路是大将之才,前后方都可由他统领。至于学问修养是否已到仁的境界,这一点,在孔子的标准上来说,是很难通过的。

孟武伯又问冉求这个人怎样?在《八佾》篇中曾提到过冉求,是在鲁国的权门季孙家当家臣的,等于说他有行政的长才,所以孔子答复孟武伯,冉求就是最好的行政首长。以现在的官制来说,当一个相当于省主席的行政首长是没有问题,而且足以胜任愉快。"千室之邑"的千室,不能和现在比,像台北市有百多万人口,但是古代的"千室之邑"已经了不起,是很大的地方。"百乘之家"是古代宗法社会制度中的大家族,等于一个大的地方政治单位。冉求可以当这样的地方官,至于学问上也还没有达到仁的境界。

孟武伯又问到一个人说:"赤也何如?"赤是孔子的学生,姓公西,字子华,少孔子四十二岁。孔子说,你问到公西华,他穿起礼服,仪态非常好,学问也过得去,有外国的首长、大使来,他是最好的外交官。"束带立于朝",我国古代衣服都捆腰带,所谓锦袍玉带,就是说衣冠楚楚、风度翩翩。现在外国的礼服也捆了腰带。虽然在外交应对上是上乘之选,但是谈到学问、修养,也还是没有达到仁的境界。

我们从这一节,看到孔子对于"仁"的要求,严格到这个程度,几乎没有一个学生可以达到这个标准。学问真正能够达到"仁"的标准,只有一个颜回,但是不幸短命死矣。后来才传道给曾参,前面讲过:"参乎!吾道一以贯之。"是晚年了。历史的记载,孔子三千弟子,优等的(贤人)有七十二人,但是见诸《论语》及《史记》所留下来的资料,出名的、有了不起成就的,一二十人而已。而且,这一二十个人,还是靠孔子宣扬出来的,都是孔子介绍学生,著书立说的也是孔子。我们怎么知道颜回?颜回没有写过一篇文章,没有作过一首诗,也没有写过一个字留下来,我们怎么知道他的学问到了什么程度?都是他的老师说他如何好、如何了不起。武才方面,子路可以当元帅,但他没有像后来的孙子,还写了一部兵法。子贡也是如此,这些学生们多半是孔子宣扬出来的。

由此可见人才之难,古今历史上一个大问题,总有"才难"之感!真正的人才实在难得。同时我们可以了解一个有趣的问题:第一等人往往可以不写文章,不讲学;学问越好越不响。试看历史上有好几个真正了不起的人都如此。耶稣根本没有念大学,但现在研究耶稣讲的话,拿几百个博士学位也不止,但他没有写过一句话,都是他的门徒写的;释迦牟尼也没有写过一个字,所有的经典,都是弟子记载的;老子自己写了五千字;孔子最可怜,都是自己写,还是他反过来捧学生,学生无法捧他。所以我们当学生,最好找个像孔子一样的老师,不但有学问听,自己又省力气,他来捧捧我们蛮好的。且看孔子这些学生,都是他捧出来的。虽然这是笑话,但事实是从他嘴里讲出来,我们才知道。所以从另一角度来看历史,真正的人才的确是不易得的。

其次,我们可以看到,孔子的弟子里各种人才都有。军事的子路、外交的公西华、行政的冉求,至于子贡这一类,器也!有如庙堂上的瑚琏,精致高雅;乃至江湖上一诺千金,面孔难看的,各种各样,无奇不有,无所不包,所以他真是叫做"有教无类"。

## 吾爱吾师

子谓子贡曰：女与回也孰愈？对曰：赐也何敢望回，回也闻一以知十，赐也闻一以知二。子曰：弗如也，吾与女弗如也。

子贡、子路是孔子喜爱的两个学生。我们可以看到，子路有时拳头一挥，是最冲的；子贡是什么话都讲的。他们对老师特别一点，孔子对他们俩也特别一点。所以有一天就问子贡："女与回也孰愈？"孔子最欣赏的是颜回，这次他对子贡说，你讲老实话，你自己与颜回比比看，哪一个好？哪一个了不起？对曰："赐也何敢望回？"子贡说，老师，谢了！我实在没法跟他比。"回也闻一知十"，颜回嘛，老师讲出一分，他懂十分。从子贡的答复，可见学问之难，所谓启发式教育也真不容易，告诉了他这个角，另三个角都懂了；告诉他那边有烟了，他便知道是起火了，如此才是英才。有的则是反应迟钝地还反问道："那边有烟吗？"等到都烧光了，他还不知所以然呢！这就是智愚的差别了。子贡回答说，老师告诉颜回一分，其他九分他都知道了，不需要老师再教了。至于我——"赐也闻一以知二"，老师讲了一步，我顶多知道两步，第三步就不知道了。这是老实话，可见子贡很坦然，很诚恳。再看孔子的态度："子曰：弗如也，吾与女弗如也。"这多谦虚呀！他说："是的，你不如他，不但你不如他，我和你一样都不如他。"孔子那么欣赏颜回，这也不是过分，有一种人的头脑，特别聪明，品德又好，才具又高。后来的孟子认为天下有三件乐事，第一是父母俱存，兄弟没有什么事故，尽到了孝道和友爱；第二是胸襟光明磊落，没有对不起人，没有对不起天地鬼神的事；第三是得天下英才而教育之。这点孔子就得到了。不过有时得天下笨才而教育之，实在是一大苦事也。孔子对于颜回，他认为是得英才而教育之，是快乐的。由孔子对子贡说的这段话，可见孔子的教育和他的为人，是如此地谦虚,能够把握机会启发人,一点都不呆板。

## 手倦抛书午梦长

下面一个大问题来了:

宰予昼寝。子曰:朽木不可雕也,粪土之墙不可杇也。于予与何诛!

宰予是孔子的学生,四科高弟之一。孔子说的言语、文学、德性、政治这四种才学分类,宰予等于是孔门那个"学府"里的后起"语文系"的系主任呢!言语嘛,宰予的长处就是"利口"。"宰予昼寝"据古人的解释是白天里睡觉——大概睡午觉,或睡懒觉。被孔子看到了,就骂他:"朽木不可雕也"。这个烂木头无法雕凿。"粪土之墙不可杇也",这个烂墙去粉刷也粉刷不好。"于予与何诛!"该死! 该死!

因此中国过去守老规矩的读书人,不敢睡午觉,都是受这一段话的影响。我们知道,历史上清朝中兴名臣曾国藩,也是有名的理学家,他就不敢睡午觉,尽管忙成那个样子,还是不敢睡午觉,怕孔子会发牢骚——"粪土之墙不可杇也",所以曾国藩改成睡晚觉。早上起得早,公事又多又忙实在受不了,没有办法,只有在吃晚饭以前,睡一下,然后夜里精神又好。这个昼寝的教训,在古人是这么严重的事。

后来到了民国初年,洋学堂是学的西方文化,新的规矩一定要睡午觉,尤其那个时候,德日式的训练风气来了,早起有朝气,补充的休息时间便靠午睡,否则不合乎卫生。那么"宰予昼寝"的问题怎么办呢? 有人便提出如康有为、梁启超他们的意见,说这个不是"昼"寝,是"画"寝的错误。因为宰予没有事,常常在寝室里头"画"壁画。除非幼稚园的学生,可能偷偷地在墙上乱画,宰予又不是小孩子,为什么要在墙上乱涂。读书不多真难,后来才知道受了康有为他们的骗。

这个"画寝"的问题，最先提出的是梁武帝，后来宋代也有个人照此讲过，说宰予并不是白天睡觉被骂，而是他在寝室的墙上乱画，所以孔子骂他。康有为他们的说法，并非创见。

然而，据我们的了解，古人对孔子这两句话，似乎都曲解了。据我的研究，这两句话的真正意思是说，这根木头的内部本来就已经腐坏了，你再去在他外面雕刻，即使雕得外表很好看，也是没有用的；"粪土之墙"，经蚂蚁、土狗等爬松了的泥巴墙，它的本身便是不牢固的，会倒的，这种里面不牢的墙，外表粉刷得漂亮也是没有用的。等于房子烂了，你把他整理起来，像用现代的三夹板、甘蔗板、壁纸一敷，走进去看看很漂亮，但架子松散，这是不对的、靠不住的。

这两个问题解决了，就懂得他是说宰予的身体不好。只好让他多休息一会，你们对他不要有太过分的要求。这个道理，我是从学生中体会出来的。因为我有几个学生，能力好、智慧高，他的才能见解，老实说我都佩服他。但要命的是，交给他一件事情，一个月都没有消息。骂他吗？不忍心。实际上他三天两天就患感冒，一天到晚都必须与床为伍，没有精神，只好躺下来睡觉。我才发现"朽木不可雕也，粪土之墙不可杇也"不是说他坏，而是他的底子太弱了。但是人很奇怪，身体弱的人头脑都好，试看《孟子·尽心章》里："人之有德慧术知者，恒存乎疢疾。"一个有病的人，因为经常在病苦中，身体没有其他的活动，所以会多思想、会搞学问。体力好的人，运动得锦标的，要他写两篇，他很吃力。这两件事，不可得兼；体能好，智慧又高，文武俱全的人太少了。学问、德业好的人多半体弱多病，这是事实。所以孔子说："于予与何诛？"对于宰予不必过分诛求了。"诛"者求也，在此不可当杀人的"杀"字用。"诛"也是要求的"求"，这里"于予"的"予"就是宰予。换句话说，你们对于宰予，何必要求太过呢？就让他睡个觉吧！

接下来：

子曰：始吾于人也，听其言而信其行。今吾于人也，听其言而观其行。于予与改是。

孔子说，从前我听了一个人的话，就相信他的行为。现在我年纪大了、人生经验多了，听了一个人说的话，还要观察观察他的行为。这个改变，是宰予给我的启发。

古人根据这些话解释说，孔子对宰予恨极了。事实不是这样的。我们从生活和教学的经验中体会，便可知孔子这样的话，是说他从前看到一个人，有思想、有才具，便相信这个人将来一定有成就——"听其言而信其行"。后来他发现并非如此，一个人即使有才具、有学问，但没有良好的体能、没有充沛精力，也免谈事业。一个人做事业，必须要有强健的体力，饱满的精神。所以孔子说，我看了宰予，对人生看法有了改变，天下事实在并不简单。有人有思想、有能力、有才具，他却一辈子做不好事业，因为他的精力不足、精神不够。所以曾国藩的相法便说："功名看器宇，事业看精神。"有道理！所以我认为这一节是这个意思，对与不对，还待大家再研究。不过我个人至少到今天为止，认为是这样的。只是古人把孔子描写得太古板、太迂腐了，其实孔子非常通人情。

## 人到无求品自高

这里讲到另外一个人了。

子曰：吾未见刚者。或对曰：申枨。子曰：枨也欲，焉得刚？

孔子有一天在感叹，他说我始终没有看见过一个够得上刚强的人。要注意这个"刚"字，脾气大不算刚，那是脾气大。刚的人是方正，并不一定脾气大，普通讲这个人很蹩扭，高帽子戴不上，骂他也不改变，这差不多有点像刚，但还要看他的品德、智慧、修养。前面我曾经提到有一个人讲过，他说上等人有本领没脾气，中等人有本领有脾气,下等人没本领脾气大。孔子这里的刚是指有本领没脾气的上等人而言。

孔子讲了这句话,有一个人说,有嘛!申枨,他不是很刚吗?"子曰:枨也欲。焉得刚?"他说申枨这个人有欲望,怎么说是刚呢!一个人有欲望是刚强不起来的,碰到你爱好的,就非投降不可。人要到"无欲"则刚,譬如说,这个人真好!真了不起!就是一点毛病,爱钱。既然他爱钱,你拿钱给他,他的了不起就变成起不了。你说这个人品德样样都好,就是有一个毛病爱读书,遇到懂得手段的人就利用他了,什么都不和他谈,专谈书,他就中计了。历史上有些人,"天子不能臣,诸侯不能友。"请他出来做官,他不干;任何权势拉拢他,理都不理。但是中国政治上有一个传统的手法,只要在人上者,肯"礼贤下士",管你什么人,都要吃瘪、投降。有人认为你是天下第一人,你不出来,奈天下苍生何?这时候你想想,觉得还不错,不妨出来试一试。功名富贵什么都可以不要,就怕"礼贤下士"。只要以礼下人,任何英雄都不免来入彀中。不过要有道德作背景,如果没有道德的基础,仅是这样乱用,礼也是一把刀,有时要把自己杀掉的,这要特别注意!

所以真正刚强的人是没有欲望的——无欲则刚。有一个学生要我写一副对子,我送他八个字。上联是佛家的思想,下联是儒家的思想:"有求皆苦,无欲则刚。"如果你说什么都不求,只想成圣人、成佛、成仙,也蛮苦的呀!所以有求就苦,人到无求品自高,要到一切无欲才真能刚正,才可以作顶天立地的人。

孔子说申枨还有欲望,怎能算得刚?因此,引出了另一个人的话。

## 推己及人难又难

子贡曰:我不欲人之加诸我也,吾亦欲无加诸人。子曰:赐也,非尔所及也。

　　这是子贡很得意地讲自己学问修养的心得。他说，我不喜欢人家加到我身上的那些事，我也不想有同样的情形加到别人身上。譬如有人骂我，我会觉得不高兴，因此我也不骂任何人。换句话说，别人给我的痛苦、烦恼，我不喜欢，因此我也不愿加给任何一个人痛苦、烦恼。你说一个人能够做到这样的修养，多了不起！他向孔子报告了自己这个做学问的可贵心得。"子曰：赐也，非尔所及也。"孔子听了便说：子贡呀！这是你做不到的呀！再下一句虽然没有写出来，但隐约中包含有孔子自谦的意味，等于说，就算我为师的也不能完全做到，任何人都做不到的。为什么呢？世界上任何一个人，只要是活着，一定烦恼了别人，这是必然的道理。譬如我们大家在这里研究《论语》，蛮轻松的，等会儿回家一看："太太！你怎么搞的？饭没做好！"我们在这里享受，那个烦恼是加在太太身上的。人活在世上，都是把自己的痛苦加在别人身上，然后自己得到一点所谓"享受"，所谓"幸福"。所以子贡说了这些话以后，孔子说他做不到，任何人都做不到的。人活在世界上是互助的，我们的幸福享受，一定有赖于人，甚至妨碍了别人。不过，如能常生警觉，想到妨碍了别人时，尽量少妨碍一点，已经是最好的道德了。所以说，绝对无私，绝对无欲，是做不到的。

　　老子也认为绝对无私是不可能的，做到"清心寡欲"、"少私寡欲"，已经很了不起。少私就公了；绝对无私行不通；绝对无欲做不到；少欲就是了不起。所以替自己想时也能替别人想，就是很了不起的公德。当我想到需要拿扇子的时候，也问问他："你要不要？"就了不起。假如说当我拿扇子的时候，我买扇子送给天下所有需要扇子的人，是做不到的，不但没有这个财力，而且也缺乏这种能力。况且世界上有些人，你给他扇子，他拿了丢掉，为什么？他有病还吹不得风呢！由此可知做人之难，道德修养之难。

　　有人说，我们后世的人景仰孔子，知道他了不起，那都是子贡的功劳。为什么？孔子晚年的生活，很可能都靠子贡维持的。乃至扬名天下，子贡也大有功。当时国际之间，不论外交策划，工商界的声望，战略政略的顾问，子贡样样都行。而且子贡对孔子的认识非常够，孔子死后，他的三千弟子，七十二贤人，大多都服心丧三年——就是对老师像对父母一样，内心服孝三年。只有子贡庐墓三年——守孔子的坟墓守了三年。中国人讲究看风水的"堪舆"学中，相传孔子在曲阜的坟墓也是子贡勘定的。起先孔子死后，同学们先看中了一个坟地，便是后来葬汉高祖的地方，但是子贡认为这个地方用来葬我们的夫子，是不够的，因为那只能算是一个帝王之地，我们夫子是千古圣人，这个地方是不够格的。因此子贡决定葬在曲阜，这是风水家的相传，事出有因，查无实据。

## 孔门文武事功的二子

子贡如何的捧孔子，下面便是明证：

子贡曰：夫子之文章，可得而闻也。夫子之言性与天道，不可得而闻也。

以子贡的学问与成就，终于说出孔子的伟大来。他说，我们跟了夫子这么多年，所晓得的，只是他的文章。说到"文章"一词，我们要注意，在这里并不是写稿子的那种文章；古人的所谓文章，包括美好的言语、思想、行为、举动、待人、处世等表之于外的都叫做文章；事理成了一个章法，蕴含艺术的气氛，就叫文章。后来变成狭义的文章，写成某些形式的文字才叫文章。子贡在此说，老师的学问文章，我们都常听到；可是老师有关于人性的本源，与形而上生命的来源的本体论，以及宇宙最初是怎样开始的？究竟谁造的？是唯物的或唯心的？这个天道——哲学的问题，因我们的程度还不够，老师也就没有跟我们提。所以我们后世只有研究《易经》，才看出孔子谈形而上道的哲学和科学问题，四书中关于形而上道的阐述非常少。因此，后世研究孔子的学说，如果有人提出孔子对于形而上的观念是如何如何的，多半是他的孔子如此认定，难为笃论。譬如我们写了一篇文章，内容上说孔子认为如何，如何，多方引证一番，那只能说是我们的孔子，并非孔子的我。这是什么道理呢？根据子贡的话："夫子之言性与天道，不可得而闻也。"可见他因这班弟子的程度还不够，所以很少跟他们提到。

本篇到此，话题一转，这里说子路的好处了。

子路有闻，未之能行，唯恐有闻。

子路尽管那么粗暴，那么冲动，但子路的品德特别好，武功也好，孔子的确喜欢他。他是后来在卫国出大乱的时候战死的。卫国发生变乱时，他刚从外面回来，原来他可以躲开这场祸乱的，但他没有逃避，他听到消息认为"见危授命"，更应该前去，不能逃避。他进去以后，正在战乱，他参加作战而死亡，临死时一身都是创伤，但他认为儒者之死，应该整其衣冠。所以临命终时，抱着重伤，戴上帽子，整理好衣服，端端正正，然后才断气。一个人一身创伤，还如此从容，知道大限已至，整理衣冠，扣好扣子，死得端正，这种精神修养，太不容易，他能如此，决非偶然。所以这里说子路最怕听见孔子讲话，为什么？因为他怕听了做不到，有愧于为学。道理明白了，行为要配合得上，此即所谓"履践"的工夫。他因为怕做不到事理合一之境，等于是自欺，所以他最怕老师的教诲。

## 盖棺成定论

本篇这一节之前，都是讲学生的故事。

子贡问曰：孔文子何以谓之文也？子曰：敏而好学，不耻下问，是以谓之文也。

这节开始讲到孔子对于当时及其前后时代人物的评论。这个人物的评论，包括了如何做学问与整体的文化精神。

现在这里先介绍一个人。他就是孔文子，姓孔名圉，是卫国的大夫。文子的"文"的来源，是中国古代的谥法，从周朝开始，一直流传下来的，民国以来，因为几十年都在战乱之中，国家多故，我们文化中的这一点还没有恢复。

什么是谥法？简单一句话，就是一个人死后的定论。这是一件很慎重的事，只有中国历史文化才有的，连皇帝都逃不过谥法的褒贬。我们要晓得，这一点便是中国文化春秋大义的精神所在，同时更应该使下一代记取这具深义的特点。中国古代做皇帝、做官的最怕这个谥法，怕他死后留下万世的骂名，甚至连累子孙抬不起头。因此他们为国家做事情，要想争取的是万世之名，不愿死后替子孙留下臭名，更不愿在历史上留个骂名。这个就叫谥法——也就是死后的一字之定评。皇帝死了就由大臣集议，或史官作评语，像汉朝的文帝、武帝，称谓"文"、"武"，都是谥法给他们的"谥号"。"哀帝"就惨了，汉朝最后那个帝为"献"帝，也含有奉献给别人，送上去的悲哀。可见这个谥法很厉害。王阳明，是他本人的号，后来加谥为"文成"。曾国藩，后人称他曾文正公，"文正"两字是清朝给他的谥号。死后的评语够得上称为"文成"、"文正"的，上下五千年历史，纵横十万里国土，虽然有几亿的人口，其中却数不出几个人，最多一二十人而已。这是中国文化中谥法的谨严。所以中国人做官也好，做事也好，他的精神目标，是要对后代负责；不但对这一辈子要负责任，对后世仍旧要负责任。如宋代的名臣，也是理学家的赵抃，他一度放到四川作"省主席"——比拟现代的官位来说。他自己骑一头跛脚骡子，带了一个老仆人、一琴、一鹤去上任，到了省城里，全城的文武官员，出城来接新主席，却看不到人，谁知道那个坐在茶馆里面，一琴、一鹤相随的糟老头子就是新上任的主席。当然他不止是当主席,也当过谏议大夫,是很有名的名臣——历史上成为名臣不容易。有所谓大臣、名臣、具臣、忠臣、功臣、奸臣、佞臣等等。所谓忠臣、奸臣,看小说都知道,不必细说了。要够得上成为一个名臣,很不容易,够得上一个大臣,更难。大臣不一定在历史上很出名,可是他一定有安定天下后世的功业。我们不希望看到奸臣,也不希望看到忠臣,这话怎么说呢?我们晓得文天祥是忠臣,岳飞也是忠臣,但是我们不希望国家遭遇到他们当时那样的时代。我们希望看到的是名臣、大臣,像赵抃就是名臣、大臣。他最后退下来,回到家里,写了一首诗:"腰佩黄金已退藏,个中消息也寻常,世人欲识高斋老,只是柯村赵四郎。"不要看错了,说他腰里都是黄金美钞所以退休了。这个黄金不是黄金美钞,看京剧就知道,所谓"斗大黄金印,年高白玉堂"。古代方面大员的印信,实际上是一颗铜的大印,叫作"黄金印",有如现在中央部会的印,铸印局用铜铸,也可叫黄金印。"腰佩黄金已退藏",是说退还了那颗黄金印。"个中消息也寻常",一生风云人物,其实很平常。"世人欲识高斋老",他下来以后所住的地方叫高斋,他说你们以为住在高斋的这个老头子有什么了不起,而想认识认识他是何等样的人吗?"只是柯村赵四郎",其实还是当年住在柯村的赵老四啊!他是那么平淡,那么平凡。所以一个最了不起的人,是最平凡的人。真做到平凡,才是真了不起。而赵抃最后的谥号是两个字"清献",历史上的赵清献公,就是赵抃,他一生都奉献给国家,而一生清正,到达这个程度是很难的。其他的名臣很多,在这里一时也说不完。

总之,中国过去的历史文化,非常重视这个谥法,而我们现在呢!大有陆放翁诗的"斜阳古柳赵家庄,负鼓盲翁正作场。死后是非谁管得,满村听说蔡中郎。"管他的!死了就拉倒,老子死后,你要骂就骂吧!只要我现在活得舒服就对了。我们不要忘记了,谥法就是中国文化的精神,等到邦有道时,这些东西仍然要恢复起来才对。试看西方的文化,西方的精神,不管文人、英雄,死了就死了。像法国人,一提到就只有拿破仑。拿破仑又有什么了不起,崛起只有二十来年,五十多岁就死了,而且是个失败的英雄,比楚霸王还差劲,什么拿破仑的!在中国历史上这种英雄多得很,只因为历史上多是同情失败的英雄,所以"徒使竖子成名耳"。现在的西方文化更搞不清楚,"死后是非谁管得,生前拚命自宣传。"可是我们中国人要懂中国文化谥法的道理和精神。

同时我们也要知道,像日本明治维新的几个重要人物之一——伊藤博文的名言:"计利应计天下利,求名当求万世名。"这是吸收中国文化的东西,日本人自称东方文化,其实都是地道的中国文化。我们这一代青年,那种短见,那种义利之不分,实在"匪夷所思"。刚才我们几个人谈到现代青年对现代知识的贫乏,什么都没有,一谈就是考什么学校,为了待遇多少,为了求生活,这些是从前我们从来不考虑的。现在搞成这个样子,真是文化精神的衰退,实在值得我们多加注意。这是谈到谥法引出来的题外感想。

现在回到原文。卫国的大夫孔圉,死后谥作文。子贡问孔子"何以谓之文也?"一个人一生做人做事,要怎么样才够得上称作"文"?"子曰:敏而好学,不耻下问,是以谓之文也。"一个人聪明——聪明的人不大好学的,而且聪明的人往往以为自己的学问够了,尤其我们现代人,容易犯这个毛病,好像自己什么都懂;而且现代人犯一个更大的毛病,地位越高了,好像自己学问也随之而越高深了,这是很成问题的。要敏而好学,越聪明越好学,为自己,为事业都好,这才是了不起的人物。第二点更难了:"不耻下问",什么叫下问?比我不如的人,也要虚心向他请教求证。人要有自知之明,那样行就是行,即使行了,以能问于不能,作为参考,这才叫能够集思广益。孔子说一个人能够敏而好学,再加上不耻下问的谦德,才符合"文"这个字的内涵。曾国藩的了不起,就是幕府中的人才多,他的智囊团组织大,第一流的人才都参加,大家的智慧变成他的智慧。诸葛亮的了不起,也是幕府人才非常多。所以要"敏而好学,不耻下问"才叫做"文"。

## 名臣的典范

孔子又批评一个人,是当时春秋时代,比孔子稍稍早一点,郑国有名的首相,对郑国有了不起的贡献的,名叫子产。

子谓子产,有君子之道四焉:其行己也恭,其事上也敬,其养民也惠,其使民也义。

子产是历史上有名的好宰相,好政治家,孔子非常佩服他,说他特别有四点君子之道,不是普通的常情、德业、修养等等可比。因此孔子对他四个长处,在历史价值上加以评论。他说子产自己严肃得很,管理自己非常恭谨,不马虎,这是很难得的。一个人对自己最易放松,往往认为错处总是他人的,很少对自己的错失反省,而子产做得到"行己也恭",实在难得。同时又"事上也敬",子产做首相,对于主上非常恭敬。恭是自己内心的肃诚,敬是对人对事态度上的严谨。换言之:对上接受命令时,不只是服从,有好的意见时要提出力争。执行命令,要尽心,不只是敷衍了事。最怕的既不能令,又不受命;你要他提意见办法,他表示没有异议,你教他执行,他又呆在那里。而子产对上对下都能敬于其事。"其养民也惠",他能促使经济繁荣,对于社会百姓,大家能得其所养,安定生活,对于社会有贡献,有恩惠给人民,因此老百姓感恩于他,他有命令下达时,各个服从。但是"其使民也义",他又非常合理、合时、合法,人家乐意听他用,的确是大政治家的风范。所以郑国有子产才能兴起来,因为他有四点君子之道。这四点长处并不仅是政治家才应该具备,而我们不是政治家就用不着,没有这种事。如果我们拿这四点来做人处世,就是成功的一半,所谓君子之道,大有可望了。

孔子讲到另外一个人,就是晏平仲。齐国人,曾任宰相,年纪比孔子大一点，但与孔子同时。孔子到齐国所以不得志，就是小矮子不让他去，齐国本来想请孔子去，小矮子告诉齐王："你能有这度量，可以请他来吗？"这个话皇帝一听，心里有数了，就不敢请孔子去。但是孔子对于晏子很佩服。

子曰：晏平仲善与人交，久而敬之。

他说这个人作朋友了不起，历史上有他的专门著作——《晏子春秋》。晏子是大政治家，可说是孔子前辈，年龄虽然差不多，但比孔子出道早。《古文观止》上有一篇，辑自《史记·管晏列传》，提到晏子的车夫，一天回家时，太太要求离婚。车夫问什么原因，他的太太说，我今天在门缝中看到你驾车载晏子经过门口，晏子那么矮，做了宰相，名震诸侯，还是简朴无华，自居人下的样子。而你身高八尺，只是他的仆役，却显得意气扬扬、自足自满的样子。你竟是这样没有出息，不长进的人，所以我要离婚。晏子的车夫听了这番话，就马上改过，力学谦卑，第二天驾车都变了。晏子看见他突然一反常态，样子变了，觉得奇怪，问明了原因，晏子就培养他，从此立志读书，后来官拜大夫。从这个故事可知晏子有他了不起的地方，孔子尤其佩服他这个人对于交朋友的态度。他不大容易与人交朋友，如果交了一个朋友，就全始全终。我们都有朋友，但全始全终的很少，所以古人说："相识满天下，知心能几人？"到处点头都是朋友，但不相干。晏子对朋友能全始全终，"久而敬之"，交情越久，他对人越恭敬有礼，别人对他也越敬重；交朋友之道，最重要的就是这四个字——"久而敬之"。我们看到许多朋友之间会搞不好，都是因为久而不敬的关系；初交很客气，三杯酒下肚，什么都来了，最后成为冤家。

讲到这里，我们想到中国人的夫妇之道——"相敬如宾"——宾是客人，对于客人无论如何带几分客气，如果家人正在吵架，突然来了客人，一定暂行停战，先招待客人，也许脸上的怒意没有完全去掉，但对客人一定客气有礼。夫妇之间，在最初谈恋爱时，西门町电影院门口等了两小时,肚子里冒火,对方来了,还是笑脸迎上去,并且表示再等两小时也没关系。如果结了婚,再这样等两小时,不骂一顿才怪!因为是夫妇了嘛!所以夫妇之间,永远保持谈恋爱时的态度——相敬如宾,感情一定好。不但夫妇如此,朋友也如此。扩而大之,长官对于部下,部下对于长官,也是这个道理。

这个"敬"的作用是什么?好像公共汽车后面八个字的安全标记:"保持距离,以策安全。"少碰为妙。

普通人交朋友,恰恰与晏平仲相反,时间久了,好朋友变成冤家,这对五伦中的友道,实在有亏。尤其是我们这一代青年,对任何人都不大相信,友道根本上已成了问题。必须急图匡正,以便维系"久而敬之"的交友原则。

# 玩 物 丧 志

接下去,谈到了臧文仲。

子曰:臧文仲居蔡,山节藻棁,何如其知也?

我们首先要了解的,臧文仲是孔子父母之邦——鲁国的大夫,为臧孙氏,名辰。"居"字在这里,和"囤积居奇"这句成语中的那个"居"字的意义相同。"蔡"是大乌龟,就是在街上特产店中可买到的玳瑁。讲到乌龟和狗,在中国上古的文化中,都是很受重视的东西。平常碰到广东朋友,就往往会谈到吃狗肉。为什么广东朋友喜欢吃狗肉?因为广东、福建一带,直到现在还保存了不少唐代以前的文化。同时在中文音读方面,广东、福建的语系,很多地方还保有唐代的中州音。我们研究诗词、读古文、讲音韵平仄,假使用现在的国语发音,有时候会有很大的困惑;我们如用国语来朗诵古诗词,就会常常读错音的。例如一个字的平、上、去、入四声,现代改为第一声、第二声、第三声、第四声。但第四声(入)往往和平声没什么分别,所以原来的四声等于只有三声。原来的上、去、入等三声都是仄声,但现在听见有人用国语朗诵诗词,对入声字就念成了平声,这就是因为现在的国语,一、四两声不容易分而发生的毛病。

我们中国字的念法,不但有平、上、去、入四声,事实上以中原音为准,有宫、商、角、徵(知矣切)、羽、变宫、变徵等七音(笛谱上有合、四、一、上、尺、工、凡等七个音阶)。所谓中原是古南阳,现在的河南、鄂北一带,为中原的中心地带。京戏中皮黄的黄,就是指湖北黄陂、黄冈一带而言,如"大王"这个名词,在京戏里念成"代王"的音,广东话的"大佬"也念成"代佬",这就是古音。所以现在要研究中国的文学、文化,都必须懂得广东话,乃至福建话(包括台湾话)。因为广东话、福建话有七个音,尤其闽南话到了八音,它的鼻音非常多,有些是国语没有的音。

为什么我们说广东人吃狗肉,也是来自上古的文化?我国自古以狗作祭品。自三代以来,差不多到商周时代,祭品中才取消狗,改用牛、猪、羊等作祭祀的牺牲。老子《道德经》有:"天地不仁,以万物为刍狗"的话——一般人批评老子这句话为阴险、刻薄,看事情太透彻。因为他们解释这句话的意思是说,天地无所谓仁不仁,生了万物,又把万物当刍狗来玩弄。这是对老子思想的误解,或者故意曲解来作幽默用的。老子"刍狗"的本意,就是草做的狗。狗在古代本来是作祭祀用的牺牲,在祭祖宗、祭天地等典礼中,如现在的冷猪头、牛、羊等。后来由于社会风气的演变,不再用真的狗,而用草扎一只狗形来代替。相当于后世在拜拜的时候,用面做的猪头来代替真的猪头一样。刍狗做好以后,在还没有用来祭祀之前,大家对它都很重视,碰都不敢随便碰;等到举行祭祀以后,就把它丢到垃圾堆里去了。

儒家常说天地有仁心,滋生了万物;老子则说天地无所谓仁,也无所谓不仁。天地生了万物,并没有想取回什么报酬。人帮助了人,都往往附带了条件,希望有所回报。于是老子说人要效法天地。天地生了万物,他没有居功;天地给万物以生命,他没有自认为荣耀;天地做了好事,使万物生生不息。凡是能做的,做了就做了,没有条件。所以真正要成为圣人,就要效法天地的这种精神,养成这样的胸襟。所以老子的"天地不仁,以万物为刍狗"的真正意思是:天地看万物和那个丢掉的刍狗一样,并没有对人特别好,对其他的万物特别差。人之所以对万物差,是因为人的主观,人的自私的观念;这是老子的本意。

总之,这是说明上古把狗肉看得很重要,同时也把乌龟看得很重要。刚才说过了,研究古代文化,比较接近的,要从广东、福建两省的文字、语言、风俗、习惯着手。本省同胞的祖先,都是来自闽粤的,他们祭祀时用米做的乌龟很多。而在大陆其他各省,对乌龟就很忌讳。实际上乌龟在唐代以前都是好的象征。认为它的寿命很长,又代表了厚道、富贵,所以本省现在还保留这个风气。

现在讲到"蔡",就是大龟——玳瑁,是龟中特别好的一种。战国时代,对大龟看得很珍贵。如果现在有人以此为题写博士论文,一定也可以拿到一个学位。司马迁在《史记》中写了《日者列传》、《龟策列传》,就提到过乌龟。所谓"日者"在古代包括了天文学家、气象学家、占卜、算命等都在内。过去对于这些像科学,又像哲学,又像玄学的东西,都归"太史公"掌管。所以当时太史这个官,就是专管历史和这些事情的。司马迁的《史记》中,常有"太史公曰",因为他是历代世袭的太史,他是把父亲捧出来:"我爸爸说的。"后来司马迁承袭父职也做了太史公。他自己要骂人的时候,不好意思直骂,就说"太史公曰"——"我爸爸当年说的",这是司马迁写文章调皮的地方。

司马迁在《日者》、《龟策列传》中,写到卜卦用乌龟的事。古代认为乌龟有神灵,卜卦要用乌龟的壳。卜卦的人如何找得到那么好的乌龟壳?古代的情形不知道,据我们所看到的,就很残忍了。是把乌龟上下夹住,然后在乌龟后面用火一烧,乌龟被烧痛了。拚命想逃走,可是壳又被夹住了,最后向前猛窜,龟肉飞了出去,壳就留下来,所谓"脱壳乌龟"就是这情形。这种龟壳,就被认为有神灵,拿来作卜卦之用。

司马迁因为世代研究这类东西,天文、气象、卜卦等等都会,因此他在《龟策列传》中,对这件事写得很妙。他说乌龟如何如何灵,如何如何神。在春秋战国以前,遇到国家大事,连大臣们都不能决疑的时候,就用卜卦来决定。他还举出了许多例子,来证明乌龟如何灵验,但写到最后,妙了!他写道:"江淮人家,常畜龟饮食之,以为能导引致气。"最后这么一句,意思是说:据小子我遍游名山大川,读万卷书,行万里路,到了南方一看,江淮之人,长江以南,湖南、广东一带的人,他们还吃乌龟的肉呢!这篇文章到此就完了。你说他迷信不迷信?这可不知道了,也许这是他的历史哲学。上面说了乌龟很灵验,既然很灵验,又自己保不住,江淮的人还吃乌龟肉,就可见不灵验。假如不灵验,又何必去迷信?但一定说是迷信,上面又举了很多灵验的事实。由此我们知道古人写文章,不像现代的人写文章没有根。古人写文章不但有根有据,而且不轻易下结论,非常客观。

现在回到本文。如上面所说的,因为古人对于乌龟非常重视,鲁国的大夫臧文仲居蔡,把一个玳瑁藏起来。当年没有博物馆,臧文仲是一位大夫,在自己家里,修了一间房子,把这个玳瑁供起来。这间供玳瑁的房子,漂亮极了。"山节藻棁",就是古代木质的建筑物,在梁柱上雕刻有山水。"藻"是海藻形的花纹浮雕。"棁"就是接榫的地方。为了供一只乌龟,特别在家里修一栋建筑物,又修得那么漂亮、华丽、奢侈。一般人都认为臧文仲很有智慧,很有学问。孔子就说:"何如其知也?"——这个"知"读"智"——像他做这样事情的人,为什么一般人说他很有智慧呢?孔子认为臧文仲做这件事,太不懂事,几乎是近于无知。他相信一个人到了某种地位时,在言行上,一举一动,一句话,都会影响到社会风气。以现代社会而言,如果一个有权位的人家,养一只小狗,给它盖栋小洋房,就未免太过分了。当一个社会艰难困苦的时候,这样做是不应该的,这不能算是智。

# 进退揖让之间

这里又批评当时历史上另外一个人——令尹子文：

子张问曰：令尹子文三仕为令尹，无喜色。三已之，无愠色。旧令尹之政，必以告新令尹。何如？子曰：忠矣。曰：仁矣乎？曰：未知，焉得仁？

令尹子文是春秋战国时代，楚国的名宰相。姓斗，名榖於菟。楚国是当时南方新兴的国家。研究春秋战国的历史文化就知道，北方大概偏重于传统守旧；到了南方，楚国是后起的国家，气象就不同，文化思想都有新兴开展的现象。同时它也有很好的政治家。

令尹子文，令尹是官名，等于后世所谓的宰相、首相。子文是封号。他的道德、学问都很有修养，而他当时在国际间的声望，大致相当于近代日本明治维新的名相伊藤博文。"三仕为令尹，无喜色。"他三次上台做首相，并没有觉得了不起，一点也没有高兴过。"三已之，无愠色。"三次下台卸官，他也没有难过。人在上台与下台之间，尽管修养很好，而真能做到澹泊的并不多。一旦发表了好的位置，看看他那个神气，马上不同了。当然，"人逢喜事精神爽"，这也是人情之常，在所难免。如果上台了，还是本色，并没有因此而高兴，这的确是种难得的修养。下台时，朋友安慰他："这样好，可以休息休息。"他口中回答："是呀！我求之不得！"但这不一定是真心话。事实上一个普通人并不容易做到安于下台的程度。所以唐人的诗说："逢人都说休官好，林下何曾见一人！"这是描写当时在朝做官这种情形，古今中外都是一样，不足为怪。不但中国，外国也是一样。"不喜不愠"，这是很重要的修养。此其一。

其次，上台终有下台时。爬山的朋友就知道，爬上去时固然很难,下山的时候更危险。因为向上爬很费力很痛苦,一定会小心。走下坡的时候,就满不在乎了,但往往在这时出毛病。我们可以从爬山体会人生。人"上台终有下台时",而且老是站在台上,永远演上去就没有意思了。和电影、电视界的人一接触就知道,再好的明星,演上十年,也就不再受欢迎了。大家看惯了的面孔,就会生厌,必须要换新人。所以有时下来,换个面孔,蛮好!同是一个人,到别的地方站站,蛮好!此中也颇有人生哲理。此其二。

在权位、名利之间,大家都说对富贵功名不在乎,但有人问我喜欢什么?我一定说喜欢钱。问我有钱没有?我老实回答没有钱。当然,不应该要的钱不会去拿,危险的钱不敢去拿,所以一辈子也没有钱。但钱是人人喜欢的,所以要讲老实话。如果说"我绝不要钱",这个话真不真?很难说了。同样的说"我绝不要做官",这个话是不是真心的,也很难说。富贵功名我很喜欢,可是绝不乱来,绝不幸政。这是坦白话、良心话,我喜欢,但不苟取、不乱来,这已经了不起,是很好的素养了。如果说我绝对不喜欢,那是假话。人要诚恳。所以做官,必须要学学令尹子文,三次上台,不喜,三次下台,不愠。我们看书时往往把这种地方很轻易带过了,如果自己切实一体会,才知道他真是了不起。上台,应该的,你交给我做,只要能够做的我尽力去做;下台,最好,我休息休息,给别人做,心里无动于衷。这还不怎么难,最难的是:"旧令尹之政,必以告新令尹。"自己所做的事情,一定详详细细告诉后面接任的人该怎么办。普通交接,只说:"这事我办了一半,明天你开始接下去。"就这样了事,令尹子文,则把事情的困难、机密,全部告诉来接印的新人。多数人都会有经验,新旧任交接,在交印时总不是味道,多半不愿把困难的所在告诉新任的人。即使双方是好朋友,也是一样。甚至原来两个好朋友,一个在台上的病危了,另一个到医院去探望,关心的是哪一天可以去接他的印,而不是病情何时好转。看了几十年人情,颇恨眼睛还很亮,不太老花,耳朵也颇灵光,这真不是件快乐的事!

这里是说令尹子文对国家的尽忠负责。对来接任的人,看成是工作的接班人。他这种态度,在表面上看起来容易,做起来很难。在外面做事的人,对这些要牢记,这是对国家尽忠,对自己尽职。在一个团体,就为团体尽忠,不为私事。所以子张问到令尹子文时,孔子便说:"忠矣。"指出令尹子文是国家的忠臣,因为他把私人的利害得失丢开了,完全为国家尽忠。"曰:仁矣乎?"子张又问到像令尹子文这样的做法,他的学问修养,有没有达到"仁"的境界?"曰:未知,焉得仁?"孔子说,"仁"是什么他还不知道,他怎么能算得"仁"者?他只是忠臣,仁还不够。

对于孔子说的仁,我们在《里仁》篇中曾提到过的,这里不再重复。

## 濯足沧浪哪得清

崔子弑齐君,陈文子有马十乘,弃而违之。至于他邦,则曰:犹吾大夫崔子也。违之。之一邦。又曰:犹吾大夫崔子也。违之。何如?子曰:清矣。曰:仁矣乎?曰:未知,焉得仁?

这是历史上有名的事情。齐国是鲁国的邻邦,当时有一大臣崔杼叛乱,杀掉了齐国君王庄公。孔子写《春秋》的微言大义,前面已经说过,他常用一两个字标明,衡论是非。这里的"弑"字,就是《春秋》大义的微言。凡是叛变的人杀了上面的都称为"弑",所以在历史上看到弑,就知道是叛变杀了上面,在历史上永远留下叛变的罪名。这是中国历史哲学的精神,也是历史的道德观。无论怎样成功,如果做了不对的事,千秋万世都要负这个历史道德的罪名,弑就是弑,杀就是杀。对敌人打胜仗就是克,不是敌人就不能用克。这是一定的、刻板的,所以崔子叛变杀了齐君就是弑。

陈文子也是齐国的大夫,和崔子是同事,地位相当。古代的交通工具，一部车子为一乘，用四匹马驾驶。有马十乘，就是有十部马车，一共四十匹马。以现在来说，小轿车就有十辆以上了，直升飞机几架不去说他。"弃而违之"，对崔子的叛变看不下去，把自己的偌大财产都丢掉不要，逃离了齐国。"之于他邦"，又流浪到别的国家。春秋战国时，每个国家都很乱，到别的国家一看，"则曰：犹吾大夫崔子也"。他说，这个国家的大臣们，也都是混蛋，和齐国的崔子一样，都不是好东西。"违之"，因此又走。周游列国，到处走。"之一邦"，又到了另外一个国家，"则又曰：犹吾大夫崔子"。又是感叹！整个世界都是一样，都在混乱，大臣都和崔子一样，没有好东西！"违之"，离开了。这个陈文子，后来不知到瑞士或者非洲的什么国家去了（一笑）。子张就问孔子，老师，像陈文子这个人，你看，了不起吧？"子曰：清矣。"孔子说，好！很清高。清高的人往往比较自私，只顾自己，不能算是忠臣。否则，为什么自己国家有难，弃而不救，到处乱走？这里看不惯，那里看不惯，难道国家太平了，就非要你来住吗？

绝大多数清廉之士，最高的成就只到这个地步。他们清，很清。他们批评什么事情，都很深刻，都很中肯，很有道理。但是让他一做，就很糟糕。高尚之士谈天下事，谈得头头是道。不过，天下事如果交给他们办，恐怕只要几个月就完蛋。国家天下事，是要从人生经验中得来。什么经验都没有，甚至连"一呼百诺"的权势经验都没有尝过，那就免谈了。否则，自己站在上面叫一声："拿茶来！"下面龙井、乌龙、香片、铁观音，统统都来了，不昏了头才怪，你往地上看一眼，皱皱眉头，觉得不对，等一会就扫得干干净净。这个味道尝过没有？没有尝过，到时候就非昏倒不可。头晕、血压高，再加上心脏病，哪里还能做事？一定要富贵功名都经历过了，还能保持平淡的本色，最了不起时是如此，起不了时还是如此；我还是我，这才有资格谈国家天下事。不然去读读书好了。至于批评尽管批评，因为知识分子批评都很刻骨，但本身最了不起的也只能做到清高。严格说来普通一般的清高，也不过只是自私心的发展，不能做到"见危授命"，不能做到"见义勇为"。所以古人的诗说:"仗义每从屠狗辈,负心多是读书人。"这也是从人生经验中体会得来,的确大半是如此。屠狗辈就是古时杀猪杀狗的贫贱从业者,他们有时候很有侠义精神。历史上的荆轲、高渐离这些人都是屠狗辈。虽说是没有知识的人,但有时候这些人讲义气,讲了一句话,真有去做了;而知识越高的人,批评是批评,高调很会唱,真有困难时找他,不行。

讲到这里,想起一个湖南朋友,好几年以前,因事牵连坐了牢。三个月后出来了,碰面时,问他有什么感想?他说三个月坐牢经验,有诗一首。是特别体裁的吊脚诗,七个字一句,下面加三个字的注解。他的诗是:"世态人情薄似纱——真不差,自己跌倒自己爬——莫靠拉;交了许多好朋友——烟酒茶,一旦有事去找他——不在家。"我听了连声赞好。这就和"负心多是读书人"一样,他是对这个"清"字反面作用的引申;对社会的作用而言,就是这个道理。所以孔子对于陈文子这种人的评论只给他一个"清"字。总之,"水至清则无鱼,人至察则无徒。"这话很有道理。子张又问陈文子这个人,够不够得上"仁"的程度?孔子就说,他对仁的观念都还没有,怎么可能达到"仁"的修养?

## 想 得 太 过 了

上面列举出"忠"的榜样和"清"的榜样,接着讲一个道理。

季文子三思而后行。子闻之曰:再,斯可矣!

季文子姓季孙,名行父,谥文,是鲁国的大夫。做事情过分的小心,过分的仔细。"三思而后行",一件事情,想了又想,想了又再想叫"三思"。孔子听到他这种做事的态度,便说:"再,斯可矣!"这句话有两种解释,从前老学究们的解释认为:"做事情要特别小心,孩子们,想三次都不够,孔子说'再,斯可矣!'还要再想一次哪!"这种解释是不对的。其实,孔子认为他想得太多。做人做事诚然要小心,但"三思而后行",的确考虑太多了。学过逻辑就知道,学过《易经》的道理更懂得。世界上任何事情,是非、利害、善恶都是"相对"的,没有"绝对"的。但是要三思就讨厌了,相对总是矛盾的,三思就是矛盾的统一,统一了以后又是矛盾,如此永远搞不完了,也下不了结论的。所以一件事情到手的时候,考虑一下,再考虑一下,就可以了。如果第三次再考虑一下,很可能就犹豫不决,再也不会去做了。所以谨慎是要谨慎,过分谨慎就变成了小器。大家都有几十年的人生经验,过分小心的朋友,往往都犯了这个小器的毛病,小器的结果,问题就多了。所以孔子主张,何必三思而后行,再思就可以了。

## 难 得 糊 涂

子曰:宁武子,邦有道则知,邦无道则愚。其知可及也,其愚不可及也。

宁武子是春秋时代,卫国很有名的大夫,姓宁,名俞,武是他的谥号。经历卫国两代的变动,由卫文公到卫成公,两朝代完全不同,宁武子却安然地做卫国的两朝元老。"邦有道则知",这个邦就是古时国家的别称,国家政治上了正轨,他的智慧、能力、才具发挥出来,了不起! 可是后来到了卫成公的时候,政治、社会,一切都非常混乱,情况险恶,他还在朝,也参加了这个政治,可是他在"邦无道"的时候,却表现得愚蠢鲁钝,好像什么都很无知。但从历史上看出他并不笨,他对于当时的政权、社会,在无形之中,局外人看不见的情形下,在努力挽救。表面上好像他碌碌无能,没有什么表现,可是他对于国家、社会真的做了事。所以孔子给他下了一个断语:"其知可及也,其愚不可及也。"他说宁武子那种聪明才智的表现,有的人还可做得到,但处于乱世那种愚笨的表演,就难以学了。

人们到了社会历史发生变动的时候,尤其是古代帝王政权变乱时,在前一个君王手上,充分表现了政治才能的人,本来是很容易遭忌的。这是政治上千古以来不移的定例。何以如此?有点莫名其妙的,也许是人类心理的通病,能干了会有人妒忌的。为什么妒忌?只能说是人类天生的劣根性,我们必须以学问、道德来消磨它。这种妒忌心理,到了事业或利害相对的时候,就忌刻别人。所以学问之道,就要了解自己的心理,把这些罪恶的心理,消磨了、转化了,那才是真正"仁道"之"仁"。所以孔子说到宁武子,当初他的才能表现得那么高,应该遭人家的妒忌;但是到了变乱的时候,他表现很碌碌无能,没人打击他,也没有人仇恨他,这一点修养是别人做不到的。人在得意时,聪明才智很容易露锋芒;"其知可及也",这点大家还可以做得到。但是朴实无华、老实平淡、笨笨无能的样子,"其愚不可及也",这就很难做到了。

这里我们就想到清朝名士郑板桥,说过几句很了不起的话:"聪明难,糊涂亦难,由聪明而转入糊涂更难。放一着,退一步,当下心安,非图后来福报也。"绝顶聪明的人,不是故意装糊涂,而是把自己聪明的锋芒收敛起来,而转进糊涂,这就更难了。下一句话说待人接物,遇事退一步,把利益权位都让给人家,心里很舒服,并不希望人家事后报答,只要当时心里舒服就好。这也是孔子说宁武子的"其知可及也,其愚不可及也"的另一引申。

## 不 如 归 去

下面讲到:

子在陈曰:归与!归与!吾党之小子狂简,斐然成章,不知所以裁之。

归与的"与"字是惊叹词。这一节等于孔子的一段传记。这是孔子周游列国,到晚年的时候,要想回来讲学的自白。这里谈到学问之道。我们要特别了解的是,孔子在这段时间周游列国,对于国家天下大事,了然于心。有很多很多拿到政权的机会,但是他不要,他认为国家天下所以安定,必须要以教育文化为基础,于是他决心回到自己的国家讲学去。此时他很感叹地说:回去吧!回去吧!

"吾党之小子狂简"——小子是年轻人。党是指古代的乡党,也就是鲁国这一些跟随他的学生们。"狂简"是两个典型。豪迈、慷慨,多半年轻人喜欢的个性和作风就是"狂"。轻易、草率,对国家天下事掉以轻心,就是"简"。我们知道宋代的名诗人陆放翁(在清末民初,有更多的文学家喜欢捧陆放翁,誉他为爱国诗人),他的一首名诗:"早岁那知世事艰,中原北望气如山。楼船夜雪瓜州渡,铁马秋风大散关。塞上长城空自许,镜中衰鬓已先斑。出师一表真名世,千载谁与伯仲间。"这是他当时的自述。他在少年时代,希望带兵打仗,把金人赶出去,那种幻想中的气魄,非常可爱可嘉;后面四句则说到年纪大了,头发白了,一无所成的感慨。现在引用他的诗"早岁那知世事艰",说明年轻人虽然富有冲劲,但容易犯轻狂的毛病,太过冲动,这就是"狂简"的狂。第二种典型"简",把天下事看得太容易了,自己想到就好像做得到一样,年轻人也容易犯这个毛病。"吾党之小子狂简",是说跟自己的这班年轻人,蛮有豪气,看天下事太容易了。虽然文采不错,"斐然成章"地议论纷纷,毕竟还未成器。像现代许多年轻人搞的书刊著作,大谈国家天下事,头头是道,但文章是文章,天下事是天下事,这完全两回事。要做到事理合一,非有几十年亲身艰苦的经历,是不会了解的。所以孔子认为,必须要回国教育后一代,决心把精神放在教育上,培养国家的根本。"不知所以裁之"这句话,是说年轻人有够狂的豪气,凡事看得太容易太简单。文章见解固然有,却不知道仲裁,不知道裁取。如何是该不该?怎样是能不能?都不考虑。学问之道,最难的是如何中肯仲裁。像做衣服的技师一样,要把一块布裁剪成一件合身而大方的衣服,这是一门不简单的学问。所以他一心要回到鲁国,献身于文教的千秋事业。

这一段,在时间上说,很可能是孔子晚年回国讲学的情况。为了整篇《论语》的行文,特地安排在这一篇。也很可能是孔子在陈蔡之间,遭遇困难以后,决心要回国讲学了,于是发出了这个"宣言"说明他回国讲学,对一些人或事,所采取的态度。

子曰:伯夷、叔齐,不念旧恶,怨是用希。

孔子对于伯夷、叔齐、吴泰伯三个人是非常佩服的。关于吴泰伯,在下面还有专篇。中国历史上这三个人,都是薄帝王而不为的人,他们本该当君主的,可是他们都谦让了,自己不要。伯夷是老大,叔齐是老三。老大让位给老三,老三也不干,结果两人都逃掉了,只好由老二勉强担当政权。伯夷、叔齐这样让国,吴泰伯也是这样的人。孔子到处提到他们,非常尊敬他们、崇拜他们。在这里又提到伯夷、叔齐有不念旧恶的美德。过去有人对不起他的,过了就算了,不怀恨在心。这有什么好处呢?有!"怨是用希",能够不怀恨别人,宽恕了别人,所以和别人之间的仇怨就没有了,而坏人渐渐也会被他们所感化。

为什么《论语》编到这里,把这句插进去呢?因为孔子在鲁国做过一任司寇,至少也有现在电视上《包青天》节目中,包公的那种政风。上了台就把少正卯杀掉了,雷厉风行的做法,不免在政治上有些恩恩怨怨。不过他走的是正路,所以大家也拿他没办法。既然要回国讲学,政治上的恩怨可以抛诸脑后了。过去有人对我不起的,不要放在心上,随他去。我们回去教学吧!

虽然如此,他又讲了一件事。

子曰:孰谓微生高直?或乞醯焉,乞诸其邻而与之。

微生高,姓微生,名高,是一个鲁国人,人家说微生高这个人很直爽、坦率,但是孔子认为大家的话说过分了,他并没有符合这种修养。

"或乞醯焉"，有人向他要一杯醋浆。他没有，自己便到别一家去要一杯醋来，再转给这个要醋的朋友。孔子认为这样的行为固然很好，很讲义气，但不算是直道。直道的人，有就是有，没有就是没有，不必转这个弯。微生高转了这个弯，就不能算是直。

这一点值得我们研究了。我们要注意，孔子的思想——在下面还会讲到——是"以直报怨"，这也就是后世儒家思想的争论点。什么是"以直报怨"呢？你打我一记耳光，我不打你一拳，但吐你一口唾沫，不过分吧！总可以吧？因为你打我，我实在生气。至少，你骂了我，我可以不恨你，但我不理你，这总可以吧？这就是"以直报怨"的道理。孔子一直是这个主张。"以德报怨"是老子的思想，后世也把它代表了道家的思想。就是说，你对我不起，我不恨你，不报复你，反而对你好，乃至把你感化了。孔子"以直报怨"的思想，在中国文化中，和墨子思想以及侠义思想，有相同看法，都主张"直"。所以中国侠义的思想和墨子的思想，普遍流传于民间，所谓"睚眦必报"，所谓"路见不平，拔刀相助"，就是由这种精神演变而来。那么孔子这个思想对或不对呢？我们不管他圣人不圣人，"吾爱吾师，吾更爱真理。"先把圣人这头衔供到上面去，问题则要讨论。

拿中国传统的侠义思想或道家的思想来说，对于一个有困难，有急用而来借钱的朋友，正好自己没有钱，于是转向他人借来，给这困难的朋友，这是义所当为的事。但孔子在这里却并不以为然，他认为这不是直道的行为。

就我们现在研究的方法，《论语》是整篇连贯的，不能一节一节拆开来看。而且《论语》二十篇，也可说是全部连贯的一篇大文章。那么在这一个基本观点上，来看这一句话的含义。正如我刚才所讲的，孔子晚年周游列国后，要回国讲学了。他发表"宣言"，首先提出来"不念旧恶"，过去的都过去了，所有恩恩怨怨，大家都不必去说他。现在应该回去，为自己国家、为天下人，打一点文化的基础，来教育后代。第二点他也说明，虽然过去不问，但好的还是好，坏的还是坏。并不因为既往不咎,坏的就一下子变好了。这里不过借用这个"直"字来作说明而已。如果一定要说这一点,是孔子解释直道行为的要点,那么,后世的儒家就发生问题了。汉、唐、宋、元、明、清以来,所有读书称儒家的人,都变成胸襟狭窄,结果就成为刚才所例举过古人的诗说:"仗义每从屠狗辈,负心多是读书人"了。难道说读书人多半不管别人,不能具有这种侠义的精神?这是误解了孔子这句话的意思。就我的观点,连贯全篇的思想看起来,孔子是故意向当时鲁国一些因政治上恩怨而怕他回国的人,透露了一个消息——虽然对于你们,在我心里并不同意,但是各走各的路,你们不要害怕,我要回来了。

何以见得是这样的呢?下面孔子还有一句话。

子曰:巧言、令色、足恭,左丘明耻之,丘亦耻之。匿怨而友其人,左丘明耻之,丘亦耻之。

这个丘是孔子的名字。我们过去老式的念书,念到这里不称丘,不敢念,念了犯忌讳,要挨揍的。于是另外拿一个字来替代,而念成"某亦耻之"。现在时代的忌讳不同了,无所谓。这里孔子又说,一个人讲一些虚妄的、好听的话;脸上表现出好看的、讨人喜欢的面孔;看起来对人很恭敬的样子,但不是真心的。左丘明耻之,丘亦耻之(左丘明就是写《春秋左传》的左丘明,古人认为左丘明是当时的闻人。古代所谓的闻人,就是名气非常大,可并不是官,也不是一个固定型的人,所以称闻人。后世对帮会领袖称作闻人,这个观念,古今是有出入的)。孔子这句话是说,左丘明讨厌这种说假话做假事的人,我也和左丘明一样,讨厌这种人。

"匿怨而友其人",明明对人有仇怨,可是不把仇怨表示出来,暗暗放在心里,还去和所怨恨的人故意周旋,像这样的人,他的行径就太不对,用心也太奸险了。左丘明做人的态度不屑于这样,我也不屑于这样。

把孔子这两句话，和对微生高的话连在一起，再把上面"归与……归与……"连贯起来，如我刚才所说的，是孔子归国办教育前的"宣言"。等于是对鲁国政治上这班怨恨他、怕他回来的人说，我对你们是不同意的，但没有仇恨，我要回来了。一连串贯通起来，便成了这个意思。但非定论，我只是作如此说而已。对与不对，另俟高明。

下面接着孔子回到鲁国了，我们把它连起来，就像是孔子的一段传记历史。也可当一部小说，也可当一部电影看。

## 一乐也的对话

颜渊、季路侍。子曰：盍各言尔志。子路曰：愿车马，衣轻裘，与朋友共，敝之而无憾。颜渊曰：愿无伐善，无施劳。子路曰：愿闻子之志！子曰：老者安之，朋友信之，少者怀之。

有一天，颜渊和子路站在孔子旁边闲谈，孔子就说："盍各言尔志"。"盍"是一个虚字，中国古文里经常有"盍"、"夫"这类虚字，等于我们现在的"嗯"、"那么"。他说，你们年轻的一代，把你们的愿望、志向讲出来听听看。在这里，我们等于在看话剧，台词中表现了孔子学生的个性，也烘托出孔子的教育手法。

子路曰："愿车马，衣轻裘，与朋友共，敝之而无憾。"这完全代表了子路的个性。子路是很有侠气的一个人，胸襟很开阔。他说，我要发大财，家里有几百部小轿车，冬天有好的皮袍、大衣穿，还有其他很多富贵豪华的享受。但不是为自己一个人，希望所有认识我的人，没有钱，问我要；没饭吃，我请客；没房子，我给他住。气魄大！唐代诗人杜甫也有两句名诗说："安得广厦千万间，大庇天下寒士俱欢颜。"就是子路这个志愿的翻版。他说修了千万栋宽敞的国民住宅，所有天下的穷读书人都来找我，这是杜甫文人的感叹。而子路的是侠义思想，气魄很大，凡是我的朋友，衣、食、住、行都给予上等的供应。"与朋友共"的道义思想，绝不是个人享受。"敝之而无憾"，用完了，拉倒！

颜渊却是另一面的人物，他的道德修养非常高，与季路完全两个典型。他说，我希望有最好的道德行为、最好的道德成就，对于社会虽有善行贡献，却不骄傲。"伐善"的伐，就是夸耀。"无伐善"，有了好的表现，可是并不宣传。"无施劳"，自己认为劳苦的事情，不交给别人。"施劳"的意思，我主张这样解释。在上面也提到过，圣贤与英雄的分野：英雄能够征服天下，不能克服自己；圣贤不想征服天下，只想征服自己。所以圣贤比英雄还要难。换句话说，英雄可以施劳，把自己的理想，建筑在别人的烦恼、痛苦上。圣贤则不想把自己的烦恼、痛苦放在别人的肩膀上，而想担起天下人的烦恼与痛苦。所以颜渊讲"无施劳"，就是说不要把自己的烦恼、痛苦放在别人身上，这是颜渊的所谓"仁者之言"。

一文一武这两学生的理想志愿完全不同，都报告完了。孔子听了以后，还没说话，我们这位子路同学，可忍不住，发问了，老师！你先问我们，你的呢？也说说看。孔子说了："老者安之，朋友信之，少者怀之。"这就是《礼运》篇中大同思想的实现，这是最难做到的了。这三点一看就与众不同。孔子之所以为圣人，成为了不起的教育家、哲学家……总之什么家都被他"家"上了，了不起就是了不起。"老者安之"，社会上所有老年的人，无论在精神或物质方面，都有安顿。"朋友信之"，社会朋友之间，能够互相信任，人与人之间，没有仇恨、没有怀疑。"少者怀之"，年轻人永远有伟大的怀抱，使他的精神，永远有美好的理想、美丽的盼望。也可以说永远要爱护他们，永远关爱年轻的一代。我们仔细研究，如果这三点都能做到，真是了不起的人。这样的人，如果要为他加一个头衔，就是圣人，或者神仙，或者如来。因为这三点，对上一代，自己这一代，以及下一代都有交代。此即所谓圣人境界，是很难做到的一件事。

讲到这里，这篇对于学问之道实际的讨论，引用孔子的话，作个结论。

子曰：已矣乎！吾未见能见其过，而内自讼者也。

这就是学问之道的点题。主要的要与第一篇《学而》连起来。孔子这几句话，用白话文翻译过来是：算了吧！我从来没有看到过一个人，能随时检讨自己的过错，而且在检讨过错以后，还能在内心自我审判。怎样受审判呢？就是自己内在打天理与人欲之争的官司，就是如何善用理智平衡冲动的感情。这是学问的基本；也是中国文化儒家情操的中心；也是我们每一个人，随时会碰到，而无法避免的事。例如吸烟的人，戒烟非常难。看见了烟，理智告诉自己要戒，然而手下意识地会伸出去取烟。其实人生随时随地都是如此，每个人都有理智，都很清醒，有的事不愿做，但欲望一起，就压不下去，理智始终克服不了情欲。所以孔子儒家的学问重点，在于内讼和自省，自己在肚子里审察一番。孔子在这里就讲到，他从来没有看过一个人，可以随时自己反省、随时检讨自己、责备自己的。这是特别提出孔子讲做学问的重点所在。

在下面还补充一句。

子曰：十室之邑，必有忠信如丘者焉，不如丘之好学也。

根据孔子上面所说，以他活到六七十岁的年纪，周游世界各国，竟然没有看到过一个随时反省的人，顶多只有一个，是他的学生颜回。似乎抹煞了天下人，但是孔子并没有那么偏激的思想。十室之邑——等于我们说在三家村里（古代的"邑"，等于现代的邻或里。汉唐以后，"邑"的观念又不同了，相当于现代的县。如果把汉唐以后的"邑"的观念，拿来看春秋战国时的"邑"，那就错了，这是研究学识上要小心的地方）。所以他接着补充说，就是在十户人家的三家村里，也一定有讲学问道德的人。对事的忠、对人的信，都像我一样，只是不像我一样肯努力去多方学习而已。孔子认为许多人有天才，但没有加上学识的培养,因此不能成就。就道德心理而言,问题也是一样。任何人都有道德的基本因素,只是因为没有学养,不知道把这种道德心理的基本因素培养出来。要使这种心理上善良的本质见之于行为,就必须加上学问的陶冶。

# 雍也第六

上一篇《公冶长》,是对前四篇整个学问系统,作一对话式讨论的前半集,本篇第六篇《雍也》是和第五篇的性质相衔接起来的,也就是讨论印证的后半集。

## 闲置帝王才

这里就讲到一个人。

子曰:雍也,可使南面。仲弓问子桑伯子。子曰:可也,简。仲弓曰:居敬而行简,以临其民,不亦可乎?居简而行简,无乃大简乎?子曰:雍之言然。

这篇书,同上篇以公冶长的名字来作篇名一样的,也是以学生"雍"的名字来作篇名。《公冶长》代表修德之体;《雍也》代表进业之用。雍是孔子学生中有名的一个,姓冉,名雍,字仲弓,比孔子年轻二十九岁。在孔门得意的高弟当中,他认为道德学问都行的是颜回;慷慨好义、军事第一的是子路;政治、外交、经济等等第一的是子贡;另一个他最得意的学生,就是冉雍。他认为"雍也,可使南面",所谓南面,就是说他有南面而王,君临天下的大才。孔子周游列国的时候,每个国家都怕孔子,因为他的排场太大了。一来就带了那么多弟子,而且他的弟子中,各国的人都有,他的理想国中的各项人才也都有:

冉雍可以作君王，宰相可由子贡出任，三军统帅子路可以站出来。这情形，诸侯列国有谁敢收容孔子？他在那里一待，谁都紧张。所以从整个历史来研究孔子，就可以知道，他之所以伟大，之所以成为圣人，实在是其来有自。他不是没有办法，而是非常有办法，只要他头一点说：你们干吧！问题就大了。以他的三千弟子，在春秋战国时，随便哪一个大国都吃不消，都可以被他拿下来。但是孔子不走这条路，为什么不走这条路？这种道德修养，就值得我们研究了。如果对当时的史料不清楚，好像孔子之成为圣人，是读书人被逼得穷到无可奈何，才做了圣人，那就完全错了，这点值得我们特别注意。

孔子提出来："雍也，可使南面。"这是说冉雍这个学生有帝王之才。古代帝王，依照传统文化观念，一定要坐北向南，一直到清朝被我们推翻以前，几千年来都是如此。古时南北正向的房子，老百姓是不准修的，尤其在清代，老百姓如建南北正向的房子，地方官一向上报，就要论罪灭九族的。老百姓向南的房子有没有？有的，但是大门一定向旁偏一偏，不许正向南方。只有州、县等官府的衙门，或者神庙可以坐北向南，其他不行。这是中国专制时代建筑方向的规矩。还有，北京的房子，在过去绝不能高过宫殿，否则就是犯罪。所以"南面"这两个字，在古文中往往就是称帝称王的代名词。

我们在这两篇书上看得出来另外的一个道理。第五篇公冶长，坐在牢里犯了法的人，孔子却把女儿嫁给他；第六篇则讲可以作帝王的是冉雍。而冉雍本来是最可怜的人。他的父亲很不好，出身于贫贱家庭，如以阶级观念来讲，他的父亲是所谓的下等人，可是他的儿子却资质非凡。由这两件事例，可以看出孔子在中国上古时代，那种注重阶级的社会里面，他并不考虑到这些。他只问一个青年，他个人是不是人才，如果是一个人才，该如何就如何。所以后来他也一再鼓励冉雍。当然，冉雍下意识中也会有一种心理——自己的出身、自己的家庭如此，难免心理上有点自卑感。孔子就告诉他，不必要存有这种心理，一个人要靠自己站起来。所以这两篇书，第一个提到的人，都是在困苦艰难中,由孔子的培养,学问德业才能有所成。

说到冉雍,他有一天提出一个问题来问孔子,讨论到子桑伯子这个人,在《庄子》这部书中也曾经提到过,他非常豁达。在秦汉以后的文化中用豁达这两个字,很有内涵。《史记》上写汉高祖,也有这种字句。达者指度量的宽大,讲得好听点是豁达;讲得难听点,就是"吊儿郎当",一种满不在乎的态度,穿衣服时领带都打成歪的,扣子也扣不好,说不定领子也经常翻起来。这个样子,也有一半像豁达——不在乎。子桑伯子,就是一个这样的人。

豁达的人往往太简。关于这个"简"字,值得研究了。我们须要特别了解:孔子经常提到的"简",就和老子所提到的"俭",观念是一样的。这两个字的定义,在古文中几乎完全是一样。只是两个字的表现不同而已。孔子说子桑伯子从简,一切都是简化,近乎豁达,批评得简单明了。那么冉雍就提到他的思想了。他说做一个领导人"居敬而行简",如果对一件事——处事,对一个人——待人,都是敬重的心理,事情自然就可以简化。这样来处理老百姓的事情,和一般社会的事务,就对了。如果说内心的精神,没有尊重这件事情,没有重视行政组织,没有"敬业"的心理,只是满不在乎,以此来标榜简化,以简化的目的来实行简化,就变成一种权术、一种手段,就不是政治的道德,这样就未免过分简化。在我们历史文化上,做领导人的,要注意所谓"上有好者,下必甚焉"。上位的人,爱好一件事或一种动作,标榜一事或提倡某一点,下面的人就群起效颦,做得更热烈、更过火了。孔子听了冉雍的话,马上就说,你的话对,我一时说错了。由此也可看出孔子的民主态度及教学精神的诚敬之处。

下面又提出一个最有名弟子的重要问题。

哀公问:弟子孰为好学?孔子对曰:有颜回者好学,不迁怒,不贰过,不幸短命死矣。今也则亡,未闻好学者也。

鲁哀公问,你学生中,哪一个能真正继承你的学问?最好学的是谁？孔子说，只有颜回。他认为继承学问道统的是颜回，不一定有帝王之才，却有师道的风范；而冉雍则有君道之才。颜回足为人师的学问德业在哪里呢？"不迁怒，不贰过"，但是"不幸短命死矣"，可惜已经死了。"今也则亡"，现在就没有了。"未闻好学者也"，再也找不到第二个好学的人了。从这段话又证明了我们的一个观念——学问并不专指文学知识。

现在要讨论的是"不迁怒，不贰过"。这六个字我们一辈子都做不到。孔子也认为，除了颜回以外，三千弟子中，没有第二个人了。凡是人，都容易犯这六个字的毛病。"迁怒"，就是脾气会乱发，我们都有迁怒的经验。举例来说，我们最容易迁怒的是自己家人，在外面受了气回家，太太好心前来劝问："今天回得那么晚？"于是对太太："你少讨厌吧！"这就是迁怒了。其实并不是骂太太，是在外面受了气，无处可发，向太太迁怒了，所以我们有时候对长官、对朋友也要原谅。很多人挨了长官的骂，仔细研究一下，这位长官上午有件事弄不好，正在烦恼的时候，你再去找他，自然挨他的骂，这是被迁怒了。处理事情也是这样，我们看到历史上，有些人做了历史的大罪人，就由于迁怒。有的因为对某一个人不满意，乃至把整个国家拿来赌气赌掉了。不迁怒真是太难的事。

## 当皇帝的能受气

我们讲两个故事：

第一次世界大战以前，德国的名宰相俾斯麦与国王威廉一世是对有名的搭档。德国当时会强盛，不但是俾斯麦这个首相行，同时也因为有这个宽容大度的好皇帝。威廉一世回到后宫中，经常气得乱砸东西，摔茶杯，有时连一些珍贵的器皿都砸坏。皇后问他："你又受了俾斯麦那个老头子的气？"威廉一世说："对呀！"皇后说："你为什么老是要受他的气呢?"威廉一世说:"你不懂。他是首相,一人之下,万人之上。下面那许多人的气,他都要受。他受了气哪里出?只好往我身上出啊!我当皇帝的又往哪里出呢?只好摔茶杯啦!"所以他能够成功,所以德国在那时候能够那么强盛。

另外一个故事。朱元璋的马皇后也是了不起的人物。朱元璋当了皇帝以后,有一天在后宫廷与皇后谈笑,两个人谈得高兴,朱元璋突然拍了一下大腿,高兴得跳起来说:"想不到我朱元璋也会当皇帝!"手舞足蹈,又露出了他寒微时那种样子,这是非常失态的。当时还有两个太监站在旁边,他没有留意到。一会儿朱元璋出去了,马皇后立即对那两个太监说:"皇帝马上要回来,你们一个装哑巴,一个装聋子,否则你们两人都会没有命了,记住,听话!"果然,朱元璋在外面一想,不对劲,刚才的失态,将来给两个太监传了出去,那还了得。于是回到后宫,一问之下,两个太监,一个是哑巴,不会说话;一个是聋子,没有听见,这才了事。否则这两个头岂不掉下来了!所以马皇后也是历史上一个有名的好皇后。

这就讲到人生的修养与迁怒,一点事情不高兴,脾气发到别人身上,不能反省自讼。尤其是领导别人的,要特别注意。

第二点最难的,"不贰过"。所谓贰过,第一次犯了过错,第二次又犯。等于我们抽烟一样,这次抽了,下决心,下次再不要抽,可是到时候又抽起来了。再犯同样的过错,这就是"贰过"。孔子说只有颜回才能做到"不迁怒,不贰过"这六个字,人们真能做到如此,不是圣人,也算是个贤人了。

"迁怒"的意义发挥起来还很多,总之,我们做人做事,要尽量注意"不迁怒,不贰过",那么,"虽不中,亦不远矣"。

事实上,我们所讲的"不迁怒,不贰过",只是其中的一小点。如果认真地研究起来,这两句话是概括了全部历史哲学,也概括了人类的行为哲学。人若真能修养到"不迁怒,不贰过",那是太不容易了。所以孔子再三赞叹颜回,是有他的道理。

譬如我们说"怨天尤人",就是迁怒的一例。一个人到了困难的时候怨天,这是普通的事。说到"怨天",如韩愈所说的,一个人"穷极则呼天,痛极则呼父母",这是自然的现象。又如司马迁《史记》中对《离骚》的评论:"夫天者,人之始也;父母者,人之本也。人穷则反本,故劳苦倦极,未尝不呼天也;疾痛惨怛,未尝不呼父母也。"这里所指的"穷",并不只是没有钱了才叫作"穷"。一件事到了走投无路的地步,就叫做穷。此时往往情不自禁地会感叹:"唉!天呀!"身上受了什么难以忍受的痛苦,往往就脱口而出:"我的妈呀!"这是一种自然的反应。人到无可奈何的时候,心理上就逃避现实,认为这是上天给我的不幸。"尤人",就是埋怨别人、诿过于人,反正是"我没有错"。古时平民文学中有一首诗说:"作天难作四月天,蚕要温和麦要寒。行人望晴农望雨,采桑娘子望阴天。"像这样,天作哪一种天才是好天呢?作天都难作,何况做人?所以一个人为朋友效力,受人埋怨,是难免的。尤其当领导的人,受人物议,更是必然。所以老子说:"人法地,地法天,天法道,道法自然"这句话,也就是包含了要我们效法天地广大包容的气度。

至于"不贰过"这层修养,比起"不迁怒"的操守,那是更深一层的功夫了。

下面文章气势再转,更见《论语》编排之曲折而隐含条理之妙。

## 周 富 济 贫

子华使于齐,冉子为其母请粟。子曰:与之釜。请益。曰:与之庾。冉子与之粟五秉。子曰:赤之适齐也,乘肥马,衣轻裘。吾闻之也:君子周急不继富。

子华名公西赤,孔子弟子,少孔子四十二岁。有一次公西赤派出去做大使,这时孔子大概在当政。冉求是公西赤的同学,他因为公西赤还有母亲在家,于是就代公西赤的母亲请求实物配给,也就是请拨一笔安家费。孔子说,好,给他一釜。"釜"是古代度量衡的单位,六斗四升为一釜。这是米谷的成数,数量不多,所以冉求为他"请益"。冉求为同学说话了,老师,一釜少了一点,给他增加一些吧!于是孔子说,好吧!加给他一庾。庾是古代容量的单位,十六斗。等于说孔子原来给他五万元,现在又增加了八万。大概当时冉求是在孔子那里当总务,"一朝权在手,便把令来行。"为了同学,不管孔子的意见,另外自己一批给了五秉。当时十六斛为一秉,现在来说,数字相当大,好像一下子给了三五十万了。事后,孔子知道了,但是并没有责怪冉求;这也是一种教育。当然现在做官就难了,以前做官,讲情、理、法,除了法律以外,还要合理、合情。不像现在的时代精神,以法治为主,专讲人事法规与人事管理,往往无法兼顾情理。冉求对于这件事情的处理,孔子如果专讲法令,那冉求是不对的,很可能要撤职查办。但是孔子没有追究,他始终站在教育的立场上说:"赤之适齐也,乘肥马,衣轻裘。吾闻之也:君子周急不继富。"意思是对学生们说,你们要知道,公西赤这次出使到齐国去,神气得很;坐的是第一流的交通工具,穿的是第一流的行装。等于现在西装几十套,皮箱几十口。他有这许多置装费,额外津贴,尽可以拿出一部分来给他妈妈用。我们帮忙别人,要在人家急难的时候帮忙人家。公西赤已经有了办法,再给他那么多,不是成了锦上添花吗?这是不必要的。这也就是所讲"求人须求大丈夫,济人须济急时无"的道理。

不过我们经常会感觉到助人是件很难的事,这牵涉到社会心理问题。比如有一个朋友,又穷又病,于是替他找些朋友出钱治病。同样是这人的事情,去找了一位朋友三次,第四次以后,就要找别的朋友了。有时为了周人之急,我们可以要求别人:"再来一次!"但别人却答复说:"今天实在不行。"我们也许可以勉强地说:"这一次算我要的!"这就等于硬上了。但是某人一死,朋友们又很热心地出钱出力帮忙买棺材了。有时候碰到这种情形,真使人有很大的感慨,也感觉很奇怪。当某人生前有急难的时候,替他奔走,找人帮忙还不大顺利。而他死了以后,大家又这样踊跃帮忙,同情他,可怜他穷病得死了。这种心理用在某人生前多好呢?把准备给他死后买棺材的钱,在他生前多出一点医药费好不好呢?这都要仔细思量。所以说,道德行为,又该怎样讲呢?研究下来,还是应该"济人须济急时无",比较重要。孔子说"君子周急不继富",已经有了的人,就不必再给他了。

从公西赤的事件看起来,好像孔子当主管时,对于财政的管理是比较紧缩的。但是接着这一节书连下来,便讲到另一件类似的事情,证明孔子对于财务并非悭吝。

  原思为之宰,与之粟九百。辞。子曰:毋!以与尔邻里乡党乎!

原思名宪,字子思,孔子的学生。他在孔子过世以后,就辞官归隐江湖。子贡后来相卫的时候,因为很佩服他,特别去看他,结果被他刮了胡子。子贡去时,排场很大,原宪故意装扮成一个乡巴佬,穿了破旧的衣服会见子贡。见面以后,子贡说:"你生病了吧?!"原宪说:"我没生病。我没有钱,只是穷,学道而不成,才是病。像我这样子是穷,而不是病。可是你学了夫子之道,看你今天这个神气、派头……"虽然把子贡弄得下不了台,不过由此也可见原宪的侠义气概。孔子当政时,"原宪为之宰",这个"宰"是家宰,以今天的职务来说,相当于总务。孔子"与之粟九百",这个九百的数字,到底有多少,无法考据,总之很多。"辞",他不要那么多,希望减掉一点。但是孔子说,你不要推辞,你用不完可以周济那些贫穷的亲戚、朋友。

这一节是记载孔子出仕当政时,两个不同的态度。公西赤外放当大使,同学帮忙,要求多发一点安家费,孔子认为并不需要;而原宪经济状况较差,当他为孔子当总务的时候,孔子把他的待遇提得特别高。原宪不要,孔子却反而劝他收下。从这个故事,我们看到孔子作之君、作之亲、作之师的风范。除了是长官的身份之外,还身兼父母、师长之责，随时以生活中的事例来教育学生，这也就是后世儒家所该效法其教化精神的重点之处。

## 天生我才必有用

由此又讲到对仲弓的直接教育。仲弓就是冉雍，本篇的主角，孔子最得意的学生之一。本篇第一句话，孔子就说他有当皇帝的才具——"可使南面"。前面我们曾经介绍过仲弓贫苦的出身，他父亲当时的名誉也并不高明，大概各方面都很不如意。但这做儿子的，却才德出众。因此孔子全力提拔这个学生，给予特别培养。

子谓仲弓曰：犁牛之子，骍且角，虽欲勿用，山川其舍诸？

他劝冉雍心理上不必有下意识的自卑感。"犁牛"是一种杂毛牛的名称。现代畜牧中，荷兰来的杂毛牛算是好品种。但在古代这种杂色的牛，除了耕种，没有什么其他的用途。尤其在祭祖宗、祭天地等庄严隆重的典礼中，一定要选用色泽光亮纯净的牛为牺牲。但这条杂毛牛却生了一条赤黄发亮，头角峥嵘的俊美小牛。虽然杂毛牛的品种不好，但是只要这头小牛本身条件好，"虽欲勿用"，即使在祭祀大典中，不想用它，"山川其舍诸？"山川神灵也不会舍弃它的。山川在往古和春秋时代，有时代表神祇。在这里，孔子是说天地之神，也一定启示人们，不会把有用的才具，平白地投闲置散的。这也是告诉仲弓，你心里不要有自卑感，不要介意自己的家庭出身如何，只要自己真有学问，真有才具，真站得起来，别人想不用你，天地鬼神都不会答应的。

上面讲了冉雍的才，下面就提到颜回的德了。

子曰：回也，其心三月不违仁。其余，则日月至焉而已矣。

这个仁字是讲内养的境界，是前面《里仁》篇所讲的仁之体。也就是孔子告诉曾参的"吾道一以贯之"的仁的境界。这方面目前还没有加以说明,以后有机会再详细解说仁的修养。现在我们把"仁"的问题暂时搁一下。孔子说颜回能把仁的境界一直保持上三个月。至于其他同学们,只是偶然地"日月至焉"而已。或是一天有一次仁的境界,或是几天有一次,或者一个月有一次。现在我们姑且不谈这个"仁"的修养,先反过来体会一下自己的情绪:我想大家都有这种经验,心情好的时候,即使碰到问题,碰到困难的事,心情也是非常好,不会受到外境的干扰。但是好景不常,情绪坏时,芝麻绿豆的事都会惹得一肚子闷气。要说连续三个月不冒一点火气,这步修养已经难得了,更何况"三月不违仁"。由此,我们不难了解为什么孔子一再赞叹颜回这个得意门生了。

讲了内在的修养以后,下面讲到外用。

## 各 有 千 秋

季康子问:仲由可使从政也与?子曰:由也果,于从政乎何有?曰:赐也,可使从政也与?曰:赐也达,于从政乎何有?曰:求也,可使从政也与?曰:求也艺,于从政乎何有?

季康子,鲁国的大夫、权臣。有一天向孔子打听他学生的才干。孔子一一作答。由此我们可看出这些学生们的性格,同时也可看出孔子认为从政所必备的学养。季康子首先问起有军事统帅之才的子路,是不是可以请他当政?孔子说子路的个性太果敢,对事情决断得太快,而且下了决心以后,绝不动摇。决断、果敢,可为统御三军之帅,而决胜于千里之外。如果要他从政,恐怕就不太合适,因为怕他过刚易折。

季康子接着问,请子贡出来好不好呢?孔子说,不行,不行。子贡太通达,把事情看得太清楚,功名富贵全不在他眼下。聪明通达的人,不一定对每件事盯得那么牢。比如说桌子脏了,擦一下好不好?通达的人认为擦不擦都是一样,因为擦了又会脏,不擦也可以。如果有人说一定要擦,通达的人说擦也可以,擦了总比较干净,那擦就擦吧!总之,把事情看得通达,像这样的人,往往可以做大哲学家、大文学家。因为他有超然的胸襟,也有满不在乎的气概。但是如果从政,却不太妥当。也许会是非太明而故作糊涂。

说到这里,想起一个笑话。当然在正史上是没有这段记载的,只是一个笑话。传说孔子周游列国,被困在陈蔡之间。有一天学生出主意,说大家太饿了,前面有一大户人家,去借点米来。最初是子路自告奋勇前去敲门。出来一位老头子,问起是孔子的学生来借米,于是写个字叫他认。认出了,不必借,免费招待全体师生的食宿,如果认不出,一粒米都不借。子路一想,我们跟夫子专门学文学,还有什么问题。于是满口答应了这个条件。老头子就写"真"这么一个上"直"下"八"的字让子路认。子路看了后说:"这是真字嘛。"老头子听了,把门一关说:"你回去告诉你老师,不借。"子路纳闷地回来报告孔子,孔子听后对子路说:"我叫你不要去,你偏要去。这个年头,饭都没得吃,你还'认真'干嘛?"子夏听了,便自告奋勇再去借米。到了那家,自我介绍是子路的同学,也是孔子的学生。那个老头子还是写先前那个字给子夏认。子夏心想,刚才子路吃了瘪,于是答一个反义字,对老头子说:"这是'假'字嘛!"老头子听了把门一关说:"你更不行。"子夏回来把经过一讲,孔子听了叹道:"你这个人真糟糕,做人有时候也要'认真'的呀!"

这就是说两边都做得通,表面看来,就称为达者,谈到这里,同时又想到陶渊明的《归去来辞》和不为五斗米折腰的故事,也是"达"的一字范围。当时五斗米的数字很大,等于现在一万上下的月薪。可是陶渊明不干,回家去了。不过只有他才做得到。过去,我们中国人有句老话:"不干,不干,回家去吃老米饭!"现在我们都离开了家乡,到哪里去吃老米饭?别说五斗米,哪怕一斗米我们都会折腰。折腰就是行个礼,鞠个躬嘛!不是真把腰折断了,半斗米都干。试看陶渊明《归去来辞》,他门前可以栽五柳,起码要五十多坪地,拿到现在可以盖栋四层楼,还可以发笔财。我们现在在工业社会里做个小市民,房子是租来的,前面连一棵芭蕉都种不下,不要说五柳了。他说"携幼入室,有酒盈樽",过去在大陆上的人家,自己酿得起酒的,起码是中产阶级的家庭了,他当然可以在家吃老米饭。"三径就荒,松菊犹存。"试看他的房子,空地有多大,好像是台北市的新公园一样,竟有三条大路都荒芜了。种竹卖笋也可卖他几千块钱一个月,他当然不为五斗米折腰。由此可见,陶渊明是有资格作个通达的达人。

所以孔子说子贡通达,但是达者不一定肯从政了。

季康子再请教冉求是否可以从政。孔子说,冉求是才子、文学家。诗、词、歌、赋、琴、棋、书、画,样样精通;打高尔夫、跳现代舞都能来。名士气味颇大,也不能从政。

换句话说,如果把他们三个人凑合起来,不愧是大政治家的材料。为什么呢?具有刚毅果敢的精神,这是子路的长处;但还要有宽大的胸襟,也就是所谓任劳任怨的气度,这就要子贡的达。任怨尤其难;当一个计划、一个政策没有实施以前,如有人骂你混蛋时,只好低下头让他叫骂,等做出成果再说。当然,真做成混蛋就要命了。同时要见闻渊博,知识丰富,多才多艺。这"果、达、艺"三个简单的字,包括了那么多,由此可见政治家还须兼备艺术家、诗人的修养才行。

从另一面看,季康子问到这三位学生,孔子都不放行,也是因为季家当时在鲁国为权臣,气势嚣张跋扈,孔子不愿让自己学生去插上一脚。当然在学生这方面也不会愿意去。所以他故意推辞掉,虽然所讲的都是事实,但是如果说他们不能从政,却也不尽然。子贡后来相卫,每次主政,国际局势就摆平了。当时时代之乱,比现在有过之而无不及。子贡有这样的才具,而孔子为什么硬说他不行呢?实际上是孔子当时看这些学生都可以独当一面,无奈季康子这个老板不对路,所以连一个都不让他去。说句老实话,在学问上讲,一个从政的人，对于这三种人的才具都需要。第一性情要养得通达，胸襟不可那么狭隘，不要有一点事就想不开，一句话就放不开，否则成就就太有限了。其次要处事果决、刚毅，下了决心，又能坚定不移，才不会受环境的影响。第三要多艺，样样都知道。政治生涯很痛苦，生活枯燥无味，比科学家还痛苦。每天接触的，都是痛苦烦恼的事，都在是非中讨生活。这个对，那个不对，老张来说老杨，老杨又来说老李，几乎没有一件愉快的事。所以自己要有艺，胸襟有超然的修养。我有一个做医生的朋友，每天接触到的都是痛苦的病人，看到的是愁眉苦脸，听到的是痛苦的呻吟，乃至呼天抢地，喊爹叫妈的声音。所以他一下班以后，回家就从事绘画，几十年下来，他那种半中不西的画，意境很高，许多名画家，都非常佩服。想买他的，他不肯卖，于是向他要一张，他说送一张还可以，立即落款送一张。这是讲艺的价值，所以从政还要有文学的修养、艺术的情操。

## 爵禄不能移——闵子骞

上面说明了学问与从政的关系，下面则说到闵子骞不为费宰。

季氏使闵子骞为费宰。闵子骞曰：善为我辞焉，如有复我者，则吾必在汶上矣。

季家找孔子第一流的学生从政，他们当然不会干。于是他私底下来拉一个人——闵子骞，孔子的学生，名损。是一个有名的孝子，二十四孝中就有他。比孔子少十五岁，年纪比别的同学大一点。季家请他去当"费"这个地方的行政首长。当时"宰"的官职，比之现代，讲小一点大约是县长、行政督察专员；讲大一点，就是请他当省主席了。闵子骞听到了，就告诉传话的人说，您好好替我辞掉他，我不会做的。而且，如果有第二个人再来对我说这件事，对不住，那时候我出国去了——已经过了齐、鲁两国交界的汶水了。也就是说如果一定要来逼我作这个官,我立刻就走,离开鲁国。

从这一节记载,我们知道:第一,闵子骞是有名的孝子,他的人品德行非常好。第二,当时他对官位、功名、富贵看得淡如浮云。人家要他做官,反而会把他逼走了。第三,当时鲁国上下的知识分子,对鲁国的权臣季家,没有一个满意的,不愿意做他的官,尤其是孔子这一些学生。但是有一个人在那里做事,那是冉有。有关季家的事,有时孔子就找冉有。

讲了这几段,老是讲这一类的事,未免太单调。到此文章有了起伏,又由绚烂归平淡,下面编进了另外几个人的事,虽平凡,而意义深远。

伯牛有疾,子问之。自牖执其手曰:亡之,命矣夫!斯人也,而有斯疾也!斯人也,而有斯疾也!

伯牛是孔子的学生,姓冉,名耕。他有病,孔子亲自去看他,孔子待学生有如自己的子女一样。孔子在南面的窗子外,伸手拉住他的手,感叹说,他快要死了,真是命运,这个人,为什么生这种病!这个人,为什么生这种病!重复了两句,无可奈何地走了。

这节很简单。但是伯牛究竟生的什么病?不知道。到了后世及近代,有人特别指出这一段。有一派人受西方文化的影响,说是肺病,会传染,孔子怕传染,所以不进去,在窗子外握到他的手问病。又有人讲不是肺病——十九世纪威胁人类的才是肺病;二十世纪威胁人类的是癌症;我想二十一世纪一定会是精神病。这话是真的,精神病将来会越来越严重,现在已经开始了。物质文明虽进步,给人类带来许多生活的方便,并没有为人类带来幸福,只是带给人类更多心灵上的痛苦。这种痛苦的结果,将来又导致心理变态、精神分裂而至于现在已开始增加的精神病。这是闲话,顺便带过。又有些学者说伯牛得的是麻风病,所以孔子不敢去碰他。那么学生想办法,让孔子握了他一只手,在外面感叹,啊!为什么得了这个病呢?这是什么病呢?不知道嘛!当然没有人讲这是花柳病,因为在明朝以前,中国医书上的记载,没有这种病。这是后来从外国进来,在古代中国医学称"广疮",因为这种花柳病是广东进口来的,而广东是与外国接触最早的通商口岸,由此证明花柳病是外国来的。这几种病都不是,那么到底是什么病呢?不知道。那么这篇书,对于这种问学生的病,重复了两句,有什么了不起呢?战国时候,吴起在魏国为将,他的士兵屁股上生疮,吴起这位大将军、总司令,居然用嘴替他把脓吸出来。吴起如此作为是手段,孔子如此做,则出于仁慈。

## 李斯的老鼠哲学

讲到吴起,顺便讲一段儒家末流支派的插曲。

我们都知道孔子传道给曾子,曾子写了篇心得报告《大学》。曾子传道给孔子的孙子子思,子思又写了篇心得报告《中庸》。子思则传道给孟子,孟子不错,写了不少论文。至于荀子,也有一部著作传世,但到底有点掺水了。而且他的学生出了几个半吊子,像李斯、吴起这些人便是例子。

就李斯来说吧!我们如果讲政治哲学史,李斯的哲学是什么呢?我们可以叫他是老鼠哲学。什么是老鼠哲学呢?先要了解人类思想与历史演变有绝对关系,我们只要翻开《史记》一看《李斯传》,就可知道李斯的老鼠哲学了。李斯少年时跟荀子念书,他当时很穷,时代到了孟子以后的战国末期,人都现实了。世界越乱,人心越现实;国家社会安定了,仁义之心、道德之行才比较常见。李斯的思想,后来影响秦始皇,就是被现实所困而来。他有一天上厕所,不是现在的抽水马桶,是古时农村社会的大粪坑。又深又大,坑上放一块木板,人就蹲在板上大便,谓之蹬坑。这种粪坑,更重叠远望如高楼。坑深的,大便落坑,时间长,声音大,每把偷粪吃的老鼠惊吓逃散。一天,李斯这个穷小子蹲坑,看到粪坑老鼠,又小又瘦,见人惊逃的仓皇样子,十分可怜。后来又看到米仓中偷米吃的老鼠,又肥又大,看见人来,不但不走避,反而瞪瞪眼很神气的样子。李斯觉得很奇怪,仔细一想,结果给他悟出一个现实的道理来了。原来又瘦又小见人就逃的老鼠,是无所凭藉;而又肥又大见人不避的米仓老鼠,是有所凭藉的。分别在此而已。凭藉,就是有本事,有靠山,或有本钱之类。李斯悟出道理以后,于是向老师荀子报告,不要读书了。荀子问他不读书要去干什么? 他说要去游说诸侯,求功名富贵。荀子说,你还不行,学问还没有成就。李斯说,人穷到饭都没得吃,还去讲什么学问道德? 这像什么话! 老师一听这种话就说,你这个学生这种思想真糟,你去吧! 就这样把李斯开除了。结果李斯碰到秦始皇这样一个混蛋,两个搞在一起,于是把一个国家搞得民不聊生。"鼠目寸光",只搞老鼠哲学注重现实,不知仁义道德为何物的结果,自秦始皇身死沙丘之后,李斯也自家难保。所以在他父子临刑的时候,他对儿子说:"此时要想和你牵黄犬出东门也不可能了。"

李斯搞老鼠哲学,为什么会被他弄成功呢? 这就要看当时的环境。春秋战国五六百年动乱下来,民穷财尽,不止经济上贫困,人才也都完了。真正人才的培养,总要百多年来的安定社会才行。不谈别的,就说溥儒的画吧! 人家说真好,别无第二人。我说你认为溥儒的艺术好,但可知他成本多大? 清朝以孤儿寡妇率领了两三百万人入关,三百年来称帝,在宫廷里就培养了这样一个艺术家。你说成本多大? 譬如李后主的词好。当然好! "车如流水马如龙,花月正春风。"真好! 但成本多大? 一个万乘之尊,玩掉了一个国家,才写出这样的词。别人的确写不出,在气魄上,没当皇帝的人,硬写不出那种境界。如果是个穷小子站在西门町的大街上,可能便写"车如流水马如龙,口袋太空空"。所以说一个国家的人才,要几百年社会安定的文化才能培养得出来。但战争一来,又都光了。因此到了战国时代，只有苏秦、张仪这两个半吊子的同学，玩弄了天下。他们是当时的骄子，如果把春秋时代的子贡、子路这班人才，来与苏秦、张仪相比，子贡、子路一定连正眼都不看他们。可是到了战国末期，像苏秦、张仪等的人才，也过去了，如李斯这些人居然也出来旋乾转坤，大摆乌龙了。由此可见当时人才之荒的严重。历史是要这样看、这样读的。不能光读故事，要把环境、地理，一切搞清楚才能了解。到了汉高祖、项羽出来的时候，人家说汉高祖是流氓出身。那时候，没有什么流氓不流氓，五百多年战争打下来，再给秦始皇、李斯两个家伙一搞以后，根本天下人各个都是如此，又岂只是汉高祖？文化的重行建立，是在汉文帝、汉武帝的时候，其中有近百年空档，几乎可以说没有文化，所以汉文、汉武对于文化整建的功勋，的确是可圈可点的。

吴起是子夏的学生，同样是没有毕业的，都是书不要读了，追求现实名利的角色；这就看出当时文化演变的衰退情形。吴起后来当大将，有个士兵生疮，吴起用口替他吸出脓血。这一来，士兵的母亲哭了，他说孩子的父亲当年生疮，吴大帅也是这样待他，所以为吴大帅卖了命；如今又对我儿子这样，这条命又要卖给吴大帅了。

我们为什么说到这些，是因为这节书引起的。我们现在再回到原文：找不出伯牛的病在什么地方，而孔子在伯牛临死之前，还来握握手，看他一下。看他一下这件平常的事，却慎重地把它记载下来，编在《论语》里，可见平凡中有值得研究的地方。

伯牛的病，是个很大的疑案。我们暂时把它保留在这里，等到以后再来讨论。至少有一个字，我们可以在这里讨论："亡之，命矣夫"的"亡"，在古人的解释，认为孔子当时握着他的手，很悲伤地感叹，他得了绝症，这真是命！但是我的看法，古文中"亡"字往往与"无"字相通。拿白话文来解释，是孔子很伤感的说，命真不可信吗？真没有命运吗？意思也是说像这样好的人，怎么会这样短命？

## 不在愁中即病中

我们在中国文学里,对于人生常有"贫病交加"的悲叹。现在上面说的是一个人的病,下面便要说到一个人的贫。世界上贫病交迫的人太多了,这是我们应该用心致力的地方。所谓行仁道,就是要从社会整体的环境来均富。拿现在的政治术语来说,就是要达到全民的富强康乐。

有一个朋友,过去地位很高,也是部长级的,现在有七八十岁了。前两个月碰面,看他气色很好,相逢便问年,他很风趣的说:"我是望八之年。"他来个谐音答话,自我幽默一番。这位朋友,现在蛮穷的,他常说人世上的两个字,自己只准有一个字,决不许同时拥有两字。什么字呢?"穷愁"两字。凡"穷"一定会"愁",穷加上愁就构成穷愁潦倒。他虽然已到望八之年,因为只许自己穷,绝不再许自己愁,所以能"乐天知命而不忧"。他真的做到了,遇见知己朋友,仍然谈笑风生。另外一个人还告诉我关于他的故事说:某老还是当年的风趣。他虽然穷,家里还有一个跟了他几十年当差的老佣人,不拿薪水,在侍候他。有一天,他写了一张条子,叫老佣人送到一个朋友那里,这个朋友知道他的情况,又是几十年的老交情,他有条子要钱,当然照给。这一天他拿了一千块钱,然后到一家饭馆,吩咐配了几样最喜欢的菜;身上的香烟不大好,又吩咐拿来一听最喜欢抽的英国加立克牌的高级香烟。一个人慢慢享受,享受完了,口袋里掏出这一千元,全部给了茶房。茶房说要不了这许多,要找钱给他,他说不必回找了,多余的给小费。其实连那听外国香烟在内,他所费一共也不过三四百元。茶房说小费太多了,他仍说算了不必找了。他以前本来手面就这么大,赏下人的小费特别多,现在虽穷,还是当年的派头。习惯了,自己忘了有没有钱。所以朋友们当面说他仍不减当年的风趣,他听了笑笑说,我就要做到这一点,两个字只能有一个。穷归穷,绝不愁,如果又穷又愁,这就划不来,变成穷愁潦倒就冤得很。社会上贫病交迫的人很多,要想心理上不再添愁,这个修养就相当高了。

本篇上文提到伯牛的病,下面就提到颜回的穷。

子曰:贤哉回也!一箪食,一瓢饮,在陋巷。人不堪其忧,回也不改其乐。贤哉回也!

这几句话看起来非常简单,但是要自己身体力行,历练起来,就不简单了。孔子第一句话就赞叹颜回,然后说他的生活——"一箪食",只有一个"便当"。古代的"便当"就是煮好的饭,放在竹子编的器皿里。"一瓢饮",当时没有自来水,古代是挑水卖,他也买不起,只有一点点冷水。物质生活是如此艰苦,住在贫民窟里一条陋巷中,破了的违章建筑里。任何人处于这种环境,心里的忧愁、烦恼都吃不消的。可是颜回仍然不改其乐,心里一样快乐。这实在很难,物质环境苦到这个程度,心境竟然恬淡依旧。我们看文章很容易,个人的修养要到达那个境界可真不简单。乃至于几天没饭吃,还是保持那种顶天立地的气概,不要说真的做到,假的做到,也还真不容易。颜回则做到了不受物质环境的影响,难怪孔子这么赞叹欣赏这个学生。三千弟子只有他做得到这个修养,而他不幸三十二岁就短命死了。近代人研究孔孟思想的,认为颜回是死在营养不良。虽然是一句笑话,但是大家对营养还是要注意到才对。

## 学问的鸿沟

说到这里,峰回路转,又转出一个高峰。

冉求曰:非不说子之道,力不足也。子曰:力不足者,中道而废。今女画。

这节文字，就是说冉求有一次对孔子说，老师！你不要骂我们，老是说我们不努力。我们对于你的学问非常景仰，只是我们做不到，力不能及。孔子说，你这话错了。做了一半，无法克成其功，这是力量不足的缘故。可是你根本还没有开始做，怎么知道无法做成呢？"今女画"，并不是说"你学画去了"，是说你冉求，自己把自己划在一个界限内。孔子的意思说，你不管做不做得成功，只要你肯立志，坚决的去做，做到什么程度算什么程度，这便是真正的努力。现在你自己划了一个界限，还没开步走就先认为自己过不去，这不是自甘堕落吗？

接着就讲到真正的做学问，孔子说要做到什么程度呢？

子谓子夏曰：女为君子儒，无为小人儒。

先谈什么叫"儒"？这个中国字，根据《说文解字》的另一种解释："儒"是人类社会所需要的人，所以在"人"字旁边加一个需要的"需"字，便成了儒。我们再看"佛"——"弗人"，不是人，是超人。"仙"——"山人"，有如高山流水。"需人"则是人类需要他，社会当中不可缺少的人，这就是"儒者"。我们都称孔孟思想为儒家学说，但是究竟要什么样子才能叫"儒"呢？孔子在这里提出来分为两种：一种叫君子之儒，一种叫小人之儒。如果再进一步参考《礼记》中的《儒行篇》，便有很多儒者类型的标准。一个儒者应当有怎样的行为，他的作风以及人格的规范，在《儒行篇》中，说得很清楚，也包括孔子在这里所提两种儒者之一的君子之儒行。

我们现在来说，什么叫小人儒？书读得很好，文章写得很好，学理也讲得很好。但除了读书以外，把天下国家交给他，就出大问题，这就是所谓书呆子，小人儒。所以处理国家天下大事，不但要才德学三者兼备，还要有真正的社会体验，如果毫无经验，只懂得书本上那一套，拿出来是行不通的；不知道天下事的现实情状就行不通。比如说，这两天美国总统到了中东，他在那里讲些什么？知不知道？如果说报纸上有新闻；报纸上登的，和原有的真话，不知相差多远。根据报纸你就可以评论天下事，这是书呆子之见。君子之儒有什么不同？就是人情练达，深通世故。如前面所讲的，子路的"果"，子贡的"达"和冉求的"艺"，都具备了，那就是"君子儒"。

## 知 人 之 明

子游为武城宰。子曰：女得人焉尔乎？曰：有澹台灭明者，行不由径。非公事，未尝至于偃之室也。

子游为孔子弟子，少孔子四十五岁，姓言名偃。他出去做官，在武城这个地方为"宰"——首长。回来看老师，孔子问他在地方上得到人才没有？讲到这句话要注意，从历史可以看出，中国古代非常重视对后辈的培养。尤其在汉唐，对地方的人才，都经过慎重的选拔，并且视选才为重要工作之一。所以子游这个学生来看他，孔子的第一句话，就问他在地方上发掘到人才没有。因为任何一个地方，任何一个时代都要人才。所以孔子第一句话就问这个问题。子游说："有个澹台灭明。"号子羽，比孔子少三十九岁，相貌很难看。中国人常用孔子一句话，"以貌取人，失之子羽。"便是指此公的故事。在这以前他曾见过孔子，我们这位老夫子，这天不知道什么事情心情不好，看见这个年轻人怪难看的样子，并不太注意他，这位年轻人没有好久就走了。不过他还是愿意做孔子的学生，学问非常好，后来成为不得了的人物。历史上记载：在南方，他和他的弟子们名动诸侯。他到哪里，各国元首都欢迎他。而且他还带有点英豪侠气。子游在武城发现了，又介绍给孔子。所以孔子后来感叹"人不可以貌相"，以外形去判定一个人才，往往会有失误。孔子自己承认错了。错了就错了，孔子非常勇于认错。

子游向孔子报告，找到了一个叫澹台灭明的人才。此人"行不由径"——这句话照古人的解释,是说走路绝不走小路。如比之现在的情况,不走小路,难道走大马路?不被汽车压死才怪——子游又说他从来没有到我房子讲过私话。对于汉代以来"行不由径"解释为"不走小路"的说法(朱注:径,路之小而捷者),我不同意。古时候"径者道也",并没有说必是小路。人光走大路,不走捷径是笨蛋。难道是瞎子,小路不敢走,怕跌倒?那么什么叫"行不由径"呢?我们刚才已经讲过了,澹台灭明后来带了弟子,在南方一带,游说诸侯,名动公卿。他到哪里,各国元首都对他重视。这个人有江湖豪气,"行不由径"是说他行事从表面看来,有时不依常规,不循常道,有点满不在乎的味道,有如子贡那个"达"字的道理一样。因为他"行不由径",所以孔子对他也看走了眼。言偃在这里讲他"行不由径",表面看来有违常规,但是他又发现澹台灭明还有一个很大的长处——很讲义气,绝对无私,不是为了公事,从来不到子游的房里来。因此,我认为"行不由径"四字,当作此解。但我这个说法,也是"行不由径"的。此举实在并非故意,因为发现这里面有些混淆不清,只好套用孟子一句话:"予岂好辩哉?予不得已也。"

## 功成身退

这一篇上面都是讲学生的故事;下面是对当代一些人物的评论,说明待人处世的学问之道。

子曰:孟之反不伐,奔而殿,将入门,策其马曰:非敢后也,马不进也!

孟之反,是鲁国的大夫。在鲁哀公十一年这个阶段,当时鲁国有难,作战的时候,孟之反为统帅之一。孔子学生冉有也参加战役为统帅。孟之反怎样的不伐呢?有功而不骄矜,不宣扬叫不伐。古代

## 雍也第六

"伐"与"矜"这两个字常常会连在一起用。"矜"是自以为高明;"伐"则为有功、有才,而自我夸耀。"奔而殿",是说他在这次战役中打了败仗,撤退时他走在最后,拒敌掩护撤退。我们知道历史上记载,鲁国那一次是打了败仗。学军事的人就知道,打胜仗容易,打败仗难。军事中的作战计划是有两套的;这两套计划分门订立。假如当统帅的作打胜仗的计划,参谋长便应当另作打败仗的计划,然后两套计划配合起来运用。或者参谋长作打胜仗的计划,但统帅就不能再作打胜仗的计划,否则万一败了会很惨。战争不是胜就是败,但一个人又计划胜仗怎么打,又计划败仗怎么打,心理上也成问题。当然,有特殊的将才不在此限。中国历史上打败仗最有名的军事家应该算是诸葛亮,他六出祁山,每次撤退,一兵一卒都不会少,是古今以来,安全撤退成功的战略家。

在战场上打了败仗,哪一个敢走在最后面?就是平常走夜路,胆小的也先跑了,怕后面有鬼。打败仗比这还可怕。孟之反则不同。"奔而殿",叫前方败下来的人先撤退,他自己一个人挡在后面。"殿"便是最后的意思。"将入门"这句,是说孟之反由前方撤退,快要进到自己的城门时,"策其马曰",他才赶紧用鞭子,抽在马屁股上,超到队伍的前面去。然后告诉大家说:"非敢后也,马不进也。"他说,不是我胆子大,敢在你们背后挡住敌人,实在这匹马跑不动,真是要命啊!

孔子认为像孟之反修养到这种程度,真是了不起。这一节,我们有两点要了解。第一点,历史上每一战争下来,争功争得很厉害,同事往往因此变成仇人、冤家。尤其在清朝时候,有些人夺取了功劳,还把过错推给别人。因此引起内部的不平。太平天国的失败,就是由诸将争功所致。第二点,由此可知鲁国当时国内的人事问题太复杂,但孟之反的修养非常高,怕引起同事之间的摩擦,不但不自己表功,而且还自谦以免除同事之间彼此的嫉妒。

《论语》所以要把这一段编入,乃是借孟之反的不居功,反映出春秋时代人事纷争之乱的可怕。实际上,人事纷争在任何时代都是一样的。很坦白地说,在一个地方做事,成绩表现好一点,就会引起各方面的嫉妒、排挤;成绩不好呢? 又太窝囊。人实在不大好做。当时鲁国人事上也是这样情形,孟之反善于立身自处,所以孔子标榜他不矜不伐。同时以另一个观点来看,孟之反更了不起,不但自己不居功,而且免除了同事间无谓的妒忌,以免损及国家。古人说:"能受天磨真铁汉,不遭人忌是庸才。"像李陵与苏武的故事便是如此。当时李陵孤军作战,友军各怀忌心不来相救,因此被逼到投降了。司马迁为这件事向汉武帝力争,他说李陵之投降是被逼的。友军嫉妒他,不支援他,他一人带了五千士兵,孤军深入绝域,最后拚得剩下十余个人,还在奋勇拒敌,这怎么能责怪他呢? 结果汉武帝发了脾气,司马迁受了宫刑。后来苏武回来,就写信劝李陵回来,李陵回信说,叫我怎么回去呢? 回去以后,那些专门根据人事法规办案的人,东挑剔,西挑剔,挑剔得没完没了。我将无法辩白,实在受不了。前方作战受苦,回来碰到那些自以为懂法的专家,鸡蛋里挑骨头,一个字错了就会有罪,这叫人怎么受得了? 所谓:"刀笔之吏,弄其文墨。"便是此意。

讲到这里,同时想起汉高祖大将周勃的故事。他功劳很大,到文帝时,出将入相,万人之上,一人之下。后来因事坐牢,而那个监狱的管理员,叫他坐就得坐,叫他站就得站。周勃不免感叹当年统兵数十万,一呼百诺,那种威风之神气。无奈进入监牢,受尽了窝囊,也只好叹息说:"今日方知狱吏之尊!"

讲孟之反为什么要说到这些? 这便是读书不要读死书,要把书读活了。读《论语》是要懂得如何做人做事,并不是为了应付考试。

## 圣人也有牢骚吗?

接下来,说到孔子对于时代的感叹。我们经常批评人家发牢骚,其实，这也是人情之常。虽然有时候历史上看到发牢骚而获罪的事，但人人都有牢骚，发出来还好一点，不发出来更糟糕。孔子偶尔发发牢骚，也并不为过。

子曰：不有祝鮀之佞，而有宋朝之美，难乎免于今之世矣！

先说祝鮀，鮀是人名，字子鱼，有口才，是当时卫国的大夫。祝是当时的官名，管宗庙、国家祭祀的官，他的资料，在《左传》鲁定公四年"祝鮀长卫于祭"中有详细的记载。"宋朝"是宋国的公子，公子是世袭的官名，所谓"世家公子"，他的名字叫朝，长得很漂亮。孔子说，假使一个人没有像祝鮀那样能言善辩好口才，虽然长得像宋公子朝那么帅，可是在这个社会上，还是吃不开，行不通的。所以时代变乱中的人物，不但人要帅，还要有口才。在现代社会上说来这还不够，还要有财。这是孔子对当时时代社会变乱中的感慨，我们也可以当他是牢骚吧！

我们要了解，孔子对当时的社会有些感叹，在孔子以前难道就都是好的？不！也是一样的。人与人之间，人与事之间，造成的种种烦恼，千古一律，不但中国，外国也一样的。所以我们不要以为古代蛮好，现代却差了。后代的人看我们现在，还认为比他们好。这是世道人心，千古以来一样的道理。所以我们念古书，并不是要退回去做古代的人，主要的是要懂得如何做今天的人。

上面看孔子发了一顿牢骚，他向现实低头了没有呢？他始终不低头。

子曰：谁能出不由户？何莫由斯道也！

孔子虽然对时代那么感叹，但是他认为还是要走正道才对。一个君子不要对现实低头，最后的胜利，最后的成功还是归于正道的。他举例说"谁能出不由户"？大门里的门为户。他说哪一个要出外的人，能够不经过门户出去呢？出了门才走上正路，人一定要走上正路的，走邪门，行左道，终归曲折而难有结果。

这一段，也是说人一定要有做人的标准。尽管许多人，不走正道而得意一时，最后还是有问题。不过许多人还是只顾目前，不顾自己的后果。虽然我们看到不少人作恶多端，却仍然安享天年，但是这笔账终归有来世结算的。

## 百无一用是书生

子曰：质胜文则野，文胜质则史。文质彬彬，然后君子。

"质"是朴素的文质；"文"是人类自己加上去的许多经验、见解，累积起来的这些人文文化。但主要的还是人的本质。原始的人与文明的人，在本质上没有两样。饿了就要吃饭，冷了便要穿衣，不但人类本质如此，万物的本质也是一样。饮食男女，人兽并无不同。但本质必须加上文化的修养，才能离开野蛮的时代，走进文明社会的轨道。

所以孔子提出"质胜文则野"，完全顺着原始人的本质那样发展，文化浅薄，则流于落后、野蛮。"文胜质则史"，如果是文化进步的社会，文化知识掩饰了人的本质，好不好呢？孔子并没有认为这样就好，偏差了还是不对。文如胜过质，没有保持人的本质，"则史"。这个"史"，如果当作历史的史来看，就是太斯文、太酸了。我们要拿历史来对证：中外历史都是一样，一个国家太平了一百多年以后，国势一定渐渐衰弱，而艺术文化，却特别发达。艺术文化特别发达的时代，也就是人类社会趋向衰落的时候。如罗马鼎盛时期，建筑、艺术、歌舞等等随之渐渐发展，到了巅峰时期，国运即转衰微了。所以孔子说："文质彬彬，然后君子。"这两样要均衡的发展。后天文化的熏陶与人性本有的敦厚、原始的朴素气质互相均衡了，那才是君子之人。

整个国家文化如此，我们个人也是如此。所以我有时也不大欢喜读书太过用功的学生，这也许是我的不对。但我看到很多功课好的学生,戴了深度的近视眼镜,除了读书之外,一无用处。据我的发现是如此,也是我几十年的经验所知,至于对或不对,我还不敢下定论。可是社会上有才具的人,能干的人,将来对社会有贡献的人,并不一定在学校里就是书读得很好的人。所以功课好的学生,并不一定将来到社会上做事会有伟大的成就。前天在×大考一个研究生,拿硕士学位,很惭愧的,我忝为指导老师。还好最后以八十五分的高分通过了。这个孩子书读得非常好,但是我看他做事,一点也不行,连一个车子都叫不好。书读得好的,一定能救国吗?能救国、救世的人,不一定书读得好。假定一个人书读得好,学问好,才具好,品德也好那才叫做文质彬彬,"然后君子",算是一个人才。所以我常劝家长们不要把子弟造就成书呆子,书呆子者无用之代名词也。试看清代中叶以来,中西文化交流以后,有几个第一名的状元是对国家有贡献的?再查查看历史上有几个第一名状元对国家有重大贡献的?宋朝有一个文天祥,唐朝有一个武进士出身的郭子仪。只有一两个比较有名的而已。近几十年大学第一名毕业的有多少人?对社会贡献在哪里?对国家贡献在哪里?一个人知识虽高,但才具不一定相当;而才具又不一定与品德相当。才具、学识、品德三者兼备,这就是孔子所讲的"文质彬彬,然后君子",不但学校教育要注意,家庭教育也要对此多加注意。

## 人性的基本问题

关于"文质彬彬"一节,再深入就要进入个人具体的修养和人性本质问题。人性究竟是善还是恶?这是哲学上一大问题。中国哲学的基本,几千年来讨论这个问题,都无法下定论,西方哲学也讨论这个问题。我们根据孔孟思想,认为人性的本质,本来是善良的。最有名的《三字经》,第一句话就引用孟子的"人之初,性本善",不善都是后天学坏了的恶习气。所谓:"性相近也,习相远也。"孟子也曾举例,说明人性基本是善的。他说,我们走在路上,看见一个小孩子掉下井里去,第一个念头、第一件事一定是救人,不管这个孩子是谁,是仇人的孩子,或是自己的孩子,一定只要救人,所以说恻隐之心人皆有之。仁爱、慈悲的心各个都有。其次,人看到悲惨可怜的人,心里一定为他难过。由此可见人心是好的。

相反的,如荀子主张人性天生是恶的。举例来说,如果一个母亲生了双胞胎,当其中一个孩子要吃奶的时候,另一个孩子又哭、又闹,把奶抢过来自己吃,可见人性是恶的。荀子认为人之为善,是后天的教化慢慢塑造而成。在孔子、孟子和荀子之外的另外一说,便是与孟子同时的告子,他认为人的本性,既不好也不坏。他说人性好比木头,以圆规一量可做成圆形,用矩一量又可做成方形。墨子也是这种主张:他说人性像白丝布一样,要把他染成黑的就是黑色,染成红的就是红色。人性无所谓善恶,善恶都是后来的染色。现在教育上"可塑性"的观念,便和此相近。于是,人性是善是恶,或不善不恶,哲学上几千年来都在争论。中国如此,外国也如此。

但是这些学理到今天还没有给人类以公认的定论,至少在学术思想上是如此。所以我们常常提到人类的文化非常滑稽。中国人五千年文化历史,西方人也有几千年,同样的吹牛认为人类最伟大,最了不起——自吹是万物之灵。但在万物的心目中,如猪、牛、鸡、鸭来看人类,说不定认为人是万物中最可恶的东西,既狡诈又凶残,因为人类专门杀害它们,吃它们。可是我们万物之灵的人类,虽然有了几千年文化,但对几个基本问题,却仍然都没有肯定的答案。例如:我们的生命究竟从哪里来?人性究竟是善的或是恶的?人类自己认为哲学、宗教、科学等累积的文明,已经征服了太空,这也是吹牛。严格说来,人类今天的文明,只能说开始向太空进军,太空并没有被我们征服。虽然进到了太空,人类自己切身的问题,仍如几千年来一样,还是没有解决。科学上为什么要到太空去?主要目的还是要追求生命的来源。今日科学的物质文明虽然发达，但科学的基本精神还是在追究这种问题的根源。不过这个问题的答案没有追出来，却把这套探讨的技术，发展到物质文明上去了，因此便形成今天文化的趋势。

我们不要把问题扯远了，人性的形上形下问题，以后再讨论。以上所谓正反双方的理由都不太充分，而且有问题。现在我们回来单单讨论人类本性的这个"质"究竟怎样？这个问题也很难讲。不过人类原始的本性——质——是比较直爽的，我们看一个小孩子所表露的动作，纵然打破了东西，做错了事，他那个样子都蛮可爱的，因为他没有加上后天的颜色，还是人性的本质。假使人长大了，都还是这样，好不好呢？且看我们流传的一两则哲学性的笑话，供给大家做研究性的参考。

## 还是老虎可爱

有一个老和尚，收养了一个很小的孤儿，才二三岁就带到山上。关着门不使他与外界任何人接触，也不教他任何事，到抚养成人了，有一次老和尚下山去，一个朋友来访，问这个小和尚，师父哪里去了？这个小孩傻傻地说师父下山了。来客奇怪地问，你是他的徒弟，怎么什么事都不会？小和尚说，什么叫做"会"呢？客人就教他见了人，要怎么讲礼，要怎样讲话，师父回来时应该怎样对师父行礼。客人把这许多事都教给了小和尚，这小和尚已经是二十多岁的青年了，越学越会。客人没等他师父回来就先离开了，等到师父回来时，小和尚到山门外老远去迎接，行礼问好。师父看见，奇怪极了，问起这一套举动是哪里学来的。小和尚说出经过，这个师父气坏了，找到那位朋友大吵一顿。他说我二十多年来，不让他染污上任何是非善恶的东西，保留一副人性原本的清白。结果给你这一搞就搞坏了，我二十几年来的心血白费了。我们听了这个故事,其中所包括的内涵很多,不妨从各方面去理解。

第二个故事大家都知道的,一个老和尚也是这样收了一个小孩。到了二十几岁,要带他下山,但很为他担心。就告诉他,你没有到人世间看过,现在我带你去。在城市中很热闹,五花八门,不过什么都不必怕,只有一个东西——老虎,你要注意,那是会吃人的。小和尚问老虎是什么样子,老和尚就把女人的样子告诉他,说这就是老虎。老和尚带他走了一趟,回到山上以后问徒弟,到了闹市里最喜欢的是什么?小和尚认为一切都很好,没有什么特别可动心的。老和尚又问那什么东西最可爱呢?小和尚说,最可爱的还是老虎。

这两个故事都涉及了人性,所以讨论到《论语》上的这个质字,一定要说怎样才是人的本质,也是很难下定论的。

如果质胜文,缺乏文化的修养就不美。倘使文胜质便很可能成为书呆子。学识太好的人,也很可能会令人头大。谈学问头头是道,谈做人做事,样样都糟,而且主观特别的强。所以文与质两个重点要平衡。

另外他又说出一个道理来:

子曰:人之生也直,罔之生也幸而免。

这是讲到质与文以后,孔子说,人生来的天性,原是直道而行,是率直的。说到这里就很妙了,人喜欢讲直,站在心理学的观点来看,一个尽管很坏的人,但也喜欢他的朋友很老实,不但老实人喜欢老实人,连坏人也喜欢老实人,从这里就可以体会到,人应该做哪一种人才对。人都喜欢别人直——诚实,即使他自己不诚实,至少对于老实人,肯上他当的,还是喜欢。从教育上看,任何一种教育,都是教孩子要诚实,不要撒谎,可是人做到了没有?不可能。

就我来说,十几年前,我有一个孩子还小的时候,每逢晚上,来访的朋友太多,简直没得休息,有时感到很烦,有一天实在疲劳,也知道有位先生一定会来访,我就交代孩子:"我去楼上睡觉,有人来访,说我不在。"结果这位客人来了,我孩子说:"我爸爸告诉我,他要睡觉,有客人来就说不在!"应该骂孩子吗?不应该,我们要求他要诚实,他讲得很诚实,他很对,不对的是我们,那么人到底应不应该率直?呆板的直,一味的直,会不会出毛病?这都是问题。所以人生处世的确很难,有时候做了一辈子人,自己越做越糊涂。但根据孔子的话,人生来很坦诚,很率直。试看每一个小孩都很诚恳,假定在幼稚园发现了一个会用心机的孩子,那这个孩子大成问题,不是当时身心有问题,就是将来长大了会成为问题人物,但绝大部分的小孩都不会用心机。不过人慢慢长大了,经验慢慢多了,就"罔"了。

这个"罔"字做什么解释呢?平常用到迷惘的惘,在旁边多了一个竖心旁。罔字的意义,代表了虚伪、空洞。"罔之生也",一个人虚虚假假地过一辈子。虚伪的人不会有好结果的,纵然有时会有些好际遇也是侥幸,意外免去了祸患,并非必然。必然是不好的结局。这两句话是说人天生是率直的,年龄越大,经验越多就越近乎罔。以虚伪的手段处世觉得蛮好的,但是结果一定不会好,纵然好也是"幸而免"。可是"幸而免"是万分之一的事,这种赌博性的行为,危险太大,是不划算的。

## 楼下黄金楼上人

说到这里,孔子又转了另一个道理,他认为要把学问做好,不是一件痛苦的事。

子曰:知之者不如好之者,好之者不如乐之者。

这在教育上是一个大问题,世界上谁不想做好人做好事?都想做。有很多人知道应该怎么做,道理都懂,可是做起来就不是那么回事了。前面我也曾经提到,许多人"看得破,忍不过"。比如说:算了吧!生活简单一点吧!这是看破了,但到时候却忍不过。看到不义之财,第一个念头是不要;多看一眼,眼睛就亮了;再看一眼,眼睛就发红了。

历史上有个故事,是说三国时的管宁与华歆,管宁是有名的高士,后来他一生不下楼。最初与他的同学华歆一起读书,两人一起挖地。管宁挖到一块黄金的时候,视黄金如泥土一样地丢开了,看都不去多看一眼。而华歆走去多看了一眼,才不再去管它。就这样管宁和华歆绝交了,或许有人会说管宁未免太不近人情。但古代历史记载简单,事实上他们两人同学,感情如此好,管宁已经观察华歆很久了,再加上这一件事情,他断定华歆是不安于淡泊的。果然后来华歆扶助曹丕篡汉,成了千古罪人,虽然文章非常好,但是他变成了反派的文人,也就是前面所说的小人之儒。所以管宁当华歆地位高了,他就永远不下楼,意思是你虽然有了政治的权力,但我就不踏在你的土地上,这就是华歆看得破,忍不过的道理。

还有"想得到,做不来",有许多事情我们都想得到,但做起来的时候,就硬做不来。也就是说学问、道理虽然懂得,身体力行时,却做不到。所以知之者不如好之者。对做学问必须养成习惯,一日不可无它。第一篇《学而》中说,"学而时习之,不亦说乎!"那个"习"字就是要"好之"。"好之者不如乐之者",爱好它,喜欢虽然喜欢,并不认为是生活中的一件乐趣。以现在最流行的打太极拳来说,决没有打麻将那么受人欢迎。因为打麻将的人视此事一乐也,坐在那里快乐得很,而打太极拳,知道对身体有利益,是知之者,天天打,是"好之者",可是摸两下,觉得今天好累,明天再打,那就还不是"乐之者"。欲期学问的成就,进入"乐之"的境界,就太不简单了。我们对于部下或者子女的教育,就要注意这一点,看他乐于哪一面,就在哪方面培养他。就算爱打麻将,也可以培养他,当然不是培养他去打麻将,而是将他打麻将的心理转移到近似的正途发展。这才是师道的原则,不但对人如此，对自己的修养学问也要如此，但是孔子下面又说一句话：

子曰：中人以上，可以语上也。中人以下，不可以语上也。

这是说人的智慧不能平齐，姑且把它分作上、中、下三等的差别。中人以上的资质，可以告诉他高深的理论；至于中人以下的资质，在教育方面，教导方面，对他们就不要作过高的要求，不妨作低一点的要求。但中人以下的人，他们的成就，又不一定永远在中人以下，只要他努力，最后的成就，和中人以上的会是一样的。这在历史上可以举很多的事例来说明的。凡当过老师的，做过领导人的，都能体会孔子这一段话是绝对正确的。

## 我误聪明

上面的话，都是孔子从"质胜文则野，文胜质则史"的话一直讲下来的，是教育的道理，也是作领导人的原则。大凡领导人的时候，对部下先要认识。看他的能力若是中人以下，却把较高的任务交给他，那一定糟糕。教育的原理也是一样，对自己子女的教育更要注意，千万不要"儿女都是自己的好"，对自己的儿女也要看情形，"中人以上，可以语上也。中人以下，不可以语上也。"教育后代，只是希望他很努力，很平安的活下去，在社会上做一个好分子，这是最基本的要点，并不希望他有特殊的地方。像苏东坡，名气那么大，在文人学者中，他实在好运气。比苏东坡学问好的人，不是没有，可是苏东坡在宋朝，名闻国际，几个皇帝都爱他。当时日本、高丽派来的使臣都知道，甚至敌国的人都知道，当时辽所派来的使臣，第一个问起的就是苏东坡和他的作品，他的文章、诗词，中外传扬。后来他在政治舞台上受到重重打击，便写了一首感慨的诗说："人人都说聪明好，我被聪明误一生。但愿生儿愚且蠢,无灾无难到公卿。"我们从苏东坡这首诗上看到人生。他无限的痛苦、烦恼。所以学问好,名气大,官做高了,没痛苦吗?痛苦更多,这是我们从他这首诗了解的第一点。第二点,从这首诗看苏东坡的观点就很可笑了,试看他前两句,不但他有这个感觉,大家也有这种感觉;第三句也蛮好的;第四句毛病又出在他太聪明了。世界上哪有这种事?!生个儿子又笨、又蠢,像猪一样,一生中又无灾无难,一直上去到高官厚禄,这个算盘打得太如意了。这是"聪明误我"?或是"我误聪明"呢?就人生哲学的观点来看,如果当苏东坡的老师,这一首诗前三句可打圈圈,末句不但打三个×,还要把苏东坡叫来面斥一顿:"你又打如意算盘,太聪明了!怎么不误了自己呢?"

以上中间这一段,几节连起来,是讲人生做学问的道理,跟着说的牵涉到政治的问题。

# 政 治 与 宗 教

樊迟问知。子曰:务民之义,敬鬼神而远之,可谓知矣。问仁。曰:仁者先难而后获,可谓仁矣。

这个"知"念"智",为智仁勇的智,古代知智相通。樊迟,这位孔子的学生,不必介绍了,上次驾车的就是他。有一天他问孔子,什么叫真智慧,这个知包括了科学、哲学,但在这里却偏向于政治哲学。孔子答复得很妙:"务民之义,敬鬼神而远之,可谓知矣。"务民是什么?是领导人,做一个从政领导的人便是务民,意思是他所领导的事务是为老百姓服务的。"敬鬼神而远之",这句话我们中国人都知道是孔子的名言。孔子不相信宗教吗?他非常相信,他认为鬼神是有,但与人是两路。所谓"天道远,人道迩",鬼神是天道的问题,离我们很远。我们现在活着都是人道——"人道迩",政治、教育、经济、军事、社会都是人道的事,不要以鬼神为主,所以敬鬼神而远之,是敬而远之,不是不信。过去,尤其是现在,一谈到宗教,人们就说迷信,这种态度我非常反对,持这态度的人懂不懂宗教是一个问题,如说:"不懂,是迷信何必去懂他?"这样便是大迷信。为什么呢?因为迷信自己嘛!对于一个东西,内容还不懂,就随便下定义,这不是迷信吗?迷信,就是迷糊不知道而相信,这才叫迷信,现在你对宗教不知道而下了这个定义,这是大迷信。孔子绝不迷信,"敬鬼神而远之",这就是知。

这是个大问题,中国古代历史,西方古代历史,几乎政治与宗教没有分过家。我们历史上的秦始皇、汉高祖、唐、宋、元、明、清一路下来,几乎没有一个皇帝没有和宗教发生过关系,不管他是信仰或反对。外国也一样。

讲到这里可以告诉大家一个事实,当南越已故总统吴庭艳未去世前,有位神父,陪一位也是教书的外国神父,到我家里来访问,说是由教廷来的。我一听这件事,颇头大。我声明如果视我为代表中国的某一宗教徒,我不愿谈话,因为我不能代表任何一个宗教。他说就因为我不代表任何一个宗教,比较超然,所以要访问我。我说我首先告诉你,请你转告他们。我曾经在香港对宗教人士演讲,提到二十一世纪之时,所有宗教的外衣都必须脱掉,所有宗教的大门都必须打开,而且各宗教要联合起来共同服务,追求人生、宇宙的真谛,二十一世纪的文明,才能够建设。我说也许言之过早,但是你们可记录下来,将来必定如此。为什么呢?假使不脱掉宗教的外衣,不打开宗教的大门,还是闭关自守,对所有宗教而言,便有八个字的定论——"关门主义,自杀政策。"宗教是谁在排斥?并不是宗教之间的斗争,而是自然的发展,科学文明在捉弄宗教。后来他问到南越的事情,天主教与佛教之间在南越的问题。我说现在你可以记录我的话了,我是中国人,站在中国历史文化的立场,贡献你们一个意见,世界人类文化,站在宗教的观点来看政治,好像每一个地区的政权,不过是由宗教制成的一个作品；相反的站在政治立场来看宗教，任何宗教不过是政治上的一环而已。凡是纯粹的宗教徒，最好站在政治的立场来看宗教。西方的宗教不去管，在中国的历史上，任何一个时代，政治如果扯上了宗教问题，便非失败不可。我当时认为贡献他们这个意见，非常踏实，很诚恳。现在来说更中肯，一点没错。我们中国历史上，秦汉以下，东汉末的黄巾张角、元朝的白莲教，近代如红灯照、义和团、太平天国等都是政治扯上宗教关系。凡政治扯上宗教关系来玩的，非失败不可。西方的十字军东征，这么大一个战争，为了宗教的观念而起的，成功了没有？失败了，此其一。第二，政治必须仰仗历史文化的经验，当时的南越太年轻了。我不好意思讲，这是我国自己国家运气差一点的时候，自己倒楣，免谈了。严格说来，南越是小孩嘛，政治和历史文化是要久远的经验，不可像小孩子一样随便乱来的。

　　这些事例就是说明"敬鬼神而远之"的意义，如果讲宗教史，佛教玄奘取经回国以后，便是唐太宗捧出来的。同时唐太宗也捧道教。唐代的真正国教是道教，上朝排列朝班时道教站在第一位，佛教站在第二位，但待遇上是平等的。至于儒教，不用说，也是照捧，对伊斯兰教也很崇敬，老的基督教——景教，也是唐太宗时候到中国来的，唐太宗还替他写一个碑文，准他在广州盖庙——建教堂。唐太宗那样大的政治气派，看每一个宗教都是好的，都"请上坐，泡好茶"。他自己信什么教，他没有表示。老老实实说，后来考据他是信佛教的。但在政治态度上，他绝对公平，过去尽管没有宪法，对宗教还是公平。所以孔子说为政的领导道理与鬼神之事的关系，不能完全做迷信看。有时对工作、对政治非常有帮助。不过上面一个"敬"字很重要，应该非常恭敬。比如拿破仑，绝不迷信，他当皇帝以后，曾经把皇冠一脚踢开，认为这些皇帝的帽子算什么东西。但当他打到了伊斯兰教的国家，看到伊斯兰教的教堂，却跪下来，跟着别人一样礼拜，这就是"敬鬼神而远之"的道理，这也是最高度的智慧，不能叫迷信。信仰是个人的事，处大事时，则不能随意有所偏废。

为什么举这许多事例来说明"敬鬼神而远之"为"知"呢？要注意，孔子上面有一句话，"务民之义"，讲到一个国家领导人的智慧问题，并不是普通闲谈地讨论鬼神这个哲学问题。

后来又问到仁这个问题。这里的仁不是讲仁的体，而是讲仁的用，做人处世的仁。孔子说，一个领导别人的人，极须要仁爱的心怀，对任何问题不要轻视，不轻视也就是儒家"敬其事"的思想。尤其领导人聪明的，往往容易轻视天下事，犯上苏东坡"我被聪明误一生"的毛病，所以任何事先从"难"的方面想，以后才能得到好的结果。先从难的方面，问题多的方面看，都研究完了，最后有一个结论，得到中道的成果，这就是仁的用。这样一来，便利了自己，也便利了别人，更便利了老百姓。

这几十年来，年轻的朋友，用西方文化的观念来处理事情——错了，不怕错，就怕不做；错了没有关系，再改。这一来，在政治上有好也有坏。有些人喜欢引用拿破仑的气魄，说他的字典里没有难字，这句话听了很过瘾，非常有气魄。但是大家想想，拿破仑并没有成功，他不会成功，如同中国的项羽一样。说到西方文化，美国除了科学以外，追根究柢没有什么真东西可看；只有到欧洲去看；在欧洲只有到法国看，到了法国只看到拿破仑的凯旋门。欧洲人都崇拜拿破仑，可是像拿破仑这样的人，在中国历史上多的是，可以拣出来一打以上，这有什么了不起？一个老成谋国的人，要注意这个"难"，先难而后获，这就是用仁之道。

## 不在山水之间

那么什么是真正的智慧？什么是真正的爱心？

子曰：知者乐，水；仁者乐，山。知者动；仁者静。知者乐；仁者寿。

这几句话，一般的人说，"知者乐水"的意思是说聪明的人喜欢水，因为水性流动。"仁者乐山"是说仁慈的人喜欢山。如果这样解释，问题大了。套用庄子的口吻来说，"知者乐水"，那么鳗鱼、泥鳅、黄鱼、乌龟都喜欢水，它是聪明的吗？"仁者乐山"，那么猴子、老虎、狮子都是仁慈的吗？这种解释是不对的。正确的解释是"知者乐，水"。知者的快乐，就像水一样，悠然安详，永远是活泼泼的。"仁者乐，山"。仁者之乐，像山一样，崇高、伟大、宁静。这是很自然的道理，不是我故意作此解释的。

为什么不是我故意的？再看下文就知道，他说知者的乐是动性的，像水一样。仁者的乐是静性的，像山一样。这不是很明白吗？硬是断章取义，说"知者乐水"是喜欢水，"仁者乐山"是喜欢山，这是不对的。有些人的学问修养，活泼泼的，聪明人多半都活泼，所谓"杨柳岸，晓风残月"、"滚滚长江东逝水"就是这么个气魄，这么个气度。仁慈的人，多半是深厚的，宁静得和山一样。所以下面的结论："知者乐"，知者是乐的，人生观、兴趣是多方面的；"仁者寿"，宁静有涵养的人，比较不大容易发脾气，也不容易冲动，看事情冷静，先难而后获，这种人寿命也长一点。这是连起来的意思，千万不要跟着古人乱解释：聪明的人一定喜欢水，仁慈的人一定喜欢山。那问题就很大了。

## 变了形的文化样品

下面两节，孔子感慨起当时的文化问题了。看起来是两节闲文，毫不相干的话。研究起来，必须要配合春秋战国的历史时代。

子曰：齐一变，至于鲁；鲁一变，至于道。子曰：觚不觚，觚哉！觚哉！

讲到春秋战国时代文化的演变，齐鲁两国，无论在东西周时期，都具有核心性的影响作用。后来的楚国、秦国,虽凭一股新兴文化的气势,左右战国时期,但始终是以国富兵强而具有影响时局的力量而已。若论文化的渊源,仍然不能离开齐鲁。鲁国乃周公之后,周朝武王统一天下,对老功臣,分封建国。周公的后代被封在鲁,保存了周代文化的精神。姜太公帮助了武王统一天下,他的后代封于齐,发展出后世道家学术的精神。换言之,姜太公一系遗留在中国的文化,可以说代表了传统道家的文化;鲁国的文化则代表了周公这个系统,也就是形成后世儒家的文化;楚的文化则为老、庄一系所形成的南方文化成分较多;墨子则代表宋国的文化,宋为殷商的后代,所以在墨子的学术思想中,保留有浓厚的夏商文化的色彩。讲中国文化史或哲学史,对这个观念应该清楚。

春秋时期,当时的文字语言并没有完全统一,交通也不便利,各国诸侯的政治措施也有了各自为政的趋向,只是大体上还保持大同小异而已。到了孟子的先后时期,鲁国保留的周代文化,也只剩一线命脉。那时候较为兴盛的,还是道家传统所流衍的燕齐文化。而且齐国比较强,是经济最发达的国家,现在山东靠海这一带地方,本来资源缺乏,因为姜太公封到了齐国,他便发展资源经济,开始制盐,不但使齐国成了产盐区,并且渔盐之利大增,后来又经管仲的一番开展,齐国的经济更发达,到了战国时期,他的国际地位,等于我们当年在大陆时的上海、现在美国的纽约。所以当时孟子、荀子这些学者,都曾到齐国转一趟,好像现在的人们都要去美国混一下一样的。这是孔子以后的事。

在孔子当时,鲁国文化,还大有可观之处。孔子的思想中,认为要把中国传统文化保留起来,乃至于振兴起来,就要以齐国的文化为基础,再加上好的转变,就可以到达当年鲁国的情况;再把鲁国的文化,提高一点水准,就可以恢复中国传统文化的"道"。这是他的一个看法,一个感叹。

下面孔子又对觚发出一个感叹。觚依考据是一种四方有棱角的酒杯,到故宫博物院,应找得出这件东西。依古人的解释"觚不觚!觚哉!觚哉!"这句话,是孔子在感叹说,这个时代什么都变了。你看嘛,这只酒杯本来是有棱角的,现在酒杯的棱角也磨平了!这里记载孔子有这个感叹。但是酒杯没有棱角有什么稀奇?孔子如果看到我们现在用的茶杯还是玻璃做的,圆圆的,孔子一定要感叹,玻璃杯啊;玻璃杯啊!我们如果连接上文看,就知道这句话的意义了。孔子说我们的文化已经衰落了,要保持自己的传统文化,是件非常吃力的工作。除非像齐国那样,有雄厚的经济基础,能为后代文化努力,再加重整一番,可至于鲁。鲁国的文化有这样相当基础,能够把它再发扬光大一点,可以保持传统文化之"道"。可是他讲到这里,正在拿着杯子喝酒,于是就近举例说,试看看,酒杯的样子都变了!什么都在变,时代已经变了;酒杯啊!酒杯啊!他是感叹连这样一个用具都跟着时代在演变了,人更是永远在演变,历史是拉不回来的。这是他假借酒杯对文化演变的感叹。我曾和朋友们谈起,不要感叹,感叹是没有用的。历史无法拉回。我们死了,下一代照样活下去,照样又生下一代来。我们现在要尽到自己的任务,把我们所知道的,尽量交给后一代。他们去整理,他们去发扬,那是他们的事,不要担心。一定说"人心不古"、"今不如昔"、"世道衰微"也不见得。每个时代有每个时代的历史,每代历史有每代历史的精神。所以孔子说"觚不觚!觚哉!觚哉!"意思不单指这个酒杯。而是说变了,一切在变,就是这样一个感叹。

## 君子可欺以其方

正当孔子感叹,旁边有个学生提出了问题。

宰我问曰:仁者,虽告之曰:"井有仁焉。"其从之也?子曰:何为其然也?君子可逝也,不可陷也。可欺也,不可罔也。

宰我就是孔子说他"朽木不可雕也"的台柱学生,我认为他是身体不太好,而聪明有余,德性不大够的一个人。他有一天和孔子半抬杠,也可以说是在怀疑一个问题。他问孔子说,你天天教我们要学仁,做人做事要讲道德仁义。假使有一个人,去骗一个有仁义修养的人说,水井里有仁义。难道为了修养仁,就听他的话往井里跳?宰予这个话问得没有错,并不调皮,很实在的。他的意思是,老师你天天教我们讲仁义道德,现在世界那么坏,坏人那么多,有人来骗我们井里有道德,道德又值几毛钱一斤?要不要跳下去呢?和我们现在问:"这个社会这样坏,仁义有什么用?"是一样的。

孔子听了以后,终于笑了。他说你怎么这样想呢?一个做学问成为君子的人,并不是一个笨蛋,必须要晓得应变。孔子力赞《周易》,而《周易》的道理,便有"适变"、"随时"这两个要点。要懂得时代,适合于时代。但自己要站在中间,顺应这个变,有中心主张、中心思想。他在这里说一个君子之人"可逝也",可以放弃自己的终身,但"不可陷也",绝不受人家的包围、困扰,落入陷阱之中。比如说抛弃了一切,甚至抛弃了这个社会环境,抛弃了一生的功名富贵,绝不受困扰。如果说没办法,受了环境的困扰,陷进去了,在无可奈何下而拿了功名富贵,然后自说清高,那对不住,这是没有骨气,不是君子。有骨气的做法是自我牺牲,不受困扰。"可欺也,不可罔也。"当面来欺骗可以,愿意接受这个欺骗,这是仁慈。但如果糊涂、将就,自己根本不知道,这是不可以的。所以孔子是说,你问的哪有这个道理?归纳起来的意思,人一定要仁义道德。这是孔子所标榜的,也就是他的学问中心,要有中心思想,中心路线。如果这个中心思想行不通,只要认为对了,乃至于被时代遗弃了都可以,可是如果被现实所陷没了,那是不应该的。

所以孔子在下面再加以引申解释。

子曰:君子博学于文,约之以礼,亦可以弗畔矣夫!

孔子说博学于文，这个文不仅是文学，而是代表了一切学术文化。以现代名词来说，包括了文法、文理和一切知识。所以说要博学于文。博就是渊博，样样要懂，才能成为通才。但是渊博的人，常是样样都懂，门门不通。所以先求渊博；后要求专精。要渊博而专精，并且还要约束自己，做人处事在在合礼。孔门的思想要讲礼，我们再三提过，礼并不是教我们行礼，而是《礼记》所包含的文化精神。孔子说如果做到这样，大体上人生的道路，可以走得出来，不会离谱太远了。"弗畔"，就是没有离经叛道的意思。

## 冲冠一"路"为红颜

到这里引出一件事来了。

子见南子，子路不说。夫子矢之曰：予所否者，天厌之！天厌之！

这段很妙。南子是古代的一个美女，是卫国的人。孔子在这个国家相当久，因为卫国本来有意留孔子，把国政交给他，学生中有很多人怀疑孔子想取得在卫国的君权。当时卫国的诸侯卫灵公，宠爱一个漂亮的妃子，就是南子。春秋战国的时候，女子把持政权的有好几位，不过直到现在还没有看到这个问题的专书，我倒很希望有人，如果有功夫，对这种女人把持政治的风气，列举中外的历史事例写一本书。

中外历史上，与政治有关的女人太多，几乎任何一个政权都离不开女人。常在报纸上看到，英国的绯闻出来了，白宫的桃色新闻又出来了，全世界新闻界闹得那么凶，我看看觉得蛮好玩的。有的学生问，怎么觉得好玩而已？我说这有什么希奇呢？报纸上闹是另外一回事。古今中外任何一个政权，几乎没有不和女性发生关系的。不过有些是好的女性，有些是坏的女性。和历史的整个形态都有关系，可惜的是古代重男轻女，历史的记载没有朝此方向发挥而已。明末清初文学家李笠翁说的，人生就是戏台，历史也不过是戏台，而且只有两个人唱戏，没有第三个人。哪两个人？"一个男人，一个女人。"

这句话又引起另一则有名的故事：相传清朝的乾隆皇帝游江南，站在江苏的金山寺。看见长江上有许多船来来往往，他问一个老和尚："老和尚，你在这里住了多少年？"老和尚当然不知道这个问话的人就是当今皇上，他说："住了几十年。"问他："几十年来看见每天来往的有多少船？"老和尚说："只看到两只船。"乾隆惊奇地问："这是什么意思？为何几十年来只看到两只船？"老和尚说："人生只有两只船，一只为名，一只为利。"乾隆听了很高兴，认为这个老和尚很了不起。李笠翁说人生舞台上只有两位演员，一个男的，一个女的，这也是很自然的现象。

孔子当时到了卫国，南子这位宠妃正在把持政权，曾经找人告诉孔子，想见见孔子。这是古代，不比现代外交：除了阿拉伯伊斯兰教国家外，到了一个国家，见元首夫人，并没有什么了不起，而且还是一种习惯上的礼貌。但在古代不然，尤其是南子这个人，名声并不好，她要见孔子，孔子并没有答应，后来有人告诉孔子，要在卫国有所作为，非要走南子这条路线，孔子当然没有走这条路。但是孔子有一天的确见了南子，照历史上记载，孔子见南子，南子对他恭敬万分。历史的记载，男女相见，中间挂一幅珠帘，南子穿了国家的大礼服，在帘子里面向孔子跪拜，非常尊敬孔子，这也是事实。

现在《论语》中记载，孔子见了南子。这一下，学生当中脾气最大的子路不高兴了，出来在态度上大概给孔子很难堪，逼得孔子赌了咒："你不要怀疑我啊！我假如做了对不起人的事，给天雷打死！给天雷打死！"古人对这节书，都作上面这样的解释。

如果这样解释是对的，试想想，我们民族文化所标榜的这位圣人，岂不太糟糕了？见南子就有不轨的行为吗？这是不可能的。南子虽然在社会上的名誉不太好,孔子也瞧不起她,到底她是这个国家国君的夫人,她硬要见见,也理所当然。孔子特别讲礼,这又有什么失礼的?

孔子见了南子出来,子路这个学生就摆脸色给他看,孔子这个"校长"也干不下去,要辞职了,太受学生的威胁了,还要逼得孔子当面赌咒,"天啊!给雷打死!给雷打死!"哪有这样的解释?这完全是后人塑造孔子的错误,所以孔家店被打倒是难怪的,都是这些店员乱搞!把自己老板塑得那个怪像。就是现在,也还有人把孔子像塑得那么呆板。孔子哪里是这样的,孔子态度本来非常活泼轻松。

孔子见南子,是事实;子路不大高兴也是事实,孔子也的确矢之。"矢之"是很严重,等于赌咒,赌什么咒呢?问题在下面这句:"予所否者",孔子就告诉子路,你们的看法不对。这里要千万注意,古人说:"万事谁能知究竟?人生最怕是流言。"又说:"众口铄金,积毁销骨。"这就是人言可畏。又"谁人背后无人说?哪个人前不说人?"人情世故要通达,凡事问心无愧,旁人背后怎么说不要管他,只问自己。所以孔子是说,你们看法和我看法不一样,我所否定的,我认为不可救药的人,一定是罪大恶极。不但人讨厌他,就是天也讨厌他,那么这种人便不需要与他来往。

我们再看南子,是不是那种"天厌之"的人呢?南子在历史上不像夏姬,之前的夏姬是不得了的,坏得很。我们查卫国的历史,南子没有什么大不了的错,不过长得漂亮,卫灵公非常迷她,如此而已!政治上当时比较起来,卫国还算好的。而且孔子周游列国,流落他方的时候,还是在卫国住得最久,卫君在卫护他,南子也在卫护他,卫国的大臣,蘧伯玉这班人也在卫护他。所以孔子说,你们不要听到人家胡说八道就相信了。"谣言止于智者",有聪明有智慧的人,一听到就知道是真的或是假的。我所认为不对的,不像你们的看法,如果真有罪大恶极的人,天意都会厌弃他,何况人呢?你们对于南子,用不着这样不高兴。这节的意思,如此而已。我们绝不能照旧的解释,把孔子说成像孩子偷了嘴,怕大人打那样,哪有这种事,这是三家村学究们的见解。

接下来,孔子提到这件事了。所以我说《论语》是连成一气的,编得非常好。讲了南子这故事,马上就把孔子的一段话引进去了。

子曰:中庸之为德也,其至矣乎!民鲜久矣!

在孔子的孙子子思著《中庸》的时候,第三章中,就引用这一句话。孔子是讲了这一句话,孔子说中庸太难了,中庸是什么呢?讲孔子的中庸也是很难解说的,如仁字一样,有体有用,我现在不讲中庸的体,将来有机会研究《中庸》时再讲,现在讲中庸的作用,有些学者写文章骂中国文化,他们也是中国人,现在中国人"骂"中国文化的太多了!真使人感慨万千,我们这个国家在五代那八九十年中,也是最乱的,是当时认为的外族侵略进来的时代,有许多中国人变成什么样子呢?很难看,也很坏,他们帮助外族侵略自己中国人,所以唐末司空图有一首感慨的诗:"一自萧关起战尘,河湟隔断异乡音。汉儿尽作胡儿语,却向城头骂汉人。"将来百把年以后,写我们现代的历史,可能有人也会这样写。现在骂中国文化的,不是外国人,而是我们自己中国人。自己对自己没有搞清楚。

现在也有很知名的学人写了文章,说中庸就是马马虎虎的意思。他曲解说,张三说对,李四说不对,而王五说对与不对没有关系,就中庸吧!这位学者竟如此解释中庸,他们这些人对于中庸是什么,自己都没有好好的研究。

我们现在说中庸,就是能够中和的中庸之作用。我们中国文化中《易经》的道理,是说天下的事物,天下的人物,随时随地在变,每秒钟都在变,没有不变的事。如何能适应这个变,如何能领导这个变,这是学问的中心。同时《易经》告诉我们,变是对立的变,任何一件事都是相对立的,有正面必有反面,有好必有坏,你说对的,同时也就产生了不对的。一切都是相对的,在这个相对的中间,有一个中和的道理。所以"中庸"便提到中和的作用,孔子是说两方面有不同的意见,如果有最高的领导德业的人,使它能够中和,各保留其对的一面,各舍弃其不对的一面,那就对了。那才是"中庸之为德也,其至矣乎"!孔子同时感叹说:"民鲜久矣。"一般的人,很少能够善于运用中和之道,大家走的多半都是偏锋。

把这节放在孔子见南子后面,正说明了我们刚才所说的道理。一般人对人事的批评,要多方面注意人情世故。将来各位出去外面做事情,你的部下,你的朋友,甚至你的敌人,对你也是一样。当骂你坏的时候,什么都是坏的,没有好的;当捧你的时候,什么都是好的,没有坏的。但是不管捧与骂,都是有问题的。我们不要忘记了自己的本分,自己要很清楚自己,不要为这些毁誉所动摇,要问自己真正的作为。所以孔子在这里所讲的道理,说明了孔子见南子的真相。

## 此事古难全

下面等于为本篇作结论了。

子贡曰:如有博施于民,而能济众,何如?可谓仁乎?子曰:何事于仁,必也圣乎!尧舜其犹病诸!夫仁者,己欲立而立人,己欲达而达人。能近取譬,可谓仁之方也已。

子贡问的问题,都是中肯扼要,而且碰到孔子中心思想的要点之处。他说假使一个人广泛地博施济众,要为整个人类谋福利事业,照现代话来说,团体、社会、政府做的公益事业就叫社会福利。中国古代有没有社会福利思想?假使有研究社会问题的,这个问题要注意,在中国历史文化里,好像找不出社会福利问题的记载,事实上有没有呢?有!社会思想早有了,社会福利思想也早有了,过去都偏重在个人做,以个人立场,做社会福利事情,这是中国人的道德修养,告诉人,有钱做做好事,修桥铺路,再不然夏天在路上摆一些茶缸。我很小的时候就看到过。每到夏季,家里忙得很,天天都要烧茶,大锅大锅的烧,多少里一桶,放在那里,不要钱的凉茶,大家尽管喝。很多人家都这样做的,这些都是社会福利。中国过去的社会当然是以农业经济为基础,由个人做社会工作,做社会福利,认为这是一种道德,所谓阴功积德。

现代的思想,社会的福利工作,已经由政府、由社团做。时代不同,工业时代与农业时代,是两个时代,思想也不一样。子贡讲的博施,就是讲社会福利。博施,无条件的把东西送给人家,救济大家,让大家都得到帮助。在孔子学生中,只有子贡敢讲这句话,因为这位老哥子很有豪气,有时不大肯做书呆子,孔子也没有骂他,认为他很对,可是也没有鼓励他。他一边是讲仁义,一边不同意装穷,不像颜回一样,三天吃一个便当,还是馊的,喝一口水下饱。他要做生意,他的钱很多,所以他敢吹这个牛,假如我博施、济众,老师,怎么样?可以算得是你所标榜的仁慈吧?孔子对子贡这个问题的答复很妙,他说,你说的这件事,太伟大了,岂止是对仁来说,实在是永远做不到、做不尽的大事业,我也做不到,就是古代圣帝明王如尧舜一样当权的人,也做不到。问题是在于一个人想做好事,绝对大公,很难很难,是做不到的。所以中国的字,"公"是化"私",这是儒家的思想。由道家演变而来的杨朱思想,"拔一毛以利天下而不为也",绝对讲个人主义,我不拔你的毛,你也不要拔我的毛,一毛都不拔。墨子则讲"摩顶放踵以利天下",尽量的为公。儒家认为都不对。儒家是讲保留适度的自私,慢慢扩充到为公。我们大家要注意,三民主义的思想,就是从儒家这个思想来的。儒家的推己及人,我有饭吃,才想到你需要饭吃,分点给你,我们两个有饭吃才分给他,我们三个有饭吃,再分点给大家吃。一步一步扩充。如全体都要一下子做到,不但我们做不到,尧舜也做不到。所以孔子说子贡的理想太高了,像柏拉图的理想国一样,陈义太高了。孔子告诉他,真正仁的人,是要自己站起来,但是要顾虑到别人的利益,使别人也站起来。

学问道德也是如此,我要做一个人,不要忘记了他也要做一个人,我想将来通达有前途,不要忘记了他也要有前途,尤其是将来诸位如果出去做一个领导人,要多爱部下,像待自己的子女兄弟一样替他们着想。我要利益,他们也要利益,我太累了,同样地他们也累了。从最浅近、最平凡的当中去了解他。做到了这种地步,就可以说找到了仁的方向,为仁找到一条可走的路了。

本篇讲到这里,结束了《雍也》一篇的连贯性,也等于对第一篇《学而》这些道理,作一个陪衬。拿事实来证明、讨论。孔门学问中仁的应用,是推己及人,想自己利益的时候,也替别人的利益着想;扩而充之,想到天下人的利益。仁的路就是这样开始走的。

现在第六篇《雍也》讲完了。这六篇连起来,等于是全部《论语》中孔子师生之间学问问答的纲要。

# 述而第七

《论语·述而》第七,等于是《学而》这一篇的注解,并且连带发挥前面六篇的内涵,引申了学问之道。述,即是叙述、记述的意义。

## 一肩挑尽古今愁

子曰:述而不作,信而好古,窃比于我老彭。

我们研究孔子思想,知道孔子自己很谦虚,他说我述而不作。什么叫述?就是承先启后,继往开来,保留传统的文化,就所知道的,把他继续起来,流传下来,好比现在说的,散播种籽,没自己的创作,不加意见。孔子的删《诗》、《书》,定《礼》、《乐》,系《易》辞,著《春秋》等六经文化的整理,只是承续前人,并没有加以创作。但是他有个态度,信而好古,不是迷信,是真信,加以考证过的真信。譬如我们中国第一部历史文献的《书经》,也叫做《尚书》,第一篇是从《尧典》开始,难道尧以前没有历史了?当然有,我们自己都晓得,讲祖宗文化从黄帝开始,黄帝到尧这个阶段,历史还有一千多年。中国文化五千年,是从黄帝开始数起,黄帝以前再推上去,如果照我们旧的说法,认为中国历史是有十二万年之久。以前历史是十二万年,哪知道后来年纪大了一些,进了洋学堂,就变了,变作五千年文化,再后来又变成只有三千年了,我看将来,说不定会变成只有一千多年了,我们中国人的历史文化越来越短了!

孔子当时删《诗》、《书》,为什么《尚书》将尧以前的删除呢?因为尧以前的文献不够,他不敢轻易断言,所以历史资料的文献,自尧这个阶段开始。他在这里说自己"信而好古",就是说明他做学问的态度,实在非常相信而喜欢传统的文化,把它保留下来。我们看了他自述的这八个字,再看现代的学者做学问的态度,恰恰相反,我们现在是作而不述,专门创作,而且写文章,是千古文章一大抄,在于抄得好抄不好。过去写文章,如加"子曰"就表示这句话是引用孔子的。现在叫保留他的著作权,古人不是权不权的问题,如作诗,作到与前人同一个句子了,就在下面写明"借句"或"借××人句"。写文章如果引用古人的话,或孔子的话,或苏东坡的话,任何人的话而没有写明,一定被老师或家长责备:"你这个孩子,怎么搞的,不道德!"现在的著作,会偷人家的,非但不说明引用人家的,甚至于有很多的是全盘盗印。这种事,我亲自经历过的,我一本书已经被盗印三次,我还鼓励那个出版商,说非常欢迎他盗印我的书,因为我在后面加了一行字:"为了修正起见,暂时保留版权。"我不想我的儿女将来靠我的著作吃饭,如那样没有道理了,著作的目的,要使世人懂得,我何必保留它。

还有一次,有一个人申请奖学金,作了一篇论文要审查,传到我手里,我打开一看蛮好,没有看完,先交给学生替我看看,并要他提点意见给我,他看了以后笑了,他说:"老师,全篇是你的。"核对一下,果然,一字不差,就是这个样子"作而不述"。

还有呢?专门疑古,对古代的文化不相信,于是好犯上作乱,尤其抗战以前有些学人,现在讲起来,真是该死,后来我们的思想一度受到他们的影响,他们跟着日本人说,尧舜不是人,是中国人自己编的,尧是香炉,古代的香炉,舜是烛台,禹也不是人,是爬虫,这是日本人故意侮辱我们的,我们的学者也都跟着这样说。所以我们的文化到了今日这个地步,不是偶然的,是几十年来大家疑古,随便抛弃了传统,抛弃了前人的经验,轻视前人的学问,结果变成这个样子,所以信而好古,是保持历史人生的经验,孔子对此,持以非常慎重的态度,实在了不起。

可是他还谦虚地说"窃比于我老彭"。老彭是两个人。老,是老子;彭,是彭祖,名彭籛,在古代的史料上,一般人说他活了八百年,是否有这个人,姑且不问,反正在中国传统文化中,有一长命老人叫彭籛。孔子下面这句话的意思是说,我没有什么了不起,不过想向老子、彭籛看齐。这两个人都是讲传统文化,而且是持"述而不作,信而好古"的态度。总而言之,他等于是自我幽默说:"我没有什么了不起,只是一个老古董而已。"

接着又说他做学问的态度和教学的精神,就是说明他自己人生的志趣。

> 子曰:默而识之,学而不厌,诲人不倦,何有于我哉?

"默而识之",学问要靠知识来的,这里的"识"在古代文字中是与"誌、记、志"字通用,所以"默而识之"这句话就是说:做学问要宁静,不可心存外务,更不可力求表现,要默默然领会在心,这是最要紧的。

"学而不厌",他自己说做学问的志趣永远不厌倦,这在文章上读起来很容易了解,乍看起来没有什么了不起,但深深体会一下,孔子的学问就在这里。虽然非常平凡,但要知道世界上最伟大的就是平凡,能安于平凡是很难的,这也是"人不知而不愠"的引申。以自己的经验来证明,假如发狠学一样东西,肯下工夫去学习,最多努力一段时期,就不能继续不倦的去搞了。所以一生能够学而不厌,不是件简单的事情。像写毛笔字、打太极拳,开始很有兴趣,再继续下去,到快有进步的时候,对自己的毛笔字,越看越讨厌,简直不想看;打拳也打得自己不想打了,认为学不好。这正是一个关键,是个进步的开始,可是大多数都在这种情况下厌倦的放弃了。因此,就觉得孔子这句话,的确了不起。

另一点便是"诲人不倦"的教学态度。也是看起来容易,做起来难。孟子说:"得天下英才而教育之,一乐也。"但是如果"得天下笨才而教育之,一苦也"！教育的事有时真使人厌倦不堪。尤其是现在青年的教育,从小底子打得太差了,几乎必须要重新打基础。所以一个真正的教育家,必须要有宗教家的精神,爱人爱世,须要有舍身饲虎、入海救人的牺牲精神才行,又像是亲自施用换心术硬要把自己的东西,装到他的脑子里去的这种心情。但有许多学者有了学问,却当成千古不传之秘,不肯教给别人。

孔子这三句话,表面上看是很容易的,做起来就非常难。后世为人师表者,可以将这几句话作成格言,在碰到厌倦的时候,提起孔子这几句话,在肚子里脸红一下,马上自己改正过来。孔子在接着这三句话之后便说:"何有于我哉？"翻成白话,便是说,我没有什么学问,只不过到处留意,默默地学习中,我把它强记下来；求学问不厌倦；教人也不厌倦；但是除了这三点以外,我什么都不懂,什么都没有。就是这个意思。可是这三点都是真学问,我们大家都很难做到,所以我认为这篇是第一篇《学而》的引申注解。

## 梦中的忧乐

接着是讲为学与为政的道理。孔子对于时代风气的衰变非常忧虑,所谓忧国忧民,他忧的是什么？这里说:

子曰:德之不修,学之不讲,闻义不能徙,不善不能改,是吾忧也。

就此四项的内涵,已足以陈述孔子当时忧天下、忧国家、忧民族、忧文化衰颓变乱的心情。这种心情,到了现在,又压在我们的心头。孔子说,那个时代不得了,一般人不讲修养自己的品德；只讲现实,不讲求真正的学问。正像这个时代,教育尽管普及,可是人们都不喜欢读书,甚至连买书都不愿意。现在出的书都是小本,裤袋里可以放的,不是读书,是坐在公共汽车上摩擦,擦破就算了。不像我们以前读书,要反复背诵的慎思明辨。现在的背书,并不是以所背诵的书成为自己的学问,而是作临时应付考试之用,偶然也启发了许多似是而非的思想,知道了很多的知识,过去是读书,现在是看书,看过就行了,其实不深入。知识不一定就能成为学问。

最可怕的是,听到了义之所在,自己也知道这道理是对的,只是自己的劣根性改变不了,明明知道自己走的路线不对,又不肯改。为什么不能改?时代环境的风气,外在的压力,自己又下不了决心,所以只好因循下去。

孔子说了他担忧的四点:"德之不修,学之不讲,闻义不能徙,不善不能改。"也是每一个人和任何一个历史时代的通病,尤其碰到衰乱的世局,任何一个国家社会,都可能有这四种现象出现,由此可见他的心情,所以说孔子是淑世——救世主义者。一个民族,一个国家,不怕亡国,因为亡国可以复国。只要有决心,有勇气,就能把国家光复回来,没有什么可怕。最怕是把自己文化的根挖断了,就会陷于万劫不复。这里所记孔子的感慨,也就是担忧人文文化迷失了的后果。我们再看古今中外的历史,一旦国家文化亡了,即使形态存在,但已动摇了根本,难以翻身,这是一定的。犹太人虽然亡了国,他立国的文化精神,始终建立在每一代犹太子民的心目中。文化看起来是空洞的,但它是一个国家民族的历史命脉,孔子在这里不谈国家政治而谈人文文化,实际上这正是民族历史的重点。国家天下,尽在其中。

接连前面两节,说明孔子自处处人与做学问的要点,下面就加上学生对孔子的描写。根据上面的话,我们看到孔子一天到晚忧世忧民,活得好苦。古人有说:"百年三万六千日,不在愁中即病中。"一个人即使活到一百岁,不是忧愁就是病痛,这个人生未免太惨了,通常人的寿命是六七十岁,但计算一下:十五岁以前不懂事,不能算;

最后的十五年,老朽不堪,眼看不见,耳听不见,也不能算;中间三四十年,一半在睡觉,又不能算。余下来的日子不过十五年左右,这十五年中,三餐吃饭,大小便又花去许多时间,真正不过活了几年而已。这几年如果真正快乐还好,倘使"不在愁中即病中",那么在人生哲学上,这笔账算下来,人活着等于零,够悲惨的!如果家事、国事、天下事,事事关心,就简直活不下去。尤其像孔子,看得见的,忧国、忧家、忧天下;看不见的,还忧德之不修,学之不讲,闻义不能徙,不善不能改。他既要忧,还要管,如果这样算起来,孔子这一生痛苦得很,实在受不了。果真如此,所谓圣人者,只是一个多愁善感的人而已。慢着!我们且看下面说到他如何面对这种忧患一生的平日生活情况。

　　子之燕居,申申如也,夭夭如也。

　　这里燕居的"燕"与"晏"相通,在文学上也叫"平居",就是在家的日常生活,这里说孔子平常在家的生活"申申如也",很舒展,不是皱起眉头一天到晚在忧愁。他修养好得很,非常爽朗、舒展,"夭夭如也",而且活泼愉快。所以尽管忧国忧民,他还是能保持爽朗的胸襟,活泼的心情,能够自己挺拔于尘俗之中,是多么的可爱。但是他乐的是人生的平淡,知足无忧,愁的不是为己,为天下苍生。因此下面又引出孔子的一种心忧。

　　子曰:甚矣!吾衰也。久矣,吾不复梦见周公。

　　大家都知道,在孔子以前,凡提到中国文化,必提到周公,因为自周朝建国以来的人文文化,都由周公一手整理而付诸实行。等于我们后世,一提到中国文化,便提到孔孟。我们现在每一个人都可以借用这句话,改说:"唉!我老了,很久没有梦见孔子了!"孔子这句话,就是这种意思的感叹。如果解释为他晚上睡不安稳,经常做梦,那是精神有问题,就不会"申申如也,夭夭如也",而是"苦苦如也"!精神好,身体健康当然不做梦,孔子的身体是健康的,所以这句话是形容和感叹之词,意思是说现在的时代,乱成这个样子,实在无法再挑起这副担子。当然这只是孔子的感慨而已,结果担子还是挑下来了。梦不见周公没关系,他到底很清醒地担负起中国文化承先启后的担子。所以我们要注意孔子思想中究竟藏有些什么精神,在第四篇《里仁》中讲到他的全副精神,这里更清晰地提出来了。

## 道 德 仁 艺

子曰:志于道,据于德,依于仁,游于艺。

假如有人问,孔子的学术思想真正要讲的是什么?可以大胆地引用这四句话作答,这就是他的中心。也可以说是孔子教育的真正的目的,立己立人,都是这四点。关于这四点的教育方法,也就是后面《泰伯》篇中孔子说的"兴于诗,立于礼,成于乐"。第一项所说的"志于道",又学个什么道呢?一般人说孔子说的是人道,不讲天道,因为天道渺远,属于形而上的范围。究竟有没有神的存在?生命是怎样开始的?宇宙是如何形成的?这些都是属天道。"天道远"并不是说与我们的空间距离远。如照现代观念来说,更不合理了,目前到月球只不过几天的事,怎么说远?这个远字实际上是高远的意思,指距离人类的知识程度太远。"人道迩",人道比较浅近易懂。所以过于高远的暂时不要讲它,先把人们自己切身的问题解决了,再讲宇宙的问题,一般人说孔子只讲人道,这是后代的人为孔子下的定义,事实上孔子并没有这样说,当时,只有他的学生子贡说:"夫子之文章,可得而闻也。夫子之言性与天道,不可得而闻也。"——见《公冶长》篇。根据子贡这里的话,再看孔子在《易经》中所讲的学问,他绝对懂天道——宇宙的来源。所以子贡便说,他讲人道,我们听得懂,他讲宇宙的奥妙,因为我们的学问还不够,实在听不懂。

因此孔子在这里所讲"志于道"的"道",我们不能硬性替它下一个范围,说他只讲人道,不讲天道。如果要研究孔子的思想,必须研究《易经》的《系传》,他许多的重要思想,都表现在《系传》中,有关形而上的学问,也在《系传》里。那么孔子在这里所说的道是什么?我们可以很老实的作答:"孔子自己没有下定义,所以我们很难替他下定义。"至于他在这里讲的"志于道"可以列举很多,证明他是懂得形而上道。由人生的普通行为——形而下开始,一直到最高的天地万物的玄妙之道,他全懂。不过一般学生们程度不够,他没有偏向这方面讲,如果专讲这方面,孔子就变成一个宗教的教主了。尽管后人称他为儒教教主,他自己在当时非常平实,不走教主的路线。

根据原文"志于道",可以解释为形而上道,就是立志要高远,要希望达到的境界。这个"道"就包括了天道与人道,形而上、形而下的都有。这是教我们立志,最基本的,也是最高的目的。至于是否做得到,是另一回事。正如大家年轻时刚出社会做事,都立志取得功名富贵。就以赚钱为目的来说,起码也希望赚到几千万元。但立志尽管立志,事实上如今一个月只赚几千块。如果因立志几千万,只拿几千元,"不为也"!不愿干回去好了!这说明立的志能不能实现,是另外一回事。所以孔子说,做学问要把目标放得高远,这是第一个"志于道"的意思。

"据于德",立志虽要高远,但必须从人道起步。所谓天人合一的天道和人道是要从道德的行为开始。换句话来说,"志于道"是搞哲学思想,"据于德"是为人处世的行为,古人解说德就是得,有成果即是德,所以很明显的,孔子告诉我们,思想是志于道,行为是依据德行。如果根据这里的四点来分析《论语》中所讲的道理,有许多都是"据于德"的说明。

"依于仁",已经说过,仁有体有用。仁的体是内心的修养,所谓性命之学、心性之学,这是内在的。表现于外用的则是爱人爱物,譬如墨子思想的兼爱,西方文化的博爱。"依于仁",是依傍于仁,也就是说道与德如何发挥,在于对人对物有没有爱心。有了这个爱心,爱人、爱物、爱社会、爱国家、爱世界,扩而充之爱全天下。这是仁的发挥。

"依于仁"然后才能"游于艺"。游是游泳的游,不是遊戏的遊,在这里我们要特加注意，遊戏的遊是"辶"旁，这里是水旁的游泳的游，"游于艺"的艺包括礼、乐、射、御、书、数等六艺。孔子当年的教育以六艺为主。其中的"礼"，以现代而言，包括了哲学的、政治的、教育的、社会的所有文化。至于现代艺术的舞蹈、影剧、音乐、美术等等则属于乐。"射"，军事、武功方面。过去是说拉弓射箭，等于现代的射击、击技、体育等等。"御"，驾车，以现代来说，当然也包括驾飞机、太空船。"书"，文学方面及历史方面。"数"则指科学方面的。凡是人才的培养，生活的充实，都要依六艺修养，艺绝不是狭义的艺术。原来绘画是文艺，现在美术却与文艺分开，越分越细，但也越分越窄。有人说科学分得如此细，走向一种病态了。举例来说：有人鼻子不通去看医生，鼻科医生说也许受牙齿的影响，先到牙科检查，然后放射科、神经科、心电图各种查完，再回到原来的鼻科。这时鼻科医生对病人说，你找错医生了，我是专门治左鼻孔的，你是右鼻孔不通，要找那一边的医生。这是用医病来讽刺科学分类的过分。中国古代不这样细分，凡属六艺范围的都是艺。人生对于道、德、仁、艺这四种文化思想上修养的要点都要懂。这四个重点的前一半"志于道，据于德"包括了精神思想，加上"依于仁，游于艺"作为生活处世的准绳，是他全部的原则，同时告诉每个人，具备这些要点，才叫学问。如无高远思想就未免太俗气，太现实的人生只有令自己厌烦。没有相当的德行为根据，人生是无根的，最后不能成熟。如果没有仁的内在修养，在心理上就没得安顿的地方。没有"游于艺"，知识学问不渊博，人生就枯燥了。所以这四点统统要，后人对这四个重点都有所偏重，其实讲孔子思想，要从这里均衡发展。下面一个问题来了：

## 孔子的学费问题

子曰：自行束修以上，吾未尝无诲焉！

从汉朝开始,对"束修"的解释都是学费,好像孔子也在开补习班。他说,凡是在这里缴了学费的,我没有不教。当然缴了学费要教!教育和买卖一样,尤其当前教育完全是商业行为。有一次在大学教书下了课,和一位著名的老经济学家在等交通车,天快下雨了,我叫计程车邀他一起坐回家。闲谈起现在的学校,对教书的人这样待遇,简直是商业行为。这位经济学家说我外行,他说商业行为是主顾至上,学生是主顾,我们也是主顾,学校根本没有把我们主顾照拂好,才不是商业行为呢!我问他那又是什么?他说是官僚作风。这是讲到现代的教育制度,完全西化了,的确是商业行为。以前中国的教育制度,师生之间,如父子兄弟,负一辈子的责任。现在这个责任没有了,知识成了货品,与我们原来的教育制度、教育精神不同。这一点是值得我们检讨的。

现在再来说束修这个字。古代不说学费说束修,但束修又是什么呢?束就是用绳子捆拢来为一束,修同脩,就是腊肉。古代到老师那里求教,学生当然要赘敬。古代的赘从贝,贝即贝壳。我们的老祖宗汉民族,居住在中原地带,贝类很少,物以稀为贵,所以用贝当作货币流通。因此在古代凡是与财物有关的字,如寳,如财,都从"贝"。有人说,古代朋友的"朋"字,就是两串贝壳的形象,就含了"有酒有肉皆兄弟,急难何曾见一人"的幽默了。

以前的人,拿了贝壳去见长辈,表示敬意,称为赘敬,这是一种礼貌。但古人把这一节解释为:"孔子说,凡是付了束修的,我没有不教。"这种说法,我始终怀疑,我认为"自行束修以上"这句话的重点要放在"自行"两个字上。如果真的是向孔子缴一捆腊肉,何必说自行,不说自行,就说自缴也可以。我想古人的解释有点问题,也许是我把孔子说得比较好一点。我的朋友和我说笑话,说我把孔子说得那么美,孔子不会想梦见周公,有一天我如梦见孔子,他一定会向我道谢。这真是笑话。

依我的看法,问题在自行两个字,自行束修是自行检点的意思,如果说束修是腊肉,孔子三千弟子,哪里吃得了这许多腊肉,放也没有这样大的地方来放,还有孔子的学生中如颜回,连一个好一点的便当都没有,哪里来的腊肉送给老师?而孔子不但教他,并且以他为最得意的学生。我认为孔子这句话的意思是说,凡是那些能反省自己,检束自己而又肯上进向学的人,我从来没有不教的,我一定要教他。这是我和古人看法所不同的地方,所谓自行束修,就是自行检点约束的意思。

## 刺激和诱导的教育法

子曰:不愤不启,不悱不发,举一隅不以三隅反,则不复也。

这里是说教育方法的原则。所谓"愤",就是激愤的心情。对于不知道的事,非知道不可,也是激愤心理的一种。如有一件事,对学生说,你不行,而他听了这句话,就非行不可,这是刺激他,把他激愤起来。"启"就是发,在启发之前,先使他发愤,然后再进一步启发他。这种教育方式,有一个很好的例子:相传清代名将年羹尧,是汉军镶黄旗子弟,幼时非常顽劣,他父亲前后为他请了好几个老师,都被他打跑了。后来没有人敢去应聘教他,最后有一个老师是隐士——有说是顾亭林的兄弟,顾亭林虽然一生不做清朝的官,从事反清的地下活动,但为了同胞的福祉,还是叫别人出来做些事——自愿任教。年羹尧的父亲说明自己儿子的顽劣,老先生说没关系,唯一的条件是一个较大的花园,不要设门,而且围墙要加高。就这样开始教了,年羹尧最初想将这位老师打跑,不料老先生武功很高,打又打他不着,却什么也不教他,到了晚上,老先生运用他高强的轻功,一跃出了围墙,在外逍遥半天,又飘然跳了回来,年羹尧对这位老师一点办法都没有。老先生有时候吹笛子,吹笛是可以养气的,年羹尧听了要求学吹,于是利用吹笛来使他养气,这才开始慢慢教他。后来老先生因为有自己的私事,一定要离开,临走时说,很可惜,这孩子的气质还没有完全变过来。虽然如此,年羹尧已经够得上是文武双全了,所以后来成了平藏的名将。而他以后对自己孩子的老师,非常尊敬,同时选择老师也很严格,有一副对联:"不敬师尊,天诛地灭;误人子弟,男盗女娼。"就是他写了贴在家里的。这个故事,可说明孔子所说教学的原则,必先刺激他的思想,使他发愤,非要有坚强的求知心,才能启发出他本有的智慧来。

第二就是引起他的怀疑,"悱"就是内心有怀疑、不同意。譬如说古人这样讲,就告诉他这值得考虑。孔子所谓"当仁不让于师",韩昌黎所谓"师不必贤于弟子",老师不一定完全是对的,不是光靠服从接受便行,如果呆板的接受,学问会越来越差的。多怀疑就自然会去研究,"发"就是研究。

"举一隅而不以三隅反,则不复也。"而且要多方面看。一桌四角,讲了一角,其余三角都会了解,那么他可以回来,"复也"就是回来。回到哪里?回到思想智慧的本位,就是回到自己智慧的本有境界。所以在教育方面,一定要激发他愤、悱的求知欲。我们看儿童的教育,有的孩子,对什么事情都不服气,而做家长的,总是希望孩子服气,尤其老一辈的人,往往把自己的经验看得非常重要,希望孩子接受。实际上要使孩子服气,接受上一代的经验,在教育方法上,必先使他能愤、能悱才行。再引一个不伦不类的故事来说明:

清乾隆时代,有一位世代书香的大员,有个儿子,文学很好,但不成器,行为不检点。一年,给这孩子五百两银子上京考功名,结果他到了京里,把五百两银子在妓院中花光了,被老鸨赶出来,剩下一身病,骨瘦如柴。回到家里,老太爷知道了,气得要把他打死,但一检阅他的行李,发现有他写的两句诗,老太爷一看,笑了。想想五百两银子值得,这个孩子在文学上很有心得。以文学的观点来看,这两句诗的确很好!原句是:"近来一病轻如燕,扶上雕鞍马不知。"这是古人对文学的推崇。如果是现在,科学搞不好,光作两句诗,不把父母气死才怪。我们举这个例子,也可说明"愤"与"悱"的一隅道理。下面是讲一个人的领悟力,举一隅不以三隅反,则不复也。有些人读书学习很用功,但是领悟力不够,充其量,只能成为一个书呆子。譬如拿研究历史来说,最低限度,也是为了"前事不忘,后事之师也"。了解前代的事情,和现在的事情原则差不多,道理是一样,只是发生的时代不同,地区不同,现象两样而已。所以多读历史,能够举一反三,就可前知过去,后知未来。否则,白读死书,"则不复也"。学识又有什么意义呢?

## 千古艰难唯一死

讲了孔子教育方法的原则原理,就讲到:

子食于有丧者之侧,未尝饱也。子于是日哭,则不歌。

这是讲孔子对于养生送死的礼非常重视。他去了丧家,吃饭从来没有吃饱过;在这一天哭过了,心里头难过,绝对不唱歌的。这很简单,不但孔子,我们也一样。这有什么了不起,为什么这两句话放在这里呢?这句话看来很平常,但其意义是说明孔子对生死的大问题很重视。古今中外,宗教、哲学、科学都在追究这个问题:生命从哪里来?往哪里去了?死了以后还有没有?是否如过去所讲有再生之说,死了以后还会投胎?后来又加上来自印度、埃及的学说,认为人死了再投胎不一定做人,做什么决定于前生的道德善恶。所谓轮回、三世因果,这是佛家的思想。西方也是一样,基督教也有这样的思想,人死了以后,等到世界末日来临时,灵魂还会复活,接受上帝的审判。复活岂不是再生?这是一样的道理,不过不如东方说得详尽而已。这是古今中外一个大问题。所以孔子对于生死的事情,非常重视。这两句话,没有放在专门讲孔子的生活习惯和生活现实的《乡党》篇中,而放在这里,是为了连接引出下面的道理。

子谓颜渊曰:用之则行,舍之则藏。唯我与尔有是夫!

孔子有一天对颜回说,时代、国家如果用得到我,就出来为国家、天下做事;如时代、国家不需要我,就退隐,自己藏起来。藏在哪里呢?譬如苏东坡的诗说:"万人如海一身藏",非常好,尤其适合现在这个时代,古人是要隐藏到山林中去,现在用不着,只要住在公寓房子里,把门一锁,死了都没人知道。孔子还说,这样的情形,只有我和你颜回两人可以做到。因为颜回在孔门是道德修养最好的学生,至于其他的三千弟子,相形之下,就逊色多了。实际上也真的是很难,我们再体验一下,用之不一定能够行。假如说目前这个环境,把基辛格一流的人都拿下去,要你出来,行不行是个问题。时代不需要你的时候,你能不怨天,不尤人,默默无闻的活下去,这也做不到。一个人总有自己的牢骚,尤其知识分子们总认为:"当今天下,舍我其谁?"假使让我出来,比诸葛亮还更高明。所以没有完全认识自己,隐退是很难的,因此孔子对自己得意的弟子颜回说:"只有你我两才做得到。"

把全篇首尾连贯起来,排成一个师生讲论的场面,由上面一节的说话,第一个不服气的又是子路,他忍不住开腔了:

子路曰:子行三军,则谁与?子曰:暴虎冯河,死而无悔者,吾不与也。必也临事而惧,好谋而成者也。

子路倒有自知之明,讲"用之则行,舍之则藏"这一套修养,自己是不行,所以他说:"老师!假使你打仗,你带哪一个?你总不能带颜回吧!他营养不良,体力都不够,你总得带我吧!"——文章中的三军,不是现代的海陆空军,当时还是车战,中军、左军、右军称为三军。——孔子听了子路的话笑了,他骂子路,像你这种脾气,要打仗绝不带你,像一只发了疯的暴虎一样,站在河边就想跳过去,跳不过也想跳,这样有勇无谋怎么行?而且一鼓作气,看起来蛮英勇,死了都不后悔,这种作法是冤枉去送死。子路这样的勇,不是大勇,孔子的学问中,智、仁、勇三个字是相连的,真正的大勇,一定有智有仁;真正的仁,一定有智有勇;真正的智,也一定有仁有勇,三者不能分开的。孔子说,一个统帅的修养,一定要做到"临事而惧,好谋而成"。所谓临事而惧,并不是怕事,而是说任何一件事到手上,开始时就是怕会失败,所以要考虑周详,不自作聪明;到事情终于来了,则"好谋而成",不怕了,必须用智慧,各方面都设想周到,促其成功,这才是统御人才的基本修养。

## 男儿到此是英雄

因此而引出孔子自己的表白,说明他对立身处世的态度:

子曰:富而可求也,虽执鞭之士,吾亦为之;如不可求,从吾所好。

这是孔子有名的话。在《论语》上是"富而可求也",但在《史记·伯夷列传》上,司马迁引用孔子的话是"富贵如可求也",还多一个"贵"字。这也是一个问题,古书上这些小问题,读书时也要注意到。我认为《论语》的记载比较对,应该没有"贵"字,因为《尚书·洪范篇》上讲五福:寿、富、康宁、攸好德、考终命,便没有"贵"字。我们中国人的人生哲学,富贵两字往往连起讲,富了自然就贵,不富就不贵,富更重要,所以在这里富字应该已经包括了"贵"字而说的。孔子认为富是不可以去乱求的,是求不到的,假使真的求得来,就是替人拿马鞭,跟在后头跑,所谓拍马屁,乃至教我干什么都干。假使求不到,那么对不住,什么都不来。"从吾所好"。孔子好的是什么?就是下面说的道德仁义。真的富贵不可求吗?孔子这话有问题。中国人的老话:"小富由勤,大富由命。"发小财、能节省、勤劳、肯去做,没有不富的;既懒惰,又不节省,永远富不了。大富大到什么程度很难说,但大富的确由命。我们从生活中体会,发财有时候也很容易;但当没钱时一块钱都难,所以中国人说一钱逼死英雄汉,古人的诗说:"美人买笑千金易,壮士穷途一饭难。"在穷的时候,真的一碗饭的问题都难解决。但到了饱得吃不下去的时候,每餐饭都有三几处应酬,那又太容易。也就是说,小富由勤,大富由命,但命又是什么东西?这又谈到形而上去了,暂时把它摆着。

现在孔子所谓的求,不是"努力去做"的意思,而是"想办法",如果是违反原则去求来的,是不可以的。所以他的话中便有"可求"和"不可求"两个正反的道理,"可"与"不可"是对人生道德价值而言。如富可以不择手段去求得来,这个富就很难看,很没有道理,所以孔子说这样的富假使可以去求的话,我早去求了。但是天下事有可为,也有不可为,有的应该做,也有的不应该做,这中间大有问题。如"不可求",我认为不可以做的,则富不富没有关系。因为富贵只是生活的形态,不是人生的目的,我还是从我所好,走我自己的路。

子之所慎:齐、战、疾。

孔子平常非常小心注意的事:齐、战、疾三件事情。古代齐斋同义,清心寡欲谓之斋,古人在举行国家大典或祭天地祖宗的时候,便要斋戒。所谓斋戒沐浴就是清心寡欲,并不像现在的人,称吃素为吃斋,这个错误在习惯上已用了一千多年,不必改它了。古代的斋是内心的修养,要着重气质的变化,在《礼记》中变化气质第一步工夫,就是要"斋心","毋不敬,俨若思。"现代的语汇,就是心理的净化,所以孔子对"斋"是最谨慎,最小心的。

其次是对战争,我们讲军事哲学思想史,经常也引用到孔子的话。他不是不懂军事,而是对军事哲学的理论很高明,只是平常不轻谈战争。

第三疾:是指卫生、保健的事,这是养生之道,他非常注意自己身体健康。所以斋、战、疾是他特别小心的事。

孔子生活习惯的事,为什么记载在这里?前面说过,这一篇等于是第一篇《学而》的解释、发挥,下面便讲到:

子在齐闻韶,三月不知肉味。曰:不图为乐之至于斯也!

韶是古代一种音乐的名称,是三代以上的舜乐。孔子听了这个音乐,三月不知肉味。有人解释"三月不知肉味"说孔子在这一段时间吃素。当年五四运动,人们根据这句话,说孔子穷得连肉都吃不起。实际不是这个意思,真正的意思是孔子听了韶乐以后,心境之宁静,思想之专一,吃饭的时候都不知道自己在吃饭,欣赏韶乐到了忘我的境界。这也是描写古代的音乐好到如此程度。所以孔子感叹,上古时代音乐的境界,有我们所意想不到的高明。

## 南面王不易也

讲了孔子内心的修养,和教育弟子以及他自己生活的情况,给我们一个榜样以后,下面就提出问题了。

冉有曰:夫子为卫君乎?子贡曰:诺,吾将问之。入曰:伯夷叔齐何人也?曰:古之贤人也。曰:怨乎?曰:求仁而得仁,又何怨?出曰:夫子不为也。

孔子周游列国时,各国都排斥孔子,生怕他有意夺取政权,唯有在卫国的时候,卫灵公、南子、一般大臣,都对孔子很好,尊敬他,照顾他。所以当时大家都怀疑他,甚至孔子自己的弟子,听了太多的谣言,也起怀疑,像冉有,有一天就说,我们老师真想做卫国的国君吗?当然,他不是不赞成,老师真干了,他也会上来帮忙的。子贡听了便说,好!我去问他。这时孔子受的谣言大概很大,所以子贡也不先下断语,只说"将"要去问老师。但是人与人之间的谈话,是一门很高的艺术,子贡问话的高明该学一学。他绝没有一进去就:"报告!老师,你要不要当国君?"他受过愤启悱发的教育,真是一个大外交官,说话非常漂亮,绝不问正题。他问孔子,老师,你看伯夷叔齐是什么样子的人?孔子说,那是了不起的,古代的贤人啊!子贡说,老师!他们两人,为了信守仁道的节操,不肯当国君,在首阳山饭都不吃,饿死了,你看他们到最后,会不会埋怨?后悔不后悔?孔子说他不会埋怨的。立定了志向,为达到最高道德的目标,宁愿饿死,求仁得仁,有什么可埋怨的?子贡听到这里,不需要再问老师想不想当国君,马上就出来了。对冉有说,老弟你放心,我们的老师不会做这种闲事。子贡问了当皇帝的话没有?他没有问。但问到了正题没有?绝对问到了。这就是值得效法的谈话艺术。

讲到这里,下面就刚好把孔子自己的一段感叹接上去,作为解释,恰到好处。

子曰:饭疏食饮水,曲肱而枕之,乐亦在其中矣。不义而富且贵,于我如浮云。

这是孔子最有名的话,而且在文学境界上,写得最美。孔子说,只要有粗菜淡饭可以充饥,喝喝白开水,弯起膀子来当枕头,靠在上面酣睡一觉,人生的快乐无穷!舒服得很!就是说一个人要修养到家,先能够不受外界物质环境的诱惑,进一步摆脱了虚荣的惑乱,乃至于皇帝送上来给你当,先得看清楚应不应该当。有了这个修养,才可以看到孔子学问修养的境界。人生的大乐,自己有自己的乐趣,并不需要靠物质,不需要虚伪的荣耀。不合理的,非法的,不择手段地做到了又富又贵是非常可耻的事。孔子说,这种富贵,对他来说等于浮云一样。孔子把这种富与贵比作浮云,比得妙极了。并不是如后世认为像天上的云,看都不要看一下。唐诗宋词,作流水浮云的作品太多了。在孔子当时,很少用到。我们要注意到,天上的浮云是一下子聚在一起,一下子散了,连影子都没有。可是一般人看不清楚,只在得意时看到功名富贵如云一样集在一起,可是没有想到接着就会散去。所以人生一切都是浮云,聚散不定,看通了这点,自然不受物质环境、虚荣的惑乱,可以建立自己的精神人格了。

在这里,又插进孔子的一段话。孔子这里几段话,在什么年龄说的,无法考证,不过弟子们编这部书,把他的观念连贯起来,编得非常妙,成一整体,所以下面就是说,孔子的目的在于学问。

子曰:加我数年,五十以学《易》,可以无大过矣。

根据这个话看起来,孔子总是在四十多岁,至多四十九岁说的。他说如果我能多活几年,五十岁以后学《易经》——《易经》是古代的文化——把《易经》搞通了,人生就没有大过了。"大过"也是《易经》六十四卦中一个卦名。从这个观点来看,人生自己晓得真要求学问,大概都在这个阶段,根据现代医学,人类智慧发展得最成熟的时候,是五十岁开始,到六十岁这个阶段,因此也证明蘧伯玉"吾年五十方知四十九之非"的话了。人多活一年,反省就多一年。人能知道过去的错处就是了不起,所以孔子说这几句话,应该是在这个时候。在这阶段中,头脑最成熟,真有资格求学问。

下面就讲孔子的学问,除了《易经》以外,就是雅言,这是说孔子平常不乱说话的,他讲话都是很高雅的,有所根据的。难道孔子土话都不讲吗?吃饭一定说:"饮食哉!饮食哉!"不是这个意思,而是说孔子讲的话,都有学问的根据,根据什么呢?

子所雅言,《诗》、《书》、执礼,皆雅言也。

中国传统的文化,《诗经》、《书经》、《礼记》等等都是雅言,是上古文化的中心。也就是说他的思想言行,都是有根据的,足以承先启后,继往开来的。

记载了孔子这些事情,归纳起来,下面就另起一段:

叶公问孔子于子路,子路不对。子曰:女奚不曰:"其为人也,发愤忘食,乐以忘忧,不知老之将至。云尔!"

"叶公好龙"是历史上有名的故事,他喜欢龙。在宫廷里到处画的雕的都是龙,结果感动了真龙来现身,却因此把他吓死了。所以当时子张就曾经说过,他不是爱的真龙,而是爱的像龙一样的东西。而后人把这个故事,当作浮华不实的比喻。叶公有一天问子路,孔子是一个什么样的人,子路没有答复他。子路的不答复,非常高明,因为站在子路的立场,他实在不便说什么。同时孔子这样伟大的人,真的教人不知从何说起,就是说了,叶公也未必能了解孔子。但是,叶公走了以后,子路就进去报告老师,孔子说你何不告诉他,我是一个为了发愤求学问,常常穷得没饭吃,连自己肚子饿了,都无所感觉,而忘了人是必须吃饭的那种人;当学问上有所获益,就快乐得忘记了忧愁,根本忽略了衰老的威胁。

孔子这种为学的精神,也是我们要效法的地方。孔子的人生修养,是永远年轻的,所以他的学问道德,能"苟日新,日日新,又日新",永远是进步的,随时有新的境界。

## 进步和退步

下面接着引用孔子的话。

子曰:我非生而知之者,好古,敏以求之者也。

这个文字很简单,我们一看就懂了。如果以现在的观念来说,就是孔子告诉学生或朋友们,我并不是生来的天才,是爱好传统,靠勤敏而求得的学问。生来便能自知的天才真有吗?那是一个问题。我们古史记载,如黄帝,如尧,都有生知的天才,不过后人并不相信。有一种天才是生而知之的。如唐代的白居易,生下来还是婴儿,抱在奶妈怀里,还不会说话的时候,就认识"无"字,屡次试验他,拿一本书叫他一指,都是指到"无"字。这种生而知之的事,照中国古代的看法,有很多人都很相信。因此古人有说:"书到今生读已迟"。这意思就是说,人的天分、智慧,大多是由前生带来的。这就牵涉到现代科学正在研究的天才问题。所谓天才儿童,究竟是由血统遗传来的?或者由另外一个未知的因素来的?或者是后天发展而来的?天才们往往特别爱好某些什么。如果没有注意这个问题,就不大会了解,如果去注意,就会发现很多资料。有人天生下来,就懂某一种东西,这是非常奇怪的。至于报纸上常报道的,某个孩子数学方面有惊人的表现,或某一方面有非凡的天赋,这还不算是真正的天才。另外确有生而知之的天才,如古书中说黄帝生而神灵。依现在的观念而言,都说是历史上捧人的假话。如果站在教育或心灵学的立场研究起来,的确有天才,世界上充满了这些人,不过现代一般人不大注意这种事。孔子在这里讲的,是走平实的路子。他说,我不是生来的天才。"好古,敏以求之者也。"这个敏字就是敏捷,包括了聪明与努力。好古是喜欢追求传统的东西。

讲到好古,在这里可以注意一下,中国人在近几十年以前的几千年当中,观念上都认为今不如古。在历史上许多地方,都引证古人的事例,充满了对古人的赞美。而近世纪的观念,引进了西方文化。从十六七世纪以后,西方文化有一大转变,认为古不如今,越到后来,越推翻了前代,今天很可能是错的,明天会更好,这就涉及到哲学上的一个问题了。究竟人类文化是进步,还是退步呢?照中国的,东方的看法是今不如古,人类历史文化是退化,没有进步。照目前西方文化的看法,是古不如今,古代永远是落伍的,新的永远是进步的。这两种相反的看法,便在哲学思想上形成了一个问题。

我们对此应先有一基本的认识。究竟什么叫进步?什么叫退步?须要先下一个定义。如果把中外古今的文化研究下来,就会得到一个结论。譬如说,现在整个时代,是科学文明的时代。十六世纪以后,西方科学文明刺激了工商业的发达、社会经济的繁荣。而工商业的发展与社会经济的繁荣，又回过来刺激了科学文明的进步，形成一种循环性的刺激与发展。到今天为止，科学文明的发展，给人类带来了许多生活上的便利，但是并没有给人类带来幸福，相反的给人类精神上带来更多的痛苦与烦恼。

这样，将中西文化联合起来加以研究，站在物质文明进步的立场，或者自然科学的观点来讲，明天实在比今天好；站在精神文化的立场来说，今天是比昨天差。

其次，站在政治哲学的立场来讲，不谈现实，只谈理论。因为一切学问的最后，都须要哲学来做总结论的。譬如说，帝王政治、民主政治、独裁政治、自由政治，所有各种政治思想和作法，在历史上，都曾经出现过，但是谁能够下一个结论说究竟哪一种政治体制是最好的？我相信这是无法下结论的。历史上都有过，都看过，都经验过这些政治制度，可是没有人能够肯定何者是绝对的好，何者是绝对的不好。药物也是一样，中药有中药的用法，西药有西药的用法。某种病用几种不同的药，相对的都可以治好，这也和政治哲学的道理一样。所以究竟是古代的好或现代的好，也很难讲。

前两天在大专联考，有一个清寒学生，替人家补习，每月可赚六七千元。这两天忙得满头大汗，天天提一个包包出去，看他家教学生的考试成绩。后来告诉我，他教的学生都考上了。他是教得好，可是他说，他们×大社会系，发的中国史讲义都是英文写的，都用外国人的观念看中国历史。而且说中国在秦始皇以前，乱七八糟，是酋长制，到秦开始才算有中国。这个同学感慨说："我看再过几年，恐怕要说成汉代以后才有中国了。"听了他的话，我不禁叹气，为什么会有这样的教法？这就是所谓最高学府吗？他又告诉我，他问一个参加大专联考的学生什么是"四书"？这学生说不知道，老师没教过。他说现在电脑考试题再办下去，中国文化就完了。二十几岁的大三青年，都感到中国文化快完了，这个问题可真严重。和他谈到这里，我就告诉他，中国文化的流传问题，如何把这种子留下，要靠年轻的一代。

二十年后，我们这一代死了，整个文化重任就落在你们身上，如何留下这文化的种子？现代讲时髦的人，是不会要的。因此中国文化势必衰落下去，直到衰落得没有了，再回来找，这是一件很严重的事。因为讲到孔子的好古，我们今天就更警觉到问题的严重。孔子说自己不是天生就知道的，只是他有一副好古的精神。我们今天讲复兴中华文化也好，保存中华文化也好，为后代着想也好，怎样好古呢？就是承受传统文化后，运用智慧，敏捷而勤奋地反省研究。再"敏以求之"，这才是认真的工作。孔子在这里这样说，表示他的成就，都从力学而来。这是他谦虚的话，也是他老实的话。任何天才，不加上力学是没有用的，有很多人很聪明，但聪明的人往往不大肯力学，做学问不踏实，不能"敏以求之"，因此学问都是虚的。所以孔子这句话很明白地告诉我们，做学问、做人、做事的基本原则，要"好古，敏以求之者也"，不求就不行。

这里就是说孔子智慧的成就、学问的成就、做人的成就，都很平实，不是天才，再说他平实到什么程度呢？

## 聪明人的玩具

子不语怪、力、乱、神。

这四样东西，是孔子所不喜欢多讲，很少讨论的事。因此在我们的观念里，孔子是很平淡的，很老实的做一个普通人。乾隆时代有名的才子袁枚，著了一本《子不语》的笔记小说，专门讲神鬼等等奇怪的事。因为孔子不讲而他要讲，所以书名《子不语》。其他如纪晓岚的《阅微草堂笔记》；康熙时代蒲松龄的《聊斋志异》，再加上王渔洋的《池北偶谈》，都是清初几个大名士、大才子的作品，充满怪、力、乱、神的故事。就如现在，大家喜欢讲鬼故事是一样的。前几天有一个英国专门研究灵魂学的博士来找我。现在研究灵魂学，在世界各地都很流行，这门科学绝不能轻视。假定有一天，科学证明了死后灵魂的去向，许多宗教将成问题，站不住脚了。其次，唯物思想将被完全打垮，连影子都没有。世界文化也将有一个大的变化。就是基于唯物思想，因而从事科学发明的，许多科学理论，乃至爱因斯坦的相对论，以及其他许多哲学上的观点，都成了问题。

另一个观念：今天全世界是科学的时代，但我们站在政治哲学或人类哲学的立场，看这个时代的文化，则是充满了怪、力、乱、神。一个时代到了衰落的时候，社会上就会充满了这四种气氛。什么是怪呢？多得很，如美国人的裸奔，中学生一二十人围起来站着吸大麻烟等，全世界奇奇怪怪的事很多。报纸上刊登的许多奇闻，等于在提倡怪事。每登一次，就会引起效法者。像毁容案，以前几乎没有人知道这种残酷的手段，自从报纸登了一次以后，接连就发生了许多同样的案子。这是社会上"怪"的现象，遍地都是。"力"，西门町的太保打架，动不动刺一刀，电影上、电视上柔道、摔跤、相扑的比赛，肌肉打得越响越好。在我们中国学武术、讲武德的人看来，觉得好笑。"乱"，思想的纷乱，社会的变乱。"神"，加上神怪的事情。民间迷信的组织，新兴宗教各个派系的兴起，除了已被取缔的鸭蛋教，以及正受注意的统一教之外，还有很多。现在新兴的宗教性组织有四五十种，问题都很严重，有时令人怀疑那后面会有什么作用，这是社会工作者要注意的事。

一个社会充满了怪、力、乱、神，是项很严重的问题。我们自己反省，很难保证我们脑子里绝对没有怪、力、乱、神的思想。当我们遭受极大困难的时候，它就会出现的，至少会想到命运。我常说世界上最迷信的是知识分子，假如故意对一个知识分子说他气色不好，他就马上请你替他看相了。就凭这样一点心理，于是发展出了怪、力、乱、神。他说他是科学家，但科学家更迷信。我说现代有一个大迷信，就是许多人迷信"科学万能"。这也是同样的严重问题。如果人的智慧到达了哲学的最高境界，怪、力、乱、神摸不进来了，才真是平实的人。

孔子讲仁道，也就是这个道理。因此我们不能轻易放过怪、力、乱、神这四样东西。以这四个要点，来研究中国社会，可以看到充满了怪、力、乱、神的事迹。每一时代、每一皇帝、每一政治措施，都靠这四个字作背景。尤其中国历史上说及某某名人，后面都有一样神怪附会。譬如说曾国藩是蟒蛇变的；袁世凯是癞蛤蟆变的；清代末年，好好坏坏的几个大人物，被称为西山十怪，前生后世，都有一套说法。尽管当时文字上没有写出来，但口语相传，煞有介事。所以学问修养很难做到平实，不受怪、力、乱、神的影响。

但在大学里哲学系上课，有七八十个学生，真是奇怪。从前真正学哲学的不过三五人，而且出路很坏。一般人眼中，哲学家和神经病并联在一起的。毕业后去找工作，总是被拒于门外。同时一提到哲学，又和算命看相联想到一起。因为路边测字摊的招牌，都是"哲学看相"、"哲学算命"，倒不如在哲学研究中，教了他们看相的学识，将来在招牌上写道："某某哲学系毕业看相专家"，岂不有趣？中国人有句哲学上的名言："心思不定，看相算命。"凡是来看相的，你都批断他要破小财，保险百分之百灵验，准没错。可不是吗？他看相白花了几十块钱，这不就破了小财？这就是怪、力、乱、神可以兴风作浪的基本原因。真正的科学家，真正的哲学家懂得了真理，才能泯除怪、力、乱、神，而归于真实的平淡。我常说，怪、力、乱、神四者，是愚蠢人的作品，聪明人的玩具。对吧？

下面是连接上面，描写孔子和他做人、处世的道理。

## 谦虚和自信

子曰：三人行，必有我师焉。择其善者而从之，其不善者而改之。

前面我们批驳了古人对《学而》篇中"无友不如己者"的错误解

释,到这里看得更清楚了。孔子说,三个人走在一起,其中一定有可以做我老师的。其实孔子这句话,还是打了折扣,应该说各个都是自己的老师。比我好的固然是我的老师,不如自己的也是我的老师。因为看到他笨、他坏,自己就会反省:不要这样笨,不要这样坏。所以他们都是我的老师,足以借镜反省。

孔子这句话同时说明了研究学问,不光是在死的书本上下功夫,还要在社会上观察:别人对的要学习,不对的要反省。这句话听起来很平常,都懂得这个道理很对,应该这样做。可是照我们的经验,人都不肯这样做,包括我在内,人们多半有一种傲慢的心理。照孔子的态度,对比自己好的人要尊敬,向他看齐。可是发现一个比自己好的人时,由于这种傲慢心的作用,自己心里很难受。再过两秒钟,觉得自己还是比他好,于是越想自己越好,有如当年在大陆时乡下人说的:"天大,地大,我大。月亮下面看影子,越看自己越伟大。"人类就天生有这种劣根性。所以孔子这几句话看起来很平淡,没有什么难处,仔细研究起来,若说在人群社会中,真发现了别人的长处,而自己能从内心、从根性里发出改善、学习的意念,是很不容易做到的。

人就永远如此平实吗?有时带点像傲慢的自信,也是应该的。下文来了:

子曰:天生德于予,桓魋其如予何?

桓魋是宋国的大夫,曾经想要谋杀孔子。学生们得到消息,告诉孔子怎样逃避,可是孔子满不在乎。事实上在那种政治社会环境中,也无法逃避。孔子就有一种自信,像宗教家一样坚定。他对学生们说,上天生下了我,把历史、文化的责任放在我身上,桓魋怎敢,又怎能伤害于我?结果当然证明了桓魋无法把孔子怎样。这是不是傲慢?不是的,是自信。我们要由这里了解,有时候对某些事要有绝对的信心。假如没有这种自信心就不行。学过中国武功的人就知道,学军事的更知道,如果丧失了自信,功夫再好,也会被打垮的。看《荆轲列传》，他的剑术并不高，有一次他去看一位剑术高手。荆轲举起剑来，那个人不动，只两眼盯着荆轲，结果荆轲还剑入鞘，回头就走。如果以现在的武侠小说来说，那个人的眼睛已经炼就了一种特有的刚毅之气。事实上是宁静、自信的精神把对方克服了，这是以武术来说明自信心的重要，尤其个子矮小的人与体格魁梧的人打斗，如先自失去了信心，一定失败。自信在很多地方，对很多事情，都是很重要的。

刚才讲了这一大段孔子做人、处世、做学问的修养，下面便再转到他在教学方面的教育法。

子曰：二三子以我为隐乎？吾无隐乎尔。吾无行而不与二三子者，是丘也。

这等于说：诸位，你们以为我讲学问，还会保留秘密，不传给你们？我绝对没有丝毫隐瞒，所谓知无不言，言无不尽，你们做学问，为什么都不懂呢？做学问容易犯一个毛病，都怕老师会留一手。尤其中国古代学武功的人，老师很可能会留一手。留一手，以防徒弟打老师。可是这一留，留到最后就都没了。孔子说，我并没有保留，我的学问很简单，本身就是教材，表现在平时做人、处世、言行间。学问就在这里面，告诉了你们，千万不要只在书本上死念书。换句话说，这一节书，显示了孔子的教育法是在日常生活行为上，处处表达无遗，不要有神秘感，不要有好奇心，他随时随地都在教学，学问就从生活经验得来。书本上是求知识，求前人的经验和前人的见解与心得。但是要把这些知识、见解与心得用到自己身上，就要加以体验了。所以他说"吾无行而不与二三子者"，没有哪一次、哪一个地方不表现学问的道理。你们要在这方面去了解、去学习。

跟着下面又提出来孔子的教育宗旨：

子以四教：文、行、忠、信。

现在有些研究孔孟学说的人，跟着新时代走，他们说孔子是非常科学的,在当时孔子就有分科教育了。他对学生们分有文、行、忠、信四门类别,好像现在分科分系的教育法。这是说笑话了。

孔子教育的宗旨是这四项。第一"文":包括了知识、文章——广义的文章。文章的文采、字句和条理,章是连起来的一大篇文理。狭义的是指文字作品叫文章,这是后世观念。在春秋战国时候,文应该是广义的文章,包括了一切知识及文学。第二"行":文章好,知识好,充其量变成文人。学者们要注意,古人早就有"文人多无行"的说法。所谓文人多半无行,就是说,知识多了,正理、歪理,条条有理,因此凡事满不在乎,便成了"名士风流大不拘"。还有,往往文章写得好的人,并没有什么实际的功业。看中国三千年来文学史,文学造诣高、诗辞歌赋都行的人,在事业上并没有什么了不起之处。以诗人来说,杜甫、李白等在其他方面,没什么大成就。在功业上有成就的人,不一定文学是好的。不过像唐代几个皇帝,文章诗词都非常好,尤其唐太宗诗作得非常好,不过他不肯作,书法也好。所以唐代文学好,是帝王们提倡的。宋朝的儒家,理学讲得好,推其原因,也是受宋太祖的影响。赵匡胤本身就内行,所以说转移社会风气在于一二人者,但不是你我一二人。这从历史上可以得到很多证明。但有功业的人,他的丰功伟业又往往盖住了文学上的才气。所以孔子四教中的"行",也不是单指普通的操行,而是指一生事业的成果。然后讲到第三的"忠":不是唐宋以后所讲的忠于某一个人的意思。孔子讲的"忠",是对国家、社会、父母、朋友,任何一人、一事,答应了的话,就贯彻到底,永远不渝的诚心;对一事一物无不尽心者谓之"忠"。第四"信":就是有信义。这是孔子教育的四个重点,不能够分开的。如果说他是分科了,那就是笑话。

谈到这里,我们对于中国现代教育,感慨很多。尤其每年联考之前,常谈起这个问题,照过去的猜题方式,今年(一九七四年)的作文题,一定是向十项建设这个方面猜。而今年的作文题爆出冷门,出对了,是来自《荀子》上的:"荀子曰:吾尝终日而思矣,不如须臾之所学也。"不料有一家大报的社论批评说,现在已经到了科学时代,还出这样古老的题目,不合时宜。我看了这样的社论,连叹一口气都觉得浪费。报章是领导文化的先锋,居然有这样的观点,天下事可知矣!

今日的教育,实在是一个严重的问题,尤其是对于我们国家民族文化的前途,更是个大问题。我经常觉得,中国这几十年来的问题,根本发生在教育上,而且很严重。西方偏激思想之侵入,就是当年教育出了问题。试看全世界每一地区、每一个国家,开始转变,开始倾向偏激思想的,都是知识分子,等到大家觉悟已经迟了。其次偏激的是资本家,这实在是大问题。对这些问题,就要有学问、有眼光去研究它的道理。为什么这样呢?这与教育问题有绝对关联。甚至三千年来的历代兴衰,都与教育问题有关。古时候,我们没有明文规定教育的目标,而现在规定了实施三民主义的教育。但是,我们关起门来检讨,三民主义的教育,在学校里并不算成功。什么道理,很值得研究。过去我们虽没有明文规定的教育宗旨,但读书人根本上要把品德修好,这是公认的目的。可是近几年来,跟着西方文化转,尤其是现在美国标榜"教育就是生活"的教育方针,大家体会到的生活就是现实,不外物质。教育的目标也因而移转,完全忽略了心性的修养。搞到现在怎么样呢?有一个学生,是前几年师大毕业的,已得到硕士学位。一天来看我,我问他认为我们的教育目的是什么?他说:"老师!我们的教育目的是考试啊!"这句话讲得很沉痛,我们只好相对苦笑。是嘛!小学毕业以后考中学,考进了中学,小学所学的没用了,丢了;中学毕业考高中,考进了高中,初中学的没用了,又丢了;高中毕业考大学;高中所学的又没有用了,当然也丢了;等考取留学又丢了大学的;留学回来,参加公务员考试;当了公务员,还有升等考试。三年一大考,两年一小考。是嘛!我们的教育就成了考试。其实,考过了又不算数。清代有人对考试的评语是:"销磨一代英雄气,官样文章殿体书。"现代科学八股的考试方法更可怕,将来很可能要变成"销磨一代精神气,电脑规程机械书"(我们一边听,一边摇头叹息)。

前天,一位有名的建中资深的国文老师来看我,也叹说今年换了电脑教育、电脑考试,越来越不对了。现在高中三年级的教育,谈不到教学问。只是告诉学生,用什么方法应付这种电脑考试。像国文方面,一个名词除了教他们正确的解释之外,还要告诉他们四五种不正确的答法。再加上一些课本在编的时候本身就有问题,中学老师接到这种课本,发现有问题,早已向教育部提出来,但没有人理会。现在临阵了,报上才登出来说有问题。而这些地方在上课时,只有告诉学生,这是有问题的,只要注意将来如何应付考试就好了。

这就是教育!怎么办呢?

现在我们讲到孔子教育的宗旨,就是文、行、忠、信。过去向德行的路上走,对于学生知识、学问的成就,还是第二步的要求。既然受过教育,至少第一步要打好品德的基础。几千年来,我们中国人的道德为什么如此敦厚呢?就是德行教育的结果。所以文、行、忠、信并不是四科,以现代观念勉强来解释,应该是他的教育中心。文包括了文学,乃至一切学问的完成。行,狭义的是行为、品德;广义的是事业的成果。忠、信,是内心的修养,是人格的造就。

## 时衰鬼弄人

说到这里,引出孔子的话,对于当时风气的变动,大发感叹!

子曰:圣人,吾不得而见之矣!得见君子者,斯可矣。子曰:善人,吾不得而见之矣!得见有恒者,斯可矣。亡而为有,虚而为盈,约而为泰,难乎有恒矣!

我们读了这几句话,感想也非常多。处身现代的世风,也有孔子当时同样的感叹。在孔子那个时候,是一个变乱的时代,在变乱的时代,各种怪现象都会出来。所以孔子的忧愁,就是深恐国家民族的文化命脉断绝。他说,古代的圣人过去了,我见不到了,但是学圣人之道的总有吧!如果能看到照圣人所教的道去学,虽然没有学完全,但已经够得上称君子的,我就已经满足了。这是他无限感叹的话,可见那个时候,真正够得上称君子的人都已看不见了。紧接着,他又说,真正的善人,过去历史上有,现在没有了,至少我还没有见过。只要看到一个有恒心的人,做到"守死善道";思想的中心确立了,随便社会怎样变更,甚至天塌下来都不管,一定走自己这个路子的,这样有恒心、有毅力的人,能够见到,也就好了。这是说能一生为历史文化牺牲下去的人,也没有了。下面相反的说当时社会的现象:"亡而为有",亡就是无的意思。他说现代社会上的人,充壳子的多,根本空空如也,什么都没有,架势可摆得大,乱充蛮有学问的样子。社会到了变乱时,这种现象有的是,有人有了钱,就附庸风雅,像是蛮有学问的样子。当然那些人碰不得的,他一开口就完了。"虚而为盈",社会变乱中,有的人内在本来空虚得很,可是还引为自满,自认为对。我们从社会上可以看到,凡是过分傲慢的人,他的下意识中,一定有很重的自卑感。要原谅他的傲慢。"约而为泰",约是俭约。在变乱的时候,有很多人本应节约的,但很少这样,都是要充面子,讲排场。没有米下锅了也不管,排场先摆出来再说。

有了这三种情形当中任何一类型的人,一定不会有恒心向学问道德努力的。因为他的心理上就已经不健全了。这是社会的病态,也是个人的病态。不但孔子那个时候是这样,我们现在这个时代也是这样。翻开古今中外的历史来看,凡是变乱的时代,都是这个样子。所以处在这样变乱的时代中,我们就要特别注意,加强自己的修养了。

这些是说孔子的教育与方法,同时说到他对于时代的忧心。下面又说到他对生活的态度。

子钓而不纲,弋不射宿。

或许说，这两句话应该放在专门记载孔子个人生活的第十篇《乡党》中。为什么却编在这里呢？自有它的道理。这两句话是说明孔子做人做事的态度。他钓鱼就是钓鱼，不用机械性的方法，不用大网去网（纲即是网）。以现代的生产观念来说，这种态度又是落伍的了！如果说光是用钓竿去钓鱼，连渔业公司都不要设立。这简直与经济政策完全相违背。但这个话不是讨论生产问题，是个人做人的原则。就是说他钓鱼也好，做什么也好，不喜欢用机心来整人。"弋不射宿"，打猎的时候，拉弓射箭，不射宿鸟，就是对还巢的鸟，栖息在那里的鸟，他是不射的。这一点也代表中国过去文化的一种精神，这种精神现在当然也还保留。我们从旧体小说就可看到了。中国人打斗很不喜欢用暗器，常用的暗器是所谓"镖"。万不得已要用镖时，必定同时大喝一声："看镖！"表示先打了招呼，通知了。这虽然是一个小动作，也就是民族性的特征，是我们民族的传统道德。

现在说起这些中国文化，从另一方面看，都是落伍的思想了。但以最新的观念来说，又不落伍了。现代的生物学家，尽量提倡爱，爱动物，全世界都组织保护动物会，保护野生动物会，提倡禁猎。我们过去认为，爱护动物是应有的道德，如相传的"劝君莫打三春鸟，子在巢中望母归"，中国人都晓得，过去小孩读书，老师都教的，成为生活教育。春天，鸟刚孵出小鸟的时期，不要去打，否则母鸟被打死了，小鸟将在巢中饿死，非常悲惨。这种教育，看起来好像是一件小事，但是扩而充之，就是仁爱心。所以将孔子的这两点，放在这里，就是说爱心的扩充，是仁。

## 虚字文章实事知

接着又发挥孔子做学问的要点：

子曰：盖有不知而作之者，我无是也。多闻，择其善者而从之。多见而识之，知之次也。

"盖"字是虚文,古文中如"夫",如《尚书》上的"曰若"等等都是。推行白话文之后,有些人说这些字讨厌,是毫不相干的字。其实很有关系。我们平日讲话,也经常会发出:"唉……","这个……","唔……"等等的语头。要做文学研究,这些字对于行文的气势,是很有作用的。如果用得好,更能充分表达语意。

虚字在文学中的地位,有一个很好的近代例子:国民革命成功以后,清朝的皇帝退位,当时隆裕皇太后——宣统皇帝的妈妈——的退位文章,也是历史上一篇重要文献。据说是当时南通张状元——张謇——的手笔。文章中间本来没有"即由袁世凯以全权组织共和政府"这句话。而是袁世凯唆使左右的人,设法加进去的。这篇文章,是清代二百多年的皇朝,最后下台一鞠躬的时候,对全国人说的话。如何说法呢?尤其这最后一篇文章中的最后一句话,该怎么个讲法呢?就是最后怎样下台,这篇文章怎样结束?这可真难。而它最后那句话是"岂不懿欤!"四个字,是毫不相干的,完全是虚语,但在文章的气势上,意识形态上,非常重要。据说是某太史加了这四个字作结尾的。叶遐庵记载的辛亥宣布共和前,北京的几段轶闻中有一段说:"逊位之诏,张金坡(锡銮)早令人拟一稿,同人嫌其冗长,交与余修正。余以为时尚早,密藏衣袋中(时重要文件不敢置家中,多放在衣袋。有一次夜间收到解款数十万汇单,余亦置衣袋中,不敢告一人也)。至十二月二十日前后,方拟动笔,而南方已拟好一稿,电知北京(此稿闻系张季直、赵竹君二公所拟),遂由某君修改定稿。此稿末句'岂不懿欤'四字,闻系某太史手笔,余甚佩之。盖舍此四字,无可收煞也。"这是参与其事者的记载,是可靠的。也正如他所说,这四个无实质、不相干的虚字,在结束文章气势上,可是很有作用的,很重要的。为了使大家更能体会到这个虚字在文章中的作用,而且这也是历史上的重要文献之一,现在附录下来,供大家去欣赏、领会。

"朕钦奉隆裕太后懿旨:前因民军起事,各省响应,九夏沸腾,生灵涂炭。特命袁世凯遣员与民军代表讨论大局,议开国会,公决政体。两月以来,尚无确当办法。南北睽隔,彼此相指,商辍于途,士露于野,徒以国体一旦不决,故民生一日不安。今全国人民心理多倾向共和,南中各省既倡议于前,北方诸将亦主张于后,人心所向,天命可知,予亦何忍一姓之尊荣,拂兆民之好恶。用是外观大势,内审舆情,特率皇帝将统治权公之全国,立为共和立宪国体。近慰海内厌乱望治之心,远协古圣天下为公之义。袁世凯前经资政院选举为总理大臣,当兹新旧代谢之际,宣布南北统一之方,即由袁世凯以全权组织共和政府,与军民协商统一办法。总期人民安措,海宇乂安,仍合汉满蒙回藏五族完全领土为一大中华民国。予与皇帝得以退处宽闲,优游岁月,长受国民之优礼,亲见郅治之告成。岂不懿欤!钦此。"

由此可知,对文字有时候也要注意,尤其在外交上的文字,乃至写一封信,与正式外交有关,每个字都要留意。虽然文字是"雕虫小技",但如同雕图章,雕了一辈子,不一定有几个能成为艺术品,文字也有如此之难。这是说到"盖"字而引申出来的话。这个"盖"字有时可作"因为"讲,一件事先叙结果,再说原因时都先加一"盖"字。

这节话,孔子是说,有些人自己无知,一切不懂,却冒充内行去做了,他说他绝对不做这样的事。所以大家要学孔子,出去做事做领导者,不懂就是不懂。中国讲领导学,真正的领导者便是善于用人,而不一定自己懂得多。如汉高祖,他又懂哪一样?他的长处就是能够坦率承认自己什么都不懂。最怕的是自己认为什么都懂,这是最严重的错误。作为一个领导者,最好的办法,是自己即使懂了,宁可说不懂。诸葛亮本来什么事都懂的,他为了"集思广益",仍然请教别人。以能问于不能,这是最聪明的办法。可是人有一个毛病,懂了以后一定喜欢表现出来。这种态度,做学者可以,真去做事,就不可以,是大忌讳,至少自己会很辛苦。上面太能干了,下面就无人才可用。下面有才干也发挥不出来,因为对部下骂了两次笨,第三次部下有了好的意见也不敢说出来,都唯唯诺诺,领导人就得自己辛苦了。这还算好,最讨厌的是"不知而作",自己不知道,又硬充内行,那就更严重,千万不可犯这个错误。

不但如此,孔子还告诉我们:"多闻,择其善者而从之。"这个"闻"字,包括了多读书、多听、多问。所谓学问,一边学要一边问,多请教人家,听人家的意见。听来的不一定对,还要有所选择。对好的见解,就要采纳。仅听还不够,要加上经验,所以要多见,还要亲眼看见。读历史的人,如果没有经过相当事实的体验,读历史也没有用,最多不过是个书呆子。譬如说,讲如何做领导人的理论很容易,但一定要在一个单位,甚至小单位做过当权领导人,才能体会得到。所以要多见,多亲自经验体会,而且还要用心记下来,"前事不忘,后事之师。"这样才有用。

这两句话合起来:"多闻,择其善者而从之,多见而识之,知之次也。"这是求知识学问的第二等人才。第一等人有天才,反应灵敏,如历史上很有名的故事,张良为什么帮助汉高祖?他最初自己要出来反抗秦始皇,行刺不成,最后遇到刘邦。有人问张良,为什么愿意帮助刘邦?张良说,我所有的意见,别人都不懂,只有刘邦懂,所以愿意帮助他。刘邦也的确有领导的天才,像韩信有一次不出兵,派一个人来见刘邦,要求封韩信为假王——三齐王。刘邦一听气了,桌子一拍,正要大骂。张良、陈平在桌子下踢了他一脚。刘邦本已骂出口了:"他妈的……"可是被他轻轻一踢,立即改口风:"他妈的!要封就封真王,还封什么假王?"于是封韩信为齐王。从这件事看,张良不用说话,轻轻踢他一脚就懂了。可是像我们,别说轻轻踢一脚,就是把屁股打烂了,还是不懂。历史上这类事多得很,有些人的确是聪明。所以孔子说第一等人是天才,既然不是天才,就要学问来弥补。自己不是天才,又不肯求学问,就是"不知而作"的,那就完了。不是天才,学问怎么来呢?多听人家的、多看、多经验、多跟人家学,这就是"知之次也"。

说到这里,下面又转到孔子的教育态度,也是叙述他做人的行谊。

互乡难与言，童子见，门人惑。子曰：与其进也，不与其退也。唯何甚？人洁己以进，与其洁也，不保其往也！

互乡是一个地名。这个小地方在哪里，后世就很难考据了，只知道有这样一个地方。就是说这个地方的人很难讲话，没有办法和他们讲话。"难与言"，这个文字用得非常妙。是说这个地方的人地域观念太强吗？或者说统统都是浑蛋吗？很难说是什么意思。总之，在当时这个地方的人，名声是不太好的。可是这个地方有个年轻的人来看孔子，孔子跟他谈话了。孔子的弟子们奇怪了，老师为什么会和这个地方的人谈话？大家莫名其妙。

## 孔子的行谊

说到这里大家要注意，尤其大家将来出去，在政治上领导的机会多。讲到中国的民族性，有一部书，是顾亭林的名著《天下郡国利病书》。前面曾说过，明亡以后，顾亭林是始终不投降的。不过他高明，不投降当然清朝要嫉妒，可是他有本事，自己不投降，教学生到清朝做官，这样也可以由学生保护他不投降，可是他自己在地下做策反的工作。他也很有钱，到一个地方娶一个太太，生了孩子又走了。他娶许多太太生许多孩子，他有他的道理，因为反清复明是要灭族的，他这样做是为了要留一个根。他走遍天下，就写了这部书。每个地方他都去看了，尤其是各省的军事要地，都去看了。所以后来成为研究中国地理、研究中国地方政治思想必读的书。第二部书是顾祖禹写的《读史方舆纪要》，也是研究政治地理、军事地理最重要的书，现在读来还有价值。这两部书合起来称为《二顾全书》。当年凡是留意国家天下事的，尤其是研究军事的人，都要读的。在这部书当中，对于每一省先有一个总评，而且对地方性、民族性写得很清楚，所以不妨找来研究。将来如果有机会当一个地区的主管，对这些学问能先有了解,处理事情就更方便。说到这里,就感到我们中国的确每个地方的民性各有不同之处。所以古代将领带兵,对于何处的兵适于冲锋,何处的兵适于后勤,何处的兵适于陆战,何处的兵适于水战,都大致要有个了解。所以清中兴的湘军、淮军各有不同优点。政治也是如此。但是要注意一点,尽管地方民俗各地不同,但万一有外力入侵的时候,一定团结一致,先把外来的侵略驱逐了再说。地方性有如药材,某种药产在某一地方,别地产的就不行。像当归这种药,台湾也在培植生产,可是它的药效就差。当归最好的是甘陕出产的秦归,其次是四川出产的,差一点点。现在研究阿里山气候土质和甘陕一样,但种植出来的当归,药效始终还是有问题。所以由于地理的关系,各地出的植物不同,出的人物个性也不同。因之古代出去当地方首长的,对于这一县的县志,这一省的省志这类资料,都应该先知道,当然能够读一下《读史方舆纪要》更好,可以多一层了解。

地方性的观念,常深植人心。人往往因为地域观念的偏见,而影响了对个人的评价。经常会听到:"嗳呀!他是某地方人!"好像某一地方的人统统都是罪大恶极似的,连孔子的学生都是这样。孔子接见了互乡一个年轻人,"门人惑",这三个字多严重?学生们都奇怪,怀疑老师怎么和这个地方的人讲话。到底孔子与众不同,他告诉学生们说,肯求上进的人,我们一定要帮助他,不要使人没有进步的机会,不能使人退步。"唯何甚",孔子对学生说,你们太过分了,怎么这样一种狭隘的胸襟和态度?孔子在骂学生,我们自己也要反省:有时我们觉得某人不好,当他真的做了好事,我们仍不愿认为他好,人的心理往往会有这种毛病。"人洁己以进,与其洁也,不保其往也!"孔子说,即使是一个坏人,他能够自己反省过来,等于洗了一个澡一样,把自己弄得很干净,来求进步。只要能够这样,不就好了吗?如果说昨天有一点错误,今天即使有了好的表现,却仍不以为然,那世界上就没有一个人可以做朋友,也没有一个人才可用了。所以这一段是说教育的态度,也是说自己度量的培养。

子曰:仁远乎哉?我欲仁,斯仁至矣!

这等于解说《里仁》的话,谈仁的用。仁义并不是摸不着、看不到、很高远的。只要在观念上引发仁慈心,去爱别人,有一点爱心存在,就是仁爱的道理,就可达于仁道,不要去向外驰求。

下面讲到孔子做学问、做人的一个事实:

## 同姓不婚的优生学

陈司败问:昭公知礼乎?孔子曰:知礼。孔子退。揖巫马期而进之曰:吾闻君子不党,君子亦党乎?君取于吴为同姓,谓之吴孟子。君而知礼,孰不知礼?巫马期以告。子曰:丘也幸,苟有过,人必知之。

陈是陈国,司败是官名,就是司寇。作一不伦不类的比方,就好像现在的司法行政部长。实际上比司法行政部长权力大,可以执行法律的。他问的问题是问到鲁昭公。这是外交上的事,我们要注意。很多到外国去的人,与外国的知识分子谈话,慢慢就谈到我们的政治问题。有许多问题是很不好答复的,孔子也遭遇了这种情形。鲁国是讲文化的礼义之邦。陈国的司败,就问到鲁昭公知礼不知礼。孔子站在国家的立场只有说:"那当然知礼。"孔子讲了这话就走了。陈司败就对孔子的学生巫马期——姓巫马,名施,号子期,少孔子三十岁——作揖行礼,在外交礼貌上,进一步靠近巫马期身边,低声说,据我所了解,真正了不起的君子,是没有偏私的,不对自己存私心的。你老师孔子,是一代圣人,了不起的君子,可是他也免不了私心。我刚才问他鲁昭公娶了吴国的一个女子作太太,取名吴孟子——古代是同姓不结婚的。吴国与鲁国是周公之后,依礼是不能通婚。鲁昭公这样做,是不是知礼?你老师说他知礼,假如鲁昭公是知礼,个个都知礼了,还有哪一个不知礼?你们老师还是有私心啊!

说到这里,我们研究,为什么中华民族发展得这么好,成为世界上优秀民族?这和我们古礼同姓不结婚的制度很有关系。以现代优生学的观点来看,这是古代了不起的好制度。同姓结婚,只要三代以后,人种就完了。往往有表兄妹结婚,生下来的孩子,脑子非常笨,乃至变成白痴,这是血统问题。讲礼制问题,更不可以。所以我们现代的风气,通常同姓结婚,要出了五服以外。

巫马期听了陈司败这样批评老师,回来就向孔子报告了。孔子说,我实在非常幸福,我只要有一点错误,别人就会指出来。这段话使我们有两个认识。

第一,一个人地位高了,很不幸,就是自己有了错误,也没有人会告诉你。这要自己居过高位,才会亲身体验出来。就拿我个人来说,教书这样久了,学生中五六代都有。见了面,他们太老师的乱喊一气,听到的都是恭维。有时候到外面去,有些机构还派上车子,参谋、副官跟在后面照应,对这种情形,我宁愿一个人溜开,要自由活动。人生到了这个时候最危险,"活埋人"嘛!我经常说中国的哲学了不起,皇帝为什么称"孤家"、"寡人"?当了皇帝真成了寡人,想轻松一下,都没有人敢一起来说笑,真没意思。因此,我们研究历史心理,就知道地位越高心里越空虚,空虚到想发一个牢骚,想讲一句感叹话的对象都没有,相当可怜!不要以为功名富贵好,到了高位就是"寡人",就是"孤家"。不但如此,年纪大了,各个遇到你都尊称老太太、老先生的时候,也完了,是"孤家寡人"了。说到此,我就想到当年四川一位同盟会员,这位老先生,做过很多事情,我是跟他年龄差了一大截的忘年交。他告诉我许多当年革命的经过,并且还告诉我他的两句诗:"回回坐上席,渐渐变坟堆。"这就说明年位一高,自己有过错,没人指示,这个上席也很不好坐啊!所以孔子说自己很幸福,有了过错,便有人指出来了。

第二个认识是什么?孔子对于知礼不知礼,心里明白得很。但别人问到自己国家的国君时,他绝不会批评自己国君的不对。所以当然要说鲁昭公知礼,绝不能说不知礼。你们外国人讲他不对是你们的自由。而且既然你们外国人懂了,何必再问我?你问我,我当然这样答的。所以这也是孔子的高明,同时也是外交上的礼貌。

跟着又说到孔子生活的情趣,也就是"游于艺"涵义的发挥。

## 生活的艺术

子与人歌而善,必使反之,而后和之。

孔子是很喜欢音乐的。音乐和诗歌,用现代话来说,即是艺术与文学的糅合。过去的知识分子,对艺术与文学这方面的修养非常重视。自汉唐以后,路线渐狭,由乐府而变成了诗词。人生如果没有一点文学修养的境界,是很痛苦的。尤其是从事社会工作、政治工作的人,精神上相当寂寞。后世的人,没有这种修养,多半走上宗教的路子。但纯粹的宗教,那种拘束也令人不好受的。所以只有文学、艺术与音乐的境界比较适合。但音乐的领域,对于到了晚年的人,声乐和吹奏的乐器就不合用了,只有用手来演奏的乐器,像弹琴、鼓瑟才适合。因此,后来在中国演变而成的诗词,它有音乐的意境,而又不需要引吭高歌,可以低吟漫哦,浸沉于音乐的意境,陶醉于文学的天地。最近发现许多年纪大的朋友退休了,儿子也长大飞出去了,自己没事做,一天到晚无所适从,打牌又凑不齐人。所以我常劝人还是走中国文化的旧路子,从事于文学与艺术的修养,会有安顿处。几千年来,垂暮的读书人,一天到晚忙不完,因为学养是永无止境的。像写毛笔字,这个毛笔字写下来,一辈子都毕不了业,一定要说谁写好了很难评断。而且有些人写好了,不一定能成为书法家,只能说他会写字,写得好,但对书法——写字的方法不一定懂。有些人的字写得并不好,可是拿起他的字一看,就知道学过书法的。诗词也是这个道理。所以几千年来的老人,写写毛笔字、作作诗、填填词,好像一辈子都忙不完。而且在他们的心理上,还有一个希望在支持他们这样做,他们还希望自己写的字、作的诗词永远流传下来。一个人尽管活到八九十岁,但年龄终归有极限的,他们觉得自己写的字,作的诗词能流传下来,因而使自己的名声流传后世,是没有时间限制的,是永久性的。因此他们的人生,活得非常快乐,始终满怀着希望进取之心。以我自己来说,也差不多进到晚年的境界,可是我发现中年以上,四五十岁的朋友们,有许多心情都很落寞,原因就是精神修养上有所缺乏。

孔子深懂这个道理,因此非常注重诗与乐的教化,但他不是一个音乐家,也不善于唱歌,他订了《乐经》,但失传了。现在这一节书是描写孔子听到别人歌唱得好,他一定要求对方再唱一次。当他学会了,"而后和之",和之就是照他的歌,依他的音乐曲调,另外再作一首,这便是和。说到和,我们常常会在诗题上看到:"和某某先生诗"或"步某某先生韵"这类题目,"步"与"和"的差别:"和"就是照原来的曲调和内容再作一篇(我们听今天的歌,调子都还可以,但内容却不行。由此就看到了我们文化衰落的一面,那就是文学的修养太差,没有深度;现在报上的文章,也是如此,不像古文寿命长。过去的文章,读过后,文章的句子还留在脑子里,还不喜欢把句子中的字轻易更动。因为古文中的句子多方面都可以通,可以作多方面的看法,值得玩味、咀嚼。现在的白话文就没有这种境界,所以现在的诗歌内容,也和白话文的情形一样)。而"步"又不同了,意思是前面有人在走,我们一步一步都跟前面的脚步走。就是只照他的声调,而内容并不一定要跟着原歌的内容意思,这就叫步韵。

以上是说孔子对乐教的重视,接下去是说他的自我评论。

子曰:文,莫吾犹人也。躬行君子,则吾未之有得。

这是孔子的谦虚话,也是老实话。由这一句话,我们可以归纳出几个结论来:第一是孔子在文学以及各方面的成就,真是达到了巅峰,但他自己始终没有认为自己了不起。不但是学问方面,古今中外,任何一方面真有成就的人,站在巅峰的人,总觉得自己很平凡。这是必然的现象,并不是有意装成的。硬是真的到了巅峰的时候,自然就觉得很平凡。而且还特别小心,觉得自己懂得太有限,不敢以此为足。从这节书可以看出来,孔子那么平实、谦卜,而且不是故意装样的。

第二点可以看出儒家所谓的学问,就是指做人做事的道理。并不是头脑聪明,文学好或知识渊博,这些只是学问的枝叶,不能算是学问的本身。学问的表达在于文学,文学是学问的花朵。这里孔子就讲到学问的花叶和根本:"文,莫吾犹人也。"他说如果谈文学的修养,"莫……"这里的"莫"字不是肯定词,翻译成现代白话,近乎"也许"的意思。就是说,如果谈文学,也许我和一般知识分子差不多。至于讲我自己身体力行做到了君子这个标准没有,那么我自己反省,实在还没有很大的心得。我们从此看到孔子的谦和,这种做学问的态度,非常平实,没有丝毫矫揉造作的迹象。

## 凡 圣 之 分

下面再引用孔子自己的话,说明做学问的道理:

子曰:若圣与仁,则吾岂敢。抑为之不厌,诲人不倦,则可谓云尔已矣!公西华曰:正唯弟子不能学也!

中国文化,在三代以后,便建立了一个做人的最高标准,就是圣。和印度的佛、中国的仙、西方文化的神,差不多同一个观念。圣之次为贤,贤者也就是君子。再下来是仁者。过去老一辈的人写信给朋友,尊敬对方的人品时,往往称呼"某某吾兄仁者:"或"某某仁者:"对平辈、晚辈、长辈都可以用,这是很尊敬的称呼。所以孔子说,圣者的境界与仁者的境界,这种修养我怎么敢当? 实在没有达到,那高得很,我还差得远。不过虽不是圣人,不是仁者,我一辈子朝这条路上走,总是努力去做,而没有厌倦过。至于学问方面,我永远前进努力,没有满足或厌烦的时候；我教人家,同样没有感觉到厌倦的时候,只要有人肯来学,我总是教他的。只有这两点,我可以说是做到了。他的学生公西华听了说,老师！这正是我们做学生的,一辈子也无法学到的地方。

这节话在文字上是如此写,如果以逻辑的方法推论,孔子这样,就正是圣人与仁者在行为上的境界。"为之不厌,诲人不倦。"实在不容易做到。就是说自己求学,永远没有满足,没有厌倦,只求进步；不管今天,只有明天,今天成就不自以为是,再向前走；任何事业,都如此"为之不厌"。教人家,有人来请教,知无不言,言无不尽,不会说同一个问题有人问了三次,第四次还来问就觉得讨厌；不会有厌恶此人,乃至不愿再教而放弃他的心理。否则就不算有仁慈之心。不但是学问如此,就是做事、做领导人,都应该如此"为之不厌,诲人不倦"。就是这两点,的确我们一辈子都做不到。老实讲,我们有时候做人做得自己都讨厌起来。例如古人所说:"富嫌千口少,贫恨一身多。"昨天和年轻学生一起吃饭的时候,看他吃面都好像很厌倦的样子,但又不是有什么心事。问他对活着有什么想法？他说觉得活着无所谓,死了也差不多。我说他心情太落寞。这和体能也有关系,因为他体能是太弱了一点。但在我个人与人接触的经验,常常发现有些人,他的心理觉得活着与不活着是一样。有些人甚至厌倦于活着,尤其到了"富嫌千口少,贫恨一身多"的地步。一个人穷了,觉得自己都是多余。因为一天忙到晚,只不过养活自己身上几十斤肉而已,结果觉得这几十斤肉都很麻烦,懒得去养活它。因此"为之不厌,诲人不倦"这两点表面看很容易,做起来很难,尤其当年纪大的时候更不易做到。而孔子讲这两句话的时候,年纪已经很大了,当时的人都已经称他圣人、仁者。但孔子一直到死的时候,始终还在救世救人的目标上努力去做,这就是圣人的表征。

孔子曾提到过好多种圣人,在这里我们看孔子,乃是圣之时者。所谓时者,不是说孔子时髦,时髦是后世才出现的名词。这个"时"是说孔子随时跟着时代走,不落伍,随时在进步,随时晓得变,所以说他是圣之时者。他一生的努力,都朝这个方向,因之他这个做法,叫做"明知其不可为而为之"。在当时他知道这个时代是挽救不了的,可是他并不因此放弃他应该尽的责任。这就是我们无论对自己的人生目标,或对自己的事业,必须反省的地方。普通人都把一时的成就看成事业。但了不起的人,进入了圣贤境界的人,所努力的则是千秋、永恒的事业。孔子所努力的就是千秋事业。

下面便是这一篇结论的开始。

## 祈祷是求救的信号

　　子疾病,子路请祷。子曰:有诸?子路对曰:有之。诔曰"祷尔于上下神祇。"子曰:丘之祷久矣!

　　有一次孔子生病,大概病得很严重,以现代情况来说,大概医生都束手无策了。于是学生们急了,尤其是性情急躁的子路更慌了,主张请一个画符的、念咒的来拜拜;或者请一个神父、牧师来祈祷;找一个和尚来念经。这就牵涉到宗教,向神祇去求救。"子曰:有诸?"一个问号。孔子说,子路!有这回事吗?有可能吗?意思是说,人病重了,在菩萨面前,或上帝面前一跪,说菩萨啊!上帝啊!给我长命吧!再活两年吧!我还有些账没讨,再过两年就可以讨好账,再慢慢去。这样可以吗?小说上写的诸葛亮六出祁山,师老无功,知道自己快死了,拜北斗星(这是小说上写的,历史上实际没有这回事,如果真有这回事,诸葛亮就不叫诸葛亮,要改名诸葛暗了。但道家有此说法:北斗,统称北极星。北极星和南极星,掌管人的生死。后来民间传说的南极仙翁,他的形象成为庆贺长寿的象征。而道家的说法,南极仙翁是管寿的、管生的;北斗星君,是管死的;所以欲求不死,要用道家的方法拜北斗。是另有一套的,包括画符、念咒、点灯等等)。结果还是死了。这是小说写的,不去管它。但这一节《论语》告诉了我们,孔子对于鬼神之事,形而上的东西,并不是反对。前面说过"子不语:怪、力、乱、神。"鬼神有没有存在,他没有讨论。因为"中人以上可以语上也,中人以下不可以语上也。"谈到超现实世界,有没有另一世界存在,这是东西文化五千年来,到现在为止,哲学、宗教还没有解决的问题。我们不能说这些不科学,科学并不是万能,现在科学正要找这个问题的答案而还没有找到。不要以为科学解决了问题,事实上问题还没有解决。像爱因斯坦这样一位伟大的人,可惜死得太快了一点。他想把生命升华,变成为四度空间(Four Dimensional Space 或称四次空间,或四个因次空间)。那时人就不是现在这个样子,而可以有神通,可以不靠机器而在空中飞行。他有这个理想,没完成就死了。他到快要死的时候,感觉宇宙间的生命后面还有一个东西。什么东西呢?当然不是唯物思想的。他是搞物理的,科学家都是朝唯物方面的路子去探讨。结果他认为不是属于唯物方面的,而是另外的东西,可是不知道是什么。所以他没办法,只好去信上帝。因为这一个力量他没有研究出来,是个东西但不可知,还不如信上帝,精神先得到保障,先得到安慰。形而上是不是有个东西?生命是否在一个躯体里死了以后可以再生、再来?这都是人类没有解决的大问题。所以人类文化不要自吹了,站在哲学立场看人类文化是非常幼稚的,连自己的问题都没有解决。

  人从儿童到少年,幻想最多。对一个茶杯可以看上几个小时;对一堆泥土、一块破瓦片会觉得很好玩,大感兴趣;堆城筑池,可以玩一整天。后来加上知识的教育,到了二十岁前后,又进入另一个阶段,做学问、做事业的理想基础,就在这个时候打的。看历史上的大政治家、英雄、文学家等等,一切成功的人,基础都在这时候奠定的。如果在这个时候还没有打好基础而后来能够成功的,不是绝对没有,但例子太少。三十岁到四十岁,并没有什么创见,只是将十几到二十几岁之间的理想付诸实施,化成事实。历史上成功的人物,几乎三十几岁就成功了,尤其是领导或统治方面的人物,更少例外。汉高祖年纪是大一点,但也只四十几岁,没有超过五十岁就成功了。他统一天下只用了五六年的时间。其他的人做学问也都是如此。当然年老才成功的,不是没有,但少得很。到了五十、六十不过空留回忆。所以遇到老年人,要准备一番心情去光听他讲过去:"我当年如何如何",今天讲了,明天见到还是这样讲,可以讲几千百次。但告诉他现在的事情,他会马上忘记。所以人的学问,一切的见解,都不超离年轻时的模型,尤其以科学为然。现在的科学家,超过三十五岁以后,就很少有科学上新的发现了。有新发现的都是年轻人。而学问思想到五六十岁成熟的时候,人就凋谢了。我前面也说过,人类古今中外的文化,都是二十几岁的文化。就是继往开来,永远是年轻的,永远是没有成熟的。

所以中西文化,宗教也好、哲学也好、科学也好,对最后的结论,都未曾获得。生命究竟从哪里来?生命的价值究竟在哪里?都没有结论。像前天和年轻同学谈到,我最近看了丁中江先生的北洋军阀史,把近代几十年来的事故,引用第一手资料记述。我对每一文献都没放过,但看了以后就有一个感想:"人究竟为了什么?"这又是还没有答案的哲学老问题。当然我们可以假定很多答案,但这些答案只是人为的、主观的,并不是哲学的正确答案。所以有无鬼神,我们不知道,这个问题暂时保留。

但是我们看孔子的态度,他对这个问题是明白的。当他病了,药物无效的时候,子路说,求神吧!去祷告一下吧!孔子听了问子路,真有这回事吗?孔子这话说得很妙。他当然懂得,不过他是问子路"有这回事吗?"而不是说"你相信吗?"子路经孔子一问,表示学问很有根据,于是搬出考古学,他说,有啊!诔曰:"祷尔于上下神祇。"这"诔"是中国文化中的祭文,历代帝王的诔文就是。子路说,古代的诔文说了,人应该去祷告天地、上下各种神祇。孔子说,如果是这样,那我天天都在祷告,而且祷告了很久,还照样生病。这节文字,做进一步研究，就可以看出来，孔子的意思，所谓祷告是一种诚敬的心情，所谓天人合一，出于诚与敬的精神，做学问修养，随时随地都应该诚敬。《大学》所说"十目所视，十手所指"，诚敬修养要做到我们中国文化所说的"不亏暗室"。孔子就是说自己天天做到这样，等于与鬼神相通，就是这个道理，这是第一点。

第二，普通的人，到了急难的时候，就去求神、拜佛、向上帝祷告。所谓："垂老投僧，临时抱佛。"这就说人平日自以为很伟大，但一遇到大困难，或极度危险，就感觉到自己非常渺小无助，完全丧失自信心——"天呀！神呀！你要救我呀！"倘使这时仍能保持一分自信心，就需要高度的修养。这里我们说到历史上一个人，大家都知道的朱舜水，明亡以后，他流亡到日本去，本想向日本求救兵企图复国的。船航行太平洋中，遇到大台风，全船的人都喊救命，朱舜水端坐船中不动。据说当时船上的人都看到海上有两盏红灯，对着船来。古代的迷信，说这是海神来接的讯号，全船的人都将会死亡，所有的船员都跪下了。朱舜水就问："真有这回事吗？有没有其他挽救的办法？"船员说除非是有道的人跪下来求，或者还有希望。朱舜水说，他们拿纸笔来，我烧一张符下去，大概就可以退掉。朱舜水是道地的儒家，哪里会画符搞道家的东西，这不奇怪吗？结果他在纸上写了一个"敬"字。烧了以后，台风停了，船也稳了，风平浪静就到了日本。你说朱舜水这一套有本事吧！简直比诸葛亮更厉害，能呼风唤雨，撒豆成兵，岂不应该带兵打仗，将明朝复国了？这件事绝对有，但若深入研究，那就成为另外一门学问了。现在的科学叫做精神学，又叫灵魂学。精神与灵魂的解析，人的精神力量与宇宙是否相通，这是另一个问题。

第三，中国民间的谚语："平时不烧香，急时抱佛脚。"一般人都是这样，像许多人交朋友，平时不去探访，有患难，或要借钱的时候才去，所以孔子对子路说，算了吧！老弟，如果这样，我天天都在祷告中。换言之，鬼神的事和生命的道理，都不是这样简单的。

## 要愁哪得工夫

子曰：奢则不孙，俭则固，与其不孙也，宁固。

孔子说，人生的修养，"奢则不孙"。这个奢侈不止是说穿得好，打扮漂亮，家庭布置好，物质享受的奢侈。是广义的奢侈，如喜欢吹牛，做事爱出风头，都属于奢侈。奢侈惯了，开放惯了的人，最容易犯不孙的毛病，一点都不守规矩，就是桀骜不驯。"俭则固"。这个俭也是广义的。不止是用钱的俭省，什么都比较保守、慎重、不马虎，脚步站得稳，根基比较稳定。以现代的话来说就是脚跟踏实一点。他说"与其不孙也，宁固。"做人与其开放得过分了，还不如保守一点好。保守一点虽然成功机会不多，但绝不会大失败；而开放的人成功机会多，失败机会也同样多。以人生的境界来说，还是主张俭而固的好。同时以个人而言奢与俭，还是传统的两句话："从俭入奢易，从奢入俭难。"就像现在夏天，气候炎热，当年在重庆的时候，大家用蒲扇，一个客厅中，许多人在一起，用横布做一个大风扇，有一个人在一边拉，搧起风来，大家坐在下面还说很舒服。现在的人说没有冷气就活不了。我说放心，一定死不了。所以物质文明发达了，有些人到落后地方要受不了，这就是"从奢入俭难"。

曾国藩用人注重乡气。历史上许多人，像吕蒙正，当了宰相，生活仍然很清苦。如最近电视上轰动的包青天，他一生的生活，也是清俭到极点，他本身没有缺点被人攻击。那么多年，身为大臣，龙图阁直学士兼开封府尹，等于中央秘书长，兼台北市长。做了这么大的官，可是一生清俭。民间传说，更把他当做了神，讲儒家文化，包公成了一个标竿。如宋朝的赵清献，当时人称他铁面御史，对谁都不买账，做官清正，政简刑清，监牢里无犯人，也和包公一样。历史上有许多名臣都是俭，乃至许多大臣，有的临到死了，连棺材都买不起。不但一生没有贪污一文钱,连自己薪水积蓄都没有,后代子孙都无力为他买棺材,要由老朋友来凑钱,这就是俭的风范。

## 光风霁月

接下来是:

子曰:君子坦荡荡,小人长戚戚。

《学而》篇中说:"人不知而不愠,不亦君子乎?"一个人一生没有人了解,虽有学问而没有发展的机会,还是不怨天、不尤人,这种修养是很难。所以君子要做到"坦荡荡",胸襟永远是光风霁月;像春风吹拂,清爽舒适;像秋月挥洒,皎洁光华。内心要保持这样的境界,无论得意的时候或艰困的时候,都是很乐观的。但不是盲目的乐观,而是自然的胸襟开朗,对人也没有仇怨。像包公、赵清献都做到这样的境界,这是"君子坦荡荡"。至于小人呢?"小人长戚戚",小人心里是永远有事情的,慢慢就变成狭心症了——这是笑话,借用生理的病名来形容心理上的病态,小人永远是憋住的,不是觉得某人对自己不起,就是觉得这个社会不对,再不然是某件事对自己不利。我们都犯了这个毛病,有时候:"唉!这个社会没得搞的。"言外之意,我自己是了不起,而这个社会是混蛋。这也是"长戚戚"的一种心理病。心里忧愁、烦闷、痛苦。所以这两句,可以作座右铭,贴在桌旁,随时注意自励,养成坦荡荡的胸襟。

跟着就说孔子个人的君子风范:

子温而厉,威而不猛,恭而安。

这是弟子们记载孔子的学问修养,表达在外面的神态。第一是温和的。对任何人都亲切温和,但也很严肃,在温和中又使人不敢随便。第二是威而不猛。说到威,一般人的印象是摆起那种凶狠的架子，这样并不是威。真正的威是内心道德的修养，坦荡荡的修养到达了，就自然有威。尽管是煦和如春风，而在别人眼中，仍然是不可随便侵犯的。不猛是不凶暴。如舞台上的山大王，在锣鼓声中一下窜出来，一副凶暴的样子，那就是猛。第三是恭而安。孔子对任何事，任何人非常恭敬，也很安详；也就是既恭敬而又活泼不呆板。第三点也等于第一篇《学而》的注解。学问好的人，内心的修养表达在外面的，就是这样的情形，而以孔子来作为榜样，用白话翻译过来就是有庄严的温和，有自然的威仪而并不凶狠，永远是那样安详而恭敬的神态。

# 泰伯第八

## 薄帝王而不为

《泰伯》第八这一篇,等于是第二篇《为政》的个人学问修养的引申注解。第八篇的题目《泰伯》,也就是这一篇里所记载的,孔子经常标榜的圣人——吴泰伯。

泰伯是什么人呢?我们现在说中国文化,如果严格地说应该是周代文化。是周公把过去的中国文化,集其大成;而孔子是将周公集其大成的中国文化加以整理。所以中国文化,也就是尧、舜、禹、汤、文王、武王、周公、孔子所传承的文化总称。

讲到中国的文化历史,就联想起一本有关中国历史哲学的书,在清代是禁书,但是我们还是把它保存了下来,也许大家没有看过。贾应宠(字凫西,是明崇祯末年人)写的《木皮散客鼓词》,是用歌谣的体裁,以弹唱的方式来叙述我国历史。这本书是明末清初时期的作品,其中充满了反清复明的民族意识,也包含着高深的历史哲学意味及文学境界。讲中国的历史哲学,以朝代来计算,春秋、战国这两个时代,还是属于周朝的。周朝统治天下约八百年,汉朝四百多年,唐代约三百年,元朝八十多年。明朝约三百年,清朝统治也两百多年。说乱世,魏晋南北朝乱了三百多年。其中历史最长的朝代,源远流长的是周朝,有八百年。

民间的小说上说,姜太公八十岁遇文王。要知道周武王比姜太公只不过小几岁，当年跟周武王统一中国的都八九十岁了。当时的文化，老成谋国，越老成经验越丰富、越稳重，和今天情形大有出入。不过这个出入不必去担心，时代在变，历史也在轮转反复，将来会恢复敬老尊贤也不一定。因为年轻人有冲劲，却没有高度智慧与经验，而老年人冲劲又太小。两个一配合就完整了，不能偏向的。小说上说姜太公八十遇文王，老先生还摆架子，不肯出来。结果由文王推车，推了八百步推不动了，姜太公就说保佑他的子孙八百年天下。这是小说写的，但代表了一种思想。把神话的、小说的外衣剥了以后，真的思想就出来了。这是小说家和民间文学的一种手法。

周朝能统治天下长达八百年，真不简单，历史上写他祖德深厚——所谓祖德，不是迷信，而是说他祖先开始，历代培养历史的根基。要培养历史的根基，是不容易的。我们再看秦始皇统一天下，他也是祖宗好几代培养下来的。不过秦国走的路子，比不上周朝。周代一开始就走道德的路子；秦国的祖先一开始就以法治为基础。周以道德为基础，就是德治、礼治。在教育文化这一方面，秦的法治也培养了好几代，二三百年以后，才有秦始皇这个结果。周代的祖先，到周文王不是结果，到周武王统一天下才是结果。泰伯是个什么人呢？是周文王的大伯父，周武王的大伯公。周文王的祖父为大王。大王有三个儿子，大儿子为泰伯，次子名虞仲，第三子名季历。季历的长子就是周文王，名姬昌。大王当时看到殷商已经快完了，政治太糟糕了，有意革命。照中国古代的规矩，大王一定是传位给长子泰伯。大王就告诉泰伯好好努力，将来可以把殷商腐败的政治推翻。但是泰伯依照传统的观念，认为殷商的政治尽管败坏，而周终归是殷商的诸侯，不应该去推翻它。对于他父亲大王这个思想，在家族中为孝道，不能不听父亲的话；为天下的公道，则碍难听父亲的话；处于两难之间。泰伯于思想、见解、学问、道德，没有不好的地方，却难于接受大王的想法。

大王看到第三个儿子季历的长子——就是周文王，认为他将来会有办法,将来可以统一中国。所以大王认为,泰伯既然这样清高——他当然不能说大儿子不对,泰伯是对的,他也欣赏大儿子——只好将位子传给三子季历。古代宗法社会,有长兄在,传位给小儿子是不可以的。泰伯处在这种左右为难的状况中,知道了父亲的意思以后,于是自己逃掉了,不愿当帝王。所以后来大王传位给季历,季历死了传给周文王。一代一代都是道德的政治。后来周文王受冤枉坐牢,他并没有起来革命。到了武王的时候,才和姜太公起来革命,推翻殷商。这样几代下来,数百年间,周朝的德政已深入人心。我们古代就讲立德立功,后来佛教引用,称为功德,是功与德联合起来用。一个道德行为,使全国的人都受到恩惠——政治上的恩惠、公的恩惠、私的恩惠,加上对社会的功劳,合起来为功德。周朝就做到了这一步。

但是泰伯归隐了,逃到南方,就是后来的江苏。在古代,这些地方都是蛮荒之地,没有开发、没有文化。所以他一逃就逃到这最野蛮的地方。后来他的子孙落籍了,就是在南方的吴国。春秋战国时吴国,就是他的后代。最初是武王统一天下以后,才把泰伯这一支宗族清理出来,封为吴国。在周武王没有封他以前,泰伯连王侯都不当。以现代的话来说,为了正义,为了信仰,帝王可以不当,人格不能有损,真理的思想不能动摇,因此走掉。我们有时说"连皇帝都不想当!"那是吹牛,没有机会而已。给你当也当不好,除非在电影上、电视上,演戏当当还可以,真给你上去,不把你吓昏了,就被你弄坏了,那不行的。泰伯是真的有帝王可做而不为,这是非常不容易的。在孔子思想中最推崇这种人,并不把功名富贵放在第一位;把真理、道德放在第一位。穷死饿死,那是另外的问题,并不在乎。所以孔子最尊重的人是泰伯、伯夷、叔齐等人。这一篇开头就讲泰伯。

子曰:泰伯其可谓至德也已矣。三以天下让,民无得而称焉。

这是引用孔子平常讲的话,当作这一篇的第一节。孔子说,如果讲人生的道德——公德，政治的道德；私德，个人的道德——像泰伯这个人，随便公私两方面的道德、修养都到了最高点。他三次推让天下，最后还是逃掉。后世的老百姓，不晓得历史上这件事。这事后来流传下来，完全靠《左传》详细的记载。而他自己帝王都不要做，当然更不会要一个虚名，让老百姓去称道他了。所以孔子特别尊重他。这也就是中国后来所讲的道家思想（我们前面曾提过，在当时是儒道不分的）。

一个人道德修养，真要做到"君子坦荡荡"，必须修养到什么程度呢？要做到"弃天下如敝屣，薄帝王将相而不为"，把皇帝的位置丢掉像丢掉破鞋子一样：为了道德，为了自己终身的信仰，人格的建立，皇帝可以不当，出将入相富贵功名可以不要。孔子所标榜的人格的修养，到了这地步，那自然会真正"坦荡荡"。也是前面提到过的，人有所求则不刚。曾子也说："求于人者畏于人。"对人有所要求，就会怕人。如向人借钱，总是畏畏缩缩的。求是很痛苦的。所谓"人到无求品自高"。所以要做到"君子坦荡荡"，养成"弃天下如敝屣"，然后可以担当天下大任了。因为担当这个职务的时候，并不以个人当帝王将相为荣耀，硬是视为一个重任到了身上来，不能不尽心力。但隋炀帝另有一种狂妄的说法，他说："我本无心求富贵，谁知富贵迫人来。"能说这种狂妄的话，自有他的气魄。这是反派的。到他自己晓得快要失败了，被困江都的时刻，对着镜子，拍拍自己的后脑："好头颅，谁能砍之？"后来果然被老百姓杀掉了。这是反面的，不是道德的思想。但是我们引用他的话，当"谁知富贵迫人来"的时候，能不被富贵所迷惑的就是泰伯。

## 贵为天子而友布衣

下面是孔子说明人生修养的境界。

## 泰伯第八

子曰：恭而无礼则劳，慎而无礼则葸，勇而无礼则乱，直而无礼则绞。君子笃于亲，则民兴于仁。故旧不遗，则民不偷。

这一节我们要深入研究，意义包括很多。大而言之，就是政治领导哲学；小而言之，是个人的人生修养道理。恭就是恭敬。有的人天生就是态度拘谨，对人对事很恭敬；有的人生来就昂头翘首，蛮不服气的样子。有的长官对这种人的印象很坏，其实大可不必，这种态度，是他的禀赋，他内心并不一定这样。所以我们判断一个人的好坏，不要随便被外在的态度左右，尽量要客观。孔子所说的恭而无礼，这个礼不是指礼貌，是指礼的精神、思想文化的内涵。所以不要认为态度上恭敬就是道德，如果有恭敬态度而没有礼的内涵则"劳"。换句话说，外形礼貌固然重要，如果内在没有礼的精神，碰到人一味的礼貌，则很辛苦、很不安详。"慎而无礼则葸"，有些人做事很谨慎，非常小心。小心固然好，过分的小心就变成无能、窝囊，什么都不敢动手了。我们土话说"树叶掉下来怕打破头"，确有这种人。"勇而无礼则乱"，有些人有勇气、有冲劲，容易下决心，有事情就干了，这就是勇。如果内在没有好的修养，就容易出乱子，把事情搞坏。"直而无礼则绞"，有些人个性直率、坦白，对就是对，不对就是不对。当长官的或当长辈的，有时候遇到这种人，实在难受，常叫你下不了台。老实说这种阳性人，心地非常好，很坦诚。但是学问上要经过磨炼、修养，否则就绞，绞得太过分了就断，误了事情。这四点：恭、慎、勇、直，都是人的美德，很好的四种个性。但必须要经过文化教育来中和它，不得中和就成为偏激了，这四点也成了大毛病，并不一定对。太恭敬了，变成劳。我们中国人说："礼多必诈"，像王莽就很多礼。太谨慎了变成窝囊。太勇敢了，容易决断，成为冲动，有时误了事情。太直了，有时不但不能成事，反而偾事。项羽的个性就是太勇太直这两个反面的缺点。清代诗人王昙说他"误读兵书负项梁"，很有道理。所以教育文化，非常重要，自己要晓得中和。懂得了这四点，就是每一个人反省自己个性的标准。

孔子接着说:"君子笃于亲,则民兴于仁。"我们中国人讲孝道,如果对于自己的父母、兄弟、姊妹、朋友都没有感情,亲情不笃,而要他爱天下、爱国家、爱社会,那是空洞的口号,是不可能的。说他真的有爱心,他连父母、兄弟、姊妹、朋友都没有爱过,怎会爱天下、国家、社会?或者说私事不爱而爱公众,事实上没有这回事。爱天下国家,就是爱父母兄弟的发挥。所以说笃于亲者,不怕人自私爱自己的父母兄弟。儒家讲爱是由近处逐渐向外扩充的,所以先笃于亲,然后民兴于仁。从亲亲之义出发,整个风气就是仁爱,人人都会相爱。

下面"故旧不遗,则民不偷。"故旧有两个意义。过去的解释是老朋友、老前辈。像古人说的"念旧",老朋友的交情,始终惦念他,即所谓"滴水之恩,涌泉相报"。如韩信一饭难忘的故事,他倒楣的时候,饿得不得了,在溪边吃了一个洗衣服老太婆的饭,很感激,说:"吾必有以重报母。"后来他封了王,找到这个老太婆,赐千金。古人就有这个精神。汉光武当了皇帝以后,找老同学严光来叙旧;朱元璋当了皇帝以后,要找年轻时和他一起种田的老朋友田兴出来,找不到就下令全国找这个人。田兴却硬不肯出来做官,只是到处在做好事。后来有人报告,一个县里,有五只老虎出来吃人,厉害得很,而有一个人把那五只老虎都打死了。朱元璋接到这封公文,知道一定是他的老朋友田兴做的好事。于是找来翰林院的进士们,都是文学修养非常高的,以现在来说,都是研究院中的博士。朱元璋要他们赶快写信去把田兴找来。于是翰林先生们之乎者也矣焉哉、孔子曰、孟子曰的,咬文嚼字。朱元璋看了半天,皱皱眉、摇摇头,还是自己动手写。他写的是白话,内容大要说:皇帝是皇帝,朱元璋是朱元璋。你不要以为我做了皇帝就不要老朋友。你不来,就没种。我们两兄弟还是好兄弟,我今天不是以皇帝身份找你来。我们两兄弟见面,皇帝是皇帝,朱元璋是朱元璋,有种的你过河来吧!和当年两个人放牛时,打架对骂的口吻一样。田兴看了这封信来了,来了但还是不做官,玩一阵子走了。这就是说历史上的念旧。可是今天的社会,这种事就很少了。有的人环境好了,看到老朋友,要问贵姓了。古人说富贵不可骄人,只有贫贱可以骄人。穷人气大,我反正穷,不看你就不看你。这是故旧的第一个观念。

故旧的另外一个意义就是传统,故旧不遗就是传统观念不要放弃。如果你要推翻传统,最好先推翻你自己,因为你是父母生的,祖宗传统而来的。没有父母这个传统,就传不下来你这个统,万事总有个来根。所以孔子说"故旧不遗",一个伟大的人物,一定有真感情,可以做英雄,可以做烈士,有真感情才肯牺牲,才付得出来,有这种血气,"则民不偷"。偷是偷巧。不偷巧,社会风气就稳了。

孔子这一段为什么放在《泰伯》下面?就是讲政治哲学的风气问题,儒家主张的道德政治,个人修养首先在道德的精神。道德的精神要坚定的思想和真实的感情,才能够发挥出来。

上面是孔子的教育思想,也是第二篇《为政》的发挥。接下去看这书上的文字,可见是孔子的门人所记载的。前面曾提过,在中国古代的习惯,直接的学生称弟子,再隔一代以后的学生称门人。到后来才慢慢混合称用,凡是学生辈,都称弟子,也可以称为门人。

## 无愧平生事大难

这篇下面差不多都是门人的记载。下一节是讲曾子。

曾子有疾,召门弟子曰:启予足,启予手。诗云:"战战兢兢,如临深渊,如履薄冰。"而今而后,吾知免夫!小子!

这一节最后的"小子",现在是骂人的——你这个小子——过去的意思就是"年轻人"。等于现在说的,"你们这些年轻人",这是他对学生的称呼。

这一节话,为什么加在《泰伯》篇里?这是颜回死后,传承孔子道统的曾子,对学问修养的经验谈。我们在第一篇里就读过曾子所提出的,每天以三件事反省自己的学养——为人谋而不忠乎?与朋友交而不信乎?传不习乎?现在他有病快要死的时候,"召门弟子",这里门人与弟子连起来用,就是曾子把学生乃至他的徒孙们,叫到前面来,吩咐后事。他说:"启予足,启予手。"根据这六个字,就知道曾子已经病得手脚都麻痹了。

说到这里,我们要晓得,通常一个人生机的消逝,往往从脚部开始。试看婴儿,躺在小床上玩,最早期是用两脚蹬着玩,手不大动,这时候生命力在脚部,脚就是根。到了幼儿时期,小孩子是坐不住的,两只脚总要跑,因为他生命的活力,在不断地生长。到中年以上,渐渐脚不想动,而动手、动脑筋。年纪再大一点,一坐下,"二郎腿"翘起来了。再到晚年,"二郎腿"都不翘,最好是身子一仰,靠在椅背上,两只脚架到写字台上去了,因为脚上没有力气了。所以中国以前看相的说,老年人到冬天而脚心还发热的,是长寿之相,其实是生理上两脚还有生命的活力。且看老人,脚活动不灵活,走路吃力,脚已近死亡。越老下面越僵化,生命力没有了,最后手也懒得动,只用脑筋。到了临死的时候,除了少数的例外,一般正常的情形,是脚先失去知觉。现在西方正在研究"死亡的科学",死亡成为了一种专门学问。这也是受了东方古老文化的影响之一。

所以曾子说"启予足,启予手",因为他的病严重到快要死了。连自己的手脚在哪里,都不知道,自己不能指挥了。只有叫学生们,替他把手脚摆摆好。他这时快要断气了,只有用头脑。等学生们替他把手脚放端正了,然后他引用《诗经·小雅·小旻》篇的句子:"战战兢兢,如临深渊,如履薄冰。"意思是做人做一辈子,常常提心吊胆,尤其是注重道德修养的人更难。我们中国人有一句话"盖棺论定",一个人好与坏,要在棺材盖下去的时候才可以作结论。不过我经常告诉朋友,据我的经验,世界上有许多事情,盖棺并不能论定。我就发现许多人,带着冤枉进到棺材里走了。绝对的好人,行善一生,到进棺材作结论的时候,人们对他的评论并不见得好。或者做某一件事,在盖棺的时候觉得他错了,将来也许又发现他并没有错,但已经太晚了。所以在我的看法,"盖棺论定"这句话有时候也值得怀疑,有时盖棺还不能论定。

## 冯道的故事

我们举出一个人来做例子,这是讲到这里,顺便讨论历史。在此要特别声明,冯道这个人,是不能随便效法的。现在只是就学理上,作客观的研究而已。唐末五代时,中国乱了五十多年当中,这个当皇帝、那个当皇帝,换来换去,非常的乱。而且都是边疆民族。我们现在所称的边疆民族,在古代都称为胡人。当时,是由外国人来统治中国。这时有一个人名叫冯道,他活了七十三岁才死。在五代那样乱的时候,每一个朝代变动,都要请他去辅政,他成了不倒翁。后来到了宋朝,欧阳修写历史骂他,说中国读书人的气节都被他丧尽了。他曾事四姓、相六帝,所谓"有奶便是娘",没有气节!看历史都知道冯道是这样一个人,也可以说冯道是读书人中非常混蛋的。

我读了历史以后,由人生的经验,再加以体会,我觉得这个人太奇怪。如果说太平时代,这个人能够在政治风浪中屹立不摇,倒还不足为奇。但是,在那么一个大变乱的五十余年中,他能始终不倒,这确实不是个简单的人物。第一点,可以想见此人,至少做到不贪污,使人家无法攻击他;而且其他的品格行为方面,也一定是炉火纯青,以致无懈可击。

古今中外的政治总是非常现实的,政治圈中的是非纷争也总是不可避免的。可是当时没有一个人攻击他。如从这一个角度来看他,可太不简单。而且最后活到那么大年纪,自称"长乐老人",牛真吹大了。历史上只有两个人敢这么吹牛,其中一个是当皇帝的——

清朝的乾隆皇帝——自称"十全老人",做了六十年皇帝,活到八十几岁死,样样都好,所以自称人生已经十全了。做人臣的只有冯道,自称"长乐老人",这个老人真不简单。后来儒家骂他丧尽气节,站在这个角度看,的确是软骨头。但从另一角度来看,历史上、社会上,凡是被人攻击的,归纳起来,不外财、色两类,冯道这个人大概这两种毛病都没有。他的文字著作非常少,几乎可以说没有什么东西留下来,他的文学好不好不知道。后来慢慢找,在别的地方找到他几首诗,其中有几首很好的,像:

天道
穷达皆由命,何劳发叹声。但知行好事,莫要问前程。冬去冰须泮,春来草自生。请君观此理,天道甚分明。

偶作
莫为危时便怆神,前程往往有期因。须知海岳归明主,未必乾坤陷吉人。道德几时曾去世,舟车何处不通津。但教方寸无诸恶,狼虎丛中也立身。

北使还京作
去年今日奉皇华,只为朝廷不为家。殿上一杯天子泣,门前双节国人嗟。龙荒冬往时时雪,兔苑春归处处花。上下一行如骨肉,几人身死掩风沙。

像他《偶作》中的最后两句,就是说自己只要心地好,站得正,思想行为光明磊落,那么"狼虎丛中也立身",就是在一群野兽当中,也可以屹然而立,不怕被野兽吃掉。我看到这里,觉得冯道这个人,的确有常人不及之处。尽管许多人如欧阳修等,批评他谁当皇帝来找他,他都出来。但是从另外一个角度看,这个人有他的了不起处。在五代这五十多年大乱中,他对于保存文化、保留国家的元气,都有不可磨灭的功绩。为了顾全大局,背上千秋不忠的罪名。由他的著作上看起来,他当时的观念是:向谁去尽忠?这些家伙都是外国人,打到中国来,各个当会儿皇帝,要向他们去尽忠?那才不干哩!我是中国人啊！所以他说"狼虎丛中也立身"，他并没有把五代时的那些皇帝当皇帝，他对那些皇帝们视如虎狼。再看他的一生，可以说是清廉、严肃、淳厚，度量当然也很宽宏，能够包容仇人，能够感化了仇人。所以后来我同少数几个朋友，谈到历史哲学的时候，我说这个人的立身修养，值得注意。从另外一面看他政治上的态度，做人的态度，并不算坏。几十年后文化之所以保存，在我认为他有相当的功劳。不过在历史上，他受到没有气节的千古骂名。所以讲这一件事，可见人有许多隐情，盖棺不能论定。说到这里，我们要注意，今天我们是关起门来讨论学问，可绝不能学冯道。老实说，后世的人要学冯道也学不到，因为没有他的学养，也没有他的气节。且看他能包容敌人、感化敌人，可见他几乎没有发过脾气。有些笨人，一生也没有脾气，但那不是修养，是他不敢发脾气。冯道能够在如此大风大浪中站得住，实在是值得研究的。

这是讲历史上比较大的事。我们看社会上许多小人物，一旦死了，他这一生到底是好人，或者是坏人，我们到殡仪馆中去仔细推详看，也很难断定。

所以曾子特别提出来，一辈子做人都"战战兢兢"。"战战"是发抖的样子，"兢兢"就是脚都不敢踩实的样子。"如临深渊"，好像站在悬崖边缘，脚下是万丈深潭，偶然一不小心，就是"一失足成千古恨"了。"如履薄冰"，初冬刚结薄冰，或早春要解冻时，走在河面上，要有功夫、有本事，一个疏忽，掉下去就没命。做人一辈子，要想修养到死都没有遗憾，如孟子所说"仰不愧于天，俯不怍于人"，实在是伟大功夫。人骗人是常事，最妙的是人还都喜欢骗自己。可是到了自己要死的时候，仍骗不过自己。要想做到对人内心没有亏欠，就"如临深渊，如履薄冰"了。

这三句话是曾子病到手脚都不能动了，然后告诉学生，人生是如此之困难，尤其是利害关头，能不能为忠臣，能不能为孝子，就在这么一念。如果怕自己吃亏，就掉下去了。"而今而后，吾知免夫。"他说我现在告诉你们,我手脚都失去知觉了,已经死了一半了,到这个地步,我才敢说大话,我不会再犯错了。这就证明,学问并不在文章写得好或知识渊博,而在做人处世的修养,孔门是最注意这一点的。

这里前后三节是紧密相连的。也就是曾子有病,快要死的时候,鲁国的一个大夫孟敬子来问他。问什么问题,书上没有说明。

曾子有疾,孟敬子问之。曾子言曰:鸟之将死,其鸣也哀。人之将死,其言也善。君子所贵乎道者三:动容貌,斯远暴慢矣。正颜色,斯近信矣。出辞气,斯远鄙倍矣。笾豆之事,则有司存。

这个话怎么讲呢?曾子答复他说,我告诉你,鸟将死的时候,它叫的声音一定很悲哀(这是自然界的现象,不但是鸟,所有的动物,将死的时候,叫的声音都很凄凉)。人类将死的时候,所讲的话,多半是好话(要注意,不是完全。像以前有些土匪,被拉去枪毙,临死的时候,还要讲狠话,"二十年后又是一条好汉"并不是好话)。一个普通人,在快要死的时候,对人生的看法,往往比较冷静,吩咐的话也多半是善言。为什么曾子要把这两句话说在前面呢?这就可见曾子的教育态度。换言之就是他说,我快要死了,你平常不大听话,我现在最后的话是很诚恳地、很严肃地对你说,希望你要注意。所以曾子把这两句话说在前面,以加重语气。于是曾子告诉他"君子所贵乎道者三",这个"道"是儒家的、孔门的人生之道。就是说人之学道——做学问、受教育有三个重点。曾子在这里所讲的三个重点,我们的确要注意。

第一点"动容貌,斯远暴慢矣"。就是人的仪态、风度,要从学问修养来慢慢改变自己,并不一定是天生的。前面说过的"色难"就是这个道理。暴是粗暴,慢是傲慢看不起人,人的这两种毛病,差不多是天生的。尤其是慢,人都有自我崇尚的心理,讲好听一点就是自尊心,但过分了就是傲慢。傲慢的结果就会觉得什么都是自己对。这些都是很难改过来的。经过学问修养的熏陶,粗暴傲慢的气息,自然化为谦和、安详的气质。

第二点"正颜色,斯近信矣"。颜色就是神情。前面所说的仪态,包括了一举手、一投足等站姿、坐姿,一切动作所表现的气质;"颜色"则是对人的态度。例如同样答复别人一句话,态度上要诚恳,至少面带笑容,不要摆出一副冷面孔。"正颜色,斯近信矣。"讲起来容易,做起来可不容易。社会上几乎都是讨债的面孔。要想做到一团和气,就必须内心修养得好,慢慢改变过来。

第三点"出辞气,斯远鄙倍矣"。所谓"出辞气"就是谈吐,善于言谈。"夫人不言,言必有中。"这是学问修养的自然流露,做到这一步,当然就"远鄙倍"了。

这是记载孟敬子问曾子,他问的什么问题不知道,可是曾子答复的话我们看到了。再从下文连起来看,可知孟敬子所问的,并不是前面曾子所讲的这三个问题。从文章中我们可以猜想得到,孟敬子这位鲁国的大夫,一定问他,对于处理国家大事,还有什么秘诀?而曾子不管那些,把问题撇开了,只教他做人做事的道理。因此下面一句话说"笾豆之事,则有司存"。所谓"笾豆"是古代的祭器,用竹制成。在这句话里代表了"执政"之事。古代政治上的朝圭、朝服都有不同的标记,尤其如执法施政的文物,对此更注重。像以前宪兵的臂章图案,有人以为是狮子,其实不是狮子,是狴,古代执法的标志。相传古代有这种野兽,非常灵敏,能辨别好人坏人,遇见坏人一定用角去刺,对好人不刺。这些都是古代的标志。曾子在这里是告诉孟敬子,我只能贡献你做人处事的修养。至于你所问的政治司法上的事,不必来问我,自然有管理这些事的人在那里,你可以去问他们。后来汉文帝问丞相陈平天下钱谷出入方面的某些问题,陈平对以"有主者";以及汉宣帝时的"丙吉问牛"都是同一道理。由此可知孟敬子所问的是笾豆一类的事,而曾子所答复他的,还是在教育他,要他注重做人,从内心基本的道德修养去做。学问好、德行高以后,不论从政或者做别的事,都能得心应手。这是一个基本问题,而不是技术问题,有关技术问题可以去问那些专家。

## 学问深时意气平

下一节是门人们记载曾子平常所教诲的。

曾子曰:以能问于不能,以多问于寡,有若无,实若虚,犯而不校。昔者吾友,尝从事于斯矣。

这是曾子提出他同学颜回的美德:"以能问于不能"。凡是所谓天才、聪明有才具的人,容易犯一个错误——慢,就是很自满,不肯向人请教。而颜回虽然高人一等,却唯恐自己懂得不多,唯恐自己没有看清楚,还要向不如自己的人请教一番。这也是诸葛亮之所以成功的条件,他的名言"集思广益",就是善于集中人家的学问思想,增加自己的知识见解。对自己非常有利益。这也就是以能问于不能的道理。

但是有才具的人,往往不肯向人请教,尤其是不肯向不如自己的人请教。儒家标榜虞舜"好察迩言",所以能为圣人。虽然浅近的话,但往往能给我们深远的启发。"以多问于寡"的多指知识渊博。颜回是孔子最得意的学生,知识非常渊博。"问于寡",就是问于知识不如自己渊博的人。这是一种解释。另一种解释是说从政的人,多半是通才,什么都懂;而"寡"可以说是专家,他专门研究一点,而这一点并不是学问渊博的人所能够知道的。渊博的人知其大概,不能深入;专家则对某一点有深入研究。所以渊博的人,一定要向专家请教。"有若无",他学问非常渊博,而在待人处世上表现得很平常,好像什么都不懂似的。"实若虚",内涵深厚,表面上看起来却很空洞,普普通通。"犯而不校",不如他的人对不起他——下面的人对上面的人不敬为

"犯"——从来不计较、不记恨。这五点看起来很容易,但是如果以自己待人处世的经验来体会,几乎每一句话我们都没有做到。曾子说,我的朋友颜回,对这五点都做到了。孔子所赞叹的颜回,他学问的火候优点,在此可见一斑了。

## 临大节而不可夺

曾子曰:可以托六尺之孤,可以寄百里之命,临大节而不可夺也。君子人与?君子人也。

人的学问修养做到在朋友之间,"可以托六尺之孤",托妻寄子的,非常非常难,简直没有。历史上讲义气的人很多,而托孤的人很少。政治上有名的托孤,是刘备白帝城托孤给诸葛亮。刘备的儿子刘禅,谁都知道的阿斗。以前骂笨头笨脑没有出息的年轻人,就骂"阿斗"。刘备在临死前托孤给诸葛亮说:"君才十倍曹丕,嗣子可辅则辅之,不可辅则取而代之。"这就是刘备。诸葛亮是很亮,五十支光,刘备大概一百支光,比他更亮。他这句话可把诸葛亮吓住了,立即跪下来:"臣鞠躬尽瘁,死而后已。"就是说,你放心吧!我把这条命卖给你了,不管你儿子可扶不可扶,我一定帮忙到底。于是"鞠躬尽瘁,死而后已"这八个字,等于他自己为自己算了命,就定案了,后来也就真的做到了。这是从历史上说大的托孤。个人的托孤,尤其现在这个社会,假使朋友死了,还能照顾朋友的家庭,尤其照顾朋友孩子的,别人会说"疯子人与?疯子人也。"绝不会说"君子人与?君子人也。"现在的社会风气就这样的。但是照中国文化的大义,可以托六尺之孤的人,就"可以寄百里之命"。"百里"扩而充之也代表了天下。过去,唐以后所谓百里侯称县长;春秋战国时代的百里,在政治制度上相当于现在的一个省。古代称县长为父母官,就是说对于百姓而言,有如父母般的关怀、照顾。

"可以寄百里之命",就是可以真正成为一个好的地方首长,将地方老百姓的生命财产安全,都交给这种人负责保障了。这两点都很困难。

"临大节而不可夺也",小事糊涂没关系,面临大节当头时,怎么都变动不了才行。历史上许多忠臣义士,临大节而不可夺,最有名的如文天祥、陆秀夫,可以说是儒家的光荣人物。但是研究文天祥的生平,上半生风流放诞,花花公子,他做太守的时候,歌姬如林,一天到晚喝酒听歌。可是当国家大难来临的时候,连与太太儿女们告别的时候都没有。尤其难得的是从容就义。所谓"慷慨捐躯易,从容就义难"。而且他从容到什么程度呢?元朝的忽必烈,对他十分尊崇、十分重视,硬是空着宰相的位置等了他三年,只要他一点头,就可以在一人之下万人之上。忽必烈和他谈过好几次,口口声声尊称他文先生,推崇他,要请他出来,他就是不答应。这样坐了几年牢,最后一次和忽必烈谈话时,他对忽必烈说,你这样对我,推崇我,我非常感谢你,也可以说你是我一个知己,既然是知己,那你就要成全我。忽必烈见他在牢里三年,始终如此,知道实在没有办法了,于是答应他说,好吧!那就明天吧!文天祥听了这句话,马上就跪下来说,谢了!谢了!在他三年坐牢的时候,他的一个学生,恐怕他受不了而变节,备办了三牲祭品,并写了一篇祭文去生祭他。文天祥照样吃了祭品,看了那篇祭文,然后让人转告他的学生,要他们放心,他绝不会做对不起宋朝的事情。他的上半生,吃、喝、玩、乐,什么都来,可是"临大节而不可夺"。所以我们平时看到一些人好像吊儿郎当的,但是不要因此而轻视他们。我们就曾看到,平时好像很随便,私生活不太检点的人,临危时,却绝对不马虎。所以看人要看大节。曾子说,这样的人是君子吧?的确是真正的君子了。

由此我们更可以看出孔孟思想所谓的学问,并不是读死书,不是之乎者也矣焉哉的文言文,同时也不是的呢吗呀吧的白话文。儒家教育的目的,就是要求这一节书上所提的这种人,这也就是真正儒家的学问所在。

## 怎样才算知识分子

这几节都是记载曾子所讲的孔门学问的精华，下面等于是两个小结论。

曾子曰：士不可以不弘毅，任重而道远。仁以为己任，不亦重乎！死而后已，不亦远乎！

我国上古文化，二三千年前的士，有点类似现在的兵役制度，这是上古的政治制度，也是社会制度：每十个青年中，推选一人出来为公家服务的，就是士。所以士是十字下面加一横。被选为士的人，要受政治教育，学习法令规章。士出来做官，执行任务做公务员，就叫出仕。所以古代的士，并不是普普通通一个读书的青年就可以叫士。士的教育都是政府主办，一个士要想知道法律政治，须向官方学习。平民教育是由孔子开始的，不过当时没有这个名称。曾子这里所讲的士，已经不是上古时代的士，而是读书人知识分子的通称。所以他是说一个读书人有读书人的风格。"不可以不弘毅"，"弘"就是弘大，胸襟大，气度大，眼光大。"毅"就是刚毅，有决断，要看得准、拿得稳，对事情处理有见解。有些人有见解，但请他当主管，却搞得一塌糊涂，因为他下不了决断；有人很容易下决心，但眼光不远，见解有限。所以把眼光、见解、果断、决心加起来的"弘毅"，而且中间还要有正气，立场公正。他说一个知识分子，要养成弘与毅是基本的条件。为什么要养成这两个基本条件呢？因为一个知识分子，为国家、为社会挑起了很重的责任。"任重而道远"，这个道是领导，也是指道路。责任担得重，前面人生的道路、历史的道路是遥远的、漫长的。社会国家许多事，要去挑起来，走这历史无穷的路。所以中国过去的教育目的,在养成人的弘毅,挑起国家社会的责任。我们现在的教育,受了西方文化的影响,于是"生活就是教育",由此一变而成"现实就是教育"了。换言之,"知识就是钞票",学一样东西,先问学了以后能赚多少钱。所以我国文化中古代的教育精神,和现在是两回事,两者处于矛盾状况。当然,这只是一个过渡时期。在我看来,是要变的,要回转过来的。不过在变、在回转过程夹缝中的我们这一代,几十年来实在很可怜。但是我们对未来的还是要认识清楚,将来还是要走上这条路,这是教育的基本目的。

下面的话是引申,一个知识分子,为什么要对国家社会挑那么重的责任?为什么要为历史、为人生走那么远的路?因为一个受过教育的知识分子,"仁"就是他的责任。什么是仁?爱人、爱社会、爱国家、爱世界、爱天下。儒家的道统精神所在,亲亲、仁民、爱物,由个人的爱发展到爱别人、爱世界,乃至爱物、爱一切东西。西方文化的爱,往往流于狭义;仁则是广义的爱。所以知识分子,以救世救人作为自己的责任,这担子是挑得非常重的。那么,这个责任,在人生的路途上,历史的道路上,要挑到什么时候?有没有得退休呢?这是没有退休的时候,一直到死为止。所以这个路途是非常遥远的。当然,要挑起这样重的担子,走这样远的路,就必须要养成伟大的胸襟、恢宏的气魄和真正的决心、果敢的决断、深远的眼光,以及正确的见解等形成的"弘"、"毅"两个条件。

上面几节连起来,是用曾子所讲的学问修养,来说明孔门所传学问的道理、方法与目的。下面又是文章的另一波澜起伏。

## 文章自己的好

说到写文章,我曾和年轻的同学们谈到,为什么写不好文章:一开头面对稿纸,已经害怕了一半,手里拿起笔又害怕了一半。笔和稿纸齐全了,却一个字都写不出来。原因是在自己心里老想"我现在写文章了",那就写不好。其实写文章没有什么道理,拿到纸笔先不要当作自己写文章,当自己放屁好了,爱放什么尽管放,想到就写。完稿以后,放下笔,自己再看,对与不对再作修正。就像房屋中的家具一样,椅子放得不对,把它搬一搬,桌子的位置不好,搬一搬,几次一搬就对头了。各个都会写文章,大家都说怕写文章,或说你的文章好,我的文章不好。写不好文章,都是自己把自己吓坏的,没有自信,也就是不弘毅,这也要有点傲气,你的文章有你的味道,我的文章有我的味道,我不好有不好的味道,也是文章,不能说不是文章。一定要养成自己这种弘毅的气派,多写几回就成了,有什么难处?尤其现在写白话文章,更好写了。至于说要成为一个文学家,那是另外一回事。平心而论这要有天才,和艺术家一样。不会画画的,哭也哭不出一张画来。叫我画人物,鼻子会像大蒜,眼睛会成凤梨。但是画家随便一涂,就对。这是天才。

现在我们看到这篇文章,孔门弟子的编排,要来个波澜起伏了。上面讲了一大篇高潮,用曾子的话来说明孔门学问。接着下面是一段平路了。老是高潮上去,像演戏,也演不下去的。下面是引用孔子的话。

子曰:兴于诗,立于礼,成于乐。

这是孔门教育,作学问的内容。第一个是兴于诗,强调诗的教育之重要。兴于诗的兴念去声,读如兴趣的兴。所兴的是人的情感,人都有情感,如果压抑在内心,要变成病态心理,所以一定要发挥。情感最好的发挥,是透过艺术与文学,诗即其一。古代所谓的诗,就包括了文学、艺术、哲学、宗教等等。古代诗与音乐是不可分的,而且诗也就是文学的艺术。所以孔子说人的基本修养,要会诗。关于这一点我常想到,从事严肃工作的,如政治的、经济的,乃至于做医生的人要注意。我常常劝一些医生朋友学画,一个真正的名医,生活好可怜。我认为医生的太太都很伟大,医生几乎没有私生活的,一年三百六十五天,天天忙到晚,一天与上百病人接触,每个人都愁眉苦脸的,一直下去,自己都要病了,尤其精神科的医生为然。我对一位精神科的医生开玩笑说:"你也差不多了。"有一位荣民总医院的精神科医生说:"你这话是对的。我当年做学生学这科时,那位教我们的老师,看起来就像精神病的样子。精神科医生病人看多了,自然就变成精神病似的。"有人说官僚气,我说这没有什么希奇,官做久了就自然是那个样子,习惯了;医生就是医生气,见到朋友说人血压高了;商人一定市侩气。这没有什么好奇怪的,这都是现代心理学上所说的职业病。某一行干久了,看人看事的观点,都惯于从这一角度出发。所以凡从事严肃工作的人都要注意,过去这种生活上的调剂就靠诗,以艺术的修养作调剂。所以过去的官做得大,文集也留得多,诗也作得多,这绝不是他故意这么做,而是闲下来,有许多感情无法发挥,只好寄托在这上面。所以孔子说"兴于诗"。例如王安石的诗与政治生活,几乎成为两种完全不同的风格。

但学艺术、学文学久了的人,有一毛病,就是所谓"文人无行"。一般说来,认为真正纯粹的文人,品行都不大好,吊儿郎当,恃才傲物,看不起人。还有一个最大的毛病,千古以来,文人相轻,文章都是自己的好,看人家的文章看不上。以前有一个笑话,说有人作诗一首吹道:"天下文章在三江,三江文章唯我乡,我乡文章数舍弟,舍弟跟我学文章。"说来转去,转了一个大弯,最后还是自己文章好。所以中和艺术的修养,就要"立于礼"。我们一般人将学者文人连起来,事实上学者是学者,学术专家是学者;文人是文章写得好,不一定是学者。有些人文章写得好,如果和他讨论某一学问思想,如谈经济学、心理学等等,他就不懂了。曾经有一次,各种专家学者和某大文豪在一起闲谈,那位大文豪听得不大耐烦,就问科学家说:"你说电脑好,电脑会不会作诗?"使在座无人答话。当然那位科学家也不好怎么答,我出来代他答了,我说电脑也可以作诗,不过作得好不好是另一回事,"一二三四五,东西南北中",也未必不是诗。抗战期间的汽车常抛锚,就有人改了古人一首诗加以描写道:"一去二三里,抛锚四五回,前行六七步,八九十人推。"那也是诗,一个文人,光是文章好,没有哲学修养,不懂科学,毛病就大了。所以光"兴于诗"还不行,要"立于礼",立脚点要站在"礼"上,这个"礼"就是《礼记》的精神,包括了哲学的思想与科学的精神。"成于乐",最后的完成在乐。古代孔子修订的《乐经》,没有传下来,失传了。《乐经》大致是发挥康乐的精神,也就是整个民生育乐的境界。

## 愚民政策

讲了孔子教育的方法、目标与内容以后,下面所说的一节,是另一个问题了。

子曰:民可使由之,不可使知之。

"五四运动"的时候,他们打倒孔家店,这句话也是孔子的"罪状"之一;现在一些人批孔,可能这个"罪状"也很大,他们认为这是孔子的专制思想,不民主。照字面上讲,"民"就是一般人,老百姓。"可使由之",叫他做就是了。等于军队下命令,目标正前方,距离若干,限几分钟到达。只下命令叫他去。"不可使知之",不可以叫他知道理由,绝对的服从。到了民国以来,"五四运动"前后,有好几个人改这两句话。康有为、梁启超他们说,孔子绝对民主,古人对这两句书,圈点句读错了,应该是"民可使,由之。"老百姓各个知识都高了,可以公开选择投票,给他们政治自由。"不可使,知之。"老百姓还没有到达水准,"知之",教育他,训练他,先使他知。改得好像是非常好。

但又有人不同意,说康、梁的句读也错了,应该是"民可,使由之。"看看这个社会,老百姓可以民主了,给他民主。"不可,使知之。"看看老百姓还不可以民主的时候,"使知之",要教育他。但不管他们怎样圈点,反正都是好心帮我们孔夫子的忙,都是主张孔子是绝对民主,不要打倒孔家店,不必要乱批评。但在我个人,早年也认为他们这样圈来圈去有道理。现在老了,有时脑子很顽固,认为不必要另外圈点,就是原来那个样子。事实上对于一般人,有时候只可以要他去做,无法教他知道所以这么做的原因,这是我根据几十年的经验来的。到今天为止,我是这样的看法,也许明天更聪明一点,再改变也说不定。不过到今天为止,据我所了解,有些人如果要他去做事,先把一切计划理由告诉他,他去做起来一定很糟糕。好像带部队,下命令,三百公尺,限五十秒跑到,跑得到有奖,跑不到处罚。结果跑到了,奖赏他就是了,他一定非常高兴。假如先告诉他理由,什么政治学、什么心理学、什么学什么学的,结果他跑到半路上研究起心理学、政治学来了,目标达不到了。据此回转来一想,孔子的话绝对的对,并不是一般人所说的愚民政策。事实上有些人的头脑、程度、才具只能够听命于人,当然有些人是天生的领导人才。曾有两位同盟会的老先生告诉我,国父孙总理很会说笑话,有一次在上海,大家坐下来谈天,他问大家能够做些什么?大家说了后,回过来问他。总理说,我想了半天,除了当领导以外,一无所能。这个话听来蛮妙的,实际上是老实话。大家仔细一想,总理这句话绝对是对的,他就是天生的领袖人才,这是谁也无法否认的事实。相反的,有些人就是天生听命于人的,能成为非常好的干部。这种人如果去做领导人,下命令,一定做不好。碰到这样的人只有"民可使由之,不可使知之"。另外,我还有一个体会,天下的事业,都是浑小子闯出来的。到年纪大懂得多了,经验丰富,别说去创业,赶公共汽车都怕被汽车碾了。懂是懂得多,可什么都做不成。所以,"民可使由之,不可使知之。"这也是一句名言,不必去另外圈点了。

## 社会动乱之源

子曰:好勇疾贫,乱也。人而不仁,疾之已甚,乱也。

孔子说"好勇",动不动爱打架,冲动。以国家而言,如过去有许多军阀好战,那是好勇。"疾贫",讨厌贫穷,受不了贫穷的苦。这两点就是社会动乱的根源。也可以连起来说,一个社会到了贫穷的时候,人就不要命,好勇了,是乱源。以社会的观点来看历史,一个时代好动乱,一定是在社会贫穷、经济衰落的时候,这就是所谓的"饥寒起盗心"。"人而不仁,疾之已甚,乱也"社会教育没落,道德衰微,所有的人,心中没有爱人的心,大家自私,对失败、失足的人没有同情心,不能包容,这是社会的大病态,时积日久,时代就乱了。如果研究社会、政治演变的历史,都逃不出孔子这两句话的范围。一个普通人,要叫他只顾精神的修养,不受物质上贫困的影响,发挥出坚强崇高的人格,这是做不到的。可以如此要求少数人,不能要求一般的人。所以一到了整个社会贫穷,再加上教育的堤防崩溃,动辄好勇,这样的社会,非变乱不可。到了"人而不仁",以杀人、以消灭别人为乐,这就是社会很深的病态了。有时以政治、宗教、社会、哲学的观点来看,好杀人的人,是一种心理变态。如研究军事思想史时,同时也要研究许多人性。如在现代史料中,有许多人研究希特勒,他就有性心理变态,这些都是乱源。

## 知 人 于 微

子曰:如有周公之才之美,使骄且吝,其余不足观也已。

上面讲了许多孔门教育的大原则。这里提出来,孔子对于个人教育的观点。也是衔接上文之"疾之已甚"的注解。

已好几次提过才、德、学三者都周全具备的人并不多。以前政治上有个大秘密,历史上聪明的帝王,喜欢用贪而能者。即使明知其品德不大好而才高的,派出来做官,有时还睁只眼闭只眼,上面不大管,但这种人真能替国家社会做好事。有的人非常廉洁,品格非常好,学问也好,可是笨得要死,不能做事。那就派到翰林院去,地位高高的,可是搞了半天,在那里喝西北风。再举一个例子:宋太祖赵匡胤平定天下,当了皇帝以后,有一个年轻时的同学赵普,他自己说没有读过多少书,后来当了宰相,自称以半部《论语》治天下。他抽屉里放的也是《论语》,有政治问题解决不了,就翻翻《论语》,好像现在信宗教的人查经一样。

宋太祖喜欢晚上穿了便衣到大臣的家中走走,因为以前与赵普的家人都认识,所以尤其喜欢到他家中。有一个冬天下大雪的晚上,赵普夫妻俩以为这样冷的天气,大概皇帝不会来,不料后来有人敲门,皇帝还是来了。这一下可把赵普夫妇吓坏了,因为当时南方还没有平定,当天下午进贡送来一批东西,他还没有向上报,赶快跪下来接驾,奏明原因。宋太祖安慰他说没有关系,公事明天早上再说。他仍在客厅转来转去。突然看见贡品中有一个大瓶子,上面写好送赵普的,宋太祖大感希奇,打开来看看,连赵普在内谁也没料到里面都是瓜子金。赵普夫妇吓死了,立刻又跪下来奏明实在还没有仔细看过,并不知道是黄金。宋太祖说:"你身为一个宰相,别人不知道,以为天下事决定在你书生之手。外邦既要送你这一点东西,算得了什么?你收了,照收不误!"不论宋太祖的动机是什么,都是了不起的。但另外一个人曹彬,原来与赵匡胤是同僚,也是好朋友,他是五代时周朝的外戚。赵匡胤常常约他去喝酒,他却坚持不肯,始终中立不倚,守住岗位。后来赵匡胤当了皇帝,认为他人品好,和赵普一样重用。有人在赵匡胤面前打这人的小报告都打不进去,这就是赵匡胤识人于微的地方。

这些故事,就是说才德俱全的人,就是国家的大臣,是社会上了不起的人物。现在孔子也是说到才与德不能相配合的问题。中国文化经过周公整理集中起来,孔子不过继承他的道统。周公从事政治,做国家的首相,有名的"一沐三握发,一饭三吐哺",就是他的典故。洗一次头,三次握起头发来;吃一餐饭,三次把饭吐出来,去接见客人,处理公事。一国的首相,内政、外交都要他办,所有来见他的人,又从不拒绝,是如此的忙。不只是忙,他对于下面的人,所有的事务,如此尽心,如此好的态度,这就是周公的才能与美德。如果真具有周公的才能与美德,但骄傲看不起人,悭吝得连同情包容都不肯付出,又舍不得花钱,舍不得帮忙别人、勉励别人,舍不得给人家一纸奖状的话,那也免谈了,他做出来的成绩,一定没有什么可看的了。这也就是说,一个人有了才能而且很努力,还要修养弘毅的胸襟,深厚的美德,要不骄不吝。不骄傲就是谦虚,不悭吝就是同情、包容和气魄。

## 求学的目的为什么

下面开始是第二篇的呼应,也就是为政之道的发挥,与学问修养达到外用的一个重点。

子曰:三年学,不至于谷,不易得也。

这是当时孔子的感叹。一般人跟他求学的目的,不是为了本身学问,而是为了职业。跟着他求学三年,所为的只是"谷",也就是"俸禄"。俸和禄是两回事,前面"子张学干禄"中也曾讲过,"俸"是薪俸,就是现在的薪水,以官位的高低,发给相当的代价,"禄"则等于现在的实物配给,不过制度不同。如前清,一个学生"十年窗下无人问",为什么要苦苦急于考取功名?中秀才是第一步最起码的功名,考中了就有禄,得到实物配给,可以维持生活。这是功名的方面,不问官位。假使有功名再去做官,"俸"与"禄"加起来,数字就相当可观了。孔子当时这个"谷"字就代表了功名和利禄。他说来我这里求学的学生,目的都在找职业,假使求学三年而目的不在找职业,为学问而学问的人,实在是太难得了。孔子距现在两千多年,可见古今中外,求学的目的,都为了待遇,讲好听一点,为了前程。

提到教育问题,感慨很多,很多人说现在的教育成了问题。我说中国的教育,三千年来都是问题,也可以说世界上人类的教育问题,本来就存在。为什么呢?三千年来的观念都是重男轻女,为什么重男轻女?男孩将来长大可以光耀门楣,光宗耀祖,因此就望子成龙。而古代望子成龙最好的出路是读书,古人于是说:"万般皆下品,唯有读书高。"这是我们几千年来的传统。当然现在不同了,这副对联要改作:"万般皆上品,唯有读书低。"这是我个人观察现代化社会的感受。过去"万般皆下品,唯有读书高。"因为所有职业,以做官这个职业最好。"十年窗下无人问,一旦成名天下知。"读书可以做官,做官可以发财,一连串来的,几千年都是这个观念。包括我们大家在内,当年在家开始读书,有没有这种观念作祟?在我个人反省,不能说没有。如果严格讲学问的道理,有了这种观念的成分,就很不纯洁了。到现在,因为西方文化一来,教育制度变了,教育的精神、方法都在变,变了以后如何?看了几十年的情形,据我了解,与以前并没有两样,不过换了一个名称。"生活即教育",教育就是为了生活,这和我们所讲过去的观念,没有两样。

所以现在大专联考选科系,最好考上医科,将来当医生,不求人。因此教育的目的一直是为了生活,由生活的观念一变,就是为了赚钱。除此以外,说是自己真正为了学问而学问,为了求真理而求学问的,实在很少。并不是每个时代绝对没有这种人,而是太少,这种人往往能影响整个时代的,东西方都是如此。试看每个时代的动乱,他真正的原动力是思想。而改变时代思想的人,往往当时默默无闻,乃至穷死、饿死,可是后来他的思想却影响了整个时代。例如因清军入关而引发的民族观念,是受顾亭林、黄梨洲、王船山、李二曲几个人的思想所影响。一直发展下来,也就形成了现代的民族思想。在西方文化中,影响二十世纪最大的马克思,还不是穷死饿死的。当时他也没想到自己的思想,竟会影响了整个世界。我们现在就可以看出思想问题的严重性了。像孔子也是一个例子,在生那么可怜,死后影响千秋万代，没有空间的范围，也没有时间的界限，这就是真正的学问。可是一个读书人开始念书时，说是立志为这种学问而学问的，那就太少了。孔子当年已有这个感叹，更何况现在？我们要了解思想的道理，就要从这个角度去体会、去研究。

## 入山唯恐不深的隐士

下一节孔子接着讲学问的道理与个人的修养。

子曰：笃信好学，守死善道。危邦不入，乱邦不居。天下有道则见，无道则隐。邦有道，贫且贱焉，耻也！邦无道，富且贵焉，耻也！

这个观念要配合《礼记》的《学记》和《儒行》两篇书来研究。《学记》就是讲学问的目的是什么，这是中国文化传统精神。《儒行》是说一个知识分子应该怎样训练自己，成就自己的人格。人有很多种形态，形成各种不同的"人格"，并不要求各个一律。可是哪一种个性，适合哪一种学问，要怎样培养自己，都有一个标准。

现在孔子所讲的这一节，也等于《礼记》中《学记》和《儒行》两篇所讲的个人问题。"笃信好学，守死善道。"就是一个思想、一个信仰的问题。服从真理，要绝对笃信，还要好学。真理是不变的，不受时代环境的影响，不受区域环境的影响，也不受物质环境的影响。所谓"守死善道"就是守住这个信仰、这个主义，"善道"就是最好的道路，最好的思想原则。下面说到个人有了守死善道的抱负，就"危邦不入，乱邦不居"，这并不是滑头，而是保持文化的精神。危乱的时候，要有出世的修养，危险的地方不要去，因为这个地方的思想一定有问题，最好不去。动乱中的社会，不可以停留。"天下有道则见，无道则隐"，这两句话是中国人的隐士思想。说到这里，有个值得讨论的大问题。

中国的历史文化，素来认为儒家、道家是分途的，绝对不能合流。

道家多半趋向于当隐士。说到隐士，问题就大得很。假使研究中国历史文化，就会感觉到一件事很古怪：学问越高，道德越高的人，多半是退隐了，不愿出名，乃至于最后隐姓埋名，连自己的真姓名都不要了。我们都知道张良的老师是黄石公，而黄石公只是一个代号，究竟是谁？没有人知道。因为他连姓名都不要了，对名利更看得毫无道理。可是这一类隐士思想，在中国古代，自上古以来，一直存在。这是道家走的路子。孔孟以后的儒家，则绝对反对隐士思想，而讲究用世之道，所谓学以致用。学问那么好，对社会国家要有贡献，认为退下来做隐士是不对的，这是后世的儒家思想。而后世儒家这种思想的依据，多半是提出孔孟的思想来反对隐士。事实上最能影响历代政治的，是隐士的思想。如果以西洋文化的政治思想来说，中国的隐士思想有点像所谓"不同意"的主张，但并不是"不合作"，"不合作"又是另外一个观念。西方文化现在还保留这一思想形态，如民主社会的投票，不投同意票，也没有投反对票，可就是不同意的意思，先保持自己的立场，这还只是勉强的比喻，可是中国历代政治受隐士思想影响非常巨大。

　　历史上有名的故事，如汉高祖时代的商山四皓。所谓皓是头发都白了的老头子。从秦始皇时候就当隐士不出来的四个老头子，学问很好，名气很大，道德很高，可是不出来。到了汉高祖的时候，年纪很大，须发都白了，被尊为四老。汉高祖当了皇帝，请他们出来，他们认为汉高祖不会礼贤下士。因为汉高祖好谩骂，喜欢开口说粗话，他还没有得天下以前，对跟着他的那些知识分子，看见他们就讨厌，把人家的博士帽子拿来当便器。陆贾劝他要尊重读书人，他说："乃翁天下马上得之。"照现代的白话："老子的天下是打来的，你们啰嗦什么？"后来天下太平了，知识分子出来替他摆布了一下，他才尊重读书人。这也是陆贾告诉他："乃翁天下马上得之，不可马上治之"的善意结果。汉高祖是绝顶聪明的，他问该怎么办？告诉他要建立制度等。制度建立以后，第一次上朝，他坐在上面当皇帝，这个味道很好，这时才认为读书人有道理。于是礼请商山四皓出山,他们不答应。后来他要立太子传位时,宫廷中发生了一个大问题,汉高祖几乎要把吕后所生的孝惠帝——当时的太子——废掉,改立他所喜欢的戚姬所生的儿子——如意为太子。

吕后问计于张良。张良就告诉吕后,只要孝惠帝——当时的太子把商山四皓请来,汉高祖就不敢废太子了。吕后果然教孝惠帝以卑辞厚礼把商山四皓请来为上宾。汉高祖见到这情形,就告诉戚姬,太子党羽已成,连自己请不到的商山四皓都请来了,改立如意为太子的事免谈了。这就看到政体问题、社会的思想问题,为什么学说思想对政治发生如此的影响,同时也说明了隐士的重要。

隐士们后来到魏晋被称为高士。有一本书名《高士传》。高士即高尚之士,学问很好,才干也高,也许出来可为治国的大才,可是一辈子绝不出来做事。当然,不出来也有好处,否则出来万一做不好,这一辈子英名也没有了。越不出来越高,有人一辈子做"高士"。到了宋朝则称"处士"。当然,有的处士是怕考试考不取,故意当处士不做官,不要功名富贵,因此名气越来越大。有时候皇帝特别起用,不经考试还可以做做官。当然真的处士还是有,宋代有这样一位处士名叫杨璞,宋真宗请他,他不出来,后来硬是下命令给地方官,用各种方法,软硬兼施逼他出来了。到了京师,真宗对他很客气。问他说,先生一路来,一定有很多人送行,其中有好的诗吧!他说只有我的老伴送了我一首诗。真宗说,夫人的诗一定很好。于是要他念出那首诗:"更勿落魄耽杯酒,切莫猖狂爱作诗。今日捉将官里去,这回断送老头皮。"真宗听了哈哈大笑,留他在京里玩了几天,就送他回去。他和同时的种放一样,都是真正的处士,硬不想出来。

另外像唐朝武则天时的卢藏用,因终南山地近京师,倡言隐居,结果被征召入朝为官,这又是处士的另一种手段了。所以后来成语所说的"终南捷径"就是指这么回事。陆放翁曾有一首是批评也是称扬隐士的诗:"志士栖山恨不深,人知已是负初心。不须更说严光辈,直自巢由错到今。"

后世儒家认为这些"不同意"主义的隐士、高士、处士们,很可恶,不应该。而认为有学问的人们应该对社会国家有所贡献,为什么一辈子做学问不肯出来?他们就说孔子是骂隐士的。在后面的《论语》中,我们可以看到,孔子碰到好几个当时的隐士,都挨了骂。那么孔子挨了骂后怎么讲呢?下论中就讲了很多。孔子说"鸟兽不可与同群",后世的儒家就引用这句话,解释为孔子不同意这些人,骂他们是鸟兽。这个话解释错了。实际上孔子的思想,对隐士非常崇敬。所不同的是孔子的圣人胸怀,对于社会国家,是"明知其不可为而为之",虽然知道挽救不了,可是他硬要挽救,做了多少算多少。孔子所以为圣,就在这里。明知道这个人救不起来,我尽我的心力去救他,救得了多少算多少,这是孔子之圣。隐士们的道家思想,则救不起来就不救。这是中国思想的两大主流。道家对时代思想的潮流,视之如山洪的暴发,挡是挡不住的,一定要去挡就是傻子,必定被冲走。如要挽救的话,就估计山洪的力量到什么时候,什么地方衰微下去,先到那衰微处的下游,稍稍一引导,就引进了河川渠圳。儒家的思想则不然,对于时代的趋势,也视如山洪暴发,挡是挡不住,但是要跟着这股山洪旁边跑,在沿途看到洪流中的人,救一个算一个,一直到某一有利的形势,将洪水导入河川渠圳。这两种思想都对。孔子认为道家走隐士路线,站到下游去等待也没错。所以他讲"鸟兽不可与同群",这句话仔细一研究,孔子是赞成的,并不是反对。鸟类是高飞的,要高飞的就高飞去吧!野兽是生活在山林里的,自然就在山林过他们的生活。而我是人,既不能高飞,也不想入山林,我就做点人世间的事情吧!

## 秀才未必知天下事

说了半天,就是解释"危邦不入,乱邦不居,天下有道则见,无道则隐",可见孔子还是赞成隐士思想。他说如果真有救人救世的本事,而当前的机会不属于我的,你也没办法去救,那么先要保护自己,充实自己。所以,"危邦不入,乱邦不居,天下有道则见,无道则隐",但在下面"邦有道,贫且贱焉,耻也。邦无道,富且贵焉,耻也"是进一步告诉我们,如果社会渐渐上了轨道,有才能的应该对国家社会有所贡献,倘仍无法贡献,还处在贫贱中,那就是身为知识分子读书人的耻辱。如果在一个动乱,不上轨道的社会中,安享富贵,或是用各种手段,各种方法,不正当的途径取来的,这也是不对的,可耻的。

跟着这几句,便又说出真当"隐士"的客观态度。

子曰:不在其位,不谋其政。

这句话问题又来了。

一个知识分子,如果不是身居官职,最好不要随便谈论批评政事。真当隐士的更须要有如此的胸襟。这几句话,我们要常注意。现在顺便告诉大家一些有趣的经验。我不是学者文人,但常与学者文人接触。学者文人最喜欢谈政治,而且他们对现实的政治,几乎没有满意过的,尤其学自然科学的学者,更喜欢谈政治。我的结论是越外行的越喜欢谈内行话。不知大家的经验如何?

据我所知,文人更喜欢谈战争,开口就是应该打。他们可不知道打仗的难处,自己又没有打过仗,也不知道怎么打。等于有人在街上看到别人打架,自己在旁边吆喝着大声喊打,可是叫他自己来,只要一扬拳头,他就先跑了。这就是历代文人的谈战争。知识分子喜欢谈军事、谈政治,大多数绝对外行。所以我常引用孔子这句话对他们说:"不在其位,不谋其政。"他们答道:"这有什么难?"我说:"你我知不知道基辛格此时此刻看的什么公文?说的什么话?你我所知道的情报、资料,都是从报上看来的,并不是第一手资料,可靠性大有问题。就算是可靠的,在报纸上发表出来的,还是有限,不知道还有多少不能发表的,而且和此刻的现况,又相隔很遥远了。像这样如何可以去谈政治?而且政治绝对要靠经验,不是光凭理论的。你说某某不行,你自己来试试看,毫无经验的话,不到三个月就完了。所以孔子说的这句话非常有道理——'不在其位,不谋其政。'不在那个位置上,不能真知道它的内容。以很具体的事实来说,荣民总医院某手术室,此时在为某一病人的某一病开刀,你我能知道吗?即使自己亲人进手术室接受治疗,而我们被关在门外,他在里面危险到什么程度,我们不知道,只隔薄薄的一扇门就不知道。所以'谋其政'不是想象中的简单,要在那个位置上才能执其政、谋其政。"

很不幸的,孔子的这句话常常被人用来做滑头话,作推托词。甚至,有些人看见别人用这句话作挡箭牌,都误认为是跟孔子学滑头。所以打倒孔家店的人,也把这句话列为"罪状"之一,把罪过弄到孔子身上了。事实上这句话是告诉我们,学以致用,真正的学问,要和做人做事配合。他也是告诫学生们,对一件事,有一点还不了解,还无法判断时,不要随便下断语,不要随便批评,因为真正了解内情,太不容易了。

## 文化复兴运动

子曰:师挚之始,《关雎》之乱,洋洋乎,盈耳哉!

这里讲到文化的重整,等于我们现在讲文化的复兴。孔子周游列国以后,回到鲁国,开始整理文化。因为时代的盛衰演变中,文化永远是走在最前面,周代王朝的衰乱已经很严重了,所以孔子急于从事文化的复兴来力挽狂澜。他先从礼乐入手,《诗经》也可以说是乐的一种。《关雎》为《诗经》的第一篇,"关雎之乱"的"乱"字,古代和现代的意义有所不同,千万注意。古代这个"乱"字含有"乱"的反面意义在内,就是"治"的意思——秦汉以上的书,会这样用,唐以后大多都不会这样用。比如"毒"字,在秦汉以前,有治疗、痊愈的意思,譬如有人砍了我们一刀,是伤害;而我们手上或脚上生了疮,医生锯下我们一条手臂或一条腿,就不算伤害,反要感谢他的治疗,就是这个道理。因为古代文字少的时候,就有许多字义是借用的。

"师挚之始",师挚是当时管理鲁国文化的大乐师——不是乐队的大乐师,勉强说,相当于文化局长,但不只是一个做官的,他本身是个专才。孔子这里说,鲁国文化经过整理,新旧文化交流以后,非常优美。可是跟着而来的,下面孔子又讲到文化思想,又提出他的感叹了。

子曰:狂而不直,侗而不愿,悾悾而不信,吾不知之矣!

孔子感叹当时的社会,一般人的思想与个人的修养,犯了三个大毛病。这三个大毛病,不止是孔子当时的社会如此,在我们看来,每个时代,每个社会都有,尤其现在看来,格外同意孔子的这三句话。许多人"狂而不直","狂"本来不是坏事,孔子也欣赏狂狷之士,虽然还不够标准,但是不可能要求每一个人都成为君子,都成为圣人。因此退而求其次,至少是狂、是狷,还有可取之处。"狂"就是豪迈慷慨,心地坦然,交朋友,不对就是不对,说了他,他并不恨你,这类的典型为狂。"狷",毫不苟取,不义之财一点都不要,不合理的事情绝不做,很保守,个性独立而很有道德修养为狷。孔子认为假使没有君子之人,那么狂与狷这两种也不错。

有一个朋友,在大陆曾当过省府委员、厅长一类的职务,他狷介得使人有点怕他。就如我和他坐公共汽车,我替他付了一张公车票,他一定要想办法下一次替我付回一张。这种人非常可爱,一毫不苟取,一毫不苟与。还有一个朋友,抗战时在某单位工作的廖先生,学问好,道德也好,我非常敬重他。一九四九、一九五〇年,我到了台北,有一次和他约会,他坐汽车到衡阳街和我见了面以后,就下车,和我坐一辆三轮车走。照他的习惯是走路的,坐三轮车还是依我的习惯。所以换车,是因为他到衡阳街是公事,和我见面后的活动是私事,就把公家的汽车放回去。他这种不苟取不苟与的精神,我非常佩服。胜利以后,他奉命到上海接触金融界,很多金融界的巨头都在座,而他穿一套旧中山装,像个乡巴佬一样到场,大家都不认识他。他晚年信佛,住在观音山的戴公祠。廖先生临死的时候,好像预先知道,早几天就约一些好朋友当天去吃饭。饭后洗好澡,穿好衣服,邀朋友们一起和他念佛。念着念着他不念了,不动了,就这样去了。这是很妙的。这位朋友,的确做到了狷介,做官几十年,就如此清白。像廖先生临死时的从容自在,真可算"仰不愧于天,俯不怍于人"。一点没有牵挂,很坦然,而且早一个星期就知道。所以道德修养与生死来去,都有关系,"狂而不直",有许多人狂,豪迈得很。但是假狂的人很多,内心不正直,歪曲心肠,这是一个大毛病。

"侗而不愿",看起来笨笨的,好像是很厚道的样子,但一个人貌似忠厚,而心里鬼主意蛮多,并不是真正的厚道。"悾悾而不信",有许多人自己是空空洞洞的,却不相信人家,也不相信自己,只是空空洞洞,莫名其妙的作一辈子人。"吾不知之矣",孔子说有这三种人,我不知道这个社会将变成什么样子。这三句话,也就是孔子当时看时代在变乱中,多半是这一类的人:狂而不能直,老实相而内心并不厚道;再加上非常浅薄,浅薄到没有内容,还不相信别人,也不相信自己,又不好好求学。因此孔子很感叹。事实上一个乱离的社会,这都是必然的现象。我们今天处于这个时代,看到一些人物,也有孔子同样的感叹:"吾不知之矣!"这句话很幽默,意思是说实在不知道这部历史将变成什么样子。

子曰:学如不及,犹恐失之。

这是以正面言论结束上面的话。孔子说真正为学问而学问,永远觉得自己还不充实,还要改进。这句话后来演变成曾国藩他们经常引用的:"学如逆水行舟,不进则退。"学问有个很简单的原则,停留下来，就是在时代潮流中退下去了。所以不是进步，就是退步，没有停留在中间的。这个观念就是从孔子这句话来的。"学如不及"，求学问要随时感觉到不充实。以这样努力的精神，还怕原有的学问修养会退失。如果没有这样的心情，懂了一点就心满意足，结果就是退步。大家要特别注意。尤其中年以上的朋友，对这句话更须要反省。有时我们看到许多中年以上的朋友，学问事业成就了，往往自认为什么都对了。事实上如不再加努力，就要落伍被淘汰了。思想也好，学识也好，一切都要被时代所淘汰。假如有所成就，而始终好学不倦，这才叫学问，才不会被淘汰。我看到几位中年朋友，的确是值得佩服。家里藏书非常多。他们的年龄，都快到六十岁了，每天公事非常忙，夜间读书每每到两三点钟才睡。因此他们的学识、能力，不断在进步。所以这一点习惯一定要养成。依我个人的经验来说，读书的习惯养成了，要无书不读，甚至坏的一面也要懂，懂了不跟他走，那才是真本事。

## 三 代 之 治

孔子说了孔门学问中个人的修养，和做人做事的大原则以后，接着是评论中国历史哲学的一个标准。儒家在历史上特别推崇尧、舜、禹三代。

子曰：巍巍乎！舜、禹之有天下也，而不与焉。

"巍巍乎"三个字，大家都知道是崇高、伟大的意思，用白话可以写到几十个字的句子，古人三个字就形容出来了，甚而可以只用一个"巍"字，就表达出来了。这不去管他。孔子说尧传位给舜、舜传位给禹，这三代是著名的"公天下"。这种帝王位置的传替叫做"禅让"，禹以后变为"家天下"，但并不是禹的本意，因为禹所传的人，没有找对，后来才又找到禹的儿子继承下来,这才变成家天下。大家要研究"公天下"的道理,千万要注意前面提到的《伯夷列传》。这篇书很难读的,这篇书懂了,对于中国的历史哲学大概也就懂了。这样才能了解司马迁对于历史哲学和人生哲学的观点。

说到司马迁的文章,也可以说有一点坏道。何谓"坏道"?世界上骂人文章写得最好的,是司马迁;批评文章写得最好的,也是司马迁。好在字面上看不出来在骂人,也看不出来在批评人。他写了《史记》以后,在一封给朋友的回信《报任少卿书》中,就说写了这部《史记》"藏之名山,传之其人"。我们幼年读书,只知道司马迁的文章写得很美。把整篇文章一读,觉得司马迁牢骚大了,都在骂人,牛也吹大了。他说周公汇集了中国文化,到孔子是五百年。孔子整理、发挥了中国文化以后,到他司马迁时,中间又是五百年。于是由他来写《史记》。他的意思就是说,这一千多年以来,除了周公、孔子和他司马迁以外,其他的人都没有思想。他认为自己写了《史记》,没有人看得懂,只好"藏之名山",等到将来有人看得懂的时候,再"传之其人"。

他在《伯夷列传》中,对于"公天下"的历史哲学道理,在第一节中就说得很有条理。他的意思说,不要以为古代"公天下"的"禅让"是那么简单的。他说尧年纪大了,要找一个继承人,找到了舜。舜是一个大孝子,尧才把他找来,并没有立即让舜当皇帝,要他从基层工作做起,各方面的事情都做,给他经历,训练他,一直经历了几十年,然后才把国家政权交给他。所以司马迁在《伯夷列传》上说"传天下若斯之难也",这句话表面上看,只是普通的感慨,毫不相干的字眼。但透过这些字眼,才会知道思想的背景。他就是告诉我们,一个替国家做事的人,要有丰富的行政经验,加上道德才能,经过考察又考察,认为可以传位才把帝位交给他。这表示传天下并不简单,而是非常困难的。舜找禹更慎重了,当时禹的父亲鲧负责治水,没有办好,犯罪被杀掉了。舜再用他的儿子禹来治水,

## 泰伯第八

大禹治水是历史上有名的故事，胼手胝足，自己下去做工，九年在外治水，三过其门而不入——九年中在外工作，三次经过自己家门口，都没有时间回去（也有人唱反调，写反面文章，说这是故意假装给人看，目的想当皇帝。事实上也可以说作此批评的，没有行政经验，一个真有责任心的人，实在会忙得没有时间回家）。然后也是做了几十年，舜才把帝位交给禹。这是《伯夷列传》讲到历史哲学，然后讲到人生，叙述伯夷、叔齐放着国君不当，当隐士去，两个人逃了。为什么从尧舜禹三代的禅让，说到伯夷叔齐的不当皇帝？为什么有人皇帝不当，有人想当皇帝当不到？他没有点明，这篇文章很难懂吧！这就是人生观点，等于所谓"有人辞官归故里，有人漏夜赶科场"。所以这篇《伯夷列传》，上面是说传位之难，下面则说有人可当皇帝还推掉不想当，可是他没有说明，要读者自己去体会。现在我们不讲这篇文章，到此打住。

司马迁是非常推崇孔子的。在孔子的观念中，尧舜禹三代，统治天下，为全国的皇帝，"而不与焉"。心里没有觉得当皇帝可贵，而看得很平淡，真正做到只是服务，并不觉得权势可贵，因此这是真正的伟大，真正的崇高。

他接下来便说到帝尧。

　　子曰：大哉！尧之为君也，巍巍乎！唯天为大，唯尧则之。荡荡乎！民无能名焉。巍巍乎！其有成功也。焕乎！其有文章。

尧以前的历史，因为没有文献，没有资料的记载。所以孔子讲历史，姑且把它切断，从尧开始。我们现在研究历史，尧以前为远古史，只好从甲骨文及古物的发掘来研究。孔子叙述历史，自尧开始。他说伟大的尧，他的道德成就有如天一样崇高伟大，天的伟大不是说天的空间大，这个天不是物理世界的天，上古"天"字是一个抽象的代名词。天的伟大在于天生万物于人，而自己既不表功，也不要求回报，更没有要求大家感谢，自然的，生就生了。道家的思想，教我们人类的胸襟,要效法天地,只有付出,没有收回。儒家也有这种思想,所以说尧与天一样伟大。

讲到这里,又涉及人生哲学及思想背景的问题了。中国儒道两家,都晓得天的伟大,教我们效法天地,这是正面的看法。但有人从反面看,最著名的是张献忠的七杀碑:"天生万物以养人,人无一德以报天,杀杀杀杀杀杀杀!"一连七个杀字。这也是他的人生哲学,我们可称它为张献忠的哲学。有些人的哲学思想很难解说,张献忠的哲学,从反面来看也有他的道理,但研究以后,最后正面的道理还是会显示出来,这是说到"天"字的引申。

孔子说天的伟大,唯有尧效法。古文中的"则"字,观念上就是法则,单用这个字作动词,解释起来就是效法的意思。孔子说尧的政治胸襟、政治器度,是效法天一样的伟大,只有付出,布施于大众,不期望收回一点。"荡荡乎!民无能名焉。"像海水一样波澜壮阔,浩瀚无边。他的伟大是无法以言辞形容的。"巍巍乎!其有成功也。焕乎!其有文章。"孔子说尧最伟大的成就,最伟大的光辉,是替中华民族开启了文化的传统。这一节是孔子评论上古历史哲学的观念,非常推崇这三代。

## 民主乎? 专制乎?

从这一点研究孔子思想,以现代观念来说,孔子非常主张民主。为什么呢?我们知道《中庸》是他的孙子子思著的,《大学》是曾子著的。孔子的学问传给曾子,曾子著《大学》,我已经说过。现在再次提醒大家注意,许多人以为《大学》、《中庸》就是孔子思想。在学术的立场,严格地说,这观念是不对的。只能说《大学》、《中庸》是承袭孔子的传统思想。

子思的《中庸》与《大学》的观念有差别,《大学》的观念与《论语》

中的孔子思想又有差别，这是要注意的。

为什么谈到《中庸》？《中庸》是孔子的孙子子思著的。子思是跟着曾子学的，曾子是跟孔子学的，前后三代。子思在《中庸》里说到孔子文化思想的根源，"祖述尧舜，宪章文武"。推崇的是尧舜，所以我们现在研究孔子，可以从他的孙子子思来取得旁征。近代有些人批评孔子是为后世帝王帮腔的，这是不对的，其实孔子处处在推崇尧舜的"公天下"。而"公天下"以现在的观念而言，绝对是民主的，但是这个话也有问题。有些美国学者来讨论中国文化，我常常告诉他们要注意，一个政治学、一个军事学都是无法作结论的。古今中外的政治无论帝王政治、民主政治、专制政治、各种各样的政治，都被人类在这个世界上玩过。究竟是哪一个政治体制好？哪一个政治体制绝对的对？谁敢下这个结论？当然有人下，那就是书生——书呆子。在理论上乱下结论可以，在事实上无法下结论。我说，你们现代西方文化的民主，都以美国式民主作代表，与法国式、德国式的又不同。依我的看法，你们现在美国式的民主，是真正的专制，是资本家在专制，是假民主，真专制。但如果真懂了中国过去的帝王制度——先不必谈秦汉以前，就说秦汉以后的帝王，真正好的皇帝是很难当的，如唐太宗、宋太祖这些好的皇帝真难当，常常在御前开会时，遇到一些公正的宰相，把皇帝的命令挡回去，或是"留中不发"，还有些大臣"面折廷诤"，当面跟皇帝顶起来，因为他希望自己对历史有交代。我们在历史记载上常常看到这样的大臣或御史，明日准备上朝廷诤，先一夜在家里安排好后事，棺材都买好，告诉家人届时如不回来，就去收尸，宁可牺牲生命，也要对历史负责。皇帝碰到这样的大臣，也只好依他们的意见。所以我说真正研究中国过去的专制政治，是假专制，真民主。

这里孔子更表达出这个道理来了。

舜有臣五人，而天下治。武王曰：予有乱臣十人。孔子曰：才难，不其然乎？唐虞之际，于斯为盛，有妇人焉，九人而已。三分天下有其二,以服事殷。周之德,其可谓至德也已矣!

这是孔子就历史哲学,对人事的评论,这中间我们要特别注意。

前几段提到孔子对于三代的推崇、赞叹。这里提出来,舜为什么为中国文化奠定了良好的基础?因为他有优秀的干部。领袖固然重要,干部更重要。换言之,干部难得,领袖也难当。舜当时平定天下,留万古美名,靠他有禹、稷、契、皋陶、伯益五个好干部,天下就大治了。我们要特别注意,仅仅五个人就可以把天下治好。我们研究历史,可以发现无论古今中外,任何一代,真正平定天下的,不过是几个人而已。汉高祖靠手里的三杰,张良、萧何、陈平而已。韩信还只是战将,不算在内。当然汉高祖也能干,很懂得采纳意见。汉光武中兴所谓云台二十八将,还不是中心人物,真正中心人物也不过几个人。外国历史,意大利复兴三杰,也只三个人。每一个时代的治乱,最高思想的决策,几个人而已。岂止是国家大事,据我个人的经验所见,所体会的,不说大的,说小的,大公司的老板,我认识的也蛮多,曾看到他穷的时候,也看到他现在的发达,如旧小说上所说的"眼看他起高楼"的,也不过两三个人替他动脑筋,鬼搞鬼搞就搞起来了,不到十几年,拥有千万财产的都有;个人事业也是如此。所以人生难得是知己。个人事业也好,国家大事也好,连一两个知己好友都没有,就免谈了。如果两夫妇意见还不和的更困难了。所以孔子这个话是有深意的。《易经》上说:"二人同心,其利断金。"两个人志同道合,心性完全一致,真正的同志,这股精神力量可以无坚不摧。周武王也说,他起来革命,打垮了纣王,平定天下,当时真正的好干部只有十个人,而这十个人当中,一个是好太太,男的只有九个。孔子说"才难",真是人才难得。这里孔子对学生说,你们注意啊!人才是这样难得,从历史上舜与武王的事例看,可不就是吗?"唐虞之际",尧舜禹三代以下一直到周朝,这千把年的历史,"于斯为盛",到周朝开国的时候,是人才鼎盛的时期,也只有八九个人而已。周朝连续八百年的治权,文化优秀,一切文化建设鼎盛。但是也只有十个人把这个文化的根基打下来,而这十个人当中,还有一个女人,男人只有九人。但在周武王的前期,整个的天下,三分有其二,占了一半以上,还不轻易谈革命,仍然执诸侯之礼,这是真正的政治道德。

这个历史哲学,孔子讲的是"才难"。我们知道清代乾隆以后,嘉庆年间有个怪人龚定盦。今天我们讲中国思想,近一百多年来,受他的影响很大,康有为、梁启超等等,都受了他的影响。他才气非常高,文章也非常好,而且那个时候他留意了国防。外蒙古、满洲边疆,他都去了,而且他认为中国问题的发生,都是边疆问题。事实上边疆有漏洞,西北陆上有俄国,东面隔海有日本,将来一定出大问题,他也狂得很,作了一篇文章,也讲"才难"。当时他说天下将要大乱,因为没有人才,他在文章中骂得很厉害,他说"朝无才相、巷无才偷、泽无才盗",连有才的小人都没有了,所以他感叹这个时代人才完了,过不了多少年,天下要大乱了,果然不出半个世纪,洪秀全出来造反,紧接着,内忧外患接连而来,被他说中了。这就是说兴衰治乱之机,社会安宁的重心在人才。

不过龚定盦是怪人,不足以提倡。他怪,出个儿子更怪,他儿子后来别号叫龚半伦,在五伦里不认父亲。他更狂,读父亲的文章时,把他父亲龚定盦的神主牌放在一边,手里拿一支棒子,读到他认为不对的地方,就敲打一下神主牌,斥道:"你又错了!"这就是龚半伦,人伦逆子中的怪物。

前面一节我们提过,孔子的文化思想是"祖述尧舜,宪章文武"。所谓祖述的祖,就是自古相承的一贯传统,孔子是承继尧、舜、禹这个一贯的思想。宪章的内涵包括礼法、政治制度、社会礼仪、文化精神等等。中国文化中的这些宪章精神都由文王、武王时代确立了牢固的基础。老实说,我们现在留下来的中国文化的真精神,都是周代文化的精神,也就是孔子所弘扬的儒家思想。前面从尧、舜而讲到周代,现在最后的结论讲到禹。

# 大禹和墨子

子曰：禹，吾无閒然矣！菲饮食，而致孝乎鬼神；恶衣服，而致美乎黻冕；卑宫室，而尽力乎沟洫。禹，吾无閒然矣！

我们研究孔子全部思想，他一直是推崇大禹的。这里"无閒"的"閒"，就是现代文字的"间"字。"无閒"就是没有办法可以挑剔，挑不出禹的缺点，"菲"是薄的意思，就是说禹自己的生活，非常清苦，自奉甚俭。关于"致孝乎鬼神"这一点，牵涉到中国文化里的一个大问题。这里的鬼神不是我们后世所讲的鬼神。夏禹以后，中国文化里的宗教气氛非常浓厚，孔子、孟子也不例外。春秋战国时候，诸子百家中，墨子对文化思想的影响很大。他不但"尚贤"、"尚同"且"尚鬼"、"尚天"。

说到这里，必须引申说明一下墨子的思想，因为他和这一节大禹的文化有连带关系。墨子在孔子之后，他的思想对当时的影响非常大。中华民族几千年来，固然受了孔、孟思想很大的熏陶，但在无形中影响最大的，还有墨子的思想。因为墨子的思想，经过演变，后来和中国的侠义精神合流，又另开一个局面。就以我们中国文字中的仁义两字来说，仁字在外文中有同义字。而侠义的义字，从墨子开始，特别强调，所谓路见不平，拔刀相助的精神，在外文中，还没有同义的字。为了朋友，守信重诺，可以把自己的生命付出。曾子所谓的"可以托六尺之孤，可以寄百里之命"的思想，就与墨子思想相同。我们中国文化精神，受墨子这种思想的影响很大，普及于社会各阶层。这是一个专题，在此只是提起大家注意而已。想研究中国思想史，更要特别注意墨子的思想。他思想中的"尚贤"，就是讲贤人政治。"尚同"与"兼爱"，就是提倡和平、博爱的精神。墨子一生就这样实行他的主义，"摩顶放踵以利天下"地专门为别人效劳，乃至国际间的纷争,由他出来,也就可以调停了。说句笑话,现代的基辛格还没有资格跟他提皮包呢!历史上记载,宋楚相争,他一个人去调解,劝两个国家不要打仗。楚国见他来了,知道辩不过他,于是请第一流的工程师,好比现在的原子专家——公输班和他谈判。墨子问他,你认为可以征服宋国,有什么凭恃呢?公输班搬出最新式的武器,墨子一一封死他,告诉公输班,你所有的武器,我都有制服的方法,你如打别人,我就攻击你。最后公输班说,武器上我都不及你,但我最后一样武器,你就没有办法。墨子说,我知道你现在想把我杀死,但是我告诉你,这没有用。因为我的全部学问,在我的弟子中,已有很多人都会了,你杀了我一个墨子,还有千千万万墨子出来,最后你还是要失败的。因此这场国际战争没有打起来。墨子是不是这样做呢?是这样做的。他的弟子门人,在战国时代,无形中形成一股力量,在很多国家里,都有墨子的学生,他们的中坚领导分子称为"钜子"。所以中国特殊社会的组织,在那个时代就已经有了。

有一个当时在秦国的"钜子",也就是墨家这个组织在秦国分支机构的负责人,在社会上很有声望和地位,他只有一个独子,犯了罪,依法一定要判死。但秦王一问,知道是位闻人的独生子,所以下令特赦。这位钜子就去看秦王,他除了致谢以外,表示国法可以特赦,但是"墨家"的家法不能容。后来这"钜子"还是把自己的独子处死,对秦王作国法的交代。可见墨子当时组织自己的学生是如此严密,而且为了社会上的公正,国法能赦,而墨家的家法却不能容,真正做到了法律之前,人人平等。由这段历史,就可见墨子的思想、组织、做法对后世影响的巨大。

《墨子》这本书是比较难读的,他的理论,非但"尚天",崇拜天,而且也尚鬼。这个"鬼"字,我们也曾就文字的构造上解说过,中国人所说的鬼,究竟是什么东西,很难界说。所以画家最好画的对象是鬼,谁也没有见过。所以怎么画都对,越难看就越对。殷商时尚鬼,宗教气氛最浓厚。如研究中国信奉什么宗教,没有一定,样样都信。尤其现在还新兴了"五教同源",如红卍字会等类团体,把孔子、老子、释迦牟尼、耶稣、穆罕默德五位教主,都请在上面排排坐。中华民族是喜欢平等的,认为每个教主都好,所以五位一起供奉。殷商的时候就"尚鬼"——重视鬼神。墨子是宋人的后裔,宋就是殷商的后裔,所以墨子的思想,继承了宋国的传统。孔子本来也是宋的后代,但孔子的祖先一直住在鲁国,而鲁是周人文化的后裔。我们要注意,春秋战国时代,各国的文字没有统一,交通没有统一,各地方的思想不同,有如现在的世界形态,美国与法国,各有不同的文化。墨子的思想又尚天、又尚鬼。前些时,一位学生要以墨子思想作论文,他说墨子思想非常崇敬天,与天主教的教义有相同地方,但是我告诉他要注意,墨子思想也尚鬼,而天主教、基督教就不同了。翻开《墨子》来看,他把鬼的权力说得很大,也就是过去中国民族思想的共同信仰。人如做了坏事,鬼都来找的。好的鬼则可以保护人。所以我们讲了几千年中国文化,民间所流传鬼会找坏人的观念,并非孔子思想,乃是墨子思想的传承。墨子这套思想的源流,是远溯自夏禹的文化,我们真正研究起上古史的中国文化来,便很费事了。

中国近代六七十年文化思想是最乱的时代。民国初年到五四运动期间,用西方人的方法来研究中国文化,再加上日本人的观念,把我们老祖宗的文化,贬得一塌糊涂,说什么尧是香炉、舜是烛台、禹是大爬虫,这是日本人诬蔑我们文化的鬼话。但过去我们有许多学者,居然相信这套鬼话,搬回来骂自己的文化,直到现在还在流传,我们现代的学术界就这样可怜!所以严格研究起来,中国历史还有许多资料,为外国人所不承认。外国人不承认有他的道理,如果他把中国文化推崇得太高了,又把他自己的民族文化摆到什么地方呢?可是我们中国的学者和留学生,跟着外国人抛弃自己的民族文化,乃至接受西方的观念,也接受了某些偏激的思想,这是非常令人悲痛的事情。也就是先把自己的文化思想破坏了,才会走上这条路。仔细研究起来,这种现代文化的演变,是构成一个专论的重要课题,可以写成一本大书。

我们现在说到禹，以我们中国文化自己的讲法，在道家的观念里就多了。道家说禹的本事大得很，当时他画符念咒，役使鬼神，把黄河长江水利治好，把土地开发出来。究竟事实如何，便不得而知。这方面的传说太过虚玄，太过神话了，所以一般人难以相信。不过我们现在不管这两方面——禹是爬虫或是能役使鬼神的神人，有一点要认识：中华民族奠定了农业社会的基础，发展成就了后来几千年以农立国的民族精神，是禹开始的。所以尽管是推崇尧舜，在尧舜时代，政治好到什么样子，我们暂不去管他。但那时的地理环境，还在洪水时代，没有多少人口，这么大的国家泛滥了洪水，只是一些高山露出了山峰。到了禹治水以后，农业基础奠定了，文化才开始成长。所以孔子对禹是"吾无閒然矣"，没有一点办法可以挑他的毛病。可见孔子对他的推崇是多么的伟大。他说禹自奉这样节俭，又非常崇敬鬼神。当然由孔子这句话，可知禹王当时对于神秘的学问是如何的重视。"恶衣服，而致美乎黻冕。"我们知道大禹治水的时候，没有穿上礼服，完全和普通人一样，穿得破破烂烂，一年到头都在外面跑。但是他对政治的制度，国家的礼服，制定得美轮美奂。换句话说，我们的祖先，由穴居巢处，发明了衣服以后，还没有规定什么格式，到了禹王才制定格式。"卑宫室，而尽力乎沟洫。"历史上记载，禹虽为皇帝，他住的宫殿，还只是一个茅草棚，所谓"茅茨土阶"，上面盖的没有瓦，只是一些草；前面的台阶，当然没有水泥，连石块也没有，只是用泥巴堆起来，"而尽力乎沟洫"，尽心尽力办好水利。孔子对禹有这三个观点，所以他说禹对于中国文化有这样大的贡献，实在无话可讲，没有一点可以批评的。

# 子罕第九

## 利害交关的生命意义

第九篇《子罕》,可以说是第五篇《公冶长》、第六篇《雍也》两篇内容的引申。多半是讲孔子的思想,与学问教育的观点,以及一般历史思想观念的阐扬。第一句话是:

子罕言利,与命,与仁。

这一句话,我们要特别注意。由这一篇的记载,就知道孔子平常很少讲"利"。所谓"利",现代的观念每每就只对钱财而言,而在这里的内容,同时也具有"利害关系"的意思,我们听了这句话好像有点不大服气,因为我们平常也似乎不大谈利害的关系。其实不然,仔细研究起来,尤其研究历史,几乎没有一个人不是随时随地,打利害关系的主意。尤其春秋战国期间,人与人之间的来往,国与国之外交,随时随地都在利害的观点上。我们知道中国的法家韩非子有一篇《说难》,就谈到说话之难。在春秋战国时候还没有考试,人要取得功名富贵、事业地位,多半要靠游说。所谓游说之士,并不是乱吹就行,必须要学问渊博,同时具备丰富的现代知识。去见各国的领导人,拿出个人的特别见解,指出当时的利害关系,所谓动之以利害,取得人主的信任,就可荣获功名地位。所以这句话中"利"字的涵义,我们先要了解。对人"说之以利害",几乎没有人不动心的,人生能做到对一切名利无动于衷,就是真正最高的学问。由这一篇书看,孔子讲不讲利害?"罕言利",并不是绝对不讲,而是很少讲。如果我们想象到一个圣人,绝对不讲利害关系,那也是过分地"高推圣境",是绝不可能的事。

其次,孔子讲不讲命?后世以算命看相的"命"为命,但是这里的命是广义的,包含生命来源的意义而言。世界上所有的宗教,都在说生命的来源,尤其说生命是神所创造的,几乎每个宗教都有类似的说法。但由宗教发展到哲学、科学,一直到现在,究竟生命的来源怎样?还没有搞清楚。从这一点,可见人类文化,不论东方、西方,都还幼稚可笑,对人类本身的问题都还没有解决。宗教家解决不了而演变成哲学,哲学家解决不了而发展成科学,科学家分门别类去追究,向太空、向物理、向医学追究,都想找到这个问题的答案。但是中国人不大追究生命来源这个问题,尤其孔子思想,在下论中就提到"未知生,焉知死?"不要问,所以对于"命",孔子很少讲。因此,学校里念哲学的人、教哲学的人,并非真通哲学,只能说是替哲学家传播哲学知识。真正的哲学家,都不是学哲学出身的。曾有一个在日本学医的学生说,学了医以后,感到痛苦,反而对人生问题、社会问题发生许多怀疑,所以需要学哲学,否则脑子要崩溃。他这个意见很对,但从书本上学哲学很糟糕,结果只成为一个哲学书呆子,而不是哲学家。真正的哲学家大多不是学哲学出身的,像现在流行的存在主义,也是一个医生搞出来的。很多人懂得哲学而不是哲学家,譬如乡下没有读过书的人,往往就是大哲学家。去问一位乡下老太太,这样大热天为什么还工作得那样辛苦?她说:"命不好啊!"这是大哲学家,她辛苦了还是心安理得,没有烦恼痛苦。真有哲学知识的人,没有她痛快。所以有许多学哲学的,最后学疯了,究竟人生为了什么?越搞越不清楚,后来觉得人生没有道理,为了解决自己,弄到只好自杀,这就是不懂命。孔子在教育方面,知道哲学上生命来源的道理,很难讲得清楚,所以很少讲。

第三，孔子很少说"仁"，这是一个大问题了。我们讲中国文化，动辄讲孔子，而且动辄讲孔子思想中心的仁道。现在我们根据《论语》，至少它的内容是孔子学生们直接的记载，这不能不承认的。而这里说孔子很少说"仁"是什么。我们都知道孔子思想的中心是仁，但这里又说孔子很少讲仁；再说《论语》第四篇就是《里仁》，全篇都是有关仁的记载，这不是矛盾吗？所以我们讲《里仁》篇的时候，有一个重点，那里所讲的只是仁的作用、仁的性质，对于"仁"本身究竟是什么，《里仁》篇中并没有下定义。所以这里说孔子很少讲"利"，很少讲"命"，很少讲"仁"。这三种中心问题都很难讲。现在讲到这里，我们暂时保留，因为下论讲到时，大家可以从《论语》全书中，自己找出答案。

## 历史文化先驱

下面继续叙述孔子。

达巷党人曰：大哉孔子！博学而无所成名。子闻之，谓门弟子曰：吾何执？执御乎？执射乎？吾执御矣！

达巷是一个地名。党人的党不是现代观念的党，古代所谓党，就是地方社会的观念。在达巷这地方有人说，伟大的孔子，有这样渊博的学问，他什么都懂，而不是仅仅某一样的专家。这里"无所成名"的成名是指专学之名，就是不固定为某一项学问的名家。在古代的书上常有"名家"这个名词，如对三民主义的教授，可称为"某某先生是擅讲党义名家"。他自成为一家了，就是他的成名表达了他的专长。

在这里所说"博学而无所成名"，就是说孔子样样懂，不止是那一种学问的专家。孔子听到了人家的这种评论，就很风趣地对他的弟子们说，这叫我抓住哪一点？做哪一种专家好呢？我去当骑马驾车的专家好？还是当军事射箭的专家好？我还是学驾驶吧！从字面上看，这段文章，就这样解释完了。所以这些书，我们小时候读起来，一点味道都没有，头大得很。这有什么意思呢？老师还要我们背诵，一边背诵一边在摇头晃脑，就是表示抗议。老师要我们背诵只好背诵，不过就是靠这个办法，背诵以后经过几十年时间，如今一张口就念出来了。后来仔细想一想，大有道理，他这个"执御"的驾驶人，意思是要领导文化，做一个历史时代的先驱者。所以弟子们把他这句话记下来，是有深意的，并不是对不要紧的话都死记不忘。

## 礼的变态

下面是讲孔子的思想：

子曰：麻冕，礼也。今也纯，俭，吾从众。拜下，礼也。今拜乎上，泰也。虽违众，吾从下。

这是孔子的思想，他看到当时的时代感到悲哀。上古时候，长辈死了，丧帽是麻做的，很考究。孔子说这虽然是古礼，但现在的人，越来越简化了，用纯麻披孝就够了，比较节俭。孔子对丧礼也取节丧的意义，他也同意节俭、简化。中国本是礼仪之邦，古代与人相见，跪下来拜，孔子说这是礼貌，"拜下，礼也"。但现在的人，没有行礼的诚恳，"拜乎上"，拱拱手就算了，很讨厌跪拜行礼的事，只求自己舒服一点而偷懒，就是不诚恳。对于这一点，孔子认为敬礼的精神，须要绝对的诚恳，这是不能改变的。所以即使是违背了时代，违背了大多数人的做法，但还是要保持我们古礼为上，因为它内含传统文化的精神，并非徒重外表而已。

孔子当时所处时代的情势，可以说和我们今日所处的环境是相同的。人与人之间的礼貌，都流于形式，只重外表不重精神。甚至外表的形态上也成问题,譬如现在的敬礼,变成纯粹的招呼,就是打个招呼而已。不但内心没有诚意,连外面的形态姿势都是花样百出,像希特勒式的举一举手、傲慢式翘翘下巴、欧美式的哈啰、嗨,统统出笼,洋洋大观。这个时代问题,你我都有责任,尤其是家庭教育,更不可忽略。

  子绝四:毋意,毋必,毋固,毋我。

  这句话很容易解释,很容易懂。可是这不止是文字的问题,要在这一生中行为修养上做到,实在很难。这里说孔子对于这四点,是绝对做到了。第一是"毋意"(这个"毋"与有无的"无"字通用,不过在《论语》上以及古书的否定词,多半用这个"毋"),这是说孔子做人处世,没有自己主观的意见,本来想这样做,假使旁人有更好的意见,他就接受了,并不坚持自己原来的意见。第二"毋必",他并不要求一件事必然要做到怎样的结果。这一点也是人生哲学的修养,天下事没有一个"必然"的,所谓我希望要做到怎样怎样,而事实往往未必。假使讲文学与哲学合流的境界,中国人有两句名言说:"不如意事常八九,可与人言无二三。"人生的事情,十件事常常有八九件都是不如意。而碰到不如意的事情,还无法向人诉苦,对父母、兄弟姐妹、妻子、儿女都无法讲,这都是人生体验来的。又有两句说:"十有九输天下事,百无一可意中人。"这也代表个人,十件事九件都失意,一百个人当中,还找不到一个是真正的知己。这就说明了孔子深通人生的道理,事实上"毋必",说想必然要做到怎样,世界上几乎没有这种事,所以中国文化的第一部书——《易经》,提出了八卦,阐发变易的道理。天下事随时随地,每一分钟、每一秒钟都在变,宇宙物理在变、万物在变、人也在变;自己的思想在变、感情在变、身心都在变,没有不变的事物。我们想求一个不变、固定的,不可能。孔子深通这个道理,所以他"毋必",就是能适变、能应变。第三是"毋固",不固执自己的成见。"毋我",专替人着想,专为事着想。这就是孔子学问修养的伟大处。

这里发挥起来,便要与别家的思想作一比较。如一般人认为高深莫测,甚至有恐惧感的佛家思想中有名的《金刚经》(所谓"经",也便是"四书五经"的"经"的意思)。这部书中也有四个类似上面所说的观念,所谓:"无我相,无人相,无众生相,无寿者相。"在佛学中所谓"相",就是形象或现象。我们人与人之间相处,往往感觉到很痛苦、烦恼,总是被现象困住了。人生在世界上一定有我,无法做到"无我"。有我就有你,有他。有你、我、他,就有烦恼。结果忘记了你也是人,我也是人,大家都是一样的。"大家一样"就是佛学所说的"平等相"。而孔子的四绝观念,也就是平等相。

关于这一点,我曾在一次某大学社团举办的哲学讨论会中,讲过一个"我与无我"的专题。我们常在哲学上看到做人做事要做到无我的境界。可能吗?先就事实来说,不可能。譬如有人说:"我告诉你,我绝对客观。"这句话对不对?不对。这已经非常主观,因为"我很客观了",这就是"我"的主观。哪里是客观?等于说"中",天下有没有一个"中"?因为"中"是对两边而言,才构成了"中"这个观念。其实对比出的这个"中",对另一点来说又是偏了,没有绝对的中。又用方位来说,你站在一个房间,说自己是在中,前后左右是东南西北,可是站在北方看你是站在南方,在南方看你是站在北方,没有中间的。所以说绝对"无我",在观念上有这个名称,真要做到无我,几乎没有这样的人。但不是绝对没有,一旦真的做到无我的话,就会非常快乐。我们所有的痛苦,都因为自己"有我"而来的。如果我们手里拿了一件东西,别人需要时,一定舍不得给人,因为别人需要它时,也正是自己需要它的时候。假如能在这个时候,放弃了而给别人,就是最快乐的境界。有一位学佛的朋友来问,什么叫"菩萨"?我说这是印度梵文的名称"菩提萨埵",音译成中文,简称"菩萨",所含的意义就是"觉悟有情"。自己对于人生哲理觉悟了,可是对于这世界,对于一切的事物非常多情,而尽量施以助力。所以中国人说"不俗即仙骨,多情乃佛心",这就是菩萨的境界,等于中国人说的圣贤,名称不同,发音不同而已。他们又问学佛的人是否都成菩萨?我说没有,至少我没有看到过菩萨。

不过我朋友曾经看到一个人,可以说得上是菩萨。那是二十年前,有一艘驶往澎湖的船,途中遇难了。船上有一个认识的人,他本有肺病,因事乘了这船到澎湖去。在海难来时,有船员看见他有病,丢了一个救生圈给他,要他先离船逃生。他接到救生圈后,仍然很从容,并没有立即套上。后来看见一个妇人抱了一个孩子逃上甲板,他就把那个救生圈转送给了这对母子。他说他是有肺病的人,早死晚死一样的。原来丢救生圈的船员,忙了一阵子回来,见他还逗留在船上,救生圈也没有了,问他怎么还不逃命?救生圈哪里去了?他只笑笑(这种状况下,他还能安详地微笑,可见是什么样的胸襟了),也不讲话。这位船员东找西找,又找了一个救生圈给他,他又送给了另外一个人逃生。结果船沉了,他也沉了,非常从容。这是"无我"。他这样做不是被强迫的,完全是自动的,这就叫做"无我"、爱人。我们心里觉得这件事情很悲惨,但在他的心境却很安然。他不是自杀,他觉得别人更值得同情、怜悯。但在事实上,平常一般做人做事,没有办法真无我。每个人同样画画,画出来各有不同。你写文章如在文章里"无我",就没有你的意境了,就不要写了。同样一件事情做起来就有"我"的精神。要将全副的我,摆到无我的境界里,才可以达到真的"无我相"。孔子的这四点,大概用佛家的这观念来相互衬托一下。实际上这四点是全部孔门学问的中坚,所以孔子教我们学问修养,就要效法他做到这四点:"毋意、毋必、毋固、毋我。"

接下来以一个事实,来讲孔子为什么做到毋意、毋必、毋固、毋我的道理:

子畏于匡。曰:文王既没,文不在兹乎?天之将丧斯文也,后死者,不得与于斯文也。天之未丧斯文也,匡人其如予何?

这是孔子一生中遭遇几件大事之一。匡是一个地名,在宋国。当时有一个坏人叫阳虎,据说阳虎貌如孔子,他的相貌长得和孔子一样,宋人都要杀掉他。孔子带了一大堆学生,经过那里,大家以为他就是阳虎,把他包围起来,要杀他。这是有名的"子畏于匡"事件。古代的文字简单,只用一个"畏"字。实际上这个字代表很严重、很可怕、很危险的一件事故。当然孔子的学生们感到很严重,也可以说吓死了。可是孔子说,没有事,你们放心好了。他非常相信命,不过这个命不是普通算命的命。他说自文王死后,五百年来,中国文化衰落到现在,难道中国文化的命运真要断了?不要流传吗?如果上天有意一定要把我们中国文化的根基断绝,那么就应该是我一辈子都不会接触到文化,可是事实上我要担负起这个责任来。假如说上天并无意断绝中国文化的根本,而要让他流传下去,那么今日就还要留着一点。如是这样,老实说,我今天对于中国文化,是全心全力贡献在这件事上;也只有我对于中国文化,能够接受、能够发挥。像这样,那么你们放心,我死不了,匡人也不会把我杀死。

我们看到孔子在一个这样危险的情况下,他始终不以宗教精神,来个祷告,求神保佑。再说,这个时候,他如果谈军事精神,把学生马上一组织,变成战斗的力量,也很容易。但是他不来这一套,所以他始终是"子罕言利、与命、与仁"。他始终建立一个人文之道,处一切人、事,要自己增加自信。这一段说明他做人处世,处困难当中的精神。他这一次困难,如果不是身历其境的人,不容易体会。等于现在和年轻人讲抗战时期的情形,讲死了他们也体会不出那种味道。没有跑过警报,没有躲过炸弹,没有逃过难,那种味道年轻人始终不知道的。孔子当时的处境是万分危险,但他始终不动声色,不在乎。他反而慰勉学生,放心!死不了的。中国文化的责任落在我们的肩膀上,上天有意断绝中国文化,那是我们该死。假使上天无意断绝中国文化,那我们不会死的。这是孔子处患难中的精神。

## 良冶之门多钝铁

大宰问于子贡曰：夫子圣者与？何其多能也？子贡曰：固天纵之将圣，又多能也。子闻之曰：大宰知我乎？吾少也贱，故多能鄙事。君子多乎哉？不多也！

"大"读"太"，大宰是春秋时代的职官名称。有位大宰问子贡说，孔夫子这位老师，真是圣人，他为什么这样渊博，样样都会？子贡当然捧自己的老师，他说，那当然！天生的圣人（等于现代说"他是当圣人的天才"），而且学问又渊博。后来有人把他们的这段谈话报告孔子，孔子听了这个话就说，你们以为大宰真的了解我吗？不然，因为我是孤儿出身，从小从艰难困苦中站起来的，贫贱中什么事情都做过，人世间一切人情世故都通达了，所以对于人间乃至下等的事都懂。君子对自己要求很高，始终怕自己人生经验不充足，谁够得上称学问渊博呢？这种都是恭维的话，不能听信的，天下的知识是求不完的。《庄子》也有一段话说："生也有涯，而知也无涯，以有涯随无涯，殆矣。"生命是有限的，知识是无限的。以有限的生命去求无限的知识，太危险了。这个道理是很对，但对年轻的学生，这下半截话，我们就打住不讲了。否则，他们正好引《庄子》这句话为不读书的理由。

孔子这里讲的"吾少也贱，故多能鄙事"，这一点要特别注意，由此我们回过来看东西两方面的文化，人类的历史中凡是成大功、立大业、做大事的人，都是从艰苦中站起来的。而自艰苦中站出来的人，才懂得世故人情。所以对一个人的成就来说，有时候年轻多吃一点苦头，多受一点曲折艰难，是件好事。我经常感觉这二十多年在台湾长大的这些青年们，大学毕业了，乃至研究所也毕业了，这二十多年中，从幼稚园一直到研究所，连一步路都不要走。在这么好的环境中长大，学位是拿到了，但因为太幸福了，人就完蛋了，除了能念些书，又能够做些什么呢？人情世故不懂。真正要成大功、立大业、做大事的人，一定要有丰富的人生经验。老实说，我们这老一代，比他们都行。为什么？我们所经历过这一时代的大乱，今日的年轻人看都没有看到过。逃难、饿饭、国破家亡的痛苦，更没有经历过；也许说在电影上看过，但那是坐在冷气里的沙发上看的。学问是要体验来的。所以孔子的这句话，要特别注意。

## 古之学者为己

牢曰：子云："吾不试，故艺。"

牢是孔子的学生琴子开。他说，孔子说"吾不试，故艺"这句话很妙了，如以现代观念来说笑话，孔子没有参加联考——考试，所以学问渊博了。好像反过来说，一参加考试，就完了。有没有这个道理？当然没有。也有人解释说，孔子是说，因为我不轻于尝试，所以就多才多艺了。这是怎么说法呢？他们说，在大庭广众之中，或在宴会里就看得到，凡是喜欢说话的人，总容易被人家看穿；而坐在那里，一问三不知，不表示意见的人，谁也不知他的学问多高深，实际上也许一点学问都没有。这个道理，宋太祖赵匡胤曾经运用过。当时江南还没有平定下来，江南来的使臣是文学家，有名的才子，南唐的徐铉，奉命出使到宋朝来。赵匡胤就考虑，在宋朝有哪一个大臣的学问可以压倒徐铉？经过一番讨论，决定不下来，结果宋太祖在自己卫队中，选了一个相貌堂堂的卫士，穿了外交礼服，去对付徐铉。徐铉到了宋朝，一一表演，上自天文，下至地理、哲学、科学、文学都搬出来。而这位冒充外交官的卫士，唯唯是应，什么都不谈。三天以后，徐铉就认为宋朝的确有人才，以这位负责接待的先生来说，深藏不露，不知道有多大的学问。所以"吾不试，故艺"，也可以从这第二个笑话去理解。还有第三个笑话，是拿童二树的不考试来解释。童二树这个人，我似乎提过,是清代的画家,梅花画得很好,也是有名的理学家、学问家,但没有参加过考试而没有功名。古代考试都很麻烦,为了防止"夹带"要搜身。童二树在进考场时,门口的警卫要搜查他。他说国家开科取士,目的是要甄选天下的人才,现在我来应试,却先把我当小偷看待,我的人格就首先丧失了,那我何必参加考试?他就这样提着考篮走了。从此不参加考试,在家里读书做学问。做学问自己用得着,然后就成大名。这是第三点解释。这些都是拿《论语》当笑话讲的解释。

那么我们来寻求这句话的真正涵义,上面孔子刚刚讲过"吾少也贱,故多能鄙事",而下面由他的弟子琴牢说出,孔子说:"吾不试,故艺。"这样连起来看,这句话的意思是,孔子的求学问,是为自己学问而学问,并不是为了要尝试什么,并不是拿学问来作工具求取功名。秦汉以后的儒家多用孔、孟思想做敲门砖,求取功名,这不是孔子的精神。孔子因为是为自己做学问,不以学问作功名富贵的尝试工具,所以他的学问,到达最高的艺术境界。我们现在读书,进学校是为了将来求职业,为了前途,所以书读得没有艺术境界,很痛苦。过去我们读书,像我个人,喜欢研究佛学,喜欢研究禅。在当时来说,是开倒车,没有人理的古董,但是我喜欢,有兴趣,爱学什么就学什么。若是让我学政治、银行或经济,恐怕打死我也学不好,说不定圈圈都会画错,一万元多一个圈就是十万元。谁知道当年所走的冷门,几十年后的今天都变成这么热门,真是我想不到的。那当年为什么求这个学问?为自己做,没人要求,只是自己兴趣所在,非做不可。因为这样,才没有条件,没有限制,也不考虑这一套东西学了能不能混饭吃。没有饭吃喝稀饭,没有稀饭还有西北风,谁管它那么多!必须有这个精神,才能深入,才能称为学问,所以"吾不试,故艺",大概可由此看到一些名堂了。

下面说到孔子真正学问的修养境界:

子曰:吾有知乎哉?无知也。有鄙夫问于我,空空如也,我叩其两端而竭焉。

这是孔子的真正修养,尤其是反映前面所讲的"毋意,毋必,毋固,毋我"的道理。孔子说,你们以为我真正有学问吗?我老实告诉你们,我一点学问都没有,我什么都不懂。有不曾受教育的人来问我,我实在没有东西,就他的程度所问的,我便就我所知的答复。如果他本身很鄙俗,来问我一个问题,我的确答不出。那我怎么办?因为没有主观,没有成见,就"叩其两端而竭焉",反问他提出问题的动机,就他相对思想观念的正反两面研究透了,给他一个结论。所以我没什么学问,不是我给他答复,是他自己的意见提出来问我时,我替他整理作个结论而已。教育本来就是这样,真正的学问修养也是这样。知识最高处就是"无知",就是始终宁静,没有主观,先没有一个东西存在,这是最高的学问境界。不但孔子如此,世界上很多大宗教家、教主、哲学家,都是如此。希腊第一位哲学家——西方文化中的孔子——苏格拉底,也和孔子一样,出身贫苦,什么都懂,行为做人也很相似于孔子,他说:"你们把我看成有学问,真笑话!我什么都不懂。"这是真话。释迦牟尼也讲过这样的话。他十九岁放弃了王位而出家修道,到了三十二岁开始传教,八十一岁才死。四十九年之间,他最后自己的结论说:"我这四十九年中,没有讲过一个字,没有说过一句话。"真理是言语文字表达不出来的。我们可以退一步说,孔子所讲的"无知",是俗语说的"半罐水响叮当,满罐水不响。"学问充实了以后,自己硬是觉得不懂,真的自己感觉到没有东西嘛!空空洞洞的没有什么,这是有学问的真正境界。如果有个人表现出自己很有学问,不必考虑,这一定是"半罐水"。从学武的人就很容易看到,那些没练到家的人,就喜欢比划,他是筋骨发胀,并不是故意的。而练到了家的人,站在那里好像风都会把他吹倒,打他两个耳光,他会躲开,绝不动手。学问也是一样,一个人显得满腹经纶的样子,就是"有限公司"了。所以孔子这一点,就是学问修养成就的真正境界。

下面是孔子晚年的感叹:

子曰：凤鸟不至，河不出图，吾已矣夫！

这是感叹时代，孔子认为自己一点希望都没有。他的希望不是对他个人，而是对于时代，感叹时代的无法挽救。我们中国文化中，有几样东西很奇怪的，就是龙、凤、麒麟。中国文化是龙的文化。黄帝的时候，就对龙的观念非常重视，而且一直流传到现在，中国文化的标志就是龙。讲到这里是一个大的问题了。西方人据《圣经》，认为龙是恶魔，所以有一派教会，不准家里有龙的画及模型。而且更认为第一次"黄祸"是元朝；还有第二次"黄祸"，就是东方这个"魔鬼"要来了。这是西方文化的秘密。过去英国人已经做了一百多年的试验，促使中国的孤儿与外国的孤儿结婚，结果第一代生下来，眼睛变黑了；再生一代，头发也变黑了；到了第三代皮肤也变黄了。随便怎样配都是这样。所以西方人看到中国人的东西，他们内心上都在防备。我们身为中国人，对这件事，不能不知道。所以西方政治方面的人物，知识分子，尽管对中国文化敬佩，但他们内心还是处处防着我们。西方人有了这种思想，所以认为"龙"是可怕的，国内某一教派的人也有这种错误的观念。

另外，西方文化有一派认为中国的龙就是恐龙，这也错了。我常告诉西方朋友，不要把恐龙当作中国文化中的龙。但中国文化中的龙到底有没有？连我们自己都搞不清楚。在中国的历史上，始终没有一个人看到整个的一条龙，"神龙见首不见尾"，看了龙头，看不见尾，看到身子，看不到头尾。所以把恐龙当作中国的龙，是一个大笑话。但究竟有没有这个生物，不去管它，这只是代表中国文化的精神。到底是代表什么呢？八个字，就是《易经》的文化所表示的："变化无常，隐显莫测。"所以我们对中国文化，要有"子畏于匡"的那种信心，永远打不倒的，永远站起来的。为什么要用龙来代表？因为中国人所讲的龙，是空中能飞，陆上能走，水里能游的动物，说大可以塞满宇宙，说小可以细如发丝，这就是我们的龙。中国文化就像这个龙。至于凤，同龙一样，在画上画得和野鸡相似。但始终没人看到过，只是传说上，要世界真正太平，圣哲的皇帝出来了，凤鸟才出来一下。所以孔子用凤来感叹这个时代，所谓"凤鸟不至"，这句话的涵义，等于现在的说法——"这时代不是我们的了！"而"河不出图"这句话的意思呢？中国古代文化的来源是《易经》八卦，而八卦的来源，据说是黄河中出现了一条龙，龙变成了一匹马，这马的背上背了一个图案出来，这就是《河图》。另有《洛书》，是大禹治水的时候，对于天文地理工程的计算没有办法，后来在洛水里有一只白色的乌龟背了一个图案出来。大禹看了以后，发明了数学最高原理，因此而计算出工程的结构，治好了水患。于是《河图》、《洛书》就成为了中国文化科学与哲学的先导。

孔子的感叹就是说像"凤鸟至"、"河出图"这样两个了不起的时代，再不会出现了。换言之，他虽想挽救这个变乱的时代而达到太平，但自己想想年纪大，也办不到了。这段表示孔子文化修养的高超，做事做人，挽救历史时代是那么热忱，那么有心，可是他觉得时间不属于他，大有力不从心的感慨。

## 行为心理学

下面再叙述孔子的行谊：

子见齐衰者，冕衣裳者，与瞽者。见之，虽少必作，过之必趋。

这几件事，从文学上看起来很平常，许多人都可以做到。孔子又有什么特别之处呢？我们深入研究，就觉得不同。这节所记载的，是孔子做人态度的诚敬。尤其对这三种人，他是特别严肃的。"冕衣裳"，"冕"是头上戴的帽子，古代代表执政的人，所谓贵人，掌政权的。古代中国的衣服是上下装，"衣"是上装，"裳"是下装，像裙子一样，男女都是穿裙子一样的下装，后世才演变为裤子。我们所看到的古代衣冠,如孔子的塑像,长袍只到膝下,再下还有一截露出来的就是裳。"冕衣裳"就是官方的礼服,代表贵官执政的人。"瞽者"是瞎子。孔子看到这三种人,"虽少必作"。这个"少"字就是年轻。过去讲儒家思想的人,说这个"少"是印错了,应该是"坐",孔子虽然坐在那里,也必定要站起来。这本朱熹注的四书上也有这样的解释,说孔子如果看见这三种人,即使坐在那里,也要很严肃地站起来。其实并不需要改这个字,少就是少,意思是说孔子看见这三种人,不问他年龄的大小,他必"作"。"作"就是变了脸色,也就是态度严肃起来。看"齐衰"的人,是一种同情;看到执政的人,等于我们现在看到国旗,必定要致敬;对于瞎子,是怜悯。孔子对于这些人都是非常肃敬,不问他们多大年纪,"过之必趋",如果要经过他们前面,一定很快的走过去。

字面是这样解释的,深一层看他的意义,为什么孔子看到这三种人神态都会变,而且还特别记载下来,指出这是孔子了不起的地方呢?仔细研究,与心理的观念、个人的道德修养有关。现代有一门新的学问,所谓"行为科学",或者叫做"行为心理学",如果以这一种新的科学观点,来分析一个人的个性,和他做人做事的思想才具都有关系。由此研究,就可以看出一个道理来了。

平时我们在街上看到出殡的行列,不伦不类,没有礼仪,乱七八糟,以致一般人对丧仪都无诚敬之心,所以一般人对死者也没有什么同情之感,有时候还觉得很讨厌。这并不是对死者不怜悯,也不是对丧家遭遇的变故不同情,实际上是社会风气把礼仪弄坏了。以前常看见人家门前贴了"当大事"、"制中"、"严制"、"慈制"等白纸条——现在恐怕有许多人对这些字条都看不懂了。中国的礼仪,重视人生哲理,素来认为生死是一件大事,从出生到死亡,在人生过程中,实在是一件大事。所以家中有人死了,便称"当大事"。"制中"就是表示在服行丧事当中。平日称父为"严",称母为"慈"。"严制"就是服父亲的丧制,"慈制"就是服母亲的丧制。过去的教育里,我们对这种家庭，非常诚敬，到了他们的门口，都不敢喧哗。这个态度有两种意义：一种是中国传统文化，对这方面素来诚敬；其次是表示自己的同情心，同情这个家庭发生了变故。从前在大陆的农村里，如有人家办丧事，邻居亲友都会自动去帮忙。因为孝子心情太悲痛了，所以由大家帮忙，不让他管事。现在变成好玩的了。

还有，过去我们读书，就受这样的教育，即使自己的地位很高，官做得很大，回到家乡，如果经过祖坟或祠堂的时候，在相距一百步以外的地方，骑马的要下马，坐轿的要下轿，然后走路步行经过，乘船的要在船上站起来。直到离开了一百步以外，才能再骑马或上轿，绝不可以骑马坐轿经过祖坟或祠堂的。否则要被人骂，被人看不起。我们从小在家里，看见父母长辈从自己的面前经过，都一定要站起来，两手还要拱一拱。我个人的经验，几十岁了，回到家乡还是如此。就是现在想起父亲，心里还是一种敬畏之心。只是几十年来，学制改了，改成了所谓洋学堂，把这些礼仪都废了。所以现在我们的国民礼仪，变得很可笑，中国礼仪没有了，洋礼节也不懂。

这里就说到孔子对礼仪的重视。他看到有丧事的人，心里发生一种同情心，态度也随之肃然。至于对第二点冕衣裳，穿制服的人，执政的人为什么这样呢？因为执政者的制服代表了国家的体制，就等于我们现在看到国旗，自然肃敬。对于瞽者，就是对可怜人，范围扩大包括了残废的人，看到这种人，心里自然肃然起来。

表面上看，这是一个小动作，没有什么要紧，但是从这上面可以看出一个人学问的修养、做人的修养到达什么程度。拿行为科学来说，一个人看见别人遭遇痛苦的事情，而毫无同情心，甚至于像小孩子看到烧死老鼠一样，在旁拍手欢呼。试问这是一种什么心理？孔子看到不但肃然起立，且"过之必趋"，一定走快几步，不敢多看，这就显示他心理上的修养。

# 不见顶相

下面引用了颜回对孔子的赞叹:

颜渊喟然叹曰:仰之弥高,钻之弥坚,瞻之在前,忽焉在后。夫子循循然善诱人。博我以文,约我以礼。欲罢不能,既竭吾才,如有所立卓尔,虽欲从之,末由也已。

这是颜回对孔子崇敬的评论。

"喟然叹曰"的"喟"字,是叹气的意思。距今两百多年前的一位才子金圣叹,许多人都知道他的。他对《三国演义》、《西厢记》等有特别见解的评论。他的名字就叫"金喟",又名"圣叹"。据说他姓张,并不姓金。他为什么取这个名字呢?因为金圣叹出生时,他的祖父焦急地在厅中等待,当时厅上挂了一幅孔子的像,突然听见画中的孔子喟然叹了一口气,这时丫环从里面出来报喜,说生了一个孙少爷。他祖父心里很难过,孙子生出来,孔子在叹气,觉得这个孙子将来会有问题,所以取名金喟,又名圣叹,这是一个传说,在此当闲话一提。

颜回赞叹孔子"仰之弥高",就是抬头一看,越看越高。后来印度传过来的佛教文化,对释迦牟尼也有类似的形容词。佛经上说释迦牟尼有三十二种特殊的相,与众不同,其中有一种相名为"不见顶相"。佛教徒们研究佛经很好玩的,起初研究,有些人奇怪,为什么看不见头顶,后来多读了书才明白。所以有人来问我,为什么释迦牟尼会看不见头顶?我说如果看不见他的头顶,那不是佛,是妖怪,应该打倒。实际上所谓"不见顶相",就是"仰之弥高"的意思,太崇高了。有些佛教徒或研究佛学的人,把这句话当成真的了,说释迦牟尼没有天灵盖,殊不知这是崇高伟大、没有止境的意思。"钻之弥坚",是赞叹孔子人格与学问造就的深厚,越钻研越厚实。"瞻之在前,忽焉在后。"如果这两句话照字面讲,孔子有隐身法了,以武侠小说来看,功夫很高,抓不住了。看见他在前面,追过去追不到,他突然又到了后面,好像太极拳、八卦拳,内功到了家似的。实际上四句话连起来,可用一句土话解释,就是"这个人摸不透"。他的学问到底有多深,人格到底多么崇高,无法估计,所以用这四句话的文学境界来形容,益见孔子的伟大。这是颜回跟从孔子,对孔子所加赞叹的结论。对于一个哲学家,一个民族文化伟大的圣人,譬如西方人尊重耶稣,以后都变成宗教性的"神格化",替他穿上宗教的外衣,而犯了"高推圣境"的毛病,把圣人的境界推崇得太高了,好像摸不到顶,事实上是否这样呢?这点我们要注意。事实上世界上最了不起的人最平凡。我们反过来,随便找一个乡下很土的种田人,一个老实人,对他研究研究看,就可发现一个平凡的人,也就是一个伟人。所以说学问真正好的人,最后是最平凡。如感觉到不凡,那是犯了"自命不凡"的毛病,有了这种心理,就可见这个人有限。真正了不起的人,看起来是最平凡的,所以在哲学的观点上,就有"大智若愚"的说法。如果真有学问的人,学问到了家,自己又变成很平凡、很普通,不"自命不凡",那就是颜回所讲孔子这四句话的境界。

## 见与师齐　减师半德

下面跟着说孔子教育人的态度:"夫子循循然善诱人"。注意"循循"这两个字,"循"是跟着走。不但是教育如此,做人处世也是如此,讲理论容易,做起来很难。在学校里教学生,就常会感到非常讨厌,有时候心里会想:"你还没有懂?! 真蠢!"当我们有了这个心理的时候,马上感觉自己到底不是孔子。颜回这里说孔子,对学生不会发这种脾气。"循循然善诱人",教育是诱导的,东方和西方都是一样。什么是诱导? 这是好听的名词,说穿了只是"骗人"而已,善意的"骗"。

好像小孩子玩火柴，这是多危险的事，你如说不准玩，他非玩不可，就要赶快拿另外一件玩具骗他，要诱导他，使他觉得别的玩具更好玩，把火柴丢了，来拿其他的玩具。这就是"循循善诱"，就是这样"骗"人。

教育如此，推而广之，诸位出去做领导的人，从事政治，都要做到"循循然善诱人"。"循循然"就是循他的意志，循他的个性，循他的道理，把他带一个圈子，还是把他带上正路。人性就必须这样处理。所以从孔门思想的推演，到了孟子讲到人性，就主张堵不得的。你说："不可以！不行！"他就非做不可。尤其是对一个小孩的教育，你说不准，他非反抗不可，至少在心理上反抗，表面上你是父母、是老师，听你的，但心里非常反感，从心理学来看，就只这一点反感，慢慢积累起来，到最后他对一切事物都有了反抗性的习惯了。越是受压制的孩子，反抗越大，所以要想办法，循循然善诱。当然有时候有例外，像军人带兵，老实说没有那么多理由，命令就是命令，教你如何就如何，没有理由，因为战场上必须这样，也就是孔子说的"民可使由之，不可使知之"。平常的教育则还是要"循循然善诱人"。像对年轻人有一件事就感觉得到，有些书越禁止，他越偷偷地看。所以循循善诱是一个原则。方法怎样运用，则和用兵一样，运用之妙，存乎一心。

孔子的教育是依受教者的思想、品格而施教，不勉强人，不压制人，不挡住人，把门打开给他看，诱导他进去。但用什么诱导他呢？用什么"骗"他呢？"博我以文，约我以礼。"所谓人文的学问，就是这两句话。什么是"博我以文"？就是知识要渊博。我时常感觉到，现在的教育，从五四运动白话文流行以后，有一大功劳，知识普及了，现在的青年知识渊博了，这就是"博我以文"。尤其现在加上传播事业发达，每个家庭有电视，在社会上有电影、报纸、刊物、广播，各种传播知识的工具，以致现在十几岁的青年，对于常识，比我们当年二三十岁时还知道得更多。当年我们书是读得多，对于普通知识还是傻傻的。乡下出来，看到飞机、轮船，还叫"飞轮机"、"火轮船"。现在七八岁的孩子都知道太空了。可是知识越渊博,学问越没有了,缺乏了下面"约我以礼"的涵养。我们要了解,"博我以文"的"文"并不限于文字,而包括了一切知识。知识要渊博。但知识越渊博的人,思想越没有中心。所以中国政治,在过去领导上有一个秘密。当然,这在历史上不会写出来,任何一个皇帝成功了,都不会传给徒弟的。这秘密是什么呢?他尽管采用知识多的人,渊博的人,而真守成的干部是找老实而学识不多的人,他稳得住。凡是知识越渊博的人越靠不住,因为他没有中心思想。对于这种人,给予的官位、头衔非常大,而真正行政的权力,并不交给他。知识多了的人,好的可以说成坏的,坏的可以说成好的。像现在的人好讲逻辑,把西方的一种思想方法,也当哲学来讲。例如说到法理学的话,如果我们抓到小偷,送官署是对的。但是打了他一下,他可以要求验伤,告你伤害。他说他做小偷是犯了法,但你打他是侵犯人权,至少在判决确定前,他还只是一名嫌疑犯,你打他,侵犯了人权,人权第一,你犯了伤害罪。讲法律逻辑,这是对的。但从另一面讲,善就是善,恶就是恶,坏人就该打,可以不跟他讲这一套。像我们现在讲人权,而有些人却把人权、自由、平等当成了他的武器。这就是说死守逻辑的坏处,也就是说仅仅是"博我以文"的流弊。以下面这句"约我以礼"来救这个流弊就对了。知识要渊博,思想要有原则,走一个专精的道路,做人处事要保持文化思想的中心精神。这是颜回第二点说到孔子教育他的方法,也可以说是他的心得。

第三点他说自己受孔子教育,大有"欲罢不能"之感,他说有时候自己想想算了,不再研究了,可是却像谈恋爱一样,藕断丝连,总摆不下来。"既竭吾才,如有所立卓尔。"颜回说他自己,尽所有的才能、力量跟他学,然后感觉到很不错、很成功,好像自己建立了一个东西,自己觉得"卓尔"站起来了,可以不靠孔子,不依赖老师了,好像行了,结果冷静下来一反省,还是不行。

"虽欲从之,末由也已。"虽然跟着他的道路走,跟着他的精神那么做,但茫无头绪,不晓得怎么走,简直一点苗头都找不到。这是颜回口中所描写出来的孔子,就是这样一个人,讲他的做人,崇高、伟大、平实,而摸不透。第二点讲到孔子教育人家,是那么善于诱导,而且那么注重多方面的知识,知识渊博了以后,同时注意中心思想的建立。第三点说明自己努力的结果,不论怎么,老是跟不上孔子。

讲到这里,我们联想到禅宗百丈大师的几句话:"见与师齐,减师半德,见过于师,方堪传授。"说够得上作一个禅宗大师的徒弟,要有一个条件——比老师还高明。他说如果学生的学问见解和老师一样,已经是矮了半截了。为什么?因为老师已经走了几十年了,这个学生还是在几十年以前的程度,在后面跟着老师走。教育的目的希望后一代比前一代好,要年轻一代的学问见解,超过了老师,才可以作徒弟。所以我经常有个感想,我们年纪大一点的朋友们,领导青年们,所期望于后一辈青年的,就要效法这几句话,希望后面的青年比我们行。因为这几十年中,国家民族的时代遭遇太悲惨了。有一次演讲,谈到命运的问题,我说我们这一代,不包括现在的青年,不必算命,如果要算八字,我对大家——也包括我自己在内,已经批断好了八个字:"生于忧患,死于忧患。"我们这一代是命中注定垫墙基的。但是不要自认悲哀,这是神圣的,一个建筑物基础不稳固就不好。所以我们这一代要认清楚,是未来一代的基础,自己要建立得稳固,同时希望后一代,要胜过于我们,见解学识都超过我们,这是我们国家民族所最值得欣庆的事。如果现在发现不及我们,这有什么用?要现在超过了我们。如孟子说的:"得天下英才而教育之。"这种"见过于师"的青年就是英才,但是这种人才,始终很难得。

## 大丈夫当如是乎?

下面继续说孔子做人处世的态度:

子疾病,子路使门人为臣。病间曰:久矣哉,由之行诈也!无臣而为有臣,吾谁欺?欺天乎?且予与其死于臣之手也,无宁死于二三子之手乎!且予纵不得大葬,予死于道路乎?

这是说孔子的修养。由这一段话看出两点,第一可见当时学生们,尤其子路、子贡这些人,对孔子的尊敬。以另一个观点来研究,我个人经常认为——这里特别提醒大家注意,我个人见解不一定对,只是提供大家作一个参考——孔子了不起的地方,除了他的学问、道德、修养以外,我以前说过,他在当时的确可以推翻任何一个国家的政权,取而代之,但他绝不这样做。

说到取而代之,我们讲一点题外话。读《史记》,刘邦和项羽两个人,分别看到秦始皇出巡的那种威风与排场。项羽看后,对朋友说:"彼可取而代之。"用白话说是:"老子可以把他拿下来,我来干!"刘邦看后则说:"大丈夫当如是也。"用白话来说:"一个大丈夫,应该做到这样,才够味道。"根据行为心理,同样一个观念,但两个人表达的气度,就完全不同。一个是非常粗犷的,好比你坐在椅子上,一个人走进来,把你拉下来:"你下来!我要坐。"而另外一个人说:"这个位子,可让我坐坐吧?"然后坐下来。气量就不同。所以我们读历史,这些文字上的要点,应该特别注意。

我们回头再说正题:孔子当时那么多门弟子,而在那么少人口对比下,等于现在一个非常大的党组织。尤其在孔子那个时期,春秋战国的变乱已经那么久了,他又有三千弟子,都是各国的优秀分子,政治、经济、军事各方面人才都有。只要稍微动一动,任何一国的政权,他都可以取而代之,但孔子始终不干这种事情。为什么呢?他认为这样,影响并不久,不是千秋万代的事业,要影响得悠久而博大,不在于权力,而在于文化与教育。在这节书里可以看到,这些弟子们对他,简直捧成一个大党魁。所以后来儒家称誉孔子为"素王",这是真正的王。所谓"素王",是没有土地、没有人民,只要人类历史文化存在,他的王位的权势就永远存在。称孔子为"素王",等于佛教中称释迦牟尼为"空王"是同样的道理。不需要人民,不需要权力,而他的声望、权威和宇宙并存。第二点看到孔子本身,始终是一副救人救世的心肠,并没有把富贵、权位当一件事情。这里说,孔子有一段时间生病,子路就把同学组织起来。把孔子视同一个皇帝或社会组织的领袖,而叫同学们为臣,好像是层层节制的部属。这里的"臣"是阶级的观念,俨然显示出政府组织的味道。

后来孔子病好了一点,知道了这件事,就感叹:"久矣哉!"他说我病了这样久,在这段期间"由之行诈也"。他就骂子路,你怎么光做些欺骗的事情,自己欺骗了良心,违背了道德。"无臣而为有臣",我本来是个平民老百姓,又不是帝王,为什么把同学们组织成这样?把我变成这样?"吾谁欺?欺天乎?"你骗人,这个罪过可是我背了,我本来是老百姓,你硬把我变成这样,这不是骗人吗?骗自己?还是骗天呢?

看到这里,我们有个感想,这感想要从经验来。我们发现,有时候当一个领导人,往往会被部下捧坏了。根据过去的经验,我们自己并不想这样,下面的人会把我们捧成这样。尤其是年轻的朋友们要注意,假使将来有那样的地位,要留心被别人捧,到了那样地位,别人都说你的话说得对,都对你说"是的"。这时你要考虑,不要给人捧坏了。历史上有很多人,到了某一阶段会昏了头,就是被下面捧坏的。还有,当一个领导人,自己要想下台下不了,下面的人不让你下来。像有位工商界的朋友,不想做。我劝他说,你做做好事,你现在关门是舒服了,可是你要想到你下面一万多员工,加上他们的家属,有好几万人靠你吃饭,你不能说不干。我劝他不要以工商的观点,而以社会事业的观点继续做,这样就伟大,所以人到某个时候,自己想下台,有下不了台的痛苦。

## 解 脱 生 死

回头说到正题,孔子说"吾谁欺?欺天乎?"用土话来说,就是"你为什么替我摆这个臭架子？反而替我丢了人！"的意思。从这些地方，可以看出孔子的态度，子路对他恭敬，而他责备子路，当然没有像我们那样用土话痛快地骂子路一顿，他反而是"引咎自责"的态度，觉得自己没有把子路教育好，所以说"吾谁欺？欺天乎？"

下面又申述理由："且予与其死于臣之手也，无宁死于二三子之手乎！"他说我与其以君臣的关系，死在臣子的手边，还不如以师生的关系，死于你们学生的手边更好些。这个话假如没有到那个位置去体会，是不知道的。我们在历史上看到过，有些帝王死了好可怜，曾有好几个帝王死了以后，尸体发臭、生虫没人管，几个儿子，去争着当皇帝，真还不如一个老百姓。明朝的崇祯皇帝，最后亡国自尽的时候，拿起宝剑要杀公主，公主年纪小，跪下来问自己有什么罪，皇帝说你没有罪，错在做了皇帝的女儿。这便同南北朝时刘宋顺帝所说："愿后身世世勿复生帝王家。"是一个道理。所以一个人死得光明磊落、痛痛快快很难。我有些朋友，其中学佛、学道，或打坐的来问我修道的工夫，我总是劝他们不要搞这一套，是有这种方法，但做不到，也不要想成佛成仙，一个人健康快乐的活着，死的时候干脆利落，不牵累别人、不拖累自己，就是第一等人。这个话也是经验中得来的。因为我的老朋友太多，而有许多老朋友真可怜，死得不干脆利落，拖累了别人，也苦了自己。所以不要拖累别人，不要拖累自己。如何安排自己将来的死，最好找一个洞，先进去睡好，自己差不多了，搬块石头把洞门一堵，好了。否则拖累别人很痛苦。不过，这也不够解脱，倒不如梁启超说的："求仁得仁又何怨，老死何妨死路旁。"

说到这里想起了两位老朋友与殡仪馆的故事。一位是上将军某公，有一次，他说真想在殡仪馆附近，最好隔壁找一幢房子。我问他什么意思。他说有两点理由。第一，老朋友一个个凋零，经常要跑殡仪馆，方便些。第二，有一天自己要去的时候，就走过去了，也方便。第二个朋友也是一位将军，十多年前一个春节，碰到我说，今年真倒楣。我问他为什么？他说刚过年，大正月坐三轮车去吊一个朋友的丧,到了门口付了车钱,那个三轮车夫问道:"先生你还回去不回去?"可真把他气得不得了,大骂车夫:"你才不回去!"不料几个月后,这位朋友真到那里不再回去了。就是这样巧的事情。这是两个故事,也是两种绝对不同的观念。

由这一段,看到孔子思想的通达,他意思说,为什么死还要摆这种排场。第三点,他告诉子路,你怕我死后不得大葬——就是国葬、公葬——得不到你们认为死后的光彩。我们经常看到"生荣死哀"四个字,生的时候享尽了荣华,死后的荣耀,就是大家都会哀痛。可是我们现在到殡仪馆吊丧,有许多人在那里已经没有哀痛之情了。

孔子这里是说,我虽然不得大葬,没有生荣死哀,"予死于道路乎?"我也没有惨死,总是寿终正寝。我们常常看到讣文上有"寿终正寝"这四个字,但现代往往与事实不符,因为现在的人都是死在医院,有几个寿终正寝的?古代说寿终正寝,是指死在自己的房间里,断气以后,才抬到正门的大厅上,所以是寿终正寝。现在都死在医院,送到太平间,哪来的正寝?还有现在殡仪馆中,有许多太太挽丈夫,儿子挽父母的挽联,都不合理的。因为照古礼,自己是当事人,没有心情在文学境界上作诗作联,所以亲人是没有挽联的。若是自己不会写,由别人代写,更是莫名其妙。挽联要与死者有感情才挽得出来,与之毫无感情,怎么代写?有感情的自己写,很简单。白话的:"你死了,我也快来了!"或:"你先走一步,我会跟来的,你安心地去吧!"不很好吗?所以讲到中国文化,目前许多地方都是问题。可是我们在这里,看到孔子对于他自己的生死,却看得非常平淡。

## 卖不出去的无价宝

下面这段文章,转了一个气势。

子贡曰:有美玉于斯,韫椟而藏诸?求善贾而沽诸?子曰:沽之哉！沽之哉！我待贾者也！

第二个"贾"字在这里念"姑五切，音古"。行商坐贾，是古代商贾两个字的分别意义。流动做生意的称为商；开店固定在一个地方做生意的称为贾。子贡有一天和老师幽默一番，他说有一块美玉在这里，老师！你说我是把它放到保险柜里藏起来好呢？或者找一个好价钱把它卖掉了好呢？孔子一听就懂了，他说：决定卖！决定卖！我在这里等人来买的，可是卖不出去，没有人要！这是他师生之间的幽默。也就是说孔子感觉到生不逢时，吾道不行，而借子贡的幽默表达出来。所以接下来就叙述孔子的另一个想法：

子欲居九夷，或曰：陋，如之何？子曰：君子居之，何陋之有？

这是孔子平居时的一段闲话。九夷是东南方一带蛮夷之地，当时包括现在的广东、广西、湖南、江西、浙江、福建等南方省份的边区。这些地方还没开发，还是披发文身，非常落后的地区。孔子当时想另外开辟一个天地，保留中国文化。但有人说，那个地区太落后，没有文化，野蛮得很，怎么办？孔子说地区不怕落后，只要真有道德、真有学问的人，去任何地方，在任何时代，自己都有自处的办法，那有什么关系？读唐代刘禹锡的《陋室铭》，最后的一句话"孔子云：何陋之有？"就是从这里来的。他引用时，说出了"孔子云"，便不算千古文章一大抄，只能算是借用的。

讲到这里就想到，书读多了，便会觉得今古文章没有什么了不起的，所谓"千古文章一大抄"，于今为烈！有人到中央图书馆、中央研究院或别的什么地方，把几十年前的报纸找出来，多抄几篇报屁股的文章，都变成了新的。或者一瓶糨糊、一把剪刀，拼拼凑凑，就是一本书，新著作。还有的人叫学生研究了半天，把资料拿来，拼凑一番，就是著作。最近有一个学生，留学法国，暑假回来，找论文题目，他说法国老师要他作关于中国问题的某一个题目。我说天下乌鸦一般黑，中国老师这样，外国教授也这样。他根本不懂这个问题，所以指定你的博士论文作这个题目,他做指导老师,名义是他挂了,实际上是你替他研究,今日学术界,做学问都不老实,真是孔子讲的"吾谁欺?欺天乎"?统统都是这样干。自己不懂的问题,要学生作论文,去研究。学生要想拿这个功名——学位,只好去找资料,苦死了。找来了以后都交给他,学生的学位完成了,他的知识也得到了,又不要费力气。这是学术界的秘密,全世界一样。决不像古人教学生是"传道授业"的精神了。人老了,对这些也看透了,实在也不想看了。

子曰:吾自卫反鲁,然后乐正,《雅》《颂》各得其所。

研究孔子的生平,这里也是他重要的资料。这是孔子周游列国以后,到了晚年,他深感即使拿到了权力,也平定不了世界。要想对社会、历史有贡献,只是从事文化与教育。因此决定回到鲁国来,整理中国文化,由此产生了六经。他说,我自从由卫国回到鲁国整理文化以后,中国文化的中心,把它改正了。所以我们说"文化复兴"这个名词,在孔子这个时候,是一个阶段(在此以前大乱了一个时期后,经过孔子的整理,一直流传了几千年)。文学的路子,与文化、文艺的路子配合,才走到正路上。

## 不落醉梦中

下面说孔子平常的生活:

子曰:出则事公卿,入则事父兄,丧事不敢不勉,不为酒困,何有于我哉?

孔子说自己是一个很平凡的人,在外面,参加政府会议的时候("出则事公卿"的事字是动词),与这些高级的国家大臣一起,参加会议,正式从事于国家的政务。回到家里则"事父兄",规规矩矩是一个家族里的成员,也是一个普通的老百姓,没有官架子。在父亲的立场就尽到父亲的责任；在弟弟的立场，对兄长、对家里的人就应该尽到作弟弟应尽的义务。这两句话，以现代的观念来说，当一个公务员，上班的时候，规规矩矩从事公家的事，尽我的责任，守我的本分。回到家里，做家庭中一个很好的成员，当父亲尽父亲的责任，当丈夫尽丈夫的责任，当妻子尽妻子的责任。

"丧事不敢不勉"，对于生死大事，尽量的周到，朋友之中有人家里出了大事，有人死亡，就尽量的帮忙，对于朋友的红白帖子，喜事可以礼到人不到；对于丧事，礼到人也到，这是最后一次了，不去殡仪馆行个礼是讲不过去的。对于丧家，要安慰问讯他们，有没有事需要自己帮忙，如果有，立刻就去。这是孔子说的丧事不敢不勉，就是在患难时需要朋友，否则人类交朋友有什么意义？光景好的时候才来往，那不是多余！光景好到处都是朋友。

第四点孔子"不为酒困"，喝酒没有喝醉过。我是天生不会喝酒，也讨厌喝酒的人。不过因为不会喝酒，我也自己试验过，看看喝醉了什么滋味。我的结论是不相信人会喝醉，如果有人喝了酒乱说话，我照样认为是装疯。没有人会喝醉的，试试看他绝不会吃大便，他绝不会骂他的妈妈，不会揍他最爱惜的人。孔子说"不为酒困"不只是喝不醉的意思。实际上人都在醉梦中，如果以哲学看人生，几乎没有一个人清醒过。爱情的醉，富贵功名的醉，没有哪样不醉。道家的吕纯阳有两句诗说："浮名浮利浓于酒，醉得人间死不醒。"吕纯阳以道家的眼光来看这个世界，大家都在醉中，临死都没有清醒过。现在《论语》上记载孔子"不为酒困"，在我个人的看法，就有这种意味。当然，孔子的酒量很大的，在《乡党》篇中说孔子"唯酒无量，不及乱"。如果解释为酒量很大，怎么说"无量"呢？也许一点都不会喝。但也不对，否则又怎么说"不及乱"？所以研究起来，大概是酒量很大，从来没有喝醉过。不过也不能说不会喝醉，"不为酒困"应该是不迷醉于酒，没有酒瘾，而且始终保持清醒，不会在喝酒以后，有酒态醉意，更不装疯卖傻。孔子说除了这几点以外，"何有于我哉！"意思说，我这个人非常平凡,出去做公务员就规规矩矩是个公务员,回到家里就规规矩矩是家里的一分子,朋友之间有困难,尤其是有丧事这类患难,则一定尽力帮忙,平常做人,不在迷醉中。除了这几点以外,一无长处,一点学问都没有。

# 水流花谢两无情

> 子在川上曰:逝者如斯夫!不舍昼夜。

在这里讲,为了体会得更亲切一点,就借用碧潭这个地方吧!孔子去郊游,他站在碧潭吊桥上,看到下面的流水说:"过去的就像这下面的流水一样,白天晚上都在流。"这两句话的文学气息非常重,全部《论语》中,最富于哲学意味的,也就是这两句话。从这里,有几个要点可以了解。

第一,道家思想方面,老子也和孔子这个观念一样,经常用水代表人生哲学。老子教我们效法水,中国有一句老话:"人往高处走,水向低处流。"老子教我们学下流——不是普通所指不高尚的下流,是指水的下流——大海。天下的水都向下流汇归成大海。所谓下流,就是谦下,站在最下面,"人之所弃,我则取之"。人要有容量,像大海一样包罗万象。老子又教我们"上善若水",最高的品德像水一样。道家形容水很妙,水是绝对干净的,脏的东西到水里,都被水冲洗干净了。让我们的心境,以及人品的修养,效法水一样,冰清玉洁,不受一点尘埃。虽然容纳了许多废物、污垢,但仍然是水,水的性质没有变,而且永远自强不息。

第二,佛家也说过水,我们看到流水,永远只是一股流水而已。照佛学的分析,人的心理就和流水一样,如说"滚滚长江东逝水",永远在流,真的吗?错了。等于看到电灯光,说它一直亮着,也错了。当我们看到一个浪头的时候,事实上这个浪头已经过去了,是接上来的另一个新浪头,当在看到这新的第二个浪头时,它又已经过去了。灯光也是一样,当我们刚一打开开关时,所发出的光波已经消失了。我们的思想、感觉、年龄、身体,当一个钟头乃至一分钟前坐在这里的我,与此刻坐在这里的我,已经不知道经过多少变化了。所以"今我非故我",现在的我已经不是前一分钟的我了,都过去了,像流水一样,不断地向前去。所谓"江水东流去不回",历史永远不会回头,时间永远不会回头。人生永远像浪头一样,一波又一波地过去了,要想拉回来是做不到的。

这些都是另一面的说法,也可以说是消极的人生,许多宗教家、哲学家,都从这一面看,花落了再不会开了。大家都看过的,《红楼梦》中林黛玉葬花。这位小姐病兮兮的,花落了还要去收回来,还要葬下去,情调非常美,文章也作得很好,《葬花词》名句:"侬今葬花人笑痴,他年葬侬知是谁?"此之为林黛玉!怎么不生肺病?怎么不那么痴迷的死?你管他谁葬你,死了就死了。说到这里,龚定盦的诗就比林黛玉高明多了,他的诗说:"落红不是无情物,化作春泥更护花。"刚才说过的某先生,他死后有人问我送什么挽联给他,我说我会另作一副。但送给他的挽联最好是这两句诗,因为他的为人始终是忠心耿耿的,虽然人死了,而其耿耿的忠心仍令人感动,在文学境界上,就是龚定盦的这两句诗。以上这些都是从悲观的角度来看"逝者如斯夫!不舍昼夜"。

但孔子并没有以悲观的态度来说这句话,而很多的意义包括在内,极高明。从另一面,用积极的观点来看人生。人生如流水一样,不断地向前涌进。所以我们要了解,人生就像这股流水一样。孔子所以站在上流告诉学生们:"注意呀!你们看这水,过去的都像这样,向前面去!向前面去!而且是昼夜不断地向前去。"他这话的意义,就是我们经常看到的一句话:"天行健,君子以自强不息。"这是《易经》乾卦的卦辞。乾代表了天,中国文化是用乾代表了天体,现在的名词就是宇宙。《周易》就是文王的思想,也就是孔子所效法的。文王解释宇宙,是永远在转,永远在动,没有一分一秒停止,假使一秒停止,不但地球完了,没有人类了,整个宇宙也垮了,所以宇宙是动态的。这就是中国的哲学了。我们有两位现代的学者是在思想界很有影响力的,他们评论中国文化,属于静态的。我对他们说,老兄,谁告诉你们中国文化是静态的?讲中国文化,第一部书就是《易经》,里面就告诉了你"天行健",宇宙没有静态,永远是动的。中国文化并不主张静态的宇宙。人生也是这样,要不断求进步。静是缓慢的动态,没有真正绝对的静。譬如人坐在椅上好像很静,其实并不静,身上的血液正在分秒不停地循环,各个器官也都各司其职地工作着。"天行健"是永远强健地运行。"君子以自强不息"是教我们效法宇宙一样,即如孔子所说"逝者如斯",要效法水不断前进,也就是《大学》这部书中引用汤之《盘铭》说的"苟日新,日日新,又日新"的道理。人生思想、观念,都要不断的进步。满足于今日的成就,即是落伍。

所以孔子的"逝者如斯夫,不舍昼夜"这句话,包括各方面很多意义,可以说孔子的哲学,尤其人生哲学的精华,都集中在这两句话中,它可以从消极的、积极的各方面看,看宇宙、看人生、看一切。我们自己多多去体验它,应该了解很多的东西。在这里所提供大家去研究的意见,还只是其中的一点点。实际上,根据这两句话,可以写很多很多的文章。历史是不能停留的,时代是向前迈进的,宇宙如此,人生也是如此。

## 女人未必皆祸水

这里是另起一节。

子曰:吾未见好德如好色者也。

这句话里面说的色,包括了女色、物欲、嗜好三重意义。但根据历代的看法，只是偏重在女色这一面，认为这是孔子对卫灵公的感叹。孔子周游列国时，对孔子比较重视的是卫，但卫国的政权，当时具有较大影响力的，是大臣蘧伯玉，而左右卫君的是美丽夫人——卫灵公嬖好的南子，所以有这句感叹，而成了一句名言。事实上不止卫灵公，从人情世故上看，人都是好德不如好色。如果一定要以最高的道德要求，世界上很少有合乎标准的人。

像我们看到很有名的唐明皇与杨贵妃这段历史故事，唐明皇这个皇帝的确是不错，少年时代非常好，晚年时因嬖好杨贵妃，致使国家发生了变乱，成为知名的历史故事。在过去的历史，很多人都把这个罪过推到杨贵妃身上去，这也是很难说的。说一个女子对于政治会有如此大的影响，也有可能。就是西方也有这种情形，所谓英雄征服了天下，女人征服了英雄。不过要看哪种女人，真能征服英雄的女人，并不容易。我们看到蜀亡国以后，蜀王妃子花蕊夫人被俘。宋太祖赵匡胤就问她，你们国家有十几万大军，为什么今天你会到我身边来。这位妃子作了一首诗答复他，大意是说我本是在深宫中养尊处优的女子，对国家大事不了解，但这首诗的结论却骂尽了男人，她说："君王城上竖降旗，妾在深宫那得知。十四万人齐解甲，宁无一个是男儿。"这也是历史上，女人关系历史命运的一个故事。再其次，大家都说唐明皇是误在杨贵妃手里，尤其是诗人们都如此说——中国的诗人多半对于历史大事，有谨严的批评——但也有另一面的看法，如袁枚的诗说："空忆长生殿上盟，江山情重美人轻。华清池水马嵬土，洗玉埋香总一人。"当安禄山造反，兵逼长安，唐明皇出走到长安西面马嵬坡的时候，发生兵变，部队不肯走了。大家提出了一个条件，要求把杨贵妃杀死。唐明皇没有办法，只好让贵妃自缢死。所以后人评论历史，认为唐明皇不一定是为了杨贵妃而误国的，这首诗就是这个意思。建温泉池给杨贵妃洗澡的，让杨贵妃自杀的，都是唐明皇做的，不要把历史的罪过，推到一个女人身上去。

同样，清代的龚定盦也提了一个反调，他的一首诗说："少年已自薄汤武,不薄秦皇与汉王。设想英雄迟暮日,温柔不住住何乡?"他说一个英雄到了晚年没事情做了,不让他住在温柔乡里,又要他干什么?龚定盦这个理论,和现代的心理学、弗洛伊德的性心理学有点类似。我们要特别注意,性心理学与马克思的理论,严重地影响了近一百年思想。今日除了马克思的影响以外,弗洛伊德的性心理学对近百年来历史文化转变的影响更大。不过这一方面不像政治理论受重视——如果依据性心理学的看法,有过分的精力,就有杰出的事业。因此英雄、豪杰、才子,几乎个个行为不检,都是孔子所讲的"未见好德如好色者也"。

然而孔子所要求的真正圣人的境界,这是非常难的事,一般心理状况,凡是了不起的人,多半精力充沛,所以难免要走上女色这条路子。这是我们就这一点,对历史的看法。扩而充之,"好色"不但是指男女之间的事,凡是物质方面的贪欲,都可以用"色"字来代表。尤其是以佛学的立场看,那就更明显了。照儒家的思想,一个领导人,简直任何嗜好都不应该有。但是人很难做到完全没有嗜好。譬如有些人什么嗜好都没有,就是好读书,这也变成一个嗜好,于是左右的人都是读书人。南朝梁元帝读书读呆了,敌兵临境,还要文武诸臣戎服听他讲书。最后终于亡了国。他在投降时,放一把火,把收藏的十四万卷图书烧了,他说:"文武之道,今夜尽矣。"有人问他为什么烧了书,他说:"读书万卷,犹有今日,故焚之。"可见读书也很害人,真成呆子。

从此我们了解,上面有一点偏好,下面就偏向了,这就是"物必聚于所好"的道理。我们要看古董,就必须到好古董的人家才看得到。有些人好石头,有些人好怪木,有一些人就是好钞票。某公说,有一个老朋友,每天入睡以前,要一张张点过他铁柜里的钞票以后才能睡着。所以孔子这句话,是一个最高的目标。同时提高我们的警觉,凡是做一个领导人,不但是好色,任何一种嗜好,都会给人乘虚而入的机会,因而影响到事业的失败。所以接着下面引用孔子的话:

子曰:譬如为山,未成一篑,止,吾止也。譬如平地,虽覆一篑,进,吾往也。

一切的进德修业,都是如此。不但是学问的成功、道德的成功、事业的成功,原则都相同:不是进步,就要退步。没有进步,停留在原地,也是退步。尤其对于自己道德的要求,更难!我曾说过,英雄征服了天下,不能征服自己;圣人不想征服天下,而能够征服自己。事实上征服自己比征服天下更难。所谓道德的修养,就是征服自己。上面孔子的话,就是说这个道理。他说譬如我们去挑泥土来堆成一座山,要挑一百担泥土的,已经挑了九十九担,最后"未成一篑",少了一畚箕泥土。"止",停止了,因此便不能登峰造极到顶点。是谁使你停止的?我们一件事没有成功,往往推之于客观的环境、社会的因素,但是孔子在这里说那是不可能的,"吾止也",还是自己心理的疲劳与退缩,不是客观因素。他又说,譬如填平一块土地,倒一畚箕泥土上去,就看到更高一点,这个进步,也不是外来的因素,而是自己的成功,这里他所强调的,是指一切的作为,其成功或失败,都在于一个人自己,不要推之于外来的因素。外来因素之所以形成,也是自己本身的关系。

到这里为止,结束了孔子上面站在河川上所发的感叹。下面是孔子的教育经验,对于个人的评论。

## 学而有成之难

子曰:语之而不惰者,其回也与!

孔子说在他的学生中,能依照他的教导去做,而不懒惰的,只有颜回这一个学生。这句话好像很普通,但如果在教学上或在领导位置上工作久了,就可以体会到这并不是一句简单的话。我们现在常常发现有些年轻人,吩咐他们去做一件事,譬如去照顾一位老年人,他有这个心,但没有这份热情,他会觉得是老师叫他去做的,而没有感觉到这件事情是他应该去做的,就只差了这么一点。讲理论时,他讲得和大家一样,知道应该爱人,应该尽心,但做起来是另外一回事。我和年轻的同学们说,许多社会上已经做了的事情,如"张老师"、"生命线"这些,已经有人做了,不要再重复,你们应该去做一些需要做却还没有人做的事。据我的资料,一些老年人很可怜,子女不在身边。可以发动年轻人对老年人服务,绝不接受招待,自己带便当去。青年们都说得头头是道,但我告诉他们,要经得起往后的困难。有些老年人替他服务久了,他会觉得应该。第一次有感谢之意,第二次他觉得差不多,第三次也许你迟到了,他会骂人,那么年轻人还要准备行礼、道歉。由此可知做一件好事,也有如此的困难。所以理论与事实配合起来,要"语之而不惰",讲到了就做到,而且非常勤快,又持之以恒地去做,实在是非常难的事。

就我个人的经验而论,一个人总有些熟人有事相托,如果做得到的事情就答应了,答应以后有时又觉得烦了,摆在那里两三天,就把事情"惰"下去了。有时候提高警觉,赶快办,办了以后,有没有结果不知道。办不到的也要早告诉人家。否则等于医生替人看病,看不好的,给人家一点平安药吃,好不了也死不了,就是拖,这就是罪过。所以孔子讲颜回的这句话,表面上看很普通,真正体会一下,这种修养实在是不容易的。

下面接着再赞叹颜回:

子谓颜渊曰:惜乎!吾见其进也,未见其止也。

这并不是对颜回本人说的话,是他对学生们说颜回的。颜回不是只活了三十二岁就死了吗?孔子说可惜得很,我只看到他的进步,没有看到他的成就。有进步应该有很大的成就,可惜短命死了,所以成就没有看出来。因此孔子有下面对人的感慨:

子曰:苗而不秀者,有矣夫!秀而不实者,有矣夫!

所谓苗就是根苗。有些植物，种籽种下去，发出的芽非常好，应该前途无量，但结果却长不大，枝叶并不茂盛，这是"苗而不秀"。也就是说有许多人，小时了了，大时糊涂。尤其在教育界更看得到，有些年轻人非常好，眼看他慢慢变，变到最后不成器。再更进一步是"秀而不实"，虽然花叶扶疏，但没有结出果实来。如果我们把这两句话，回转来看看自己的人生，大多可以说是"秀而不实"的。在这个非常时代里，年轻时，想如何如何。结果到了现在，得了结论，晓得自己是"起不了"。而这个重点，就是孔子上面所讲的"止，吾止也。进，吾往也"。在乎自己，不关他人，尤其做学问更是如此。我们常看到年轻人文章写得好，有许多人寄以厚望，我说不见得，这就是"苗而不秀，秀而不实"。真正文章写得好，能称得上是一个文学家的，以整个人类文化历史看，古今中外不到两三百人。这仅就文章这一行而言，写了许多书的人，能流传的又有几本？这都是"秀而不实"。

所以文学也好，学问也好，无论哪方面，能够做到历史上有成就的，很不容易。这也就是孔子对人物的感叹。有许多人，聪明而进取，有前途，但最后并没有结论。许多人的事业、道德、学问，都在这两句话的范围中。

## 勿 轻 后 学

因此孔子又对学生们讲到对年轻人的观感：

子曰：后生可畏，焉知来者之不如今也？四十、五十而无闻焉，斯亦不足畏也已。

这句"后生可畏"是孔子的名言，切不要轻视后一代的年轻人。从古至今，对年轻的后一代都非常重视。孔子说后来的年轻人可畏，并不是怕他，而是说值得用心培养，值得重视。"焉知来者之不如今也？"千万不要轻视后一代，不要以为未来的不如现在的。这一点我们不要冤枉孔子了，我们学术界经常都把孔子描写成非常古板、保守的。实际上孔子的思想最前进，他不轻视后一代，更不轻视后来的历史，认为未来的社会不比现在差。所以他说你何以知道将来就不及我们？以人来说也是如此。不过一个人到了四十、五十，还没有成就的话，那也就算了，再没有什么可观的了，这也是事实。

前面说过，我个人的看法，人类文化永远是年轻的，到现在为止，永远都在幼稚的阶段，还没有成熟，假使真正成熟，在文化的立场来看，此时人类的生活就永远安定了。这个理论是最麻烦的历史哲学问题，在此我们不去多讨论它。这一段也是孔子在鼓励青年们努力，我们过去有一句格言："少壮不努力，老大徒伤悲。"就是这个道理。

下面还是他对于学生们的鼓励：

子曰：法语之言，能无从乎？改之为贵。巽与之言，能无说乎？绎之为贵。说而不绎，从而不改，吾末如之何也已矣！

这固然是他对学生的鼓励，也是我们一生做人做事值得效法的地方。"法语"，就是我们现在普通说的"格言"。古人的名言，古时也称"法言"，有颠扑不破的哲理。我经常告诉来学中国文化的外国人，不要走冤枉路，最直捷的方法是先去读"三百千千"，就是《三字经》、《百家姓》、《千家诗》、《千字文》四本书，努力一点，三个月的时间，对中国文化基本上就懂了。三字一句的《三字经》，把一部中国文化简要地介绍完了。历史、政治、文学、做人、做事等等，都包括在内。尤其是《千字文》，一千个字，认识了这一千个字以后，对中国文化就有基本的概念。中国真正了不起的文人学者，认识三千个中国字，就了不起了。假如你考我，要我坐下来默写三千个中国字来，我还要花好几天的时间，慢慢地去想。一般脑子里记下来一千多个字的，已经了不起了。有些还要翻翻字典，经常用的不过几百个字。所以《千字文》这本书，只一千个字，把中国文化的哲学、政治、经济等等，都说进去了,而且没有一个字重复的。这本书是梁武帝的时候,一个大臣名叫周兴嗣,据说他犯了错误,梁武帝就处罚他,要他一夜之间写一千个不同的字,而且要构成一篇文章,如果做不出来就问罪,做得出来就放了他。结果他以一日一夜的时间写成了《千字文》,头发都白了。即"天地玄黄,宇宙洪荒。日月盈昃,辰宿列张……"四个字一句的韵文,从宇宙天文,一直说下来,说到做人做事,所谓"寒来暑往,秋收冬藏。"不要以为千字文简单,现代人,能够马上把《千字文》讲得很好的,恐怕不多。至于格言,也有一本书《增广昔时贤文》,是一种民间的格言。过去读旧书的时候,等于一种课外的读本,个个都会念,包括做人做事的道理在内。当然里面也有一些要不得的话,如"闭门推出窗前月,吩咐梅花自主张"的作风。但有很多好的东西,都被收进去了。到了台湾以后,发现市面上发行的《昔时贤文》,又把闽南语的一些民间格言也放进了。

讲中国文化,除四书五经以外,不要轻视了这几本小书,更不要轻视那些传奇小说。真说中国文化的流传与影响,这几本小书和一些小说发生的力量很大。四书五经,除了为考功名以外,平常研究起来又麻烦,就很少人去研究。而这几部书,浅近明白,把中国文化的精华都表达出来了。这是说到"法语"而引出来格言的道理。

孔子说历代的格言,构成了"法语之言","能无从乎"?能够说不信从它吗?譬如我们看到了很好的名言,一定因欣赏而背诵下来,默记在心。"改之为贵",仅仅欣赏也没有用,要把它当成一面镜子一样,照照自己,反省反省,发现自己的毛病,然后彻底改正,这样读书,才是学以致用。"巽与之言"就是顺从的话,顺着你的意思的话。有人编了一则笑话,说有一位侨领之流,年纪也大了,人家请他在一家豪华饭店吃饭,坐在首席。这位老先生经常放屁,联珠直响以后,他道歉说:"对不住!"旁边有人说:"没关系,不臭。"这位放屁的老先生说:"真的吗?那就糟了,听人家说老年人放屁不臭,命就不长了。"此话一出,那位说"不臭"的朋友愣住了,其他的人也很尴尬,过了不到一分钟,又有人用鼻子嗅嗅说:"唔,现在有一点点味道。"这也就是巽言的刻薄形容。还有一位朋友告诉我,他出国前找到一幅祝枝山的画送给一位朋友,这位侨商展开画,看了祝枝山的名字后说:"啊!他画的,我认识他的,他为什么不写我的名字?"这位朋友听了,不好意思说穿是明代古画,只好说"巽与之言":"那恐怕他忘记了,我回去要他替你加上好了。"

## 高帽压人低

这位朋友说的笑话,虽然非常刻薄,但他的经验阅历非常多,对事情看得非常透。人的经验阅历多了,也容易变成尖酸刻薄。我现在老了,有资格对年轻学生们说,他们骂我们老年人老奸巨猾,我绝对承认,而且认为是恭维的话。老奸不是巨猾,因为年龄越增加,经验越多,讲话就只好保留一点,这也是一种修养的工夫。如果年龄增加,人情经过多了,把人事看透了,而转来对自己的朋友,非常厚道,宁可你不对,我不挖苦你,不刻薄你,仍诚恳对你,这是道德,这是学问。各位要注意,假使做领导人,自然有好听的话要来的。孔子说,顺耳的话,听了难道会不高兴吗?捧两句总比骂两句听来舒服,明知道那两句捧的话是假的,可是总舒服点。清代才子袁枚有名的故事,他二三十岁就名满天下,出来作县长,赴任之前,去向老师——乾隆时的名臣尹文端辞行请训,老师问他年纪轻轻去做县长,有些什么准备?他说什么都没有,就是准备了一百顶高帽子。老师说年轻人怎么搞这一套?袁枚说社会上人人都喜欢戴,有几人像老师这样不要戴的。老师听了也觉得他说的有理。当袁枚出来,同学们问他与老师谈得如何?他说已送出了一顶。这就是孔子说的"巽与之言,能无说乎"?好听的话谁不愿听?

所以我们要注意"绎之为贵",绎就是演绎,要反省、研究、推敲、分析一下。"说而不绎"，光喜欢好听的话，自己不加反省、推敲。"从而不改"，对于好的格言，只是欣赏，而不依格言去改自己的毛病。"吾末如之何也已矣"，孔子说对于这种人，我也实在拿他没有办法了。这也是说知识分子讲理论，告诉人家如何如何很容易，要做到就很难，如果做不到，也没有办法。孔子的学问是讲实际行谊的，能够做到，才是真的学问。

子曰：主忠信，无友不如己者，过则勿惮改。

这句话是重复的，前面说过，不再讲了。重心在"无友不如己者"，千万不要依古人的解释，认为交朋友一定选比自己好的，那就错了。要尊敬每个人，认为所有的朋友，不可能不如自己的。

## 意 气 凌 云

下面是讲学问之道，除了知识以外，要注意气节的培养。气节是人格的中心。

子曰：三军可夺帅也，匹夫不可夺志也。

这是说一个人中心思想的养成。这个问题，也是我们讨论过的，佛家、儒家都主张做人要做到无我，这无我是对个人道德修养而言。处理事情则要有我，要有正确的意志思想，用现代话说，便是主义的中心思想。"三军可夺帅也"，古代作战，如果把对方主帅抓住了，三军失去了领导人，就整个崩溃了。对人而言，"匹夫不可夺志也"，任何一个人真有气节，立定了志向，怎么样也不会动摇。我们看到抗战时，多少年来，许多朋友为国家、为主义牺牲，很多人值得钦佩的，他们可歌可泣、有气节的事太多了，像许多敌后工作人员，无论受到怎样的折磨，始终志向不屈，气节不变，就是说个人的思想与意志，是很难征服的。第二次世界大战以前，西方人对于思想、文化侵略的严重,还不大了解。第二次世界大战以后,每一个国家对于这一点都懂了,在战略上先侵夺对方的意志,先把敌人的思想意志变更。在人类文化的战争史上来说,到这几十年来,他们才真正懂得运用这个道理。拿中国历史来说,我们中国自南北朝以迄清代,经过好几次的外族入侵,为什么中华民族始终站得住,外来的民族结果都被我们的文化所同化,就因为文化力量的伟大。有个哈佛大学的教授来问我,全世界的国家亡了就亡了,永远站不起来,唯有中国经过好几次的大亡国,但永远打不垮,永远站得起来,理由在什么地方?我答复他说,关键在一个很简单的名词"统一",文化的统一,思想、文字的统一。现代的欧洲,和我们春秋战国的时候一样,交通不统一,经济不统一,言语也不统一。我们中国言语,到现在也还没有统一过,广东话、福建话,各省各地都有他的方言。但秦汉文化统一以后,不但是整个中国,即使整个亚洲,包括日本、东南亚各国,都是中国文字。最近东南亚曾经先后想改,不用中国字,结果没有办法,改不了。越南在变,变到现在还是没有办法;马来西亚也在变,有从那里回来的学生告诉我,他们把"窓"字变成"忩",去掉中间的两点,但学生还是写"窓"字,老师就说那是以前的窓,现在新来的窓不必要中间的两点,新式的窓不用那两个螺丝钉了,可是学生说字典上窓还是有螺丝钉。据说这一类的趣事很多,所以统一的文化非常重要。因此文化不能亡,不能挖根。我们有些国人,自己去做文化挖根的工作,这是自取灭亡的事情。

因此孔子讲到个人"匹夫不可夺志也"的志节,表现于日常生活上的情形:

子曰:衣敝缊袍,与衣狐貉者立,而不耻者,其由也与!"不忮不求,何用不臧?"子路终身诵之。

子曰:是道也,何足以臧?

这是孔子描画出的子路。如果现在遇见子路这样的人,是很有味道的；有侠气，讲话直，有点像《三国演义》中的张飞、《水浒传》中的李逵，没什么心机，宋江想打一个鬼主意，就往往被李逵叫开了。孔子弟子中，子路就是这样一个可爱的人。当然，子路有学问，他并不像张飞、李逵的粗鲁，但个性豪迈，慷慨尚义。孔子说他，穿着破旧的袍子，与富贵中人穿了皮袍的——大陆北方冬季严寒，非穿皮袍不可，至少穿羊皮，高级的穿狐皮、貂皮、灰鼠，相当贵的——站在一起。"而不耻者"，他没有自卑感，丝毫不觉得不如别人，这种气魄不容易养成。通常穿一件蹩脚的衣服，到一个豪华的场所，心理上立即会觉得自己扁了。这就要有真正学问的气度，即使穿一件破香港衫，到一个华丽的地方，和那些西装笔挺的人站在一起，内心中能真正的满不在乎，不觉得人家富贵自己穷，实在要有真正的修养。孔子说这种气度，这种修养，只有子路做到。如孟子所说"说大人则藐之"，见到了不起的人，也看得很平凡，很普通。下面孔子引用《诗经·邶风·雄雉》章中两句诗称赞子路"不忮不求，何用不臧"。也告诉我们为什么子路能够做到，凭四个字"不忮不求"。"不求"，大家都知道，你官大，我不想做官；你钱多，我并不以为钱是了不起的东西，我并没有觉得穷是悲哀，对你无所求嘛！

　　什么是"不忮"？以现代观念解释，就是心中很正常、坦荡，你地位高，有钱，但你是人，我也是人，并没有把功名富贵与贫贱之间分等，都一样看得很平淡。对人不企求、不寄希望，自己心里非常恬淡、平静。如此做人做事，"何用不臧"？哪里还行不通？有此心理，自然就气度高华。所以说培养气质，不是衣服装饰可以培养得出来的，要在内心上具有这种修养，风度、气质自然就出来了。子路听了老师用《诗经》这两句奖励他，就"终身诵之"。孔子又说他，我说你好，你就得意起来了。我讲你对，这不过是学问的过程，而学问永无止境，以此到处炫耀，你就已经不行了。因此孔子的结论：

　　子曰：岁寒，然后知松柏之后凋也。

　　天气冷了，所有的草木都凋零，只有松树与柏树永远是碧绿的——台湾的气候看不出来,大陆上四季分明,就看得很清楚——这是孔子的感叹。人生要在最后看结论,人要在艰难困苦中才看得到他的人格,平常看不出来。如文天祥就是一个例子,国家无事时,他是一个风流才子,谁看得出他后来竟是一个如此坚贞而正气浩然的人。所以古人说"疾风知劲草,板荡识忠臣"。大风来了,所有的草都倒下去,只有山顶上有一种草,可以作药用的,台湾也可看到,名叫"独活",在海拔很高的地方,所有草都不生长,只有这种草生长,所以叫"独活",就是劲草,大风都吹不倒。时代的大风浪来临时,人格还是挺然不动摇,不受物质环境影响,不因社会时代不同而变动。国家一乱,就看到了忠臣,也就是孔子说的"岁寒,然后知松柏之后凋也"。

## 三达德的重心

下面孔子说到人格修养的三个重点:

子曰:知者不惑,仁者不忧,勇者不惧。

孔子告诉我们,一个人要达成完美的人格修养,重要的有三点,缺一不可。智慧,我们要注意,"知"在东方文化里并不是知识。书读得好,知识渊博,这是知识。智慧不是知识,也不是聪明。研究佛学,就看出来了。照梵文的音译,"般若"这两个字,中文来解释,相当于智慧。当时我们翻译佛学经典中的《金刚般若波罗蜜多经》,其中的"波罗蜜多"、"般若"都是梵文译音。"般若"的解释是智慧,为什么不译成《金刚智慧波罗蜜多经》呢?因为中国过去翻译有"五不翻",外文有此意义而中文无此意义的不翻,为"五不翻"中的一种。现在对外国学生上课,就常有这种情形。譬如"境界"一词,外文里就没有这个字,勉强翻成"现象",但并不完全是境界的意义。"现象"是科学上的名词,"境界"是文学上的名词。譬如说有人常引宋代辛稼轩有名的词句："蓦然回首,那人却在灯火阑珊处。"那就是境界,若隐若现。再说诗的境界,如"月落乌啼霜满天,江枫渔火对愁眠。姑苏城外寒山寺,夜半钟声到客船。"好境界！如改作"飞机轰轰对愁眠"那是噪音不是诗。李后主词的名句"无言独上西楼,月如钩,寂寞梧桐深院锁清秋。"若是"月如团,红烧鸭子一大盘。"那就没有境界了。这是讲文学的境界。如把境界翻成现象,就只有"月如团,红烧鸭子一大盘",才是现象。又如中国文字的"气"如何翻译？西方文字不同,氧气、氢气、瓦斯气,究竟用哪一种气来代表？中国字就不同了,一个"电"字,就有许多的妙用。在外文就不得了,现在外文有十几万字,真正常用的几千字而已。外文系的学生可不得了,新字一年年增加,我看照这种情形下去,七八十年以后,谁知道要增加到多少字,将来非毁弃不可。而中国只要一个"电"字就够了,发亮的是电灯,播音的是电唱机,可以烧饭的是电锅、电炉,还有电影、电视、电熨斗,只要两个一拼就成了,谁都懂。外文可不行,电灯是电灯的单字,电话是电话的单字,所以他们的物质越进步,文字越增加,增加到最后,人的脑子要爆炸的。所以现在中文翻外文,就是采音译的方法,然后加注解。我们过去的翻译,不像现在,尤其南北朝佛学进来的时候,政府组织几千个第一流的学者,在一起讨论,一个句子原文念过以后,然后负责中文的人,翻译出来,经过几千人讨论,往往为了一个字,几个月还不能解决。古人对翻译就是那么慎重,所以佛法能变成中国文化的一部分。现在的人学了三年英文,就中翻英、英翻中,谁知道他翻的什么东西？所以翻来覆去,我们的文化,就是这样给他们搞翻了。当时"般若"为什么不翻成"智"？因为中国人解释"智"往往与"聪明"混在一起,所谓"聪明"是头脑好,耳聪目明,反应很快就是聪明,是后天的;而智慧是先天的,不靠后天的反应,天分中本自具有的灵明,这就叫智慧。他们考虑梵文中这个字有五种意义,智慧不能完全代表出来,所以干脆不翻,音译过来成"般若"。这里孔子说的"知者不惑"的"知",也等于佛学中智慧的"智",而不是聪明。真正有智慧的人，什么事情一到手上，就清楚了，不会迷惑。"仁者不忧"，真正有仁心的人，不会受环境动摇，没有忧烦。"勇者不惧"，真正大勇的人，没有什么可怕的。但真正的仁和勇，都与大智慧并存的。

## 圣人之道与才

子曰：可与共学，未可与适道。可与适道，未可与立。可与立，未可与权。

这是做人做事最要注意的事。讲到这种人生的经验，孔子真是圣者，实在了不起。他说有些人可以同学，年轻做朋友蛮好，但没有办法和他同走一条道路，不一定能共事业。假如有一个事业，认为是好朋友，拉在一起做，往往后来朋友变成冤家，真不划算，如不共事业，还是好朋友，多圆满！朋友是难得，结果变成冤家，等于离婚一样，该多痛苦？所以汉光武找严子陵，而严子陵始终不干，始终和皇帝是好朋友，多舒服！如果他做了汉光武的官，最后历史的记载，两人有没有这光荣史迹，就不知道了。"可与适道，未可与立。"有些人可以共赴事业，但是没有办法共同建立一个东西，无法创业。我们经历了几十年的人生，再回过来看这节书，真感到孔子的了不起。明太祖朱元璋，最初尊孔子，反对孟子，把圣庙里孟子的牌位丢掉，说孟子没什么了不起。后来观念转变，翻开孟子一看，读到孟子说"天将降大任于斯人也，必先苦其心志，劳其筋骨"那一段，他又立即认为孟子真是圣人，恢复了孟子在圣庙的牌位。这就是说明要人生的经验多了，才体会得出圣贤之言的可贵。"可与立，未可与权。"有些人可以共同创业，但不能给他权力，无法和他共同权变。这在历史上很多故事中可以看到，有些人学问、道德都不错，做别人的高级干部，一人之下万人之上也不错，但权力一集中到他手里，他自己会害了自己，就坏了。譬如现代史中的袁世凯，和曹操差不多，是乱世奸雄，治世未必能。如果一个人大权在手,又有道德学问的修养,把权力看成非常平淡,那就高明了。

## 赞元禅师与王安石

再说,由"可与共学"到"未可与权"这三句话,我们可以借用宋代蒋山赞元禅师对王安石说的话,作为更进一层的了解。王安石与赞元禅师交情犹如兄弟,一个出家当了和尚,一个做了宰相,王安石每个月都要写信给赞元,而赞元始终不打开来看。有一天王安石问他能不能学道,赞元禅师说:"你只有一个条件可以学道。但有三个障碍永远去不了,只好再等一世,来生再说学道的事吧!"王安石听了很不痛快,要他说明。他便说,你"秉气刚大,世缘深",你的气大,又热心于人世的功名事业,成功与失败,没有绝对的把握,你心里永远不会平静,哪里能够学道呢?并且你脾气大,又容易发怒。做学问,重理解,对学道来说,是"所知障",你有这三个大毛病,怎么可以学道?不过,不大重视名利,而且生活习惯很淡泊,很像一个苦行僧,只有这一点比较近道而已。所以说你可以先研究修道的理论,等来生再说吧!我们看了这一段对话,再研究一下王安石的一生与宋神宗时代历史上的成败得失,便可以了解孔子所说的这三句话的分量了。

唐棣之华,偏其反而;岂不尔思,室是远而。子曰:未之思也,夫何远之有?

孔子所引用这四句古诗,用得很妙。"唐棣"是一种植物,像栗子一样,台湾也有栗子,五月间开白色的花。这诗上说到看见唐棣开的花朵,好像是反偏在一面的情形,因此引起一时的感想,了解任何一件事物,都有正反两面。有些事所以一时看不清楚,都是因为它太亲近,反而使自己受到蒙蔽,其实,道理就在你的面前,就像在你家里一样,只要多多精思,就可以知道是自家本有的。所谓"祸患常积于忽微,智勇多困于所溺",便是此意。唐棣之花的四句诗,它包含有两个意思。第一是说前面有一朵花,真是好看,可惜偏向了一点。第二是映射偏差的过失,是由自己不注意去深思所致。做事业或做人,最容易出错的地方,就是不太注意最浅近之处和偏信最亲近的人。由人生的经验以及历史上的教训,我们便可知道,一个人的失败,整垮你的不是敌人,往往是你左右最亲信的人。也不是左右的人有意整垮你,而是他无意犯一个错误或太多的错误,结果却帮忙你拆垮了台。所以人最不容易看清楚的,是自己同室的人和最亲近的事。好像我们戴眼镜,可以看见外面的事,往往忘记了自己的眼镜,把镜片撞破了,也把眼睛伤害了。四句话连起来就是说,我们有爱好,就有偏私,有了偏私,往往就看事情不清楚,越亲近的事物越看不清楚。这要特别注意。

"子曰:未之思也,夫何远之有?"这是孔子的结论,他说实际上都是自己不肯用心去深思,才看不清楚。其实,最高远的道理,就是最平凡、最浅近的。我们往往把摆在面前的事情看得漫不经心,不屑去考虑,才种下失败的种子。

一般把《论语》二十篇分成上下两部分,上面十篇为上论。《论语》上半部的最后一篇,也就是上论第十篇《乡党》,因为这一篇多半是记录孔子日常做人处世的态度,比较枯燥一点。事实上以现在的观点来说,也就是孔子日常生活的素描。本篇中,可以看出他的思想和为人处世的一方面,等于研究孔子的一个结论,我们暂时把它保留。上论到此就告一段落。

# 先进第十一

## 半部《论语》

现在我们开始讲下论。把下论讲完了再回来讲上论的第十篇,作为总结论。假使将来诸位教后一辈青年,我提供各位意见,可用两个方法,一个是先讲《乡党》,孔子生活的素描,然后再从第一篇《学而》一直讲下来。或者照我们现在这个办法,讲到第九篇以后,先把它保留,等到以后作结论。

同时在这里我们想到,也是以前曾提到的,宋朝开国的宰相赵普说过"半部《论语》治天下",这是中国文化中的一句名言。因为赵普与赵匡胤年轻时等于是同学,出身比较艰苦,来自乡间,一生没有好好读过书,后来当了宰相。"半部《论语》"是谦虚的话,表示读书不多,只读了半部《论语》。另一方面,据历史上记载,碰到国家大事或重要问题不能解决的时候,他都停留下来,把今天不能解决的问题,搁置到明天再解决。有人看到他回去以后,往往在书房里拿出一本书来看。后来他的左右,为了好奇,想知道这个秘密,背地里拿出来一看,就是一部《论语》。其实《论语》并没有告诉我们如何治理国家,更没有告诉我们什么孔门的政治技巧,它讲的都是大原则。本来读书就不该把书上的话呆板地用。通常某一句书的原则,可以启发人的灵感,发生联想。我们小时候读书的经验,遇到不懂的句子,问到老师时,老师说,你不要管,背熟就行了,将来就会懂。我们当时对这种答复，心里很不满意。但背熟了以后，年龄慢慢增加，做人做事的经验多了，碰到某一件事，突然触发了这一句书，给我们很大的灵感，很高的智慧，往往就因此知道如何去处理事情，这是事实。

现在了解了上面的道理，开始看这第十一《先进》篇。同时告诉诸位一个经验，我们以前读老书出身的，不是在学校，而是在私塾里读书。读的《论语》，不是现在这样整整一部，是用木刻印在纸上。一篇装成薄薄的一本，每本两三个铜钱，准备翻弄坏了再买新的。而我们当年读《论语》，第一篇就开始读《先进》篇，不是读《学而》篇。

## 素朴的美

现在我们讲《先进》的观念，和下面第十二篇《颜渊》等等，等于上论的《学而》、《为政》、《里仁》这些篇章的注解。以实际的例证来作注解，叙述孔子当时师生之间的讨论，以及他自己实地的一些作为。所以还是连贯的。

为什么篇名叫《先进》？我们看到上论各篇，几乎都是拿每篇第一句的头两个字来作题。古人许多著作往往同我们现在相反。我们现在写一篇文章的程序，是先构想好一个大体，下面分几章，立好大题目，章的下面再分几项、几点，很有条理地写下来。和盖房子一样，先画好图，搭好钢架，然后水泥一灌就行了。中国古人写文章，完全不同。我们小时候写东西，也都是走古人的路线，大致上没有什么题目。真正抒情的，自己感情思想到哪里，就写到哪里，写完了以后再想一个题目。试看古人写诗，尤其唐诗中李商隐的诗，"无题"特别多。写了以后，没有题目，算了，就叫"无题"诗。不过也不要上当了，有些无题诗，真有题目，只是不好标明；或者作者私人的事情，无法公开，就干脆来个"无题"吧！我们知道论语中《学而》、《先进》这些题目，不见得就是当时编书的人立的，或许是后来的人，为了分篇，就取

## 先进第十一

开头两个字,作为这一篇的题目。

此篇名《先进》的意思就是"前辈"。

子曰:先进于礼乐,野人也。后进于礼乐,君子也。如用之,则吾从先进。

礼乐是中国文化的中心,孔子对此非常重视。在这里涉及文化哲学的问题。他说人类先辈——上古的人对文化开创怎么来的?上古的上古,可能没有文化,同动物一样。人类就叫倮虫,没有毛,不穿衣,倮体的虫,也是一种生物。所以人类原先也没有文化,人类的文化是根据生活经验,慢慢累积起来的。所以孔子说,先辈对礼乐文化,是"野人也"。原始都是野人的生活,慢慢进化、进化,才有文化的形成。"后进于礼乐,君子也"。他说我们后辈,有了文化以后就不同了。生下来就接受文化的教育,教育得好,有高深的修养,受了文化的熏陶,很有学问,我们给这种人的名称是"君子"。"如用之,则吾从先进。"假使说到实用上的话,则主张先辈的朴野。这段话到底是什么道理呢?就是说人类的文化是了不起,但是过分的书卷气——在我们老的观念是"头巾气";现在的观念是"书呆子",这也可以说对于文化的鄙薄。实际上人类真正的文化,譬如礼乐,是根据内心来的,根据思想来的。真正的诚恳、朴实,就是最好的文化,也是真正的礼乐精神。而后天受这些知识的熏陶,有时候过分雕凿,反而失去了人性的本质。如明朝理学家洪自诚的《菜根谭》——此书两百多年来不见了,清末民初,才有人从日本书摊上买回。其书与吕坤的《呻吟语》是相同的类型。书中第一条就说:"涉世浅,点染亦浅;历事深,机械亦深。"涉世,就是处世的经验。初进入社会,人生的经验比较浅一点,像块白布一样,染的颜色不多,比较朴素可爱。慢慢年龄大了,嗜欲多了(所谓嗜欲不一定是烟酒赌嫖,包括功名富贵都是),机心的心理——各种鬼主意也越来越多了。这个体验就是说,有时候年龄大一点,见识体验得多,是可贵;但是从另一个观点来看,年龄越大,的确麻烦越大。有些人变得沉默寡言,看起来似乎很沉着,似乎修养非常高,但实际上却是机械更深。因为有话不敢说,说对得罪人,说不对也得罪人。假使一个心境比较朴实一点的人,就敢说话了。譬如武则天时代的宰相杨再思,虽然是明经出身,经历多了,作宰相以后,反而变得"恭慎畏忌,未尝忤物。"别人问他:"名高位重,何为屈折如此?"他说:"世路艰难,直者受祸。苟不如此,何以全身?"因此我们了解孔子所谓的"先进于礼乐,野人也。后进于礼乐,君子也。如用之,则吾从先进",也是一样的观念。宁可取朴野的,"朴野"的确更可爱一点。这里我们讲得很简单,但关系很重要,大家可以体会到孔子"宁取其朴素,不取其机械"的意思。所以世故与经验,加到人的身上,有时候使人完全变了质,并不是一件好事。

## 知 人 论 事

下面孔子提出他的学生了。

子曰:从我于陈蔡者,皆不及门也。德行:颜渊、闵子骞、冉伯牛、仲弓。言语:宰我、子贡。政事:冉有、季路。文学:子游、子夏。

孔子被困在陈蔡之间,是历史上有名的故事。这时候他的处境很困难,而所带领的一些学生都不离散,大家围绕着他,团结在一起。这是他晚年时候的感叹,他说当时随我在陈蔡之间一起蒙难的学生,现在都不在了。这是他怀念故旧之情。当时跟着他的这些学生,都在某方面有特出的成就,也是孔子门下最有名的几个。孔子评论学生的成就说,在品德方面最好的,有颜渊、闵子骞、冉伯牛、仲弓这四个人。在言语方面——当然不是现在的语文系,而是说擅长于说话的,有宰我、子贡两个人。政事则有冉有和季路。文学是子游和子夏。这里的四种,和上论中孔子所说的"志于道,据于德,依于仁,游

## 先进第十一

于艺"等等配合起来，就看得很清楚了，一个人的成就，各有专长，全才很少。就以孔子的学生来说，德行好的人并不一定能够做事。我们观察人才，尤其在学生里可以看出来，有些学生品德非常好，但是绝不能叫他办事，他一办事就糟。所以做领导人的要注意，自己不能偏爱，老实的人，人人都喜欢，但不一定能够做事。有才具的人能办事，但不能要求他德行也好。

所以过去中国帝王，用人唯才，尤其处乱世，拨乱反正的时候，要用才，只好不管德行。我们知道，曹操下一道征求人才的命令，也是历史上有名的文献，他说不问是偷鸡摸狗的，只要对我有帮助，都可以来投效。只有曹操有胆子下这样的命令，后世的人不敢这样明说，可都是这样做。其次汉高祖只有张良、萧何、陈平三杰帮他平定天下。其中陈平曾为他六出奇计，在当时只有他和陈平两个人知道。当时汉高祖和项羽作战，要陈平对项羽做情报工作，而且用反间计，给了陈平五十镒黄金作经费。这时有人向汉高祖挑拨，说陈平盗嫂，是最靠不住的人。汉高祖对这个话听进去了。在陈平出去办事之前，来辞行请示的时候，提起盗嫂的事，陈平听了以后，立即把黄金退还汉高祖，表示不去了。他说你要我办的是国家大事，我盗不盗嫂和你国家大事有什么关系？实际上所谓的陈平盗嫂是别人捏造的，但是陈平不去辩白这一套，这就是有才干的人的态度。汉高祖非常聪明，马上表示歉意，仍然请陈平去完成任务，这也是高祖英明之处。有些人则会因小失大，往往因为这些小事而误了大事。后来还有一个文学上有名的故事——张敞画眉。汉宣帝也是了不起的皇帝，张敞是当时的才子，后来成了名臣。他和他的太太感情很好，因为他的太太幼时受伤，眉角有了缺点，所以他每天要替他的太太画眉后，才去上班，于是有人把这事告诉汉宣帝。一次，汉宣帝在朝廷中当着很多大臣对张敞问起这件事。张敞就说："闺房之乐，有甚于画眉者。"意思是夫妇之间，在闺房之中，还有比画眉更过头的玩乐事情，你只要问我国家大事做好没有，我替太太画不画眉，你管它干什么？所以读书读历史,就是懂得人情,懂得做人做事。有时候一些主管,对部属管得太琐碎了,好像要求每一个人都要当圣贤,但办事的人,不一定能当圣贤。我们在孔子的弟子中看到,德行有成就的人,言语不一定成功。而言语上有成就的,如宰我、子贡,在德行上不一定有颜回那么标准。政治有成就的人,气度又与有德行的人不同。文学好,文章写得好,更不要问了,千古以来,文士风流。历史上文人牢骚最大,皇帝们赏赐几个宫女,找几个漂亮太太给他,多给他一点钱,官位高一点,他就没有时间牢骚了。这都是说人才的难求全。但历史上也并不是没有全才,不过,德行、言语、政事、文学都好的,实在少见。

## 听话的颜回

下面就说到德行的问题。

子曰:回也,非助我者也,于吾言,无所不说。

上论中提到过,颜回对孔子讲的话"不违如愚",从来不违背他的话,好像很笨,而暗地考察,颜回还能予以发挥,而不违背原则,可见颜回并不笨。这和当面唯唯诺诺,背后却不能发挥,或者是发挥了,却违背原则,是有分别的。前者是诚恳,后者是权术。孔子认为颜回对他个人没有什么帮助,说什么话他都听。孔子之成为圣人,就在这种地方。他意思是说颜回认为他说的话都对,但真的都对吗?要多加反省。这句话不以道德标准来说,仅讲个人行为修养,如果一个长官,遇到部下都说自己对,绝对没有反对的意见,就要反省自己对的程度。孔子说"非助我者也",这样对我没有帮助。真正对自己有帮助的,一定会有不同的好意见。所以一个领导人,最难处是容纳相反的意见。对于相反的意见我们听了以后,把自己的观点推开。就他的意见想想,也蛮有道理,然后与自己的意见作正反的中和,这种态度是做人处世的高度修养。孔子就有这气度,认为像颜回一样,对自己的话认为句句都对,这样对于自己是不会有帮助的。

## 孝子闵子骞

子曰:孝哉闵子骞,人不间于其父母昆弟之言。

他说真正称得上孝子的人是闵子骞。大家都看过二十四孝的故事,他的后母待他不好,冬天制棉衣,给亲生儿子用棉花做衬,而对闵子骞却用便宜而不能御寒的芦花,但是他还是很孝顺。后来终于把他的后母感动了。所以被列为二十四孝之一。孔子在这里说,闵子骞真正是大孝子,"人不间于其父母昆弟之言",最难得的是别人都看不惯他的后娘,看不惯他们兄弟之间悬殊的待遇。而闵子骞对别人打抱不平的话都不听,仍然孝顺后娘,友爱异母的弟弟,这是难能可贵的真孝子。这一点做起来很难,要有自己独立的主见,不听外人的话而变动,实在很难。如曾母投梭的故事,我们都知道曾参是品德高超的人。有另一个同名的人因杀人被捕,于是有人向曾母说曾参杀人了。起初曾母不相信,照样在织布机上织布。但三个人来告诉她以后,曾母还是丢了织布梭,下机来询问,这就是信心动摇了。母子之间会这样,长官部下之间就更难了。一个长官对于一个部下,有人说坏话,三个人说了不听,第四个人再说而仍然能绝对信任的,不是没有,但很少,这就是说"谣言止于智者",是很难很难的。尤其讲到闵子骞,很多家庭出了事情,问题不出在家庭本身,旁边的亲戚、朋友、邻居之间,东讲西讲,而导致兄弟之间、夫妇之间,乃至婆媳之间出了问题。这就必须靠自己有主见。所以孔子说闵子骞的后娘是不好,闵子骞也明知道不好,可是他心里有数,无论别人怎么讲,他都可以不受影响。引申这个道理,就是领导的人,更要注意。古人有句话:"疑人不用,用人不疑。"一边怀疑,一边又用他,这个问题就太大了,不但误了自己,更误了事情,这些都是要注意的。

> 南容三复白圭,孔子以其兄之子妻之。

这件事也在上论中提到过的。南容是孔子学生中德行很好的,吟诵了三遍《白圭》这篇诗,孔子就将侄女嫁给他了。念念诗,唱几遍歌,就得到孔子侄女作太太。这当然不是偶然的,光唱歌就唱来太太,孔子嫁侄女就太草率了。难道孔子希望侄女婿作歌星?当然不是这道理,而是平常已经考察了南容。《白圭》诗篇的原义,是歌颂白璧无瑕的美德。人有一点瑕疵,就是一生之累。南容因为有《白圭》的志向,有这种品性,再加上孔子平常对他考察的结果,才把侄女嫁给他。

## 才命相妨的颜回

> 季康子问:弟子孰为好学?孔子对曰:有颜回者好学,不幸短命死矣;今也则亡。

季康子是鲁国大夫,在上论中提到过。他问孔子,学生中哪一位最好学?孔子曾再三提到,只有颜回,不幸他短命死了。另有一种说法,孔子有一次与颜回等学生,一起在鲁国的东门,站在城上看泰山下面的景色。孔子突然问学生们,那远处是什么东西?学生中有眼力好的答道,看见好像有一条白链,很快过去了。颜回就说,是一个穿了白衣的人,骑了一匹白马跑得很快,所以看来像条白链,颜回的眼力太好了。所以后人说颜回读书太用功,视力又过分好,营养又不良,经常饿肚子,因此三十二岁短命而死。孔子对颜回的死是很痛心的,"今也则亡",现在就没有那样好学的了。

> 颜渊死,颜路请子之车以为之椁。子曰:才不才,亦各言其子

## 先进第十一

也。鲤也死,有棺而无椁。吾不徒行以为之椁,以吾从大夫之后,不可徒行也。

这段故事,也是后人据以攻击孔子的。

颜回死了,家里很穷,颜回的父亲颜路,也是孔子的学生,来商量办丧事。古人办丧事,棺材外面还套一样东西叫"椁"。现代也还有,我们看到出丧的行列,在棺的外面套一个花的"罩子"一类的东西,那就是椁的古制。当时颜路买不起椁,孔子有一辆车子,颜路就和老师商量,想变卖孔子的车子,买一具椁给颜回送丧。孔子说这不可以,你是爱你的儿子,有这个想法。可是当我的儿子鲤死的时候,同你一样穷,有棺而无椁,当时并没有把车子卖了为我的儿子做椁。而且他说自己之所以不能徒步当车,是因为从事政务,常和当时一些大臣往来,不能没有车子。这要有这个体验的人才知道。记得当年在大陆的时候,因为有事,去看一位某省的大员,坐黄包车到省政府门口下了车,警卫多番盘问,还要办一些很麻烦的手续,我怕烦就回去了。刚好一位厅长有事打电话给我,就顺便借了他的汽车,坐着一直进去了,非常方便简单。五四运动以后,有人攻击孔子摆臭排场,一部破车子,既不给儿子,又不给自己最爱的学生。但孔子的意思是说人应该行其本分,就是《中庸》第十四章中所说的"素富贵,行乎富贵;素贫贱,行乎贫贱",贫穷时就过贫穷的生活,不要做本分以外的事。家里没有钱,为了死要面子,向别人借钱负债来办丧事给活人看,这真叫作"死要面子,活受罪"。所以孔子说他儿子死了,没有钱,丧事也办得很简单,有棺而无椁,没有关系。

颜渊死,子曰:噫!天丧予!天丧予!

这是颜回死了,孔子非常伤心的话,因为颜回在所有的弟子中,是最足以传孔门学问的。现在他死了,孔子学问的继承人,也将成问题。难得有像颜回这样可以传道的人了,所以孔子说:"天丧予!天丧予!"

颜渊死,子哭之恸。从者曰:子恸矣!曰:有恸乎?非夫人之为恸而谁为?

所谓恸,就是非常伤心的意思,颜回死了,孔子哭得非常伤心。当时跟从在孔子左右的学生们说,老师哭得太伤心了。孔子听了以后说,我真的哭得很伤心吗?可是像颜回这样诚恳好学的人死了,我自然是很伤心的。如果颜回这个人死了我不伤心,那么还为哪一个伤心呢?还有哪个人的死亡,会令我这样伤心呢?

颜渊死,门人欲厚葬之。子曰:不可!门人厚葬之。子曰:回也,视予犹父也,予不得视犹子也。非我也,夫二三子也。

颜回死了以后,同学们主张厚葬他,来向孔子建议,但是孔子说不可以,因为厚葬对于颜回已经没有帮助了,而且依据颜回的德行思想来说,他也不会希望厚葬的。可是这件事学生们没有听孔子的话,还是厚葬了颜回。孔子知道以后,就感叹地说,颜回生前一直把我看成他的父亲一样,可是在安葬他这件事上,"予不得视犹子也"。所谓"犹"者如也,犹子就是如同儿子,后世人称侄子为犹子。这里孔子是说在安葬的事上,不能把颜回看得如同自己的儿子一样,依平日颜回生活俭约朴素的本性来办。所以他对已死的颜回带点歉意地说"非我也",这样的厚葬,不是我的意思,而是你的同学们的意思。孔子的这一个感叹,正是率直坦然的一种表示。讲到颜回,使我们想到古往今来,许多有才而短命或薄命的人物,颇为伤感。唐代诗人李商隐有两句诗说:"中路因循我所长,由来才命两相妨。"真是达人知命的论调。

## 不问苍生问鬼神

下面问题来了:

季路问事鬼神。子曰:未能事人,焉能事鬼?曰:敢问死?曰:

## 先进第十一

未知生，焉知死？

关于鬼神，有两个问题，第一是究竟有没有鬼神？世界上所有的宗教，一致承认有鬼神，但是，各个宗教承认有鬼神的理论却都不同。在大学里，拿这些不同宗教的理论，集中到一起来研究，关于鬼神的理论也包括在内，放在一起作研究，称作"比较宗教学"。以这种学问态度来看，每一宗教都承认鬼神。此外，唯心哲学也承认有鬼神。唯物哲学是不承认有鬼神的，科学家们则不反对有鬼神，只是保持怀疑的态度，正在追寻这个问题的答案。前面说过的，爱因斯坦最后信了上帝，就是一个最好的例子。现在科学界对这门科学的研究很热衷，有"灵魂学"、"神秘学"正在积极研究，并且运用科学仪器，如红外线照相机等，来证明灵魂的存在。他们已经有不少发现和记录。譬如人体会发出一种肉眼看不见的光；人坐过的地方，当这人离开后七八个小时，用特种照相机还可以照到这人的影子；对于植物，也认为有知觉有感情。这些研究，都很普通而且很积极。假如有一天科学界的灵魂学，能够以科学方法证明灵魂的存在，灵魂不是一种物质，是一种超物质、超电子的东西。到那时候，人类的文化要起非常重大的变化。现在物质不灭的定律已不成立，物质一定会变会灭的。目前的科学是质能互变，欣欣向荣的科学，正在探寻生命的奥秘。

鬼神问题，在中国文化里也很重要。现在大家都讲中西文化合流，但是有一点要注意，美国文化不能代表西方文化，它只是西方文化的一个支流。研究西方文化必须了解欧洲，而欧洲西方文化最初的根源是宗教，所以非研究西方的宗教思想不可。欧洲宗教思想，过去认为中国没有宗教。实际上鬼神的观念，就是中国过去的宗教思想。所不同的是，把祖先的亡魂，与鬼神混在一起。所以鬼神的问题，是研究中国宗教的一个大问题。孔子对于鬼神的态度，在上论中已经提到过"敬鬼神而远之"这句话，这里又说"未能事人，焉能事鬼？"他并不否认鬼神的存在，而是认为先把人做好，再研究鬼神的问题。连人都没有做好，连人都不懂，还想进一步去了解鬼神的事，太远了。"天道远,人道迩。"天道当然不是天文学、太空学这个天道。中国过去这个天道,就是代表形而上的,太深远了。我们活着做人,人事是浅近的。但是我们做了一辈子的人,对于人的事还没有研究透澈,何必来谈那么远的天道呢?这等于他消极地承认有鬼神。

而他认为学生们的程度还不够,暂不讨论。所以他答复子路"未能事人,焉能事鬼?"这个"事"字是作动词用,对于人事问题还没有做好就不要讨论鬼神的问题。接下来和鬼神连贯的有个大问题了:"敢问死?"子路问人怎么死的?大家认为子路的话蛮好笑的,怎么死还要问?但"死"的确是一门科学,人究竟是怎么死的?孔子答得很妙,"未知生,焉知死?"你是怎么生的,知不知道?生从哪里来?一般人都知道是妈妈生的。哲学中"人"究竟从哪里来?这个问题很重要。而每个人都有哲学思想,只因环境或智慧的不同,有人向哲学这方面追下去,有人就不追了。像每个人小时候都发生过一个哲学上的疑问:"我是怎样生出来的?"我们小时候问父母,妈妈告诉我们人是从腋下生出来的,我们还感到奇怪。现在教育普及了,都知道怎样生人,但那只是生理上的解说。

生人真有那么简单吗?照生理医学上说是很简单;但在哲学上对于医学界的解说并不满意。医学并没有解决问题。即使是照医学上的解说,我是妈妈生的,妈妈是外婆生,外婆是外外婆生,推溯上去,最初最初的那个人怎样来的?还是问题。人的生命究竟哪里来的?这是一个大问题。究竟怎样死的,为什么要死掉?以哲学眼光来看人生,宇宙是玩弄人的,老子说的"天地不仁,以万物为刍狗",也可作这一面的解释。天地简直在玩弄万物,既然把人生下来,又为什么要让他死掉?这是多遗憾的事!

讲到遗憾,我们又想到哲学上的另一个问题。以我们东方哲学来说,《易经》看这个世界,始终都是在变化中,而它的变化始终是不圆满的。我们这部《易经》从"乾""坤"两卦开始,最后一卦是"未济"。"未济"也可以说是没有结论的。以《易经》来看世界,任何事都没有结束。人生有结论吗？我们也讨论过"盖棺论定"并不是结论，人死了没有结论。宇宙、历史有没有结论？据科学、宗教、哲学所了解的，宇宙最后还是会毁坏，毁坏了又会新生，也是没有结论。所以人生是一个没有结论的人生，而这个没有结论的人生，永远是缺憾的。佛学里对这个世界叫做"娑婆世界"，翻译成中文就是能忍许多缺憾的世界。本来世界就是缺憾的，而且不缺憾就不叫做人世界，人世界本来就有缺憾，如果圆满就完了。像男女之间，大家都求圆满，但中国有句老话，吵吵闹闹的夫妻，反而可以白首偕老；两人之间，感情好，一切都好，就会另有缺憾，要不是没有儿女，要不就是其中一个人早死。《浮生六记》中的沈三白和芸娘两人的感情多好！其中就一个早死了。拿小说来讲，言情小说之所以美，只是写两三年当中的事，甚至几个月中间的事情。永远达不到目的的爱情小说才美，假使结了婚，成了柴米夫妻，才不美哩！

再说笑话，太阳出来了，又何必落下去？永远有个太阳，连电灯都不必要去发明了，岂不好！也有人说笑话，认为上帝造人根本造错了，眉毛不要长在眼睛上面，如果长在指头上，牙刷都不必买了，这些是关于缺憾的笑话。这是个缺憾的世界，在缺憾的世界中，就有缺憾的人生。花开得那么好！为什么要谢了？人生，生活得那么好，又为什么要死了？这些都是哲学的问题。这宇宙的奥秘、神奇，谁是它的主宰呢？有没有人管理它呢？如果有人管，这个管的人大概是用电脑计算的。人同样都有鼻子、嘴巴、眼睛等五官，可是那么多的人，却没有两个完全相同的。只看这么一点点，就有那么多的不同。所以人家说人是上帝造的，我说那个制造厂里，大概有时候抓模型抓错了，所以有的鼻子不好，有的耳朵不好。这到底怎么来的？西方的宗教，有的就告诉我们不要再追问，这是上帝照他的形态造了人。那么上帝的形态又是什么样子？不知道。西方宗教说，到此止步，不能再问了，信就得救，不信不得救；东方的宗教，信的得救，不信的更要救，好人要救，坏人更要救；在东方宗教里，认为人生不是哪一个主宰，既不是上帝，也不是神，另外定了一个名称：第一因。第一个因子哪里来的？第一个"人种"哪里来的？印度来的佛教、中国的道教，都认为人不是生物进化来的，也不是由一个主宰所创造的，也不是偶然的，这是一个大问题。

简单地告诉大家，这个生死问题和鬼神问题是连起来的。东方学说认为光靠男性的精虫、女性的卵子两个东西不能够形成一个人。人的形成需要"三元和合"，由男性的精虫、女性的卵子，配上灵魂而形成人。现在已有人研究出来试管婴儿，将精虫和卵子放进试管里看到他长大，那是不是三元呢？还是三元。精虫、卵子在玻璃管里或在人体里成长，是一回事。精虫与卵子之能够结合，还是靠一个灵魂的力量来的。人生出后有高、矮、胖、瘦、智、愚之分，不完全是遗传，遗传仅是因素之一，其中另有因缘。因缘的观念，是来自印度佛家的文化。譬如说，我在这里讲《论语》是因，大家在这里听就是缘，双方就有这个因和这个缘。相反的，大家是因，因为有大家在听，我才有机会在这里讲，我就是缘。因与缘互相连锁的关系，就叫作因缘。那么人生下来，有四种因缘，一种是亲因缘：它是种性（这些问题讨论起来，不是三言两语能讲完的，只大概提一下），包括了灵魂的关系，人的惯性的关系，由过去的生命历程带到了现世，又由现世再带到来世。至于父母的遗传等等，属于疏因缘，又名增上缘。何谓增上？一颗种籽，本身是亲因缘，种下泥土以后，因地质不同，吸收的养分不同而变，虽然变了，但它的本性不大会变的。所以西方遗传学所讲的，在我们东方哲学说来，那不过是增上缘的一点作用而已，并不是全部作用。有了现在的生命以后，就叫作所缘缘。何谓所缘缘？如古人的诗说"书到今生读已迟"，人为了今生读书已经太迟了，今日要赶快读书，以便来生的智慧高一点，这也可以作为所缘缘的说明。第四是等无间缘。因缘的关系是永远连续不断地下去，所以是平等的，没有间歇性，永远是转下去，等于我们的银河系统，是永远在转，连续关系转下去。这里大概介绍一下，这是哲学上一个专门的课题，也是科学上一个专门的问题，很麻烦，很精细的。我们现在只能约略地讲个大概，这也就是生死的问题。

东方哲学还有一个东西讨论，最初的生命哪里来的？东方哲学有所谓"原人论"，原始的那个生命，最初从哪里来的？现在全世界都流行的禅宗——这是中国的特产——其中主要的问题，也是问"生从哪里来？死往哪里去"？照唯物论的解释"人死如灯灭"，这答案行不行？不能满意。事实上证明，人死不如灯灭。如社会学、心理学、医学、灵魂学的调查，有很多的事例证明，譬如说有的人没有死，已经有死的征象。不说远的，就说发生在台湾的事，有位老朋友的老太爷，在他死前三天的早晨，他自己的老太太，就看到她的老伴站在门前往外走。老太太呼唤他不要出去受了凉，但又倏忽不见了。再回到房间一看，老太爷还躺在床上呼呼大睡。这时老太太心里知道，老伴快要死了，所谓灵魂先出窍了。果然三天以后老太爷去世了。这种事例倒蛮多的，这许许多多事例，在科学上都还是不可知之数。生从哪里来？死往哪里去？我们大家都活到死，死是一个大问题，一个人正常的死到底是怎么死的？

## 生 命 的 幽 默

《庄子》书中有句话妙得很，他说："不亡以待尽。"这话怎么说呢？意思是我们活在世界上并没有活，是在那里等死。所以庄子又说："方生方死，方死方生。"当一个婴儿出世，我们说生了，但庄子的观念中，那不是生了，而是死亡的开始。自生之时就开始慢慢走向死亡。两岁时，一岁的我过去了；十岁时，九岁的我过去了；四十岁时，三十九岁的我过去了，天天都在生死中新陈代谢，思想也在生了死，死了生。我们一个新的思想生了，前一个思想马上死亡了，流水一样。正如孔子说的"逝者如斯夫！不舍昼夜"。所以庄子说看着这生命活着,没有死,是在等最后的一天。从哲学的观点来看人生,的确是这样。所以有人学哲学,学得不好的,反而觉得人生没有意思,你说搞了半天有什么结论?没有结论。这个世界就是一个缺憾的世界。但是也有人通了的,晓得这个世界本来就是个缺憾的世界。像曾国藩在晚年,就为他的书房命名为"求阙斋",要求自己有缺憾,不要求圆满。太圆满就完了,做人做事要留一点缺憾。如宋朝的大哲学家、通《易经》而能知道过去未来的邵康节,和名理学家程颢、程颐弟兄是表兄弟,和苏东坡也有往来。二程和苏不睦。邵康节病得很重的时候,二程在病榻前照顾,这时外面有人来探病,程氏兄弟问明来的是苏东坡,就吩咐下去,不要让苏东坡进来。邵康节躺在床上已经不能说话了,就举起一双手来,比成一个缺口的样子。程氏兄弟不懂他做出这个手势来是什么意思,后来邵康节喘过一口气,他说:"把眼前路留宽一点,让后来的人走走。"然后死了。这也就是说世界本来缺憾,又何必不让人一步好走路!

这里是谈生死问题,孔子并没有作结论。依哲学上来谈这个问题,在这里也无法作详细的介绍,如果像现在这样讲法,一个星期讲两个小时,就是五六年,甚至十年的时间也讲不完。而且谁知道生从何处来?死往哪里去?没有人敢说,没有人敢作绝对的论断。只有在医学上,以科学的观念说,人怎样是生,怎样是死,有生命的延续,就有新陈代谢的作用。可见医学上也认为人随时都在生,也随时都在死,人的身体就和一个小宇宙一样。就是一片树叶,在科学的观念中,比一所核子工厂还复杂,而人体的结构,就有如宇宙一样复杂。譬如我们一餐三碗饭下去,如何的消化,如何的供给人所需要的热能,如何排泄废物,其间的过程是够复杂,也够奇妙的。如果再加上一些寄生虫和那些帮助消化的细菌在内,那关系可就更不简单了。

生死的确是个大问题,孔子在这里答得很奥妙,他说鬼神是属于天道的事情,"人道迩,天道远",人本身的问题,都没有解决,怎么去谈那么遥远的天道问题?也就是他说的"中人以下,不可以语上也"。

他认为子路他们这批学生，程度还不够，对于生死问题，就难说了。只要我们活着的时候，好好活下去，尽到活着的本分，先把人做好再说。

鬼神问题、生死问题，人类文化上两个大问题，现在再重复一下，让大家注意。

世界各国大学的哲学系，各派宗教乃至现在有许多科学，都在研究这两个问题。人类文化到现在，对这两个大问题，还是没有解决。究竟有没有鬼神存在？生是怎么来？死是怎么去？原始的人种究竟怎么来的？

当然，我们晓得，现在共产主义的哲学，一方面是基于马克思的经济思想，一方面是基于黑格尔的唯心辩证法，以及吸收希腊方面的唯物哲学而来的。其次，影响了人类思想的，是达尔文的进化论，和弗洛伊德的性心理学。这几种学说，同时构成今日世界人文文化一个大问题的存在，不过目前被物质科学的进步，将这问题掩盖住了，使我们不大感觉得到，实际上这个问题是很严重地存在着。

生与死问题的研究，现在已经把达尔文的进化论推翻了。新的理论，一部分已经成立——整个的还没有解决。所以这是一个很大的问题，不是短时间可以讨论得完的。《论语》中显然提到这两个大问题，我们要特别注意。不过现在没有办法专门针对这两个问题，再作讨论，只能在这里作一个交代，将来我们有别的机会，再来研究这些问题。

## 孔门弟子的素描

《先进》这一篇，到了这一段鬼神问题与生死问题是一个高潮，现在继续下来，是对于人物的评论。

闵子侍侧，訚訚如也；子路，行行如也；冉有、子贡，侃侃如也。子乐。若由也，不得其死然。

这是孔子对于这几个学生的评论。

"闵子侍侧,訚訚如也",闵子骞是有名的孝子,孔子非常喜欢的学生,孔子观察他,说他讲话很温和,有条有理。为什么讲话那么重要呢?这就好比曾国藩在《冰鉴》中所说,看一个人头脑够不够精细,不一定要看他的鼻子、眼睛,只要听他讲话,就会知道。有些人有条有理;有些人说了半天,主题还没有讲出来。一个人处事有没有条理,在言语中就可以看出来。所以,闵子骞在旁边是"訚訚如也",温和,有条理,看着很舒服。子路呢?"行行如也",什么是"行行"?光从书本、知识上,是难以了解的,要配合人生经验,才会知道。司马迁写《史记》,他自述读万卷书,行万里路。光读书读多了,不是学问,是书呆子,没有用。还要行万里路,观察多了,才是学问。从前,看到好几位当代的大人物,观察的结果,就懂了"行行如也"这句书,此公说话很简单,但不断在动,好像坐不住一样。这才想到就是子路的"行行如也"。冉有、子贡这两个人"侃侃如也","侃侃"是形容他器度很大,现在的话是很潇洒。对于这几个人,最后孔子下断语:"若由也,不得其死然。"他说子路将来不得好死。结果孔子看对了。子路后来是在卫国的政变中战死的,死得非常光荣。前面说过,他是为了赶回为卫国平乱,身受创伤,然后整肃衣冠,端坐而死。在中国历史上,唐、宋、明各代,这种人物很多,战死了以后还站着,尸体绝不倒下来,以致敌人的将领都对他崇拜万分,往往为他立祠建庙,这就与鬼神、生死的问题有关了。所以我们中国人说"聪明正直,死而为神",只要人的品格好,如忠义的人,死了以后就可以为神。我们看见许多庙,大家都去膜拜,里面所供奉的神,就是这一类人所升华的。这一段是由子路的"行行如也"所引起的。

"子乐",描述当时孔子对于这几个围绕在身边的学生,觉得很高兴。可是他很遗憾地深深惋惜子路将不得善终。我们这里也要注意子路的"行行如也"。譬如有些人坐下来会抖腿,在相人术上,这种人有多少钱都会被他抖光,这是一种"败相",不但钱会抖光,事业也会抖光,实际上也就是"行行如也"的一种小动作。人坐就是坐,睡就是睡,坐有坐相,睡有睡相,走有走相,吃有吃相,前面有相,后面有相,真正看相,太不简单,这是以中国文化中形名之学作的说明。这是孔子对常在身边几个学生人品修养,表现在外形上的一个定评,虽然是简单一句话,但是很扼要。

## 言语的艺术

下面跟着就是说到处事了。

鲁人为长府。闵子骞曰:仍旧贯,如之何?何必改作!子曰:夫人不言,言必有中。

这是说鲁国当时财政经济发生问题,鲁国有一个人出任长府,这个"长府"相近于现代的财经首长,不过不能完全和现在比。现在财政经济是分开的,会计也是独立的;过去所谓长府就是管钱的,包括了财政、经济,国税局乃至于审计部,这些业务都集中在一起。换句话说,是管如何收钱,如何用钱。鲁国当时主管长府这个机构的人,大概想对当时的制度有所改变。闵子骞说话了。他说,制度不要轻易变动,还是沿用现有制度,方法变一变就好了。如果变更制度,影响比较大,整个社会又要经过一番波动,才能适合新的制度,不如用旧的制度。你看怎么样?

这就是闵子骞说话的态度,很谦虚、很温和、有礼貌,就是上面说的"訚訚如也"。他是一位社会贤达,始终不想出来做官,立场超然,所以他说了:"何必改作!"这一点很重要,我们先不讲外国,研究中国历史,不论社会结构,或者政治制度,政治结构形态,如果一下子把它完全改过来,在当时几乎没有可以成功的先例。这就是《易经》的道理。天下的事只有渐变,没有突变,突变要出毛病的。这是政治哲学的大道理，研究起来也很麻烦。因此闵子骞当时不主张一时变制度，否则突变的结果，社会要出问题，所以他在客气话以后，下一个结论"何必改作"，这是闵子骞在政治上提出了一个重大的意见。后来传到他老师孔子那里，于是孔子说："夫人不言，言必有中。"这里的"夫人"不是太太，"夫"是起语的"语助词"，话还没有说出来，先发的声音。孔子认为闵子骞"訚訚如也"，平常老老实实，不大说话的，但是这次他为了国家的利益，大众的利益，他说话了，而且，说得很有意义，很对！他一说话，就把握住重点。这是赞赏闵子骞。但是，我们不要仅看作是孔子称赞闵子骞的话，而把"夫人不言，言必有中"这八个字轻易放过，这也是我们要学的，当处大事的时候，不要乱说，要说就"言必有中"，像射箭打靶一样，一箭出去就中红心，说到要点上去。

## 子路的琴学入门

子曰：由之瑟，奚为于丘之门？门人不敬子路。子曰：由也升堂矣，未入于室也！

子路学习鼓瑟——瑟比现在流行的古筝一类的乐器还要古老，有现在普通写字台那样大，有五十根弦，很复杂。"鼓"字，便是敲弹的意思。子路正在鼓瑟，孔子看见，觉得很好玩，于是讲了一句笑话，他说子路啊！他对于鼓瑟，还没有入门呢！说到这里，我想到一个事实的笑话：我有一个学生是学科学的，他原有个外号叫"科学怪人"。这人做事、讲话，什么都是机械化的。后来，住在我家里，我所讲的一些关于中国文化的东西，还是他记载的，他很有兴趣。他的弹筝，也是机械化。我笑他是科学弹筝，他也不管。但有一点，他做事是很科学的，他开始学筝的时候说，每天只学十分钟，以后就固定化，每天尽管忙，必弹十分钟，不多不少。半年以后，还真的弹得蛮好了。由他的修养，我就感觉到，做任何事情，不要怕人家笑，这也是科学精神。

他除了"科学怪人"的绰号之外，还有一个外号是"紧张大师"。后来到了美国，有个场合，人家要他表演，他就在很多人面前表演弹筝，一上台，手就发抖。不知道的人，还以为是一种特别的指法呢。常常有些人说，年纪大了，要学什么东西没有时间。我就常拿他这个精神告诉人家，一天只用十分钟好了，一年、两年下来就不得了。实际上，我们回想起来，读书也好，学别的也好，很少用超过一天十分钟，连续三年加起来那么多的时间。如果真下这个工夫，无论哪一件事情，都会有成就。子路鼓瑟，孔子也是对他作这样的批评。

同学们听到孔子这个批评，对子路就不佩服了。在这里就看出群众的心理是盲从的。这个地方，我们读书就要注意了，真正头脑冷静，任何事情不跟着别人转变，要用自己真正的智慧、眼光来看一件事、看一个人。所以，孔子看到同学们这个盲从的毛病就说，你们也真是太看轻人，我说子路，是勉励激发他的话，实际上，子路鼓瑟的成就，已经进入了厅堂里，不过没有进入内室去而已。"升堂入室"的典故，就是从这里来的。堂与室不能用现代的建筑格局来讲的，中国过去的建筑，有明堂格式，一般人讲话骂人"你是什么明堂"？过去的建筑，都是四合院式的，中间一个大天井，中间的大厅是明堂，深入明堂是内室，再后面就是后院了。孔子认为子路鼓瑟已经升堂了，不过没有深入到内室，如此而已。我这样说了一句话，你们就轻视他，太不应该，太轻率了。

## 低昂失律的资质

子贡问：师与商也孰贤？子曰：师也过，商也不及。曰：然则师愈与？子曰：过犹不及。

我们都会用的成语"过犹不及"，就是出自《论语》孔子说的话。师就是子张，商就是子夏，都是在前面介绍过的孔子高弟。子贡有一次问孔子,子张和子夏两个人,哪一个比较好,孔子说子张太过了,子夏不及。现在我们讨论"过"和"不及"这两个词。所谓"过",不是过错的过,不是犯了罪,而是聪明过头,有些人脑筋动得快,反应过敏了。有些人拚命研究一个问题,研究得太多了,反而走上一条错误的路子,这就是过。像讲道德,过分了就难免偏差,有一个学生,连我对他都肃然起敬,但也很难相处得自然。因为他的态度太讲礼,太过严肃了。他随时一定端容正坐,可是一身好像僵硬了,从来没有过自然的姿态。他说他自幼读中学时,就读儒家的书,效法书中所说的孔子,所以养成这个样子。我说孔子并不是这个样子,这是宋代的理学家所塑造的形象,太过分、太呆板,这样人生都会感到枯燥无味,这就是过分了。"不及"是有些人懒得用心,对一个问题,想了想:"大概这样",觉得"差不多了"就停下来,这就是中国人"不及"的毛病。所以人家骂我们中国人"马马虎虎"、"大概"、"差不多"的观念,这都是"不及"。科学精神是买酱油的钱,绝不能移来买醋。中国人买酱油与买醋,两样都差不多,马马虎虎,酸咸混淆一起,这就是做人做事"不及"的地方。总之,不及则不够标准,或者过则超过了标准,都是偏差。孔子说,子张过头了,子夏则是不及。子贡就说,这样应该子张比子夏更好了;因为子张超过了头了,总该是好的。孔子说,不见得如此,超过了标准与不够标准,一样都是毛病。我们这里只能讲一个原则,要发挥起来,可举的事例太多太多,做人做事,稍有不慎,都会过犹不及。做得恰到好处,符合中庸之道,才是对的。中庸之道很难做到,现在也有人故意讽刺中庸之道就是马马虎虎,这不是中庸,这是不及,把不及当作中庸,这就错了。

  季氏富于周公,而求也为之聚敛,而附益之。子曰:非吾徒也,小子鸣鼓而攻之可也。

  这是孔子对于一个学生的申斥。冉求为当时鲁国的权门季家当总务长。孔子说季家为鲁国的权门,财富已经很多了,比周公还多。

周公是被封于鲁国的始祖,也是鲁国的国君初祖。季家已经富可敌国了。可是学生当中的冉求,还公然替他设法找更多的钱,还为他加倍地设法搜刮,等于是拍季家的马屁,特别为他努力,这就造成财富不均、贫富悬殊的趋势。所以孔子说,这个人不是我的学生,可以开除了,你们可以公开地把他轰出去。这就是孔子对学生品行方面的要求,他不希望他们成为一个书呆子,而要他们能做事,对国家社会有所贡献,这才是真正的学问,也是儒家学问的中心所在。

## 儒 家 四 相

柴也愚,参也鲁,师也辟,由也喭。

这也是对四个学生的评论。

柴,姓高,字子羔,少孔子三十岁。这评论不一定是孔子亲自说的,是后来门人的记载。其中说高子羔这个人比较"愚",照现在话来说就是笨,但并不是我们普通说的笨。朴拙一点,举止比较迟缓就近愚,不完全是笨的意思。

还有这个"愚"字的笑话,有些学生在外国已拿到博士、硕士学位,写信回来,往往自称"愚生",这对于传统文化真是一大讽刺。后来一问,在高中都正式教过的。可见在教育上并没有错,错在自己不留心而已。唐代以后,一千多年来,"愚"字都是长辈对晚辈或平辈间的谦称。例如师长对学生写信,可以自己谦称为愚兄。舅对年长的外甥,也可谦称愚舅。对弟弟,也可谦称愚兄。可是还有人称"愚生",那就奇怪了。那么,上面称老师,应该对称为笨师了?(一笑。)这是另外谈到写信的礼貌。在这节书里,"愚"的意思是反应迟钝。

第二个是"参也鲁","鲁"和"愚"看起来好像差不多。像《水浒传》这部小说,非常妙,它包含了社会哲学,也包含了历史哲学,其中人物,三十六天罡、七十二地煞,都是怪物。这一百零八个人各加一个外号,这些外号都有民间的哲理,看起来蛮有意思。如宋江的外号"及时雨",天旱久了来一场"及时雨"有多好。但"及时雨"宋(送)江,送到江里去了,一点用都没有。又如智多星吴(无)用,也是一样。"花和尚"鲁智深,姓就用鲁,所谓鲁就是鲁莽。他相当粗暴,动辄就打,虽然出家当了和尚,喝醉了连佛像都打掉。可是他的打,是很聪明的打法。盲目地崇拜偶像,并不是真正信仰的精神。真正信仰的人,不一定要崇拜偶像,一个真正具有宗教家精神的人,并不是一定要有宗教的形态。所以鲁智深的鲁是代表这样的性格。我们说鲁就是笨,这说法错了。鲁是在愚的当中又带点直,而直的当中又不粗暴,慢吞吞的为鲁。

"师也辟",子张比较有点固执,有了学问的人,多半易犯这个毛病,大致文人也多固执,这样看不惯,那样看不起。这里所讲的子张有点特殊的个性,就谓之辟。

"由也喭",这个"喭"与"谚"相通,就是土佬,很俗气、很粗糙的相似形态。子路做事比较粗暴,讲话也比较豪放。本篇为什么只提这四个人呢?因为这四个人也代表了人格的四种典型。一般人可以用这四种典型来做一个小的归类;不是这类,就是那类。

## 颜回的空　子贡的有

子曰:回也,其庶乎! 屡空。赐不受命,而货殖焉,亿则屡中。

这里提到的两个人,一个是孔子最欣赏的;一个是孔子得他帮忙最大的。

这篇书里我们可以看到,孔子的学生们各有他的长处,也各有他的缺点。做一个领导人,对他的部下,一定要了解,每人有长处,也有缺点。再讲一个人生哲学的道理,我们要注意,有人说某某的长处是什么,短处又是什么。如以哲学的观点来说,某人的缺点也正是他的长处，而长处也就是他的缺点。不但某人如此，我们每一个人也是如此，长处与缺点几乎分不开的。用得好就是长处，用不好就是缺点。作为一个领导人一定要懂得这一点。如果所用的人，都希望他和自己一样，那这个事业就不要做了。人形形色色，各有所不同，就要养成自己对于各种各样的人都能包涵，都能领导，这是很要紧的。

孔子这里说，品德最好的只有颜回，具备各方面的长处，差不多已经够得上道德的标准。但是"屡空"——太穷，常常是空的。不过"屡空"这两字，有不同的解释，尤其学佛学道的人解释更不同。他们解释说，只有颜回是孔子的得意门生，才能常常做到空的境界，对于任何事情，无论得意或不得意，都可以把它丢掉，摆得下。也蛮有道理。

其次说子贡不受命，怎么不受命？就是孔子希望他专门为学问道德而作。但子贡的个性与众不同，老师这一套道德学问他绝对接受，可是他生活方式走的路线绝对不同，不太肯走呆板的路线，他去做生意了。他做生意的本事非常大，判断估计不会失败，每次都被他料中。以现在西方社会的情况来说，第一流人才做生意。而子贡的才干实在是不止如此，我们在这个地方才知道子贡还会做生意。所以司马迁《史记·货殖列传》中，就取用《论语》上这里的"货殖"两个字，代表了工商，中间记有子贡。其实子贡不但是工商界了不起的人才，他对于外交、经济等等是样样通。所以我说孔子后半生的生活，还多半靠他维持的。

## 不着痕迹的善人

讲了许多关于孔子学生们的评论，下面又转到另一方面了。

子张问善人之道。子曰：不践迹，亦不入于室。

问题来了,这几句话解释起来最讨厌。子张问起,怎样算真正的善人,我们人究竟要做到什么样子才能称为善人?这是一个大问题——也真是一个哲学问题、逻辑问题——逻辑就是辨别是非,下一个定义。现在推开一切不管,以纯粹哲学的立场来讲,什么是善?什么是恶?很难下一固定标准。同一件事在这个时代是善的,在另一个时代则变为恶的;在这一地区是善的,换一个地区则是恶的;随着时间空间的转变而转变。因此善恶没有固定的标准。所以说做人怎样才合乎标准?西方有西方的礼节,中国古代有古代的礼节,现代有现代的标准。假使现在为了发扬中国文化,穿一件和尚衣服(也就是明朝的便衣,古代出家、在家人的分别在头发剃光不剃光),留着西式的发型,再打上一条领带来上课,这是作怪还是爱国?是善的或是恶的?实在很难断定。所以善恶的问题,是道德哲学上的大问题。

这里子张问怎样才是善人,孔子的答复"不践迹,亦不入于室",先照字面上解释,不踏一丝痕迹,也不进入房门,走进屋内。如果照字面这样解释,作善人最好连太太房间都不要进去了。这是作笑话讲。怎么叫"不践迹"呢?这个问题我们可以借用道家中庄子所说的"灭迹易,无行地难"来加以理解。古人的文字太简单,解说起来又很讨厌。我们只作这样的解释:小偷去行窃,可以戴上手套,手印指印都不留下来,使刑警没有办法侦查,这就是"灭迹",没有痕迹了。但"无行地难",人毕竟要靠地来走路,完全不靠地面而能走路,这是做不到的。譬如刚才说小偷把他自己的形迹灭掉容易,但什么是小偷的行地?凡是小偷,只要静下来的时候,心里就会想到,自己偷过东西。这种内心的行地要去掉,就办不到。做了坏事,可以骗遍天下人,但没有办法骗过自己,这就是"灭迹易,无行地难"。

由此可知孔子这里的"不践迹",就是说做一件好事,不必要看出来是善行。为善要不求人知,如果为善而好名,希望成为别人崇敬的榜样,这就有问题。

"亦不入于室",意思是不要为了做好人,做好事,用这种"善"的观念把自己捆起来。正如我刚才所说的效法儒家的那个同学,站就立正,坐就端坐,点头也不敢稍稍随便,就是被礼捆住了,没有脱落形迹。不要用心守着善的观念。何必为自己树个"好人"的招牌!所以中国人讲究行善要积阴德。别人看不见的才是阴,表面的就是阳化了。不要在人家看见时才做好事,便是阴德。帮忙人家应该的,做就做了,做了以后,别人问起也不一定要承认。这是我们过去道德的标准,"积阴德于子孙"的概念,因此普遍留存在每个人的心中。

中国专门说鬼狐的小说《聊斋志异》,第一篇《考城隍》,故事是有一个秀才做梦去应考,主考官是关公,一看他的卷子,就录取了。他的卷子里有两句话:"有心为善,虽善不赏。无心为恶,虽恶不罚。"就是说有心去故意做好事,表现给别人看,或表演给鬼神看,虽然是好事,也不该奖赏。又例如有一把刀不好用了,随手丢掉,而不幸伤了人,实在没有存心要伤害他,那么虽然是一件坏事,也不该处罚。全篇文章都是讨论这两个问题。这本讲鬼、讲怪、讲狐狸精的小说,为什么第一篇说这样一个故事?过去中国写小说的人,不是随便下笔的,一套传统的中国文化,道德规范的精神,摆得很严谨。《聊斋·考城隍》这两句话,也就是孔子说"不践迹,亦不入于室"的意思。"有心为善",做善人故意表示善,就践迹了,是不对的。更有些用"善"的观念把自己捆住了,像信教就信教,一定要表现斋公斋婆或招摇成教徒的样子,便是既"践迹",又"入于室"。

## 应机施教

子曰:论笃是与?君子者乎?色庄者乎?

有些人讨论问题,讲话非常有理,议论非常精辟。但是要了解,听到话讲得对,就是止于话,不要认为此人话讲对了,就是君子,是了不起的人。你看见他态度温和,言谈温和,就认为此人很有礼貌,很有见解,很有才气,这也错了。尤其是言论非常精到,或者是文章写得好的,不一定就是君子,也不一定态度庄重就是人才,这是教我们观察一个人,要考验自己,有时候听人家讲的还不算,要有事实的表现。所以有些人看了我的书要想和我见面,我常答说,何必呢?"读其书,不见其人。"多好!倘使见了失望,多么划不来!过去有几句笑话说:"久仰大名,如雷贯耳。今日一见,不过如此。"这又何必呢!下面接连的,便是这个观念的引申:

子路问:闻斯行诸?子曰:有父兄在,如之何其闻斯行之!冉有问:闻斯行诸?子曰:闻斯行之!公西华曰:由也问闻斯行诸?子曰:有父兄在。求也问闻斯行诸?子曰:闻斯行之。赤也惑,敢问。子曰:求也退,故进之。由也兼人,故退之。

这是孔子的教育态度、教育方法。同时由这一篇书,也反映自己做人做事的一个反省。子路问,听懂了一个道理之后,马上就去做吗?就言行合一去实践吗?孔子告诉子路说,你还有父母兄长在,责任未了,处事要谨慎小心,怎么可以听了就去做呢?另外一个同学冉有也向孔子问同样的问题说,听了你讲的这些道理,我要立刻去实行吗?孔子说,当然!你听了就要做到,就要实践。他答复这两个学生的话,完全不同。公西华听到以后,觉得奇怪了,跑来问孔子说,他们两人同样的问题,你的答复却完全不同,我越听越不懂了。"敢问?"——敢有不敢的意思,这就是说我现在鼓起勇气,要请你原谅一下,请告诉我,同一个问题为什么要作两种答复?孔子说,冉有的个性,什么事都会退缩,不敢急进,所以我告诉他,懂了的学问,就要去实践、去力行。子路则不同,他勇敢,"兼人"——生命力非常强,他这个人的精力、气魄超过了一般人。太勇猛、太前进,所以把他拉后一点,谦退一点。

在字面上只看到孔子教育的方法。我们在教育界久了,有时看到太用功的学生,也是劝他多休息、去玩玩,太懒的就劝他长进一些、多用功一点，这大家都做得到，何必孔子？但这只是文章的表面，进一步就看到孔子对学生的培养。首先，我们知道子路是战死的，非常勇敢，最后是成仁的烈士。孔子早已看出他是成仁的料子，所以他说"由也不得其死然"。这句话不是骂他，而是感叹。如果当时孔子稍稍鼓励他一下，可能早就成了烈士，不会等到后来卫国变乱才成仁。所以孔子在这里警告他，你的父兄家人一大堆，要先对个人责任有所交代，然后才可以为理想奋斗。如此，以中和子路过分的侠情豪气。而冉有则是安于现状，不大激进的人，所以孔子不大愿意他出来做事。结果他在鲁国季家，竟然弄起权来了，那么孔子就鼓励他，跳出现实的圈子，要有独立不拔的精神。

## 死有重于泰山

子畏于匡，颜渊后。子曰：吾以女为死矣！曰：子在，回何敢死？

这本来是普通的话，记载在《论语》里，是代表孔门师生之间道义的真挚感情。孔子在匡，人家误以为他是阳虎，所以他在那里受包围。后来归队的时候，颜回最后才回来。孔子一看到颜回就说，你把我急坏了，我还以为你这次蒙难死了呢！颜回答道，老师，你还在，我怎么敢先死呢？这流露出孔门弟子对孔子的尊敬，以及道义之情的真诚自然。

## 历史人物典型的塑立

下面是一个重大的问题了：

季子然问：仲由、冉求，可谓大臣与？子曰：吾以子为异之问，曾由与求之问！所谓大臣者，以道事君，不可则止。今由与求也，可谓具臣矣。曰：然则从之者与？子曰：弑父与君，亦不从也。

这是孔子对于高级干部、领导者，乃至为人事业伙伴者所说的话。孔子在这里有大臣与具臣的分别。中国历史上的高级干部，归纳起来大概有这几种特称：名臣、大臣、忠臣、奸臣、贤臣、佞臣，加上《论语》中孔子思想的具臣等等。这也就是中国文化历史上国家高级干部的标准。做历史上一个名臣，真是谈何容易？几千年来，名垂青史，只有诸葛亮、王阳明、曾国藩等可数的若干人而已。他们都是名臣，有名望。有些还不一定就是大臣，如范仲淹等等，可称得上是国家大臣，这更不多了。其他忠臣、奸臣、佞臣等的意思大家都知道的。至于"具臣"，只是够得上做个具员而已。我们知道在历史上留名实在不容易！中国历史，自然有个规格，不管当时权势有多大，最后这笔账是算得很公平的。像清朝皇帝下命令，修明朝的历史，而明朝许多大臣，最后投降清朝的，仍然把他们定格为"贰臣"。这是乾隆下的定论。虽然这些人很忠于清朝，但在皇帝的心目中，他们还是不行，只是贰臣。我们也在历史上看到，当李闯打进北京时，明思宗崇祯上煤山自缢，李闯还是很尊敬地向崇祯行礼的。后来清军攻陷了北京，也还是去崇祯陵墓祭拜，好人终归是好人，历史上这些地方，是公理昭然的。把这个观念说清楚了，再回过来说本文。

季子然是鲁国人，他问孔子说，请子路和冉求两个人出来做事，他们是不是够得上做国家的大臣？以现代来说，像英国的丘吉尔、日本的伊藤博文，哪个可以说是国家的大臣？季子然是问孔子，这两个学生，可不可以出来做国家的大臣？孔子说，我还以为你问我其他什么特别的问题哩！原来你是问子路和冉求这两个人的事啊！我告诉你，真正的大臣是"以道事君，不可则止"。自己有理想、有主义，辅助一个主体的人，使这个主体的人，向理性的标准、理想的主义、仁道的思想这条路上迈进。假使这个主体的人，不听这种意见，宁可算了，不肯干下去。这是"大臣"为行道而来的风格，不是为地位、为功名富贵、为做官、为待遇而来的。

至于你问子路和冉求这两个年轻人,他们确是人才,是具臣、能臣。政治、经济、军事都会;很能干,很有才具,也很有气节。季子然说,这样说起来,如果请他们出来做事,这两个人会绝对服从的啰!绝对服从,不一定是大臣。所以孔子说,并不是这样,他们是具臣,你如请他做事,他绝对忠实,绝对尽心。要说绝对服从,这服从是有限度的,你如果做背叛道义的事、背叛国家的事、背叛社会大众的事,那他们不来的。假如你杀了父母,乃至叛变,他难道跟着你叛变?跟着你杀父母?这种事他们绝不来的。这就是具臣,虽然只能算是具臣,但也要有才能而又忠贞亮节。

大臣、具臣的分别,我们可以看出一点大概了。孔子虽然是讲大臣、具臣之别,同时也影射了刚才所提的能臣。可见之于《三国志》裴注——曹操年轻的时候,许劭曾经为他看相。许劭说他是"治世之能臣,乱世之奸雄"。如果有好的领导人,跟着做事,会是一个能臣;如果碰到动乱的时代,没有好的领导人,则成为奸雄。就这两句话——"治世之能臣,乱世之奸雄",把曹操一生断定了。能臣与奸雄,往往极难分别。大臣、具臣、名臣之间,说实在的,也很难有一严格的界限。

# 从政与求学

下面讲到另外一个问题:

子路使子羔为费宰。子曰:贼夫人之子!子路曰:有民人焉,有社稷焉,何必读书,然后为学?子曰:是故恶夫佞者。

子路是我们大家都熟悉的,子羔也是孔子的学生,前面刚提到的,子路在同学中提拔了他,让他到费这个地方去做地方首长。子路做了这件事,孔子非常不高兴,所以他说"贼夫人之子!"这是骂人的话,而且骂得很厉害,以现代语言来说,就是"简直不是人,你这个小子!"这句话不只是骂子羔,同时也骂子路。孔子骂了以后,子路自然也辩白:"有民人焉,有社稷焉,何必读书,然后为学?"他说既然有群众,也有地方可以施展抱负,何必要死读书才出去做事呢?孔子说:"是故恶夫佞者。"这个"佞"就是强辩、拍马屁、迷信、自以为是、愚而好自用的人,都属于佞。我们在这一段话上,可以看出几个要点来:第一,宋太祖的话:"宰相须用读书人",宋太祖为什么这样讲?到底是有学问的人来干政治,会干得很好。据历史学家研究(这是学者的意见,不能说绝对是对,也不能说绝对不对),汉代开国,固然有规模,但气度还是不够大,原因就是汉高祖用的只是萧何、张良、陈平等三杰,一共仅三个人。而像萧何是从地方官升上来,一直到宰相,没有远大的开国的气魄。这是历史学家的研究,因而主张大政治家,要有大的学识,所以子夏也说"仕而优则学,学而优则仕"。仕就是出来从政,必定要先把学问基础打好;而在从政期间,又要不断增加新的学问、新的知识。这两句话是不能偏废的,我们平常教育界、学术界引用,只引用了一半——"学而优则仕",当然也有人反对,而认为工作经验也可以产生学问,至于整部的四书五经,也不过是从经验中得来的,到后来才称它为"学问"。我们为什么要读书?是接受前人的经验,可是一般人多半是子路的看法——"有民人焉,有社稷焉,何必读书,然后为学?"拿到了就干,干了再说。所以许多人就主张不怕做错,做错了没关系,再改。这话就有问题,对个人或对小事而言还可以,对社会国家,天下大事,就要十分慎重了。因为那一改,影响太大,这就是读历史、求学问的重要。经常有些中年以上的朋友发牢骚,我都劝他们回家读书去。过去的失败,我们大家都有责任,现在要紧的是,如果我们再回到原来的位置,应该知道怎么做,这就要多读书,对古今中外有深刻的了解,然后拿出一套办法来,不是今日发发牢骚,就可以了事的。

第二点，我们可以看到，几十年来，一般知识分子的思想，有一个很严重的偏差，如果扩大范围，拿学术的立场来看，即如今日世界上许多国家，都没有脱离这个错误。那就是几十年来，中国人讲文化，武人离不了《三国演义》的思想，所谓"纵横天下，割据城池"的个人英雄主义。老实说，我们当年出社会，固然有以国家天下为己任的热忱，但是心里面还是有个人英雄主义的思想，希望插上野鸡毛，号令天下。至于文人的风格，也始终离不开诸葛亮的鹅毛扇，加上文学家的吃花酒，诸如小说《花月痕》中所描写的境界。所谓名士风流，就是这几十年来中国文风的大概。一直到现在，我们研究今日青少年的问题，如大专联考这股竞争热流中，在他们思想深处，也还是没有脱离这个范围，这是一个非常严重的问题。所以在思想上，纯粹是以国家天下事为己任，为求学而读书的很少。

回过来再讲到子路的这句话，也就是《三国演义》型的思想，很多青年都容易犯这个毛病，包括我们自己，当年也差不多。"有民人焉，有社稷焉。"何必再去读书，然后为政？到了自己年龄慢慢大了，人生经验多了，处事多了，然后才知道学问的重要。当然我们讲的学问不是读死书，是经验配合了书本的真正的学问，确是重要。

到了这一段，又转了个方向，这是很重要的。研究孔子的思想、孔子的境界，乃至《礼记·礼运》篇中，大同世界的人生境界，就在这里了。

## 力挽狂澜的子路

子路、曾皙、冉有、公西华侍坐。子曰：以吾一日长乎尔，毋吾以也。居则曰：不吾知也，如或知尔，则何以哉？

"侍坐"，是过去的礼貌，学生晚辈在老师长辈面前，不敢随便就坐，只有站在旁边。这是记载子路等四个高材生站在孔子身边，孔子就说,你们不要以为我比你们大几岁,就认为我了不起,我也和你们一样。"毋吾以也",不要把我看得太了不起。孔子以这样诚恳的心情自我表白,是一个大宗师的器度,这就是所谓"满灌水不响"了。他又说平常你们在背后说"不吾知也!"认为我不了解你们,假使了解你们,那你们又将怎样呢?你们把自己的心意,讲给我听听看。

子路率尔而对曰:千乘之国,摄乎大国之间,加之以师旅,因之以饥馑,由也为之,比及三年,可使有勇,且知方也。夫子哂之。

子路的个性,大家已经了解,这位急性子的老兄,听过以后,就冒冒失失地说话了。他说,假使有一个"千乘之国"——这是当时诸侯中大型的国家了,而这个千乘大国,是处在几个大国的中间,在强敌环伺下,又经过了连年的战争,而且内部财政上也非常艰难困苦,不断地发生灾害饥荒。像这样一个国家,如果交到我子路的手上来,我只要花三年的时间去治理,就可以使这个国家的全体人民,每个人都能够站得起来,每个老百姓都知道如何去走自己该走的路,做自己该做的事。子路这个话讲得实在蛮够气魄的,不但有英雄气概,而且有大政治家的气魄。可是孔子听了以后"哂之",露了牙齿:"嘻嘻!"微微一笑,笑中充分表露了否定的意味。

讲到这里,想到一个笑话,那是《三国演义》中(这是小说不是历史,但是中国三四百年来的政治思想,可以说从来没有脱离过《三国演义》这部小说的笼罩)"煮酒论英雄"的故事。曹操有一天和刘备两人喝酒聊天,那时刘备还在投靠曹操,等于是他的部下。曹操问刘备,天下哪一个算是真正的英雄,刘备当然第一个捧曹操。曹操问他还有谁,刘备就说到袁绍、刘表等等一些当时有权有势的人,曹操都一一驳掉了。说这些人都不够资格作英雄,天下英雄唯有你我两个人而已。他说这句话的同时,天上忽然霹雳一声,响了个大雷。刘备不知道被曹操的话吓着,还是被天上的雷声一惊,手中拿着的筷子,都吓得掉到地上了。曹操问他怎么回事,他说我自幼在保姆手中长大,被他们溺爱,所以胆子很小,刚才被雷声吓了一跳。曹操本来最怕刘备的,这么一来,觉得刘备不过如此而已。但紧跟着刘备就设法逃走了(中国人对这部小说都非常熟悉,不过要注意的,我们不能说小说不是思想,而且在民间发生的影响力很大。小说是代表知识分子的思想,《三国演义》是罗贯中写的,至少是罗贯中的思想,罗贯中也代表了知识分子)。前几天有个学生看到一篇文章中引用的两句诗,来问我这两句诗的出处,我一时想不起来了,只好叫他自己去查,后来查到是曹操《短歌行》中的两句诗。曹操父子在文学方面,影响南北朝很大,他的英雄思想影响了几千年,这种思想方面的影响是没有时间和空间限制。所以我常常告诉一些喜欢写文章的作家,要特别注意,万一所写的东西能够流传下去,将来就不知道要影响多少人。所以有人一辈子有很好很丰富的人生经验,还不敢轻易写出来,就是写下来了,也还不敢用上自己的真名字。哪里像现在,为了赚稿费,提笔就写了。现在回到本文,子路答的那段话,当然不是曹操论英雄的那个意思和态度。子路说的话很有英雄气概,具大政治家的风范,但是孔子还是笑他,这并不是笑他的话不对,而是认为他还没有这种能力。

## 谦谦君子的冉求

求,尔何如？对曰：方六七十,如五六十,求也为之,比及三年,可使足民；如其礼乐,以俟君子。

冉求说话的态度谦虚多了,他说只要方圆六七十里的一个小小的国家交给我,或者更小一点的国家让我来治理,花上三年的时间,我可以使这个国家社会繁荣,国民经济发达,全民进到康乐的境界,这是我可以做得到的。"如其礼乐,以俟君子。"但是社会的经济充足了、富裕了,还不一定建立起良好的文化来,而对于文化根基的建立,这种重大艰巨的事情,就只好等高明的人才来着手了。这是冉求的

谦虚词,也是他的老实话。这节书有两个观念:

首先,一个文化的建立,的确是不容易。不说大事,就拿小事来说,我过去写了一些学术性的东西,后来想把几十年的人生经验,我见我闻,写一部小说,就是写不出来。新体小说、旧体小说都写不出来,写写又撕掉,像现在拥有很多年轻读者的作家,我当面称赞他们,他们真是行,我就无法下笔。所以不要轻看了小说,有许多人都是眼高手低,随便批评别人的作品,自己却写不出来,所以一个文化的建立真难。据我的了解,真是所谓的"十年树木,百年树人"。要培养一个人才,是要很长的时间的。我曾说过溥儒的画好,是清朝入关又出关之间三百年培养出来的。他在宫廷中所看到的那许多名画,这是别人办不到的。其实他的字比画更好,他的诗比字又要好,这都是别人学不来的。李后主的词我也说过,像他的《破阵子》那阙词:"四十年来家国,三千里地山河,凤阙龙楼连霄汉,玉树琼枝作烟萝,几曾识干戈。一旦归为臣虏,沈腰潘鬓销磨,最是仓皇辞庙日,教坊犹奏别离歌,挥泪对宫娥。"的确是好词,读来令人感叹,但里面每一句话都是他的生活经验,是他的真感情、真思想。由他写来,非常容易。如果不是一个做了皇帝又变成臣虏的人,谁能写出这样的词来。这是在文学方面的情形,由文学的培养,我们可看到文化建立之难。

其次,我们看看管子的高见——"仓廪实则知礼节,衣食足则知荣辱",这句话放之于全世界,无论古今中外,都是站得住的。所以谈中国政治思想,离不开管子。再者,透过这两句话,可知社会国家的富强、教育文化的兴盛,要靠经济做基础的;要衣食富足了才会知荣辱,仓廪充实了才礼义兴。所以有人说,最大的是穷人,连裤子都没得穿了,拚命都不在乎,还怕什么?有地位有钱的时候就怕事了。就是这两句话的道理。可见文化的建立,要靠经济作基础。从冉求这句话里,我们可以看出他深懂这个道理。所以他说,一个小国家交给我去干三年,我可以使他经济基础稳定,社会政治稳定,至于文化的建立,则要"以俟君子"。这就还要等一段时间,乃至要请比我更高明的人来。这是他的谦虚,也是他的真话。

冉求已经报告了,孔子又问公西华:

赤,尔何如?对曰:非曰能之,愿学焉。宗庙之事,如会同,端章甫,愿为小相焉。

公西华这个人,在上论中已经提到过,孔子说他"束带立于朝,可使与宾客言也",他可做一个很好的外交官,衣冠整齐,生活从来不马虎,仪容很端肃,应对之间很得体,是一个标准的外交官。他在这里表现的也是外交官的风度,一开口就是外交官的口吻,与众不同(这段《论语》,实在是很好的文学作品)。他说,老师,我是一无所能,不过愿意跟着学习就是了。这里三个人讲话,表达不同。第一个子路"率尔对曰",咚咚就讲出来了,就干了。轮到冉求就谦虚了:"小一点的地方……"问到公西华就说:"我并不是说我有才能,我很差,不过愿意学习。"学习什么呢?"宗庙之事",这里宗庙就代表了国家。以前是宗法社会,每一个国家的社稷以宗庙为象征,所谓宗庙之事,就是国家大事。"会同",开大会。等于说现在开国民大会,或者立法院会、行政院会。"端章甫",大家都穿上礼服,很有礼貌。"愿为小相焉",辅相是一位很好的幕僚长,或者等于国民大会的秘书长。公西华对孔子说他可以去学习,慢慢在工作中求取经验,以便做到这个程度。可是一位优秀的国民大会秘书长可不容易做,一个重要会议中的小相,是很不容易做好的。小相就是总务人才,也就是宰相才;真正的好总务,就是宰相,像萧何就是最好的总务人才。历史上的这类人物是屈指可数的。

## 性 天 风 月

下面是这里最重要的一段了。点,《史记》作"蒧",曾参的父亲,

字皙,也是孔子的学生。下面是他和孔子的对话:

点,尔何如?鼓瑟希,铿尔,舍瑟而作。对曰:异乎三子者之撰。子曰:何伤乎?亦各言其志也。曰:莫春者,春服既成,冠者五六人,童子六七人,浴乎沂,风乎舞雩,咏而归。夫子喟然叹曰:吾与点也!

孔子和其他三位同学讨论的时候,曾点在旁边悠闲地鼓瑟。孔子听了子路他们三人的报告以后,转过头来问正在鼓瑟的曾点说,曾点,你怎么样呢?说说看。曾点听到老师在问他,瑟音渐稀,接着,弹瑟的手指在弦上一拢,瑟弦发出铿然的响声,然后曾点离开了弹瑟的位置,站起来对孔子说,老师你问我啊!我和他们三个人刚才所讲的不同,我的思想和他们是两样的。这里有一个问题,从这一段描写,我们看到曾点的恬淡、宁静。大家在讨论问题,而他在搞他的音乐,应该是没有听到子路他们的讨论。可是孔子问到他的时候,他又说自己的想法、做法和子路他们三个人不同。可见刚才别人的话他都听到了,这是很高的修养。

能在处世之间,最忙乱当中,同时应付几桩事情,这就要具有真正的学问、真正的修养、最高的宁静功夫。我的确看到过这样的朋友,一边在一件一件忙着批公文,还在删改文句,一边听别人向他报告紧急重要的事情,口里在"唔!唔!"应着,然后他把笔一放,立即吩咐报告的人怎样去办理事情应付情况。同一时间处理了所有的事,还非常轻松,这个人修养真高,我很佩服。这里又要提到小说了,《三国演义》中仅次于诸葛亮的庞统,怀了诸葛亮的介绍信去见刘备。可是他傲气很重,见了刘备就是见刘备,不把诸葛亮的信拿出来,认为凭介绍信是丢人的事。不料刘备看走了眼,给他当一个县长,他上任以后天天喝酒,公事都不看,一概不管。三个月以后,张飞去视察,他还在喝酒,张飞就指责他。他要张飞坐在一边等着,把积压了三个月的公文拿出来,把所有的关系人全部找来同时报告,他一面听,一面答复,一面批公文,一会儿功夫,把所有的公事全部办完,把笔一丢,问张飞哪里还有什么事情。张飞的智慧很高,立刻道歉,庞统才拿出诸葛亮的信来,就调升了副参谋长——副军师。事实上也真有这种人。所以说,这段书不要马马虎虎读过去,读书不要只靠两只有形的眼睛,还要用智慧的眼睛去读。

这里就看到曾点高雅清华的风度,孔子听了他的话,态度也不同,他说这有什么关系,并不会矛盾、冲突的,只不过是关起门来,表达各人自己的思想而已,你尽管说好了。于是曾点说,我只是想,当春天来了,冬衣一换,穿上舒适的衣服,农忙也过去了,和成人五六人,十几岁的少年六七人,到沂水里去游泳,然后唱唱歌,跳跳舞,大家优哉游哉高兴地玩,尽兴之后,快快活活唱着歌回家去。这个境界看起来多渺小!虽然渺小,可是孔子听了以后,大声地感叹说,我就希望和你一样。

孔子这个话是什么意思?孔子就这么孩子气?所以说这段书很难懂。我们经历这几年的离乱人生——国家、社会、天下事,经过那么大的变乱——才了解国家社会安定了,天下太平了,才有个人真正的精神享受。不安定的社会、不安定的国家,实在是做不到的。时代的剧变一来,家破人亡、妻离子散的悲剧,遍地皆是。所以古人说"宁为太平鸡犬,莫作乱世人民",而曾点所讲的这个境界,就是社会安定、国家自主、经济稳定、天下太平,每个人都享受了真、善、美的人生,这也就是真正的自由民主——不是西方的,也不是美国的,而是我们大同世界的那个理想。每个人都能够做到,真正享受了生命,正如清人的诗"天增岁月人增寿,春满乾坤福满门"。我们年轻时候,家里有书房读书的生活,的确经历过这种境界,觉得一天的日子太长了,哪里像现在,每分钟都觉得紧张。如果我们有一天退休,能悠闲地回家种种菜,看看有多舒服!

这里孔子问这四个学生的话,其中孔子与曾点的一段话,可以说进入了最高潮,师生之间,说出了完美人生的憧憬。政治的目的,不过在求富强康乐,所以这一段可以说是大同世界中,安详、自得的生活素描。

## 春 风 化 雨

下面就是一个结论。

三子者出,曾晳后,曾晳曰:夫三子者之言何如?子曰:亦各言其志也已矣!曰:夫子何哂由也?曰:为国以礼,其言不让,是故哂之。唯求则非邦也与?安见方六七十,如五六十,而非邦也者?唯赤则非邦也与?宗庙会同,非诸侯而何?赤也为之小,孰能为之大!

侍坐的四个学生,答复了孔子的问题以后,子路、冉有、公西华三个人都已经走了,还有一个曾晳留在最后。因为孔子除了对他的话发表了意见以外,对其他三位同学的话还没有表示意见,意犹未足,再向孔子请教,他们三位同学所作的答案,老师认为怎么样?孔子说,没有什么,只是每个人报告心得,表达自己的思想,如此而已。曾晳又进一步问道,刚才子路说的话,老师笑他,为什么笑他呢?

我们也许觉得子路的话,也没有什么不对,而且很对胃口,有什么可笑之处?但孔子告诉他,子路说的是国家天下大事,是一种大英雄、大政治家的事业,要有文化基础,要有学问修养,不是那么简单。而子路大言不惭,一点都不谦让,自认为很行了,所以我才笑他。至于他说的那个对国家的理想并没有错,我只是笑他太自满、太轻率。

至于冉求的那套话,讲得也蛮好,实际上那就是政治家的作为,事实上方六七十和五六十有什么不同呢?这里我们可以引用老子的话来作一解释。现在有些研究老子哲学的,对"小国寡民"、"治大国如烹小鲜"这两句话,各有各的解释。现在的青年们,在大学里研究文学的也好,研究哲学的也好,研究政治学的也好,拿硕士、博士学位的论文,很多写老子。什么老子的政治思想、老子的哲学思想、老子的经济思想、老子的什么什么思想都来了。老子当年自己只写了五千个字，以后几千年来，几千万字都说不完。这些巨著，如果老子自己看了，一定会笑掉大牙。而今日那些论文中的老子，究竟是哪一家说的老子也不知道。真正的老子思想很简单平实，只有五千字。老子说"治大国如烹小鲜"，要注意这个"烹"字，是慢慢地用文火来燉，小火来烧。小鲜是小鱼小肉，如用大火，一烧就烧焦了，必须用文火，慢慢地烹。这句话也告诉我们做人，乃至处世的一个大原则，在混乱之中，不能心急，任何一个时代的混乱，都有一个关键，慢慢来，逐渐解决。利用太极拳原理，四两拨千斤，就是顺其势，慢慢来。如果想一下子用突变的方法把它改过来，往往突变还没有变好，新的毛病又出来了，所以他主张"小国寡民"。换句话说，他是以地方政治为基础做起。这也是和孔子说的"安见方六七十，如五六十，而非邦也者？"的意思是一样的，不论地方大小，治理之道都是一样，并没有两样。而孔子这样说冉求，并不是说冉求不对，只是说冉求的思想，用来治大国、治小国都是一样的。这句话如引用到我们自己的身上，就是不论我们职位大小，责任是一样的，事功是一样的，问题在做得好做不好。

至于公西华的思想，孔子认为那也是一个大政治家的见地，但是他话说得谦虚。实际上一个"宗庙会同"，主持一个庞大联合会议，各国的元首、阁员都参加，而能够担任这种会议的秘书长，做主席。公西华说这是小意思，学习学习，话是讲得谦虚，口气是蛮大的。他说这是一件小事，天下还有什么大事？

根据上面这一段，我们还可以看出来另一方面。子路等人的抱负思想很了不起，但总离不开自我英雄主义，我可以如何，我要如何……而且都偏于从政治着手。但曾晳就不同了，同样希求大同之世，但成功不必在我，而着重于文教方面，真正说中了孔子的心事，所以孔子感叹："吾与点也。"

# 颜渊第十二

## 天 人 合 一

下论《先进》第十一篇已经讲完了,这是对于上论的《学而》——个人的内养,《为政》——个人发挥到外用的一些事实的注解。现在孔子思想的一个大问题来了。

颜渊问仁。子曰:克己复礼为仁。一日克己复礼,天下归仁焉。为仁由己,而由人乎哉?

这一段对于仁的研究,是孔子思想的中心。我们先从文字方面讨论颜渊问孔子什么叫做仁,由这句话我们就想到,《里仁》这一篇不都讲的仁吗?在讲上论《里仁》时,已经说过这是一个大问题,我们以后慢慢研究。现在到了"以后"这个地方了。《里仁》篇里的仁,讲仁的体、仁的用、仁的现象。有时讲仁的思想,有时讲仁的待人处世,各个不同。现在是孔子最得意的学生颜回,提出来的一个总问:"什么是仁?"要求为仁下一个定义。孔子说,克己复礼叫做仁。照字面讲就是这样。从前在私塾里读古书,老师就这么解释了,不许再问,现在再照过去的读书方法解释下去:"一日克己复礼,天下归仁焉。"孔子说只要有一天做到克己复礼的功夫,全世界都归到仁的境界里去。下面引申下去"为仁由己,而由人乎哉?"仁就在你自己的身心上,并不是靠外来的。字面的意思,我们这样解释了,这是"依文解义"的解释。"依文解义"是佛学里禅宗的话,全句是:"依文解义,三世佛冤。"意思是说,如果看佛经,只照文字去理解佛学的思想,那么过去的佛、现在的佛、未来的佛都要说:"冤枉呀!我并不是这个意思呀!"换句话说,我们读书,要通过语意,要透过语意,要透过语文内涵的意义,找出思想、道理的真谛,这才叫学问。仅仅文字会了,文章写得好,不一定就是学问。

我们作进一步的讨论:

"仁"是孔子思想的中心,历代以来的解释很多,尤其宋儒——理学家,专讲这个"仁"。不过在我个人的看法,宋儒理学家们所讲那一套"仁"的理论,已经不是孔子思想的本来面目了。左边偷了佛家的,右边偷了道家老庄的,尤其偷了老子的更多,然后融会一下据为己有。等于偷来的衣服,洗过一次穿在自己的身上,说是自己的衣服,这种作风实在令人为之气短。宋儒天天讲要"诚",要"敬",我认为他们做学问的基本态度上就违反了这两点,既不诚,又不敬。假如坦然地说这是借别家的思想来讲的,这又有什么错?而且也并不妨碍他们的学问。譬如今天说借了西方或法国某一政治家或哲学家的思想来解说一个问题,也没有错呀,为什么借了人家的思想,还要骂人家?就像现在有些小偷,拿了人家的钱还要杀人家,这成什么话呢?这还叫"诚敬"之道吗?所以宋儒解释的仁,还是有问题。

再其次我们提过的,韩愈解释的"仁"为"博爱之谓仁"。后世有些人误解了,认为这就是孔子的思想,仁就是博爱。其实汉武帝时公孙弘先说过仁就是爱。正式定义"博爱之谓仁",这是韩愈的思想,韩愈是研究墨子的专家。"兼爱"之说,墨子看得很重要,可以说是墨家的思想,如严格地讲学术思想,就不要搞错了,否则就是笑话。所以学问可以欺骗所有的瞎子,没有办法欺骗一个有眼睛的人,学术就是这样一个严格的东西。

另外,到了清朝末年,"戊戌政变"中六君子之一的谭嗣同,在他的著作中有一本书叫《仁学》，恐怕单行本很少看到。但现在市面发行的《谭浏阳全集》这部书里，有《仁学》的全部内容。其实《仁学》的内容，基本上还是从宋儒的理学入手，来讨论孔门的学问。

这些，我们作了大概的介绍以后，现在回转来，再来研究这个"仁"的本身。颜回问"仁"，孔子答复他"克己复礼"就是仁。什么是"克己"呢？以现代话来讲，"心理的净化"就是"克己"。今天有个同学，他也听了我多年课，要去美国了，中午来辞行，谈到这个问题，他问要怎样才能克服自己的烦恼。他的烦恼就是思想不停。怎么样做到经常不想，那是不可能的事，人不能不想，我说有一点可以随时做得到的，就叫"想而不住"，这是禅学的境界了。

大家这里要特别注意：譬如现在我在讲话，诸位在听话，就在这个时候，我们的生理作用，配合心理感受，好几样都在用了——眼睛在看着，耳朵在听着，坐在椅子上舒不舒服，空气的冷暖，都感觉到，内在还有个东西，思想一个一个接连着。我们的思想像流水一样，一个浪头过去了，又来，又过了，又来了，一直这样的，而且在中间还会岔上很多的乱想。但是回想一下，这许许多多的思想，没一个存在。譬如我们说"克己复礼"，这句话就是一个思想，这个念头过去了以后，我们再讲"克己复礼"，但已经不是第一个，而是第二个思想了，再讲一个"克己复礼"，又是第三个思想了。也就是我们讲过的，等于我们看到一股流水在流，表面上我们是看到一股流水。而它一直在流，但第一眼看到的那个浪头早过去了，不断地有个浪头在眼前，可是它是由后面不断地涌上来的。我们看电灯，好像这个亮光是一直存在的，但实际上这亮光是不断地消散，而新的亮光不断地补上来。我们的思想、心理作用也是一样，我们好像总有思想存在。实际上我们分析一下这个思想：前面的思想过去了，后面的思想还没有来，现在的思想当我们讲"现在"的时候，这个思想又已经过去了。

## 静 的 修 养

好了,这个道理我们了解了,所以对于思想,我们不要去控制它,譬如说我们想静下来,脑子里在想"我最好静下来",这反而又多了一个念头,所以最好不要去作"我最好静下来"的想法。许多人学佛、学道、打坐、练功夫,有意要把心静下来,这心怎么能静?有的两腿盘起来,闭眉闭眼,不言不语,耍把戏一样,这也可以,但不是真正"静"的境界。对生理的帮助则有之,如说这就是静,那就不通的。这样坐在那里,心里的乱想会更多,这不是真正的"静"。所谓"真正的静",要有高度的修养,如前面所说,一面批改公文,一面听取报告,处理急务,日理万机的情形下,而心境始终是宁静的。我们要想做到这一步修养,就先要认识自己的心理,思想是这样不断的过去,现在我们坐在这里就可以做一个体会,我们对于前面过去的思想不理它,过去的已经过去了。譬如我们所有的痛苦烦恼在哪里?我们往往知道是无法挽回的,但硬是想要把它拉回来。所谓后悔,就是已经过去了的,想把它抓回来。对于未来的,又何必去想它?有人说我走路很快,我说我这个人"懒得用心",譬如我出门到这里来,目标是恒庐,就直往恒庐来,路上的事就不去管它,不去想它。可是许多人一路上看到的、听到的、遇到的,可想得多了。假使能够不去想它,心理上永远保持这份宁静,心理就健康了,生理也自然健康了,这是必然的医学道理。现在再回来说本题,我们知道过去的已经过去,未来的还没有来,不去管,单说现在的,"现在"也没有,我们说一声"现在",这"现在"就马上过去了。慢慢从这一面去体会,永远保持心境的安宁,这一个平静的心境,一直平静到甚至于今天被敌人抓住了要枪毙,下一个节目是什么?一颗子弹这里进去那边出来,一定倒下去,完了嘛!它还没有来,何必去怕?它来了,就是这么回事,怕也没有用,又何必去怕？现在还乐得享受，清静一点。

所以古代许多大臣、忠臣，如文天祥的从容就义，就是如此，在文天祥的传记里就看到他有这种修养。他在被执以后，路上遇到一位老师，不知是道家的人物或是佛家的人物，他没有讲。只在他遗集中一首诗前面的序言中说，碰到一个异人，传他一个"大光明法"（这是佛家的东西）。因此，当时他就把生死看开了。读了这传记，才知道怪不得文天祥有这样高的修养，他是从此之后，就把生死观念，完全看开了。

如拿佛家、道家的观点来说，他得了道，有了功夫，对于肉体的生死，不当一回事了，但这有什么稀奇？没什么稀奇，就跟我们刚才讨论心里的思想一样。

我们再举一个眼前的例子。大家现在坐在这里，不要作什么功夫，也不要求静。这个冷气机的声音我们都听到了，事实上大家本来也听到的，不过经我一提，你注意了；本来我的动作你也看到；我的声音你也听到。在这中间，你找一个东西。你的心用得那么多，能听到声音、能看、能动作、能想，还能够知道自己在这里想，知道自己在这里坐着。那一个"能够知道自己"的东西可重要，那就是你自己，是真正自己的"本来面目"的一面，真正的"自己"。

我不知道我的报告清楚没有，希望对大家在修养上有点贡献，获得一点安身立命的修养，有此高度的修养，才能处理大事，才能担任大的任务。

刚才说的第一步是比较高的。第二步就要注意"克己复礼"的这个"克"字，克就是尅，尅伏下去，含有心理的争斗意思。譬如我看到他这条领带漂亮，想去把它拿过来，但理智马上就来了："我为什么这样无聊？有这样下流的思想！"这就是克，就是心理上起了争斗的现象。在庄子的观念中叫作"心兵"，心里在用兵，所谓天理与人欲之争，以现代语汇来说，是感情与理性的争斗，我们一天到晚都在这种矛盾之中。我们克己，要怎么克服呢？《书经》里两句话："惟狂克念作圣,惟圣妄念成狂。"这个"狂"同一般人所认为的狂不同。照佛家和道家的解释,普通一般的"凡夫"就是狂。如果平凡的人,能把念头剋伏下去,就是圣人的境界。换过来,一个人放纵自己的思想、感情、观念,就变成普通人。这是《书经》的文化,比孔子还早,是我国上古老祖宗的文化,孔子继承传统文化,就是这里来的。"克念作圣"这个"克"字,我们可以了解了,就是孔子说的"克己"。

克己以后,就恢复了"礼"的境界。"礼"不是现在所谓的礼貌,"礼"是什么呢?《礼记》第一句话:"毋不敬,俨若思。"就是说我们要随时随地很庄严,很诚敬。这个"敬"并不是敬礼的敬,而是内心上对自己的慎重,保持克己的自我诚敬的状态,表面上看起来,好像是老僧入定的样子,专心注意内心的修养。所谓礼,就是指这个境界而言。从这里发展下来,所讲对人对事处处有礼,那是礼仪了。《礼记》的这一句话,是讲天人合一的人生最高境界。

"克己复礼"就是克服自己的妄念、情欲、邪恶的思想、偏差的观念,而完全走上正思,然后那个礼的境界才叫做仁。如宋儒朱熹的诗:"昨夜江边春水生,艨艟巨舰一毛轻。向来枉费推移力,此日中流自在行。"这就看到他的修养,不能说没有下过工夫,他也曾下了几十年工夫。尽管宋儒有许多观点值得斟酌,但他们对的地方,我们也不应该抹杀;刚才我们讲剋伏自己的思想,心境永远保持平静,不受外来的干扰,这是很难的。这里是朱熹的经验谈,他做了几十年的学问与修养,这个功夫不是一做就做到的,要平常慢慢体会、努力来的。这首诗里他以一个景象来描写这个境界:我们心里的烦恼、忧愁,就像江上一艘搁浅的大船一样,怎么都拖不动,但慢慢等到春天,河水渐渐涨到某个程度的时候,船就自然浮起来了。后两句诗是重点,平常费了许多力气——想把这艘船推动一下,可是力气全白费了,一点也推移不动,等到修养到了相当程度的时候,便是"此日中流自在行"的境界了。到了这一步,就相当于孔子所谓的"克己复礼为仁"了。"仁"就是这样解释的。现在我们可以有一个观念,就是孔子所答复的"仁",是有一个实在的境界,而并不是抽象的理论,是一种内心实际功夫的修养。所以真做内心修养的,个中艰苦真是如人饮水,冷暖自知。

## 乾坤马一毛

再下来,"一日克己复礼,天下归仁焉。"假使有一天真正做到了"克己复礼"的境界,就"天下归仁焉"。这个问题也很大,我们到处可以看到"天人合一"这四个字,成为一句成语。以物理观点来说,天是天,人是人,相距那么遥远,没有太空船上不去,上去了还站不住,合的什么一呢?修养到天人合一,就和天一样吗?以有形的天而论,是那么空洞,心境也能那么空洞吗?心里乱七八糟,怎会和天一样空洞?这些都是虚浮的名称、口头禅。但是孔子讲的天人合一,有个道理,就是"天下归仁"。而实际上"天人合一"是庄子提出来的,后世儒家把它借来用。庄子又以"天地一指也,万物一马也。"表达心物一元的观点。这两句话发挥起来,又一篇大论文。"心物一元"绝不是唯物,也不是唯心,但也可说是纯粹的唯心(不同于西方哲学的"唯心")。"天地一指"的"一指"并不是一个手指,而是一个东西,是一体的意思。"万物一马"是以一匹马来作比方,整匹的马,有马头、马脚、马尾、马毛等等。所有天地间的万物,就好像马的头、马的脚、马的毛等等总合起来,才叫一匹马。离开了马的毛,不是完整的马,离开了马的尾巴,也不是完整的马,离了马的任何一样,都不是完整的马。由众归到一,由一散而为众。所以憨山大师的诗有"乾坤马一毛"之句,整个宇宙是马身上的一根毛。就好像我们现在文学中的"沧海之一粟",我们的人生,不过沧海里的一个小水泡一样,但虽然是小水泡,也是大海中的一分子。所以要我们"会万物于己者,其惟圣人乎",这是南北朝一个著名的年轻和尚僧肇说的。他只活了三十多岁就死了，但他的著作影响了中国几千年。他的名著《肇论》，融和了儒、佛、道三家。他这句话是真正的圣人境界，修养——不是理论——到物我同体。人与物是一个来源，一个本体，只是现象不同。好比在这间屋子里，我们都同样是人，但相同中又有不同。因为你是你的身体，你的样子，我是我的身体，我的样子。但是虽然各人不同，却又同是人类，"乾坤马一毛"就是这个道理。

"天下归仁"就是归到这种天人合一，物我同体的仁境。真能做到"克己复礼"，就可以达到（不是理论上）心物一元的真实境界，宇宙万象便与身心会合，成为一体了，这也就是佛家所谓"如来大定"的境界。什么是"定"的境界？我们的思想一天到晚乱七八糟，在佛学上名为"散乱"。人不思想不散乱的时候，就睡觉了，这是"昏沉"。或者说刚迷糊了一下，没有睡着，这现象是"细昏沉"。人生就是两种现象，散乱或者昏沉。不散乱也不昏沉的境界就是"定"，这是功夫修养的境界，这个修养并不一定要炼丹、打坐。随时都可以从内心练习，也就是孔子的"克己复礼，天下归仁"。

佛家的"定"是指现象，孔子的"仁"是指作用，修养到了这个时候，对人没有不爱的，看见任何人都是好的。像今天上午，我就告诉来辞行要去美国的同学，要学佛家山门外的精神——一走进寺庙，第一眼就看到挺个大肚子，张口而笑的弥勒佛，上面横匾四个字"皆大欢喜"。只有《礼记》大同世界的境界才能做得到，也就是孔子所说"吾与点也"的境界。大家都是好好的，天下太平，太好了，统统都是欢天喜地的，没有冤家，没有烦恼，没有痛苦。庙门两边还有副对联："大肚能容，容天下难容之事。开口常笑，笑世上可笑之人。"这就是最高修养，也就是仁的境界。

因此，仁的境界在于自己，不是外面找的，不是靠一个老道传的什么法门，然后得了什么道，那是江湖上骗人的。不是道家的道，不是佛家的佛，也不是儒家的仁。道、佛、仁就在各人自己的身心上，是最高的修养，要自己身体力行，绝不是别人给的，也不是老师传的，更不是菩萨赐的。

# 大光明与复礼

上面讲"克己复礼为仁"时，提到文天祥遇到异人传授大光明法的诗。座中有人问起原诗和关于大光明法的大概内容。所以我们这里暂时搁下《论语》，谈一下这个问题。

《遇灵阳子谈道赠以诗》："昔我爱泉名，长揖离公卿。结屋青山下，咫尺蓬与瀛。至人不可见，世尘忽相缨。业风吹浩劫，蜗角争浮名。偶逢大吕翁，如有宿世盟。相从语寥廓，俯仰万念轻。天地不知老，日月交其精。人一阴阳性，本来自长生。指点虚无间，引我归员明。一针透顶门，道骨由天成。我如一逆旅，久欲蹑峤行。闻师此妙绝，遽庐复何情。"

岁祝犁单阏，月赤奋若，日焉逢涒滩，遇异人指示以大光明正法，于是死生脱然若遗矣。作五言八句："谁知真患难，忽悟大光明，日出云俱静，风消水自平。功名几灭性，忠孝大劳生。天下惟豪杰，神仙立地成。"

这两首诗是文天祥陷入元军之手，解送到北京的路上作的，在他的遗集中，记载他沿途作了几十首诗，都是他的感触。我们从他的诗和有关的著作，以及元朝的历史记载等资料互相参阅，可以看出，虽然他是一个俘虏，但当时各方面对他都很客气，乃至敌方看守的士兵都对他肃然起敬。说到这里，我们有一个感想，做一个彻底的正派人，他的正气的确可以感动人。当时，元朝是有许多部队押解他的，可是对外宣称是保护他，一路对他也很客气。经过家乡时，他曾经服过毒，希望能死在自己的家乡，结果没有成功。这一路上，他的心境当然非常痛苦。

在这中间，他碰到过两个怪人，一个是道家的，就是上面第一首诗的灵阳子。这个道人来传他的道，也是和大家一样，知道他是忠臣，一定要为国牺牲。于是传给他生命的真谛，了生脱死的大义以及死得舒服的方法。希望他能坚贞守节，至死不变。当时敌人对他很敬重，派人监护他，只要不让他逃走就是，所以这些人有机会接近他。灵阳子传道以后，两人要分手了，于是送了一首诗。

第二首诗的题目："岁：祝犁单阏；月：赤奋若；日：焉逢涒滩。"这些是中国上古文化，年、月、日的记载代号。第一个"岁：祝犁单阏"就是己卯年。己为祝犁，卯为单阏。"月：赤奋若"，赤奋若是丑月。子月是每年阴历的十一月，丑月则是十二月。"日：焉逢涒滩"，这个"焉逢"是甲，"涒滩"是申，就是甲申日那一天。他别的事情都写得很明显，为什么对这个年、月、日用中国上古文化的用词来记载？这是他对这一套中国的神秘学（现代语的名称，西方人对道家、佛家或其他古老的修炼功夫的学问，叫做神秘学），已经很有心得，所以对年、月、日的记载，用中国上古神秘学的记载法。他在这一天遇到异人。异人的观念，如小说上的奇人，奇人、异人或怪人，都是指与平常不同的人，就是所谓有道的人。指示他大光明法。用"指示"两个字，是他写得很客气，可见他对于传道给他的这个人，非常恭敬。他自己说："于是死生脱然若遗矣"，到了这个时候，对于生也好，死也好，好像解脱了。本来一个扣子扣住了，现在生死完全看开，不在乎了，好像抛开了，丢掉了生死的念头。即使明天要杀头，也觉得没有关系，好像对一件旧衣服一样，穿够了把它丢掉算了。他就有这样一种胸襟，修养是很高的。于是他用五言八句，作了这首诗。诗的本文就很容易懂："谁知真患难，忽悟大光明。"这个时候是真正在患难中，命在旦夕之间，忽然悟到大光明的正法。"日出云俱静，风消水自平。"这是描写修大光明法所得那个境界，这个时候他的胸襟是豁然开朗的，是所谓危险艰难一无可畏之处了。"功名几灭性，忠孝大劳生。"这是他悟道的话。佛家的观念，人生功名富贵，在人道上看起来是非常的荣耀；在佛道形而上学的立场来看，功名富贵，人世间一切，都是桎梏，妨碍了本性，毁灭了本性的清净光明，就好比风云雷雨，遮障了晴空。

人生等等一切事业都是劳生，"劳生"也是佛学里的名称，人生忙忙碌碌一辈子，这就叫"劳生"。中国道家、佛家始终有个观念，所谓成仙成佛，都是出于大忠大孝的人。人道的基础稳固了，学佛学道就很容易。文天祥这两句诗"天下惟豪杰，神仙立地成"，就是这个意思，这时他的心境非常愉快了。上面提到文天祥之所以能够在生死之间，完全脱然若遗的原因，得力在大光明法。根据他自己的文章来说，在这个时候，对成仁的意志，更加确定，不再动摇了。

至于什么叫大光明法？这是麻烦的问题，是很麻烦、很麻烦的事。大光明法就是佛家一种修炼的方法。我们前面说到"克己复礼，天下归仁"，如拿佛家的道理来讲，也可以说与佛家的大光明法绝对连带的。现在我们推开《论语》不讲，我们是现代人，只好从现代人的观念来讲。

刚才提到"劳生"，无论如何，人一生都是忙忙碌碌，就是劳生。道家的文学还有个名词叫作"浮生"，大家都读过李白的《春夜宴桃李园序》，其中"浮生若梦，为欢几何"这个"浮生"的观念与名词是由道家来的，和"劳生"是同样的意思，人为什么感觉到生命是劳苦的？不管贫富，天天努力争取、忙碌的对象，最终都不能真正的占有。一个富人，了不起每天进账有一千多万，不过搬来搬去，也不是他的。所以物质世界的东西，必定不是我之"所有"，只是我暂时之"所属"。与我有连带关系，而不是我能占有，谁都占有不了。

## 无所住心

有些人用不着读书，从一些现象，就可以把人生看得很清楚。只要到妇产科去看，每个婴儿都是四指握住大拇指，而且握得很紧的。

人一生下来,就想抓取。再到殡仪馆去看结果,看看那些人的手都是张开的,已经松开了。人生下来就想抓的,最后就是抓不住。在大陆上西南山中住过的,就看到猴子偷包谷——玉蜀黍,伸左手摘一个,挟在右腋下,又伸右手摘一个,挟在左腋下。这样左右两手不断的摘,腋下包谷也不断地掉,到了最后走出包谷田,最多手中还只拿到一个。如果被人一赶,连一个也丢了。从这里就看到人生,一路上在摘包谷,最后却不是自己的。由这里了解什么是人生,不管富贵贫贱,都是这样抓,抓了再放,最后还是什么也没有。光屁股来,光屁股走,就是这么回事。

这个生死两头的现象我们看通了,中间感觉的痛苦、烦恼,这种心理上的情绪,是从思想这个根源来的。不讲现象,只追求思想的根本,便是形而上学。现在我们坐在这里,试问谁能没有思想?没有思想是不可能的。

西方的哲学家笛卡儿说:"我思故我在。"他认为我有思想则有我,我如没有思想则没有我了。西方哲学非常重视"思想"这个东西,人没有思想叫什么人呢?当然有个名称,叫作"死人",那我就不存在了。这种观念,严格说来,应该归于唯物思想的范围。

在我们中国哲学,东方哲学,看到西方的这种哲学,能思想的"我",都是断续的"我"。我们曾经以灯光,以流水来比喻过它。现在坐在这里,都可以体会到,只要是清醒的,一定有思想。但回转来反省、体会一下,没有一个念头,没有一个思想是永恒存在的。一个个很快地过去了。我们脑子里的意识形态,只要一想到"我现在",便又立即过去了,现在是不存在的。未来的还没有来,我们说一声"未来",就已经变成现在了,这个"现在"又立即过去了。像流水的浪头一样,一个个过去了。不过连接得非常密切。这是人类本性的功能所引起的现象。

佛学对于本性,比方作大海。我们现在的思想——包括了感觉、知觉,是海面上的浪头。一个浪头、一个浪头过去了,不会永恒存在的。我们从这里看人类的思想、感情,无论如何会变去的。譬如说张三发了脾气,就让他去发,发过了他就不发了。就是这个浪头打过去了。佛学在这一方面就告诉人们,这是"空"的。宇宙间一切现象,包括了人类心理上生命的现象,一切都会过去的,没有一个停留着。这在佛学上有个名词叫"无常"。世界上的事情,永远无常,不会永恒地存在,但不懂宗教哲学的人便不同了,他把"无常"乱变成了"无常鬼"。其实,"无常"是一个术语,意思是世界上的事情没有永恒存在的。因此人的感情也是无常的,不会永恒不变。我喜爱这个东西,三天以后就过去了。这种"无常"的观念是印度文化,也在东方文化的范围。

在中国的文化,见于《易经》中,不叫无常,而叫"变化"。天地间的事情,随时随地,每分每秒都在变,没有不变的道理,一定在变。换句话说,《易经》中变化的道理是讲原则;佛学的无常是讲现象。名称不同,道理是一个。就是讲人的思想,心理的浪头都会过去的,所以认为是空的。这是消极的,看人生是悲观的。就像猴子偷包谷一样,空手来,然后又空手跑了,什么都拿不到。这是"小乘"的佛学观念。

上面仅仅说了一半,还有道理,不但思想是无常,是空的,就是这个身体,这个生命,都是无我的。试问哪一样是我?佛学认为"我"是假的,没有真正的"我"。西方笛卡儿的哲学认为思想是真我,这个理论我们前面已经说过,是不对的,还是有问题的。现在谈谈物质的"我",也没有真我。

## 身 非 我 有

佛学看我们这个身体,是"四大"构成的。我们常在小说中看到"四大皆空"这句话。什么是"四大"呢?"四大"的"大"就是大类。在佛学中地、水、火、风为四大,就是四大类。讲宇宙的现象,整个的物质世界属于"地大"；人身上的骨肉等等固体的体质也属于"地大"。"水大"指宇宙间的水蒸气、海洋、河川、冰山，都是"水大"；人身上的唾液、汗水、血液、荷尔蒙等也是"水大"。"火大"则指热能。至于"风大"，物理世界就是大气流；在人身则指呼吸而言。归纳起来就是四大，宇宙、人身不外乎这四大类，这是印度哲学观念的四大。在中国则有类似的五行观念：金、木、水、火、土。在印度，四大之外，还有一个五大，就是地、水、火、风、空。这里的"空"，不是没有了的"空"，是指物理的空间。不过，普通都说是四大。

好了，现在让我们看看，骨肉、血液、热能、氧气这些东西，到底哪一样是我？如说肉是我，骨头难道不是我？应该每一样都是我，连一根汗毛都是我。如果说打头头痛，头即是我，手脚被打一样会痛，这又无处不是"我"。如果都是"我"，但事实上又都不是"我"。好比你去理发，你说剪我的头发，不说"剪我"。还有，当身体生下来的时候，过了一天，已经老去一天了。几年以后，全身的肌肉、细胞等，因新陈代谢，都已全部换过了，已完全不是两年前的那个人了。"我"究竟在哪里？究竟谁是"我"？"我"又是谁？所以这个肉身的我，佛学认为是"空"的。四大皆空，都靠不住，是无常的，永远在变化。这仍然是消极的。

## 梦幻空花非真无

怎么转到积极的呢？我们前面说过，生命的本身像大海一样，我们现在生命活着的一切作用，不过是这个本性的功能所起的现象。就好比一个浪头过去，又一个浪头过去一样。虽然这个浪头是无常的、断续的。但是，有一点要注意，能起这个浪头的，是整个的海水。等到风平浪静，海水还是海水，没有变。这一切变化中间，有一个不变的。就如刚才的比方一样，我们的思想，一个念头、一个念头过去了,是无常的,把握不住的。我想"是",于是"是"过去了,可是我要再想,它还是能够来的。那么这个不变的东西究竟在哪里呢? 要找它,就是穷究那个生命的根本,和宇宙那个生命同体的,那个根本的东西。找到了那个东西,会发现自己生命的本身一片大光明。所谓"光明清净"四个字,是形而上本体的境界。

我们拉回来讲,孔子的"克己复礼,天下归仁",也是讲这样一个东西。大光明法的原则大概如此,理论还多得很。至于说我们如何才能做到身心随时随地进入大光明境界里去,那是另外一套方法。但方法离不开原则,如果我们真能进入这个境界中,对于生死之间,看得就如文天祥所讲的"脱然若遗"。对于现有的这个生命,死去或活着,看起来是一样的,没有什么分别。

因此,我们有时讲佛学提到,许多人误解了佛学的用词。如在佛学上经常看到"梦幻空花"这句话,在文学上看来很美,世界上一切的感情、人事等等就是这四个字。从这四个字的文学表面看,以为什么都没有。但不是没有,"梦幻空花"形容得非常好,不能说是没有。这就是哲学了。

当一个人在梦中,如果说"梦没有",这句话不见得能成立。当我们在梦中的时候,并没有觉得梦是没有。所以在梦中的时候,伤心的照样会哭,好吃照样在吃,挨打照样会痛,这就不能说在梦中的为"没有",当他在梦中的时候是有的。一个人在做梦的时候,不管在做什么梦,千万不要叫醒他,否则就是大煞风景。即使他梦中觉得痛苦,而痛苦中也有值得回味之处,这也是他的生活,何必叫醒他? (一笑。)

我们知道梦的现象,是在睡眠里头所发现的,感觉到的,醒来以后,自己一笑,说做了一个梦,是空的,那是闭着眼的迷糊事,张开眼睛,梦就没有了。事实上,我们现在张开眼睛在做梦。试把眼睛一闭,前面的东西就没有了。白天张开眼睛,心里构成了活动,也在做梦,并没有两样,现在闭上眼睛,马上前面的东西看不见了,如梦一样,过去了。昨天的事情,今天一想,也过去了,很快地过去了,那也是一个梦,很快的梦,和一张开眼就没了,在心境上是完全一样的。所以梦中不能说它没有。

再说"空花",虚空中的花朵,怎么看得见?人把眼睛一揉,可以看到眼前许多点点,那些点点本来没有,是揉出来的。可是在视觉上是看到了。拿生理学、医理学来讲,因为视神经被摩擦,疲劳了,充血压迫刺激以后,起了幻觉,虽然是幻,但却实实在在看到了。

刚才提到大光明法,就说了这么些拉杂的理论,把这些理论沟通之后,大概可以领略如何修养大光明法的功夫了。还有其他很多的方法,如学催眠术,现在也变成科学了。实际上以我们中国佛学、道家的立场看来,那还是旁门左道。外国人说它是科学,大家就说是科学;如果我们中国人来讲,讲死了也没有用。这真是怪得很,也是这一代文化的怪现象,我们应该注意的。

催眠术本来是印度的瑜伽术所演变。凡是练催眠术的人,第一步训练,是利用水晶球或人造水晶球、水银球,眼神注视球上的亮光,思想意志集中在球面亮光上,什么都不想,历经几个小时,纹风不动,非常的困难。这个训练完成以后,使他忘掉了自己,忘了身体,也忘了感觉。他的精神意志和这点亮光,完全合一了。用这股精神力量,可以影响到物质。

在中国过去早就有了,如夜里黑暗中可以看见东西。以前习武的人都要练,夜晚在一个门窗紧闭的黑暗房间中,点一支香,蹬好马步,注意香的那点火头,眼睛定住不能眨。练久了,香头的光慢慢会扩大,扩大到全室有光。最后不点香了,在黑暗中仍然看得见东西。拿现在的生理学,就很难解释。当然也有的练坏了,我曾看到过一个人,练得黑眼珠子凹进去,眼白凸了出来,但他非常有信心,再练三个星期又恢复了。以前武功练劈剑,手里执一柄剑,肩、肘两关节不准弯,和写毛笔字一样,就是运动手腕部分的关节向下劈。也是点一支香,在暗室中把香头劈成两半而火不熄。然后握一把豆子在手中,往空中抛出一颗,用剑劈成两半。到了这个程度,才可以学剑。再配上心、眼、手、法、步,要费很多功夫。然后练到眼睛不动,而对每一根竹竿的动态都看得很清楚。第二步用水泼眼,眼睛动都不动,这就是功夫。为什么讲大光明法,讲到这些东西?这些也是大光明法中练法的小术之一。文天祥遇到的这个异人传他是哪一路,我们不知道,不过,可以断言不是这些小术。他的确是得了大光明法的心传,对生死看通了。

我们所以说了这许多,就是前面"克己复礼,天下归仁"这个观念引出来的。可是要做到"克己复礼,天下归仁",很不容易,所以颜回又问了。

## 顿 悟 与 渐 修

颜渊曰:请问其目。子曰:非礼勿视,非礼勿听,非礼勿言,非礼勿动。颜渊曰:回虽不敏,请事斯语矣!

颜回说,这个道理很深,很难,总要拿一个章法,一个引子给我们入手,或者可以进入"克己复礼"的境界。因此孔子才告诉他"非礼勿视,非礼勿听,非礼勿言,非礼勿动"四个消极的规范。就是从眼睛、耳朵、嘴巴、身体,严格地管束自己。由外在规范,熏陶自己。刚才报告的催眠术、瑜伽术,也是走的这个路线,佛家的打坐入定也是这个道理。这是实际的修养功夫的一种方法。

在理论上则很难说了,"非礼勿视",哪一种是非礼的,不要去看呢?男人看见女人穿了一件衣服很好看,多看一眼,如果老古董的先生们,或者一板一眼的理学家,认为这个不成,非礼勿视!这就很难讲了。只是看看这件衣服的新奇,并没有别的意思,怎么是非礼呢?一定说这一看是非礼,那一看是合礼的,那就很难讲了,那天下事情没有一样可看的,首先电视不能看,有些短裙子裸背露胸上场的,选美的,都不可以看了。"非礼勿听",现在打开电视机、收音机播出来的那些歌曲,很多是"非礼的",我们只好用棉花把耳朵塞起来了。所以讲理论实在很难讲。

但事实上我们要了解,根据《论语》,孔子的说法,并没有后世那样的解释,这样非礼,那样非礼。这里是方法,等于刚才讲的练催眠术,训练眼光的定,当然要非礼勿视,除了看一点亮光以外,什么都不能动。颜回听了这四个方法就说,这我就懂了。换句话说,"克己复礼"做到形而上最高的功夫是很难的,退而求其次,用这种方法困住自己,训练自己不敢乱动,先端肃起来。颜回说,我虽然很笨,不大灵敏,悟性不高,但是借外力熏陶内心的方法是懂了。我只好用这种方法,慢慢去达到那个"克己复礼"的境界。

上面这一段是讲"仁"学。孔子的道统中心是建立一个"仁"。在这一节书里分成两半。"克己复礼"是讲真正的修养功夫,达到"仁"之体。"大学之道,在明明德,在亲民,在止于至善。""在明明德"等于孔子讲"克己复礼"的道理;发出来的外用在"亲民";最高的境界在"止于至善",是原则。一下子"明德"明不了,所以要做功夫:"知止而后有定,定而后能静,静而后能安,安而后能虑,虑而后能得。"后来得到什么呢?得到的就是"明德"。所以《大学》里的修养功夫,和这里有相同之处。下面接着下来,就讲仁的用了。如果我们拿曾子的《大学》来比方着讲,等于上面这一节讲"明德",下面就要讲"亲民"、"至善"的境界了,也就是要讲起用的道理。

仲弓问仁。子曰:出门如见大宾,使民如承大祭。己所不欲,勿施于人。在邦无怨,在家无怨。仲弓曰:雍虽不敏,请事斯语矣!

大家还记得孔子弟子冉雍,孔子认为他有帝王之器,在学生当中可以当大领袖的人物。他来问仁,孔子告诉他的仁,就是由内心修养的道,发挥到外面做人做事的用,尤其是在政治领导原则下的"待人"之用。他告诉仲弓说:"出门如见大宾",这在仁的修养就很难了。出门到外面去,人与人之间的接触,处仁的道理:对任何一个人要恭敬,有礼貌,不能看不起任何一个人。看到任何一个人,都像看到贵宾,很有礼貌,很诚恳的,尊重任何一个人。尤其作为一个领导人,更应该如此,这是领导人的学问。当一个小小干部,马马虎虎还不要紧,当主管的则对任何一个人,即使对下面也应如此,非常尊重人家,这是很重要的修养。

为什么说这是做人处事的外用?在《大学》《中庸》里,却不是教我们"出门如见大宾",而是教我们"慎其独也"。一个人在房间里,没有一个对象,自己都要庄重。这就是内在的修养合乎"非礼勿视,非礼勿听,非礼勿言,非礼勿动"的道理。而现在教冉雍的是外用,所以第一句话"出门如见大宾"着重于待人处世的态度修养。

其次,是讲做事的责任感。"使民如承大祭"。这个"民"就是群众。现代而言,是指对于一般老百姓,对群众社会的领导,为大家做事的时候,要负起责任,担负这个责任的态度,要"如承大祭"一般。古代对于祭祀是很慎重的事情。好比现代一个宗教徒到了教堂,心情就完全不同。对上帝、对祖先,那种心情多么庄重!多么肃穆!去拜菩萨、拜祖宗上香的时候,自然心里就诚敬。对于大众的事情,以这种心情,这种精神来处理。这就是仁道。

第三点则讲到居心、行事的大原则。"己所不欲,勿施于人。"自己所不愿意的事情,也替人家想想。我们普通一般人,大概都是这样:自己不愿意的,都推给人家,这是普通人的心理,人之常情,没有什么大错。不过假使我们要行"仁"道,扩充于为政之间,处人处事之际,那就不同了。你自己不愿意的,就要想到别人也不愿意。怎样使得人、事至于平和,就要"己所不欲,勿施于人"。

下面两句"在邦无怨,在家无怨",就更难了,这两句是结论。这个"怨"字包括两点:一个是自己,一个是别人。这是人生哲学。我们每个人,自己心中都有好多的怨,即使对别人没有怨,也会怨自己的命真不好,碰到这样的时代,这样的环境。这是对自己的怨。第二,人与人之间相处,同事之间相处,长官与部下之间相处,彼此之间无怨恨心,没有什么遗憾的事,这个非常难。在原则上要先做到"己所不欲,勿施于人",我不愿意做的,也应替部下设想,在他也是不愿意做的。譬如一个任务交下去,要告诉他,这是很痛苦的,要抱牺牲精神的,你愿意不愿意?这是在行政之间。当然,领导部队作战时,那情形又不同,那是另外一回事了。做到了于己于人都无怨尤,就是真正的"仁行"。冉雍听了以后说,我虽然没有高度的智慧,但是我会朝这方面努力。

说到这里,我们看到这位《论语》的编辑实在了不起,所以我说它始终是一贯的。它第一段讲内在的修养,形而上的"克己复礼",教诲的对象,是得孔门道统真传的颜渊。讲到外用的对象,则是孔子认为帝王之才的冉雍。下面这段是谈对于"仁"道的一般修养。

## 司马牛的问题

司马牛问仁。子曰:仁者,其言也讱。曰:其言也讱,斯谓之仁矣乎?子曰:为之难,言之得无讱乎?

司马牛问仁,孔子的答复又不同了。他说,有仁道的人,在讲话的时候,不随便说话。这个"讱"就是后世所谓说话忍一点,慢慢来。由这一句话看来,司马牛可能有放言高论的习惯,所以孔子教他不要随便说话。司马牛就说,讲话慢一点,不随便放言高论,这样就叫作"仁"吗?这个很容易嘛!孔子说,你不要看得容易,真做起来很难。这是孔子在教育方面,针对学生的个性、行为,某一个缺点,加以纠正。

接着司马牛就问君子。君子在中国古代文化中——尤其是儒家的观念里,差不多是一个完整人格的代名词。

司马牛问君子。子曰：君子不忧不惧。曰：不忧不惧，斯谓之君子矣乎？子曰：内省不疚，夫何忧何惧？

他问孔子怎样才够得上作为一个君子。孔子道："不忧不惧。"我们听了这四个字，回想一下自己，长住在忧烦中，没有一样不担心的，我们怕自己生活过不好、怕工作没有了，大而言之，忧烦时代怎么变？小而言之，自己的孩子怎么样？一切都在忧中，一切也都在怕中。透过了"不忧不惧"这四个字的反面，就了解了人生，始终在忧愁恐惧中度过，能修养到无忧无惧，那真是了不起的修养，也就是"克己复礼"的功夫之一。司马牛一听，觉得这个道理很简单。他说，只要没有忧愁，也没有恐惧，这就是君子？以现在社会来说，街上这样的人太多了，到那些较低级的纯吃茶地方去看看，那里的人既不担心又不害怕，没有钱用就抢一点，那都是君子吗？孔子知道他弄错了，告诉他不忧不惧是不容易的，要随时反省自己，内心没有欠缺的地方，没有遗憾的地方，心里非常安详，等于俗话说的："平生不作亏心事，夜半敲门鬼不惊。"内心光明磊落，没有什么可怕的，有如大光明的境界，那时一片清净、祥和。孔子所讲的不忧不惧是这个道理，并不是普通的不忧不惧。

这里有三段司马牛的问题。下面是第三段：

# 四海之内皆兄弟

司马牛忧曰：人皆有兄弟，我独亡。子夏曰：商闻之矣："死生有命，富贵在天。"君子敬而无失，与人恭而有礼，四海之内，皆兄弟也。君子何患乎无兄弟也？

这里的答话是子夏说的，不是孔子说的。但我们常常看到有人写文章，说"四海之内皆兄弟也"、"死生有命，富贵在天"是孔子说的，这又弄错了。近几十年来,大家攻击中国文化几千年来受这两句话的影响太大,说中国人喜欢讲宿命论,受了这种思想的阻碍,所以没有进步。实际上这是中国文化,东方文化,人生哲学中最高的哲学。

"命"是什么?"天"又是什么?在中国哲学中是大问题。后世的观念,对于所谓"命",以为就是算八字的那个"命"、看相的那个"命"、宿命论的那个"命",这就弄错了。这不是儒家观念的"命",而儒家观念中的"命",是宇宙之间那个主宰的东西,宗教家称之为上帝、为神、或为佛,哲学家称之为"第一因",而我们中国儒家强调之称为"命"。这样说来,不就简单了吗?所以这"命"与"天"两个东西,可以讨论一生的,也许一生还找不到它们的结论。"命"是什么东西?

在宇宙间生命有一个功能——用现在科学的观念称它为功能。人的生命的功能很怪,因此发展出"宿命论"。

我的医生朋友很多,中医也有,西医也有。我常对他们讲,天下医生都没医好过病,如医药真能医好病,人就死不了。药只是帮助人恢复生命的功能。有一位医生朋友,在德国学西医,中医也很懂。我介绍一位贫血的同学去就医,这个医生朋友说什么药都不要用,要这病人多吃点肉,多吃点饭。他说世界上哪里有药会补血的?除非直接注射血液进去,一百西西注射进去,吸收几十西西就够了,其余变成渣滓浪费了。西医说打补血针是补血的,中医说吃当归是补血的。补血的药只不过是刺激本身造血的功能,使它恢复作用。与其打补血针,还不如多吃两块肉,吸收以后,就变成血了。所以中国人有句老话:"药医不死病,佛度有缘人。"所以用药医好的病,能够不死是命不该死。有一个病始终医不好的,这个病就是死病,这是什么药都没有办法的。所以我和医生朋友们说,小病请你看,生了大病不要来,你们真的医不好。这就是说生命真是有一个莫名其妙的功能,作战时在战场上就可以看到,有的人被子弹贯穿了胸腹,已经流血,但在他并不知道自己已受伤时,还可以冲锋奔跑,等他一发觉了,就会立刻倒下去。等于我们做事时,如果在紧张繁忙之中手被割破,并不会感觉到痛,但一发觉了,立即就感到痛,这种精神的、心理的作用很大。胸腹贯穿了,在发觉以前,中间这段时间,还可维持一下,向前奔跑,这个维持住生命的东西,也是"命",而命的安排就非常妙。

关于富贵,孔子也说过,大家都想发财,但发财很难。我也一辈子想发财,我什么都不怕,就是怕钱,可永远发不了财,想尽办法也没有用。所以干脆不去想办法,晓得"猴子摘包谷"摘不到的。年幼时家乡有个人,专门为出丧人家抬棺材,夜间就敲更,非常穷。有一次几个月没见到他,后来又见到了,问他到哪里去了。他说意外地得了一笔钱,本想过一段舒服的日子,不料生了病,把钱医光,病也好了,还是和以前一样穷。当时听了就让它过去了,后来人生经验渐渐增加,就想起这个人。中国人的话"小富由勤,大富由命",不可强求。这里子夏劝司马牛不必过分悲哀。因为司马牛有两兄——向魋、向巢,他们在宋国作乱,司马牛想劝阻也没有用,所以才有这样的感叹。于是子夏就劝他放开胸怀,冥冥中自有命运的安排,不要为两个亲兄弟担心。即使没有兄弟,朋友就是兄弟,朋友同学们相处融洽,无异亲的兄弟。但交朋友要敬而无失;在上论中孔子也曾说的"久而敬之"这句话,就是交朋友的大原则。朋友交得越久,越亲近了,就要越诚敬。相互间要保持一段恰当的距离,同时相处时要尽量避免过失,这样一来,到处都是好朋友、亲兄弟,哪怕没有兄弟?不但个人关系如此,领导部下同事,也是同样的道理。

## 自 知 者 明

子张问明。子曰:浸润之谮,肤受之诉,不行焉,可谓明也已矣。浸润之谮,肤受之诉,不行焉,可谓远也已矣。

子张问什么是"明"?孔子就答复他上面的两句话,这是我们要注意的。尤其是年轻朋友们前途无量,更要注意"浸润之谮,肤受之诉"这八个字。将来领导别人,乃至朋友同事之间的相处,是很难避免的。

"浸润"就是渐渐渗透而伤害别人的做法。"谮"是讲人家的坏话。"肤受"就是皮肤表面上的一点点伤害。"诉"是心理上的埋怨、攻击。"远",就远离错失了。

我们看历史上和社会上许多现象,尤其当过主管的,更体会得到,许多人攻击的手段非常高明。一点一滴的来,有时讲一句毫不相干的话,而使人对被攻击者的印象大大改变。而身受攻击的人,只觉得好像皮肤上轻轻被抓了一下而已。所以这八个字,特别要注意。自己千万不要这样对人,同时自己也不要听这些小话进来,尤其当长官的,对于这些小话不听进来,是真正的明白人。但做明白人很难,尤其做主管,容易受蒙蔽,受人的蒙蔽,要"浸润之谮,肤受之诉"在你面前行不通,你才是明白人,这是孔子对于"明白人"的定义。做到这一步,才会远离错失。至于老子所讲的"明白人"又进一步了,老子说:"知人者智,自知者明。"能够知人,能够了解任何一个人的人,才是有大智慧的人,能够认识自己的,才是明白人。人都不大了解自己,对别人反而知道得清楚。因此在老子的观念中,"明白人"并不多。

上面都是讲个人"仁"的修养,包括了内在的和外用的,下面又转了一个气势。

## 众 志 成 城

子贡问政。子曰:足食、足兵,民信之矣。子贡曰:必不得已而去,于斯三者何先?曰:去兵。子贡曰:必不得已而去,于斯二者何先?曰:去食。自古皆有死,民无信不立。

这是孔子的政治哲学,能不能绝对奉行得通,就要斟酌时代与环境的情势。儒家政治道德的理想非常高,是对的,但是懂了以后用起来,还是要知道权宜、变通,不能太迂腐。

子贡问领导政治的道理。孔子的观念有三个:"足食",包括经济、政治、社会的安定;大家有饭吃、有衣穿、生活好。第二"足兵",国防的建立。能够做到"足食足兵",还要使人民对他信赖。这几件事做起来很难,以现在观念看,牵涉的范围太广太广。子贡就说,假使时代的环境,到了没有办法完全做到的趋势,要在这三件事之间少做一件的时候,应该先去掉哪一样?孔子说,先去了军事经费,缩减人事预算。子贡说,万一碰到这时代中,一个国家非常贫穷困苦,把军事经费撤销了,还不能维持,对于足食与立信这两点,又应先去哪一项?孔子说,那宁可牺牲经济建设,大家穷,乃至没有饭吃都可以,唯有一个政治大原则中的"信",必须坚守。人民对政府的信心坚定,然后才能产生力量。

## 内外兼修之谓美

下面一节,讲到文质之辨。

棘子成曰:君子质而已矣,何以文为?子贡曰:惜乎!夫子之说君子也,驷不及舌。文犹质也,质犹文也。虎豹之鞟,犹犬羊之鞟?

棘子成是卫国的大夫,也是所谓当权派的人物。他的理论,认为一个人只要天性好,有才能,何必要受教育,求知识,学习文化思想呢?子贡反对这个意见。他说,非常抱歉,可惜你这个见解不对,你对于"君子"所下的定义不对。"驷不及舌","驷"就是四匹马驾的车子,当时是最快的交通工具。像这样快的车子,还不及舌头。用现代观念来讲,就是文化宣传和思想传播的重要,它的影响力远大而且快速。所以不能随便讲话,影响后果太大。

子贡又说,文化思想的修养与人的资质,本来就是一个东西(古人的解释:"质者直也。"犹如一条直线,很纯洁朴素的,就是本质)。文化思想的保留及传达要靠"用",既然有用,那就要靠"文"了,所以"文与质"同样的重要。"虎豹之鞟,犹犬羊之鞟。"刚从兽类身上剥下来,还没有经过加工精制,带有毛的皮叫作"鞟"。他说,虎豹的皮和犬羊的皮,在本质上都同样是兽皮,没有两样。但表面上的花纹有好看与不好看的分别。这里是子贡强调文与质有同等的价值,也就是在上论中孔子所谓"文质彬彬,然后君子"的发挥。

讲到这里,如继续引申,可以从历史文化与个人两方面来看。

先从历史文化方面来说,世界各国的历史发展都有一个通例:凡是有高度文化的国家,它的文与质双方面都是并重的。如果偏向于文,这一个国家一定要发生问题。我们知道,过去世界各民族搞哲学思想,最有兴趣,最有成就的,要算是印度和希腊。

印度人自上古以来哲学思想就很发达,因此形成了佛教思想。印度的气候不比中国,在南印度到中印度一带,天气很热,生活简单,一年四季都只穿一件衣服就够了。我们过去讲"天衣无缝",这个"天"原来的意思就是"天竺"。汉代翻译的音与现在不同,唐以后翻成"印度"。当时印度衣服的大概式样,现在到泰国边境还看得见,就是一块布,身上一围,就是"天衣"。不需像我们的一样用针线缝起来,当然无缝。更热的地方甚至可以不穿。肚子饿了,香蕉等野生水果,什么都可以吃。吃饱了以后躺下睡觉,醒来以后坐在那里静静地寻思,想些神秘难解的问题。所以印度哲学的发展,受地理因素的影响很大。

希腊的哲学思想,也很发达。我们讲到文化史时,心目中对希腊这个地方,充满景仰之心。如果到了那里一看,没有什么了不起,只是一个比较苦寒的地方。这种苦寒的地方,人生的问题也多,譬如一个人遭遇了困难,会想到自己为什么这样命苦?再想命苦是什么原因?这样慢慢想下去,哲学问题就出来了。

这两个地方,哲学思想那么高,他们为什么不能建立一个富强的大国?那就是文质不相称的必然现象。

我们再看西方的文化,像罗马,无论雕刻、建筑等等都很高明,但是它的文化在文学境界、艺术境界到达了最高峰的时候,就开始衰落了。这差不多是世界文化发展史上,一个必然的道理。只有我们中华民族的国家、民族、文化、政治、历史是一体的、整体的。全世界也只有我们中国是如此。这就要注意,文化历史与国家民族的关系有如此深厚。只有中国不受这个影响。

## 历代兴衰的趋势

回转来看中国每一个朝代文与质的问题。我们提过夏尚质,殷尚忠,周尚文,这三代各有不同。夏禹时代开始建立一个大的农业国家,一切都是质直的、朴素的。到了殷朝的时候,人还是很老实,但是宗教色彩比较浓厚。我们文化整体的建立、完成在周代,因为周尚文。但是周朝的文化,仍是根据夏商文化损益而成,是文化传统的总汇。

后来历史的演变,一代一代看得很清楚。

秦纪太短,等于是战国时代的余波,不去谈它。到了汉朝的建立,四百年刘家政权,早期也非常质朴,慢慢国家社会安定了,文风就开始兴盛了。到东汉时文风特别盛,历史的趋势也走下坡路了。

汉以后是魏晋南北朝,我们知道魏晋以曹操、司马懿为宗祖。如果说到文学的境界与质作比较:魏晋的文风,包括了哲学思想,实在是了不起。第一个了不起的人就是曹操,他们父子三人在文学发展史上贡献非常大,的确是第一流的文人,所以影响整个魏晋时代的文风都很盛,但缺乏尚忠的质朴。一直到了南北朝,这几百年都很乱,不是没有文,而是没有质朴的气息。

后来唐代统一了天下，他们李家的血统中，有西北边陲民族的血液，所以唐代开国之初，文风也好，政治风气也好，社会风气也好，非常朴实。我们今天讲中国文化的诗，都推崇唐诗为代表，别代的诗虽然都很好，为什么不足以代表，而推崇到唐诗？说起来好像唐诗没有什么了不起，不外歌颂月亮好，花开得好，风吹得舒服，风花雪月而已。可是唐代的诗，咏颂风花雪月，就是有那股质朴的美。到了中唐和晚唐时期，文风越来越盛，而民族的质朴、粗野与宏伟的气魄衰落了，没有了。

经历了五代，到了宋赵匡胤统一中国，一开始文风非常发达。讲文学、讲学问，谁提倡的？就是赵匡胤他两兄弟。在马上二十年，手不释卷，一边打仗，还爱读书。乃至于带部队去前方打仗的时候，后面几十匹马跟着驮的也是书。我们读历史读到这里，问题就来了。我们看到有宋立国的天子，是军事家而兼文人，以致宋代的统一，只统一了一半，北方幽燕十六州根本就没有统一过。因为赵匡胤是军人，上过战场，打过仗，晓得战争的可怕。同时他又是爱好读书的学者，不愿意打仗。再者，也觉得没有把握。所以宋代一开国，等于是半个中国。而宋代的文风非常盛，开国的气魄则始终不像汉、唐那样壮观。

再下来，元朝不必谈了，八十年匆匆而过。到了明朝三百多年来继承宋朝的文学、学术的气势、格局就不大。我们要注意，在元朝以前的西方人，哪里知道有今天，那时他们根本还落后得很。所以当时在中国做过官的意大利人马可·波罗，回去写了一篇游记，报道中国的文化。欧洲人看了根本还不相信，认为世界上哪里有这样美丽的天堂。到了明朝中叶以后，西方文化才抬头，所谓西方文艺复兴，就是这个阶段。

至于清朝，我们推开民族问题不谈，在前一百五十年中，的确是文与质都很可观的。从这些历史上看，我们了解了一个国家民族的建立，文质两方面万万不能有所偏废。

再回到现代，今日整个世界，危机很重。而且还不是政治、军事这些因素，乃是没有文化了。尤其我们目前所面对的整个世界，经济失调,又导致文化衰乱,这是很严重的。目前世界各国,经济上都有赤字,只有德国例外。研究结果,二十多年来,世界各国,受了凯因斯经济学理论——"消费刺激生产"的影响,大家吃亏很大,像英国人连糖都吃不起了。一种思想,一种学说,对世界人类社会的影响,就有这样严重。美国这几年来所以通货如此膨胀,就是一直运用凯因斯经济思想的结果。现在晓得后果不佳,已经没有办法了,短时间之内无法纠正。德国之所以能立于不败,就是经济恐慌后没有死守凯因斯的经济理论,而用古典的经济思想,也就是中国人的"省吃俭用,量入为出"的思想。很简单,"生之者众,用之者寡",自然经济稳固。证明用古老的思想对了,这就是时代的考验,这都是学说文化,我们不要把它分割,认为这是经济学,与孔孟之学有什么相干?总之,文化是整体的。

## 继 绝 传 薪

由此引申出来,我们看到,国家民族的兴衰,端赖于文质的均衡发展。现在我们文化的危机当然很严重,多年以来那样的挖根灭种的破坏,以后我们自己以及我们的下一代,如何在继绝存亡之间,去挑起文化传统的责任来。现在的年轻学生,学位很容易拿到,学士、硕士、博士那么多。老实讲,我是很担心!很忧虑!学位尽管拿,是否确实能挑担子,却是个问题。对于文化的存亡继绝,要青年们将这个火把点下去,火种留下去,最怕青年们没有这个本事,目前就有这样一个危机,这是讲大的方面。

## 书画琴棋诗酒花

讲小的方面,个人文与质的关系。

有些人有天才，本质很好，可惜学识不够，乃至于写一封信也写不好。在前一辈的朋友当中，我发现很多人了不起。民国建立以后，在政治上、经济上、社会上各方面有许多人都了不起。讲才具也很大，对社会国家蛮有贡献，文字虽然差点，可是也没有关系，他有气魄、有修养。

另一些人文章作得好，书读得好，诸如文人、学者之流。我朋友中学者、文人也很多，但我不大敢和他们多讨论，有时候觉得他们不通人情世故，令人啼笑皆非。反不如有些人，学问并不高，文学也不懂，但是非常了不起，他们很聪明，一点就透，这是"质"。

再说学问好的文人，不一定本质是好的。举个前辈刻薄的例子，像舒位骂陈眉公的一首诗，一看就知道了，这首诗说："装点山林大架子，附庸风雅小名家。功名捷径无心走，处士虚声尽力夸。獭祭诗书称著作，蝇营钟鼎润烟霞。翩然一只云中鹤，飞去飞来宰相衙。"陈眉公是明末的一个名士，也就是所谓才子、文人。文章写得好，社会上下，乃至朝廷宰相，各阶层对他印象都很好。可是有人写诗专门骂他："装点山林大架子"，所谓装点山林是装成不想出来做官，政府大员请他出来做官，他不干。真正的原因是嫌官太小了不愿做，摆大架子，口头上是优游山林，对功名富贵没有兴趣。"附庸风雅小名家"，会写字、会吟诗，文学方面样样会，附庸风雅的事，还有点小名气。"功名捷径无心走"，朝廷请他出来做官都不要做，真的不要吗？想得很！"处士虚声尽力夸"，处士就是隐士，他自己在那里拚命吹牛，要做隐士。"獭祭诗书称著作"，獭是一种专门吃鱼的水陆两栖动物，有点像猫的样子。它抓到鱼不会马上吃，先放在地上玩弄，而且一条一条摆得很整齐，它在鱼旁边走来走去玩弄，看起来好像是在对鱼祭拜，所以称作"獭祭"，它玩弄够了再把鱼吃下去。这里的借喻，是说一个人写诗做文章，由这里抄几句，那里抄几句然后组合一下，整齐地编排在一起，就说是自己的著作了。骂他抄袭别人的文章据为己有。"蝇营钟鼎润烟霞"，这是说他爱好古董,希望人家送他,想办法去搜罗。"蝇营",是像苍蝇逐臭一样去钻营,人家家里唐伯虎的画,赵松雪的字等等,想办法弄来,收藏据有。"翩然一只云中鹤",这是形容他的生活方式,看看多美!"翩然",自由自在的,功名富贵都不要,很清高,飞翔在高空中的白鹤一样。"飞去飞来宰相衙",这完了!当时的宰相很喜欢他,既然是那么清高的云中鹤,又在宰相家飞来飞去,所为何事?可见所谓当处士,不想功名富贵等等都是假的。所谓文章学问都是为了功名富贵,如此而已!

这一首诗,就表明了一个人对于文与质修养的重要。人不能没有学问,不能没有知识,仅为了学问而钻到牛角尖里去,又有什么用?像这样的学问,我们不大赞成。文才好是好,知识是了不起,但是请他出来做事没有不乱的,这就是文好质不好的弊病。一定要文质彬彬,然后君子。就是这个道理。

## 吃饭大如天

哀公问于有若曰:年饥,用不足,如之何?有若对曰:盍彻乎?曰:二,吾犹不足,如之何其彻也?对曰:百姓足,君孰与不足?百姓不足,君孰与足?

这一段是有关于国家的财政思想,古时候,国家政府的支用,都靠老百姓纳税而来。古代的赋税有个名称叫"彻",大概是收十分之一的田赋(详细的数字,要另外考证,这里不去管它)。所取的很合理。后来到了春秋战国时,因为社会的不安,政治的动荡,政府的财用不足,税收就加了很多。现在鲁哀公问孔子的学生有若说,年饥——农业社会收成不好,社会经济衰落不景气,都可称年饥——国家财政,入不敷出,你看怎么办?有若就说要减税。他不但不主张加税,还主张减税。鲁哀公听了说,你不要说减为十取一的税,就是征两成都还不够,怎么能减?减了以后国家的财政怎么办呢?接着,有若说了一个大原则,所谓财经一定要与政策配合,也就是讲政治的大道理。他说,你减税以后,使国民的生活安定,社会增加了生产能力,老百姓富足了,还怕国家不富足?国家当然会富足。假使加重税收,老百姓越来越吃不消,经济只有越萧条,那时离心离德,到哪里去征税?

以中国历史来说,几乎每一次到了变乱的时代,都发生这种问题。外国也一样,现在美国福特上台,恐怕最困难的也是这个问题。每一个国家,财经都很重要,所以大家想对国家有所贡献,财政经济的书要多看看。任何大小事情,财经的知识是不能缺少的。乃至自己创个事业,开个公司,会计把账拿来都不会看,就糟糕,被蒙蔽了都不知道。何况每一变乱时代,都发生这类问题。明朝末年最严重,当时这个税、那个税,历史记载着弄到"民怨沸腾"。我们读历史的时候,这四个字马马虎虎过去了,但仔细研究一下,老百姓对政府没有感情了,怨恨的程度,像开水一样翻翻滚滚,到了这种程度,实在难以收拾,明末就到了这个地步。宋代一位文学家范石湖的诗:"种禾辛苦费犁锄,血指流丹鬼质枯。无力买田聊种水,近来湖面亦收租。"范石湖和陆放翁、苏东坡这些人都是宋代著名的文学家,在政治上也是了不起。范石湖出使过金国,办过政治上的大交涉,在政治上贡献很大。他的诗词文章,被誉为宋朝四大家之一,堪称为文质彬彬。他这首诗讲乱世的税捐状况,政治上的根本问题。他描写种田的人,辛辛苦苦用犁锄来垦地,耗尽了心血。垦到无地可垦了,"鬼质枯",连坟场都挖掉改垦为田地,尽量从事生产。可是收入还不够缴纳繁重的赋税,这从下面两句话可以看出来。他说农民没有钱去买田来耕作,只好弄只船,种种荷花,打点鱼,在水上谋生活。可是下面一句"近来湖面亦收租",连种水也要缴税了。这是范石湖,是文学家也是政治家,对那个时事的感叹!这就成为有名的诗句,代表了那个时代的心声。几乎每个朝代末期,都出现这种代表老百姓的心声的作品,这都是大问题。

回转来看有若的答复,财经税收,离不开政治哲学的大原则。百姓富足,每个人生活安定,社会安定,政府自然富足。如果老百姓贫穷了,则这个国家社会就难以维持了。

## 知人易　自知难

子张问崇德、辨惑。子曰:主忠信,徙义,崇德也。爱之欲其生,恶之欲其死;既欲其生,又欲其死,是惑也。诚不以富,亦祇以异。

这是一个大问题。既关系个人的修养(内圣),也关系到领导人的修养(外用)。"崇德"是个名词,"辨惑"也是一个名词。这两个名词的并用,是由《论语》开始的,后世成为儒家思想的专有名词。子张问怎样叫"崇德"？怎样叫"辨惑"？崇德是个人的修养,现在新的名词是"心理卫生",就是熏陶、改善自己的思想,使自己的德性,慢慢崇高伟大起来。换句话说,就是要如何修养自己的人格。"辨惑"这惑包括了两方面,一是怀疑,一是糊涂。一般人的人生,一辈子多半是糊涂,没有思考,没有辨别的能力。即使有,也搞不清楚。说有经历,经历包括范围太广,如要相信经历,就先要辨一辨什么是经历？就要思考。所以辨惑就是真正的智慧,真正的见解。

子张提出这两个问题问孔子,孔子的答复说,使自己的人格升华,主要在心理修养。一为忠、一为信。"忠"的意义是直心直肠,心境很直,对人对事绝没有歪曲。另一意义就是非常尽心,不论对自己或对别人,当国家大事也好,为个人私事也好,绝对尽我的心,尽我的力,乃至赔上自己的性命,都在所不惜。譬如对于思想的信仰绝对忠实,也就是"忠"。"信",我们解释过了,就是自信、信人。对自己要有自信。对人能够厚道,因此人与人之间建立一个"言而有信"的关系。为了使自己的人格更见崇高,没有别的方法,只有"忠""信"。"徙义"是应该做的事就去做。"义"者宜也,合情合理应做的去做,就是

## 颜渊第十二

徙义。

下面问题来了：譬如领导人对部下，或者丈夫对太太，都容易犯一个毛病。尤其是当领导人的，对张三非常喜爱欣赏，一步一步提拔上来，对他非常好，等到有一天恨他的时候，想办法硬要把他杀掉。男女之间也有这种情形，在爱他的时候，他骂你都觉得对，还说打是亲骂是爱，感到非常舒服。当不爱的时候，他对你好，你反而觉得厌恶，恨不得他死了才好。这就是"爱之欲其生，恶之欲其死"。爱之欲其生的事很多，汉文帝是历史上一个了不起的皇帝，他也有偏爱。邓通是侍候他，管理私事的，汉文帝很喜欢他。当时有一个叫许负的女人很会看相，她为邓通看相，说邓通将来要饿死。这句话传给汉文帝听到了，就把四川的铜山赐给邓通，并准他铸钱（自己印钞票）。但邓通最后还是饿死的。这就是汉文帝对邓通爱之欲其生。当爱的时候，什么都是对的，人人都容易犯这个毛病，尤其领导人要特别注意。孔子说："既欲其生，又欲其死，是惑也。"这两个绝对矛盾的心理，人们经常会有，这是人类最大的心理毛病。我们看这两句书，匆匆一眼过去，文字上的意义很容易懂。但详细研究起来，就大有问题。所以我们做人处理事情，要真正做到明白，不受别人的蒙蔽并不难，最难的是不要受自己的蒙蔽。所以创任何事业，最怕的是自己的毛病；以现在的话来说，不要受自己的蒙蔽，头脑要绝对清楚，这就是"辨惑"。譬如有人说"我客观地说一句"，我说对不起，我们搞哲学的没有这一套，世界上没有绝对的客观，你这一句话就是主观的，因为你说"我"，哪有绝对的客观？这就要自己有智慧才看清楚。这些地方，不管道德上的修养，行政上的领导，都要特别注意。"爱之欲其生，恶之欲其死。"是人类最大的缺点，最大的愚蠢。

下面这两句话"诚不以富，亦祇以异"，宋朝的大儒们研究，认为古代是竹简，摆来摆去把位置摆错了，应该摆在十六篇"齐景公有马千驷"之上，因为这两句话是《诗经·小雅》"我行其野"中的句子。他们解释这两句话的意思是"这不是富有，不过和富有也差不多了"，放在这里不伦不类。

现在我们的看法,宋儒说摆错了位置也对。假如说并没有摆错,也有道理。因为"富"不限于财物的富有,道德学问的修养是无形、无价的财富。所以"诚不以富,亦祇以异"等于说,虽不是有形的富有,其实是真正的富有。因为你拥有崇高的人格修养和自己内心的安详,这正是极富有的大业。不过,不同于财物的富有而已。

## 相对的人为政治

下面跟着是齐景公问的:

齐景公问政于孔子。孔子对曰:君君、臣臣、父父、子子。公曰:善哉!信如君不君、臣不臣、父不父、子不子,虽有粟,吾得而食诸?

这就是中国政治哲学了,从古中国的政治哲学是建立在伦常文化的基础上。就是孔子所讲的"君君、臣臣、父父、子子"这四点。现代的青年看起来,会认为这种书落后到极点,实在应该烧掉。如果我们真了解了,就觉得非常深刻,非常有味道。这八个字上面的君臣父子四字是名词,下面的君臣父子四字是借用来作动词。"君君"就是说领导人作到自己真正是一个领导人,领导人有领导人的道德(就这"君君"两个字,就可以写一部叫"领导人的道德修养及其哲学"的大书,或者作为政治系或哲学系同学写博士论文的题目)。君是君,领导人就是一个领导人。臣是臣,作干部的有干部的立场,规规矩矩是个好干部,好的宰相,好的辅助人。这个话连起来讲,如果君不君,领导人不是一个领导人,违反了领导人应有的道德,这时臣也不臣了。"父父、子子。"做父亲的是一个父亲,如果父亲做得不合一个父亲的标准,但是却要儿女孝顺,尽儿女的本分,怎么可能呢?所以父母是父母,子女就是子女,这才是所谓的父慈子孝。也就是《易经》上回复的道理。古代的文字很简略,但包括的意义很多。孔子答复了这一点,齐景公非常聪明,他说,好,我懂了。一个领导人自己不站在领导人的本位,越出范围,那么臣也不臣;一个家庭中,父母不像父母,儿女就不像儿女。如果一个国家,政治、社会的风气到了这个程度的话,国家的财富虽充足,我也用不到了,一定要失败的。这一点就是中国政治哲学的中心思想。

有人说,民主社会没有这个"君",我们研究过三民主义——国父思想,关于这个问题都讲过,不用再讲了,是一样的道理。过去是一人领导万人,现在是万人领导所有的人。"民主"政体下每个人都是"君"。所以我对一个美国朋友,谈到美国的情形,我说中国的民主思想和美国的两样。中国过去是帝王制度,没有民主自由的口号。而美国坏就坏在"民主"上,现在"美国式"的民主政治很成问题。国际上美国到处去帮忙,而没有一个受到帮忙的国家感谢美国,问题就在"美国式"的民主。我们过去的政治思想,尽管是君主制度,据我的研究,中国历史政治的精神,是以民主为基础,君主是一个执行的形态。现在"美国式"的民主,老实说是以君主独裁为基础,而以民主为形态。美国是什么民主? 所有的领导人,乃至于总统,后面都有老板的。他们被操纵于资本家手中,说穿了,美国的民主就是这样。我们过去的君主,是真正的民主精神。譬如在明末崇祯时期,骆养性任大金吾之职。所谓大金吾是沿用汉朝的官名,近似于现代的首都卫戍司令,清朝的九门提督,权很大。当时熊鱼山、姜如农两位言官——近似现代的监察委员,在历史上称作言官。皇帝在政治上的错误,言官都要提出来指摘的,这是中国过去监察御史的精神。纵然是皇帝错了,他照样提出来,错了就是错了。这两位御史很了不起,当时对皇帝有所批评。朝中的太监权臣,因为党派的关系,把他们关在刑部大牢——清朝所谓天牢里。到了半夜里,皇帝亲笔下了一个条子,命令大金吾连夜把这两个监察御史提出去杀掉。这位大金吾接到了皇帝这个条子,并不执行,坐下来写一篇奏章。大意说天下言官犯了罪,如果要杀他,因为他是代表全国老百姓讲话的,所以应该明告天下,公布他的罪状,使全国老百姓都知道,然后再规定时间杀他。现在凭你这张条子,而且偷偷摸摸地半夜里叫小太监送来,要我夜里去杀他,我是不敢执行的。换言之,无形中是说皇帝没有经过行政程序,是错误的,不可以这样做的。第二天他就把皇帝下的条子同奏本,一并送给皇帝,结果皇帝看了他的奏本反而笑了,这件事也就算了,这两个人命也保住了(至于骆养性的晚节好不好,是另外一回事,在此不加讨论)。

事实上中国历史上并不止这一件事,类似的事件很多。不过现在我们读的历史太少了,只靠学校的历史课本、中国史大纲,就认为懂了中国历史。我觉得很好玩。中国历史中有很多宝贵的东西,可惜一般人都没有好好注意它。尤其说到政治哲学,还是我们中国文化中儒家、道家的这许多原则是对的。为政到底在人,并不一定在法。立法、制度固然重要,但执法的还是在人,立法的也是人,所以还是人政重要。

## 能平不平的子路

下面是对于政治、立身处世、做人做事有关的个人修养:

子曰:片言可以折狱者,其由也与!子路无宿诺。

在尺牍中常常可以看到"片言折狱"这句话。"片言"的来源,就是出自《论语》中孔子的这句话。现代语就是"一句话"的意思。"狱"就是打官司。孔子说,要讲一句话,就可以把人家的纠纷解决了,只有子路做得到。那么子路是很懂法律,大概是个大律师了,但律师并不能片言折狱。这里就值得研究了。我们读遍了四书和传记,所提到的子路,并没有那么大的本事,可是孔子的确说他片言可以折狱的。就前面所提到的子路，简直像张飞一样，一个粗暴得很的人，既不是大政治家，又不是搞司法的，孔子怎么说他可以片言折狱呢？这就是子路有侠义精神。

最近看到一部描写清代末期的一个闻人的小说，过去我们也知道这个人就有片言折狱的味道。他没有读什么书，是钱庄的学徒出身，他把替钱庄收来一笔呆账的五百两银子，帮助一个茶馆中萍水相逢、落魄的候补道上京补缺，而他本人却因此被钱庄开除，可是后来这两个人联合起来，东南半壁的金融，都受他们影响。后来太平天国举事，他还支持当时的清政府，认为太平天国绝对不会成功的。淮军的军饷及许多经费，都向他借。这个人讲义气，头脑好，有办法，真是"片言折狱"的人才。

所以孔子提出来，一句话可以替人解决问题的，只有子路做得到。在我个人的人生经验，也觉得的确像子路这种人性的人才做得到。正如某些问题找读书人来解决，也许一年也解决不了，找这些有侠义精神的朋友一来，三言两语，把一切咎责替人挑起，来代人道歉赔礼，几句话就把问题解决了。下面说子路做得到的理由，是"子路无宿诺"，这就是侠义的精神，他今天答应了事情，说话算话，绝对办了结，不会搁在那里不办的。过去这一类的人蛮多的，但在最近二十年来则少得很，这样的人，往往使人敬佩，信任得过。一个人要做到任何朋友都信任他，很不容易。这不能用手段，要绝对的真诚，绝对的信实，子路有这个精神，所以可以片言折狱。

## 理 难 清

由片言折狱，就谈到彼此意见的相争了。

子曰：听讼，吾犹人也。必也，使无讼乎！

原告被告两方的打官司,这是法律上的常事,是普通的讼事。两方朋友有问题,听双方争执的意见,这也是讼事。我发现假使去做法官将无法下裁决,因为我听甲方说的觉得很有道理,听乙方说的觉得也很有道理,所以我常常引用孔子"听讼,吾犹人也"这句话。听谁的话,就"吾犹人也",变成了谁,很难严格地说谁对谁不对。

在禅宗里有这样一个笑话:一个老和尚,有三个徒弟,有天老和尚叫他们来报告心得。首先老和尚听了大徒弟的报告说你的对。二徒弟的报告,刚和大徒弟说的相反,老和尚听了说你的也对。最小的徒弟感到奇怪,就问老和尚,大师兄这样说,你说对,二师兄那样说,你也说对,究竟谁的对呢?老和尚对小徒弟说,你的更对。

佛家从形而上的观点泯除是非。天下没有绝对的是与非,是根据时间、空间而断定的。儒家则从形而下着手,有是非,主张要明辨是非。至于道家,则认为要调和是非。这是三家文化着眼点不同,各有千秋,各有不同的用处。所以绝对的是非在哪里呢?

孔子说:"听讼,吾犹人也。"这句话要注意了,真正的意思是不要有主观,听原告的话时,自己就站在原告的立场。听被告的话时,自己就站在被告的立场。以现在哲学的观念,这才是绝对的客观。然后再来判断是非。但是我们往往最容易犯的错误,是自己先有成见,所以要为任何一个人设身处地。"必也,使无讼乎!"为什么要做到那么客观,因为我们判断是非的人,最主要的目的,是使大家没有纷争,都能心平气和,心安理得,合理地得到解决。

在我国描述清官的小说中,如包公案、彭公案、施公案等等,对诉讼,都脱离不了微服私访。当然历史上这些人是否确有其人,其政绩如何?这是另一个话题,暂且搁置。但这一私访的观念对我们的影响很大,甚至在民国初年还有这样的现象。我们要知道,地方上的恶势力,中外古今都无法完全消灭。不要以为私访可以得知真正的内情,有人就布置好圈套,使私访者正好掉在这个奸谋圈套里。上论中说过:"齐之以刑,民免而无耻。"也就是这道理。

## 颜渊第十二

## 完美之不易

子张问政。子曰:居之无倦,行之以忠。子曰:博学于文,约之以礼,亦可以弗畔矣夫。子曰:君子成人之美,不成人之恶。小人反是。

子张问个人去从政,担任公家的职务,要具备一些什么条件?孔子说:"居之无倦,行之以忠。"这八个字表面上看起来很容易,但认真地想还真不容易。对自己的职务绝对诚敬而不厌倦,这是很成问题的。许多地方都可以看到工作服务态度差的人,有人说是因为待遇不好,所以工作情绪不好。这也不见得,有的地方,登报征求人才,只有一千五百元月薪的待遇,而应征的达六百多人,其中还有的是大学研究所毕业的。可见并不完全是待遇问题,而是教养的问题。学问、学位和职业三个东西分不开,尤其从政,要"居之无倦",全部精力放进去,如果厌倦,换个工作好了,这是从政的精神。但是我们看到许多人服务态度不好,都是由于对职业的厌倦。老古话说的"做一行,怨一行",如果做一个心理测验,到底做哪一行不厌倦?大概没有这一行。就是拿钱吃饭不做事,该是舒服了,久了也会厌倦。还有"行之以忠",从政则一切尽心尽力,为国家、团体、职务尽心尽力而忘记了自己,是很不容易的,怎样才能做到这八个字的精神?还是要学问,还是要修养。

所以下面孔子说:"博学于文,约之以礼,亦可以弗畔矣夫。"要靠学问,这又牵涉到文与质的问题。学问精通了的人可以做到;绝对没有知识的人,普通的人,本质很好的人也做得到。最怕是半吊子。所以要"博学于文,约之以礼",一切渊博以后,选定一点;这也是现在专家教育的精神,先求渊博,以后再求专一。做人的道理,也是一样,一切通透了,然后选择人生专一的道路,这样大概差不多,不至于离经叛道了。

下面再说到个人的修养："君子成人之美，不成人之恶；小人反是。"一个君子人，看到朋友、同事以及任何的好事，都愿意帮助他完成，坏事则要设法阻挡使他无法完成。从政、做人都一样要做到这个程度。而小人却正好相反，就喜欢帮人家做坏事。

再引申来讲"君子成人之美，不成人之恶。小人反是"这句话。我们把"成人之美"这句话，用成了口头语，例如替人家做媒，就常说"君子成人之美"，但是这句话是不负责任的。因为男女双方谈恋爱，已经成熟了，不过到时候在结婚证书上，帮忙盖一个图章而已，这就美其名为"成人之美"。而事实上这又究竟算不算"成人之美"？有时候很难断定。像我曾经为学生证过几次婚，结果很圆满的不多。所以后来有人请我证婚，我说还是不要找我，因为我的福气不好。以前老规矩结婚，没有证婚人，而要请有福气、子孙多的老夫妇为新人铺床，以沾福气。现在不铺床，请人证婚，所以我说最好请有福气的人。当然这是笑话，真正的道理，是"成人之美"的"美"，到底什么是美？

讲到这里，我们就联想到西方文化进来以后，大家喜欢用的"真、善、美"。这三个字不过是西方文化特别注意，特别提出的，并不是中国文化没有。但在学哲学的人的观念里，对世界上究竟哪件事是真的或假的？善的或恶的？美的或丑的？没有办法下定论。因为有许多人行为、观念、道德、善恶标准，是由于时间、空间不同而有区别的，例如到了西藏，与人见了面，要伸出舌头来，还要发出"哧！哧！"的声音，形态并不美观，算是行礼，这就是善吗？又如在印度遇见人，最高的礼貌是在地上打个滚，这就是善吗？可是在那里又非这样不行。这些还是表面的事情。所以真正的善恶，在哲学的范围，是很难说的。我们在路上看见一个人很痛苦，在做人的道理上一定要去救他。但常常会在救了人以后，而后悔是做了一件坏事，因为所救的竟是一个坏人。不救他反而干脆，以后少些人受害，而他自己也可少做几件坏事。可是救活了这坏人以后，对于社会的后果，反而不堪设想。这在我们个人的一生行为中，就有很多这类的经验。因此对于善或恶，在哲学范围中，没有办法下一个严格的定论。美与丑也是一样，男女之间，热恋的时候，在别人看起来蛮丑的人，而他们觉得对方很美。有人认为最丑的，而其他的人会认为是最美的。也有的人，太太很漂亮，感情闹得不好，而在外面交上一个大家都认为很丑的女朋友。所以美与丑，都是主观的，唯心的，没有标准。这如乡下人的话"臭猪头自有烂鼻子的菩萨要吃"，这句话的意义实在很深长了。

美丑既然没有标准，怎样才是"成人之美"就更难说了。下面说"不成人之恶"是反面的说法。做好事，本来是很难的，像帮助孤儿，就有一位老朋友警告我，不能随便办孤儿院。第一，如经济不充足，收容了一百人，到一百零一人时，还是没有办法。最好是不出名，不挂招牌，而想办法将孤儿分散给人领养，或送去当学徒、进夜校。这样才踏实，较完美。我也曾经访问过孤儿院出身的孤儿，一百人中，九十五人是对孤儿院抱怨的。另一方面访问从事孤儿院工作的人，更是满腔的怨言。双方都会埋怨，到底错又在谁呢？所以做一件善事，想"成人之美"是很难做到的。因为进孤儿院的孩子，心理容易不健全。自己感到是一个孤儿，别人的善意，他也会怀疑的。等于对后娘一样，后娘好，他认为是手段，后娘不好，他认为后娘不是亲娘。后娘难做也就在此，因此，有些孤儿院的工作，等于是失败的。由此看来，孤儿出身的人，最后必然走上两条路，一条是对穷苦孤儿非常同情，一生都做好事。另一条路是相反的，对社会仇恨。他的想法是认为自己困难时，没有人来相助，现在为什么要对别人好？养老院也如此，不容易办得好。主事人难于做到像上面说的"居之无倦，行之以忠"，最后成了形式化。因此"君子成人之美"这句话，我们不能随便引用。这美是善的美，不助别人的坏。可是这两句话反面意思的错误，我们经常会犯。往往自认为做了好事，结果成了坏事，无形中也犯了很多错。最初的动机蛮好，为"成人之美"，事情的结果却不好，变成了"成人之恶"。所以成人之美的道理易懂，但身体力行起来，就非常困难。

## 上不正　下便歪

　　季康子问政于孔子，孔子对曰：政者，正也。子帅以正，孰敢不正？

　　这个话大家都很熟，这是我们中国人对"政"这个名称的解释。政就是"正"，所谓政治的道理，就是领导社会走上一个正道。刚才我们讲到真、善、美的哲学观点，现在引用哲学观点来说，什么叫正？什么叫邪？也很难讲。这就牵涉到人生的道德行为观念，以及社会的、历史的道德观念等等，都受时间、空间的影响，而改变了观念的标准。以前的社会形态并不适于现在的社会形态，过去历史的标准，并不一定完全可以适用于现在。所以怎样才算是正或邪，也是对某一时间、某一地区而言。但无论如何，政治的原则，就是"正己而正人"，自己先求得端正，然后方可正人，譬如一个教育家、宗教家，以感化的教育，转移社会风气，也可以说是"政者正也"的一个范例。帅之以正，这是孔子的定义，也是千古以来中国政治思想的一个名言。季康子是一个当权的人，所以孔子对他说"子帅以正，孰敢不正？"只要你领导人自己做得正，下面的风气就自然正了，这是偏重于为政，偏重于领导而言的。

　　季康子患盗，问于孔子。孔子对曰：苟子之不欲，虽赏之不窃。

　　"季康子患盗"，这是说他那里强盗土匪太多了。这是一个大问题，和政治问题、经济问题，都有连带关系。季康子问孔子，强盗土匪这样多，该怎么办？孔子说很简单，你所不要的，赏给他，他都不要。在文字上就是这样，很简单明了，但在《易经》系传上说："谩藏诲盗，冶容诲淫。""诲"就是教的意思。这句话是说，金银财宝，不好好保藏起来，等于教人家来偷；把自己打扮得漂亮、妖艳，就等于教人家来揩油。有的女同学，晚上回来很生气，说外面社会如何乱，男孩子如何不好。因此还是少打扮的好。所以孔子对季康子说："你所不要的，丢在路上，人家也不要，更不会偷，不会抢。"

这个话很简单，但引申出去，政治、经济、社会什么问题都在内。我们先谈一个哲学的笑话，佛家有个名词"颠倒"。在佛经上经常有"众生颠倒"这句话，这"颠倒"两字很有道理，人都在颠颠倒倒的。刚才也提到，孔子说的"子帅以正"，正就是不颠倒。但以哲学立场看，世界上哪一个事物是正的？下不了定义，就人的颠倒来说，随便举例：人身最尊贵的是头部，脸孔、眼视、耳听、口言，多么重要？双手能为我们做许多事，可是却和头脸一样，任它露在外面，风吹日晒。而一双脚，除了走路以外，很少再有什么用途，却要鞋、袜、裤，给它重重包裹，如此保护，岂不很颠倒！田里的稻麦是人类不可少的粮食，何等重要？可是任它在田地上，谁都不去看管。而钞票不过一张纸而已，既不能当饭吃，又不能当衣穿，连作卫生纸用都不行，可是却绳扎，纸包，放到钱柜，钱柜还要摆到严密的库房，上了锁，另外再由人执枪守住，这岂非颠倒？这类事可多了，仔细想想，人生真的很奇妙，究竟哪样才是对？颠倒！对黄金钻石也是如此，本来无用之物，可是大家竞相以为宝物，因此形成了社会上抢购这些东西的风气。说盗窃心理，我们又想到庄子所谓"窃钩者诛，窃国者侯"的话。庄子这一句话的意思是说一般人将黄金珠宝，隐藏妥当，只能防止小偷小盗。至于那些大盗，就怕你不把黄金珠宝等财物集中隐藏起来，你越是装得牢，锁得紧，大盗来了才拿得方便。甚至明目张胆抢劫，还要失主自己代他搬去。至于占领了人家的国土，那么就变成了英雄、侯王。所以庄子说"窃钩者诛，窃国者侯，诸侯之门而仁义存焉"，这就是历史哲学。

因此儒家思想，始终教人过俭朴的生活，走朴实无华的路子。大家如此，社会就安定，盗窃也少了。如上位的人偏好某一事物，则下面会跟着偏好得更厉害。爱好而得不到,于是就行窃了。这个"窃",是广义的窃,凡以损人利己的方法获取即称为窃,今日全世界经济危机,就是受凯因斯"消费刺激生产"理论所害的,前面也提到过这点,大家不肯节俭,尽量消费所致。昨天还对一个美国学生谈起,现在美国一般人几乎永远是穷,因为什么都是分期付款,而生活永远也在分期付款中度过。这就想起孔子的话:"苟子之不欲,虽赏之不窃。"现在全世界的"欲望",风气都趋向这方面,所以大家就都想尽方法来占有,来获取。得不到了,只好去窃,又如女人的打扮,过去仿效宫廷,现在仿电影明星。事实上是一样的,过去看帝王的宫廷,现在看社会整个风气。所以要想不窃不盗,只有改正风气才是。

## 风 吹 草 动

下面仍是季康子问政治方面的一个道理,当然这不是在一天之内问的,而是编书的把它连在一起:

季康子问政于孔子曰:如杀无道,以就有道。何如?孔子对曰:子为政,焉用杀?子欲善,而民善矣!君子之德风,小人之德草。草上之风必偃。

季康子又问孔子说,用以杀止杀的方法,把坏人杀掉,"以就有道",归到正道那里去,怎么样?孔子说,为政之道,并不是靠杀人而能够成功的。我们知道,老子也说过:"民不畏死,奈何以死惧之。"人并不是绝对怕死的,为政不用道德来感化,只用杀戮来威胁,是绝对压不住的。所以孔子对季康子说,用杀人来做手段是不对的,应该以自己的道德来做领导。你自己用善心来行事,下面的风气自然跟着善化了。所以他就说出一节名言:"君子之德风,小人之德草。草上之风必偃。"我们中国文字中的"风气"二字,就是由于这个观念而来的。这两句话中的"德"是一个总称,它包括行为、心理、思想等等。他说君子之德像风一样,普通人的德像草一样。如果有一阵风吹过,草一定跟着风的方向倒。风的力量越大,草倾向的力量也越大。因此,一个大政治家的领导,应该造成一种风气。这都是讲政治的领导。但我们不要把它看呆了,凡是学问书本都要活用。假使做一单位主管,下面只有三个人,同样的,只要主管品德超然,下面的风气自然会好。但在政治上要造成一个时代社会的风气并不太容易,也等于在军事上构成一个"气势",是很不容易的事。

## 闻人与贤达

下面讲到社会思想了:

子张问:士何如斯可谓之达矣?子曰:何哉?尔所谓达者?子张对曰:在邦必闻,在家必闻。子曰:是闻也,非达也。夫达也者:质直而好义,察言而观色,虑以下人,在邦必达,在家必达。夫闻也者:色取仁而行违,居之不疑,在邦必闻,在家必闻。

在这里,第一个要解决的问题是上古文化中"士"的观念。过去已经讲过,用现代语来说,"士"就是代表知识分子。子张问孔子,一个知识分子,要怎样才能在社会上站起来,才够得上称为通达、豁达?孔子听了子张的问题,先反问子张的观念当中,所说的"达",是个什么样子。子张说,我所说的达的意思,是全国上下大家都知道他,名闻天下,在家乡也是各个都知道。像现代民选政治的社会,更要做到如此。子张认为的"达"就是这样。子张的这个观点很值得注意,许多人都有这种心理。几十年来看到有一些朋友就是如此,尤其一些比较活动的分子,人家一提到某某达官显宦豪商巨贾,他总说认识,或攀上些关系。记得抗战时期,曾有一位四川朋友对这样而求闻达的人开了一个很难堪的玩笑。当某人正在大庭广众中自称与某某要人有瓜葛时,他便故意问说:"喂,老兄!这两天斯福兄有消息给你吗?"这位先生一时不解,问:"哪位斯福?"那人便说:"罗斯福嘛!"这句话一出来,大家哈哈一笑,这位老兄却为之默然无语。社会上确有不少这一类型的人。

现在回转来看孔子的观念,我们要注意了,孔子听子张对于"达"的观念所下定义之后,便说,你对"达"的观念搞错了。一个人到处知道他的名,那叫做有名气。这个名气是不是好的,就成问题。有名气的人叫作"闻人",不是"达人"。孔子为"达人"下的定义是"质直而好义,察言而观色,虑以下人。"这样的达人,在中国历史上很多,不一定出来做官。现在有一个名称叫"社会贤达",就是有道德、有学识,的确在社会上众望所归,可是只想做事,不想做官。当然,他也有条件:饭是吃得饱的,生活也不愁,有丰富的正义感,这种人就是达人。

依据孔子对达人的定义,第一是本质的正直,没有歪曲的心思;做人做事,不用手段,不用权术。第二是好义,这个义字的解释,近乎墨子的义,所谓慷慨好义。第三是"察言而观色"。这句话被后世误解为很坏的意思,而本来的意思是有眼光,看得清楚,有先见之明;听了一些理论,根据一些资料,加以智慧判断,就可以看出态势来。例如对于国际大事,时代的趋势,许多事情,都可以在事前看出来。第四"虑以下人","虑"就是智虑,包括了思想与学问,"下人"是对人谦虚,绝不傲慢,自己并不以为自己了不起。要具备这样几个条件,才能算是贤达的人。

孔子又告诉子张,他所说的只是闻人——出名的人,往往只做些表面工作。以前某名都有一位先生,非常非常有名,凡是各项募捐,一定请他去。而他拿起笔在捐簿上第一个写,每次一写,就是一笔很大很大的数字,至少等于现在的几十万元,每次都如此大手笔。可是真去向他收捐款,他说:"我写这样多,是为你作个倡导,别人看我写了这样多,自然都会多写一点。"此人也确是某名都当年的闻人之一,他这个做法就是"色取仁而行违"。表面上做的都是善事,态度取的是仁,而真正的行为不是那么回事。而且"居之不疑",他这样搞久了,自己也觉得这样没有什么不对。犹如许多说谎话的人,说成了习惯,就不觉得自己在说谎,对自己这样说,一点也不怀疑对或不对,甚至,认为是应该如此的。像这一类人,虽然也会出大名,但到底不算是达人。成为达人要有达人的条件,达人的道德。

## 修养上的三岔路口

下面是讲个人修养的问题:

樊迟从游于舞雩之下,曰:敢问崇德、修慝、辨惑?子曰:善哉问!先事后得,非崇德与?攻其恶,无攻人之恶,非修慝与?一朝之忿,忘其身以及其亲,非惑与?

樊迟是孔子学生。"舞雩",犹如现代的交谊厅,有一次,他跟孔子在"舞雩之下",向孔子请教三个问题。一个是如何"崇德",充实自己的修养。这个"德"字不一定作道德讲。以现代观念说,如何使自己的心理、精神、修养到高深的程度。第二"修慝",就是如何改进自己内心思想、情绪。第三"辨惑",怎样才不至于糊涂,怎样才是真正的有眼光,有智慧,看得清楚。这是人生哲学的大问题了,这三句话如果严格发挥起来,非常费事,现在我们先研究它的意义。

第一点崇德。这个德,旧的观念就是德业,以现在来说,怎样养成很有教养的气质。说到气质、风度这些名称,在前面也多次说过,经常没有办法做确切的说明。但有没有"气质"这个东西?它又的确是有,这是从内心发出来的。有如何的教养,就形成如何的气质。也有人天生就具有特殊的本质,不过还要加以力学的培养。所谓崇就是推崇。崇德就是如何把内在的气质培养到崇高的境界。兹事体大,可不简单。

举一个唐人笔记小说的事例来说:如唐初李靖、红拂女、虬髯客等风尘三侠的戏剧故事。那正是南北朝到隋唐之间,天下大乱的时代。当时想起来革命,创功立业的人很多。红拂女不过是隋朝一位大臣杨素家中的一名家伎,而李靖这位唐代的开国大将,在这时只是一个默默无闻的青年,还很倒楣,投奔到杨素那里,希望当一个职员而已。可是小说中描写武功很好的侠女红拂,一见到李靖气宇非凡,就认为是了不起的人物,而与李靖私奔。有一天,他们两人住在旅途客栈中,红拂女正在化妆梳头,长发及于地,被虬髯客看到。虬髯客也是想起来革命,而且财富多,武功高,不愿作第二人想的人物。他看见红拂女的长发,认为是极贵之相,不禁在窗外瞪眼看。被李靖发现了,正要拔剑相向,这时红拂女也在镜中发现了虬髯客,于是目止李靖的忿怒动作。由李靖出来询问,接谈以后作了朋友。李靖说明要去投太原公子李世民,后来虬髯客也到太原访李世民,由李靖为两人介绍。笔记上记载当时李世民是"不衫不履"与虬髯客相见,一见面后,虬髯客见到李世民的气度,心里冷了,认为天下第一人该属于他而不是自己,就不多谈。转托李靖再约李世民,第二天在太原郊外一个名胜区凉亭中,和虬髯客的师兄一起见面。李靖如约陪李世民前往,虬髯客正和一位道士在亭子里专心下棋,李世民和李靖也不打扰,只在旁边看棋,那位道士就推开棋盘说:"师弟,这一着,我们输了。"起来就陪虬髯客走了。后来虬髯客把自己的兵器、财富,全部送给李靖夫妇去帮助李世民统一天下,做开国功臣。并且告诉李靖,十年后海外如有大事,就是自己成功的一天。果然唐太宗统一天下,有一天接到扶余国(有说是吉林)来的情报,扶余的领土被一个虬髯的人征服了。唐太宗、李靖,彼此都会心地一笑,那位朋友也成功了。我们引用这个小说,便是用来说明崇德的意义。一个人德业的成就,和一个人的风格、品行、风度、气质都有关系。有了这样的成就,在外表上是可以一望而知的。

第二点修慝。所谓慝，是一种心理作用，所以这个字从心。以心理状态来说，人的理智情感，没有办法压制下去的。有许多人讲究静坐，但第一步，内心乱七八糟，思想就没有办法平静。譬如遇到一件令人生气的事情，表面虽强作无事，若能把那种忿怒的心放开，那就更好！更美！但是这种不平之气，往往是压不住的，这是内心修养很重要的一步。如果这种内心的修养做不到，外在的崇德就不会真正完备。所以修慝是内心真正的修养，在现代心理学上讲，就是把自己矛盾的心理——理智与情感的矛盾，求得平和与安详。

第三点辨惑，就是做到有真正明辨的智慧，对于善恶、是非、情势都了如指掌，没有迷惑了。樊迟问了这三点以后，孔子说你这个问题提得太好了，也太大了。这三点如果都做好了，就入于圣人的境界，在孔子学生中，樊迟并不是第一流学生，但是他非常勤奋。所以孔子告诉樊迟的不是深远的理论，而是平实可行的道理。孔子说做人做事只要先去做，不问自己的结果利益，以后自然会有好的成果，这便是"先事后得"的道理。

这四个字看来很容易，做到很难。尤其现代社会的风气，大家每做一件事，先要考虑有没有价值。所谓价值，就是问后果对自己的利益，这是通常的心理。可是孔子告诉樊迟，做人做事先不要考虑自己个人的利益与价值，认为是善的就先做了再说，后来自然有成果的，这就是德业。其次，专门反省自己的错误，不挑别人的毛病，这也是做起来很难的。因为人都喜欢挑剔别人的毛病，很少反省自己的错误。现在要反过来，专找自己的错误，不挑别人的毛病，就很难做到了。而儒家、佛家、道家的修养，都严格地讲究这一点，做到这一点就是"修慝"。有些人为了一点小事，生起气来，把自己身体生命都忘记了，要与人拚命。犯了法弄出纰漏来，连带父母、妻子、儿女都受了罪，这不是最笨、最糊涂的事吗？

这三点孔子在这里是这样解释。我们要特别注意，下面一篇当中，还要提到这个问题。这里是孔子针对樊迟的程度，所作"崇德"、

"修慝"、"辨惑"的解释。实际上这三点所包括的内容很多、很多。不过这里虽是引述孔子对樊迟说的道理，也就是一般人很容易犯的毛病。

## 樊迟问"知""仁"

> 樊迟问仁。子曰：爱人。问知。子曰：知人。樊迟未达。子曰：举直错诸枉，能使枉者直。樊迟退，见子夏曰：乡也，吾见于夫子而问知。子曰：举直错诸枉，能使枉者直。何谓也？子夏曰：富哉言乎！舜有天下，选于众，举皋陶，不仁者远矣；汤有天下，选于众，举伊尹，不仁者远矣。

樊迟问什么叫仁。孔子说，能够爱一切人就是仁。樊迟再问什么叫智慧。孔子说，能够了解任何人就是智。但是这是针对樊迟的程度而言。结果，樊迟对于孔子的答复，还没有通达，未曾彻底了解。孔子便更引申地说，你还不大了解，我再告诉你，假如做一个领导人，把正直的人提拔起来，而对邪曲的人先搁置起来，这样直道而行，就可使原来邪曲的人，也变成为直道之人了，坏人也会变成好人了。

可是樊迟还是没有懂，退出之后，便来看子夏。子夏在孔子的学生中，也是较为突出的一个，孔子死后他在河西讲学。战国后期中很多人物，都是子夏的学生，所以樊迟不懂，又去向这位孔门的高材生讨教。"乡也"的乡，后来写作"向"，是"刚才"、"前些时"的意思。樊迟说，我刚才问老师什么是知，老师说"举直错诸枉，能使枉者直"，这是什么意思？子夏一听樊迟的话，就说，老师所讲的这两句话，内容太丰富了，包含的意义太大了。子夏为了使这位同学有更具体的了解，就举历史的故事来讲给他听。他说舜当了皇帝的时候，在许多人中间，选拔了皋陶做助手，管理行政、司法。皋陶一做了他的助手以后，天下便没有冤枉的事，坏人都远离了，变好了，大家都心存厚道了。

　　说到这里，想起一个与皋陶有关的著名故事，宋朝苏东坡当年考功名时的论文，便是《刑赏忠厚之至论》。主考官是梅圣俞，他和欧阳修都是了不起的大学问家。欧阳修有一副名联说："书有未曾经我读，事无不可对人言。"他一生做人，胸襟坦然，所以说"事无不可对人言"，一生没有什么缺德的事，任何话都可以对人开诚布公。而上联看起来谦虚，实际上牛皮吹得很大。他说天下那么多书，也有我没有读过的。换言之，他读的书真是够多的了。这次考题梅圣俞出的《刑赏忠厚之至论》，依当时制度，政治司法都论在一起的。苏东坡知道这位考官学问很好，那时他还年轻，又很调皮，存心要把考官考住，让考官不懂，于是在文章中有一段引用："当尧之时，皋陶为士，将杀人。皋陶曰：杀之！三。尧曰：宥之！三。故天下畏皋陶执法之严，而乐尧用刑之宽。"藉以说明古代判人罪刑，存心如此忠厚。梅圣俞看了苏东坡这篇文章，非常激赏，认为很好，于是录取。只是这几句话所说的典故，没有看过，不知道出自哪一本书。放榜以后召见了苏东坡，便问东坡，文章中这个典故出自哪里？东坡答道："想当然耳。"梅圣俞才知上了当，这是苏东坡的调皮故事。也有人说，上当的是欧阳修。

　　回到本文，子夏举的第二个历史例子是说，到了商汤的时候，举用伊尹。我们都知道伊尹是古代的名宰相，与后来周朝的姜尚齐名。伊尹被商汤提拔时，还正在当厨师。因为有伊尹，所以有商汤的天下。在上古历史中，第一流的大臣，并不是靠学历年资慢慢升上来，然后到六十多岁退休。只要是人才，一下子就上去了。当然后世法治社会又是另外一回事，与创业时用人的原则是要有所不同的。从古今中外的历史，我们可以看出，做事业是要人才去做的，而人才并不是学历资历可以限制的。所以商汤举伊尹出来，则"不仁者远矣"。他举这些例子，就是告诉樊迟什么叫作"举直错诸枉"。换句话说，是子夏引申孔子这两句话，告诉樊迟，无论如何，做人处事要用正人，用品格、才能、道德好的人,提拔这样的人,自然就行了。

## 交友的艺术

> 子贡问友。子曰:忠告而善道之,不可则止,毋自辱焉。

有一天,子贡问孔子交友之道,应该如何?我们知道,有时候交朋友也是一件很难的事。上论《里仁》篇中子游曾说:"事君数,斯辱矣。朋友数,斯疏矣。"对上位者如有不对的地方,做干部的,为了尽忠心,有劝告的责任。但劝告多次以后,他都不听,再勉强去说,自己就招来侮辱了。对朋友也是这样,过分的要求或劝告,次数多了,交情就疏远了。这里,孔子告诉子贡,交朋友之道,在"忠告而善道之"。尽我们的忠心,劝勉他,好好诱导他,实在没有办法的时候:"不可则止",就不再勉强。假如过分了,那就不行;"毋自辱焉",朋友的交情就没有了,变成冤家了。从表面上看起来,孔子教学生的交朋友之道,好像蛮滑头的样子,适可而止,不要过分。实际上,加上我们自己的经验,就知道孔子的话并不滑头。中国文化中友道的精神,在于"规过劝善",这是朋友的真正价值所在,有错误相互纠正,彼此向好的方向勉励,这就是真朋友,但规过劝善,也有一定的限度。尤其是共事业的朋友,更要注意。我们在历史上看到很多,知道实不可为,只好拂袖而去,走了以后,还保持朋友的感情。

我们举一件近代的故事来说,曾国藩下面一位幕友王湘绮(壬秋),当时他是湖南的才子,也是近代以来有名的大儒。他著有《湘军志》,对曾国藩有褒贬之处。曾国藩所领的湘军,在前方和洪秀全作战,开始露败象的时候,王湘绮就要请假回家。曾国藩知道他读书人胆小,如果这仗败下来就不得了,所以也想让他回去。不过事情很忙,没有立即批这件公文。有一天晚上,曾国藩因为有事去找他。看见他正坐在房里专心看书,就站在后面不打扰他。差不多半个时辰,王湘绮还不知道，曾国藩又悄悄地退回去了。第二天早上，曾国藩就送了很多钱，诚恳地安慰一番，让王湘绮立刻回家。有人问曾国藩，为什么突然决定让王湘绮回去？曾国藩说，王先生去志已坚，无法挽留了，朋友之道，不能勉强。尤其打仗的时候，胜败自己都没有把握，如何能保住别人？再问曾国藩何以知道王湘绮去志已坚？曾国藩说，那天晚上去王湘绮那里，他正在看书，并不知道曾国藩就站在他身后。而且有半个时辰，王湘绮没有翻过书。可见他不在看书，在想心思，也就是想回去，所以还是让他回去的好。

这个故事就说明长官对部下或者朋友相处，都要恰到好处。如果过分，那么朋友都变成冤家了。人生交一个朋友是很难的，所以孔子告诉子贡，交朋友适可而止，不是滑头。

曾子曰：君子以文会友，以友辅仁。

这一篇最后以曾子的话来作结论，也是讲朋友之道；朋友的积极意义在什么地方。"君子以文会友"，这个"文"包括了文化思想。结交志同道合的朋友，目的在哪里？在于彼此辅助，达到行仁的境界。

这篇书一开始，颜渊问的是仁。到这里最后的结论，提到曾子讲的朋友之道，同时再度表明做人也就是仁的用。所谓仁就是爱人；也是人与人之间相处和自处的高度修养；也可以说是做人的艺术。

# 子路第十三

现在讲《子路第十三》篇,以连贯的观念来看,这篇文章是对上论《为政》篇以后所作的发挥。就是说一个人学问的内在修养与外用,当然包括了过去所谓做官的学养,乃至做人与做事的道理。

## 先天下之忧而忧

子路问政。子曰:先之,劳之。请益。曰:无倦。

这一节文字非常简单。子路问从政的道理,孔子告诉他两个观念:一个是"先",一个是"劳"。这两个观念,发挥起来蛮多。

所谓"先",就是在"为政"的原则上作领导人,一切要为人之先。关于先,大家都读过宋儒范仲淹的《岳阳楼记》,其中有句名言:"先天下之忧而忧,后天下之乐而乐。"这个"先"的观念,即从《论语》这里来的。中国政治哲学解释"先"字,多半用老子的话"外其身而身存"。为政作主管的,尤其是作战带兵的,都是这样:自己站在前面,有艰难困苦与辛劳,我领先担负了;利益方面也是先让人家,自己不要,这是"外其身",而实际上最后的成功还是自己,这是领导的"先之"的道理。

"劳之",也是处事领导的原则。左丘明的《国语》一书中,有一篇《敬姜论劳逸》,叙述鲁大夫公父文伯的母亲——敬姜,对儿子的一番教训，政治思想非常高。她说人必须要接受劳苦的磨炼："劳则思，思则善心生；逸则淫，淫则忘善，忘善则恶心生。"一个人环境好，什么都安逸，就非常容易堕落。民族、国家也是这样。所谓"忧患兴邦"，艰难困苦中的民族，往往是站得起来的。所以古代许多懂得为政的人，都善于运用"劳之"的原则，使得官吏、百姓没有机会耽于逸乐。"劳"包括了勤劳、劳动、运动许多意义。所谓"君子劳心，小人劳力"。人在辛劳困苦的时候，对人生的体会较多，良善的心性容易发挥出来。不过这是好的一面的看法。另一方面，也有把这个原则反用了的。就是不使人太过安逸，尽量使他劳苦，永远不能安逸下来，没有机会思想，也不敢思想，这就是用反的一面。所以同样一个学问，正反两面如何去用，在乎个人的道德。这个"劳"同时也包括自己。在个人修养中，一个领导人宁可有困难时自己先来，有劳苦的事自己先做；绝不能自己坐着享受，有困难都让别人去。这样永远带不好人，尤其带部队，打起仗来，就看得更明显。

　　孔子说了这两点，子路请益，要求老师多告诉他一点。孔子又说了一个"无倦"，这两个字在文字表面上看起来就是不疲劳，一切要更努力；用现代语来说，就是责任的观念要加重，自己没有"懒得做"的感觉；从历史上严格体会，做一个政治上成功的领导人的确是很苦的。如果恪守这种原则，即使是看公文这件工作，也令人觉得很苦。因为真正负起责任来，往往就没有私生活，难免有时会厌倦。在前面也说到过，历史上像周公那样忙碌辛劳，"一沐三握发，一饭三吐哺"的故事。周朝的政权，存亡绝续之际，维持八百年之久，可归功于周公一手所建立的典制。而且我国文化集中整理成一系统性，也是由周公开始的。当时周公的身份、地位，用"一人之下，万人之上"还不够形容。实际上，他与武王是亲兄弟，是成王的叔叔。可是他对人如此的谦虚，如此的负责任，如此的勤劳而无倦，这种修养实在难得。一个人在自己负到那样的重责，达到那样的地位时去体会它，才更亲切。

　　上面是孔子告诉子路的三大原则。孔子为什么对子路作这样的答复？这须要我们用头脑去思索一下了。假使子贡、子夏问从政的问题,孔子也许不是这样答复。我们知道子路的个性很有侠气,脾气一来,动辄"算了!"或者"干了!"这一类的个性,容易偾事。有些人是慢吞吞的个性,就容易误事。所以孔子严格告诉他这三个原则。但是,我们每人自己反省,个性上有这种成分没有？学问修养的道理,就可在这三个重点上去体会了。

## 才　难

仲弓为季氏宰,问政。子曰:先有司,赦小过,举贤才。曰:焉知贤才而举之？曰:举尔所知,尔所不知,人其舍诸!

仲弓出去做鲁国权臣季家的管事,来问从政的原则。孔子告诉他在行政上领导政治的道理:"先有司",有司是职务代称,也就是管事的,读古书时经常看到它。孔子是说,首先重视每个人的职权,要制度化,不要乱来。在古代专制政治的时代,尤其在春秋战国的时期,一个领导人,一个帝王,本身就是法制。尽管中国过去也是讲法治的精神,但在君主专治体制下,往往有"言出法随"的情形,他的话就是法律,他要怎样做就是法令。所以孔子告诉他不可犯这毛病,先要把权责分清楚,制度建立起来。

其次,领导人对人要"赦小过"。谁都难免有错误,尤其当领导人,要能原谅人。一个领导人,不单是主管,还要兼作老师,所谓"作之君,作之师,作之亲"。领导人同时是老师,同时是父兄,对部属小小的错误,马马虎虎让他过去,充其量喊到房间里告诫他。在历史上看到的名臣,遇到部下犯了错误,当众不说,召到房间里,关起门来责备一顿。出了房门当主管的自己背了过,宣称是自己的错,不关那个部属的事。古代许多大臣都有这种器度,不是用手段,而是一种厚道的修养,这是爱人。

第三,要能够"举贤才",就是提拔有才能的人。这里发生一个问题了,仲弓提出来问,他说有那么多部下,怎么知道哪一个是人才?人才的选拔不易,在历史上经常看到有人"拔于稠人之中"。这句话的意思是说,有很多人才,当他没有机会表现的时候,永远默默无闻而埋没终生。譬如带一师的部队,这一师人当中,一定有人才,但却没有办法发现。有了发现,就在稠人之中——在很多人之中把他提拔起来,给他机会,随时培养出来。历史上许多前辈提拔后辈,都是这样。

但贤才到底是难得,所以仲弓就说,无法知道谁是贤才,怎样去分别呢?孔子说,你可以就你所看到的,所知道的去选。如果你并不知道,那就是他没有表现的机会,只好等待别人去发掘了。所谓:"博施济众,尧舜犹病!"

## 孔子要正什么名

子路曰:卫君待子而为政,子将奚先?子曰:必也正名乎。子路曰:有是哉?子之迂也。奚其正?子曰:野哉!由也。君子于其所不知,盖阙如也。名不正,则言不顺;言不顺,则事不成;事不成,则礼乐不兴;礼乐不兴,则刑罚不中;刑罚不中,则民无所措手足。故君子名之必可言也,言之必可行也。君子于其言,无所苟而已矣!

有一天,子路和孔子在讨论一个为政的问题。孔子周游列国都很失意,比较好的是在卫国那些年,而且卫灵公对他也的确很重视。所以看孔子的传记,当时许多地方使大家怀疑,有人以为孔子可能在卫国要当宰相;有的怀疑孔子想把卫国的政权整个拿过来。这段讨论的背景就可以反映出当时的情况。子路有一天问道,看卫灵公的样子,非常重视老师,假使他希望你出来从政,有意把政权交给你,"子将奚先?"(我们要注意这个"将"字,表示当然不会成为事实,假设语气)老师你看为政之道,第一步是什么?第一个重点先开始做什么?孔子说,假定有这个事,第一件事是正名。子路说:"有是哉?"这是非常怀疑的口气,意思是说,正名有这样重要吗?因为正名是一个非常抽象的东西,所以子路不相信。并且说,老师,人家说你是个迂夫子,你真是迂啊!名正不正有什么关系呢?

现在我们注意,先讨论这个"名"。中国文化中过去的名,包括了些什么呢?我们都知道后世有一门学问叫"名学",就是逻辑、思想的研究。严格讲,正名就是指确定思想的观念。以现代的语汇来说,"文化思想的中心"即为正名的重点。也可以说,在逻辑思想上分别得清清楚楚,就叫作正名。

现在"正名"的意义懂了,再说本文。孔子说,如果要谈为政,先要把思想领导清楚。把文化思想的路线作正确的领导,非常重要。子路一听,认为文化思想是空洞的东西,这个何必管它呢?孔子就骂他说,你这个家伙,真是野蛮、胡扯。一个真有学问的君子,对一件事情不了解,不要乱下断语。知之为知之,不知为不知,懂就是懂,不懂不要勉强说懂,就告诉人家我不懂,这才是君子的风度与修养。"盖阙如也",宁可保留这个缺陷,对人说这一门我不懂,没有研究。孔子教子路这一点做人的道理后,继续告诉他"必也正名"的道理,一气呵成的说明中心思想的重要。

政治的重心,"名不正,则言不顺",言包括了文字及理论。在理论上讲不过去的事,就是不合理的事,一定不会成功的。有时我们读历史,看政治的演变,都离不了"名正言顺"的原则。"事不成则礼乐不兴",没有文化的政权,就没有文化的社会,那么立法的制度就建立不好,法治没有良好的基础,一般老百姓就无所适从了。所以领导的重点,还是思想的领导、文化的领导。这在表面上看起来并不重要,其实影响非常深远。

说到这里,我们若以思想问题来讲,人类的全部历史,可以说就是一部思想战争史。一直到今天这个阶段,站在哲学的立场来看,全世界人类文化的思想,正陷落在瘫痪状态,空虚贫乏。讲好听点是物质文明在发达；讲难听点是物质的欲望在扩张，蒙蔽了人类的智慧。也许目前感觉不到，再过十年、二十年就可以感到的。因此我们现在对于自己的文化复兴，要作承先启后融贯中西的工作，这是刻不容缓的重大使命。从事文化工作的人，要晓得自己这神圣而艰巨的责任。是谁给的责任？是自己要自己挑的，挑起继往开来的重任，才能搞思想。如果以现实的环境来看，搞思想的人常是穷苦一生，默默无闻。但每个历史的演变，都受这种潦倒一生的人思想的影响。在他本人死后，领导了世界人类。以个人的现实生活来讲，搞思想、搞文化的穷苦一生，对他有什么用？可是他精神生命的价值就是如此伟大和长远！这就看个人的认识，自己选择要走什么路。

现在引申孔子提到的"正名"问题与思想文化的重要性，如果到了"民无所措手足"的状况，一般人无所适从，不晓得走哪条路好，那就问题大了。我们不要忽略了这个问题。譬如我们这个世纪，这个时代的现象：以前曾经提到过，世界各国，首先倾向于偏激思想的是知识分子——也可以说是没有到家的知识分子。而另一奇怪的情形，外国许多资本家的做法，至少是走同情偏激思想的路线。至于穷小子们多半都是盲从，并不是真的在搞思想。这中间是一大问题，是这一代搞思想文化，搞真正学问的关键所在。我们不要忽略了这个问题。有些事看来毫不相干，但影响的后果非常大，这就叫做文化思想了。文化思想看来毫不相干，但形成时代潮流，对国家命运的影响非常大。我们甚至可以说文化思想左右了历史，所以在政治哲学的观点上就更要注意了。一个政治领导人，对于许多看起来毫不相干的事情，譬如路上丢一个香烟头，是毫不相干的，但你丢一个，他丢一个，人人都丢一个，就形成了都市污染，积微成渐，不相干的事成了大问题。就是孔子讲的，名不正，思想就不纯正，"则民无所措手足"。这个时代，老百姓不知哪个思想是对的。

所以孔子的结论："故君子名之必可言也"，这个"名"字包括了思想文化的内涵。同时由此可见，思想文化在政治哲学中的重要。而且我们真正的传统思想,事无不可对人言。在理论上、逻辑上绝对站得住,不是空洞的理论,一定可以做得到的。现在思想的风气,都是讲"应用"的思想,不是基本的哲学思想。因此人心愈乱,民风日下。

孔子所以说为政的道理,首先是思想文化的问题。我们传统文化中对于思想文化和言语行为的原则,就是讲究实践的,说得到一定做得到,而且很容易平实地做到。这就是中国政治哲学最高的原则;不谈虚无高深的理论,要平实可行。总之,孔子告诉我们,思想是最重要的,这个思想就归于"正名"的内涵,缩小范围,就是名称与观念的重要。所以我们平常作宣传的人,用一句标语,一句小标题,也必须要经过仔细研究,搞错了,也可说就是"正名"的偏差。

## 问 舍 求 田

下面大体讲做人的道理:

樊迟请学稼,子曰:吾不如老农。请学为圃,曰:吾不如老圃。樊迟出。子曰:小人哉!樊须也。上好礼,则民莫敢不敬;上好义,则民莫敢不服;上好信,则民莫敢不用情。夫如是,则四方之民,襁负其子而至矣。焉用稼!

樊迟有一次向孔子请教农业的技术问题,稻子要怎样种得好。孔子说,那你不要问我,不如去问有种田经验的老农。樊迟又问如何种菜种花。孔子说,这些事你问我,我不是不懂,但只懂一点,不如去问老经验的种菜、种花的人。樊迟退出去了以后,孔子就对学生们幽默地说,樊迟这个小子,竟来问我这些农业技术问题。其实,我只教你们做人做事的大原则,并没有教种菜的技术。如果身居上位,做一个领导人,本身好礼、诚敬,下面就自然敬业乐群了。这点我们应当要注意,在任何地方,领导人的意向,有一点偏向于某一方面,不久之后，整个风气都会偏向某一方面。不但是坏的偏向会出毛病，好的偏向如果不善加引导，也会出问题。所以道家、儒家都讲无为而治，由此知道领导人的学养，是要很注意的。孔子现在是讲好的偏向，他说上面的人如处处好礼，讲究文化思想，下面的人就诚敬严肃，成为风气了；上面的人如处处爱人，牺牲自己，帮助别人，那么下面的人心，受上面的影响，当然人人都服从你。尤其带兵，所谓"先之，劳之"，在艰难困苦中，先替下面的人想办法，只有一餐饭可吃，让大家先吃，有剩的自己再吃，不然自己饿肚子。当然不能为了手段才如此做，要真诚的这样做，那么人民没有不心悦诚服。"上好信"的信，不但指有信用，讲了的话兑现，还包括了信人、信己，要做到疑人不用，用人不疑。那么下面对你没有不付出真感情的。人能做到这一点，人心归向，贤才毕集，百姓感戴，携家带眷，前来依附，还怕没有人来替你种田吗？

但话说回来，后世儒家的知识分子，因此都不肯自力谋生，只想做领导人——做官的毒素也种因于这种思想流弊了。实因误解孔子的教学主旨所致。

因此，下面便说到从政与个人修养：

子曰：诵诗三百，授之以政，不达；使于四方，不能专对；虽多，亦奚以为？

孔子说，学识的修养基本，要先读诗。并不是要政治家成为一个诗人，因为春秋战国以上的文化思想，直到孔子删《诗》、《书》，定《礼》、《乐》时代的《诗经》，可以说是包括了一切知识的通才之学，所谓虫鱼鸟兽的名称，以及人情风土的知识，由诗的内涵中都可以了解。培养一个政治人才，必须先使他有充分学识，成为通才，样样都会。在古代知识范围，比现在简单。读诗读得好，学识渊博，不一定做事做得好。所以读诗以后，要授之以政，给予经验了。

如果所学与行政配合不起来，不能得心应手，不能通情达理，那就要外放出去,使于四方,各处去多经验、多历练。这就和后来司马迁"读万卷书,行万里路"的道理一样,经验不够,就使于四方,到处去增加人生的经历,然后再回来考察他,如果处理事情还是不能专精、深入,那么再培养、训练也没有用。这种人才,只能成为书呆子,从唐代以后,多半是打入翰林院。明清两代,进士出身进翰林院的很多,进了翰林院,就是进入研究院去研究研究,有很高的名望,很高的待遇,可是难得外放做官。在过去有许多人一辈子都待在翰林院里,如果经翰林院出身,而能再从事地方行政的,我们从清朝两百多年的史实来看,多半成为双料大员,纵不能成为国家了不起的能臣,至少也不太错。看看清朝翰林院的制度,是非常妙的,仅仅书读得好的人,就只好翰他一笔在此林中了。所以孔子说,书读好了的人,从政经验不够,就派他到外面多经历人情世故。回来还不能深入,就不是从政的大才,书读得再多也没有用。由此可见人的才具与学识,不一定能够完全配合得起来。

子曰:其身正,不令而行。其身不正,虽令不从。

孔子讲到为政的道理,始终认为个人的修养非常重要,任何一种制度,到底还是人为的。领导人本身端正(正字包括的意义很多,思想的纯正,行为的中正等),就是一个良好政治的开端,用不着严厉的法令,社会风气自然会随着转化而归于端正。如果本身不正,仅以下达命令来要求别人,结果是没有用的。

子曰:鲁、卫之政,兄弟也。

这是孔子对当时历史文化的一个批判。他生长在鲁国,也继承了鲁国的文化,鲁国文化要保存周朝文化和周公流风遗政的精神。后来孔子多半在卫国,在卫国住得比较久。由卫国回来以后,才正式从事著作,删《诗》、《书》,定《礼》、《乐》。他认为卫国的文化、政治,基本上还是不错的,还能始终保存着周代封建当初的"兄弟之邦"的精神。孔子这句话是感叹,也是赞美。总之,言下之意,颇多感慨!

## 斗屋升基之争

子谓卫公子荆,善居室。始有,曰:苟合矣。少有,曰:苟完矣。富有,曰:苟美矣。

孔子在卫国看到一位世家公子,并不是近代语所谓的公子哥儿。古代的公子是世袭的,大体上都由长子继承。除非这个家族犯了罪,否则是代代相传下去的。例如孟尝君、信陵君、平原君等等,这些都是公子。他在卫国看到一个世家公子名字叫荆,这个人对于生活的态度,包括他的思想观念和修养,都很值得推重。譬如在修缮房屋这件事上来说,刚刚开始有一点可住时,他便说,将就可以住了,不必要求过高吧!好比有一幢配给的房子,虽然小了点,人口多住不下来,将就在走廊前加一小间,马马虎虎够了就好。后来又扩大一点,修好一点,他就说,已经相当完备了,比以前好多了,不必再奢求了!等于原来配的房子只有十二个榻榻米,现在改了第一期的国民住宅,好了一点。他说好了,已经很受用了。后来又扩充一点,他又说,够了!够了!太好了。

孔子讲这件事,在我们初看起来,没有什么了不起。岂但卫公子做得到,我们大家都做得到。所以有时候读《论语》,觉得把这些话都记载进去,好像圣人的经典,并没有什么了不起。这就是读书要与生活经验,以及年龄的增长相互配合。我们要知道,古代一个世家公子,可不那么简单。据我所了解,有些朋友因家庭出身不同,吃的穿的硬是很讲究。有一位朋友,年纪相当大,名望地位也很高。他托人买一件汗衫,因为是老牌子,找遍了香港、英国,后来在香港一个老店才买到,价钱非常贵。代买的人也买了一件,穿起来的确舒服。这位先生对日常生活,就是如此考究。他也有他的理论:没有钱宁可不买,要买就要买好的。譬如皮鞋,一双好的皮鞋,又舒适,又漂亮,又牢固,可以穿两三年。花两百元买一双普通皮鞋,几个月换一双,计算下来,花的钱一样,既不舒服,又不好看。皮鞋如此,其他也是一样。这就知道,世家公子的习气,确是不同,由此也就了解到人生,所谓"从俭入奢易,从奢入俭难"。一个穷小子出身,渐渐环境好了,自然会奢侈起来,这种习惯容易养成;用惯了以后,一旦穷了,再要想俭省,就困难了。

所以孔子提出卫公子荆的这个观念,是非常有道理的。我们的四书五经,教年轻人去读,在他们是一件痛苦的事,实在难懂,像这些必须要配合人生的经验去体会。如果在学校里教这些书,仅从文字上讲解,学生听了自然会反感的。这实在难怪学生,只好责怪"人生"了。

其次说到盖房子,讲几个故事:

第一个讲到郭子仪:唐明皇时候,安禄山作乱,唐室将垮的政权,等于他一个人打回来的。在历史上,唐代将军能富贵寿考的,只有郭子仪一个人。他退休以后,皇帝赐他一个汾阳王府。在兴工建筑的时候,他闲来无事,拄一支手杖,到工地上去监工。吩咐一个正在砌墙的泥工说,墙基要筑得坚固。这名泥水匠对郭子仪说,请王爷放心,我家祖孙三代在长安,都是作泥水匠的,不知盖了多少府第,可是只见过房屋换主人,还未见过哪栋房屋倒塌了的。郭子仪听了他这番话,拄着杖走了,再也不去监工。这个泥水匠讲的,是祖孙三代的实际经验,而郭子仪听了以后,就想透了人生的一个道理,不是消沉,而是更通达了。

第二个故事,唐末杨玢在尚书任内,快要告老退休的时候,他在故乡的旧屋地产,有些被邻居侵占了。于是他的家人们要去告状打官司,把拟好的起诉书送给他看。杨玢看了,便在后面批说:"四邻侵我我从伊,毕竟须思未有时。试上含元殿基望,秋风秋草正离离。"他的家人看了就不去告状了。

第三个故事,和杨玢的类似,据说(待考)出在清代康熙、雍正间的桐城人张廷玉。他是清代入关后,父子入阁拜相的汉人。据桐城朋友说,桐城有一条巷子名为"六尺巷"。张廷玉当年在家乡盖相府时,邻居与他家争三尺地,官司打到县衙里,张家总管便立刻把这件事写信到京里报告相爷,希望写封信给县令关照一下。张廷玉看后,在原信上批了一首诗寄回来,这首诗说:"千里求书为道墙,让他三尺又何妨?长城万里今犹在,谁见当年秦始皇。"张家的总管于是立即吩咐让了三尺地出来,那个邻居看到张家居然退让了三尺,他也让了三尺出来,于是留下了六尺空地,成为人人都能通行的一条巷道。

从这几个故事,我们就可了解孔子之所以讲到一个世家公子的生活,能够修养到"知足常乐",只求温饱,实在是很难得的。像这样修养的人,如果从政,就不会受外界环境的诱惑了。

刚才提到郭子仪的起建汾阳王府,我们再看看唐人的两首诗:

门前不改旧山河,破房曾轻马伏波;今日独经歌舞地,古槐疏冷夕阳多。——赵嘏《经汾阳旧宅》诗

汾阳旧宅今为寺,犹有当年歌舞楼;四十年来车马散,古槐深巷暮蝉愁。——张籍《法雄寺东楼》诗

上面两首诗的词句都很简单,但包含的意味却发人深省;比起"长城万里今犹在,不见当年秦始皇",如何?

## 政治、经济、文化

子适卫,冉有仆。子曰:庶矣哉!冉有曰:既庶矣,又何加焉?曰:富之。曰:既富矣,又何加焉?曰:教之。

有一次孔子又到卫国去,他的学生冉有跟着去服务,到了卫国一看,政治很清明,社会进步了,繁荣起来了。于是孔子说,好呀!好繁荣呀!冉有就问,像这样繁荣了,再进一步该怎样做? 孔子说,使社会繁荣,是为政的原则。繁荣了还不算,还要使国民经济基础稳固,人人富有。冉有又问,社会繁荣了,国民收入也提高了,那么再进一步又该做甚么呢? 孔子说,那就是文化与教育了。仅是繁荣了,如不

加上文化教育,这个社会,这个国家民族,会堕落、沉沦的,这是很严重的。繁荣、富有、文化教育,是政治发展的三阶段。

子曰:苟有用我者,期月而已可也,三年有成。

这是孔子平常的感叹。他感叹自己的政治理想,不能实行。孔子在这里说,假定真正有人相信我,"期月而已可也",期月就差不多了。如果照我的政治理想去做,三年的时间,这个国家就有大成果,可以变成一个富强康乐的国家。

子曰:"善人为邦百年,亦可以胜残去杀矣。"诚哉是言也!

看这一节书,首先要了解,孔子是引用古人的话。其中"善人为邦百年,亦可以胜残去杀矣"这两句话,是孔子以前的古人说的,只有下面一句"诚哉是言也"是孔子自己的话,也就是孔子对于古人那两句话的感想、评语。以现在的话来解释,孔子说,这两句话的确说得不错,真有道理!

这一节书是连接上面政治发展三个阶段:繁荣、富强、文化教育的振兴一直下来的。讲到繁荣与富强,我们想到现代的情况,像全世界都在谈发展观光,观光就是社会繁荣的前奏。现在这样,过去历史也是这样。所谓观光,不免要连带有许多对社会风气不好的事,中国如此,世界各国也如此。

试举一个例子:曾国藩打垮了太平天国,收复南京之初,当然,南京在兵乱之后,经济非常衰落,老百姓非常困苦。曾国藩第一步工作,就是恢复秦淮河的游乐事业,歌台舞榭,什么特种营业都有。这些一恢复,经济的复兴就来了。经济的原理,有如美国人一句话,世界上最大的本事,就是把你口袋里的钱,放到我的口袋里来。读了几年经济学,不如这句话实在、实用、有道理。好逸恶劳是人的常情,要使有钱的人,把钱花到南京来,当然最好就是发展娱乐。曾国藩不但第一步恢复了秦淮河的游乐事业,而且像他生活那样严肃的人,为了繁荣地方,听部下的建议,自己还到秦淮河去逛逛,以示提倡。曾国藩还遇上几个名伎，其中一个死了，曾国藩送了一副挽幛，题道"未免有情"。更相传其中有一个伎女，艺名少如，也颇有文才，要求曾国藩送她一副对子。曾老先生打算用她的艺名"少如"这两字嵌到联中，先写上联："得少住时且少住"，意思是能偷闲在这里休息片刻就休息片刻。因为要考这女孩子的文才到底怎样，便要她自对下联，不料这女孩很调皮，开了曾国藩一个大玩笑，提起笔来写道："要如何处便如何"。这只是相传的故事，并不完全可靠。但曾国藩为了使南京地方的经济复苏，先恢复秦淮河的繁荣，这是一个史实。

然后就是管子的政治道理："仓廪实则知礼节，衣食足则知荣辱。"最后是文化教育，真正的文化教育。古代中国政治，为王道的道德政治；后来讲事功，是来自霸道的思想，不是王道。王道政治的代表，在三代以下是周期。经过好几百年，祖孙几代的努力，他的文化风气才养成。所以周朝的政权，在中国历史上，就有那么久远，乃至变成中国文化的渊源。这就是所谓"善人为邦百年"，急进是不行的。一个理想的政治风气，最后孕育成一股文化的力量，不是简单的。但这种不以事功取胜，以道德为先，才可胜残止杀，化解人们彼此斗争、仇恨、残杀的心理。但是一个社会、国家，要达到这个程度，必须有百年的教育，百年的文化，不可能在短时间内完成，要经过三四世才行（一世三十年）。孔子年纪大了以后，有了丰富的经验，所以这两句，说得非常切实。换句话说，文化历史的成果，不是一下子做得到的，起码要百把年，好几代才能做到。所以急求事功，往往没有好的结果。因此接下来说：

## 仁德须加累积成

子曰：如有王者，必世而后仁。

对于王道仁政的推行，孔子在这里，再作一个原则性的定论。他说要实行王道的仁政，亲眼看见成功，是很难做得到的。必须要加以时间的培养，隔世或隔代的努力；有了安定的社会基础，有了根深蒂固的文化教育，然后才能"世而后仁"。我们看历史，先不管王道不王道，每一个朝代真正的安定，都要开国以来百把年的根基才行。从近代史来说，就看清朝一代，他们由孤儿寡妇带了三百万人入关，统治了四万万人，经过康熙、雍正、乾隆三朝百把年来的努力，才开始有真正的安定。像"春满乾坤福满门"，描写当时国家、社会的安定现象，实在也是得来不易的。可是在乾隆的末期就又开始变了，马上又走下坡。再回溯上去看明代、宋代、唐代，甚至汉代，都是如此。每个朝代开始，社会在大变乱之后，真正过安定生活走上轨道，大体上都要百年的时间。当然恢复很容易，长治久安比较难。我们如果能够避免战争，二三十年中不打仗，马上就可恢复了。所以那年去日本开中日文化会议，我曾面对他们的国会议员、大学校长、教授们说，我到了日本，看见东京的繁荣，日本朋友问我有什么感想。我说："这并没有什么稀奇，一个国家，一个社会，安定下来，二十年时间，谁都做得到。但你们日本人要知道，日本今日的繁荣，是中国人三千万军民的血汗所施予的。我说世界上两件东西最可怕：一是刀，一是钱。过去你们军国主义，把刀磨快了想统治全世界，后果怎样你们已经知道了。现在你们有了钱了，又想买通世界，这种思想将来所得的后果，一样可怕……"

闲话少说，再回到正题，我们要注意"必世而后仁"这句话，经过一世，才能行其仁政的道理。例如一个家庭，为了培养一个孩子，希望后代优秀，也要"必世而后仁"。培养自己的孩子，希望自己的儿女有所成，还不大可靠；儿女如果照你的教育，再教育下去，到孙子这一代，才有希望。相反的"世而后败"，试看社会上富豪之家，也几乎没有超过三代的殊荣。做父母的很辛苦，白手成家；第二代做儿子的虽然不太过分，总比老子会花钱；到孙子一代出手可大了，完全是纨绔子弟的作风，甚至有些马上败掉了；因此又轮到第四代曾孙在闹穷。穷了又再俭省成家，如此循环往复，永远像一个轮子在转。

这里又顺便讲一个故事。陶朱公的次子在楚国犯了死罪。因为楚王有信任的大臣庄生与陶朱公很有交情,于是陶朱公的太太要丈夫写信给他,把儿子救出来。陶朱公打算叫第三个儿子带黄金千斤,连同信件去见庄生,相信不会有问题。可是长子不肯,因为宗法社会的长子,有特别的地位,有责任与权力,所以争着要去。但陶朱公不答应,他说如果长子去送这封信,一定是把老二的尸体运回来,不是把人救回来。可是长子硬吵着要去,太太不懂事,帮长子说话。陶朱公被吵得没办法,于是就让长子去了。不过同时吩咐太太准备好次子的丧葬事宜。长子到了楚国见到了庄生,交上了书信和黄金。庄生因为是陶朱公的事情,不能不办。适逢这年楚国有灾,古代相信天象,每逢天灾,国家要做好事以求化解。于是庄生去见楚王,建议大赦,楚王接受了他这项建议。但这个消息泄漏出来了,被陶朱公的长子听到,他就后悔老二的事用不着托庄生,大赦一定会放出来的,千斤黄金白送了,心里舍不得。殊不知这次大赦,正是庄生为了救他的弟弟想出来的办法。所以又去看庄生,提起大赦的事。庄生当然很聪明,立即知道了他的心理,就写了一封回信,将千斤黄金退回。对他说你弟弟的事刚好遇到大赦,用不着我帮忙,我可以不管了。然后庄生连夜进宫再见楚王,请求慢一点发布大赦令。他报告楚王,在大赦令的范围中,有一个死犯是陶朱公的儿子,如果不把他先正法,别人还误会我庄生贪污,误会你楚王不公平。于是楚王下令把陶朱公的次子杀了,翌日颁大赦令。陶朱公的长子只有把弟弟的尸首运回,家里却已布置好了灵堂。陶朱公的家人问,为什么事先会知道这样的结果?陶朱公说,我们白手成家,大儿子跟着吃苦出身,对钱看得太重,岂肯轻易花用。而这位老友最清贫,绝对不会受贿赂,我送给他钱是私人感情,他才肯受用。而我们的三子,出生时家里就很有钱,他花钱花惯,送了千斤黄金,绝不会心痛,也绝不会再去问的。我所以断定,老大去了一定是把兄弟的尸首运回来。这则故事的内涵,可以从多方面去体会,涉及个人心理学、社会心理学、政治心理学、家庭教育心理学等等。

所以说我们这一代的儿女,再好也有问题存在;主要的,他们在此时此地长大,安安定定,由小学读到大学,父兄尽管穷,他们的学费和零用钱总有得用的,他们哪里真能晓得世事艰难?所以说要在痛苦的环境中施予教育,像训练国家的军人一样,必要置之死地而后生,他才能真正知道人生、社会、国家、民族的重要,将来也许他会有远大的成就。由此理扩而充之,讲到国家天下,使它合于王道仁政的原则,"必世而后仁",这是不易的定论。

## 正己而后正人

子曰:苟正其身矣,于从政乎何有?不能正其身,如正人何?

这是中国政治思想重点所在,也是孔子所说名言——"政者正也"的引申。主要是要求于领导人的。我们都知道中国文化中有一句"《春秋》责备贤者"的惯用语。这是说明孔子作《春秋》的主要宗旨,是为了时代的衰颓,社会风气的败坏,尽他对于历史的责任。他并不苛责一般人,因一般人大都是盲从的,听命的;他责备的是领导者,当权者,或者有道德学问而负这种责任的贤者。倘使这些人搞错了方向,会导致历史的重大罪过,因此《春秋》以中正责备贤者。《论语》中这里的观念也是如此,解释为政的道理在于先求自正,后来曾子《大学》的正心诚意等一系列思想,也是孔子这一观念的引申、演绎。到了南宋,真德秀著《大学衍义》、《心经》(儒家的心经)、《政经》等书,就是强调这个重心给帝王和领导者看的,所以唐代以后,用《大学》、《中庸》的正心诚意思想,作为领导人必然的修养,也是根据孔子这里的思想。

这里在文字上的解释很简单,政就是正,"苟正其身矣,于从政乎何有?"这句话译成现在的白话文就是:假如本身公正,去从政,不必讲,当然是好的。"不能正其身,如正人何?"政者正也,要正己才能正人。假使自己不能端正作榜样,那怎么可以辅正别人呢?

下面跟着这一政治原理,描述一则冉有的故事。

冉子退朝,子曰:何晏也?对曰:有政。子曰:其事也,如有政,虽不吾以,吾其与闻之!

这一段记载很妙,也是孔子的幽默处。孔子学生冉有,当时在鲁国的权臣季家做事,职位很重要。在鲁国的历史上,季家当时很糟糕,想争夺政权,不臣的迹象都显露出来了。在上论《八佾》篇中就曾记载,季氏旅于泰山,孔子曾找冉有,问他能不能想办法救季家,纠正他的思想。冉有说不能,可是冉有还在季家做事,有一天冉有退朝后,见到了孔子(中国古代都在朝上处理公文,也等于是现代每天的朝会,讨论政治,处理公事)。

说到这里,我们有许多感慨。现在大家都觉得每天的会议太多,头大得很,这是中西文化合璧的过渡时期的现象。时代不同,社会结构、人事变化古今大不相同。古代官制人事比现在少得多。就清代而言,康熙年间,全国上下二十余省,从中央到地方的正式朝廷官员,只有二万五千多人。就此人数,办理约四万万人的政治事务。当然,我们看到清末的政治非常腐败,但是在腐败中间,也有一点值得注意,就说那时腐败衙门的师爷们,每天上班,大多已在下午两三点钟,吃过午饭,睡好午觉,鸦片烟抽足以后才上班。可是他们今日事今日了,难得有拖到好多天才办的。难道说这是制度问题?实在难以下一评断!

再看古代,皇帝都是早朝,非常辛苦。就以清朝的皇帝而论,承继中国五千年文化的正面,专权到了极点,事无巨细都要过问,以致皇帝从来不能睡得舒服。凌晨四五点钟就要起床,如果贪睡起不来,就有一个老太监跪下来叫;如果叫不起来,就由另一太监,打一铜盆热水,绞一条热热的面巾,覆到仍在睡梦中的皇帝脸上,替他擦一把脸,硬把他拖起来,替他穿上龙袍,拉着去主持早朝。吃饭也没有人陪,孤家寡人一个人吃。清代先祖的法制:不能由皇后陪,最多下命令找一个喜欢的妃子陪他吃。人到了这个地步,权力固然可爱,可是有许多事情,就没有味道了。我们顺便讲到这些,是要注意早朝制度。

# 闲话一句

几千年来,一切国家大事,都决定在早上,乃至个人的处理政事,也是如此。如曾国藩当年理政,就不大开会,而是找部属们一起吃早饭。有一个人不到齐,他就不动筷子,利用吃早饭的时间,讨论了事情。所以对于过去的早朝和现在的会议,我们可以好好对比研究一下,对于自己国家将来制度的问题,也是值得考虑的一点。

这里是说,一天冉有退朝回来,孔子问他为什么今天回来这么迟?冉有告诉孔子,因为有政务须要商量。孔子说,我清楚得很,看起来好像是国家的大事,虽然我没有参加,不过就好像亲自听见一样。孔子这个话非常幽默,想来,他说此话时,一定作了一个幽默的微笑,等于打冉有一棒。

定公问:一言而可以兴邦,有诸?孔子对曰:言不可以若是其几也!人之言曰:"为君难,为臣不易。"如知为君之难也,不几乎一言而兴邦乎?曰:一言而丧邦,有诸?孔子对曰:言不可以若是其几也!人之言曰:"予无乐乎为君,唯其言而莫予违也。"如其善而莫之违也,不亦善乎?如不善而莫之违也,不几乎一言而丧邦乎?

鲁定公一天问孔子,他说一般人都说,不要随便说话,尤其是从政的人,在上面领导的人,只要一句话,就可以"兴邦",有这个道理吗?孔子说,话并不是那样说法。"一言而可以兴邦",这句话是一个原则,譬如说有一句一般人都知道的话"为君难,为臣不易",这不就是一句话吗?做领导人困难,做干部也不容易。

这也就是孔子的机会教育,他对自己的国君,不好意思直接教训。可是趁这个机会,举出这句话来作例子,无形中教育了他。鲁定公本人就是领导人,所以他说假使一个人懂了"为君难,为臣不易"这句话,就可以兴邦了,事业前途无量了。这段文字很简单,如以历史的事实来讲,一言可以兴邦的史实很多,试举两个例子:

一个例子是唐太宗时代的名论:"创业难,守成也不易。"就是这个道理,不但国家天下事如此,个人也是如此。一个人由贫穷而变成富有,是创业难,至于子孙的守成,又是一个大问题。究竟哪一个难?在中国古代政治思想上,素来认为两皆不易。另一个例子,宋高宗曾说过,吾年五十方知四十九之非。其实这句话,春秋战国时,卫国的蘧伯玉也这样讲过,人由于年龄的增加,经验的累积,回过头一看,才发现过去的错误。这些都是"一言兴邦"的实例。

引申到下面的"一言丧邦",一句话而亡国的,又可以举很多例子了。历史上楚汉之争,刘邦的长处,是听从别人的话,他的所以成功,是对于别人的好意见马上接受。如果我们研究历史上一些成功和失败人物的性格,会发现很有趣的对比。有些人的性格,喜欢接受别人更好的意见;不过,能立刻改变,马上收回自己的意见,改用别人更好意见的人太少。刘邦是这少数人中的一个。而项羽对于自己的主意就绝对不会改变,绝对不接受别人的意见。对于这一点,在个人修养上是要注意的,尤其作为一个单位主管,往往容易犯一种心理上的毛病,明明知道别人的意见更对,更高明,可是为了"面子",为了"下不了台"而不接受。这种心理,大而言之是修养不够,小而言之是个性问题,自己转不过弯来。现在,我们看看项羽在历史上一个重要的决定:当项羽打到咸阳的时候,有人(据《楚汉春秋》的记载是蔡生,而《汉书》的记载是韩生)对他说:"关中险阻,山河四塞,地肥饶,可都以霸。"劝他定都咸阳,天下就可大定。

关于这一点,我们中国历史上曾有很多研究,国都应该定在哪里?历代都有讨论。宋元以前,首都多半在陕西的长安,宋代因为国势非常弱,定都汴梁。当时也曾有人认为洛阳是四战之地,不宜为首都。往下元、明、清八百多年来,首都则在北京;民国成立以后,对于定都的争议，当时也有许多主张。一派主张定都北京；一派主张定都南京；还有人主张定都到咸阳；又有人主张定都北京或南京都可以，但是应该在长安、武汉等地设四个陪都。这一派人看到了将来国家的大势，要与国际的局势相配合的。一个国家究竟定都在哪里，政治、军事、经济、外交各方面的配合都很重要，这是一个大问题。我们现在为了配合将来时代，预为国家的大计研究，这些历史，乃至于近代史、国际现势，都要研究。这是题外闲话了。

## 风头主义的英雄

我们再回来讲，项羽对这个定都的建议不采用。他有一句答话很有趣，也是他的名言："富贵不归故乡，如衣锦夜行，谁知之者？"就凭了这句话，他和汉高祖两人之间器度的差别，就完全表现出来了。项羽的胸襟，只在富贵以后，给江东故乡的人们看看他的威风，否则等于穿了漂亮的衣服，在晚上走路，给谁看？他这样的思想，岂不完蛋！所以项羽注定了要失败的。而同样的事发生在刘邦的身上又是怎样呢？

刘邦大定天下以后，他自己的意思要定都在洛阳。但齐人娄敬去看他，问他定都洛阳，是不是想和周朝媲美。汉高祖说是呀！娄敬说，洛阳是天下的中心，有德者，在这里定都易于王；无德则易被攻击。周朝自后稷封邰，到文王、武王，中间经过了十几世积德累善，所以可在这里定都。现在你的天下是用武力打出来的，战后余灾，疮痍满目，情形完全两样，怎么可与周朝相比？不如定都关中。当然有一番理由，张良也同意，刘邦立即收回自己的意见，采纳娄敬的建议，并赏给五百斤黄金，封他的官，赐姓刘。

以这一件强烈对比的史实，清代嘉道年间，有个与龚定盦齐名的文人王昙，写了四首悼项羽的名诗，其中有一首还说道："秦人天下楚人弓,枉把头颅赠马童。天意何曾祖刘季,大王失计恋江东。早摧函谷称西帝,何必鸿门杀沛公?徒纵咸阳三月火,让他娄敬说关中。"这是王昙悼项羽有名的四首诗之一。"秦人失天下楚人弓",典故出在春秋战国时,楚王的一张宝弓遗失了的时候,人家向他报告,这位皇帝说:"楚人失之,楚人得之。"意思是说皇家保存与百姓拿到,都是一样,不要太追究。王昙引用这个典故,说秦始皇死了以后,中国人的天下,凡是中国人都可以出来统治。"枉把头颅赠马童",指项羽在垓下最后一仗,被汉军将领四面围困的时候,他回头看见追杀他的,正是他一个投降了刘邦的老部下,名叫马童。马童见他回头,侧过脸去。项羽说,你不要怕,你不是我的故人马童吗?听说刘邦下令,凡得我头颅的可赏千金、封万户侯。你既是我的故人,就把这颗头送给你。于是项羽自刎了,这也就是项羽的气魄。"天意何曾祖刘季?"刘季是刘邦的名字,这是说项羽"非战之罪,天亡项羽"那句话的错误,而项羽的错在哪里呢?"大王失计恋江东。早摧函谷称西帝,何必鸿门杀沛公?徒纵咸阳三月火,让他娄敬说关中。"这就是项羽失败的关键。

这里再插一段闲话。说到历史很妙,大家都知道秦始皇烧书,对中国文化来说,是一个大罪行。但是他的罪过,也只能负责一半。因为秦始皇不准民间有书看,把全国的书籍集中起来了,放在咸阳宫,后来项羽放一把火烧咸阳宫,这把火连续不断地烧了三个月,有多少书籍、多少国家的财富,由他这把火烧掉了。所以严格说来,中国文化根基的中断,这位项老兄负有很大的责任。但后世却把这一责任,全往前面秦始皇的身上推了。至于项羽的责任,由于对失败英雄的同情,就少提了。

我们由"一言而可以兴邦"的思想见解,所以又牵引出许多闲话。现在我们的国家,东方的国家,全世界的国家,都受了美国一句话的害,也就是一个政策的害。美国的什么政策?世界上史无前例的所谓"不准打胜利的仗,打有限度的仗",我们这一代的历史,大家对这句话,并没有什么很显著的感觉,正是"不识庐山真面目,只缘身在此山中",我们都在这个时代中,就没有感觉到,假使我们退后一百年,或超前一百年来看这段历史,看看美国人这一政策的结果,害死了多少人?破坏了多少国家?这个想做世界盟主的决策有多么滑稽!多么悲惨!"一言丧邦,一言兴邦。"就是这个道理。我们由历史上的故事,比类引申体会,必定更为亲切。同时,我们身为现代人,再由现代丑陋的一面去看看,更可了解这道理。

下面也是一样,鲁定公问,有人说一句话就可以亡国,有没有这种事?孔子说,这个也一样的,不是如此随便解释就可以的。接着下面孔子讲的这句话就很妙了,他说有人说,我并不乐意做君主,只是为了言出法随,谁都不能违背,可以完全依照我的意思,达到我的理想,这样才过瘾。孔子为什么对鲁定公说这个话呢?其实这情形也不止是鲁定公一人犯的错误,一般人都有他同样的毛病。试想为什么人总喜欢抓权呢?因为有权力的人才能够随心所欲,才能够控制别人听自己的命令。所以归纳起来,孔子的意思是如果以这种心理来从政,那就错了。下面的人不反对,并不见得你个人的意见就是对的。问题在思想的本身,在于领导人的意见本身对与不对。如果意见是对的,应该绝对信仰,不能违抗;如果领导人的思想不对,而要人们一定都服从他,这就要丧邦了。"一言兴邦"与"一言丧邦",连起来就是这个意思。

我们大概地举了过去的历史,以及我们自己在这个时代的风暴中,所亲身体会的经验,希望大家对这一节能有更深的体会。

## 画 龙 点 睛

下面另外提到一个人叶公,他也是春秋时代的一个诸侯,用我们的口头语讲起来是一个小皇帝。历史上有名的故事"叶公好龙",就是有关于他的典故。前面曾经提到过,此人在宫廷中墙上、梁上、柱上,到处画的、雕的都是龙。因之感动了真龙来,他却又吓死了。后人对于好讲道德,而真要他行德时又不干了;又如好交朋友,而朋友有困难时又不帮助了,这一类事故,便引用叶公的故事,说此人讲道德、好交友,如"叶公之好龙"。

叶公问政。子曰:近者说,远者来。

春秋时,人口少,土地辽阔,很需要老百姓,所以孔子说,能够做到近者悦,远者来,就是最大的成功了。在领导人来说,跟随的人,不愿离开;在外面的人都想回来;别处的人都想来投效,这就成功了。相反的,在你身边的人想离开,在外面的人没有向心力,这就有问题。孔子这两句话,后世更引申到外交上,能够与邻近的国家,相处得敦睦;而距离远的国家,也愿意来交往,这就做得很成功。

子夏为莒父宰,问政。子曰:无欲速,无见小利;欲速则不达,见小利则大事不成。

子夏一度在莒父做地方首长,他来见孔子问政,孔子告诉他做地方官的为政大原则。这就是前面提到过,要有远大的眼光,百年大计。做一个地方首长,行政、建设等一切制度,要顾全到后果,为百年的大计,不要急功好利,不要想很快的就拿成果来表现。也不要为一些小利益花费太多心力,要顾全到整体大局。

接着,"欲速则不达,见小利则大事不成。"两句名言,大家都懂得,不须多说了。

下面举的一个例子,是法治思想与法理的重点,同时也与社会的道德观念有关。

叶公语孔子曰:吾党有直躬者,其父攘羊,而子证之。孔子曰:吾党之直者异于是,父为子隐,子为父隐,直在其中矣!

叶公告诉孔子说,我们这个社会里,老百姓的思想、性格都很直爽,不狡诈。一个父亲偷了别人的羊,他的儿子会挺身而出,作证人。我们这个社会风气有多好!叶公这个话,我们要注意。无论是研究法律的,研究社会制度的,研究政治的,尽管只看到这么几句话,要领会出,对于社会心理、政治心理、法律的最高法理、犯罪心理,都有关系。

孔子听了他这几句话,答复说,我们那边社会的情形,与你们这里就这不同了。如果儿子做错事,当然父亲为了亲情,会为儿子隐瞒一点;父亲做错了事,儿子也当然替父亲隐瞒一番,这是人情之常。也许你看来这样不够诚实,不够直爽,可是所谓直的道理也就自然在其中了。这就是中国后世所谓法律不外乎人情的意思。假如讲法治的道理,父亲偷了东西,儿子告密,并没有错,在法律的观点上看,是合理的行为。从人情上看,作心理研究,这一对父子之间,早就有问题存在了。人与人之间,不要说是父子,即使朋友之间,也不免有这一点感情。如果人没有这点感情,而认为一定要这样做才是对的,这个问题很大。所以这一段,作深入的研究,就有很多道理可以贯串了。

接着转了一个气势,上面是谈为政有关的问题,下面则谈学问修养方面。

樊迟问仁。子曰:居处恭,执事敬,与人忠,虽之夷狄,不可弃也。

讲到这里我们要注意:孔子的整体思想都在谈仁,究竟对"仁"下的定义是什么?千余年来,对于孔子的仁,敢下一个定义的很少。《里仁》全篇讲仁,那都是讲仁的用,仁的行为,《颜渊》这一篇,孔子讲到仁,他下一个定义"克己复礼"为仁,这是仁的体。颜渊再问方法,孔子告诉他"非礼勿视,非礼勿听,非礼勿言,非礼勿动",就是修养到仁的方法。

现在《论语》已讲了一半,如果明辨一下,孔子的"仁"究竟是什么?我的感想,只可引佛学上一句话:"众盲摸象,各执一端。"从《论语》上所看到的孔子思想,都是讲仁的用。如勉强抓住其中那一点,就认为是仁的全体,就等于"众盲摸象,各执一端"。仁在孔子的思想中代表了很多,从形而上的本体,到形而下万事万物的用,都归到仁。

现在樊迟问仁,孔子讲的是对个人修养的仁,他说自己平常的言行,恭敬而诚恳,做事尽心负责任,对长官、朋友、部下,对任何人无有不尽心的。恭、敬、忠,这三个要点具备了的人,即使到了毫无文化的野蛮地区,也是了不起的。这是仁的用,他希望学生们在内圣外王的修养,都能做到这个重点。

## 是不是——士

子贡问曰:何如斯可谓之士矣?子曰:行己有耻,使于四方,不辱君命,可谓士矣。曰:敢问其次?曰:宗族称孝焉,乡党称弟焉。曰:敢问其次?曰:言必信,行必果,硁硁然,小人哉,抑亦可以为次矣。曰:今之从政者何如?子曰:噫!斗筲之人,何足算也!

上面曾经讲过"士"的观念,从一般的习惯,认为古代所讲的"士"就是知识分子,这个话实际上很笼统。古代的士,必须内在的道德,外在的学识,两方面都很好,才能称作士。子贡这里请教孔子,怎么样才叫士。

孔子说,第一是"行己有耻"。"有耻"包括了很多意义,最基本的是自己的人格道德没有污点,这是对于自己的要求。我们每人几十年交来了许多朋友,其中的确有些人非常有耻,怕做错了事,怕难为情,自己没面子,不好意思。

真正爱好面子这一点心思,培养起来,就是最高的道德。

然后"使于四方"。"使于四方",也可作社会关系来解释。强调一点来说,这里可以认为是偏重于外交。孔子有许多国民外交的工作,乃至代表政府的外交工作,都是子贡去做。所以狭义来说,做外交要"行己有耻",是非常重要的。除了外交官以外的人,一样用得到。如果"行己有耻",当外交官到外国去,对于职责、任务都能胜任愉快,这就叫士。孔子为什么作偏重外交的答复?我们要了解,孔子所处的春秋战国时代,非常混乱,并不统一,各国诸侯,各自为政,处处用得到外交,和我们现在所处的时代一样。我常说,读《春秋左传》,就可以了解现在这个时代,现在就是春秋战国时代的放大。

讲到这一点,又涉及历史哲学了,曾有人说历史是重演的,也有人持反对的意见,认为历史绝对不会重演的。这就成了历史哲学上的争论。而事实上历史会不会重演呢?我们可先读唐代窦巩的一首诗:"伤心莫问前朝事,惟见江流去不回。日暮东风春草绿,鹧鸪飞上越王台。"这首诗全部都是哲学思想。东流的江水是一去不回的,但江水永远在东流,历史的原则是不会变,所以也可以说历史是反复的。因此认为要了解今日的国际大势,要读历史,尤其要读《春秋左传》,大原则不会错的,不过要自己去领悟。

因此我们读了这段书,知道孔子在春秋战国那个时代,认为"士",有才能的人,在外交上能达成任务,办得成功,是了不起的。子贡又问,这太高了,士也有各种各样的,其次又该怎样?孔子说,在宗族之间都称他为孝子,在邻里之中,地方人士都说他友爱,这也可称为士了。

子贡又问,再次一点该如何才是士?孔子说,到处要讲信用,要守信。我们研究儒家思想,这一点要搞清楚,中国文化中的儒家思想,有些人要打倒它,实在不晓得活用。我们过去读书,总是问这个孩子读书读通了没有?不会问拿到文凭没有;学问要读"通",要晓得活用的。孔子这里说的,一个人"言必信",讲了的话一定要兑现。"行必果",做事一定有结果,有始有终。这种人该不错吧!可是孔子说"小人哉!"这样是不错,可以用在自己做人方面,但并不一定可以处理国家大事,这也可以叫作"士"。这是三种人才的分类。

子贡于是再问,现在一般从政的人,老师以为他们怎样?孔子说,那些都是为了领几斗米,拿点薪水的人,不必谈了。"斗筲之人",这句话两个观念:一是只为了找个工作吃饭的人,哪里把国家天下事摆在心上,这种人算不了什么。一是可以解释为车载斗量的普通人物,太多了,不必谈。

子曰:不得中行而与之,必也狂狷乎!狂者进取,狷者有所不为也。

上面讲了人才的分类,人格的看法,下面就引用孔子的评语,中行的人,就是行中庸之道的人,自己有中心的思想,而能调和、中和矛盾的思想或感情。孔子认为这种人才还是太少,不易得到。

其次孔子欣赏两种人,就是狂、狷之士,这种人往往是中流砥柱的人。就对交朋友而言,平常无所谓,到了真有困难时,能来帮忙的朋友,不是狂之士,就是狷之士。如何是狂?如何是狷?以前解说过,不必再重复了。

## 有恒为成功之本

子曰:南人有言曰:"人而无恒,不可以作巫医。"善夫!"不恒其德,或承之羞。"子曰:不占而已矣。

这一路下来,都是讨论人的问题,以现代来说,包括了人才的分类、人格的类别、人性的研究,这些都与为政有关系,到这里孔子引用南方人的话。春秋战国时的南方,像楚国,在长江以南,道家的思想比较发达。事实上现在也是如此,如湖南、贵州、四川一直到西藏,现代所谓的神秘学都比较发达。印度也是这样,在南方神秘学比较发达,任何国家都是南方神秘学比较发达。北方的人个性坚强,行动果断；南方人比较优柔，也比较聪明。不但中国如此，外国也一样。这是什么道理？扩大问题来研究，是因地质影响人的个性，前面提过，顾祖禹著的《读史方舆纪要》这本书，各地人的性格，都有其地方性的特点。

古代把医和巫放在一起的巫术，包括了符咒，这些都是神秘学，涉及精神力量的问题。说到这里，问题又大了，如真懂了精神方面的科学，人类的知识领域更广阔。这里巫医，是古代巫与医并称。古代的记载，巫为巫祝，后来医学有一科名"祝由科"，可也真灵。这些证明了人的精神可以控制物质，转变物质的，物质的根本在精神。如湖南辰洲派的符箓，怪事很多。

古代认为巫事虽是很浅薄的事，可是没有恒心，就学不会。孔子在这里引用南方人这个观念来说"善夫！"认为这话非常对，是真理。为什么？任何人做事没有决心，没有恒心，都做不成。常听人说中国功夫，什么是功夫？我说，方法加上时间，加上实验，就等于功夫。有方法没有用时间练习，怎么会有功夫？任何一种功夫都要有恒。下面孔子引用的两句话，"不恒其德，或承之羞。"是《易经》上恒卦九三爻辞，卜卦用的。意思是说做事情，修德行，如没有恒心，做做停停，终归没有结果，很难为情。这虽然是卜卦用的话，但真正懂了有恒的道理，用来处事，就不必去求神问卜，只有"自求多福"了。这和后来荀子解说的"善易者不卜"，是同一意义。

子曰：君子和而不同，小人同而不和。

这两句话用来解说前面所提到的"中行"的意义，是最恰当不过了。

和而不同，就是自己要有中心的思想，能够调和左右矛盾的意见，而自己的中心思想还是独立而不移。小人就不一样了，容易受别人的影响，别人纵然影响了他，然而人各有志，到了利害关头，意见冲突,相处就不会融洽,自然而然变成同而不和了。

## 乡愿之见

子贡问曰:乡人皆好之,何如?子曰:未可也。乡人皆恶之,何如?子曰:未可也。不如乡人之善者好之,其不善者恶之。

子贡问孔子,假如有人,乡党社会中的人都说他好,都喜欢他,像这样的人,怎么样?孔子说,不可以绝对认可。子贡又说,假如大家都说他坏,又怎么样?孔子说,也不可以如此随便附和。不如乡党中的好人喜欢他,乡党中的坏人讨厌他,才能断定他的好坏。

孔子这个道理,说明了一件事,就是我们现代说的"群众心理是盲目的"。所以一个人对于善恶之间,很难判断。办地方选举或在司法上判案子,就要注意,有时候群众认为不对的,不一定真的不对;群众认为好的,也不一定是好的。由此可见为政之难。

子曰:君子易事而难说也!说之不以道,不说也。及其使人也,器之。小人难事而易说也!说之虽不以道,说也。及其使人也,求备焉。

孔子说,君子之人,与他共事,容易得很。因为君子人多半爱人,多半平易近人,比任何人好相处;但是要想做些什么事讨好他,就很难了。从历史上看,许多好的大臣、好的领袖,都是这样,向一个好的主管提供一个意见,只要差不多,他就会接纳,准予酌情照办;但要想使他真的心里很高兴,就很难做到了。至于说不以光明正当的途径,而想讨好他,那更是不可能的事。但是君子人对于部下,信任、体谅、因才起用。因此,作为一个主管的,对部下的建议,认为可行就采纳,不必问这人本身的学识够与不够。倘希望自己得到百分之百的满意,对部下的品德、才能、知识各方面都要求第一流,则不易得。当主管的不必什么事都要自己计划,要量才而用,舍掉部下的缺点,用他的长处,下面一定能达成任务,这就是"使人也,器之"。

至于小人就很难共事。但是摸到他的心理,稍稍迎合一下,他就高兴了;乃至骗他一下,他都高兴。可是小人用人的时候,要求完备,样样要好,这做部下的就很难了。

孔子这些话,都是从政的经验,这就是圣人。把人情世故,透彻到极点。因此我们知道做领导人的,用人不要过分要求,世上没有样样都好的人,爱打牌的劝他少打一点,爱喝酒的劝他少喝一点。办好了事,让他去,不要求备。希望每一个部下都是孔子,道德又好,才能又好,太不可能了。如果孔子来做自己的部下,自己又是一个什么"子",才能承当呢?

子曰:君子泰而不骄,小人骄而不泰。

这又是君子与小人的对比。君子之人很舒泰,这个泰字,包括了很多意义:度量宽宏,胸襟开阔,光明爽朗,这就是泰。君子虽然很舒泰,态度绝不骄傲。小人既骄傲,又自卑,心里像猫爪一样,到处都是毛病,心境就不泰然了。

子曰:刚毅木讷,近仁。

这一句话,包括一个人的三种个性。刚,很刚强,换句话说有脾气,而且是很明显的有脾气,不对就是不对,绝不愿放在肚子里不响,教他做不合理的事情,他绝不干。毅,是果敢,有决断。木讷,是看起来好像笨笨的,但很厚道、朴实。如这三个因素具备的人就太好了,再不然有其中的一点,也都是近于仁道的人物。

子路问曰:何如斯可谓之士矣?子曰:切切偲偲,怡怡如也,可谓士矣。朋友切切偲偲,兄弟怡怡。

子路这里也来问,怎样才算一个士,孔子这里和回答子贡的,有所不同了。孔子拿四个字来形容,他说一个人"切切偲偲,怡怡如也",总是对人笑眯眯,不是假笑,是内心愉快,这就是士。对朋友切切偲偲,很亲切,有感情,当然这个感情并不是每天请吃牛肉面,而是在朋友有困难时,伸出援手。在兄弟之间,非常愉快,不是冤家,真如骨肉,这样就是士。这几句话看起来好像教条,反省起来,我们每天对朋友、对同事、对兄弟都能愉快相处,和蔼可亲,就不易办到,尤其对子路的个性正好下一针砭。

# 国 防 第 一

子曰:善人教民七年,亦可以即戎矣。

到这里,这一篇快作结论了,这篇开头说:"世而后仁",又说"善人为邦百年"才可以建立一个国家文化的基础。我们知道周公、孔子,都在身死百年之后才慢慢弘扬出他的文化思想,然后影响了后世几千年。

至于军备武功,一个有学问有道德的善人来领导,只要七年之间,就可以保家卫国了。"即戎",把军事上的国防建设做好,可以用兵应敌。但要有上面的重点——善人。善人并不只是做做好事,拿点衣服去送送人,做做冬令救济的善人。这个善的意义很大,是包括了道德、学问、才能。这样的人领导人民七年,就可以富国强兵了。

子曰:以不教民战,是谓弃之。

这是本篇的最后一段。我们翻开这篇第一段,是子路问政。现在把孔子这句话放在《子路》这篇的最后作结论更妙。因为子路的个性比较冲动,喜欢用武力解决问题。孔子骂过子路,"暴虎冯河",只晓得用武力、用军事,偏向于武功,而不懂得为政之道。可是在这里的结论,却主张一个国家无论如何不能忘记国防,不能忘记军事。如果不教人民军事的知识和技能,不巩固自己国防上的战备,等于自己要把国家丢掉,是不可以的。孔子在许多地方,表面上看起来,不大赞成用武力解决问题，但对于国防的战备，他认为非常重要。个人的修养也是如此，随时要准备战斗的精神，但不轻易用兵。中国武功的道理也是一样，练拳、练刀、练剑的人，要练到最高的武功，可不是为了轻易杀害别人，而主要在于求得和平的自卫。

# 宪问第十四

## 侠隐中人——原宪

现在讲《宪问第十四》篇。这一篇是上论《里仁》篇的发挥与引申。

首先,在这个题目里,就有一个有趣的问题,就是原宪这个人,是孔子学生中,所谓"七十二贤"里很有名的人物。在上论中谈到过,他曾替孔子管过总务方面的事情,用现代观念随便来比,可能在孔子当司寇的时候,他担任过总务长一类的职务,但究竟合于什么官阶,无法明确的定论。孔子死了以后,他退隐于山泽布衣之间,走半隐侠的路线,等于在过去的社会中,领袖清流。所以司马迁著《史记》,在《游侠列传》中,曾提到他和季次。

司马迁赞成游侠,认为游侠是很需要的;但是有人认为不需要,如法家的韩非子说:"儒以文乱法,而侠以武犯禁。"认为当时读书的知识分子,对于法制的实行是有妨碍的,于是法家的思想,影响了后世,秦始皇时代的政策都与它有关。韩非子的理由是儒者知识多,嘴会说,手会写,有许多意见提出来,思想不同,使法令不能推行,难于执法。而侠义道中人,是慷慨好义的,好用武力,又容易形成恶势力,也是使法令不能推行的障碍。所以韩非子反对这两种人。司马迁写《游侠列传》,一开始也提到韩非子这两句话,不过他又认为世界上有许多事,用道德、政治、法律都解决不了,只有

"老子拳头大"的办法,一下就解决了,所以他认为游侠有游侠的好处。而且他认为古代的游侠,一诺千金,对朋友讲义气,帮助贫弱的人,这些都是最了不起的,其中提到古代侠义中的佼佼者,有季次、原宪。

原宪在孔子死了以后,再没有出来做事,就退隐于草泽之中,现在来说就是退隐到下层社会中,和平民一起生活。后来子贡非常想念他,有一天排场很大去探望他,大有所谓"结驷连骑"的派头,好像现代带了几部汽车的随从侍卫。原宪却穿了一件破旧衣服,好像现代的穿件破衣服,衣冠不整,纽扣不扣,便出来和子贡见面。子贡见他这个样子,就关心地问他是不是生病了?子贡的意思本来想接济这位老同学一下,不料原宪说,无财谓之贫,学道而不能行者谓之病,我没有病,只不过穷而已。他这番道理,无形中也骂了子贡,等于说当年在老师那里学习,老师教我们该如何做事做人,我们今天对这个时代、国家、天下没有贡献,有什么资格摆你那样的派头?子贡被他骂了这一顿,一直放在心里,始终很难过。

由原宪这个人,可知孔子的学生,什么样的人都有。高行的如原宪一类,也可以说是逃名遁世的隐士,他知道所处的社会太乱,无法有所贡献,因此远走山林,韬光养晦。

## 名利浓于酒

现在我们先简介了原宪,这里记载的是:

宪问耻。子曰:邦有道,谷;邦无道,谷,耻也。

"谷"的意思是代表当时的俸禄。原宪问什么是可耻的事情,孔子说,国家社会上了轨道,像我们这一类的人,就用不着了,我们不必

## 宪问第十四

去占住那个职位，可以让别人去做了。如果仍旧恋栈，占住那个位置，光拿俸禄，无所建树，就是可耻的。其次，社会国家没有上轨道，而站在位置上，对于社会国家没有贡献，也是可耻的。结论下来就是说，一个知识分子，为了什么读书，不是为了自己吃饭，是为了对社会对国家能有所贡献，假如没有贡献，无论安定的社会或动乱的社会，都是可耻的。

讲到这里，我们想起一些故事，可作为研究这两句话的参考，像原宪的生活形态与思想，他问孔子及孔子所答的话研究一下，这个免于"耻"字的功夫可真难。

如大家所熟知的，汉光武刘秀和严光（子陵）是幼年时的同学好友，后来刘秀当了皇帝，下命令全国找严子陵，而严子陵不愿出来做官躲了起来。后来在浙江桐庐县富春江上，发现有一个人反穿了皮袄钓鱼，大家都觉得这是一个怪人，桐庐县的县令把这件事报到京里去。汉光武一看报告，知道这人一定是老同学严光，这一次才把他接到京里，但严光还是不愿做官。汉光武说，你不要以为我当了皇帝，如今见面还是同学，今夜还是像当年同学时一样，睡在一起，好聊聊天，严子陵还是那样坏睡相，腿压在皇帝的肚子上，所以有"客星犯帝座"的说法。后世在严光钓鱼的地方，建了一座严子陵的祠堂，因为历代以来的读书人，都很推崇严子陵，认为他是真正的隐士。有一个读书人去考功名，经过严子陵的祠堂，题了首诗在那里："君为名利隐，吾为名利来。羞见先生面，夜半过钓台。"这是推崇严子陵的。相反的，清人却有诗批评严子陵："一袭羊裘便有心，虚名传诵到如今，当时若着衮衣去，烟水茫茫何处寻？"这是说严子陵故意标榜高隐，实际上是沽名钓誉，想在历史上留一个清高的美名。这是反的一面的。

这里只是提供几个故事，作为研究孔子"邦有道，谷；邦无道，谷，耻也"的参考。这些都是人类社会的通常现象，正如古人说，"有人辞官归故里，有人漏夜赶科场。"

此外，还有一段中国历史上蛮有趣的事情。清兵入关以后，有许多读书人不投降。但清帝康熙非常高明,他八岁登基,就平定了这样一个广土众民的天下,做了六十一年的皇帝,把清朝的政治基础奠定下来,可以说他是一个天才皇帝,不是职业皇帝了。他看见汉人反清的太多,为了要先收罗那些不愿投降的读书人,在科举中特别开了一个"博学鸿词科"。对于前明不愿投降的遗老们,特别恩准,马马虎虎,只要报个名,形式上考一下,就给予很好的官位,结果有很多人,在这种诱惑下动摇了,而进了"博学鸿词科"。也还有很多人硬不投降,所以当时闹了很多笑话。其中一些是非常尖刻讥讽,当时曾留下几首讽刺的名诗:"一队夷齐下首阳,几年观望好凄凉。早知薇蕨终难饱,悔煞无端谏武王。"后来又开第二次"博学鸿词科",再收罗第一次未收罗到的人。因为许多人看见第一批"博学鸿词科"的人,都有很好的官位,自己就更忍不住了(从这里看,中国人讲究的节操,要守住真是难事,自己的中心思想,能终生不变,实在是最高的修养)。第二次去的人更多,考场的位置都满了,后去的被推到门外去,就有人更吟诗挖苦了:"失节夷齐下首阳,院门推出更凄凉。从今决计还山去,薇蕨那堪已吃光。"中国读书人,非常重视节操,也就是中心思想、见解的坚定问题。

## 隐痛诗人——吴梅村

又如明末清初的名诗人吴梅村,他的诗的确好。他本来坚持不肯投降,清政府挟持其老母威胁他,逼得他最后只好去向清政府报到。因此吴梅村一生非常痛苦。同时清政府对这些投降的人,虽然待遇很好,但后来写历史的时候,清帝还是下命令把这些人列入"贰臣传"。这是中国文化精神,尽管再好,终究是投降过来的,骨头不够硬,这是很严重的,被人看不起的。吴梅村后来被列入"贰臣传",他当时去报到,内心非常痛苦,但是被清政府征召,非去不可。所以他的诗有:"浮生所欠唯一死,人世无由识九还。"吴梅村因为名气太大,他在应召启程进京的时候,有好几百人,号称"千人会"为他饯行。有一个青年,没有参加这次集会,写了一封信,派人送到这个宴会中去给吴梅村。吴梅村坐在首席上打开来一看,脸色都变了。旁边的人觉得奇怪,看了这封信后,大家的脸色也都变了。原来这封信上写了这么一首诗:"千人石上千人坐,一半清朝一半明,寄语娄东吴学士,两朝天子一朝臣。"所有在座的人全被骂了。

我们看了这些资料,对于原宪问耻,孔子说:"邦有道,谷;邦无道,谷,耻也。"这一点,对中国文化中的臣节与忠贞的精神,要特别注意。

前天中午和几位同学吃饭,也谈到这个问题。有一位现在法国修哲学博士的同学,回来写论文,因为她是学哲学的,听了这个问题觉得奇怪,她说:"这有什么不对?"还问曾国藩,算不算贰臣,我告诉她当然不算贰臣,她反而觉得"更怪"。我说,假如有人说你是再嫁夫人,你气不气,她说:"我当然气,我根本还没结婚。"我说,对了,所谓贰臣就等于一个女人结了婚,丈夫并没有不对,而她又离开丈夫和另外一个丈夫在一起,当然别人要攻讦。这就是西方文化的看法与中国文化的不同。这个时代的道德、节操的观念也与过去的不同。所以今天的中国文化,在这个问题上,也正处于历史文化观念的矛盾与交替当中。

对于孔子这两句话,我们用了这许多时间讨论,但是这里并没有下结论,只是提供一些故事和意见,大家自己去研究。不过从孔子教原宪的这两句话,可知做人之难。社会、国家上了轨道,干拿薪水,没有什么事可做,不必出力,这不可以;社会、国家没有上轨道,拿了薪水而没有贡献,也不可以,都是可耻。那么到底怎样做好?他的重心就是告诉我们,一个知识分子有知识分子的责任,对于社会、国家要有贡献,不管在安定的时代,或变乱的时代,如果没有贡献,没有尽到知识分子应尽的责任,就是可耻。

# 草泽中自有经纶

原宪还问第二个问题,这个问题显示出,原宪之所以为原宪。后来退隐在草泽之中,并不简单,他的修养相当高,从他的第二个问题,就看得出来。

克、伐、怨、欲不行焉,可以为仁矣?子曰:可以为难矣。仁则吾不知也。

"伐"在古书里经常代表自负、自高、自大、骄傲、自满的意思。原宪说,一个人自己的反省功夫,能够克服了自满,做到没有骄傲,非常谦虚;也无怨恨,不怨天,不尤人;而且没有大的欲望,不作过分的希求,清心、寡欲,这是不是仁的境界呢?原宪这个问题并不是偶然提出的,而是他自己的体验心得。他后来退隐草泽之间,可以说这几点都做到了。现在问孔子,这种样子,算不算是仁的境界?孔子还不承认这是仁的境界。他说这是难得的,至于是不是仁的境界,那就不知道了。由此可知孔子所称的仁,中国文化所标榜的仁的道体,就像道家、佛家所谓"得道"那样,不可知、不可测,是非常高,不可思议的一个境界。

子曰:士而怀居,不足以为士矣!

怀居,等于所谓"问舍求田,原无大志"的问舍。一个人每天问问房子的价钱;有了三十坪,又想扩充到一百坪;买了一层楼,又想变八层楼,这样的人就没有什么大志。所谓"掀天揭地,方是奇才",这是引用《幼学琼林》上的四句话,我们老的这一代,从小就念这本书,接受了这种思想,到现在还背诵得出来,这种观念依然故我,这是中国文化根深蒂固的东西。孔子这句话是说一个人只为个人的生活打算,还不够成为一个士。这句话放在《宪问》这一篇中,可以说原宪在孔子死后,不管功名富贵,而退隐于下层社会,绝不简单,他一定替下层社会,替人家解决了很多问题,做了很多大众福利的事情。而原宪之所以甘心放弃功名富贵,可以说受孔子教育思想的影响很大,因此他硬是要责备子贡"学道而不能行之,病也!"等于对子贡的不满意,指摘他没有做到老师所教的学问道理,光是摆那么大的排场而已。

又如汉高祖刘邦,在前方打仗的时候,后方仅靠萧何一个人。刘邦和项羽打了七十多回仗,都是打败仗,可是兵源、后勤的补给,从来没有缺少过,这就是因为萧何在后方,政治、经济都做得好,社会非常安定。而刘邦在前方,每见到后方来的人,都要问萧何在做些什么。萧何觉得奇怪,就和宾客——智囊团、幕僚们——谈起这件事。其中有一个人告诉萧何,老板有所怀疑了。因为刘邦在前方作战,整个国家的政治权力,都在萧何的手上,假如萧何随便左右摆一下,就不得了的。这位幕僚就建议萧何做些问舍求田的事。后来有人向汉高祖密告萧何敛财侵占民田,霸占民房,汉高祖看到密告,才对萧何放心,反而一笑了之。这可从反面道理,了解正面人生。

## 狼虎丛中安身

子曰:邦有道,危言危行;邦无道,危行言孙。

这个"危"字就是正的意思。"孙"字古代与"逊"字通用,逊者退也,就是谦退的意思。孔子说,社会、国家上了轨道,要正言正行;遇到国家社会乱的时候,自己的行为要端正,说话要谦虚。字面意思解释了,我们再研究一下孔子。

这看来好像他很滑头,教学生们几种态度。其实不是滑头,在这里是教人处世的臣道,做干部的基本原则,也可以说是做人的基本原则。天下太平,国家社会都上了轨道的时代,一个正人君子,行为要端正,说话正直,没有关系,无所顾虑,也不会有斗争。但当处在动乱的社会中,第一个原则:行为要端正,如当公务员,不贪污,不犯法,规规矩矩,方方正正。可是在言语上,少发牢骚,不要得罪人。因为乱世里没有章法,否则的话,往往出问题。从历史的记录,生活的经验,都可以看到。

前面曾经说过,大家说盖棺论定,而在人生经验中,有许多人,许多事,盖棺不足以论定,有许多人硬是把冤枉带到棺材里去的。看穿了这个道理,又何必怨天尤人?

第一个就说到岳飞,他所处的正是一个动乱的时代,他要北伐,完全对,所以岳飞的人品行为,是危言危行,正言正行,结果蒙冤死了。他没有做到《论语》这一段的"危行言孙",怎么说他言不逊?"直捣黄龙,迎回二圣"是他要北伐的口号。二圣是宋高宗的父亲和哥哥(过去帝王时代,称皇帝为圣人,非常有趣),他当时的口号,就是非打不可,准备一定要打到东北去,把太上皇、皇兄两个人请回来。他这个话说得也对,是正言,但二圣回来,高宗怎么办?所以秦桧要杀岳飞,不过是拍高宗的马屁。因为高宗自己的意思,认为岳飞真可爱,可是打尽管打,迎回二圣来,叫我这个现任皇帝怎么办呢?而这个话,高宗又无法告诉岳飞,所以岳飞的死,就在他自己不能做到"危行言孙"!

第二个说到冯道,这个人前面曾提过的。在唐宋之间,五胡乱华几十年间,换了好几个皇帝,大多是胡人来统治。五个朝代,都请他出任要职,活了七十三岁死了,晚年号为长乐老人。可以想象得到,此人第一是"危言危行",生活非常严谨,本身一点漏洞、毛病都没有,既不贪财,又不好色。他家里一口放生池,养了一些鱼,他儿子抓了一条鱼吃了,也被他责打了一顿。可是历史上批评他没有气节,有奶便是娘。欧阳修论历史,直骂他无耻。可是在冯道的诗中,发现他的思想,认为只要立身端正,在狼虎丛中,都可以站得住。他认为在当时那个时代中,都是豺狼当道,不须向谁尽忠。只是要保存中国文化的精神,中华民族的命脉,等待自己国家有真正的人才出来领导,用不着为胡人尽忠。他等了好几十年，直到他死后才出了一个赵匡胤。这个故事说明冯道在当时那么乱的时代，对"危行言孙"是做到了。本身的行为非常端正纯良，而态度上、言语上，绝对有分寸，不发牢骚。与欧阳修相反的意见，有王安石、苏东坡等人，他们却认为冯道是菩萨位中的人。由此可见是非之难定论。

子曰：有德者必有言，有言者不必有德。仁者必有勇，勇者不必有仁。

这又是孔子对于人的才德分类。他认为真正有道德、有修养的人，一定有文字著作，或者有名言留给后世。如尧、舜、禹、汤、文、武、周公这些人，都有德又有言。但是有些著作的人，文章写得很好，理论上讲修养、讲道德，也说得蛮像样，却不一定有很好的修养德行。一个仁者一定有大勇，这个勇并不是会打架的好勇斗狠；而一个勇者，不一定有仁。这里要注意的是"不必"两个字，这表示不一定。当然，有言又有德，有勇又有仁更好。

## 度德不量力

下面讲到有德有言，有仁有勇的具体事实。

南宫适问于孔子曰：羿善射，奡荡舟，俱不得其死然。禹、稷躬稼而有天下。夫子不答。南宫适出。子曰：君子哉若人！尚德哉若人！

南宫适就是南容，前面上论和下论都提到过他。我曾说过，孔子不会那么简单，仅仅是听南容唱了白圭之歌，就把侄女嫁给他，现在在这里，我们就可知道南容是怎样一个人。

他请教孔子的问题，提到后羿。古代的传说，当时天下有十个太阳，被后羿用箭射下了九个，只剩下现在的一个太阳。他也会法术，有些丹药,吃了能长生不死。奔月的嫦娥就是他的太太,因为偷吃了他的丹药,就飞到月宫去了。这是中国古代的神话,要研究中国古代史,就要透过这些神话,中国的神话中有很多问题、很多道理,我们现在暂且不去管它。后羿凭他射箭技术和武勇,为有穷国君,想称王而最后不得好死,被他的臣子寒浞杀掉了。奡又是寒浞的儿子,力气很大。所谓荡舟,就是可以把在江海里航行的船,一手抓起来在陆上拖着走。后来也不得好死,为少康所诛。南容说这两个人,一个射箭技术那么好,一个力气那么大,而后来都不得好死。他举这两个例子,说明靠自己的武力去侵略别人,而想有好结果,反而都不得好死。

另一面他举出禹王、后稷的例子:后稷是唐尧的农师,对于我国农业社会的建立,他的功劳最大;他也就是周朝的祖先。南容说禹和后稷,没有羿、奡那么大的雄心和本事,自己规规矩矩去种田,很平凡老实的人,最后都得到了天下。禹是自己得天下,后稷是他的子孙得了周朝天下。南容举出两种人,一种人不择手段而成功,了不起(我们经常碰到一些年轻人感慨很多:某某人不择手段的发了财,在社会上就很神气、很吃得开。我为什么要讲道德呢?现在这种思想,很迷惑人)。但南容认为这些并没有用,最终还是要倒下来。另一种人则是殷殷实实地做他分内的工作。这两种人到底哪一种对?他只提了这个问题。孔子听了以后,并没有答复他,因为南容的见解非常高明,这个问题不需要答复。所以他一退出去了,孔子就告诉其他同学,这个人思想这样正确纯正,真是了不起的君子,这才是最高的品德。

子曰:君子而不仁者有矣夫!未有小人而仁者也!

这都是连接上面一贯的。孔子说,一个君子不仁,是有的;但是一个小人能仁,这种事是不会有的。以现在的话来说,一个好人不仁慈,有这个道理,如果说一个坏人而能仁慈,那是不可能的。

我们知道孔孟的思想,都是"《春秋》责备贤者"的作风,孔子所要求的对象,主要的是知识分子。在古代教育不普及,知识分子少,一个君子当然要仁慈。但是人非圣贤,谁能无过?有时不仁也是难免的事。至于坏人当然没有仁慈的心,坏人如果有了仁心,就不是坏人,有句俗语"强盗发善心",这是不大可能的。如真的强盗发了善心,他就不做强盗而改做好人了。

## 爱 里 生 害

子曰:爱之,能勿劳乎?忠焉,能勿诲乎?

这句话有关于教育,也有关于个人修养。真爱一个人,如爱自己的孩子,不能溺爱,太宠爱了就害了他。要使他"劳",这个劳并不一定使他去劳动,要使他知道人生的困苦艰难。前天一位富有的朋友,他有个孩子很好,很乖,他说预备将孩子送到南部一家工厂做工,我非常赞成。在我们看来,像他这样的家庭,无论怎样好的教育,生活环境是太舒服了,弄不好会害了这孩子的一生。教育和《孙子兵法》一样,"置之死地而后生",硬要想办法使他受苦,使他知道困苦艰难。以这种道理,就能理解"爱之,能勿劳乎"这句话,也可以理解人生。其次,不管部下或朋友,即使对自己很忠实,但不要仅仅喜欢他的忠实,还要教育他、培养他。

下面转了一个气势,是孔子批评当时的一些人物及政治作风,以切磋为学的外用。

子曰:为命,裨谌草创之,世叔讨论之,行人子羽修饰之,东里子产润色之。

这段话孤零零吊在这里。所说到的四个人,当时都是郑国的大夫。为什么?我们知道上古王道讲道德,后世霸道讲事功。春秋战国时的五霸,第一个霸主,就是由郑国开始,所以郑国在春秋战国初期,相当有力量。可是到了孔子的时代等于现在的英国,没落了。虽然没落了,但对国际政治的影响,还是蛮大,因为郑国出了不少政治上的人才。这里所提的四个人,都是郑国政治上的要人。

孔子这句话所说的"命",就是古代非常重视的"诰命"。诰是诰,命是命,两种文件都是政府的公告。比方现在一国的元首,到另一国家访问过后,发表联合公报。这种公告,起稿的人非常费心,每一个字都要斟酌,这种文件不但影响当时的整个国际关系,将来历史还要留下来的,对与不对,作为历史批判是非善恶的依据。我国五经中《尚书》的记载,就是中国上古政府的文献资料。透过这些资料,可以了解他们过去的历史。诰命就是这些文件。我们现在一般人称它为"大文章",不止是这一代的,而是永远留在历史上的大文章。

孔子说,郑国的诰命颁布出来,非常慎重,先由裨谌起草,然后由世叔来讨论、检查、研究。"行人"是外交官名,"子羽"是人名。再由外交官子羽来修改,最后还要经过首相子产,在文采辞藻方面,加以润色。以现在的程序来说,好像是由秘书起稿,送给有关单位会稿,然后经过外交部改正,这还不够,最后经过首相修改文章的辞句,增加文字美。

这段话的意思是说,郑国在那么混乱的时代始终人才济济,发出来的文告,有那么慎重,经过这几个大手笔的考虑才拿出来。这是孔子告诫从政的学生,一个从政的人,一下笔乃至写一个条子都要当心,尤其是有关政治大问题的决定,一写下去,就在历史上留下一个模子,不能草率。所以孔子提到"为命"之难,告诉学生们,不要疏忽。

## 为政难　做人更难

或问子产。子曰:惠人也。问子西。曰:彼哉!彼哉!问管仲。曰:人也,夺伯氏骈邑三百,饭疏食,没齿无怨言。

有人问孔子,郑国的子产这个人怎么样?孔子答复他,子产是大政治家,了不起的人物。子产当政的时候,对于社会贡献很大,对国家的老百姓,是有恩惠的人。

再问楚国的子西怎样?子西是楚国的宰相,孔子到楚国时,他怕孔子会把他的位置挤掉。而孔子答复,只是说"他,他啊!"就没有再说什么了。这就是孔子的厚道,假使现在的人,就非要攻击子西不可了,孔子没有这样做。当然他不同意子西这个人,历史上的记录,子西这个人并不高明,而孔子只是"他,他啊!"两句,不作批评。

此人又问管仲这人怎样?管仲比孔子早,齐桓公称霸的时候,他的功劳很大。每次讲到管仲,孔子都很佩服,这次他好像伸出大拇指来称赞他,那才够得上是一个人,真了不起!他在当政的时候,能够把齐国另一大夫伯氏,连着的好田三百,没为公有,而伯氏一家人因此穷困,只有青菜淡饭可吃,但一直到死,没有怨恨管仲,心服口服。所以孔子说他能够称为一个人,了不起!他没有说他是一个大政治家,政治家也并没有什么了不起,不过是官位上的功勋,而能做到称为一个"人",这才了不起。管仲将别人的财产拿过来,别人因此终身穷困,而对他毫无怨恨,认为处理得很公平。一个当政的人能做到这样,的确是了不起,历史上没有几人能做到这样。可见他对于社会国家的贡献,对于其他的人所还报的,一定有他处理的政策与方法,所以孔子要对他连连赞叹了。

## 不 学 谓 之 贫

现在开始讨论的,可以说是中国旧文化中所讲的"知人论世"的道理。从这里可以看到历史上的人物,也可以了解自己、认识自己。站在人文哲学的立场来说,一个人要认识别人困难,认识自己更难,尤其年龄大了,经验多了,接触的人广了,就感觉到认识自己太难了。

下面就是孔子"知人论世"的一番话:

子曰:贫而无怨,难;富而无骄,易。

"富而无骄",有地位、有财富,成功了不骄傲。本来这个修养很难,并不是很容易,但是比较起来还是容易。古今中外有些人因为地位高了,风度蛮好;风度好是外形的,外形过得去,看不出骄傲来,已经了不起,但是内心到底还有一点觉得自己了不起。

刚才与几个国外回来的学生闲谈,他们说到,过去有一部分人,父母与孩子之间的代沟,相差太远,做父母的,尊严得不得了,非要摆成那副样子不可。也有的说,自己的父母并不如此,与子女相处像朋友一样。有的以地域来说,指本省有些家庭,父母对子女还是摆一副尊严的模样,我就问他们在国外有没有注意,华侨社会里,多数父母对子女的态度,也是保持着尊严。这是广东、福建的风气,他们还保持了老一辈子的父母的威严。而父母子女相处比较开明一点,多半是在上海生长的人。父母保持他们的尊严,只是过分或不过分,并没有错。有的又说,父母保持那股威严,就是一种傲慢心理,觉得我有儿女,儿女就要听我的。我说这可不能列入骄傲的范围,更不要错用了骄傲这个形容词。

由我个人的观察和体会,有许多人想不骄傲,很难做到。富贵了,地位高了会骄傲;有钱会骄傲;年龄大了也会骄傲,认为自己多吃了几十年饭,年轻小伙子就不行,其实多吃了几十年饭,不一定吃得对;学问高了也会骄傲。所以要修养到"无骄",实在不容易。不过在比较上,富而无骄和贫而无怨,两者之间,还是无骄容易一点。

"贫而无怨"的贫并不一定是经济环境的穷;不得志也是贫;没有知识的人看到有知识的人,就觉得有知识的人富有;"才"也是财产,有很多人是知识的贫穷。庄子就曾经提到,眼睛看不见的瞎子,耳朵听不见的聋子,只是外在生理的;知识上的瞎子,知识上的聋子,就不可救药。所以贫并不一定指没有钱,各种贫乏都包括在内。人贫了就会有怨，所谓怨天尤人，就牢骚多，人穷气大，所以教人做到"安贫乐道"。这是中国文化中，一个知识分子的基本大原则。但是真正的贫而能安，太不容易。

现在有人，拿"安贫乐道，知足常乐"这两句话，批评中国文化，说中国的不进步，就受了这种思想的影响。这种批评不一定对，"安贫乐道"与"知足常乐"，是个人的修养，而且也少有人真正修养到。我们当然更不能说中国这个民族，因为这两项修养，就不图进取。事实上没这个意思，中国文化还有"天行健，君子以自强不息"等鼓舞的名言，我们不可只抓到一点，就犯以偏概全的错误。这两句话，是对自己做人做事的一个尺码，一个考验。

子曰：孟公绰为赵、魏老则优。不可以为滕、薛大夫。

先解释原文文字：孟公绰是鲁国的大夫，后世朱熹的注解，说他很清廉，是安贫乐道、知足常乐的人。赵、魏是大国，对下面滕、薛两个国家而言，赵、魏比较大，滕、薛比较小。

## 识人难　识己更难

关于"老"，过去的官名有"三老"，也有"三公"。古代三公的地位很高，但在秦汉以后，就很少有明文规定这个官衔了。他们学问道德崇高，没有实际行政，所谓"坐而论道"，着重在建议和指导，和近代西方政治制度的不管部大臣差不多，什么都不管，可是样样都要问。越是国家大事，越是很重要的决定，越要请他们参加意见。往往一句话可以推翻整个政策，或者建立新的政策。至于"老"，也是如此，在古代是很清要的职务，本身要学问好，人品好。凡是清要的官，只要说一句话，影响很大，皇帝都非常重视。到了现在，学术界，以及政界，对所尊重的人，常称某公，或尊称为"老"，就有"国之大老"的意思。

孔子这里说,孟公绰这个人,要他做赵、魏大国中的大老——顾问,则是第一等的好人才;他的才能、学问、道德,担任这个职务好得很,没有错。但是如果滕、薛两个小国家请他作大夫,要他在实际政务上从政,当部长,或院长,那就不行,会当不好。

孔子以这个问题,与学生讨论。孔子论人,认为有许多人,担任某一种大位置、大要职,蛮好;但是要他改做实际工作,去执行一个任务,就完了。平常看他,学问好,见解也好,写的文章、建议、办法都对。可是,让他去实际从事行政工作,就不行。有些人,要他从事实际行政工作,执行任务,会办得很好,如果这样认为他很了不起,把他提拔到太高的清要地位,那他又完了。所以做领导的人,对人才的认识很难,对自己的认识也难,要晓得自己能做什么,可真不容易。

我过去在私塾中所受的教育,老师们教的一些散文和诗,都包含有人生的道理。我的一位老师曾有一首评论历史的诗,讲得非常好:"隋炀不幸为天子,安石可怜作相公。若使二人穷到老,一为名士一文雄。"这意思是说,隋炀帝运气不好,当了皇帝;而王安石很可怜,作了宰相。这两个人若是不得志,王安石将成为大文豪,他的文章那么好,恐怕当时和后世对他的敬仰,还要更高,隋炀帝如果当时不做皇帝,就是一个很好的名士,一个才子。

我们再说李后主,真是好的文学家,那么好的文学,真好,过去找不出来,以后恐怕也难找到这么好的文学家,实在太好了,可惜当了皇帝。宋朝徽宗等人也是如此。不过话得说回来,文学又谈何容易?《红楼梦》之后,再也写不出第二部《红楼梦》,没有像曹雪芹那样的家庭,没有像曹雪芹一样,整天和一些女孩子在一起打滚,没有那个经验,换一个人怎么也写不出来。施耐庵的《水浒传》,没有跑过江湖,没有和那些动辄拔刀的江湖朋友混在一起,也写不出来。文学是这样培养出来的。李后主的词好,前面曾说过,他花的本钱大,也是当了皇帝,江山又在他手里丢掉,然后才有那种文学的境界出来。可是拿人生的立场看来,这些人都是不幸。因此我们又想起另外一个人的哲学,人生得意的事,有时并不是幸福;而有时候失意的事,并不是倒楣。如在明末清初的时候,有一个人作了一首诗:"眼前乔木尽儿孙,曾见吴宫几度春。若使当时成大厦,亦应随例作灰尘。"这首诗是说失意并不见得坏。第一句他感慨眼前的国家栋梁,都是他的后辈。第二句是讲自己,像山上的大木、神木一样,自己年纪大了,看到朝代的更替、兴衰、成败多少次,假使自己当时也成为其中的栋梁,早就被烧光了。所以人生得意的事,虽不一定是坏,也不一定就是好,有时失意也不一定是差。

这些道理可使我们了解孔子讲孟公绰为赵、魏老则优,不可以为滕、薛大夫的话,的确是意义深长。所以刚才提出来用人难,不但对人才的选拔、安置困难,而每个人自己认识自己更难。我们了解了历史的往事,将来自己做事业时,对于人才,对于用人,的确要能知己知彼才对。

## 全才——智、清、勇、艺、礼

下面讲到怎样才算是人才与全才。

子路问成人。子曰:若臧武仲之知,公绰之不欲,卞庄子之勇,冉求之艺,文之以礼乐,亦可以为成人矣!曰:今之成人者,何必然?见利思义,见危授命,久要不忘平生之言,亦可以为成人矣!

这里孔子所说的"成人",也可以解释为全人,也可以说是人世间的全才。子路问怎样才是全才,孔子说,要求一个全才太难:第一个是智慧,像臧武仲,这位鲁国的大夫,智慧高,知识渊博;其次要像孟公绰的清心寡欲,什么都不要,本身非常清高、廉洁;光是有清廉的德操,智慧的修养,还是不够,还要有勇,如卞庄子。卞庄刺虎,是我们中国历史上有名的故事,当然不止是打老虎的勇敢,主要在有决心、决断,须要牺牲的时候就敢于牺牲的大勇;就是有了智慧、清廉、勇敢还不够，还要有冉求之艺，文学艺术的境界，样样才能都会。

这四个人的优点：高度的智慧；道德的涵养，没有私欲，没有火气，心平气和；品德好的人，往往有点像废人一样，所以又要加上勇敢、决断、侠义的精神，这样还不能算是全才或全人，还要加上文艺境界，与高度的礼教修养，这样几个条件合拢来，就可以为成人了。这该多难！但是要注意，原文"亦"字用在这里的重要意义，孔子说了如此等等，还是用了一个"亦可以为成人矣"的"亦"字。由此可知他认为还并没有完全到达理想中"成人"的那个程度。

读到这段书我们要记住，这一段孔子所提出的，可说是讲国家大才的标准，也可说是讲中国文化，讲人格教育修养的标准。

但是孔子所要求的太高了，然后自己转了一个弯，对子路说，时代不同了，不一定要把我这个观念拿来作标准。现在只要做到"见利思义"，看见对自己有利的事，能多考虑一下义的方面。义就是宜——看看这个利是不是合理、合情、合法。"见危授命"，既然身为负责人，为大家做事，要能做到临危时，接受任命，为达成任务，宁可牺牲自己。甚至交朋友也能如此。还有平时所说出的话，不管经过多少时间的考验，何等环境的考验，纵然过了很久很久，都能言行一致，说得到的一定做得到。有了这几点，在这个时代里，已经是了不起的人才了，何必要求太高呢！

我们拿"久要不忘平生之言"这句话，看现在的社会，有时很好笑，发表任何政见时，要如何如何，一旦到那个位置以后，所说的话都不见得兑现了，哪里能够做到"久要不忘平生之言"。看现代可以证历史，看历史可以懂现代，如孔子说的"温故而知新"。我们说现在社会风气不好，孔子当时社会风气也一样不好。有些同学到外国留学回来，开口就是外国如何如何好，我就告诉他们，古今中外都是一例，没有外国如何好，中国如何坏。以贪污来说，美国有许多地方，贪污得更厉害。外国人也是人，人同此心，心同此理，十几年以前有些年轻同学去美国留学，我制了棉被送给他们带去。有位外交官说太落伍，在美国用不着。可是这个同学因为是老师馈赠的,还是带了去。我又要他们带了些宫灯之类的小礼物去,要他们保持中国的礼貌,逢年过节时要对老师表示敬意。他们也曾说外国人不喜欢这一套,后来两样都对。圣诞节去向老师行个礼,送一盏小宫灯聊表敬意,说明是中国礼貌,外国老师高兴得不得了,说所教的各国学生,只有中国学生最好,最有礼貌。至于棉被,碰到冬天停电,大家冻得要命,而他们穿棉袄,盖棉被最舒服,这都是中国文化。因此也了解"人同此心,心同此理",凡是人,感情思想是一样的,绝对没有两样,表达的方式不同而已。

所以我们处理一件事,要注意到古今中外,包括未来的时代,人情世故是一样的。纵然观念两样,其实原则还是一样,换一个角度讲就通了。譬如说某件事在道德上不通,有些外国人不会理解;说成没有价值,他马上赞同这句话。不过把"道德"与"价值"两个名词换用了一下而已。因此,我们教育子弟,不管什么时代,中国文化的人格标准,绝对是高的,绝对是对的。我们现代的人格教育,能够使每一个人,做到像孔子所讲的第二条"见利思义,见危授命,久要不忘平生之言",就很了不起。再讲一步,如果能够做到像孔子所讲的第一条,集智慧、人品、胆识、才艺于一身的人,那就太难得了。

## 疑假疑真

子问公叔文子于公明贾曰:信乎夫子不言不笑不取乎?公明贾对曰:以告者过也!夫子时然后言,人不厌其言;乐然后笑,人不厌其笑;义然后取,人不厌其取。子曰:其然!岂其然乎?

公叔文子,文子是他的谥号。朱熹的考证是公孙枝,别的考证叫公孙拔。究竟谁对,暂时不去管他,不过都知道这个人是卫国的大夫。孔子除了对他自己的国家鲁国以外,对卫国的感情最深厚。公叔文子在当时名气很大,影响力也很大。孔子问公明贾——公明贾也是卫国人。孔子问他说，夫子（我们后世拿"夫子"为对孔子的尊称。孔子当时"夫子"两字，等于我们现在以"先生"称人，这里就是指公叔文子）是卫国的闻人，社会上很有声望，政治上很有影响力，大家都说他很好，但有一点不知可不可信？公叔先生平常不随便说话，说一句话就有相当分量；也不说别人是非；也不轻易笑；也不贪。

公明贾就说，别人对你所讲的，把他描写得过分好了。其实他讲话能把握时间、要领，不讲废话，恰到好处，因此人家听了，不讨厌他的话。他高兴了，痛快了就笑，笑得恰到好处，所以人家不讨厌他的笑。譬如下雨天在街上见人跌倒而哈哈大笑，这个笑，不得其时，人家已经跌得很痛，很狼狈了，这不应该笑的，偏要笑，岂不让人讨厌？

关于取，合理的送他礼物，适可而取，不故意标榜清高。

他这样一解释非常好，但是公叔文子这个人在历史上有点问题。所以孔子听了他的解释说："是吗？真的吗？"是表示怀疑口气。是否这个人徒有虚名，很难断定，如白居易的诗："周公恐惧流言日，王莽谦恭下士时，若是当时身便死，一生真伪有谁知？"周公辅助成王的时候，有人造他的谣，说他企图把侄子杀掉，自己当皇帝，使周公也怕起来了。而王莽在没有叛国以前好得很，满朝文武，全国老百姓，没有人说王莽是坏的。假使这两个人在这个时候就死掉了，那么他们一生中的真假又有谁知道？这是白居易一首大家熟知的诗，他给了我们一个启示，使我们知道，有些人运气不好，把冤枉带到棺材里去了，可知人生定论很难。所以对于公叔文子，在公明贾替他做解释以后，孔子说："是吗？难道真的吗？"存疑是可以的。

## 挟 兵 自 重

子曰：臧武仲以防，求为后于鲁，虽曰不要君，吾不信也。

臧武仲是鲁国的大夫，犯了罪自己逃出去。可是不肯放下权力，在防区上整兵振武，向鲁君要求，封他的儿孙永远做这个地方的首长。他用这个方法，取得这个位置。孔子说，他这样做，表面上虽然说是提出退让的要求，不说要挟，但是这不必骗人了，我是不相信的，他分明是用要挟取得富贵功名与政权。中国历史的藩镇祸国，都是同此一例的办法。

子曰：晋文公谲而不正，齐桓公正而不谲。

由此而引出孔子对历史的批评。自周朝王道式微以后，就是霸业的开始，"挟天子以令诸侯"，表面上虽然拥护中央，而中央政府的皇帝，还是听他们的意见摆布，这是春秋战国时候的霸业。如果以中国历史文化来分王道与霸业，则春秋战国以后的汉、唐、宋、元、明、清在儒家思想的看法，并不能称为王道，统统都是霸道。真正达到三代以上，以道德维系的政治，那才是王道。以权术取得而讲事功的则是霸道。所以在春秋战国五霸的阶段，仁义道德，也只是霸主的手段而已，变成口号了。

但在五霸中比较起来，也有好坏，所以孔子说晋文公谲而不正，他对晋文公的为人，不以为然。谲就是用诡道、手段。孔子为什么说晋文公谲而不正？因为晋文公家庭遭遇变故，流亡在外十九年，他的高级部下，智囊团之一的舅犯，断定他一定能复国："重耳（晋文公的名字）在外十九年矣，险阻艰难，备尝之矣。民之情伪，备知之矣。"因为他吃尽流亡的痛苦，深深了解人心的险恶，所以便懂得如何运用权术。齐桓公就不是这样，孔子认为比较好，而齐桓公与晋文公两个人的遭遇也大有不同。根据孔子这两句话，研究历史上帝王、领导人的心理，与少年时代的遭遇、环境的培养都大有关系。

## 管鲍之交难

因为孔子讲到对晋文公和齐桓公的比较，而且加以评论，子路就来插话。

子路曰：桓公杀公子纠，召忽死之，管仲不死，曰未仁乎？子曰：桓公九合诸侯，不以兵车，管仲之力也。如其仁！如其仁！

子路说，老师说齐桓公好，但是我想起一件事。齐桓公和公子纠，是兄弟也是政敌。管仲没有得志的时候，原来是帮助公子纠的，那时另外还有一个大臣名召忽，当时公子纠死了，召忽也拚命作战，为公子纠而死，但管仲并没有殉职。这样说来，管仲的人格还是有问题。这是历史上有名的故事。当时帮助齐桓公成功，有名的名臣是鲍叔牙。桓公问鲍叔牙，如果想成霸业，把齐国治好，谁是好的人才。鲍叔牙就推荐了管仲。但管仲曾经在作战的时候，用箭射过齐桓公，幸好没有将齐桓公射死，而射中了衣带钩。所以齐桓公听了鲍叔牙的推荐后说，管仲这个人曾经助过公子纠，而且用箭射过我，幸好只中衣带钩，我没有杀他，已经够宽大了，你还要推荐他？鲍叔牙就说，你要振兴国家？还是要报私仇？你如果想成霸业，就不要记私仇。因为他是人才，当他帮助公子纠的时候，应该射你的。各为其主，立场不同嘛！齐桓公也有汉高祖相同的气度，因此用了管仲。

大家交朋友，常引用历史上管鲍之交，把管仲与鲍叔牙的交情，来比拟知己之交，但要真正达到那个程度太难了。中国五伦之道，朋友一伦是很重要的，也很难。像管仲与鲍叔牙这种知己的朋友，在历史上只这么一个例子。任何人一辈子都难得有这样知己，管仲最穷的时候，生活一切都依赖鲍叔牙。共同做生意赚了钱，管仲自己就多分了红利，鲍叔牙也不在乎。这还不算太难。齐桓公成功了，鲍叔牙推荐管仲当宰相，这也还不算难。管仲晚年就说"生我者父母，知我者鲍叔"，人生得一知己太难。知己到什么程度呢？管仲临终以前，齐桓公问他，鲍叔牙可不可以接替他的职位。管仲说不可以让鲍叔牙当宰相。鲍叔牙一生都照应管仲，照普通一般情理讲，管仲临死了，应该将这个职位交给鲍叔，以为报答。现在由齐桓公提出这个意见来,他还说不可以,好像管仲不够朋友。其实他有他的道理。管仲对齐桓公说,你不要害鲍叔牙了,他这个人的人品实在了不起,气度也非常大,可是嫉恶如仇。一个当首相、当主管的,要能藏垢纳污,肮脏的东西也要包涵一点,完全要求清高是做不到的。鲍叔牙的第一个毛病就是太好、太清了,不能包容坏的一面。如把政权交给他,害了你齐桓公,也害了鲍叔牙。这样鲍叔牙也很高兴,认为只有管仲懂得他。

所以我们同事之间、朋友之间相处,都晓得讲历史上这件事情。我们文化深厚,就是历史上的故事太多,前辈的经验太多了。我们读书也是为了吸收这些做人做事的经验。我曾经看到过类似的事情,有两个好朋友又是同学,其中一个当师长。当他要交卸这个师长职位的时候,上级也决定由他的同学来接他的位置,可是他极力反对。有人就问他为什么这样不帮同学好友的忙,他说我不愿害自己的同学好友,如果他来接我的事,依他的个性,结果一定会弄到坐牢。最后事实证明,果然如此。朋友能够交到这样,谈何容易!普通人只看现实,所以介绍管仲等等的故事给诸位,我们要知道交友之难,待友之难,以及得一知己之难。

这里子路提出来说管仲这个人的做法,恐怕不仁吧?孔子说,春秋时代开始的时候,齐桓公虽然是霸主,但是把周朝中央政权的威信重新整顿,九次召集了诸侯开联合会议,安定了国家社会,从来没有用武力威胁人,固然霸业是权术,可是他权术的最高原则还是道德,致使周朝的历史能够再延续下去。这些都是管仲的力量,这已经很好了,也就是仁义之道了。何必求之太过呢?

## 死生亦大矣

讨论到这里,子贡就起来辩论了。

> 子贡曰:管仲非仁者与?桓公杀公子纠,不能死,又相之。子曰:管仲相桓公,霸诸侯,一匡天下,民到于今受其赐;微管仲,吾其被发左衽矣!岂若匹夫匹妇之为谅也,自经于沟渎,而莫之知也!

子贡拿个人的人格来看管仲,可以说他是不仁不义。齐桓公杀了公子纠,管仲本来追随公子纠的,照理也应该殉死,他却不能以死尽忠,后来反而更进一步,投降齐桓公,居然贪富贵做宰相,就更不对了。孔子说,政治道德、人生道德,很难评论得公平中肯。管仲投降了齐桓公以后,帮助齐桓公在诸侯中称霸,把当时那么乱的社会辅正过来,对历史的贡献,对国家民族社会的贡献太大了。到现在管仲已经死了,可是我们这些人都受了他的好处,今天社会能够安定,各个诸侯的国家能够安定,都是他们的功德所赐,假使当时没有管仲,那我们即已变成野蛮民族了。"被发左衽"就是野蛮民族。中国古代男女的头发都是梳起来的,我们现在都披发,是外国文化。"左衽",试看过去的西藏、蒙古等边疆民族,都是左肩披着衣服,右肩臂露在外面,这是文化野蛮落后的象征。可是现在我们的装束,也都是被发左衽,向原始文化投降了,好在不止我们,整个世界都在被发左衽。讲到这一点,我想我们的民族文化,总有一天会站起来。

孔子告诉子贡,管仲对历史的贡献有如此的大,没有管仲,我们的文化都可能灭绝了。这种情形,又怎么是普通男女,认为他怎么不为公子纠而死的观念可比呢?公子纠对管仲并不好,不听管仲的意见,如听管仲的意见,就不会有齐桓公,而是公子纠起来了。公子纠不以管仲为国士,管仲也不必要为公子纠殉死。这就不能拿普通一般人的情形来责备管仲了。普通人一碰到失败就自杀,毫无价值,好像倒在污水沟里,这样一死了之,又有什么意义?所以他不轻易为公子纠而死,以致后来有这么大的贡献。那么这生死之间的价值取舍,就另是一番评估了。

> 公叔文子之臣大夫僎,与文子同升诸公。子闻之曰:可以为

文矣!"

公叔文子,就是刚才提到过的公孙拔或公孙枝,文子是他的谥号。我们先要了解,春秋战国时代,依照中国的封建制度,平民很难上来做官,但不是绝对不能。在这种制度下,公叔文子的部下僎由公叔文子的提拔,从平民而提升保荐到与自己同等的地位。孔子说,公叔文子真够得上称"文"。中国古代谥法称"文"是很难的,根据《谥法解》的记载,称文的有下面几种:一、经天纬地。二、道德博闻。三、勤学好问。四、慈惠爱民。五、愍民惠礼。六、赐民爵位等六种。如明代的王文成,清代的曾文正,就是这个"文"。

## 人 尽 其 才

子言卫灵公之无道也。康子曰:夫如是,奚而不丧?孔子曰:仲叔圉治宾客,祝鮀治宗庙,王孙贾治军旅。夫如是,奚其丧?

孔子在卫国很久,当时的卫灵公对孔子非常敬重,但却没有启用孔子。卫灵公好像是个活宝,他宠信的妃子就是有名的南子,政治不算好,也不见得太坏,可是卫国上下对孔子都很敬重。但在一般舆论,对卫灵公颇多不满。季康子就说,卫国的这位领导人既然这么坏,怎么卫国不会亡国?孔子说,卫灵公尽管不好,但他会用人,他的部下了不起的人才很多。

这一点我们又要看历史了,翻开古今中外的历史,一个主管,是不是善于用人,非常重要。就是在商业上,一个做老板的,善于用职员,也是很重要的成功因素。如果职员用得好,公司到了危急的时候,都不会垮台。一个机构如此,一个国家的政治也是一样。人才要安排得好,而且人才处处都有,看你怎样安排,有的人这方面不行,而另一方面有所长。

所以孔子谈到卫国的时候,季康子问这样一个领导人怎么不亡国。孔子就指出,卫灵公用了最好的外交家仲叔圉治宾客,就是办外交。在国际动荡的时候,外交最重要,而他用到了好的外交家。还有祝鮀治宗庙,在宗法社会宗庙也是政治的中心,以现在制度来说,包括了教育、文化、内政,都属于宗庙的事,上论曾经提到,所谓"祝鮀之佞"是指这个人很会说话,是一个理论家、政论家,他还办过一次成功的外交。另外又有王孙贾主持国防、军事。一个国家外交、内政、文教、国防有这样三个人才主持,卫国怎么会亡?只是卫灵公本人活宝一点,不过虽然活宝,他会用人。在历史上,汉、唐、宋、元、明、清各代,中期时有些职业皇帝都蛮活宝的,但是他会用大臣,干部用得好,而且绝对可以信任,就行了。缩小范围,一个单位主管,一个家庭,对家人子女,也是一样的道理。但从后世认定属于伪书的《庄子·杂篇》中,却有推重卫灵公之所以称灵的道理,并不如此简单。

子曰:其言之不怍,则为之也难!

孔子说这话的意思,指有些人吹牛脸都不红,这还不算,最怕是吹了牛不兑现。真做到了,就不算是吹牛了。所以我们做事、说话时要慎重考虑,大言不惭很容易,要看自己能不能做到。讲解《论语》到现在,已经十四篇了,每篇都有高潮起伏,一点也不呆板。到这里又转了一个方向了。

## 为 正 义 而 言

陈成子弑简公,孔子沐浴而朝,告于哀公曰:陈恒弑其君,请讨之。公曰:告夫三子。孔子曰:以吾从大夫之后,不敢不告也!君曰:告夫三子者。之三子,告。不可。孔子曰:以吾从大夫之后,不敢不告也!

这一段是孔子在鲁国的时候,国际上发生大事,齐国的部下叛变,杀了皇帝——皇帝是口语,正名应该是齐国的国君,这个叛变的人叫陈成子(下面杀了上面为"弒",这是《春秋》笔法)。孔子听到这个消息,看得非常严重,像是参与国家大典一样,洗了澡,穿上礼服去朝见鲁哀公。他说齐国的内政发生了叛变,陈恒杀了他的国君,我们鲁国要出兵去讨伐叛逆。

这就是中国文化,自古以来,都是世界大同的政治思想,所谓"兴灭国,继绝世"的主要精神,就是在国际间,碰到任何一个国家出了事,出兵帮忙,替别人消灭了祸乱,然后还是把政权交还给该国。我们只需要他年年进贡,岁岁来朝。而事实上年年进贡,岁岁来朝,是吃亏赔本的事。譬如过去历史的记载,海外的属国进贡了一头长颈鹿,或者外邦进贡了一头老虎,我们还要招待他的使者好几个月,皇帝还要给他赏赐。我们绝对没有土地侵略、经济侵略的野心,中国人只有爱别人,不会侵略别人,自古以来,我们中国传统文化的军事思想,有时出兵打仗,只是为了正义,不是为了利益。

孔子请哀公出兵讨伐陈恒,就是为了正义。而且孔子这个时候,他的大司寇位置已经下了台,可以不管国事,可能顾问的名义都没有,只是可以在皇帝面前讲话而已。他为了要实行中国文化的精神,就去报告,请求出兵。但是当时鲁哀公很可怜,所有的权力,都在季家三兄弟的手里,哀公不能说孔子的主张不对,帮助邻国平乱是应该的,可是没有办法,就要孔子去和季氏三家讲。孔子说,因为我总是从大夫之后,是国家有地位的人,职责所在,道义所在,不能不向你报告。鲁哀公听完了还是要他去告诉季家,于是孔子退回来,告诉季家三兄弟。可是季家三兄弟不同意,认为不要管这个闲事。孔子说,因为我是鲁国的人,所以我不能不说,将来不要说我没有讲过这个话,我已经告诉过你们,也向国君报告过,我的个人责任、国家责任、历史责任都尽到了,做不做是你们的事。

这一段,很明显的可以看到中国文化的精神,中国的政治哲学也在这里。我常和外国留华的同学们说笑,就以留学生来说,现在我们的留学生,在外国打工、端盘子洗碗。但是由唐代开始历史上可以看到,当时外国来华的留学生,达数万余人,我们的政府,在长安建筑了几千间房屋,招待吃、招待住,让他们读书,学习中国文化,够漂亮!哪像现在你们驻华的领事馆,办起签证来,还再三考虑,深恐会占了你们的工作机会。话说回来,历史时代的环境不同,当然不可一概而论。只是在这一段里,对于中国的政治思想、军事思想、文化思想、民族精神的重心,可以有个概要的认识。

## 风 云 际 会

子路问事君。子曰:勿欺也,而犯之。

这里的"事"字是动词,和服侍、侍候的侍同义。子路问作一个国君的高级干部,应该怎么才对。孔子说,既然做人家的干部,就要绝对忠心,不可欺骗上司,不骗他就要说直话。但说直话也很难,所谓"忠言逆耳",可是要对领导人尽其忠,不妨冒犯他一下。

讲到这方面,在我们中国历史上,常看到大臣与皇帝政见冲突的事,旁注便有"拂其龙鳞"的话,以前对皇帝以龙作为表征,据说龙的个性,能柔能刚,随便怎样碰它的鳞甲,都不会生气,只有龙的颔下三寸处生的是逆鳞,倒的,那是致命所在,绝对不能碰,否则龙就会发怒而毁人的。这就说明为领导人的,度量要大,对有理取闹的,能够包容原谅。但在最要紧的关键上,千万不可以碰。譬如我们对朋友也尽管说直话,但对于朋友某一要命的缺点,则不能随便说了。以现代的行为道德讲,适当的限度,保持别人的自尊心,是必要的。所以历史上有些大臣"犯颜谏诤",就是说领导人已经很生气了,可是忠心的部下为了他好,不管他怎样生气,应该说的话,还是要讲。我们读《宋史》,赵普对宋太祖,就做到了"勿欺也,而犯之"。

## 宪问第十四

有一次，赵普推荐某人作官，宋太祖不答应。第二天，赵普又上奏推荐这个人，宋太祖还是不答应。第三天赵普又上奏推荐，宋太祖这一下可忍不住了，气得大发雷霆，把奏摺撕碎了扔到地上。赵普面不改色地跪着，把这些碎片拾起来，带回去。过些天，把这撕碎了的奏章补贴好，又带上朝去推荐。宋太祖这一次总算醒悟了，终于任用了这个人。又有一次，有个大臣应该升官，但是宋太祖一向讨厌那个人，不准他升。赵普极力奏请太祖批准，宋太祖又被赵普惹火了，气呼呼地说："我就是不让他升，你又能怎么样？"赵普说："刑赏，有天下刑赏的准则，陛下怎么能以个人的喜怒来左右刑赏？"太祖气得离座而起，回到内宫。赵普就跟着站在宫门口，久久不肯离去。宋太祖后来也就答应了。我们从这两个故事就可想见赵普处事的刚毅果断，但是他也有缺点，心胸不宽，容易记恨。他常会挑剔那些当他贫贱时，对他不好的人们。每逢这种情况，宋太祖就说："若尘埃中可识天子、宰相，则人皆物色之矣。"劝赵普度量放大，不要计较这些小节。更何况天子宰相之才，哪里是社会一般人所能鉴识的。后来，赵普就不敢再提这一类的事了。

这种类似的故事，在《贞观政要》这部书里，记载得很多。唐太宗、魏徵也是一对好搭档。不过话说回来，魏徵这个伙计固然好，也要有唐太宗那样的好老板。照《贞观政要》的记载，长孙皇后也很好，所以还要老板娘也好。不然的话，就变成上论中所讲的"事君数，斯辱矣！"

子曰：君子上达，小人下达。

这两句话，大家都知道，经常引用，已变成成语了。自古以来，对于上达与下达的解释各有各的观点。综合一般的观点来解释，所谓"上达"，以现在思想的习惯而言，就是比较形而上的、升华的。所谓"下达"，就是比较现实的、卑下的。深入一点说，君子与小人，在春秋战国时代，尤其在孔子言论中，经常提出来作为一个对比的名称。因为真正研究学问,真正搞思想是少数人的事。有许多人尽管在读书,但并不一定在研究学问,而只是在求知识;尽管有人在搞思想,但并不一定在研究思想本身,不是研究哲学的问题。研究思想怎么来的,牵涉到形而上哲学的问题。形而上可以说是上达;形而下、现实的、浅近的就是下达。"达"就是通达,这是我们前面提到过的,过去的习惯,问人读书的情形,不问他读了什么书,有没有文凭学位,只问读通达了没。再说,"上达",也可以解释为有高明的远见。"下达",便是比较浅近,只重于现实的低视。

## 为 谁 读 书

子曰:古之学者为己,今之学者为人。

这两句话我们有几方面值得注意。

第一点应注意到的,这是孔子对中国文化发展史的看法。

第二点,研究这两句话,怎样为己,怎样为人。一般说为己就是自私;为人就是为大家,也可强调说是为公。"古之学者为己",古人为自己研究学问。"今之学者为人",现在人为别人研究学问。这个问题就来了,从文字表面上看,可以说后世的人求学问,好像比古人更好,因为是不为自己而为人家,这是一种观点。

刚好昨天有一位同学,讨论到这个问题。他写一篇博士论文,中间有一段,引用了这两句话,作东西文化的比较,就是持这种观点。我告诉他,这一观点可以成立,但是有一个事实,我们中国人过去读书,的确有大部分人还保持了传统的作风。这一传统的作风,类似于现代大学中最新的教育,或者西方最新的小学教育,所谓注重"性向教育",就是依照个性的趋向,就个人所爱好的,加以培养教育,不必勉强。一个喜欢工程的人,硬要他去学文学,是做不到的。有许多孩子,自小喜欢玩破表、拆玩具,作父母的一定责罚他不该破坏东西。

在教育家的眼光中,这孩子是有机械的天才,应该在这方面培养他。我们中国人过去读书,老实说不为别人求学问。而现在一般人求学问,的确是为别人求学问。一个普通现象,大专学生为了社会读书,如果考不取,做父母的都好像感到失面子,对朋友也无法交代。读书往往为了父母的面子、社会的压力,不是为自己。目前在大学里,有些重要的科系,男生人数还不到三分之一,几乎满堂都是女生。譬如哲学系的课,学生有七八十人,他们真的喜欢哲学吗?天知道!连什么叫哲学都不懂,为什么考到这一系?将来毕业了,出去教书都没人要。社会上听到哲学系,认为不是算命看相的,就是神经。可是为了什么?凭良心说,只是为了文凭。有的女孩子,学了哲学干什么?当然也可以成哲学家,不过没有家庭的好日子过,既不能作贤妻,又不能为良母,那就惨了。可是现在的教育,任何一系,都少有为自己的意志而研究的。曾经有一个学生告诉我,当年他在大二读书的时候,有一天真被父母逼得气了,就对父母说:"你们再这样逼我,我不替你读书了!"他说那时候心里真觉得自己努力读书,是为了父母在朋友面前显示荣耀而读的,在自己则并无兴趣,那么今天的人读书,从文字表面上看,"今之学者为人",为别人读书,至少是为社会读书。社会上需要,自己觉得前途有此必要而已。说是自己对于某一项学问真是有了兴趣,想深入研究追求,在今日的社会中,这种人不太多。

照目前的状况,如果缺乏远见,我敢说,二三十年后,我们国家民族,会感觉到问题非常严重。因为文化思想越来越没人理会,越来越低落了。大家只顾到现实,对后一代的教育,只希望他们将来在社会有前途,能赚更多的钱,都向商业、工程、医药这个方向去挤。如物理、化学等理论科学都走下坡了,学数学的人已经惨得很。在美国,数学博士找不到饭吃,只好到酒馆里去当酒保,替人调酒,还可赚美金七八百元一个月。

放大点说,这不仅是中国的问题,全世界文化都如此没落。二三十年后,文化衰落下去,那时就感到问题严重。在座的青年朋友还来得及,努力一下,十年、二十年的功夫用下去,到你们白发苍苍的时候,再出来振兴中国文化,绝对可以赶上时髦。

从过去的历史经验来看,时代到了没落的时候,人类文明碰壁了,就要走回头路。所以今日讲承先启后,的确须要准备。可是全世界的文化,目前还没办法回头,叫不醒,打不醒的,非要等到人类吃了大亏才行。没有人文思想,人类成了机械,将来会痛苦的。所以这两句话,也可解释为:"以前的人读书是为了自私,现在的人读书是为公",不过这种解释是错误的。

再另外一个观点,我们中国文化里,宋代大儒张载——横渠先生说的:"为天地立心,为生民立命;为往圣继绝学,为万世开太平。"这四句名言已成为宋代以后,中国知识分子共同的目标。学者为这目的而学,应该如此。

谈到这位先生,是孔孟以后的儒家,宋明理学家中,影响力很大的一位。他年轻时等于是一个"太保",意气非常盛,身体棒,思想开拓,喜欢闹事。后来范仲淹带兵在陕西经营边陲的时候,张横渠才二十多岁,年纪很轻,奔往前线,要投军参加作战。范仲淹见他一表人才,约他谈话,劝他回去读书,告诉他将来报效国家的机会很多,等到书读好,慢慢再来,同时将一本《中庸》交给他。那时他应该已经读过这本书了,可是范仲淹要他再读,告诉他其中自有他的千秋事业,自有他的天地。张横渠听了范仲淹的话,回去再读《中庸》,从此放下一切,专心求学问了,后来成为一代名儒。宋代几位大儒,事实上受范仲淹的影响都很大。范仲淹在前方,出将入相,以文人当统帅,他难道不希望培养好的军事人才?但他一看张载这个人才不是将才,是对后世思想有贡献的人,不能这样埋没,就马上用这个教育方法培养他。果然后来影响了中国文化思想那么大,尤其他所标榜的那四句话,非常深远。今天我们要谈中国文化的中心思想,可以拿他这四句话为主。我们如果以这四句话来研究,学者又应该是为人;不止为自己求学,同时也为人求学。这个"人"扩而充之,为国家、为社会、为整个人类文化。

## 称职的使者

下面讲到学问的外用:

> 蘧伯玉使人于孔子,孔子与之坐而问焉。曰:夫子何为?对曰:夫子欲寡其过而未能也。使者出。子曰:使乎!使乎!

蘧伯玉是卫国有名的贤大夫,而卫国是孔子对它比较有感情的国家。孔子到卫国时,就住在蘧伯玉的家里,孔子和许多弟子的生活,都是蘧伯玉供应的。孔子回到鲁国以后,蘧伯玉派了一个私人代表来看孔子。孔子就陪这位远道来客,坐在一起谈话。孔子问他,蘧先生在家里做些什么事?这位使者就说,我们蘧先生天天在家做修养的学问,希望自己做到每天少些错误(这就是儒家讲究的每天都要自己反省,在《论语》第一篇就提到过"吾日三省吾身"。每天对自己的思想、行为,加以检点,能够做到少错寡过,就是了不起)。但是他感觉还做不到,没有达到这个标准。

看了这节对话,被人问到长官的事时,替自己主管应对得那么谦虚,那么得体,所以等到他离开以后,孔子就立刻告诉他一些学生,这个人够得上当代表,够得上当大使,他替派他出来的主管所答的话,谦虚而不失体,非常恰当。换句话说,也看出这个使臣本身的修养学问。

这一点我们要注意,假使在自己国家以内,出去为朋友作代表,或被主管派出去办一件事,要把立场先站好,这是很难的。有的人把主管捧得太过分了;有的发主管牢骚,先骂起自己的主管来了,如果到国外当大使,更严重了,那就要看修养的风度了。所以外交人才难得,尤其贫弱国家的外交,说话的立场,不易把握。

透过这段文字的记载,首先了解的,是蘧伯玉晚年退休以后的修养,确有大臣退居林下的风度,的确不同。第二,表示了蘧伯玉用的干部,代表他出使的人,应对才能之高明。第三,可见主管与干部之间,本身修养的配合。第四,孔子借此教育的机会,告诉学生们,这样的人,才有资格作使者、当代表。说话得体,谦虚而包含的意思很多。假使孔子要责备蘧伯玉,或责备卫国的什么缺点,当这位使者说出这句话时,已经把孔子封住了口,使孔子不好意思再说出责备的话来,所以孔子极力称道他。

## 宿将还山不论兵

因此引出孔子平日的理论,说明这个道理:

子曰:不在其位,不谋其政。

这是很重要的,《泰伯第八》提到过,这里又重复出现,一个干部,对于臣道的修养,乃至学者自己本身的修养,都要守住这个原则。这和政治思想也有关。譬如站在政治学的立场,有人说国家的事,是大家共有的,所以人是政治的动物,都是政治的分子。中国人说"天下兴亡,匹夫有责",人人都应该关心。但是,有个原则,"不在其位,不谋其政",他不在那个位置,不轻易谈那个位置上的事。

在我来说,认为知识分子少谈政治为妙。因为我们所谈,都是纸上谈兵,我们看到这六十年来,都是知识分子先在这一方面闹开了动乱的先声,很严重。尤其人老了,接触方面多了,发现学科学的更喜欢谈政治,如果将来由科学家专政,人类可能更要糟糕。因为政治要通才,而科学家的头脑是"专"的,容易犯以偏概全的错误。

所以孔子这两句话,是为政的基本修养,表面上看来,好像帝王可以利用这两句话实行专制,要人少管闲事。事实上有道理在其中,因为自己不处在那个位置上，对那个位置上的事情，就没有体验，而且所知的资料也不够，不可能洞悉内情。因此，我们发现历史上许多大臣下来以后，不问政治。像南宋有名的大将韩世忠，因秦桧当权，把他的兵权取消以后，每天骑一匹驴子，在西湖喝酒游赏风景，绝口不谈国家大事，真如后人有两句名诗说："英雄到老皆皈佛，宿将还山不论兵。"这也就是"不在其位，不谋其政"道理的写照，孔子并不是说把政治交给当权者去做，我们大家根本不要管。

另外还有一层意思，孔子和蘧伯玉曾经分别在鲁、卫两国当过政的，现在都退休了，虽然还住在自己的国家里，但已退休，就不必再问到国家大事了，所以从这一段话里，轻描淡写的衬托了鲁、卫两国当时的政治，的确是不大高明。因此孔子在无可奈何之中，只好说"不在其位，不谋其政"了。

## 思　无　邪

接下来是以曾子的话作补充。

曾子曰：君子思不出其位。

这句话也可以作为解释上论第二篇《为政》中"《诗》三百，一言以蔽之，曰：思无邪"那句话。同时也是上面"不在其位，不谋其政"的注解。一个人，尤其关于现实的思想，不要太不守本分。不守本分就是幻想、妄想，徒劳而无益的。当然，这个话我们可以站在社会文化的立场反对。研究科学，不怕人有幻想。强调一点来说，历史也是幻想创造出来的，科学的发明，开始也由幻想而创造出来的。真正的科学家，很少有个性不古怪的，环境影响了他。每天在实验室里，生活没有情调，如果研究到深入的时候，他手上拿着正在吃的面包，换上块腐肉给他，他都不知道，照拿照吃。但是他如不这样研究得发疯，就绝不会成为一个真正的科学家。做学问也是这样,要想学问有成就,一定要钻进去,像发了疯一样,然后跳出来,这就成功了。不到发疯的程度,就没有成功的希望。搞通才的,样样搞又样样搞不好,就犯了太聪明的毛病。科学有成就的人,可以说是笨的人,也是世界上最聪明的人,这就不能说"思不出其位"了。所以现在年轻人来读这些书,都是反感的,往往加上"统制思想"、"控制思想"等等许多罪名。

事实上,话并不是这么说,曾子并没有谈到这些问题,他只是说人的基本修养。这句话编在这里,等于说是从政者本身人格的基本修养,不是自己的职掌范围,不必过分去干预职权。以现在的政治思想来解释这句话的意义,就是"不要违反思想的法则"。如果用在做事方面,也可以说,不要乱替别人出主意。由这样去理解,这句话的意思就通了。

## 智、仁、勇

子曰:君子耻其言而过其行。

很多话都是意义相同的。不过这个地方,孔子以不同的语句讲出来。就是说要言而有信,讲话要兑现;牛吹大了,事实上做不到,这是君子引为可耻的。不要把话讲得超过了自己的表现,做不到的,绝不吹牛。

子曰:君子道者三,我无能焉:仁者不忧,知者不惑,勇者不惧。子贡曰:夫子自道也!

这等于一个小结论。有一天孔子感叹说,学问修养合于君子的标准,有三个必要条件。孔子很谦虚地说,这三件我一件都没有做到。

第一是"仁者不忧"。有仁德的人没有忧烦,只有快乐。大而言之,国家天下事,都做到无忧,都有办法解决,纵然没有办法解决,也能坦然处之。个人的事更多了,人生都在忧患中,人每天都在忧愁当中。而仁者的修养可以超越物质环境的拘绊,而达于"乐天知命"的不忧境界。

第二是"智者不惑"。真正有高度智慧,没有什么难题不得开解,没有迷惑怀疑之处,上自宇宙问题,下至个人问题,都了然于心。像我们没有真的智慧,明天的事,今天绝不知道。乃至此刻的事,也常自作聪明,自以为是。

最后是"勇者不惧"。只要公义之所在,心胸昭然坦荡,人生没有什么恐惧。

孔子在这里说的词句,字里行间,写出他的谦虚,表示自己的学问修养,没有做到君子的境界。可是子贡对同学们说,不要弄错了,这三点老师都做到了,我们要这样学习才对,他只是自我谦虚,不肯自我标榜而已。

子贡方人。子曰:赐也,贤乎哉?夫我则不暇!

子贡有时比较直爽,看见不顺眼的人,当面就说人家,得罪人,当面就方你。这个"方"字在四川、鄂西一带的方言中,常常听到人说。如说对某人"方一方他",就是不妨得罪他一下。有时候说某人个性太直,也说某人是方人,这种人很直爽,常常容易得罪人,子贡就是这样。所以孔子说,子贡啊!"贤乎哉?"你要求别人,不要过于高了,不要希望别人都是贤人啊!有时候要马虎一点(这与古人对"贤乎哉"的确释,稍稍有点出入),而且老是得罪人,也不太好。假如是我,就没这个工夫去批评别人。

下面再引用孔子的两句话。

子曰:不患人之不己知,患其不能也。

这两句话,在上论第一篇的最后结论已说过。虽然最后一句文字不同,但是同样的意思。这里是说,一个人不怕别人不了解自己,就怕自己没有真本事,没有真学问,没有真才能,否则终有所成。这句话安置在子贡方人一节下,也是非常有味。

## 待 人 接 物

这里是孔子所说,为人处世、交友之间的一个信条。

子曰:不逆诈、不亿、不信,抑亦先觉者,是贤乎!

明明别人来骗自己,可是不给人当面难堪,这是"不逆诈"。平生经验,的确碰到过许多这样的事,明知道对方满口都是谎言,但是姑且就让他骗。他讲完了以后,他所期望的、所要求的目的,也让他达到。但是我们自己心里有数,知道他在骗。同时还发现有些人,他完全在骗人,但是他自己已经不觉得在骗人,他骗成了习惯以后,连自己都不觉得在说假话骗人,而变成了他正常的生活方式,甚至对他自己说的假话,也觉得是真的。"不逆诈"就是不揭穿有些人的欺诈。当然,这也要用得好,如果用得不好,我们就犯了很大的罪过,很容易成为"姑息养奸"了,这也不可以的。有的人是真的有困难,不得不骗一点钱,不抢不偷,已经算是好的,明知道骗,不妨给他骗一次,不过要设法感化他,这是"不逆诈"。也可以把这个道理扩充到大的方面,但要恰到好处,该揭穿的时候,就要加以教育了。"不亿"就是不随便估计、推测。凭了想象,随便估计推测,认为大概是这样,就犯了主观的毛病,不大好。"不信"就是怀疑。"不亿"、"不信"等于说不要主观的相信,也不要太客观的不相信。人如果有这样的胸襟、修养,就够得上是有智慧的先觉者,也可以说是一个贤达的人了。

## 夫 子 何 为 者

现在开始,是另一个高潮。

**微生亩谓孔子曰：丘，何为是栖栖者与？无乃为佞乎？孔子曰：非敢为佞也，疾固也。**

微生亩是道家人物的隐士。讲到这里我们先要搞清楚一点，就是道家与儒家的思想，有两种不同的基本态度。儒家的基本思想是要中流砥柱。而在道家看来，中流砥柱抵得了什么？譬如今天石门水库放水，在中间放块石头，能挡得住流水吗？不过石头自己站住了，没被水冲走，可是水流照样往下冲，挡不住。道家绝不走这个路子。道家思想的基本态度，始终是走"因应"的路子——顺应自然。一个时代形成了一个趋势，挽不回来，所谓"江水东流去不回"，不可能把历史拉回来。道家思想是讲先知，一件事从它的前因，知道它一定的后果。如石门水库放水时，没有办法把水势挽回，但计算水流到某一地段时，轻轻开好一条水沟，就可以把水流疏散了。这就是现在流行道家的太极拳原理，四两拨千斤的道理；也就是军事谋略，以寡击众的要点。所以中国历史上，出来因应时势，拨乱反正，都是道家的人物。

这里我们讲一个思想问题：我们中国几个"子"，实在了不起。除了现在讲的孔子，《老子》这本书，到现在为止，在国外已有好几十种译本。远在三十多年前，在成都有一位女医生告诉我，她在德国留学时去跳舞，召来一名舞男，居然知道中国的《老子》，而且可以用我们的国语背诵，她说好在自己在国内是读这些旧书出身，否则还在外国人面前丢脸了。《孙子兵法》这部书，许多国家，包括苏联的陆军大学在内，列为必修课。现在孔子也出国去了，未来世界的文化趋势如何，可想而知。

说到《孙子兵法》，想到《孙子》有名的《势篇》，讲形势。这个名词很难解释，现在世界的军事思想不讲势，而讲力的对比。每个国家都注意有多少兵源、多少物质、多少武器、力的统计。如果只讲这些，只是力的对比，不稀奇。中国的拳术，也反映出中国的军事思想，不讲力，讲劲道。一拳一个劲道，就把对方打倒了。劲不是力。中国人主要讲势,道家说"知其力,用其势",所以能四两拨千斤,以弱敌强,以寡击众。一个三期肺病的人,能把世界的大力士打倒,那才是本事。十个人可以消灭上千上万敌人,就是运用势。

什么是"势"?《孙子兵法·势篇》最后一句话的结论说:"转圜石于千仞之山。"这就是"势"。一块圆的石头,在一两万尺的高空上转,就是"势"。假使一个四斤重的石头,在我们台北市上空,就仅五千尺的高空转,全台北市的人都要躲起来了,因为每个人都有被击中打死的可能,这一情形就是势。等到这块石头落下地以后,不但是我们,小孩子都可以欺负它,上去小便,它也毫无办法,不过四斤重的石头,谁都搬得动,丢了也就丢了。懂了这个道理,在处世上就可以运用,尤其战略、战术思想,都是根据这个道理来的。在势没有形成的时候,对敌人政治的、军事的战斗,就无法稳操胜算。孙子也很巧妙,写到这里,再没有继续写下去了。就是要读他书的人,自己去体会、运用。

透过一个故事可以了解"势"的道理。据说大蟒要吃东西的时候,不像其他的蛇要咬住东西,它只要将口张开,可以把一定距离以内的东西,吸到它的口中,吞入腹内。它的攻势一出,尾巴一摆,可以把直径尺把粗的大树扫断,厉害得不得了。可是有一只小蜘蛛和一条这样大的蟒是世仇,要对大蟒报复。就在蛇洞口的树上悬了一根丝下来,等待大蟒出洞觅食的时候,急落下来,打在大蟒致命的头部七寸部位。每当大蟒刚把头伸出来,蜘蛛就急速下降,大蟒就立即缩回洞里,不敢出来。这么厉害的一条大蟒,就这样被一只脆弱的小蜘蛛制住了。反过来,如果这条大蟒能够冲出了洞,躲过头部七寸上的一击,只要一张口,也就可以轻易地把这只小蜘蛛吸进腹中消化掉了。可是当大蟒没办法施展它吸物的毒气时,这样一个脆弱的小蜘蛛,就可要大蟒的命,也就是兵法的原则,战略的道理。历史上,子书上,很多这类故事,在政略上都可供我们活加运用。

因为这里与孔子讨论问题的微生亩,是一位隐士,属于道家人物,所以在了解这一段书之前,我们先概略地介绍一下两家思想上的差别处。孔子当时碰到几位隐士都吃瘪了。在中国古代文化历史上,隐士们的影响力很大。尤其以经济观点看,春秋战国以后,一般人都趋于现实,每逢乱世,经济的现实性一定变成很重要;物质的崇拜,越来越高,这也是政治哲学、历史哲学的大问题。可是有少部分人,如道家的隐士,现实的欲望、富贵功名,对他都毫无诱惑的作用;他能够吃蔬菜、喝稀饭,硬是"不同流",屹然而独立。而他们本身是人格高尚、学问渊博、才具高超。如我们提到过汉高祖敬畏商山四皓的故事,可见中国隐士思想影响力之大。过去几千年来的政治,受这个思想的影响一直很大。再从另一角度看,这一派人好像对现实不热心,其实也很热心。因为他们站在旁边,使当道者非常注意。他们似乎袖手旁观,又似乎在护航。

微生亩就是这样一位隐士,有一天他对孔子说,你一天到晚凄凄惶惶(唐玄宗咏孔子的名诗,开头两句:"夫子何为者? 栖栖一代中。"就是从《论语》这一节脱换而来的),忙忙碌碌,周游列国,到处宣传讲学,究竟是为了什么? 到处去讲学、宣传,又有什么用? 你不觉得太过分吗? 孔子答复他说,我并不是好说讨人喜欢的话,实在是自己的毛病太深了,用现代话说就是毛病大。这样的解释,和古人的解释不一样。古人对"疾固"两字解释为:"讨厌这种固执己见,不肯出来用世的病态。"我觉得这样的解释太牵强。这是因为后代的儒家思想,反对道家,反对隐士,就借用孔子这句话骂人,责备这些人不肯出来为国家社会尽力。其实,只是他们想做官的门面话。可是孔子绝不是这种态度,他对隐士很尊重。在此,他只是一番自我表白,这句话翻成白话等于说,你老兄劝我不要为时代担忧,是很对的。我之所以一天到晚奔走呼号,那是我的毛病。这是他对隐士们一种谦虚、幽默的态度。真正的心意是,反正你们不出来做事,我出来做事,各走各的路,我为社会国家尽心而已,就算是我的毛病吧!

子曰:骥不称其力,称其德也。

骥是古代的名马、良马、千里马的名称。他说真正的千里马,并不是说它的力量有多大,而是说它的德性好。中国古代的千里马是了不起的。我们看西方赛马,马跑的时候,一跳一蹦的,骑在上面实在不好受。中国的良马,跑的时候,左右腿交替奔驰,快得像风一样,骑在上面,有如在平稳的水面上行船,一点都没有颠簸的感觉。良马如遇主人坠鞍,它立刻站住,等主人起来,绝不会践踏到主人或拖着主人跑。如果肚带没有系紧,马鞍不安全,就是骑上去了,它也不走,用鞭子打它也不走。又如老马识途等等,都是良马的德性。这种良马,要有天才,才能训练得出来。劣马则会打滚,会擦墙,使骑它的人受伤,甚至送命。

这两句话编在这里,等于是答复了微生亩问孔子的问题。意思是说,一个为人类国家社会的人,不问眼前的效果,只问自己应该做不应该做。甚至今天下的种籽,哪一天发芽?哪一天结果?都不知道。下了种籽,终有一天会有成果的。从这里我们想到,孔子的思想,几千年以来,始终成为国家民族文化的中心,的确是有它千古不灭的价值的。

## 报 怨 与 报 德

或曰:以德报怨,何如?子曰:何以报德?以直报怨,以德报德。

最近日本《产经新闻》发表的《蒋总统秘录》一书,这位日本记者引用了"以德报怨"这句话,说是孔子思想,这是一个错误。"以德报怨"是道家思想,这句话出在《老子》。孔子思想是"以直报怨"。

儒家思想有一点侠义的精神,你打我一拳,我踢回你一脚;你对我不好,我不理你,这很直嘛!你对我不好,我还要对你好,要如基督教《圣经》上说,你在我左脸打了一个耳光,我再送上右脸让你打一个耳光。就像唐朝的娄师德,告诉他弟弟,要唾面自干一样。但对于娄师德这句话,我们要了解,这是初唐以后的修养。当时天下太平、社会安定,而娄师德是世家公子,历代都做大官,声望很高,他自己在京里做大官。他的弟弟到代州去当太守,上任以前,向他辞行。娄师德说,我们娄家受国家、朝廷的恩惠太大,我两兄弟现在都在做官,一般人会批评我们世家公子比较骄傲,你出去做官,千万要认清这一点,多多忍耐,不要为我们娄家丢人。他弟弟说,这点我知道,就是有人向我脸上吐口水,我就自己擦掉算了。娄师德说这样做并不好啊!你把它擦掉,还是违其怨,给人家难堪哪!弟弟说,我懂了,就让它在脸上自己干了。娄师德才说,这就对了。假使所有中国人都是这种修养,那还得了!所以话说回来,做学问不要断章取义,不管上下文,只抓中间一句两句去做,那就要出问题。每个思想,要作整体的研究才行。刚才已经声明了,娄师德出生在初唐以后,国家社会,已经有了多年的安定,而他家里又历代做官,他本身又在中央政府当相职。这样的时代背景,这样的家庭背景,他弟弟在这样环境中所处的立场、位置,就与一般人不同。由穷小子经过考试出来做官,就可以傲慢一点。如果娄师德的弟弟有一丝傲慢,人家就会批评,说靠世家的势力欺负人,所以娄师德对他弟弟的这个教训才没有错,并不是说在乱世之中,拔刀而起的时候也要如此。在这样的时代,不要说口水吐到我们脸上,如有外国人不礼貌地瞪我们两眼,我也要打他两拳。时代不同、环境不同,对事情的处理态度就有所不同。所以做学问不能断章取义。

这里有人问孔子"以德报怨,何如"?等于提到道家的思想。孔子的答复,也没有直接反对,只是在逻辑上作一个论辩。他说,别人对我不起,我对他好;那么人家对我好,我又该怎样报答呢?所以他下面就主张"以直报怨",以直道而行。是是非非,善善恶恶,对我好的当然对他好,对我不好的当然不理他,这是孔子的思想。他是主张明辨是非的。

## 存心自有天知

子曰：莫我知也夫！子贡曰：何为其莫知子也？子曰：不怨天、不尤人、下学而上达。知我者，其天乎！

孔子有一天感叹没有人了解他。子贡听见就说：老师何必这样悲观！怎会没人了解你？孔子说，我这一生，"不怨天、不尤人"；从基层的学识，艰苦的人生经验起步，但不为现实所困，能够升华，走入形而上的境界。这是孔子的自我描述，因为孔子出身穷苦，在艰难困苦环境下，体会到人生哲理，成就智慧的德业，升华上达，超越世俗，因此对人世间也不要求别人的了解，存心自有天知。

上面等于结束了自微生亩以后的一段话，下面又转入另一波澜。

公伯寮诉子路于季孙，子服景伯以告，曰：夫子固有惑志于公伯寮，吾力犹能肆诸市朝。子曰：道之将行也与，命也。道之将废也与，命也。公伯寮其如命何？

公伯寮是鲁国政治上、社会上有地位的人，当时鲁国政权在季家三兄弟手中，公伯寮就暗地挑拨是非，在季孙面前，讲孔子学生子路的坏话，这也是间接地攻讦了孔子。当时有一个孔子的学生姓子服，名何，字伯，后来谥号景，当时是鲁国大夫。有一天来告诉孔子，公伯寮在捣乱，到处造谣和老师作对，并且在季孙家说子路的坏话，增加老师的麻烦，今天我在政府中的权力可以左右一切，可以放手去做，这种害群之马，我有力量除掉他。意思是向老师请示，要怎样处置这样一个坏人。孔子说，不要那样冲动，不可以这样，我走的是为国家民族、为人类、为天地行正道，能够走得通，是命。倘使这个文化命脉真的要中断了，也是民族、国家、时代的命运。公伯寮这样捣乱，影响不了什么，又有什么关系？

这一段书,第一点是看出孔子思想、意志的坚定;第二点说明了孔子的人品道德。在他学生里有这样有权力的人,而且不止一个,但是他始终不运用。他认为这种现实力量,对于文运世风的兴衰,没有什么影响,所以他否决了子服景伯用权力对付公伯寮的建议。由此再引出下文的另一章。

## 入山未必心安

一些人说孔子思想与隐士相对,其实一点都不相反,甚至孔子也有避世隐遁的观念。

子曰:贤者辟世,其次辟地,其次辟色,其次辟言。

这好像是孔子告诉了我们很多做事的权谋。我们知道"不学无术"这句成语,反过来说,就是除了学问要好,把握住原则以外,还要懂得处世之方。孔子所讲的这些话都是术,也就是方法。这里的"辟"就是"避"的古写。"贤者辟世",时代混乱的时候,不与现实发生关系,脱离这现实社会,和隐士一样修道去。再其次是"辟地",一个地方太混浊,不同意这环境,就离开这个地方。再其次"辟色",处世的态度上要注意,在乱世动荡的社会中,对人对事,言论思想要端正谨严,对任何人的态度都要和善,能够包容别人,不要有傲慢、鄙薄的态度。相对的说,看着风头不对,他大概与我合不来了,那自己就早一点离开吧!再其次"辟言",不发牢骚。这是孔子告诉我们的四辟。由此看来,孔子对于隐士思想,何尝不赞成!他教弟子们的四辟,已经走上隐士的路子了。

根据这四辟,可以看到从前知识分子的处世方针。不过讨论起来,涉及个人思想的问题,有点类似于西方讲的个人自由主义。例如"辟世、辟地、辟色、辟言",这是中国过去知识分子处乱世,在"邦无道"这情形下,所采用的个人自由主义,宁可退守自清,不愿同流合污,隐士路线就是如此。但是在拨乱反正,能够对国家社会有所贡献的时候,他所采用的原则是"成仁取义"的路线。这两个路线,不但是中国知识分子的思想问题,全世界的人都是这样。研究西方的政治思想、西方文化,包括了欧洲各国,一直到美国,都是如此。所谓个人主义、自由思想,到了最高度,就是绝对的个人自由,这是必然的发展。所以古旧的自由思想,必须要法治,要人人能够守法,才能谈自由。可是现在到了中国来,年轻人搞不清楚东西文化这个思想潮流的精神所在,学西化,动辄讲自由,又不懂西方自由主义的真精神,而完全变成个人的自私主义。

这一段表面上看,孔子反对隐士,实际上这一段包含着浓厚的隐士思想。"贤者辟世",时代不对了,觉得无能为力,挽回不了的时候,只有避世。那么避世干什么呢?就是保持有用之身,等待机会,做更大的贡献。讲不好听一点,也就是消极的自全其身。

不但在这一段,《论语》里有许多地方,孔子都提出这种主张:如"邦有道危言危行,邦无道危行言孙",乃至对南容的奖评:"邦有道不废,邦无道免于刑戮",可见孔子的观念中,何尝完全抹煞隐士思想?所以严格地研究起来,我个人认为问题很大。至少几千年来,一直到近五六十年前,中国知识分子,书读好了的人,就缺乏一股冲劲。我们大家也是一样,理论会讲,冲劲不足。有冲劲的时候,往往学识又太欠缺,不能成事。所以我常和一些老朋友谈起,以我们现有的这么一点不太少的知识,而让我们的体能年龄,退回到二十几岁时一样,大家就有可为。一般人等到知识比较丰富,头脑思想比较完备的时候,由于年龄的增进,勇气就消退了。历史上无论中外的人物,往往是老年人的智慧比较成熟,如配合了年轻人荣誉感的冲劲勇气,就会开创出新的历史境界。

子曰:作者七人矣。

这句话是紧接上面而成一段。总共有七个人已经避世了。这七个人究竟是谁？没有指名明说，我们也不必乱加牵强罗织。讲到这里，我想起古人一首绝句很好："十年橐笔走神京，一遇钟离盖便倾。未必无心唐社稷，金丹一粒误先生。"这首诗是指吕纯阳而作。以诗论诗，其中"未必无心唐社稷"一句，正好借用来说明孔子所说"作者七人矣"的苦心。其实，人未必真肯为金丹所误，只是"英雄退路做神仙"。自求千秋事业，另玩一套花招而已。你求上天堂，他求极乐国，无非所求另有不同，谁又真肯甘于寂寞，除非大圣。

上面孔子说到避世的圣人已经有七个了。这七个人，可能就是《论语》中提到的一些人。孔子经常被这班人骂得很难堪。事实上，不是骂，是他们之间的互相幽默。其中之一的楚狂，就是楚国的一个狂人。所谓"狂"，并不是疯子，而是满不在乎，不受拘束。这一类的隐士，孔子提到很多个，一般的注解，不敢确定是哪七个。在《论语》中记载的有楚狂、长沮、桀溺、荷蓧丈人，乃至荷蒉者、晨门都是。晨门是一个人，就是守城门的，为古代的一个小官，相当于现在的公务人员，在此以他的职务代替他的名字。现在就讲到这位先生了。

## 大 隐 市 朝

子路宿于石门。晨门曰：奚自？子路曰：自孔氏。曰：是知其不可而为之者与？

有一天，子路在石门这个地方过夜，早晨起来，有一个晨门问子路，从哪里来的？子路说是从孔先生那儿来的。这个晨门说，就是那个姓孔的孔丘？那个明知道做不到，硬要做的人吗？这个晨门就是隐士，他学问很好，道德很好，可是隐居在一群下级干部当中。古代有所谓："小隐在山林，大隐于市朝。"当隐士跑到山林中是小隐，消极的，是孔子所谓的"辟世"、"辟地"。有些人一生做官，而在最后临死时,才知他在当隐士。此即"大隐于市朝"。所以有些朋友想退下来,我常劝他们不必退下来,有一分力量贡献完了算了。有的人说退休下来做生意,但有一位做生意的朋友说,做了几十年公务员,想退下来做生意发财,那我们一辈子几十年都做生意的人,岂不白做了?所以我常劝朋友不要退,何不把自己这点力量贡献出来,该有多好!这就是大隐法,如苏东坡的诗所说"万人如海一身藏",非常妙。现代是工业社会,当隐士与农业社会不同,只要有一点生活费,租一个公寓式的房间,在里面读书也好,静坐也好,不与人往来,死在里面烂了,别人都不会知道,所以现在当隐士,更可以隐于市朝。(一笑。)

上面讲隐士的路线。但为什么要当隐士?因为对时代没有办法。晨门这位隐士,就说孔子并不是不知道做不了,他明知道做不到却硬要做。这位晨门老兄,批评得很恰当,没有骂孔子不对,也没有说孔子对,只对子路说,就是那个"知其不可而为之"的姓孔的吗?在《论语》中,这里又出现了一个隐士了。

孔子为圣人,重心就在这个地方。而孔子的难学之处也在这里。另如老子、庄子等很多学问高超、修养深邃的人,知道面前这个时代无可挽回,他们就退隐了。后来唐代有位知名的文中子(本名王通,写《滕王阁序》的王勃,就是他的孙子),儒、释、道三家的学问都通。在隋炀帝的时候还年轻,有志于天下,但到处碰壁行不通,看到当前的时代不宜施展才学,于是退下来讲学,培养下一代,教化年轻的学生,传播种籽。后来唐太宗的开国名臣,如房玄龄、杜如晦这一班人,都是他的学生,他的目的达到了。所以他死后,门人尊谥他为"文中子"。

## 收场不易

子击磬于卫。有荷蒉而过孔氏之门者,曰:有心哉,击磬乎!既而曰：鄙哉，硁硁乎！莫己知也，斯已而已矣！"深则厉，浅则揭。"子曰：果哉！末之难矣！

这一段书，我个人与古人的意见稍有不同，对宋儒朱夫子的注解也不敢苟同，这一段又是讲碰到一个隐士的事。

磬，是古代用玉石之类制成的敲击乐器。后世庙中敲的，铜制圆形的磬，下面不是石字而是缶字。有一次孔子敲磬，正好一个挑草器的人，走过孔子门前。一听到孔子敲出的磬声，他说这里面敲磬的人，可不是一个泛泛之辈，是一个有心人。我们后世朋友之间谈话，对于一个忧世忧时的人，就每每说："老兄！你是个有心人。"这句话就是从《论语》里来的，有心于天下国事，志在济世救人，就是有心人。这个人就说孔子，不是普通为音乐而音乐，而是把满腹济世救人的挚诚深心，寄托在音乐上发挥出来。

他讲了这句话，又在那里听，然后说，这个人太固执了。"鄙哉！"并不是骂人，而是上面"知其不可而为之"的意思。这磬声里充满了不肯放手的，那种硬骨头的风格。他自己太不自量，明知道做不到，却硬要去做。太肯定！太自信！"斯已而已矣"是说这个时代已经这个样子了，你拉不回来的。"深则厉，浅则揭"这两句话，是出自《诗经·邶风·匏有苦叶》章。这个荷蒉者在这里引用，意思是说，如果时代可以挽救，那你就应尽力去做；如果时代到了回天乏术的地步，那么最好退隐去韬光养晦，省得惹人讨厌。就好比涉水过河，在浅的地方，可以拉起衣服；水深的地方，再怎么拉衣服也还是会弄湿，干脆就这么走过去。

这位荷蒉者在门口作这样的批评，被孔子的学生们听到了，告诉老师。孔子说，真的吗？"末之难矣"——我与古人的解释不同，就在这句话上。古人对"末"解释为"没有"，就是没什么困难的意思。我认为"末"是"最后"的意思。孔子说人生最后的定论实在很难下，我们作一辈子人，尤其断气的时候，自己这篇文章的末章最难下笔。无论大小事情，都是"末之难矣"。同时孔子这里也在讲乐理，最后的余音是很难处理。演奏停止了以后,乐音仍绕梁三日,使人回味无穷,这是很难的。如果认为孔子说,天下事没有什么困难的,那这个孔子就太粗率了。

我们再回头讨论,为什么我对这句话的解释,和古人有所不同!我们看了朱熹等《论语》的注解,发现古人的解释,有一个主观,就是把孔子看成一个宗教教主式的偶像,那是后世儒家的一般偏见。到了宋儒更是变本加厉。我们知道孔子是圣人,非常伟大,但是一个真正的大圣人,绝不会自己当教主,绝不会把自己的言行、态度,做成教主一样,那就不足以成为一个圣人。不必说孔子,就像普通的人,所谓"学问深时意气平",自己真到了那一步学问修养的时候,就觉得自己非常平淡,没有什么了不起。如果心中还有一个观念,认为自己很了不起,比别人都高明,那就完了。所以这种观念要去掉,去掉了这种观念以后,再看这位荷蒉者的隐士,引用"深则厉,浅则揭"这两句《诗经》的话,真正的意思就是指人处世之难而言。人处在社会里,许多事情要随宜权变,不但是动乱的时代要如此,有时候对朋友,乃至在家里对配偶、儿女也是一样,深不得,浅不得。能在深浅之间恰到好处,就是最大的本事。

## 不 合 时 宜

我们就是不引用上古的《诗经》,引用唐代朱庆余的名诗:"洞房昨夜停红烛,待晓堂前拜舅姑,妆罢低声问夫婿,画眉深浅入时无。"也是这个意思。唐人的诗,很多喜欢用男女相悦,尤其以女孩子的感情作比喻,来表达自己的思想感慨。诸如功名富贵的得意,坎坷落拓的失意,往往都用女孩子的情感来形容。这首诗就是表示功名考取了,非常高兴得意,马上就要去见长官了,见长官之前,自己精心的"化妆",希望自己能够使长官在"第一印象"中,产生良好的观感。一切都准备好了以后,环境还摸不清楚,只有在师友同事之间,悄悄地打听,是不是合长官的意?我们一辈子做事,每到一个新的环境,究竟要浓妆或淡抹,可还真难恰到好处。"画眉深浅入时无?"能不能合于时代?若不合时宜,就没有用。

古人还有两句名诗说"早知不入时人眼,多买胭脂画牡丹"。表面上看起来是题画的,其实这是牢骚的诗,他说若早知人是势利的,这样喜欢攀着富贵(中国牡丹花是代表富贵的花),对于清高的格调看不惯,那我就率性俗气一点,多用一些胭脂画富贵花好了。我们不懂诗的,只把它当文学作品看,所以有人说,写诗的是无病呻吟。实际上,许多是政治哲学、人生哲学,整个摆在诗里,我们作一辈子人,就是不知道如何能"画眉深浅入时无?"这就是人生哲学。所以中国哲学难研究,因为必须同时通文学。又如秦韬玉咏贫女诗:"蓬门未识绮罗香,拟托良媒益自伤。谁爱风流高格调,共怜时世俭梳妆。敢将十指夸针巧,不把双眉斗画长。苦恨年年压金线,为他人作嫁衣裳。"

为什么今日谈这些诗与哲学关系?我们中国从前一些读书人,到了晚年退休在家,写字、作诗、填词,一天到晚忙得不得了,好像时间不够用。而现在的人,退休下来,或者是老伴不在身边了,儿女长大飞了,感到非常空虚落寞。有一位某大学教授,在六十岁后,就有这样的感觉,他又不信仰任何宗教,我劝他作诗。他说不会,我说可以速成,保证一个星期以后就会作,不过是易学难精。后来果然他对作诗有了兴趣。如今已七十多岁,居然出了一本诗集,现在可够他打发余年的了。所以中国这个作诗的修养很有用。而且不会见人就发牢骚,有牢骚也发在诗上面,在白纸上写下了黑字,自己看看,就把牢骚发完了,心中还能有所得。

就像这首咏贫女的诗,表面上是描述穷人家的女儿,但实际是影射一个人学问很好,但不得志,所谓"怀才不遇"的人,就像有的公务员,学问很好,但是特考、高考都考不取,这里碰壁,那里行不通,就只有做个小公务员。而这首诗，描写一个住茅屋的贫家女，对那些高贵华丽衣服的香味，闻都没有闻过，本来想托媒人找个婆家，但自己很伤心，不愿意这样折节自荐。比喻一个有学问才具的人，不愿意托朋友为自己吹牛找工作。而在这个时代中，一般人都很现实，很低俗，绝不欣赏青松明月一样的格调。虽然时代如此，可是觉得这些人太可怜了，自己还是保持固有的俭朴纯真，并不跟着世俗走。这也就代表了作者自己。大家很现实，要人家介绍、吹嘘，或者上电视，登登报出了名就有办法，社会风气不太对，何必那样呢？这些路都不走，还是保持自己的朴素。这就可见他的修养，他也很自负，如贫家女一样，敢于夸称自己的女工，比任何人都精巧，这岂不自负自己的学问本事，比任何人都要高？可是不合时宜，苦恨自己在这样的时代里，永远不能得志，没有机会对国家社会有直接的贡献。这也是牢骚。中国的诗文，微言大义，往往就在一个字，"不把双眉斗画长"的一个"斗"字，就是点睛的。所谓斗就是和人家竞争，你打扮得这样漂亮，我就打扮得比你更漂亮，就这样出风头，找机会。说到画眉，古人描写这一类事的诗很多，也是一些文人吃饱了饭，真的看了女人化妆等等而作的，但那些是所谓"香艳体"。像贫女这一类的诗，则不属于香艳体，而有寄托的涵意。

回过来说，这个荷蒉者引用《诗经》"深则厉，浅则揭"这两句话来说孔子，和"画眉深浅入时无"有异曲同工之妙。从孔子所奏的音乐当中，他听出了孔子济世救人的心太切了，一般人不能接受，时代是挽回不了的。虽说袖手旁观的话，就辜负了人生的责任，但是做起来深不得浅不得，何苦做这种徒劳无功的事？这是我和古人稍有不同的解释。其次对于"果哉！末之难矣！"我同古人的解释也有不同。也就是孔子说，结论难，人生的最后一章很难下笔。不过，对不对，我也不知道，只有各说各的吧！

子张曰：《书》云："高宗谅阴，三年不言。"何谓也？子曰：何必高宗？古之人皆然。君薨，百官总己，以听于冢宰，三年。

这是一个疑案,高宗是殷商时代非常贤明的皇帝,名武丁。"谅阴",几千年来的解释,皇帝的父母死了,守制居丧,称作"谅阴"。不过这一点颇有怀疑,谅阴到底是不是守制中,无法彻底考证。我们现在就沿用以前的解释,认为高宗在守制中,三年当中没有说话。这是什么意思?实在有点过分得不近人情。比起宋孝宗的愚情,尤其过分。孔子说,你何必问高宗,实际上中国古代文化,以孝道立国,大家都是一样。如果皇帝死了,每个人都各守岗位。"百官总己"就是百官各守岗位,每个问题,自己都知道负责处理。有的解释,认为这句书是说把事情都交给首相处理。事实上,"总己"是每个人自己负起责任来。以现在的体制讲,就是希望每个公务员都负起责任来。很多小问题,不需要开会就可以解决,倘使怕负本分的责任,就是没有总己。"百官总己,以听于冢宰"是大家负起责任,处理事情,解决了问题,报告给首相知道,不必报告新皇,因为他这时很悲痛,没有心情问事。"不言"也很可能是三年当中,不敢讲到先王的丧事;或是指对某些事不忍再说,这种沉重的心情,大约要持续三年。

这一段只好作这样的解释。老实讲,这段书我还是有点怀疑,可是资料无法查考,我只知道"谅阴"是与丧事有关,这一段现在只好照古人的意思,暂时保留,将来再看。因为我读的书,到底有限,也许将来别的地方会发现新资料。

子曰:上好礼,则民易使也。

另一段这里的重点,我们要把握住。《春秋》责备贤者,就是要求领导的人,主管的人,以仁爱待人,能够好礼,下面容易受感化,慢慢被主管教育过来了,就容易领导。孔子这句话的精神,还是专责在上位的人,所以对于社会上有声望、政治上有地位的人,孔子要求特别严格。普通人还可以马虎,因为他是普通人,没有责任,就不必苛求了。

## 圣人头痛的事

下面子路问君子了。

子路问君子。子曰：修己以敬。曰：如斯而已乎？曰：修己以安人。曰：如斯而已乎？曰：修己以安百姓。修己以安百姓，尧舜其犹病诸。

子路问，人究竟做到怎样，才合乎一个君子的标准？儒家对学问道德到了相当标准的人，有一个名称叫"君子"。你能以非常严肃、庄重、恭敬的态度，修正自己心里的思想，和外表的行为，这就是君子。子路说，只是这样就可以了吗？孔子说还有，你自己的修养做好了，随时能够庄严、恭敬以后，进一步要利人、利社会。子路又说，这样就对了吧？孔子说，这不过是第二步，还要利天下、利百姓（以现在的话来讲，就是人民，再扩大就是人类）；利益所有的人，这才是君子。不过孔子又补充了一句说，如果自己的修养做到了，能再把这种修养，在行为上表现出来，可以利社会、利国家、利世界、利天下，以安百姓。就在尧舜做起来，也不能说完全没有缺憾，还是可以挑毛病，总难做到十全十美的，何况我们！

原壤夷俟。子曰：幼而不孙弟，长而无述焉，老而不死，是为贼。以杖叩其胫。

这是孔子有名的故事。原壤是一个人名，根据《孔子家语》的记载，这个人是孔子的老朋友。

讲起老朋友来，常听到一些人说，张三当官了，架子也大了。我听见这话就说，不是张三架子大，是你李四不懂事、糊涂。因为张三、李四都是我的朋友，所以我可以这样讲他们，我说我过去的观念也是一样，现在读了很多历史才懂，一般人都骂朱元璋不够朋友,当了皇帝以后,把过去贫贱时的一些老朋友,都一个个杀掉。

试翻开历史看看,是怎么回事?朱元璋当了皇帝,实际上很想念那些当年光着脚板种田、脸上涂了泥巴打架的朋友。他下个命令把这些朋友找来,还给他们官做。这些乡巴佬,到了朝廷,开了会(上朝)下来,和一些大官们摆龙门阵:"这个皇帝算什么?想当年我还把他屁股哩!"专门瞎扯这些事。朱元璋听了,自然受不了。从这里可知朱元璋对他们好,可是这些乡巴佬自己不知道所处的是什么位置。老实说,他们这些人关起来和朱元璋再打一架玩儿,不给别的人看见,也可以啊!但当着许多大臣面前,摆这些龙门阵,朱元璋怎么受得了!不得已只有杀了他们。人生本来就是唱戏,他上了台扮皇帝,你在他后面做鬼脸,他的戏还能演?你扮臣子,你只好跪下来"吾皇万岁!万万岁!"还要叫得好!下面还有很多观众在看这台戏,也要为观众着想。这也就是朋友之道。

同事也好,同学也好,同乡也好,位置不同,做法就两样。尤其要公私分明,谈公事,阶级分明,科长就是科长,科员就是科员,该行礼的就行礼,尽管一肚子牢骚、委屈,下了班找一个地方单独谈,没别人在,这时候恢复老朋友立场,打一架都可以。

这里就是说原壤在孔子的旁边,不知道有一个什么动作,总之是不大像样的。孔子就骂他说,你这个家伙,年轻时对兄弟姐妹不好,没有友爱,一生之中,又没有值得称道的事,人生的成果何在?对人生含糊一世,对自己没有交代,年纪活得这么大了毫无作为。说到这里,孔子就用手杖轻轻敲他的后腿,当然不是狠狠地打,妙就妙在敲他的后腿。是老朋友,没有打他的必要,只是打他人生不踏实,脚跟没有落地,做了一辈子人,只是好比无根的草,与土壤同腐而已。这一段是很有名的,后来常被人们所引用。可是有些年轻人不明道理,就抓住中间"老而不死,是为贼"这句话骂起老年人来了。

# 急功近利之徒

下面是结论了。

阙党童子将命。或问之曰：益者与？子曰：吾见其居于位也，见其与先生并行也，非求益者也，欲速成者也。

阙党是一个地方团体的名称，童子是一个年轻人，并不一定是小孩子，将命的"将"是带来，"命"是命令，就是衔命而来。古人的注解是说孔子叫年轻人去传达命令。我现在的意思和古人不同，认为应该他来传命令（后面也还是这两个字，可对照）。无论是衔命而来，或是传令而去，不是这段主题所在，没有多大关系，不必多去谈它。主题在有人问孔子，这个年轻人很不错的吧？小小年纪就负了那么大的任务，来传达命令，一定是个能求上进的人吧！孔子答得很妙，他没有说这个意见不对，而只是说，我只看到他在这个位置上，担任这个职务；同时我也只看到他在那位老前辈的旁边走来走去，是个侍从或助手。我只看到这两点，他有没有学问，是不是人才，我不知道。如果认真讲，他并不是求上进的，而是想尽办法，找一个出头的机会，并不是想在人生中求学问，职务上求经验的人。

孔子这一番话，和这篇一开始的"邦有道，谷；邦无道，谷，耻也"的话相呼应。这篇中许多观念连起来，就是任何时代中，求急进的很多。急进成功了，居于位也，就得到这个位置。不过从历史上研究，全部二十五史，其中凡是少年得志的人，到了中年或晚年，都"其末之难矣"。最后结论是好的很少。所以年轻人，多经过一番挫折、一番磨炼、一番努力，到了中年上来，晚年成就比较多。这成就并不一定是官做得大，财发得多，而是在历史、在人生有所交代的成就。历史上的先生大人们都是如此,这就是与前期的困苦奋斗有关。年轻人容易有求急进的毛病,我们都有这个经验,年轻时都喜欢挤在老前辈前出头。而前辈说我们年轻人如何,就一肚子不高兴。到了中年以上,人家说我们是老先生,也很不高兴,想退回年轻,做不到了。

# 卫灵公第十五

卫灵公问陈于孔子。孔子对曰：俎豆之事，则尝闻之矣；军旅之事，未之学也。明日遂行。在陈绝粮，从者病，莫能兴。子路愠见曰：君子亦有穷乎？子曰：君子固穷，小人穷斯滥矣！

孔子周游列国到了卫国，卫灵公就向孔子请教军事作战的事。孔子并不是不懂，但提问题的是卫灵公这个人，孔子就不答复他。孔子希望他不要发动战争。对侵略的战争，孔子是反对的。所以孔子说对于俎豆之事——俎豆就是行大礼的祭器，以现在的观念讲，代表礼乐文化的真精神——我还懂；军事学我还没学过，对不起，我不懂。第二天就离开卫国，到了陈国，结果饿饭，粮食断了，还带了一大批学生。绝粮的种因就在这里。

跟着他的学生，因此病得躺下，起不来的很多。这时子路很不高兴，颇有怨言，脸色很难看，跑去对孔子说，老师你天天讲道德、学问，讲了半天，结果怎样？现在同学们都快饿死了。君子！君子竟然穷得这么倒楣？孔子说，君子才能够守穷，换句话说，要看什么人才有资格穷，只有君子才有受穷的资格，虽然处在贫困中，还是能够信仰坚定，不动摇。如果是小人，则相反，一穷了什么事情都可以干了。受不了穷就不算君子。

讲到穷与不穷，也是很妙的，有些境界是须要修养才能达到的，这也是中国文化与西方文化不同点之一。古代历史上这类的人很多。像明朝一位名士（一时记不起名字来了，很抱歉），是大画家，诗文也非常好，穷得不得了，第二天没有米下锅了，头天晚上还坐在树下赏月吟诗。太太唠叨他："明天没有米，还作诗！"他看看天上的月亮说："时间距明天早晨还有好几个时辰哩！明天的事明天管，现在还是看月亮吧，风景太好了。"这是文人的修养，但是这种文人修养的胸襟、器度，又谈何容易。总而言之，一个人要在心理上构成一个中心思想，自己要有个境界。假使内在没有一个东西，人生是相当空虚的。有事情做，忙的时候不觉得，如果一个人把事放下来，处在清灵当中，就要受不了啦！这个穷还不只是指经济环境穷，人到了穷途末路，上了年纪，万事俱空，儿女离开了身边，老伴也去了，冷清清的一个人，的确不好受。这个时候，必须自己有自己天地中"性天风月"，自己有自己的修养才行。有了这个境界，才能做到"君子固穷"。

## 又 说 一 贯

下面等于注解了上面一段。

子曰：赐也，女以予为多学而识之者与？对曰：然，非与？曰：非也！予一以贯之。

在讲上论时，孔子对曾参所说的那一段"一以贯之"，我们曾经花了很长的时间，讨论了三四个小时。现在这四个字，不加以申论了。这一段是孔子对子贡讲的。在文字上先解决"识"这个字的意义，是"志"，也是"记"的意思；"记下来"，"记得"的意思。我们提出来研究的，一再说孔门所讲的学问不是知识，再三强调学问是做人做事；文学、科学、哲学等等才是知识。从孔子这里的话，也可证明我们这个观念是对的。

他告诉子贡说，你以为我的学问，是从多方面的学习而记闻来的吗（后世所谓"博闻强记"这只是知识）？子贡说，对呀！我们认为你是这样来的,难道我们的观念错了?孔子则说,我的学问是得到一个东西,懂了以后,一通百通。孔子这个话是事实,这个东西,这个"一"是很难解释的,不容易讲出来的。过去我们已经讨论了很多,宋儒解释为"静",要在静中养其端倪。所以后来打坐,儒家、道家、佛家都是这样,静坐中间慢慢涵养,而以明心见性为宗旨标的。什么是明心见性?像上午刚有人问起,什么是佛?我告诉他,佛只是一个代号,实际上就是人性的本源。儒家讲善与恶,是人性作用的两个现象。作用不是善就是恶,不是好的就是坏的。那个能使你善,能使你恶的,不属于善、恶范围中的东西,如果我们找到了,就是它,佛家叫作佛,道家叫作道,儒家叫作仁。用什么方法去找?儒、释、道三家都是从所谓打坐着手,在静中慢慢体认,回转来找自己本性的那个东西,就叫作"一"。老子也叫它作"一"。再讨论下去就很多了,就属于纯粹的哲学范围了。

这里孔子就说自己的学问不是靠知识来的,这是一个大问题。要研究什么是孔子的学问,这个地方就是中心了。我们讲来讲去,讲死了也没有办法说出来的。举一个例子来说,老子说:"为学日益,为道日损,损之又损,以至于无为。"什么是学?普通的知识,一天天累积起来,每天知识累积增加起来就是学。为道呢?是损,要丢掉,到最后连"丢掉"都要丢掉;到了空灵自在的境界,这还不够。连空灵自在都要丢掉。最后到了无,真正人性的本源就自然发现了。

孔子这里就是说,不要以为我的学问是"益",一点点累积起来的知识,而是找到了这个"一",豁然贯通,什么都懂了。的的确确有"一"这么个东西。从我们的经验,知道"读万卷书,行万里路",就是要增加人生的经验,其实这还是不够的,必须加一句"交万个友",还要交一万个朋友,各色人等都接触了,这样学问就差不多了。由学问中再超脱、升华,可以达到"本源自性"的地步了。

子曰:由,知德者鲜矣!

孔子告诉子路，他说子由啊！时代变了。德是用，道是体。现在的人，知道由道的基本，起德业作用的很少了。

子曰：无为而治者，其舜也与！夫何为哉？恭己正南面而已矣。

一般人说儒家的人反对道家，说道家所提倡的"无为而治"，就是让当领袖的，万事都不要管，交给几个部下去管就是。这样解释道家的"无为"，是错误的。实际上道家的"无为"，也就是"无不为"，以道家的精神做事做人，做到外表看来不着痕迹，不费周章。譬如盖一栋屋子，就在最初，把这栋房子将来可能发生的毛病，都逐次弥补好了。所以在盖完了以后，看起来轻而易举，不费什么，而事实上把可能发生的漏洞，事先都弥补了，没有了，这就叫"无为"。换句话说，说是现在已经看到，某一件事在将来某一个时候可能发生问题，而现在先把问题解决了，不再出毛病，这就是道家的"无为而治"，这是很难做到的。并不是不做事、不管事叫做"无为"。

孔子在这里也提到，无为而治，使天下大治是不容易的，只有上古时代的尧舜才做到。怎样无为？对自己恭敬严肃，正南面而已矣。中国古礼，当皇帝，坐国家领导人的位置，一定是坐北向南。这里的意思是自己道德修正好，以这个风气，影响部下一层一层的负责。

## 使节的信条

子张问行。子曰：言忠信，行笃敬，虽蛮貊之邦行矣。言不忠信，行不笃敬，虽州里行乎哉？立，则见其参于前也。在舆，则见其倚于衡也。夫然后行。子张书诸绅。

这个"行"，包括两种意义，一个是指行为；一个是指古代"行人之官"的行，也就是外交工作。大家都知道苏武的故事，他当时的出使，便是行。后来，他回到汉朝，封的官是典属国，等于是现在的侨务委员会的委员长,或外交部司长,管理附属的国家。所以很多人替苏武不平,认为汉朝待人并不厚,苏武那么辛苦,那么忠毅,回来只封这个官,太小了。古代的"行人"就是派出去办外交的专使、大使。

这位在上论中学干禄的子张老兄,这时正在作行人,办外交的事,请教孔子要怎样办外交。孔子告诉了他千古名言。中国文化中的这位圣人实在是了不起,他对官式外交和国民外交的原则早已说了。我们现在的国民外交更普遍,但待人接物的原则,古今如一。第一,对人绝对诚恳,不要玩手段,正直坦率,这是最高的礼貌。第二,和不同文化、不同风俗习惯的人相处,不要表现得太关心,过分的关心,也许被认为干涉他们的自由,他们没有互相关心的习惯,反而感到麻烦。这不是说外国人不对,我们才对,这是文化基础不同。了解这一点,和任何一国人的交往都差不多。这里孔子告诉子张,言语要"忠信"。忠,就是直心;信,讲出的话一定兑现。行为态度上要"笃敬",忠厚而诚敬。做到了这样,就是野蛮的人也可和他往来。"蛮貊"在中国古代,是指边疆的落后地区。

讲到边疆,问题又来了,中国的安定,先看边疆。试看几百年来所发生的问题,都是边疆问题,边疆影响了国防问题。我曾在边疆做过事,发现还是我们汉人坏,有知识,聪明而欺负人。所以边疆人恨汉人,并不完全因为边疆人野蛮,而是汉人没有做到"言忠信,行笃敬"。例如在西南各特别地区,汉人用几根缝衣服的针,换人家十几张牛皮;有的还骗他们财物、女人。这种人实在不是人,太狠心了。所以我们要教育我们的子孙,对边疆问题多多留意,"言不忠信,行不笃敬,虽州里行乎哉?"这句话的"虽"字很重要,如果"言不忠信,行不笃敬",就是自己的邻居,本州本里都走不通。在态度上,站就规规矩矩站在那里,随时好像面对长辈那样恭敬;坐在车上,就规规矩矩坐,身心修养,做到言行一致,就可以担当行人的任务了。子张听了孔子这些话,就写在衣服的衣带上,准备随时警惕自己,加以注意。

从这里开始,编排方式略有变化,看起来一条一条,都是为人处世的道理，但同上论的第五篇互相呼应，便很切实。下面就提到两个人：

子曰：直哉！史鱼。邦有道如矢，邦无道如矢。君子哉！蘧伯玉。邦有道则仕，邦无道则可卷而怀之。

矢就是拉弓射箭的箭。史鱼是卫国的大夫。孔子说他非常直，不管在哪种环境之下，不论国家社会混乱或者安定，他的行为、言谈，像射出去的箭一样，都是直的，不转弯的。在现在的社会上，仍然有很多这一类的人，但他们处世是落落寡合的，常会受到打击，遭遇种种痛苦。可是这种人天生个性就是走直道，直到不管什么环境，平时也好，乱世也好，邦有道也好，邦无道也好，他的言行永远像一支箭一样。同时"矢"字也代表了尖锐的意思。有些人心肠非常好，做朋友好极了，因为他能说直话，可是有时候嘴巴太厉害，说的话如割人的肉一样，使人受不了。但我们要了解他心地是善良的，出发点是善意的。当然这就牵涉到修养问题，尤其领导人有这样的部下，往往很难受的，因此做领导人的要有涵容的胸襟。有时碰到这种讲直话的人，一次、二次、三次能够接受，到了四、五、六次实在受不了。但是这一类人如果是自己的朋友或干部，就必须放过他的尖锐直言，先要有准备哈哈大笑的容量，否则就不行。

孔子接着就说蘧伯玉（前面再三提到蘧伯玉，称赞他的行谊），这个人了不起，国家社会有道时，出来做事，担当大任务，但在邦无道，国家社会紊乱的时候，他就卷而怀之，不发牢骚，也没有什么怨言。他认为时代转变如无法挽回时，可以把自己像一幅画一样，卷起来怀之，收藏起来，就不说话了，没有表现了。

这两个人，也是典型的对照。一种人是无论什么时间，什么地区，都宁可直道而行，不转弯，这是干部中很好的。一种是像蘧伯玉这样的人，比较才具大，而且有一个基本修养，本身的名利心很淡泊，如孟子说的"达则兼善天下，穷则独善其身"，这个话我们都晓得讲，但等到真穷,真困难的时候,退下来"卷而怀之","独善其身",往往心有不甘,这是很难的基本修养。

下面引申这个道理。

子曰:可与言而不与之言,失人。不可与言而与之言,失言。知者不失人,亦不失言。

这是讲为人处世的道理很难。孔子说:一个人可以和他讲直话,但自己怕得罪人,不像史鱼一样肯对他讲直话,这就对不起人,是不对的。是自己的朋友,如看到他发生错误,宁可下一个警告,乃至他现在因此对自己不谅解都可以,自己还认他是朋友,他可以怨恨我,等到他失败了,会想到自己的话是对的,那就对得起人。所以在可以讲话的情形下,而不和他讲话,是对不起人,不应该的。有时候有些人,无法和他讲直话,如果对他讲直话,不但浪费,而且得罪人。所以一个真正有智慧的人,应说的时候直说。既不失人,也不失言。这个道理使我们想到历史上范雎见秦昭王的故事。

秦昭王向他请教一次,两次,他都不说话,使推荐他的人很难堪。范雎说我提出来的计划,贡献出来,可以使秦国马上富强,国际间称霸,可是秦昭王心不在焉,没有专心一意来听我的计划,所以不能讲。推荐的人后来再向秦王报告。因此第三次见面,秦昭王推掉了一切公事,屏退了左右的人,单独和范雎见面,很客气地求教。范雎一番话就把秦昭王说动了,立即发表他当首相。在战国的时候,这一类的事情很多,这就说明了"说难"。

从人生经验中知道,朋友之间这样,乃至在家庭中父母、夫妻之间也是这样,正在对方不如意的时候,去提出问题来谈,当然倒楣,这是时机不对。我们看到许多年轻朋友,做人家的干部,在长官那里碰了大钉。回来,一肚子牢骚。其实那个长官今天也许有件别的事情,心里正在烦,做干部的跑进去,报告不相干的事,乃至与他心里的事有关联,就正好触上了霉头。所谓:"薄言往诉,逢彼之怒。"所以人与人之间，人与事之间，说话真难。这是要有许多人生经验累积起来，才会了解的。学校里同学之间相处，社会上同事之间相处，经常会碰到这种事情，说的不是时候，结果意见相左了。

子曰：志士仁人，无求生以害仁，有杀身以成仁。

我们惯用"杀身成仁"这句话，就是出在《论语》这一篇，是孔子说的。这个仁在这里我们不作解释了，从上论一直讲下来，都是说"仁"是孔门学问的中心。现在的话来说，就是中心思想，所谓志士仁人无求生以害仁，譬如有许多宗教家，有时碰到与他的信仰抵触的事，他宁可舍掉性命，所谓以身殉道。为卫道而死的，宗教徒中特别多，历史上的忠臣孝子，也就是这个观念，宁可牺牲，绝不为了生命而妨碍了自己的中心思想或信仰，宁可杀身以成仁。反面的意思，当然不会为了生命的安全，而去做违背仁义的事了。这就关系到个人的修养以及生命价值的看法了。

## 长安居大不易

讲到这里，孔子就提出在用的方面的一个问题。

子贡问为仁。子曰：工欲善其事，必先利其器。居是邦也，事其大夫之贤者，友其士之仁者。

"工欲善其事，必先利其器。"这也是两句名言，我们常常引用的，就是出自《论语》这个地方，孔子说的话。孔子告诉子贡，一个做手工或工艺的人，要想把工作完成，做得完善，应该先把工具准备好。那么为仁是用什么工具呢？住在这个国家，想对这个国家有所贡献，必须结交上流社会，乃至政坛上的大员，政府的中坚；和这个国家社会上各种贤达的人，都要交成朋友。换句话说，就是要先了解这个国家的内情，有了良好的关系，然后才能得到有所贡献的机会，完成仁的目的。

我们看了这一段话,再从相反的角度看,历史上多半把孔子描写得像塑像那么呆板可怕,并不是温、良、恭、俭、让。如果照那个样子,而今日孔子是我的老师,我一定对他远离一点,怕跟他面对面讲话。那是我们的历史在我们心理上,所塑造成一个下意识的形态。

现在由这句话看起来,好像孔子很厉害,他晓得利用关系。他说,要到某一国家去,达到某一个目的,先要和这个国家的上流社会,政府首长的关系,都搞得非常好,同时把社会关系搞好,然后才可以有所作为,达到仁的境界。孔子这些地方,看起来是教人使用手段,多厉害!事实上任何人,任何时代,都是如此。但最重要的一点,这里是为仁,目的是做到仁,在救人。

最近大专学生中兴起一股歪风,喜欢讲谋略学,研究鬼谷子等学说。我常对他们说少缺德,那些年轻人给鬼谷子迷住了干什么?对于谋略,应该学,不应该用。因为用谋略有如玩刀,玩得不好,一定伤害自己,只有高度道德的人,高度智慧的人,才会善于利用。我们前面也曾引用过西方宗教革命家马丁·路德说的:"不择手段,完成最高道德。"但一般人往往把马丁·路德的话,只用了上半截,讲究"不择手段",忘记了下面的"完成最高道德"。马丁·路德是为了完成最高道德,所以起来宗教革命,推翻旧的宗教,兴起新的宗教——现在的基督教。而现在的人,只讲不择手段,忘了要完成最高道德。

这里孔子是因为子贡问为仁,他才这样告诉子贡,如果是别人问为仁,孔子就不会这样讲了。我们从历史上看到,子贡的确做了很多事情,够得上是一个大政治家、大外交家、大经济家和工商业巨子,所以他这样告诉子贡。换句话说,孔子本身周游列国,见七十二位国君,也是这样做的,像卫国的蘧伯玉等等都是他的朋友,但是他的运气不好,始终上不了台,大家怕他。他如果不择手段,则可以很轻易拿到政权,但是他讲仁,始终守着最高的道德原则。他告诉子贡的,也是这样。

再看历史上成名的，尤其唐代士大夫的风气，那时尽管是考试取士，但不像清朝考功名的规定，而是要先靠有名气的前辈栽培，就如韩愈的上书之类。有些人经常写了文章，等在门口递上去，一等到自己的文章被上面看中了之后，就起步了。像白居易在首都长安的时候，最初很落魄，诗文虽好，没有出路——没有人保荐——连考试都没有办法参加。后来白居易去看一位老前辈顾况，将自己的作品给他看，这位老前辈接见了白居易，先不看作品，问他：你住在长安啊？长安居大不易！这句有名的话，代表一个国家的首都，生活高，消费大，他对白居易讲这话，包含有教训意思。但看到白居易的"离离原上草，一岁一枯荣，野火烧不尽，春风吹又生"这首诗，非常欣赏，认为这个年轻人，有资格住在长安。于是为白居易向中央保荐，参加了考试，然后一帆风顺。再看李白上韩朝宗的信，都是年轻人靠前辈提拔的例子。所以在唐代以后，前辈专门提拔后辈，为国家取士。

现在讲到这种文化的精神，我们老一辈的人应该留意后辈青年，培养他们，提拔出来，等他们有了功业、学问和表现，自己坐在一边，好像在欣赏自己灌溉出来的花，心满意足，该多高兴。这种情形，历史上非常多，也充分表露自古以来我们老一辈文人的风范。这些史实都说明了孔子这里告诉子贡的话，任何一个时代都是如此。

所以现在有许多留学生，自美国回来，大谈其美国的政情，我常常叫他们少做土包子，我说你住在加州或别处，生活只限于大学文化圈中，别说只住了六年，就是住了六十年也没有用。你要了解美国，你和华盛顿那些政治首要，是不是朋友？你知道这个时代张仪式的基辛格脑子里，是要生鸡，还是要生蛋？基辛格的影子都没见过，和我一样只看到报纸上的照片，这样就懂美国了吗？等于外国人到我们中国来，晃荡三年然后回去，就说懂了中国，但他知道我们今天在这里做了些什么？连影子都不知。所以真要懂天下事，要"事其大夫之贤者"。前几年，我就和一位美国教授说，你们美国到处出了钱，帮助人家，又在到处挨骂，就因美国的议员们，都不是秀才，又不出门去懂天下事，不到东方来看，当然不懂天下事。有的来台湾看过，回去就不同了。这些秀才要出门才懂天下事的，就是这个道理。这几句书我们引而申之，扩而充之，大家一生受用无穷，就是任何一件事，不能孤陋寡闻，多交游，多了解，处处都是学问。

　　颜渊问为邦。子曰：行夏之时，乘殷之辂，服周之冕，乐则韶舞。放郑声，远佞人。郑声淫，佞人殆。

　　我们读这段书，不要被文字把自己骗得死死的。汉儒搞训诂学——小学，尤其对四书五经的研究，对一个字的写法、来源、涵义等等，写上十多万字，加之讨论研究，认为这是学问。在国家太平的时候，拿学位、拿功名的就是这些人，这样读书也真不容易。吴稚晖先生骂宋儒理学家"酸得连狗都不喜欢吃的"。例如什么叫"为邦"？就是如何好好地建国。古书并不难读，千万不要被骗住了。

## 夏历与过年

　　孔子告诉颜回，国家政治要干得好，就必须"行夏之时"。

　　这个"时"，就是指的历法。讲到历法，感慨很多了：现在我们所用的"夏历"，就是在夏朝时候创立的历法。在上古史上，中国的天文非常发达，这是中国文化中最了不起的地方，在世界科学史上也是很有名的。谈到科学，天文是第一位，世界科学的发展，最早是先发展天文，如要了解天文，必先研究数学。恰恰这两门科学，中国的天文发展得最早；数学也是最早发展的，尤其发展到像《易经》的数理哲学，实在是精深幽远。可是到了我们这一代最惨了。我们中国的童子军，参加世界童军露营，到了晚上还不知道用星星辨方向，外国人觉得很惊愕。

　　我们过去每一代都很注重历法，只要多看历史上的史实便知道了。像清兵入关，明朝亡国了，很多人还是不投降，历史上对这种行为，就叫作"不奉正朔"。什么叫正朔？就是历法为中心的朝代名号。历代的皇帝，对历法修整过很多次，到清朝康熙手里，又经过大整理。这个康麻子皇帝实在了不起，他通西藏文，通梵文，而且还通西班牙文。总之，无学不窥，在那时他就先接受了西方的文化。利玛窦以后的比利时人南怀仁来中国，康熙跟他学天文、学数学，几乎没有一门学问不会的。他十几岁上台当皇帝，六十年的天下，奠定清朝三百年的基础，头脑之聪明，学问之渊博，无以复加。在这个地方，我们看到，创造一个事业，是要真学问的。康熙的学问真是了不起，到他手里，中国的历法，已经加入了西洋的观念和方法，与中国的综合起来，是很好的。

我们中国的历法，大家都喜欢用阴历，过正月要拜年，就是夏历的遗风。殷商的正月建丑——以十二月作正月。周朝的正月建子，以十一月作正月。夏朝的正月建寅——就是我们惯用的阴历正月。中国人几千年来都是过的阴历年，这就是"夏之时"。日本在第二次世界大战前过的也是阴历年，越南、朝鲜、缅甸、东南亚各国，统统是我们的文化，几千年来他们都是过阴历年。

讲到这里非常感慨，有一件很奇怪的事情，将来历史不知怎样演变。我们推翻清朝，成立民国，实行过阳历年以后，有人写了一副对联，传说是湖南的名士叶德辉写的，这副对联说："男女平权，公说公有理，婆说婆有理；阴阳合历，你过你的年，我过我的年。"讲文化，牵涉到这些地方要注意，表面上看起来好像都是不相干的地方，但往往关系到国家的命运，也是国家大事最重要的地方。这副对联代表了这个时代，"你过你的年，我过我的年"。就看过年这件事，我们这个时代，几十年来没协调、合作，老百姓内心对这政策始终不能适应配合。不要说民心——老百姓心理，关起门来讲，我们今天在座的这些老古董，凭良心想一想，自己喜欢过阳历年还是阴历年？老实说，都喜欢过阴历年。可是我们偏偏过两个年，加上现代过圣诞节的风气，等于过三个年,内心自己在过阴历年,外在偏偏过一个阳历年,这就代表这个时代,"你过你的年,我过我的年"。搞历史文化,这些地方要特别注意。

还有,到了夏天,为什么要把时钟拨快一个小时呢?只要规定一下,夏天到了,提前一个小时办公,早一个小时下班,早一小时熄灯,很简单的事嘛。可是却像小孩子一样,在钟面上拨快一个小时,就算对了,这是很奇怪的事。此风乃是美国来的。再研究美国是怎么来的呢?原来是一个工厂的小孩子开始拨着玩,后来工人看到跟着起哄。美国文化没有深厚的基础,是喜欢闹着玩的;结果美国玩,我们跟着当正经办了。说是为了日光节约,实行夏令时间办公,原来八点上班,十二点下班,改为七点上班,十一点下班,不就成了吗?其实这些是小事情,但问题却很大,往往很多大事,即是因为小的地方没注意到,而使事情变得不成话。等于一栋房子,看见一个小洞,最初以为不重要,慢慢的,整栋房子,垮就垮在这个小洞上。

这里讲"行夏之时",现在我们究竟采用哪个历法还是一个问题。如孔子的诞辰,订为阳历年的九月二十八日等等,究竟对不对?通不通?都是问题。如果讲中国文化,除非中国不强盛,永远如此,我们没有话讲。如果中国强盛起来,非把它变过来不可。这并不是一个纯粹的民族自尊观念,这是一个文化问题。拿中国的土地、中国的历史来比较,中国的文化的确具有世界性的标准。可是现在外国人把它抛弃了,不去说他,我们自己绝对不能抛弃,千万要注意,不可自造悲剧。所以我们今天谈到对自己国家文化的认识,怎样去复兴文化,非常感慨,问题很多,也很难。为自己的国家,为自己的民族,为下一代,都要注意了解这些问题,还是要多读书。这是我们老祖宗,几千年累积起来的智慧结晶。

孔子主张要"行夏之时",在孔子的研究,夏历对中国这个民族,这个土地空间上,是最合理的历法。合理在什么地方?这个问题很深了,要研究天文学和《易经》的阴阳学。譬如《易经》里的八卦,就是说明这个世界上时空的学问,包括了天文、地理、人事。有一个学生,到澳洲去做事,带了一个中国罗盘去。到了澳洲,他写信来问,这个中国文化的东西,到了南半球该怎么用?我考虑了以后,告诉他反过来用。结果来信说,反过来用非常对。而我本身没去过南半球亲身经历,后来再考虑,认为地球像西瓜一样是圆的,虽然在南半球,南北的方向还是和中国的一样,所以写信要他在国内一样用。他回信说,根据实地经验还是反过来用对。现在这个问题,暂时搁在这里,没有作最后的决定,不过我的结论,应该两个方向都可以运用,看怎样用而已。这以后有机会研究《易经》的时候再讲。以上主要在说明我们的历法是自夏朝来的,自夏禹以后一直到现在。夏历为什么又叫阴历呢?因为每月的十五日,以月亮自东方出来时是圆的那一天作标准,月亮名太阴,所以叫阴历。那么我们的历法,照不照太阳历?事实上我们一样,五天为一候,三候为一气,六个候一节。一年十二个月,七十二个候,二十四个气节。什么气节种什么农作物,是呆定的,这是用太阳历法的规律。民间最普通的算命、看风水、选日子等等,也都是用太阳历的法则。换句话说,我们几千年的历史,都是用阴阳合历。所以说,几千年前,我们的天文水准,就已经进步得很高了。但是这六七十年来,我们的大学里有过天文系没有,过去中大有过天文系。现在这么多大学没有一个天文系,在教育文化上讲起来是非常遗憾的。过去有个高平子先生,还可以将西方的天文学与中国的天文学配合起来讲,所以当时我告诉学生们赶快跟他学,再不跟他学,要绝传了。无奈这些学生不成器,学了几次以后,没有这个科学头脑,没有学下去,前几年高先生也过世了。我实在担心中国文化会断绝。现在不要说没有天文系,有了天文系,又有谁能够真正懂得中国自己的天文?中国天文有自己的一套系统。这都是讲起文化来,很悲哀、很可怜的事情。我常说,国家民族的文化如果断绝了,将会永无翻身的日子。

# 时 空 问 题

上面是孔子"行夏之时"这句话引发起来,对自己文化的感慨。孔子告诉颜回,第一要行夏朝的历法,第二要乘殷之辂。这是说,过去交通并不发达,到了殷商的时候,交通慢慢发达。乘殷商之辂,就是要发展交通的意思。

讲到这个,就是中国文化的交通发展史,又要讲到《易经》了。不但中国,人类文化开始,一条江,一座山,就阻碍了交通。慢慢发明用木头渡过江,江的阻碍没有了;后来几千年发展下来,海洋的阻碍没有了;到了航空事业发达以后,空间阻碍没有了。现在接下来,几十年以后,太空问题来了,外太空的问题来了。我们自己这个国家民族,一方面讲科学,一方面我们对外太空的东西,还没有基础。将来外太空的政治问题,又是大问题。这就看见人类的悲哀,问题由小而大:由山川的阻碍,变成海洋的阻碍;海洋的阻碍克服了,有空间的阻碍;由空间的阻碍,外太空星际问题来了。这一方面的知识,我们还没有。最近一个学生送来几本太空问题的书,认为的确有外太空的世界,有人类、有生命,说得很有道理。不过,在世界科学领域,又是一派,是主张地球中心还有人类。其实,这些上天入地的杂学,中国古人早就讨论过了,只是大家少研究而已。现在孔子就讲,时间问题,天文用夏的历法;空间问题,交通发展,要用殷商的车子;衣冠文物的完成,用周朝人文的文化;音乐则水准更高了,用虞舜时代的乐风最好了,对于当时郑国的音乐——靡靡之音要遏止,要远小人。用计谋、用手段的人多了,国家社会就很危险。

这一段孔子的思想,很合于时代,而且包容万象,并不限制于那一点。一个时代有一个时代的政治精神,后来并不一定要效法古人。古人某一地区、某一时代的精华拿来,用这些综合起来,就是一个大文化中新时代的文化的系统。假如孔子生在今日，也许说，采用欧洲人的民主精神，用中国人的人治制度，如何、如何，又是一套了。由此一点，可以说文化是集中人类文化思想的大成，要取其所长，舍其所短。为邦的道理，就是如此，不是呆板的。这一段有一个精神，就是孔子对于为政，并不是墨守成规，不是落伍保守，而是注意文化历史的发展，采用每个时代的精华而来的。为什么要这样呢？

我们这就要回转来读读自己的历史（但不是大专高中的课本，那只是认识了一点点历史，至少要读《纲鉴易知录》。这本书现在大学里拿来研究，我们感觉是一个笑话，在我们读书的时候，是十二三岁时就读了。老实说这些都还只是中国史的大纲而已，所以大家可以买一本来当小说看，一天只要读三页，三四年下来，就有用处），懂了历史，在担当重要大事的时候，就受用无穷。看了这些书，就知道每一个时代，都是根据前朝的演变发展而来的。其实国父的三民主义，也是根据历史演变而来的思想，这是大家很清楚的。因此，下面接着两句就是：

子曰：人无远虑，必有近忧。

《论语》的编排，把这两句话摆在这里，正好作本文的小结论。从事政治、个人做人，都要以这两句话作根据，随时随地要有深虑远见，不要眼光短视，否则很快就会有忧患到来。小而言之，个人是如此，大而言之，国家的前途也是如此。

## 英雄无奈是多情

子曰：已矣乎！吾未见好德如好色者也。

这句话在上论中已经提到过，这里又再提到。这是说明什么呢？过去都说，孔子讲这句话，是为了卫君而感慨的，因为卫灵公这个了不起的人，迷于一个美丽的妃子南子，所以他虽然尊重孔子，而不能接受孔子的意见。因此孔子对他感慨："算了吧！我没有看到世界上有人，好德如好色一样！"这个话，如果我们到后面连起来讨论，发挥起来，会有很多很多历史上的典故，可以说也包括现代史上的事故。

古今中外所有的政治，没有离开过女人，女人何曾妨害了政治！大体上都是从政的人，自己搞坏了事业，因此连带拖累了女人，背上"祸水"的坏名。例如清代诗人吴梅村的名作《圆圆曲》，有关吴三桂与陈圆圆的名句，如"妻子岂应关大计，英雄无奈是多情。""全家白骨成灰土，一代红妆照汗青。"真是话里有话，说明女人不一定就是祸水，恐怕男人自成险山。我们仔细看孔子这一节话，他并没有说女色不好，只是人们没有把好德的心思摆正，像好色那样专心一致追求到底而已。他也不过借题发挥聊当牢骚而已，他老人家何尝不懂，人世间就是这么回事，但是不要走偏路啊，了解之后既不必因此而愤慨，也不必要去学坏。

上面这个"色"字的意义，在上论中已经分析得很清楚，现在不再重复。简单地说，人类追求真理学问的决心，永远是比不上对物欲的倾好。

子曰：臧文仲，其窃位者与？知柳下惠之贤，而不与立也。

大家最熟悉的人——鲁男子柳下惠——他姓展，名获，字禽，食邑于柳下，谥号惠，是鲁国的大夫。其实像柳下惠这样坐怀不乱的人，世界上也多的是，不过古人取其贤者为标榜。有唱反调的，像年轻人说，什么柳下惠？那只是性无能！或者说，那是阴阳人，没有开刀。这类怪论可多啦！柳下惠的见色不动心，还只是他私德的一面，他真的好处是侠义，是一个济困扶危的人。孔子这里是在骂臧文仲，就是上论中提到，那个养玳瑁的鲁国大夫，说他是个不称职的人，"窃位"就是俗语说"占住毛坑不拉屎"的人，在高官大位上，不晓得提拔青年，也不晓得提拔贤人，明知道柳下惠是个贤人，而没有起用他。

关于古人如何培养后进的事,我们在前面已经讲过,现在再说宋代二王——王旦、王曾的事迹作为参考。宋真宗时代,寇准与王旦同过事,但寇准常在真宗面前攻击王旦,结果,都受王旦的包涵。后来寇准罢相,转托别人求王旦,想要"使相"的位置。王旦大为惊愕说:国家将相的位置,哪里可以随便要求?我不接受私人的请托。因此寇准对王旦不满意。不久之后,寇准又发表中枢要职,内阁大员,叩见真宗的时候说:"非陛下知臣,安能至此。"真宗告诉他,他的职位,都是出于王旦的极力保荐。寇准才知道个中实情,非常惭愧。真宗也常说:"王旦善处大事,真宰相也。"

王曾,比王旦是后进,但到宋仁宗时期,他也担任首辅的职位了。有一度在王旦休假期间,王曾因政见不合,被罢官了。王旦知道了便说:"王君介然,他日德望勋业甚大,顾予不得见尔。"后来王曾在中央政府执政,平常很少说话,也不轻易说笑,任何人不敢向他私下求事。他提拔别人,也不使人知道。那时候,范仲淹还是后举新进的人物。有一次范仲淹对他说:"明扬大类,宰相任也,公之盛德,独少此尔。"就是说公开提拔起的人才,这是首相的当然责任。你什么都很好,只是不肯说明提拔了些什么人,未免有点欠缺。王曾便对他说:"恩欲归己,怨将谁归耶?"这是说:若是使受提拔的人,私底下对我都是感恩图报,那么,那些没有得到好处的人们的怨恨,又叫谁去承担呢!所谓国家大臣,不能只接受别人的歌功颂德,同时也有藏垢纳污的容量容德才行。只要多读历史,便可懂得其中的道理。我们有时处理一件事情,不需要考虑,历史上前人的经验,已经早有这些事例了,读书的好处就在此。

子曰:躬自厚,而薄责于人,则远怨矣!

这点很重要,也很难。躬就是反躬自问,自厚并不是对自己厚道,而是对自己要求严格;对于别人错了的,责备人家时,不要像对自己那么严肃。这样处世做人,对长官也好,对同事也好,对部下也好,怨恨就少了。相反的,一个社会风气,到了乱的时候,往往是对别人要求重,对自己要求轻;要求别人特别严格,原谅自己轻而易举。所以孔孟之道,都是教我们反身而诚,责备人家要以宽厚存心,要求自己要以严格检点。

子曰:不曰"如之何,如之何"者,吾末如之何也已矣!

这一段文字乍读之下,有点莫名其妙,把几个相同的句子堆在一起,因此青年读了这个古文,便要打倒它。其实一点都不必打倒,翻成白话,就很容易了解。孔子说,一个不说"怎么样?怎么样?"的人,我真不晓得他该怎么办了。意思是,对任何事情,都不用脑筋,不晓得提问题。当一件事情来了,应该想到怎么办?去加以研究。若只是糊里糊涂地过,就真不晓得这样的人该怎么办了。当然,如果完全照字面翻白话,这个白话也不能读的。意思懂了以后,就知道孔子这几句话是说一个人处理任何事情,都要有头脑,要富有研究性。做科学家要提问题,哲学家要提问题,处理公文,拿到手上真正用心处理,也要"如之何?如之何?"究竟这个内容对不对?有没有虚报?实在这样吗?尤其像执法的人,更要鸡蛋里挑骨头,看有没有冤枉的?有没有放纵的?这几句话就是这样。文字很简单,问题很深刻。

## 精神失落的病态

子曰:群居终日,言不及义,好行小慧。难矣哉!

社会到了乱的时候,就容易犯这个毛病。大家在一起,讲起话来,没什么内容,无正事可谈,谈闲话,讲些不相干的话,没有真正的人生观,现今社会上这一类的人不少,娱乐场所更多了。大家如此,社会精神已经瘫痪,没有文化精神了。可是更严重的是"好行小慧",喜欢使用小聪明,厉害得很,目前这个社会就是这样,全世界到处都是"好行小慧",盛行使用小聪明,孔子只有摇头了:"难矣哉!"叹口气,到了这个样子,还有什么办法可以挽救?在明末清初,顾亭林就引用这两句话批评明末的社会风气,他说南方的知识分子"群居终日,言不及义",北方的知识分子"饱食终日,无所用心",现在的一般青年,进入社会之后,慢慢地就染上这个习性。不是无所用心,他们所用的心,就是孔子这句话"好行小慧",使小聪明,没有从大学问、大聪明上着眼。这是时代的悲哀,社会的病态。

子曰:君子义以为质,礼以行之,孙以出之,信以成之,君子哉!

这是对上面几段话的引申。孔子说,一个真正的知识分子,要重视自己人生的责任,注意义、礼、孙、信四个字。本质上要有义。这里的义,一是孟子的观念——义者宜也,也就是适宜,合宜。二是传统的仁义——人格标准。三是指"词章之学"、"记闻之学"之外的"义理之学"。——现代所谓哲学的、科学的也是义理之学,都是探讨人生最高道理——真理。"君子义以为质"的"义",同时也就是义理的义,用它作为本质。表达在外面的行为是礼,有高度文化修养的行为。孙就是逊,态度上非常谦虚,不自满,不骄傲。对人对事,处处有信,言而有信,自信而信人。具备了这四个条件,就是君子之行,也就是一个知识分子、合于一个模范人格的标准,绝不是"群居终日,言不及义,好行小慧"可比。如果做不到这样,专在小聪明上玩弄,那就完了。

# 反 求 诸 己

子曰:君子病无能焉,不病人之不己知也。

这句话的意义,《论语》中已多次提到。孔子教人的中心,都在这个思想,他说只怕自己无能,没有真才实学,不怕人家不了解自己。

换句话说，只要要求自己，充实自己。

子曰：君子疾没世而名不称焉。

这是一个大问题。司马迁写《史记》，在《伯夷列传》中，特别引用孔子的这句话。孔子说，一个君子人，最大的毛病，是怕死了以后，历史上无名，默默无闻，与草木同朽。但是历史留名，谈何容易？我们研究历史哲学时，常问同学们，脑子里能记得几个皇帝的名字？一个人当了皇帝，就现实来说，那已经很够了吧！死了以后，不必多久，连名字都被别人忘了，人生的价值又何在？历代有那么多宰相，民间又记得几个？历代有许多状元，我们知道了几个？而他们对于历史、对于国家社会贡献了什么？老百姓知道的少数历史人物，还是靠小说捧出来的，其他大多数的，有谁知道？所以，后世留名，谈何容易！孔子、释迦牟尼、耶稣留了名。在功业上的历史人物，文天祥、岳飞，也是少数；至于其他功业上的历史人物，又有几人知道？从这里看人生，多渺小！在目前很短暂的一段当中去争名，上台去镜头上亮一下，有什么用？

伊藤博文的话不错，求名当求万世名。人谁不好名？看好在哪里。一个人真想求名，只有一途——对社会真有贡献。要历史留名实在太不容易，可是三代以后，未有不好名者，所以孔子说："君子疾没世而名不称焉。"但好名看什么名。遗臭万年也是名，但有什么用？真的大名，要对历史有贡献，就太难了。求利之道也是一样，几十年来，看到那么多朋友，发那样大的财，最后怎样？且待下文分解。所以名利之道要看通。真了解了人生，确定自己究竟走哪条路才是最重要的，不然就一生很平实，很本分，该做什么就做什么，不过分地企求。一个真正的君子，都是要求自己，学问也好，一切事业也好，只问自己，具备了多少？充实了多少？努力了多少？一切成就要靠自己的努力，不要依赖别人，不要因人成事。在内省的修养方面，只问自己应对人如何，而不要求别人对你如何。

子曰：君子求诸己，小人求诸人。子曰：君子矜而不争，群而不党。子曰：君子不以言举人，不以人废言。

这些都是讲君子、知识分子的学问标准。要做到一个君子，必须矜而不争。"矜"是内心的傲（骄傲是两回事。前面说过，没有真本事，看不起别人，是骄；有真本事而自视很高，是傲），傲要傲在骨子里，外面对人不必傲，内在有气节，穷死饿死可以，绝不低头，这是矜。"群"则是敬业乐群，彼此相处融洽，但不营私，不走营私的路，走的大公之路。对于人的观察，不要听了对方一句话说对了，就认为他统统对了；也不要因为对方某一点不好，而因此不听他的好意见。

上面这些话，都是以"君子疾没世而名不称焉"这句话为中心，而引申出来的。

## 多为别人想一想

子贡问曰：有一言而可以终身行之者乎？子曰：其恕乎！己所不欲，勿施于人。

子贡问孔子，人生修养的道理能不能用一句话来概括？为人处世的道理不要说得那样多，只要有一个重点，终身都可以照此目标去做的，孔子就讲出这个恕道。后世提到孔子教学的精神，每每说儒家忠恕之道。后人研究它所包括的内容，恕道就是推己及人，替自己想也替人家想。拿现在的话来说，就是对任何事情要客观，想到我所要的，他也是要的。有人对于一件事情的处理，常会有对人不痛快、不满意的地方。说老实话，假如是自己去处理，不见得比对方好，问题在于我们人类的心理，有一个自然的要求，都是要求别人能够很圆满；要求朋友、部下或长官，都希望他没有缺点，样样都好。但是不要忘了，对方也是一个人，既然是人就有缺点。再从心理学上研究，这样希望别人好，是绝对的自私，因为所要求对方的圆满无缺点，是以自己的看法和需要为基础。我认为对方的不对处，实际上只是因为违反了我的看法，根据自己的需要或行为产生的观念，才会觉得对方是不对的。社会上都是如此要求别人，尤其是宗教圈子里更严重，政治圈子里也不外此例。一个基督教徒、或天主教徒、或佛教徒，对领导人——牧师、神父或法师们的要求，都很严格。因为宗教徒忘记了领导人也是一个人，而认为牧师、神父、法师就是神。这个心理好不好？好。但是要求别人太高了。从这个例子，就可知恕道之难。后人解释恕道，把这个恕字分开来，解作"如""心"。就是合于我的心，我的心所要的，别人也要；我所想占的利益，别人也想占。我们分一点利益出来给别人，这就是恕；觉得别人不对，原谅他一点，也就是恕。

恕道对子贡来说，尤其重要。因为他才华很高，孔门弟子中，子贡在事功上的表现，不但生意做得好，是工商业的巨子，他在外交、政治方面也都是杰出之才。才高的人，很容易犯不能饶恕别人的毛病，看到别人的错误会难以容忍。所以孔子对子贡讲这个话，更有深切的意义。他答复子贡说，有一句话可以终身行之而有益，但很难做到的，就是"恕"。"己所不欲，勿施于人。"这就是恕道的注解。

问题又来了，在上论《公冶长》篇中，我们看到子贡说过："我不欲人之加诸我也，吾亦欲无加诸人。"子曰："赐也，非尔所及也。"子贡也已经提出他的推己及人之恕道。他说过"我不希望别人给我的；同样的，我也不想转加给别人"，可见他早已在实行恕道。可是在这里孔子却说，子贡啊！这不是你能做得到的。现在孔子反而教子贡，"己所不欲，勿施于人。"这与子贡的前言，又有什么差别？难道孔子老是摆权威，只有他的对，学生的话对了也是错吗？其实不然，子贡所提出的话，和孔子现在答的，从表面上看，似乎只有文字上的不同，其意义是一样的。事实上，大有立足点的不同。

子贡是说，我所不想别人加给我那些不合理的，我也同样的不想加到别人身上。这是以我为中心,我受到了妨害之后,才想到不要同样地找别人的麻烦。现在孔子说的,只要我自己发现不要的,便不要再施给别人。根本上在严格要求自身的净化,不要靠比较以后才想到别人。这一点要特别注意。

其次,如果把这两节连起来讲,正好互作阐发,那便是:"子贡曰:我不欲人之加诸我也,吾亦欲无加诸人。子曰:赐也,非尔所及也。""子贡问曰:有一言可以终身行之者乎?子曰:其恕乎!己所不欲,勿施于人。"这便是孔子教授法的机锋锐利,等于后世禅门中一个故事:唐末诗僧贯休作了两句很得意的诗:"得句先呈佛,无人知此心。"他拿给一位禅门的老和尚看,老和尚反问他:"如何是此心呢?"贯休反而答不出来了。老和尚便笑说:"无人知此心。"这段孔子与子贡的对话,便同此一样隽永有味,值得深思反省。

站在书呆子的立场,专门研究自己的人生,我认为"己所不欲,勿施于人"这八个字做不到,随时随地我们会犯违背这八个字的错误。尤其在年轻一辈的团体生活中,就可以看到很多事例。前天就有一个正在服兵役的学生回来说,他三支牙刷,六条短裤,都被"摸"跑了。事实上自己根本有这些东西,可是就喜欢把别人的"摸"来,"摸"到了心里觉得很痛快。这种行为说他是"偷"吗?不见得这么严重。前天我们的楼梯口的一副门帘不见了。办事的人说被偷了,我说算了,一定是被年轻人"摸"去了。说他有意偷吗?他没这个意思。说他没偷吗?年轻人有这种心理,摸来很好玩,很有味道,还在那里称英雄。东西被人"摸"跑了,心里一定会不高兴,可是自己有机会,也会"摸"人家的。过团体生活的时候,有的人洗了手,本来要在自己的毛巾上擦干净,看见旁边挂了一条,顺手擦在别人的毛巾上。为什么会有这样一个思想行为出来呢?这是小事,不能做到"己所不欲,勿施于人",对于大的事,做到我所不要、所不愿承受的事,也不让别人承受,就太伟大了,这个人不是人,是圣人了。太难了!可是做人的存心,必须要向这个方向修养。能不能做到,另当别论。

这八个字的修养,要做到很难很难,"己所不欲,勿施于人",同时也就是"己所欲,施于人"。后来佛家思想传到中国,翻译为"布施"。施字上加一个"布"字,就是普遍的意思。佛家的布施和儒家这个恕道思想一样,所谓慈悲为本,方便为门,就是布施的精神。人生两样最难舍,一是财,一是命。只要有利于人世,把自己的生命财产都施出来,就是施。这太难了,虽然做不到,也应心向往之。

## 毁 与 誉

子曰:吾之于人也,谁毁谁誉?如有所誉者,其有所试矣。斯民也!三代之所以直道而行也。

孔子说,我对于人,毁誉都不计较,即如说那个人说某人好,那个人说某人坏,很难据以定论。我的体验,不要轻易攻讦人,也不要轻易恭维人。人很容易上恭维的当。但是我总觉得恭维人比较对,只要不过分地恭维。对于自己要看清楚,没有人不遭遇毁的,而且毁遭遇到很多,即使任何一个宗教家,都不能避免毁。像耶稣被钉十字架而死,就是因为被人毁。而且越伟大的人物,被毁得越多,所以说"谤随名高"。一个人名气越大,后面毁谤就跟着来了。

曹操还没有壮大起来的时候,初与袁绍作战,情势岌岌可危,他的部下没有信心,认为会打败仗,很多人都和袁绍有联络,脚踏两边船,以便万一情势不对时,可以倒过袁绍那边去。他们往来的书信资料,曹操都派人查到,掌握在手里,后来仗打下来胜利了,曹操立刻把这些资料全部毁了,看都不看,问更不问。有人对曹操说,这些人都是靠不住的,应该追究,曹操说,跟我的人,谁不是为了家庭儿女,想找一点前途出路的?在当时是胜是败,连我自己都没把握,现在又何必追究他们?我自己信念都动摇,怎能要求他们?如果追究下去,牵连太广了,到最后找不到一个忠贞的人,不必去追问了。这也是曹操

## 卫灵公第十五

反用怨道,故意做到能够宽容人。

其次古人的句子:"谁人背后无人说?哪个人前不说人?"人与人相见,三两句话就说起别人来了,这是通常的事,没有什么了不起。不过,如果作为一个单位主管,领导人的人,要靠自己的智慧与修养,不随便说人,也不随便相信别人批评人的话,所谓"来说是非者,便是是非人"。一个攻讦人的人,他们之间一定有意见相左,两人间至少有不痛快的地方,这种情形,做主管的,就要把舵掌稳了,否则就没有办法带领部下的。另外一些会说人家好话的人,中间也常有问题。李宗吾在他讽世之作的《厚黑学》里,综合社会上的一般心理,有"求官六字真言"、"做官六字真言"、"办事二妙法",所谓"补锅法"、"锯箭法",都是指出人类最坏的做法。有些人最会恭维人,但是他的恭维也有作用的。

近代以来,大家都很崇拜曾国藩。其实,他当时所遭遇的环境,毁与誉都是同时并进的。因此他有《赠沅浦九弟四十一生辰》的一首诗:"左列钟铭右谤书,人间随处有乘除。低头一拜屠羊说,万事浮云过太虚。"这是说他们当时的处境,左边放了一大堆褒扬令、奖状。右边便有许多难听而攻击性的传单。世间的是非谁又完全弄得清楚呢!多了这一头,一定会少了那一边,加减乘除,算不清那些账。你只要翻开《庄子》书中那段屠羊说(人名)的故事一看,人生处世的态度,就应该有屠羊说的胸襟才对,所谓"万事浮云过太虚"。

孔子这里说,听了谁毁人,谁誉人,自己不要立下断语;另一方面也可以说,有人攻讦自己或恭维自己,都不去管。假使有人捧人捧得太厉害,这中间一定有个原因。过分的言词,无论是毁是誉,其中一定有原因,有问题。所以毁誉不是衡量人的绝对标准,听的人必须要清楚。孔子说到这里,不禁感叹:"现在这些人啊!"他感叹了这一句,下面没有讲下去,而包含了许多意思。然后他讲另外一句话:"三代之所以直道而行也",夏、商、周这三代的古人,不听这些毁誉,人取直道,心直口快。走直道是很难的,假使不走直道,随毁誉而变动,则不能做人；做主管的也不能带人。所以这一点，做人、做事、对自己的修养和与人的相处都很重要。

《庄子》也曾经说过："举世誉之而不加劝，举世毁之而不加沮。"真的大圣人，毁誉不能动摇。全世界的人恭维他，不会动心；称誉对他并没有增加劝勉鼓励的作用；本来要做好人，再恭维他也还是做好人。全世界要毁谤他，也绝不因毁而沮丧，还是要照样做。这就是毁誉不惊，甚而到全世界的毁誉都不管的程度，这是圣人境界、大丈夫气概。

据历史上记载，有一个人就有这股傻劲，王安石就有这种书呆子的气魄。王安石这个人，过去历史上有人说他不好，也有人说他是大政治家，这都很难定论。但是王安石有几点是了不起的，意志的坚定，是一般人所不能。他有过"天变不足畏，人言不足惧，祖宗不足法，圣贤不足师"的倔劲。没有把古圣贤放在眼里，自己就是当代的圣贤，可见这种人的气象，倔强得多厉害。相反的，说他是魔道呢？但也难下断语。他一辈子穿的都是破旧衣服，乃至他当宰相时候，皇帝都看到他领口上有虱子。眼睛又近视，吃菜只看到面前的一盘，生活那么朴素，可是意志之戆，戆得不得了。他对毁誉动都不动，表面上的确不动，实际上内心还是动的。所以这一段可以作为我们的座右铭，能够做到毁誉都不动心，这种修养是很难的。

## 出入无车少马骑

子曰：吾犹及史之阙文也，有马者，借人乘之。今亡矣夫！

这是孔子对于时代文化在演变中的一个感叹。他当时研究中国上古文化，就说恐怕以后研究更困难了，史料都丧失了。他还很幸运看到古代历史残缺的资料。举一例说，古代有马的人，借给别人骑，现代对于这一点资料都很难找到了。所以今后对于上古史，无法研究。因此孔子当时把中国的历史，暂时斩断了，整理《书经》时便从唐尧开始，事实上尧以前还有史实的。如果照旧的方式研究，尧以前就有两百万年的历史了，至少至少有一百多万年。自伏羲、神农下来，从黄帝开始到现在是五千多年，从尧、舜开始到现在是三千多年，中华民族究竟上面已经有多少年历史，这很难讲。

不过最近从外国翻译过来的关于外太空科学的新书，已怀疑的确有外太空人，证明人类不是由猿猴进化而来；而且证明人类文化历史至少有一百多万年。这些资料反而证明中国古代的传说都对了，可惜西方人的研究，都不懂中国这方面的资料。而我们自己的学者，恨不得把自己国家民族的历史越缩短越好。我们拿旧史来读，就晓得有一百多万年。从伏羲画八卦到黄帝这一段，到底有多少年，还不知道，至少有好几万年。孔子删历史，从唐尧作断代的开始，是因有资料可查的，所以才从尧开始，可是后人对于这一部分资料还怀疑不信。现在这几十年来，我们学说上犯一个"疑古"的毛病，把自己文化都破坏了。最近全世界的学说，和我们以前一样"崇古"了，这又看到孔子"述而不作，信而好古"的了不起。现在外太空科学、星际科学的新发现，很多地方值得注意的。

讲到这一段，孔子说从残缺的史料中"有马者，借人乘之"，可见古代社会，彼此之间的互助精神非常好。换句话说，自己有车子，邻居要用，尽管去用，这是说以前社会的厚道。这是孔子随便举例，不是说以后的人就没有这种厚道了，这意思主要是说，这一点残缺的文字，他还看到了，但当时一般人对上古时代的研究，资料就不够了。如此而已。并不是孔子没有马骑，向朋友借不到，便生气了。

## 小 忍 与 大 谋

子曰：巧言乱德，小不忍，则乱大谋。

这两句话很明白清楚，就是说个人的修养。巧言的内涵，也可以说包括了吹牛，喜欢说大话，乱恭维，说空话。巧言是很好听的，使人听得进去，听的人中了毒、上了圈套还不知道，这种巧言是最会搅乱正规的道德。"小不忍，则乱大谋。"有两个意义，一个是人要忍耐，凡事要忍耐、包容一点，如果一点小事不能容忍，脾气一来，坏了大事。许多大事失败，常常都由于小地方搞坏的。一个意思是，做事要有忍劲，狠得下来，有决断，有时候碰到一件事情，一下子就要决断，坚忍下来，才能成事，否则不当机立断，以后就会很麻烦，姑息养奸，也是小不忍。这个"忍"可以作这两面的解释。

这两句话连在一起的意思就是：一个思想言论，如果认为是小小的事情，无所谓，滥慈悲，滥仁爱，往往误了大事。我们看孔子自己的作为就知道，他在鲁国当司寇的时候，虽只干了三个月，但上台第一件事就是杀少正卯，就是因为他言伪而辩，可以乱正。现在有一派反孔子的人说，孔子杀少正卯是为了自私，因为少正卯思想、学问比他好，学生比他多，他吃醋了，把少正卯杀掉。这些论调，初听似乎很有趣，事实上少正卯是一个很会说话的人，孔子的学生也常常跑去听他讲，当时被他诱惑去了的也很多，所以指孔子为了报复而杀少正卯。这一点我们要注意的，天下写歪文章的人，笔锋都很厉害，很吸引人，有煽动性；而正派的文章，不易吸引人，好东西写成文章不吸引人；但那些歪才对于正派的东西却写不出来，这也是怪事情。写煽动性文章的，都是少正卯这一类的人，这类人不一定站得起来，可是他的文章会鼓动社会风气，乃至影响整个社会。所以人的讲话、文章，如本身没有道德基本修养，便成为巧言乱德。对于这种事，孔子认为一定要处理，否则成为姑息养奸，也就是"小不忍，则乱大谋"。

我们对"小不忍，则乱大谋"作了这两种解释，姑且可以这样分开来运用：处事的时候，"忍"字可作"决断"用；对人的时候，"忍"应该作"忍耐"、"包容"的意思来用。

子曰：众恶之，必察焉；众好之，必察焉。

这是从毁誉的问题讲下来，一直讲到这里。孔子又说，大家都讨厌这个人，不要随便相信，必须自己加以考察判断；大家都公认为好，都爱好他，也不要受蒙蔽，一定要自己再观察他。如果我们以这两句话，来印证个人的经历，对于小的事情，每人都很多，只说大的经验，过去很多年以前，当时我们所接触的有些知识分子，多数有问题，最低限度也是思想有偏差的。为什么会如此？那些学者、文人，学问都很高，但也最容易受情感的蒙蔽，容易情感冲动，于是在观察方面、判断方面，往往会错误。当年看到的那些思想有问题的知识分子们，就犯这个毛病，不肯深入观察。有些人加给其他人的罪名，是"众恶之"的，我们一听，知道这种话是不对的，可是没有办法分辨。这两句话，扩充起来，可以引证很多历史的事实。

现在我们退回来讲个人修养方面，做一个领导人，对于自己的干部，不要完全受别人的影响，自己要观察得清楚，如王莽，当时就是这样一个人。他没有篡位以前，上下左右，没有一个人不说他好，后来哪晓得一变而成这样坏。读这一则历史，就是很好的证明。

子曰：人能弘道，非道弘人。

这是上面这几段中的主干思想——人的问题。一切人事、一切历史，都是人的问题。人才能够弘扬道。所谓道，就是真理，这是一个抽象的名词，呆板的，它不能弘扬人，须要人培养真理。这就是重点。所以孔子始终讲的是人文的文化。

子曰：过而不改，是谓过矣！

这是孔子对于过错的看法：一个人有过错不要紧，只要能改，能改过就好了。如果有过错而不肯改，这就是大过，真正的过错了。

子曰：吾尝终日不食，终夜不寝，以思，无益，不如学也。

孔子提供自己的经验，他说他自己曾经为了研究一个问题，因而整天不吃饭，整夜不睡觉，专门自己用思考去研究，结果发现没有用，不如去求知。因为须要知识配合思想,所以要多读书,多思想。

上论也提到过:思而不学也不对,学而不思也不对。一个有天才、有思想的人,首先要注意多读书、多求学。自己以为自己是天才、聪明了不起,如果多读书以后,自己就会变得非常谦虚了。常常我们自以为是一个大发现,多读了书以后,才知道古人早就讲过了,知道了,原来我们并没有超越古人,而且古人比我们所知道的还更多得多。譬如唯物思想,中国文化里早就有过,不过没有这么多,只一点点原则,经过研究,知道是不能成立的。还有西方很多东西,我们以前都有过,可是都没有加以发挥。现在年轻人搞思想,都想创作,可是就创造不了,所以知识与思想要配合起来。学问思想配合好了以后,接着孔子就说:

## 几人忧道不忧贫

子曰:君子谋道不谋食。耕也,馁在其中矣!学也,禄在其中矣。君子忧道不忧贫。

我们大家都习惯地会说"君子谋道不谋食"、"君子忧道不忧贫"原文就是孔子说的。说一个真正有学问,以天下国家为己任的君子,只忧道之不行,不考虑生活的问题;比如耕种田地,只问耕耘不问收获。好好地努力,生活总可以过得去,发财不一定。只要努力求学问,有真学问不怕没有前途、没有位置,不怕埋没。"谋道不谋食,忧道不忧贫。"是很好的格言,人生的准则。

子曰:知及之,仁不能守之,虽得之,必失之。知及之,仁能守之,不庄以莅之,则民不敬。知及之,仁能守之,庄以莅之,动之不以礼,未善也。

这是讲到学问、修养在处事时的一些标准。有智慧,有眼光,看得准。譬如买股票吧，眼光看到了，买进来，赚了钱，可是又想贪多，这时候不能把握住自己，不知道煞车，最后还是赔本了。人生的一切大小事情，事业前途，做人处世，都是如此。

眼光看得准，创业容易；在春风得意、该煞车的时候也能煞住，则是最高修养。可是在这个时候的人，总是不肯煞车的，只顾向上面冲，结果得到的，必定会失掉。老子告诉我们的"功成、名遂、身退"，要做得恰到好处，至少先稳定这个阶段。这样好像是手段了，但手段与道德，差别在于内心：走恕道，替别人着想，多为人，少点私心，就是道德。如果智慧够了看得准，"仁能守之"，也拿得稳，但是不"庄以莅之"，内心上没有真正庄敬，口头说为社会、为别人，人家还是不服气的。做到了"知及之，仁能守之，庄以莅之"这三点以后，外在的行为动作，还要处处守礼，有礼貌，有法度，有规矩。做到了这四点，做人、做事、从政、修养、事业，才能尽善尽美，否则总归有问题。如果以这四点，观察工商业的社会，也是一样，不能违背。有些人赤手空拳，本事大得很，当时很发财，但有许多人"仁不能守之"，又看见他掉下去，只这二十年中，就不知多少实例。

## 器 小 易 盈

下面又转入因人论事。

君子不可小知，而可大受也。小人不可大受，而可小知也。

这段话有两方面的意思。我们研究起来就感觉到这则名言的深度。如配合人生的经验，一生用之不尽，受用无穷。头一段"君子不可小知"的"小知"，以客观而言，我们对伟大成功的人物，不能以小处来看他，等他有成就才可以看出他的伟大；相反的，就是小人看不到大的成就，小地方就可以看出他的长处。以主观而言：君子之大，有伟大的学问、深厚的修养、崇高的道德,看事情不看小处而注意大处。小人则不可太得志,如果给他大受,他受不了,小地方他就满足了。

这是两种观点的解释,如果在人生体会上,我们看到过许多的聪明人,年纪轻轻一得志就完了,这就是"小人不可大受,而可小知也"。有许多人有真的智慧,要看大节,在大节处能受,就是大根大器。记得古人有一首刻画人生很清楚的咏松诗:"自少齐埋于小草,而今渐却出蓬蒿。时人不识凌云干,直待凌云始道高。"这首诗是讲一棵松树的幼苗,当小的时候,和一般的草一样,都埋在那里,谁也想不到,这一片小草里的这株幼苗,几十年、几百年以后,会成为那么高大的树。但它在当时是慢慢地出头,比小草只高一点,当时的人也绝认不出,它将来会变成神木。一般人都等到这棵树长大了,高得看来差不多挨到了天了,才仰头来赞叹:"伟大啊!高呀!好!了不起!"人生也就是这样,当平常在努力的时候,就是那么可怜,没人了解,等到成功以后,各个都叫好了。看透了人生,只有自己去努力,到成功了,自然有人赞美、喊伟大。学问也好,事业也好,都是这样。

同样的,另外有首诗:"雨后山中蔓草荣,沿溪漫谷可怜生。寻常岂藉栽培力,自得天机自长成。"这首诗也经常写来勉励学生。中国诗有些很难读,字面上看来是描写景物,一幅不相干的图画,实际上含有很高的哲学道理。像这首诗说,下雨以后,山里的草,很快的青青翠翠普遍长了起来,沿溪漫谷都是,绿成一片。这样多普通的草,谁去种它?谁给它肥料?都是自得天机自长成的。我们人也是如此,像当年红叶少棒队,到日本比赛胜利了回来,大家都捧他们。可是当年他们在台东深山里练习的时候,石块当球,树枝作棒,岂不是"沿溪漫谷可怜生"吗?后来胜利凯旋游行,大家都认为是我们的光荣。他们的成功不就是"寻常岂藉栽培力,自得天机自长成"吗?人生也是如此,对孩子们的教育也是如此,要使他受得艰难,要给他"自得天机自长成"的环境。父母的爱护过分了,恰恰是毁了他。我们看了这两首诗,就可以了解小知大受的道理。伟大成就的人,都要从艰难困苦中站起来,不要被小聪明自误,更不要短视。所以《论语》上记载圣人之言了不起的地方,像一具很好的古董放在面前,它不受时间、空间的影响,越看越美,从任何角度看,都觉得有新的发现。现在的工业产品就不一样,初看很漂亮,多摆两天就完了,很讨厌了,非把它毁掉不可。古书就有这个道理,它的含义使我们多方面去发觉、体会。对这几句话,我们有时不必一定说是哪方面看法,要在人生中多加体会才对。

## 烫手的山芋

接着由为人处世,再讲到政治的道理。

子曰:民之于仁也,甚于水火。水火,吾见蹈而死者矣,未见蹈仁而死者也。

他说,一般人一提到仁义的事,那种惧怕的心理比怕水火还更厉害,水会淹死人,火会烧死人,所以人看到水火会怕。孔子说:我看见过人跳到水里被淹死,跳到火里被烧死。仁义没有这样可怕,真去做的话,不会被饿死的,真仁义还有好处的。可是人害怕,不肯去做,所以叫人做坏事很容易,叫人做好事反而怕。但没有看见人因为做好事而死,没有做好事的人,倒是死得更惨。

上星期中,和一些高级知识分子、功名富贵也蛮高的老先生们谈起,我说如果关起门来讲,孔孟之道也好,仁也好,我们这个中华民族是可怕的。试问孔子为什么老是讲仁?不但孔子讲仁,老子、庄子也讲,可见我们这个民族不仁的太多,不孝的太多,所以他们才讲仁、讲孝。等于西方文化,当年独裁得太厉害,所以讲民主、讲自由。假使一个社会,民主太过了,自由太过了,你看他们还讲不讲自由民主?那时他不需要民主自由了。可见我们的民族,是一个很难弄的民族,就是不仁慈、不孝的太多,所以孔子教大家要仁慈,要行孝。教育就是大众思想的反映,这是事实。研究春秋战国时代,权力之争,父子、兄弟之间都不认,有什么亲情?有什么爱?因此孔子讲仁呀!孝呀!所以我们这个民族,好地方是了不起,关起门来反省,实在难弄。我们是这个民族的一分子,就更深深的了解,不好办。这里孔子是说一般人的心理,讲到仁慈就怕得很,生怕吃亏,孔子就讲了一句幽默话,说没有看到谁跳进仁里被烧死淹死的,这就是说一般人不肯行仁道,道理很会讲,做起来很难。那么要用什么精神来做呢?

子曰:当仁不让于师。

这句话又有几个观念。先解释文字:当仁义所在的地方,都可以反对老师,老师错了就是错了,并不见得老师一定对。老师做得不仁,就不对。另一个观点,也可以看到孔子的教育,并不是专制教育。他这句话就是告诉学生,只要认真理、认正义。真理对了,正义对了,就不要考虑我这个老师怎样了。也等于西方哲学家亚里士多德说的:"吾爱吾师,吾更爱真理。"这是他当时与他的老师柏拉图,发生了相左的意见,这种意见相左,并不是对老师不尊敬。真理所在,对于老师的意见,也没有办法同意的。这就是做学问的精神,把皇帝的意思都碰回去。不管是老师或皇帝,正义所在一定要争,这是中国知识分子必守的信条。

但是有一点:

子曰:君子贞而不谅。

这个"不谅"不是不原谅,是说一个君子,要真正的诚敬而不能马虎,不能随便的违反了正义。接下来:

子曰:事君,敬其事而后其食。

为人干部,为人臣下的时候要敬,就是现在讲的"负责任",先真正能负了责任,然后再考虑到自己待遇、生活的问题。假使说为了待遇生活而担任这个职务,那是另一观念。一个知识分子做一件事,并不一定为了吃饭。一个人吃饭、生活的方式很多,所以要认识清楚,做事是为了责任问题。

子曰:有教无类。

这句话大家都知道,不需要解释,这是孔子的教育精神。他不分阶级,不分地域,不分智愚,只要肯受教,以人文文化为基础,一律谆谆教诲。

子曰:道不同,不相为谋。

可是有一点,思想目的不同,没有办法共同相谋。但并没有说一定要排斥。没有办法互相讨论计划一件事,只好各走各的路。

# 花 果 枝 叶

子曰:辞,达而已矣!

说话、文章都是辞。当然,写文章要成为一个文学家很难,说话要训练得善于言词,善于演讲也很难。虽然不要求太华丽,但是有一个主要的目的,那便是能够真正表达自己的意思。在人生的经验上,有许多人真爱说话,开口就是一大篇,可是讲了半天,不知他讲了些什么。写文章也是一样,许多人面对稿子,心里说"我要写文章",十分精神中七分在担心写不好,花了半天时间,两行都写不下来。其实不要管这些,心里想到哪里,就写到哪里,写完以后,再增删调整一下就好了。所以孔子说的"辞,达而已矣!"真正的好文章,是表达意思,好的文章不要"作"的,雕凿起来就不行了。这一句同时呼应上论"行有余力,则以学文"的话,说明文辞不过是学问的枝末。

下面是结尾了。这一篇开始是卫灵公向孔子问军事,孔子不愿答这个问题。下面结论,就是点出人文之道的重要。

师冕见。及阶,子曰:阶也。及席,子曰:席也。皆坐,子告之曰：某在斯，某在斯。师冕出，子张问曰：与师言之道与？子曰：然！固相师之道也。

师是古代很重要的文化官，管音乐艺术的大乐师。在春秋战国时代，乐师与后来的太史令同样重要，因为古代非常重视礼乐文化。这个名叫冕的大乐师来看孔子。古代的乐师，多半是瞎子，孔子出来接他，扶着他，快要上台阶时，告诉他这里是台阶了。古代没有桌子板凳，席地而坐，就和后世日本的榻榻米一样。到了席位时，孔子又说这里是席位了，请坐吧。等大家坐下来，孔子就说某先生在你左边，某先生在你对面，一一很啰嗦地告诉他。

等师冕走了，子张就问，老师，你待他的规矩这样多，处处都要讲一声，待乐师之道，就要这样吗？孔子说，当然要这样，我们不但是对他的官位要如此；对这样眼睛看不见的人，在我们做人做事的态度上，都应该这样接待他。

从这一点，我们想到，很多伟大的教主们，常做这样的事。佛经里就有这样一个故事：释迦牟尼有一个弟子，眼睛看不见，但还是自己缝衣服，有一天他穿不起针线来，就在那里大声叫，要求同学帮忙他穿一下针线。但是他的同学，那一班罗汉们，都在打坐入定了，没人理他。释迦牟尼这位老师，就自己下来帮他穿好针线，交到他手上，教他怎样缝。这个学生一听到声音，才知道是释迦牟尼。他说，老师怎么亲自来？释迦牟尼说，这是我应该做的。而且马上对所有的弟子们上了一课说，人应该做的，就是这种事，为什么不肯帮助残废的人、穷苦的人？训了一顿话。

所以我说《论语》是连贯的，这一篇由第一段，孔子不肯答复军事的问题，一直讲到做人处世，结论是要帮助残废孤苦的人。而且又以孔子接待大乐师的事，烘托出国家的根本在礼乐。可见每篇的编辑、安排都是恰到好处。我们读完全篇以后，再一想，余味无穷，也代表了孔门的思想，孔子的精神——教人学问的道理究竟在什么地方。

另外还有一点关于这一段的附带说明。就是我国古来的大音乐家,差不多全是瞎子。像师旷为了要使自己的音乐素养更上层楼,他觉得眼睛外视容易使精神耗散,所以将自己的双眼刺瞎,结果果然成为中国的一代音乐宗师。这个道理也就是中国道家修持的理论——"绝利一源,用师十倍",也就是老子所说的"不见可欲,其心不乱"。因为一个人的精神及生理,都是靠食物来补充,但又由思想、九窍消耗。而补充的永远比不上消耗的,所以人才有衰老、死亡。这些都是由大乐师的眼睛而引起的,暂且搁置,以后如有机会,再谈这个理论的正确与否。

# 季氏第十六

## 兴灭继绝

根据我们研究的方针,这里第十六篇与上论第六篇《雍也》有互相呼应的关系。第六篇讲《冉雍》——仲弓,孔子提到他有王者之气,有帝王之才。现在这篇书,是讲到中国文化、政治哲学的要点。听说现在这篇书的开头一大段,编进了高中的国文课本里,成为很重要的一篇文章。这段书,就有很多个重点:它含有中国文化政治哲学的精神、中国文化的政治观念。我们整个民族的文化道德,是不喜欢侵略人,而且更不主张别人去侵略人。另一个重点是说臣道,一个国家重要的大臣,对大的政治决策,关系非常重大,中间一点都不能马虎。如孟子所讲的义利之辨,要时刻注意。看了历史上的这许多道理与真实的事情,也可帮助我们了解今日世界局势的演变。譬如美国总统尼克松的下台,日本首相田中的下台,三木的上台,这些在一个研究历史文化的人看来,就是活的书本,能使我们对自己古典的书,了解更深切;也更了解世界的事情;对过去、未来,是一个很好的对照,这是真正的学问所在。假使只在书本上看文字,这种学问没有用,的确是书呆子。所以有时候我很不同意年轻人只知道专心念书,这样会把他变成书呆子,埋没了人才。但我同样不同意不念书,有天才而不念书,遇到事情要处理的时候,就不知道怎样处理,因为他不懂原则。学问与才能要配合起来。现在这个时代,给我们许多启示。

我们中国文化政治哲学的思想，据我所了解的——为什么说据"我"所了解的？这里我有一个声明：天下学问、事情，我所了解的很有限，有许多事情我不知道，所以我要说明是据我所了解的。全世界的文化、政治思想中，恐怕只有中国人有这个精神，中国民族文化的这个精神叫"兴灭国，继绝世"。孔子著《春秋》的历史精神大义所在，就在这里，这是我们几千年来的民族文化精神。所谓"兴灭国"，在春秋战国以前，"国"是个地方政治单位，诸侯分封为"国"。到了春秋战国时代，还有上百个国。有些小国不算，大国也有几十个。在过去中国这个制度，就是所谓的"封建"。"封建制度"，中西截然不同，上论中也曾讨论过。而中国的封建，以宗法社会氏族为中心，就是血统为基础，并不是西方的封建，以奴役、权势为基础。

封建这个名词，许多人都在乱用，几十年来的学者，在他们的著作中，提到封建这个名词的时候，也好像在基本上对中西封建之不同，没有正确的认识。这不止是一个笑话，它甚至影响到国家这六十年来所遭受的巨变和痛苦。

过去历史上的这些诸侯之国，当其中一个国家快要灭亡了，乃至已经灭亡绝后了，其他的国还要找到这国家的后人，扶助他起来复国，这就是所谓"兴灭国"。"继绝世"，是这个国家即使绝后，也要想办法使他继续存在，这就是中国文化对于国际政治的精神，也就是三民主义中民族主义的精神内涵。

例如汉高祖刘邦，在他统一天下以后，又为秦始皇，以及楚、魏、齐等灭国无后的想办法使他续绝，《史记·高祖本纪》有："十二月，高祖曰：秦始皇帝、楚隐王、陈涉、魏安釐王、齐湣王、赵悼襄王，皆绝，无后，予守冢冢各十家；秦皇帝二十家；魏公子无忌五家。"以汉高祖的为人来讲，素来具有豁达大度的胸襟，自然便合中国文化精神的大原则，所以刘邦后人，在中国历史的政权上，能够先后达四百年之久。凡我黄帝子孙，都应该有这种认识才是。

大家研究三民主义知道的，这种精神是任何一个国家的文化中所没有的。因此我经常跟外国朋友说，试看中国历史，除了南北朝、五代这些边疆民族称王称帝乱搞以外，正式的朝代，汉、唐、宋、明、清，中华民族从来没有主动地发动过，欲图灭亡邻国的子孙、土地，以并入我们版图的侵略战争。即使别的国家出了问题，如过去的附庸国家安南、暹罗、朝鲜等等，发生了变化，我们可以派兵辅助他平定他国家的内乱，但是我们一定撤兵回来，另外替他们选择一个好的皇帝，政权交回他们自己好好管理，任何条件都没有，只要他们俯首称臣，年年进贡，岁岁来朝。我们当时要求这些附属——外藩的国家——进贡，自己是要赔本的，而且赔得相当厉害。还有些地方是重译来朝的，就是过去有一些边远民族，如印度、波斯这些民族来朝，要经过两三种文字的翻译，才能译成中文；中间经过许多国家，都还要到中国来。就如唐代诗人杜甫的名句中所说"万国衣冠拜冕旒"。汉、唐的文化，就有这样伟大的局面出现。因此直到现在，世界各国的华侨社会都称"唐人街"，就是唐代文化精神的遗响，英文的China就是大秦帝国的译音。当年外藩来朝，我们回送的礼物，比他们送来的多得太多了，这是我们中华民族的精神。所以这种"兴灭国，继绝世"的思想，至少在我所看到的，世界上所有国家，除了我们中国，任何外国都没有的。所以我们不但不想侵略别人的土地，也不想占有人家的土地。目前有一点，许多的强国想控制人家的经济市场，而我们也从来没有见过。

## 族姓的家谱

这个思想，向大的方面演变，成为国际政治哲学。小则个人家族方面也有这种精神。我们中国人,每一姓氏在祠堂中都有一本家谱,又名家乘。现在的年轻人恐怕很少有看到过,但是我很幸运地看到两次。一次是小的时候,刚好宗族的会议,由族长——在辈份最高中年龄最长的人,开了祠堂修家谱。家谱中记载着祖宗的来源,有许多追溯到周代,因为周代的子孙分封各国,以地方为姓;有的还远溯到轩辕,以证明自己的确是黄帝的子孙;就以台湾人数最多的林姓来说,他们的家谱中就记载着林姓的始祖——第一个祖先为林坚,是比干的儿子,与纣王是叔伯兄弟,比干是纣王的伯父。现在录一段林姓家谱最前面的世系表(一至七如下图):

### 林姓家谱早期世系表

#### 第 一 表

一世　二世　三世　四世　五世　六世

　　　　　　　　　　　　（唐）　（虞）

　　　　　　　　　　　　弃(又名后稷)

轩辕——玄嚣——蛴极——帝喾——契——昭明

　　　　　　　　　　　　放勋(又名尧陶唐氏)

　　　　　　　　　　　　帝挚

　　　　昌意——颛顼——穷极——敬康——舜之派

　　　　　　　　　　　　　　　　　　禹之派

#### 第 二 表

六世　七世　八世　九世　十世　十一世
（虞）　（夏）

昭明——相土——昌若——曹圉——冥——振

#### 第 三 表

十一世　十二世　十三世　十四世　十五世　十六世

振——微——报丁——报乙——报丙——主壬

## 第 四 表

十六世　十七世　十八世　十九世　廿世　廿一世

```
                    ┌（商）
                    │外丙
                    │（又名汤）        ┌沃丁
主壬──主癸──┤天乙──天丁──太甲──┤
                    │                  └太庚
                    └仲壬
```

## 第 五 表

廿一世　廿二世　廿三世　廿四世　廿五世　廿六世

```
              ┌小甲　仲丁
              │雍己　外壬
              │                    ┌祖辛──祖丁
太康──┤太戊──河亶甲──祖乙──┤
                                    └沃甲──南庚
```

## 第 六 表

廿六世　廿七世　廿八世　廿九世　卅世　卅一世
（殷朝）

```
        ┌阳甲
        │盘庚
        │小辛                ┌祖庚──廪辛
祖丁──┤小乙──武丁──┤
                              └祖甲──庚丁──武乙
```

## 第 七 表

卅一世　卅二世　卅三世　卅四世

```
                          ┌微子启
                    ┌帝乙─┤仲衍
                    │     └受辛（纣王）
武乙──太丁──┤
                    └比干──林坚（林姓始祖）
                      （河南）
```

这七个表，都是林姓以前的族系表，一直到林姓的第一个祖先为止。以后以林坚为主，也是依照这个形式列表。我们现在叫这个形式的表为系统表，就是根据"族系"的名称而来。修家谱的旧例，是每五世列一个表。家族血统，就靠这样记载，就这样繁衍开来，因为繁衍得太多，支派太众了。于是后来同是姓林的，福建的林家和山东的林家，家谱会不相同，其情形就和上面的表一样。林家的家谱中对受辛、仲衍、微子启的后代就不再记载了，而由受辛、仲衍、微子启的后代去记载。但一直追溯上去仍然会追溯到比干、帝乙而及于太丁的。

## 孔孟曾颜的通天谱

但是后世各宗族修家谱，有四姓是所谓"通天谱"的，意思是普天之下，全世界只有一种家谱的。这四姓就是孔、孟、曾、颜。这四姓的祖先都分别追溯到孔丘、孟轲、曾参、颜回四大圣贤，而这四家的家谱，所排的字辈——就是辈份命名所用的字——也完全是一样的。这件事看起来好像与国家民族无关，实际上充分表现了我们这个民族崇高文化，重视血统的精神。

说到字辈，是修家谱的重要工作之一。以前每三十年修一次家谱。即使衰落的家族，最多不能超过六十年，一定要修一次家谱。在修谱的时候，就要决定排出新的字辈。以蔡家的字辈为例是"世泰家声启，运隆教泽长"十个字。在1944年修谱的时候，就另外决定了新的十个字，作为后十代命名用的，假如本人名"世"信，儿子则名"泰"来，孙子名"家"珍，曾孙名"声"传，玄孙名"启"伟。由名字上一看，就辈分分明，尊卑有序。在同辈中，也有不同字用同一部首的。如启字辈的同胞兄弟姊妹，兄弟名启伟、启仕、启优、启侠，姊妹用启侬、启仪、启仙等等。这种表明血统的方式，后来更扩而充之，作为表明文化系统、社会关系的方式。如过去北平的科班、今日几所戏剧学校的学生所用的艺名,王复蓉、李复初,一看便知是复兴剧校复字辈的学生。刘陆和、赵陆锦,不外是陆光的陆字辈学生。又如近代特殊社会的所谓大字辈、通字辈,都是这个精神,其中有很多很多功用。

## 红蓝画线　鬼哭神号

在家谱中,如上表可以看到祖宗的来源,像比干的旁边注了河南两字。又如我是浙江人,我们南姓怎么由河南一带来到浙江的?是南宋的时候南渡到浙江来的,等于我们这次跟政府来台一样,当时随政府到浙江的,然后历代祖先,有谁到哪里去了,都有记录。有一次我在某处看到一家叶姓人家修谱,发生的怪事真多,我们小孩子听了都害怕,夜里他们祠堂中会鬼哭神嚎。因为有的人传了几代以后,没有孩子了,在家谱上他的那条直线就要断了。照老规矩,出嫁,就注"适张"、"适李",看得清清楚楚,这是几千年来宗法社会的成规。

所以我深深感觉到,我们宗法社会的组织,真是非常严密,对于个人的名、字、号、谥法、事业、行状,等于一篇小传,在家谱中都记载得清清楚楚。在家谱族系表的线都是红的,如果中间看见一条蓝线,就是很严重的事情了。这其中的道理是说明,红线代表血统;如果是蓝线,就是表示没有生孩子,而是由兄弟的孩子,即侄子过继来承宗祧的;如果没有兄弟侄子,由外甥(姊妹的孩子)过继来延接香烟的,则加双姓,一般是本姓血统最近的过继(也叫承祧)。其中也有一子双祧的,如兄弟两人,哥哥无子,弟弟也只有一个孩子,那么这个独子,就同时是伯父的孩子。而且除了生父给他娶一个太太外,伯父也给他娶一个太太,称为长房媳妇(当然,弟兄排第几,就是几房)。那么长房媳妇生的孩子,就是伯父的孙子,本房媳妇生的孩子,为生父的孙子。如果没有叔伯兄弟,就从叔伯祖的后代同辈中承祧,一直追溯到五代上去。如果外甥过继承祧,要经过族长的同意才可以,而且过继来的第一代要加双姓。如张家由李家外甥过继而来，在家谱中的蓝线下就写张李某某。所以有的人没有后代的，就叫这一家修谱时修不下去了，晚上就听到鬼哭。负责修谱的人就要想办法，使他的宗祧延续下去。

后来，我从外面回到故乡，奉父亲的命令负责主持修家谱，不敢推辞。这件事是非常严重的，半点都马虎不得，稍有不清楚，稍有怀疑，参加修谱的人必定要亲自去这一家访问。假如有一家迁到江西去了，就要亲自去江西寻找，在江西好不容易找到了，可是这家子孙又到湖南了，又要追踪到湖南访问。我的经验，去访问时，有的人会讨厌你，但大多数人非常欢迎，非常礼遇，不但供给食宿川资，以贵宾长者相待，还有的送红包。可是送红包的当中也会有作用的，譬如他家的名字下，本来应该画蓝线的，送个大红包请求替他画一根红线。但这是宗族的大法，修谱的人不敢乱来，而且作了弊有鬼找上来惩罚，可吃不消。

在人类学的立场看起来，好像红线或蓝线没有多大关系，"民胞物与"的精神，民吾同胞，物吾与也，谁的儿子都是一样；可是站在宗族血统的立场，就绝不敢以开放的思想来做。还有的人声明不是外甥，是"路边妻"生的孩子。所谓"路边妻"是有的地方有租妻的风俗，租一个妇人来，生下孩子以后，将孩子交给男方，各走各的路，没有夫妻关系。可是怎样去证明呢？"路边妻"等于西藏的多夫制。在西藏有一夫一妻制，有一夫多妻制，也有一妻多夫制，一妻多夫有的是兄弟同妻，也有的是一个妇人同时是张、王、刘、李几家的太太，女权很高。所以"路边妻"的孩子，碰到几家修谱时就发生问题了，因为无法证明这个孩子到底是哪一个丈夫的。但无论是红线或蓝线，有一个最主要的精神，就是"兴灭国，继绝世"的精神，对于没有后代的，一定想办法把他的宗祧继承下去，香火延续起来，这是中国民族思想的精神，大家必须注意。

我曾和许多老朋友谈起，问他们有没有修家谱、看家谱的经验。他们有的七八十岁了，都说没有，而我很幸运，一生中有过两次。不过有一件很遗憾的事，每一宗族的家谱，依照老规矩，仅有两部。正本放在祠堂里,副本放在族长的家里。如果为了法律问题或者宗族上其他什么问题,要查家谱的时候可不容易,非要全祠堂的董事、负责人到齐了,才可以打开这个藏家谱的箱子。我当年在家里修家谱,一位朋友告诉我,他当时回去修家谱,有所变革,不像以前那样有半张书桌宽大的正副两本,而变成了现在的二十四开本,同时印了一百多套,凡是出了钱的,或一家送一套,或三五家送一套,以资流传。他这个办法很新,可是我做不到,因为我们南家的老辈们非常保守,对于祖上流传下来的规矩,不敢改,没有办法开这个新风气,所以我非常佩服他这点,真高明。否则,被后世无知者毁了,就没有了。事后我真有点后悔,我当时如果也这样做了,老辈们顶多不高兴,也不会对我怎么样,不过说我思想变了,家谱和印书一样,印这许多给人家看。其实现在想起来,我这位朋友的做法是对的,恐怕现在有许多人的家谱已经没有了。

不过到台湾后,也曾听人说过,在抗战前后有些宗族修谱,都是和我那个朋友一样,除了祠堂的公款以外,办理预约,订出一个价格,凡是本宗族的家庭,愿意捐若干钱以上的,就领一部,谓之领家谱。有钱的人家领一部,也有几家合领一部的。所捐的钱,绝对超过预订的价格,甚至有的超过十倍以上,以表示对祖先的孝道,为宗族尽力。领家谱时,非常隆重恭敬,视为一种光荣,除了用古典鼓乐,到祠堂中恭领,如迎神一样,而且当天还要设宴,邀请诸亲友,因为这也是一件喜事,宗族、亲戚、朋友、邻居都会来道贺。领回的家谱放在"谱箱"里面,供奉在祖先牌位的旁边,是不能轻易打开的。如果是几家合领的家谱,就由合领的几家轮流供奉保管,一家以一年为期,对这件事是非常严肃庄重的。

## 传统历史的资料

家谱不但是为个人,而是为一家一族的宗法社会观念而存在;它更高的价值，在于其中有很多宝贵的资料。尤其在历史这方面，寻查个人的史料，像岳飞、文天祥这些人的传记，就是从他家乡中的家谱里，找出很多真实的资料与记载，这些资料在历史上很重要。换言之，家谱家乘，就是它这个宗法社会的一个小的历史。我们常说，大家都是黄帝子孙，就是各家循家谱研究，追溯到最后，黄帝是每一家族的根源。发展下来，就表现了"兴灭国，继绝世"的民族观念。

另一点，"兴灭国，继绝世"的观念，也可以说是中国人文的侠义道精神。侠义的义，是义气的意思，也是从这个精神来的。我曾经提过，仁义的"仁"字，在世界各国的文字中，有同意义的"同义字"。但是侠义道的"义"字，在世界各国文字中，都没有同义的字，只有我们中国文化讲侠义、义气。这是对朋友的一种精神，为了朋友可以牺牲自己的生命。朋友死了，应该对他的孩子负责教养，培养教育到长大成人，成家立业。甚而有的公私机构，对于员工的遗孤，都还照顾培植。当然，现在社会这种情形比较少了。过去我就看到好几个朋友，这样照顾亡友的孤儿寡妇，一直到孩子长大成家为止。这种侠义的精神，路见不平的，帮助人的，看见孤苦给予援助，就是根据"兴灭国，继绝世"的精神发展出来的。

我们了解了这个道理以后，由"兴灭国，继绝世"的观念再发挥起来，就构成了我们这个国家民族文化许多与众不同的优点。尽管我们看见现在的这个社会，都感叹世风不古，好像特别势利、讲现实。但是据我所了解，凡是中国人，先天的在血统里面，下意识中，还是保存了这种"兴灭国，继绝世"的精神。只是因时代不同，教育方法不同，知识范围不同，而有衰微之征。一旦我们的国家民族，恢复到祥和安定，注意礼义教育的时候，我们的这种民族精神，是不会变的。常常我们在接触外国朋友时，就会反映出我们中华民族的伟大。比如有一次一位美国朋友，在我家过中国的新年。谈笑中他说，有人说美国人有优越感，其实很冤枉，他曾经到过世界各国，据他研究结果，优越感最强的是中国人。我说我承认，而且我说你也不必再说了，你认为我是中国人中民族优越感最强的一个。他听了哈哈大笑,他又说,万一有一天,我的国家和你的国家成了敌国,而我们两个在战场上相遇,你将怎么办?我说,我会开枪打你,万一你死了,我也会抱了你的尸首大哭一场。打死你是因为你是我国家的敌人,大哭一场因为你是我的朋友。这虽然是说笑话,但我们自己研究我们的民族特色,有许多与世界各国文化所不同的特点,这些都是要特别注意的。也是讲《季氏第十六》这篇书之前,要特别先提出来的。

## 侵略者的遁词

现在讲到正文:

季氏将伐颛臾。冉有、季路见于孔子曰:季氏将有事于颛臾。孔子曰:求,无乃尔是过与?夫颛臾,昔者先王以为东蒙主,且在邦域之中矣!是社稷之臣也,何以伐为?

另一段鲁国的季家,已经说过多次,不再介绍了。当孔子时候,季家三兄弟将政权、军权、经济权都掌握在手里。虽然还不敢推翻鲁国的王朝,而鲁国的国君等于是傀儡。这次季家准备去侵略颛臾这个小国家。孔子的学生冉有,在季家等于是文人而兼武职带兵的,是季家的家臣。因此这一天和子路两个人来看孔子,向孔子报告,季家将有事于颛臾。这句话在古人的文章很简单,其实事情并不简单。冉有与季路为什么来的?他们不是不知道季家有侵略这个小国的野心,想吞并颛臾。但是他们两个人受了孔老夫子的影响,又是孔子的高材生,内心的看法,觉得季家这件事不对,而且做出来了,一定要挨老师一顿骂。可是这两个人到底不是孔子,季家这样做,似乎也未尝不可,并没有坚决反对;但又怕孔子知道以后吃不消。于是两个人来试探孔子的意向,两个人很妙,很滑头的联合起来看孔子。当然一开头不敢报告这件事情，先说一些别的事，最后才顺便提起，说季家将对颛臾有事情，有问题。到底什么事情？什么问题？没有讲，完全外交辞令。

孔子是明白人，一听就懂了，马上告诉冉有，叫他的名字，冉求！这件事情，恐怕你太过分了，要不得的，这是一种很大的罪恶。颛臾这个国家，是五百年前周武王分封诸侯建立的国家。当时在中国东方的边疆，还没有开发的民族，由他管理，而且有四五百年的历史，包括在中国的版图以内，是社稷之臣（那时所讲"社稷"这个名词，等于现在的国家；那时所讲的"国"，等于现在的地方单位）。这里孔子是说颛臾这个国家，也是周天子所领导的天下的一分子。"何以伐为？"怎么可以出兵去打他，侵略他，企图吞并他的土地呢？这里称"伐"，是因为古代战争的名称，因性质而不同。征与伐是有分别的，所谓伐是对方不对，或者下面叛变，出兵去打他，称为讨伐。所谓伐罪，他有罪才可讨伐。颛臾根本是先王所封，有他的历史背景和地位，是东蒙之主，而且没有错，不过现在衰落了，怎么可以出兵去讨伐他？没有这个道理。

　　冉有曰：夫子欲之，吾二臣者，皆不欲也。

这是冉有在推卸责任。他本来是怕挨孔子的骂，先来备案的。他说，这没有办法，我们的老板要这样做，我跟子路两人，实在没有这个意思。我们吃人家的饭，不听人家的怎么办？其实这是冉有推卸责任的话，这里我们有两点可以看出来：

第一，看到孔子的教育精神。当时并没有党派的组织，但是孔子的弟子们，事无大小，对于孔子有宗教性的崇敬；也有现在对于政党组织政治性的尊重。每一件事不敢不向他报告。而孔子是一个平民，既无组织，又无权位，只是一种道德的感召，学生们不敢骗他。但是这件事情，非骗他不可，怕他不同意。第二，孔子与季家之间的关系对季家无所谓；而冉有、季路不同，他们是孔子的学生，同时在季家是家臣。这个举动,等于现在一个具有国际性的举动,他们怕将来的后果会挨骂,将来历史上会怎样批评更不知道,事情很严重,所以来向孔子报告。

而孔子即刻根据历史文化的道理、宗法社会的精神,告诉他们不可以这样,他们两人于是推托了,说是"夫子欲之",自己并不想这样做。

## 老虎出笼　珠宝完蛋

孔子曰:求,周任有言曰:"陈力就列,不能者止。"危而不持,颠而不扶,则将焉用彼相矣?且尔言过矣!虎兕出于柙,龟玉毁于椟中,是谁之过与?

这里是要点,就是中国文化精神的重点了。孔子听了冉求的话,就告诉冉求,根据以前管文化政治的周任的话:"陈力就列,不能者止。"这八个字,有几个意义:

第一,一个人做人家的干部,高级的干部也好,基层的干部也好,要把自己的力量尽量贡献出来;否则自己不愿意干的,就早不要干。这就是现在讲的责任问题。既然担任了这个职务,就要在这个班次之中,职位上面,贡献出力量。如果所提出来的意见,而结果人家的作为,违反了自己所提意见的真理原则,就宁可算了,可以不干,既然做不到就算了。中国古代许多大臣,认为政策错误了,拼命诤谏。唐、宋时代往往有这种事情,遇到皇帝不听自己的意见时,就把代表官阶的帽子自己摘下来,送还给皇帝,宁可不做这个官了,因为还要对历史、对老百姓有一个交代,既然进谏不听,只好走路。

第二,也可以解释成战争的哲理。就是说准备一个战争,把我们的力量排列开来,战争的行列准备好。在中国古代的军事哲学,与现在不同,对于失去了抵抗能力的国家,失去了抵抗能力的人,是不打的。从旧的武侠小说就可以看到这种精神。习武的人，不肯用飞刀、镖等等暗器，不得已一定要用时，也要在出手的同时叫一声"看镖！"就是要偷袭的时候，也通知一声："你小心我要偷袭你了。"讲明的，所谓明人不做暗事，即使是对仇人，私下整人的事决不干。就是这样一种讲礼义的风格。过去习武功的人，有五种不打的人，宁可受气，决不打——包括有老年人、乞丐、出家人、妇女、有病或残废的都不打。流露出我们中国文化，在战斗的行为中，还有许多合于礼义的精神。个人的格斗、国家之间的战争都是如此。

外国文化中也有这些，不过形态稍稍不同而已。现代二十世纪末叶，东西文化都在大变迁中，可是据我所知道的，虽然在变，我们似乎赶不上人家。如美国嬉皮，美国认为不能让它形成问题。他们的教育，因为发生了嬉皮，就马上变了。我的孩子回来告诉我，加州有一所大学有两万五千名学生，就有一万五千名老师。一个老师管两个学生还不到，功课是紧得没有办法再紧了。在十年前只要读十本书就够的一门课，现在要读五十本书了。时代不同了，知识在膨胀，人要跟着走，所以现在没有嬉皮了。这是人家值得我们效法的地方。所以我们中国文化中《易经》上讲要变，要适变，要应变。但是我们现在一成不变，自己个人的修养、学问都是一样的。时代在变，我们不能墨守成规。人家的小学教育也在变，成为人盯人的方法，谁错了立刻严格纠正。举例来说，如果有一个小学生上楼梯，步伐不依规定而乱跑，老师一定把这个学生叫下来，训斥一顿，命令他规规矩矩，再走上去。又如教室门口的草地上清洁整齐，假使有一个同学丢了一张废纸，全班都不准放学，处罚整理环境卫生，这就是我们所谓的德育，我们的训导工作。现在人家做得非常严格。昨天我问美国一个办教育的朋友，他们这种办法是从哪里学来的。他说是因为发现嬉皮以后，考察全世界教育，发现苏联的教育，基础扎实得很，受了这个刺激，所以他们统统变，要赶上苏联，胜过他。美国这种地方实在了不起。我们从"陈力就列，不能者止"这八个字，一扯扯到那么远，而道理就在这个原则之下,所以中国文化有许多道理,不要以为西方没有,人家还是有。

孔子引用了周任的话以后,对冉有和季路说,一个当宰相辅助诸侯的人,对外面的国家,应该扶危,像旧小说所讲的侠义道精神,应该"济困扶危"。人在真正困难的时候,是要人协助的。孔子说颛臾这样的小国,他的历史生命正在很危险的时候,像一个东西要倒了,该伸出同情的手,支持他一下,结果你们做不到,没有办法帮助人家。本来要你们去季家当家臣,不但要帮助自己的国家,同时也要帮助别人,而你既然做不到,违反了原则,又用你做宰相干什么呢?这是他在骂冉有。

孔子又说,而且你刚才说,这是季家要这样做,你们并不要这样做,这种话未免错了,毛病大了。我且问你"虎兕出于柙,龟玉毁于椟中",是谁之过呢?这两句话,是比方当时的时代毛病,虎,大家都知道是猛兽;兕也是一个独角兽,同犀牛一样,很凶猛的。这些猛兽就是应该用笼子关起来的,如果放出来就会吃人。一个国家扩充了兵力,就是要吃人。所谓军国主义的思想,如大战前的日本都是这种思想。像野兽出笼一样,当然要吃人,侵略人家,妨碍别人的生存。

"龟玉毁于椟中",龟玉是古代经济财富的象征。乌龟的壳是宝贝,玉石等于现在的翡翠钻石,在匣子里整个毁了。换句话说,一个时代,到处充满了战争的武器,经济崩溃,民不聊生,老百姓生活成问题;对外扩充武备想侵略人家,内部自己国民经济崩溃了。这又是谁的过错?这是孔子骂他的学生,你是辅相,季家当然要那样做,而你冉有所受的教育是什么?结果还是做了,这是谁的错?这两句话,代表了那时代的现象。任何一个时代,在变乱的时候,也都是这个现象。

这是孔子对冉有的一顿训话,我的解释还是比较简单一点。如要仔细研究起来,每一句话,代表了中国文化的很多要点。配合过去的历史文化,有很多东西可以发挥的。如与三民主义配合起来讲,这一段文章中有很多东西,内容非常丰富。诸位不妨多去研究、发挥。

## 孔子与冉求政略的论辩

冉有在被孔子这样训了一顿以后,他怎样答复呢?

冉有曰:今夫颛臾,固而近于费,今不取,后世必为子孙忧。

冉有被孔子训得没有办法,只好讲了真话了。他这一套话是谋略家的思想,后来到了春秋战国的时候,谋略家也叫作纵横家,如苏秦、张仪这两位年轻的读书人,基辛格比他们差得远。

所谓纵横,还有个名词叫长短术,也叫作钩距术。将来读到古书上这些名词,都要知道是什么东西,也就是太极拳——四两拨千斤的原理。普通人不懂这个原理,对方一千斤的拳头打过来,自己起码要一千一百斤的力量才能抵得住。如果自己只有九百九十斤的力量,就一定吃瘪了。可是四两拨千斤的原理,一千斤的拳头打过来,自己略略向后闪让,让到距他拳力所到的地方一分远,隔一件衣服就挨不了打。卸去了他的力量,然后自己身子侧一下,让开一条路来,两个手指头帮他一点小忙,牵着他的拳头,顺着他的千斤来势,沿着他的去向轻轻一带一送,变成一千五百斤的力量,向空间里冲,他仆倒了。可是这一闪后,一侧身是很难的,我看见练太极拳的人在那里一摸一摸的,如练到能扭过来,拧过来就行了。否则人家的拳打过来还扭不动,拧不转,那就完了。这些原理就叫长短术、钩距学。用长可以制短,用短可以制长。运用之妙,存乎一心了。这也是谋略家。战国的时候,这些谋略家就是所谓游说之士。基辛格到处跑,在形态上就是实行游说,动之以利害。这一套东西,要熟读《国语》、《战国策》,里面全有。可是要注意,学这一套,要以道德为基础,不要乱用,应该知而不用。为了救别人、救国家、救社会,不得已而用之则可。如果经常用这套整人,是不会有好结果的。

现在我们看到冉求完全拿谋略家的姿态出现了,被老师一骂,就被骂出真话来了。他说,老师!话要说回来,颛臾这个国家,紧靠我们鲁国边境的费城,现在如果不把它拿过来,将来鲁国的后代子孙,会成为大问题。现在乘他衰弱的时候,正好把它拿过来。这才是冉求的本意,可见冉求参加了季家的军事会议,他到底是一个参谋长。

孔子曰:求!君子疾夫,舍曰欲之,而必为之辞。

孔子又骂冉求了,他说冉求!我告诉你,一个君子最讨厌的事情,就是明明心里想要这个东西,却装模作样说:"不要!不要!"把这件东西丢开了,然后又另外编一套理由,用很多好听的话,把它拿过来。这种态度是君子人最厌恶的。不但个人的道德不应该,政治的道德更不应该。

丘也闻有国有家者,不患寡而患不均,不患贫而患不安。盖均无贫,和无寡,安无倾。

这就与三民主义的民生主义思想有关,也就是中国政治思想、经济思想的基本。

孔子说:据我所知,不但是一国,乃至一家人家,不怕少而怕不能均衡。以政治观念来说,不能平等;以经济观念来说,收支不能均衡。不怕穷而怕不安,内部要安定。个人而言,要安贫乐道。安于贫也是一件很难的事。这几句话发挥起来很多了,在我们个人方面,做人也好,做事也好,这几点都很重要。均衡了就无所谓贫。不管均贫也好,均富也好,就无所谓贫富了;和了就没有多少的问题;真正安定了,就没有危险。这是三个大原则。

夫如是,故远人不服,则修文德以来之。既来之,则安之。

上面讲了半天,都是内部本身的政治修明、经济安定。国家能够做到这样,国际政治上一定发生影响,其他国家一定信服了。假使还有远人不服,于是用军事去侵略人家,叫人家硬来顺服,那就是霸道;王道不是这样,人家还不服,要反省自己:国家的政治德望,以及个人的德业修养是否还有欠缺?从文化基本上着手;发扬自己的文化,奠定自己的国格、人格,充沛自己的德养,人家受了感化,自然会来。到了那个时候,"既来之,则安之"。全世界和平相处,相安无事,天下太平。这是基本原则。我们要知道这不止是孔子思想的基本原则,也是孔子思想所表现出来的中国文化思想的基本原则。

今由与求也,相夫子,远人不服而不能来也;邦分崩离析而不能守也;而谋动干戈于邦内,吾恐季孙之忧,不在颛臾,而在萧墙之内也。

孔子现在的结论,直骂他的两个学生了。他说,子路、冉求,你们两个人在季家当辅相(等于现在美国的基辛格),远人不服(好像中东一直就不妥协,不服气,到处吃瘪),而不能来也;人家不服你的气,你的政治道德无法使人信服,所以人家没有来结交纳好。在国内则弄得分崩离析、意见分歧,表面上看是整体的,内在很多因素是分裂的。大家离心离德,迟早要崩溃的。这种情形是守不住的,就好比某些国家,因为内部分崩离析,难以自保,只好向外发展,转移人家的视线,是同样的道理。所以孔子说,你们因为许多内政问题不能解决,于是只好用兵,在外面发动战争来转移内部的注意力。在我看来,你们很危险,季家最大的烦恼、痛苦、忧愁,不在颛臾这个边区的小国家,而是在萧墙之内,在季家自己兄弟之间。孔子说了这个话不久,后来季家兄弟果然发生了问题;所以后世内部发生祸乱,就用"祸起萧墙"这句话,在文学上典故,就是从孔子这句话来的。

这一段文字的大概已经解释完了。在进入本文之先,我们曾提到过一点:中国文化的精神在"兴灭国,继绝世"。第二点:如何完成一个高级干部幕僚的臣道。综合来说,中国文化政治道德的必备条件,要济困扶危,抑强助弱。所以国父的思想,提倡联合弱小民族,确是中国文化的一贯思想。在个人而言,帮助颠沛流离、有艰难、有困苦的人。如果大臣不能帮助老板这样做,孔子认为这是根本不对的。同时也讲到,只晓得扩充军备、发动侵略,而内部民不聊生,国民经济不能安定,是历史的大过错、社会的大毛病,也是政治的大问题。这一段同时还讲到中国传统文化的经济思想,也就是国父民生主义思想的根源,讲均衡的道理。

# 先知的预言

接下来是孔子历史哲学的观点。也是中国政治哲学思想一贯的名言:

孔子曰:天下有道,则礼乐征伐,自天子出。天下无道,则礼乐征伐,自诸侯出。自诸侯出,盖十世希不失矣。自大夫出,五世希不失矣。陪臣执国命,三世希不失矣。天下有道,则政不在大夫。天下有道,则庶人不议。

孔子曰:禄之去公室,五世矣,政逮于大夫,四世矣。故夫三桓之子孙,微矣。

这两节和前面整个是连接的。也可以看出来,春秋战国历史的演变,是社会的演变史,也是政治演变史的资料和原则,不要轻易放过了。研究起来,有很多道理。根据这些道理,把资料找来,用白话文可以写十几万字,又可以拿学位了。

孔子说,天下有道,则礼乐征伐自天子出。这里"天下"两字,和刚才讲到"社稷"两字的意义,是代表全中国整个国家。时代安定,国家上了轨道,不论文化、教育、政治、经济、军事等等,中央政府可以事权专一。当时代变了,政权有了问题,地方的势力起来了,不管文化、政治、经济、军事等等,中央政府没有办法贯彻命令,由地方势力揽权。用唐代的历史来说，就是藩镇专擅，外藩权力膨胀；以现代史来说，就是军阀的割据专权，妨碍了国家民族的建设进步许多年。

讲到这里，想到中国过去历史上，大家都知道有几种祸乱，是相当厉害的。除藩镇之祸外，有宦官当政、外戚揽权，以及女祸为害。如汉朝、明朝受宦官的影响很大，许多大臣都难得见到皇帝，一切大权操在宦官手里。外戚之患，为皇后娘家人专权。女祸，例如武则天算一个，汉高祖的吕后也算一个，清末的慈禧太后也算一个。历史上其他不成气候的还有，不去说它。历史上这几个因素，差不多轮流在转，几乎在每一变乱的时代，毛病都出在这几个因素上。但不要以为国家大事才有如此现象，其实每个阶层都有，任何人负了重责时，都会有这种可能。以一个公司来说，你是公司的董事长或总经理，分公司的经理就是你的藩镇；凡是左右亲近的人，就可能是宦官；至于外戚，更是每个人都有；再说女祸，今日世界上许多国家，都发生桃色问题，所谓绯闻案，此起彼落。不要以为这几个名词只是历史名称而已。我们要了解，任何文化思想不要被名词限住。时代不同，文字不同；"人"，则古今中外仍然是这个"人"。"人"的毛病，古人有，现在也有，将来也一定有。这个历史、这个世界是人形成的，人的所有毛病，是没有时空差别的。所以做主管也好，当老板也好，被这些东西包围，是必然的，这要注意。

所以孔子说，到了变乱时代，诸侯专权的时候，最多十世——三十年一世——也就是二三百年以内，这个历史没有不转变的。再下来更不对。春秋战国时代，齐桓公、晋文公这些霸主，都是地方藩镇势力，最多维持十世。等而下之像季家这样大夫专权的，顶多五世，一百多年而已，没有不变的。再下来由陪臣执国命，大臣们可以左右国家的命运，主事的人才越来越差了，时代越来越衰微，数十年而已，顶多三世，没有不变的。

不过这个"世"字不要看得呆板，孟子有句话"君子之泽，五世而斩"。这是活的事实，就是说一般人的起家：第一代辛苦创业；第二代尚能守成；第三代享受了；第四代花得差不多了；第五代忘了上代的辛苦，花光了；第六代又重新开始。所以"君子之泽，五世而斩"，到了第五代就断了。祖宗再有道德、再有好的修持，他的德性，遗留过不了五代。在教育上每代自己要知道进修，不进修就完了。再回到原文，天下有道的时候，政治的权力，就不会落在大夫的身上，中央政府一定能够贯彻他的权力，老百姓也不会有议论，过平安日子，不怨天，不尤人。孔子继续讲当时实例，他说古代分封的禄位，离开公室已五世了，政权旁落到大夫的手里已经有四代了。孔子所以告诉冉有、子路，依据历史演变的道理，三桓的子孙——就是季家三兄弟的问题，马上要出来了，不必等到出兵去打别人，本身就要垮了。

这一段从文字上看，好像不大重要，如果研究历史思想，就非常重要，这一段可作中国哲学史纲来看，是中国过去历史哲学的重要资料之一，也就是中国文化思想伟大之处。中国的历史哲学是唯心史观，《易经》是最重要的一部研究资料，很早就有了。也可以说，我们中国文化讲历史哲学，是讲"变的史观"；不管你唯物也好，唯心也好，社会、人、时间、空间随时都在变；天下没有不变的事物。对于讲"变的历史哲学"，中国文化中最多了。现在孔子这些话，也就是讲"变的历史哲学"。了解了这变的哲学，才能把握时代的变。所以发挥起来，不只是历史哲学的一个大问题，也可以是政治哲学运用上一个大问题。

懂了真正的变，就晓得如何"适变"，不等到"变"来了以后才变，而先领导变。我常说第一等人是自己制造机会，领导了变；第二等人机会来的时候，把握了机会，如何去应变；第三等人失去机会，被动受变，随物化去了。

除此以外，这一节书还有一个重要的问题，就是孔子的学问智慧，他的确是有先见之明。我们只要多多研究春秋战国时期的历史，再冷静地反省一下，他这些话，都是对历史社会演变史的预言，下的断语，一点都没有错；春秋以后的历史，正如他所说的演变之路。而且,以他这个原则看后来的历史,乃至将来,同样没有错。

## 朋 友 之 道

下面转入另一个气势,看来虽在讲普通朋友之道,事实上与本篇的政治哲学和用人行政都有关联。

孔子曰:益者三友,损者三友。友直、友谅、友多闻,益矣;友便辟、友善柔、友便佞,损矣。

这是我们中国人所熟悉的话,友直、友谅、友多闻,是有助益的朋友。第一种"友直",是讲直话的朋友;第二种"友谅"。是比较能原谅人,个性宽厚的朋友;第三种"友多闻",知识渊博的朋友。孔子将这三种人列为对个人有助益的朋友。另外在朋友中,对自己有害处的三种,第一"友便辟"。就是有怪癖脾气的人,有特别的嗜好,或者也可说软硬都不吃,使人对他觉得有动辄得咎之难的朋友。第二"友善柔"。就是个性非常软弱,依赖性太重。甚至,一味依循迎合于你,你要打牌,他也好,你要下棋,也不错,你要犯法,他虽然感觉不对,也不反对,跟着照做不误。用现代语来说,等于是娇妻型的朋友,可以说是成事不足,败事也不足。第三"友便佞"。这种人更坏,可以说是专门逢迎凑合的拍马屁能手,绝对是成事不足,败事有余的家伙,特别要当心。

从表面文字上看来,这节完全在说友道,其实,扩而充之,以广义来讲,所谓君臣之际,领导人与干部之间,规规矩矩地讲,应该都属于友道相处才对。历史上创业的集团,主从之间,大都是友道相处。等到严格分齐君臣主从的时候,也就是快要走下坡路了。天下事固然如此,个人的事业,又何尝不如此。

皇帝与臣子以朋友相交的例子太多了,像唐太宗与虞世南、魏徵等;像宋太祖经常微服夜行,到赵普家去喝酒闲聊。在"友谅"这方面,唐太宗和房玄龄这些人都是这样,不但皇帝谅解他,他也谅解皇帝。在文学上,唐代的诗最好,就因唐太宗的诗好,等于他提倡的。可是当虞世南死后,唐太宗认为已失去诗学上的知己,就不再作诗了。虞世南也是有名的书法家,和唐太宗一同起来的干部,是早年的"秘书长",后来也是大臣。由此,我们可以看到历史上任何一个新兴时代,领导人与干部之间,几乎都是友道相处。

又如清代的乾隆,我们推开民族观念不讲,只看他的政治作为,在历史上是很可观的。一般史学家,认为清初时代的成就,超过了汉唐。最有名善说笑话的纪晓岚,就是乾隆时代的名臣,他们君臣之间,即友道相处,我们都知道叫"老头子"的故事:有一个大热天,翰林院的人热得受不了,统统脱光衣服聊天,纪晓岚人胖,更赤了膊。这时乾隆突然便服到翰林院找大家聊天,远远被发现,大家一哄而散。纪晓岚有深度的近视眼,一下子摸不到衣服,也没地方躲,就钻到桌底下去。乾隆进了翰林院,看不见人,就到处转,纪晓岚近视眼模模糊糊,看见好像有人在转,躲在桌下闷不住了,就伸出头来问:"老头子走了没有?"这可给乾隆逮到了,叫他出来问道:"你们这样没礼貌,为什么骂我老头子?"纪晓岚解释说:"万岁!万岁!万万岁!乃国之大'老',国家元首为'头','子'是天子,全国百姓都称陛下为'老头子',这是尊称。"乾隆也就笑了。由于这个典故,可见他们君臣相处,有时候完全像朋友一样。因为当皇帝也够苦闷的,有大臣与自己谈得来,也很好玩的。就如和珅,非常贪婪,官不很大,后来却包揽大权。在乾隆晚年,大家向皇帝报告,政绩样样都好,就和珅这个人应该去掉。但乾隆始终不动他,后来有人问乾隆为什么偏袒和珅?乾隆说:"我知道和珅坏,但是你们总得留一个人跟我玩呀!"这是做皇帝的真话,一个人到了地位最高处,连一个可以说笑话,可以玩玩的人都没有,就太苦了。譬如想买一个西门町的包子吃,东门市场的绿豆汤哪一家好吃?这些事总不能找大臣、将军去办,像和珅这种人,就会办得使乾隆很惬意,所以乾隆才说要留着他玩玩。等到他儿子嘉庆皇帝上台的时候就去掉了和珅，把他家里的财产全抄了出来。这就说明，交朋友之道，为什么要放在有关政治措施的这一篇书中。所以我们要了解，当了主管，到了某一种地位，所带的人要用友道去相处，当然不要犯了乾隆的毛病，找和珅玩玩。

接下来，就提到生活的幸福。

孔子曰：益者三乐，损者三乐：乐节礼乐，乐道人之善，乐多贤友，益矣；乐骄乐，乐佚游，乐宴乐，损矣。

前面三点，是人生最快乐的，也是说快乐要建在品行上，一个人最快乐的事情，就是研究学问（礼乐），做人规矩，这是与第一篇《学而》有关的。

第二点"乐道人之善"，喜欢讲人家的好处，优点。这是中国文化特有的一点，也很难做到的，有正反面，暂时不去讨论它。一般人喜欢批评人家的坏处，是普遍的现象，尤其中国民族性，喜欢对人问长问短，像调查户口一样，太关心人，很多外国来的同学就不习惯，觉得你在妨碍他的自由。这有一个故事，有个法国学生，我曾经问他，在法国是不是有许多女孩子，被劫持到中东卖作女奴？他说确实有这种事，每年都有很多女孩子被卖到中东去，都是十几岁的女孩子，他们晚上在街上走，后面常会突然跑出一个人，将女孩一掳就抢走了。我问他这情形如被别人看见怎么办，他说：老师这句话问对了，我初到中国来的时候，所不喜欢的事，现在很习惯：中国人在街头讲话多站片刻，就有第三者围拢来打听是什么事，一只死老鼠会有一大堆人围着看，西方人没有这一套，各走各的路，他们两人打架是你们的自由，与别人无关，所以女孩子被抢走，是他们两人的事，别人不知道这两人干什么，根本不管就走了。我再问他：你们的治安人员呢？他说，过去中国有句成语，什么"天下乌鸦……"。我笑了不接他的下文。这是真实的事，我们讲到中国人这许多习惯，人与人之间一碰到就谈论别人，这就是乐道人之恶，这就要讲到以前我们必读的两本书，一本是《太上感应篇》，一本是《文昌帝君阴隲文》，这两本书，中国过去读书人，为了功名，第一要隐恶扬善。朋友有错误，要关起门来劝，在外面总是替人掩盖丑恶的事，这是道德。但是只是过去争取功名的教条，人的习惯并不是这样，而是喜欢道人之恶。所以应该培养道人之善的乐趣。尤其朋友之间，谁无短处？但要多讲别人的长处，宋代的名宰相王曾就能做到。"扬善公庭，规过私室"是必要的修养。一个成功的人物，在修养上自有他的长处，就是现在数十年来，看到各界成功的朋友，都各有他们的长处。所以这一节提出道人之善，是真正的好处。

"乐多贤友"，好朋友多有益处，实在有道理，在我个人经验，认为读万卷书，行万里路，还要交万个朋友。常和友人谈笑，他们问我知识哪里来的？我告诉他们，只是朋友多一点，随便闲谈中，就得了学问。"乐多贤友"这句话是大有道理，要交贤友，我是主张多友的，不交朋友，不能了解人情世故。但今日社会交朋友第一要钱，要仗义疏财，我们穷小子，颇不容易。像孔子提出来三件人生有益的乐事，但据我的观察，这三句话和天生的个性有关。有些人看到这几句话便生反感，因为他不喜欢交朋友。其实这些并非教条，只是经验之谈而已。

下面讲到有损的乐，第一是喜欢享受，爱好奢侈夸张的骄乐，包括征歌选色，纸醉金迷，玩弄酒肉之乐。"乐佚游"就是喜欢不正当的娱乐，任性放纵，包括打牌、吸麻烟等。"乐宴乐"包括好吃好玩。这都是生活中对自己无益的作乐方法，这是三点有损的娱乐活动，并非康乐活动。

## 说话难　难说话

孔子曰：侍于君子有三愆：言未及之而言，谓之躁；言及之而不言，谓之隐；未见颜色而言，谓之瞽。

这是孔子讲做人处世的道理，上面讲侍于君子有三愆，如部下对长官,后辈对前辈,臣子对皇帝,都可以说是侍于君子,事实上朋友之间也同此理。孔子说这中间有三个大毛病,第一是为了表现自己,爱出风头,还没有轮到你说话的时候就说话,这是躁,修养不够。第二是应该讲话的时候,怕负责而不讲,这种人太阴私,叫做隐,也不好。还有,讲话的时候,对团体而言要观察环境,对个人要观察态度,对方正在烦恼痛苦的时候,而去和他讲得意的事,或是去讨论重大问题,一定得不到好结果,这叫做瞽,等于自己没有眼睛,看不清楚!

譬如过去外交界办外交,都在宴会上。清末政治腐败的时候,工商业或政治买卖,都在妓院里办交涉。例如北洋政府时期,袁世凯与曹锟贿选的那个阶段,有人在北京妓院里看到一个署名沧海道人的感事诗,其中警句很多,他口头念给我听,事隔多年,可惜我也忘了,到现在还记得其中有一首说:"燕市谁收骏骨才,昭王爱士亦堪哀。缠头一掷中人产,浪筑黄金作债台。"这是何等伤心国事的话!北洋政府靠借外债来作政治买卖,结果,那些发了选举财的大爷们,又把钱花在妓院中去。所谓缠头一掷千金,已过中产人家的花费,结果是国民背上外债,永远还不清。

现在没有妓院,就在酒家、舞厅,不但中国如此,外国也是这样。过去日本许多大的外交活动,都在艺妓院里进行,现在则多在高尔夫球场。所以现在当外交官,这些东西都要会玩,等于当年在麻将桌上解决问题。由这些事实看来,就知道孔子实在深通人情世故,无论是规劝人家也好,有所建议也好,提出请求也好,谈事情一定要先看颜色。当然看人颜色说话的办法,用在坏的方面就非常坏,佛曰不可说,不可说了。

## 谁人肯向死前休

孔子曰:君子有三戒。少之时,血气未定,戒之在色;及其壮也,血气方刚,戒之在斗;及其老也,血气既衰,戒之在得。

这些都是我们大家所熟习的。孔子将人生分三个阶段,对人慎戒的名言。我们加上年龄、经验、心理、生理的体验,就愈知这三句话意义之深刻。少年戒之在色,就是性的问题,男女之间如果过分的贪欲,很多人只到三四十岁,身体就毁坏了。有许多中年、老年人的病,就因为少年时的性行为,没有"戒之在色",而种下病因。中国人对"性"这方面的学问研究得很周密,这是在医学方面而言,但是很可怜的,在道德上对这方面遮挡得太厉害,反而使这门学问不能发展,以致国民健康受到妨碍。据我所了解,过去中小学几乎没有一个青少年不犯手淫的,当父母的要当心!当年德国在纳粹时代,青少年都穿短裤,晚上睡觉的时候将手绑起来放在被子外面,这是讲究卫生学,为了日耳曼民族的优越。这样做法,虽然过分了,但教育方面大有益处。现在年轻一代的思想,女孩子愿意嫁给有钱的老年人,丈夫死了,反正有钱再嫁人;男孩子受某些外国电影的影响,喜欢爱恋中年妇女。这是一般的风气,也是一个严重问题。所以知道了青少年的思想后,发现我们的教育问题很多。至于外国,如美国的男女青年,很不愿意结婚,怕结婚以后负责任,只是玩玩而已,以致社会一片混乱。这是人类文化一个大问题,所以孔子说:"血气未定,戒之在色。"这句话真的发挥起来,问题很多,性心理的教育,要特别注意。

壮年戒之在斗,这个斗的问题也很大,不止是指打架而已,一切闹意气的竞争都是斗。这里说戒之在斗,就是事业的竞争,处处想打击人家,自己能站起来,这种心理是中年人的毛病。

老年人戒之在得,这个问题蛮严重,不到这个年龄不知道。譬如说一个人的个性相当慷慨,自己就要常常警惕,不要老了反而不能做到。曾经看到许多人,年轻时仗义疏财,到了老年一毛钱都舍不得花,事业更舍不得放手。早年慷慨好义,到晚年一变,对钱看得像天一样大。不止钱这一点要"戒之在得"。别的方面事情还多。有一本小说《官场现形记》,其中描写一个做官的人做上了瘾,临死时躺在家里床上，已经进入了弥留状态，这时他的心里只有一个意念：还在做官，还要过官瘾。于是两个副官站在房门口，拿出旧名片来，一个副官念道："某某大员驾到！"另一个副官念道："老爷欠安，挡驾！"他听了过瘾。以前觉得这部小说写得太挖苦人；等到年龄大了，就知道写得并不挖苦人，的确有许多这一类的人。有人在做事情的时候，生龙活虎，退休下来以后，在家就闲得发愁、发烦。此外还有一个人，听人说某一著名大建筑是他盖的，已经很有钱了，一位将军问他，既然这样富有，年纪又这样大了，还拚命去赚钱干什么？这位老先生答说，正因为年纪大了才拚命赚钱，如再不去赚钱，没有多少机会了。这又是什么人生哲学呢？有个朋友说某老先生，也很有钱，专门存美钞，每天临睡以前，一定要打开保险箱，拿出美钞来数一遍，才睡得着。看这类故事，越发觉得"戒得"的修养太重要了，岂只是为名为利而已。人生能把这些道理看得开，自己能够体会得到，就蛮舒服，否则到了晚景，自己精神没有安排，是很痛苦的，所以孔子这个人生三戒很值得警惕。

## 怕 的 哲 学

孔子曰：君子有三畏：畏天命，畏大人，畏圣人之言。小人不知天命而不畏也，狎大人，侮圣人之言。

这里所谓畏就是敬，人生无所畏，实在很危险，只有两种人可以无畏，一种是第一等智慧的人，一种是最笨的人，可以不要畏。这是哲学问题，和宗教信仰一样，我常劝朋友，有个宗教信仰也不错，不管信哪一教，到晚年可以找一个精神依靠。但是谈宗教信仰，第一等智慧的人有，最笨的人也有，中间的人就很难有宗教的信仰。人生如果没有可怕的，无所畏惧就完了，譬如在座的各位，有没有可怕的？一定有，如怕老了怎么办？前途怎么样？没有钱怎么办？没车子坐怎么办？都怕，一天到晚都在怕。人生要找一个所怕的。孔子教我们要找畏惧,没有畏惧不行。第一个"畏天命",等于宗教信仰,中国古代没有宗教的形态,而有宗教哲学。有一位大学校长说:"一句非常简单的话,越说越使人不懂,就是哲学。"这虽是笑话,也蛮有道理,由此可见哲学之难懂。中国的乡下人往往是大哲学家,很懂得哲学,因为他相信命。至于命又是什么?他不知道,反正事好事坏,都认为是命,这就是哲学,他的思想有一个中心。天命也是这样,这"畏天命"三个字,包括了一切宗教信仰,信上帝、主宰、佛。这些都是"畏天命"。一个人有所怕才有所成,一个人到了无所怕,不会成功的。

第二点"畏大人",这个大人并不是一定指官做得大。对父母、长辈、有道德学问的人有所怕,才有成就。第三"畏圣人之言",像我们读《论语》,看四书五经,基督教徒看《圣经》,佛教徒看佛经,这些都是圣人之言,怕违反了圣人的话。

我们只要研究历史上的成功人物,他们心理上一定有个东西,以普通的哲学来讲,就是找一个信仰的东西,一个主义,一个目的为中心,假使没有这个中心就完了。孔子说,相反的,小人不知天命,所以不怕。"狎大人",玩弄别人,一切都不信任,也不怕圣人的话,结果一无所成。这中间的道理也很多,历史、政治、哲学、都有关系,古今中外历史上,凡是有所创造的人,总要找一个帽子戴着。

讲到这里,我们想到一个故事:有大小两条蛇,要过街,大蛇想大摇大摆过去,小蛇不敢过去,叫住大蛇说,这样过街你我两个都会被打死。大蛇问该怎么办?小蛇说有一个办法过去,不但不被人打死,还有人替我们修龙王庙。大蛇问他什么办法?小蛇说,你仍然昂起头来大摇大摆过去,但让我站在你头上一起过去。这样一来,我们不但不被打死,人们看了觉得稀奇,一定认为龙王出来了,摆起香案拜我们。还再把我们送到一个地方,盖一个龙王庙。结果照这个办法过街,果然当地人看后盖了一个龙王庙。这个故事分析起来很有道理,所以一个事业要成功,常在上面顶一个所畏的。所以有朋友去做生意,我劝他另外随便顶一个小蛇去当董事长,也不要当总经理,做一个副总经理就行了。慢慢过街,成功以后,反正有个大龙王庙,自有乘凉的地方,没有成功则可以少一点事。

还有一个故事,古时有一位太子,声望已经很高了,还要去周游列国,培养自己的声望。这时突然来了一个乡下老头儿,腋下挟把破雨伞,言不压众,貌不惊人,自称王者之师,说可以做皇帝的老师,帮助平天下,求见太子。通报以后太子延见,这老头儿说,听说你要出国,但这样去不行,你要拜我为老师,处处要捧我,在各国宴请你的时候,大位要让我坐,你这样才能成功。太子问他这是什么道理?老头儿说,我以为你很聪明,一提就懂,你还不懂,可见你笨。现在告诉你,你生下来就是太子了,绝对不会坐第二个位置,而你在国际上的声望也已经这样高了,再去访问一番,也不会更增加多少。可是你这次出去不同,带了我这样一个糟老头子,还处处恭维我,大家对你的观感不同了,认为你了不起。第一,你礼贤下士,非常谦虚。第二,这糟老头的肚里究竟有多大学问,人家搞不清楚,对你就畏惧了。各国对你有了这两种观感,你就成功了。这位太子照他的做,果然成功了。这不只是一个笑话,由此可懂人生。懂了这个窍,历史的钥匙也拿到了,乃至个人成功的道理也就懂了。

有时候把好位置让给别人坐坐,自己在旁边帮着抬轿,舒服得很。这就是君子三畏的道理,一定要自己找一个怕的,诚敬的去做,是一种道德。没有可怕的就去信一个宗教,再没有可怕的,回家去装着怕太太。这真是一个哲学,我发现一个有思想信仰的人,他的成就绝对不同,一个人没有什么管到自己的时候,很容易就是失败的开始,不然,还是回家拜观音菩萨才好。

## 学问的条件

孔子曰:生而知之者,上也。学而知之者,次也。困而学之,又其次也。困而不学,民斯为下矣!

这是教育与天才的关系,孔子说有些人生而知之,这是天才,上等人。的确有些人生而知之,这一点在中外历史上可看到,大的军事家,并不一定懂兵法,中国历史有一句话,说宋代名将狄青作战,是"暗合兵法"。就是说他并不是习武出身,可是自然有军事天才。据我所知,有许多朋友,对军事上的学理讲得非常好,可是打起仗来,老是打败仗。大的政治家也并不一定是政治系毕业的,人情世故通了,自然对。所以不管文学、艺术任何一方面,都有天才。孔子也不是念哲学系或是伦理系、教育系;耶稣、老子都不曾读什么系。他们的学问就是对的,千秋不易,是生而知之的天才。其次是"学而知之",学了才会;再其次"困而学之",要勉强,大家要有这个精神,自己勉强自己,规定自己努力。我个人的经验,也许是个人嗜好不同,隔几天不摸书本,就觉得不对头,好像几天不打牌手会发痒的人一样。但这是"困而学之",自己规定了自己,非读书不可,看小说都是好的。但有一般人,困而不学,勉强订个范围,让他去学,他还不肯去学,这种人就免谈为学了。

孔子曰:君子有九思:视思明、听思聪、色思温、貌思恭、言思忠、事思敬、疑思问、忿思难、见得思义。

这九个条件,完全讲到思想问题。在我们生活思想上,以伦理道德为做人做事的标准,孔子说有九个重点。这一节,如在文字表面上来解释,就不必再讲了,如"视思明",当然看东西要看得清楚,但这并不是指两个眼睛去看东西,现在眼睛看不清楚也没有关系,街上眼镜店多得很。这是抽象的,讲精神上对任何事情的观察,要特别注意看得清楚。同样听了别人的话以后,也要加以考虑,所以谣言止于智者。我经验中常遇到赵甲来说钱乙,钱乙来说孙丙,我也常常告诉他们说,这些话不必相信,只是谣言,听来的话要用智慧去判断。脸色态度要温和,套用现代的话,是不可摆出神气的样子。对人的态度,处处要恭敬,恭敬并不是刻板,而是出于至诚的心情。讲话言而有信。对事情负责任。有怀疑就要研究,找寻正确的答案。"忿思难"的"忿",照文字上讲是忿怒,实际是情绪上的冲动,就是对一件事情,在情绪上冲动要去做时,要考虑考虑,每件事都有它难的一面,不要一鼓作气就去做了。最重要的是"见得思义",凡是种种利益,在可以拿到手的时候,就应该考虑是否合理,应该不应该拿。

孔子曰:见善如不及,见不善如探汤,吾见其人矣,吾闻其语矣。隐居以求其志,行义以达其道,吾闻其语矣,未见其人也。

上面讲了人生的大原则,这里孔子提供自己的经验,他说有些人见善如不及,看到别人好的地方,自己赶紧想学习,怕来不及去学;见不善如探汤,看到坏的事情,就像手伸到滚开的水里一样,马上缩手。就是说有些人看见坏的事情绝对不做。孔子说,像这样专门走好的路子,坏的路子碰都不碰的人,我还看过,也听到过他这样的言论。

第二点,他说有些人隐居以求其志,一辈子不想出来,尤其古代以做官为发展志向唯一的道路,可是有些人一辈子不肯出来做官,自己自由意志,做自己的学问,管自己的人生,不想出名,也不想做官,做事则处处要求合宜、合情、合理,走仁义的路线。孔子说,这样的言论我听得多了,可是没有看到真这样做到的人,所以绝对不要功名富贵,行义以达其道的,在理论上讲起来容易,做起来非常难。

这里两条作为对比。上面是说专门做好事,坏事碰都不碰,这样的人蛮多,第二条的人难了,一辈子功名富贵不足以动心的,这在理论上讲容易,到功名富贵摆在面前时,而能够不要的,却很难很难!这是人生哲学。但要注意,这一篇内容都离不开政治哲学。

因此,接着便有:

齐景公有马千驷,死之日,民无德而称焉。伯夷、叔齐饿于首阳之下,民到于今称之。其斯之谓与?

这一段古人把它圈断了,因此宋儒认为应该是属于《颜渊第十二》篇中"诚不以富,亦祇以异"的下面。大概古人用竹简刻书,搬来搬去搬错了地方。我看不尽然,就如此紧接上面也很通的。孔子说,齐景公是天生的诸侯,掌政权时,财产很多,有上千的名马。换句话说,他富贵到了极点,可是在他死了以后,没有一点好事留下来值得世人去怀念他,老百姓早把他忘了;在伯夷、叔齐两兄弟;连皇帝都不要当,最后是饿死在首阳山,到现在大家都还在称颂他们,真是万古留名,这就是"隐居以求其志,行义以达其道"这两句话的意义的表现了。换言之:如果没有薄帝王而不为的修养,随便讲"隐居以求其志",那也只是说说叫叫而已。

## 诗 礼 传 家

下面近于这一篇的结论了:

陈亢问于伯鱼曰:子亦有异闻乎?对曰:未也。尝独立,鲤趋而过庭,曰:"学诗乎?"对曰:"未也。""不学诗,无以言。"鲤退而学诗。他日又独立,鲤趋而过庭,曰:"学礼乎?"对曰:"未也。""不学礼,无以立。"鲤退而学礼。闻斯二者。陈亢退而喜曰:"问一得三:闻诗、闻礼,又闻君子之远其子也。"

这是孔子本身的故事,用它放在本篇后面来作结论的,这中间很有道理了。陈亢是孔子的学生,名子禽。上论中提到子禽问于子贡,他提出怀疑,问孔子到每个国家,到底是想干政治?还是希望对人家有所贡献?这位同学蛮有意思的,常常研究孔子,对孔子常存怀疑。伯鱼名鲤,是孔子的儿子,年轻就死了,鲤的儿子就是写《中庸》的子思。有一天,子禽拉着孔子的儿子伯鱼,问他道,我们的老师就是你的父亲,他另外有什么秘诀传给你吧?对你有什么与我们不同的教育没有?伯鱼说,没有。但是一件事可告诉你,

## 季氏第十六

有一天我父亲一个人站在那里（这时当然没有同学在旁边，应该是父子间，讲秘密话的时候），我回来，匆匆走过大厅，他看见了叫我过去问，近来读什么书？有没有研究诗的学问？我对父亲说还没有，我父亲就告诫我，如果不学诗就无法讲话（中国古代的诗，包罗万象，研究了诗，知识自然就会渊博，能多了解各种知识，例如对生物界的禽鱼鸟兽之名，多所认识，乃至对科学性的植物、动物，各种知识都能了解而博物。所以告诉伯鱼，不学诗，知识不够渊博，知识不渊博，则不论作文章、说话都不行）。因此我开始学诗了。又有一天我碰到我父亲，他问我学礼没有？我说没有。我父亲就说，一个人不学礼，不懂文化的基本精神，怎么站得起来做人？我听了他老人家教训，就进一步研究"礼"这方面的学问。只听了两点。伯鱼这样答复子禽。换句话说，孔子对儿子的教育和对学生的一样，一点没有秘诀和私心。子禽听了伯鱼的话，非常高兴，他说我只问了一个问题，研究老师，现在了解了三方面：第一我知道了学诗的重要，知识渊博的重要；第二知道礼的重要，就是文化中心的重要；第三知道孔子真是圣人，没有私心，对自己儿子的教育，和对学生的教育一样。

讲到这里，我想到一个亲身的经历，我一位太老师（老师的老师）赵凤篪先生，广西人，不但中国学问深，也深通佛学，是很令人敬仰的。佛的精神讲度众生，众生并不专指人，人乃是众生之一，一切有生命的动物，都是众生。我的老师告诉我，这位太老师有很多奇怪的事，他只有一位独子，后来在成都司法界任职，我的老师访问他，太老师一生的学问，在他看起来有什么特点。他笑笑说："先严没什么特点。先严视一切众生如儿女，对儿女却视同一切众生。"他这两句话我始终记得，越想越有味道。他的上一句话随便说还容易，下一句话"对儿女视同一切众生"更难了。这就是前辈们的教育，爱一切人如爱自己儿女一样，对自己儿女和对一切人一样，我真是心向往之，仰慕这种做法，教育上没有私心。

## 称呼的礼节

邦君之妻,君称之曰"夫人",夫人自称曰"小童"。邦人称之曰"君夫人",称诸异邦曰"寡小君"。异邦人称之,亦曰"君夫人"。

这是中国古代的礼。这一篇,由季氏开始,讲文化的衰落、历史的演变,后来讲礼义的重要,最后加一个看起来好像不相干的称谓问题。邦君之妻,就是诸侯的太太,诸侯公称她叫夫人。她对诸侯自称小童,老百姓称她为君夫人,外交礼貌上自称寡小君,外国人对她也称君夫人。这是古代礼貌,这些礼貌,现在就很难讲了!研究这个,中国有一套书,不过现在这个阶段,没有严格讲究这种礼貌,但是我想将来新的文化,还是会继承这种精神,只是名称不同而已。目前这个文化很混乱,有许多称呼很难。譬如女老师的丈夫应该如何称呼?讨论了很久,好像现在已经决定了称"师丈"。现在有许多称呼很怪。如"世伯"的称呼,就有许多人不懂,而称"王伯伯"、"李妈妈",以前称姓是不敬的;如"敝处"一词年轻人就不懂,而自称"府上某地"的,那就太普遍了。至于"台甫"、"贵庚"就更不懂了。这个时代,不知道是我落伍了,还是文化衰落了,但一切人文规范显得非常紊乱,社交礼貌也是花样百出,各行其是。文化的复兴应该表里同时进行,现在的国民生活须知,应加以广泛而详尽的订定,以适合现今的需要。

# 阳货第十七

以《论语》全书二十篇而言,最后的几篇等于作结论了。尤其这里第十七篇,是上论第七篇《述而》的引申,所讲大都是孔子为人处世的重点,后世用来作为借镜。古人所谓借镜,普通人是用镜子来照衣冠仪容是不是整齐,人生就是用前辈作镜子反照自己,也就是效法、警惕的意思。

这里用来借镜的重点,是人生的出处,在古书上"出处"这个名词,很多地方可看到,现在很少人用了,意思是人生的第一步,要如何起步?人生的第一步很重要,如果第一步走错了,就会永远的错下去。在历史上,在个人,这种例子很多,所以人生的出处,对于过去的知识分子,是一件非常重要的事。如宋朝辛弃疾(稼轩),在宋代历史上是一个非常杰出的人物,他比岳飞迟一点,差不多与朱熹同时,山东人,很有学问。当时元朝还没有起来,北方为金人所据,他有豪侠之气,文武全才,不受一般的习俗所规范(以现代名词来形容就是太保,不过本质上并不是现代行为不良的太保)。十九岁的时候立志报国,和许多青年,要反抗金国,光复国土,而能号召到几千人起义,然后占山打游击。他曾经认为某个人有将才,推荐给南宋,不料这人叛变了,他听到消息后,单枪匹马,闯到敌人的阵地里,把这个叛徒抓回来。从这件事看起来,他的武功胆识都不简单。后来他带了一万多人,渡江回到南宋来。可是他和岳飞的志向是一样的,天天想恢复国土,赶走金人,南宋始终没有重用他,而成为了有名的词人。凡是讲到文学,讲到宋词,没有不提到他的。

我们就看他一生的出处，年轻时是"太保"，充满了豪侠之气，文武全才。中间起来打游击，能在敌人的区域中带上万人渡江过来，向南宋上了几次恢复国土的计划，可是南宋的君臣不想北伐，没有采用他的意见。后来成了有名的文学家，也是有名的理学家。在南宋做官时，因为才气太高，受了很多打击，几次免官，人家检举告发他"贪财好色"四个字，但都是"事出有因，查无实据"。他不在乎，下台就下台。可是每次碰到地方上出了问题，兵变了或政治上出毛病了，又起用他，调去平乱、整顿，他去了以后，不到几个月就把这些事办好了，他的才具之大，由此可知。我们今天提到他，就是因为他始终抱定了立身出处要正大，不管表面的行为怎样，他的立身出处则始终是正大的。这一点在他晚年的诗词里，就看到很多，其中当然也有牢骚，可是站在文学的立场，看他的成就那么高，修养好，儒、释、道三家无不晓通，虽有牢骚，到底情有可原，就是这样一个怪人。我们现代如果认真研究历史，鼓励青年们效法辛弃疾这一类的人，也是有道理的。

我们讲到出处两个字，来看看他的词，其中有一阕就说："出处从来自不齐，后车方载太公归；谁知寂寞空山里，却有高人赋采薇。黄菊嫩，晚香枝，一般同是采花时，蜂儿辛苦多官府，蝴蝶花间自在飞。"这是他到南方以后，年纪大了时的作品。我们看这首词的上半阕，他说，人生的出处，第一站出来，不必要求每个人都是一样，各人可以不同。他引用周代的历史，文王找到姜太公，非常礼遇，马上把自己的尊贵座位，让给姜太公坐，自己驾车，把他请回来。致周代的政权八百年的稳固，王业的成功，计划出于太公之手。可是同样的时代，有伯夷、叔齐，连皇帝都不愿当，逃隐到最后，硬是饿死在首阳山，也就是前面提到过的两句诗："有人辞官归故里，有人漏夜赶科场。"人的志向各有不同，有人要入世，有人要出世，有人面对千万两黄金，看不看一眼，有人见到区区几百元，眼睛都发亮，各人出处不同。

这是讲出处方面，站在纯文学的角度看，并不是一阕特别好的作品，这是文学境界牵涉到学说思想的词，所以在他的集子里是有名的作品之一，一般人学他的词也很难学。人们提起文学家，每每先提到苏东坡，他是运气好，名气太大了。在时间上说，苏东坡比他早，是他的前辈，不过有人认为辛弃疾的词，因气派不同而超过了苏东坡。而辛弃疾的一生，少年公子、太保、游击队领袖，尝过流亡部队生活，当过将领，当过地方政治首长，什么都干过，声色犬马，好的坏的他都有，所以作品中有多方面的东西，气派完全不同。

有关立身出处的问题，在宋、明以后，又盛行一个新名词（当然，在现在看来，是旧文学的名词）叫"出山"，就是因为有了尊重隐士、处士的风气所形成。杜甫诗所谓"在山泉水清，出山泉水浊"，便已有这种含意。讲到这里，我又想起我的老师袁先生，题灌县灵岩寺的一副对联。灵岩寺靠近都江堰的灌口，先秦时代，西蜀太守李冰父子修建了灌口——都江堰，自有了这个扬子江上游的伟大水利工程之后，一二千年来，才有成都天府之国的农田水利。所以四川人为了感戴李冰父子，在灌口修建一座二郎庙，永远留给后人馨香膜拜，威灵显赫，无尽敬重。袁老师的上联是："溉数万顷良田，在山泉水清，出山泉水清，好个比邻秦太守。"下联是："揉千七则藤葛，不说话亦堕，欲说话亦堕，拈与胡僧阿耆多。"下联是禅门公案，不去管它。上联所说"在山泉水清，出山泉水清"，借此为颂扬秦太守李冰父子的千秋功业，实在可作为千古名臣出山从政的最好典范。

我们为什么讲辛弃疾和他的出处？因为《阳货第十七》这一篇书，大部分都是讲孔子的出处。我们如果把辛弃疾这阕词中上半阕四句话的观念，都记住了，然后研究到了《论语》第十七篇的一半，就可以用辛词这四句话，作这篇上半篇的结论。现在再来看《论语》本文。

## 阳货的火腿

阳货欲见孔子，孔子不见。归孔子豚。孔子时其亡也，而往拜之,遇诸涂。谓孔子曰:来,予与尔言。曰:怀其宝而迷其邦,可谓仁乎?曰:不可。好从事而亟失时,可谓知乎?曰:不可。日月逝矣,岁不我与!孔子曰:诺,吾将仕矣。

这里"豚"应该多一点写作"豚",念"矸"的音,是蹄膀。但现代的国语念成"屯"音,写法就该是"豚",为小猪,即广东人的烤乳猪。照道理,这里应该是"豚",一个蹄膀,等于一只火腿。

阳货的相貌很像孔子,所以孔子在陈蔡之间,被人误认是阳货,把他包围起来,要杀掉他。阳货是鲁国一个大坏蛋,一个奸臣,可是很能干,总想拉拢孔子,有所企图,因此他想要见孔子,孔子始终不和他见面,都推掉了。后来有一天他去看孔子,没有见到,就留下一只火腿送给孔子。在古代送礼,不像现在这样随便的,阶级不同,送礼的方法和内容也不同,等于现在国际间外交礼节的赠勋,因受勋人的阶级不同,所送的勋章类别等级也不同。这次阳货送了孔子的火腿,是厉害的一手——你不见我,我却要见你,你看不起我,我却看得起你,这使孔子棘手了。怎么办?从这件事我们也可以知道孔子这位圣人,并不是大家想象中那么呆板,他也有一套的。大概先让他的学生做一个情报,打听一下阳货的行踪,趁他不在家这一天去回拜,留一个名片不失礼。不料在路上又遇到了阳货,孔子再也没有办法不跟他见面了。阳货就对孔子说:"来,予与尔言。"我们看这个文章,古文写得很简单,但是就和白话文一样,表现出阳货那种满不在乎的神态。于是他对孔子提出第一个问题,有一个人满腹经纶,有学问、有大志,像袋子里怀了宝贝一样,可是碰到自己国家那么动乱,却不肯站出来,用他的经纶救世救国,在一边袖手旁观,你孔子是一天到晚提倡仁道的人,你看这样一个人,可以说他仁吗?孔子说,这样是不对的,不能说是仁的。孔子这下吃瘪了。阳货又提出第二个问题问孔子说,一个人有思想、有办法,才能很大,可以为国家做事,可是每每失去做事的机会,甚至机会找上门来他都不要,你孔子说说看,这个人算是有智慧吗?孔子说,这样也不对的。在第二个问题上,孔子又吃瘪了。由此可见阳货是个大政客,他并没有直接说孔子不对,只提出这样两个问题。在孔子作了答复以后,他就对孔子说,太阳、月亮天天不停地在运转,时间很快就过去了;人一天天在走向衰老,等年龄大了,想救世救国,精力都没有了,岁月不可能永远停在年轻阶段的。于是孔子说,对!我快要出来做事了。可以说孔子被阳货逼得没办法,好像被逼到死角去了。这是孔子见阳货的著名故事。

但是,孔子真正被他逼出来没有?这也就是孔子确定自己的一生出处。如果孔子当时点个头,可以出来和阳货同流合污,要什么可以有什么,要权力就有权力,要财富就有财富,可是孔子绝不会出来,这就是古人所谓立身出处,自己应该站什么样的立场要搞清楚。所以我借用辛稼轩的"出处从来自不齐"这名句先来点题。

其次,我们看到这个做法,自己要拿来做借镜的,我们看到许多朋友,个性非常倔强,人格又很清高,但是这样性格往往锋芒太露,不但伤害了别人,同时也伤害了自己。试看孔子,在这种地方,遇到了阳货的情形,这是孔子的态度,也是孔子待人处世的办法。

下面跟着记载孔子的话。所以我说,表面看起来,《论语》好像是一条一条,乱七八糟的记载,互不相关。如果照我们这次研究的方法看,它的内容是连贯性的,孔子的学生们编辑这本书,并不像会议记录或谈话记录一样,而是一种连贯性的编辑。下面这两句,本来好像与阳货的事情连不起来的,现在我们了解了他的方法,就看得出来,下面的话,正是阳货这件事的注解。

## 《三字经》与孔子

子曰:性相近也,习相远也。

曾经提到过,要了解中国文化,《三字经》和《千字文》这两本书非常重要。一个美国人跟我学了一年《易经》,然后用英文写了一本关于《易经》的书,在美国各大学应用。这位美国朋友说,促进中西文化交流的工作,我们年纪都太大了,应该把下一代培养起来,于是把我最小的一个孩子带去了,当年才十二岁。不过每年暑假都回来,习毛笔字,读中国的四书五经。在美国已经读到高中了,最近写信回来告诉我,在美国课余读《三字经》、《千字文》,他说愈读愈同意其中的道理,并要我把"性相近,习相远"这两句,特别加以解释。这两句话就是来自《论语》,所以我们不要轻视了《三字经》,我们这一代,一开始就读这本书,现在的学生,对这本书是不是能够完全解释明白,还是一个问题。我始终赞成小孩子在课余要背诵这本书,到长大了拿出来,一点一滴都有用。

"性相近,习相远。"这两句话,表面上是解释人的心理。人的性质虽有相近之处,但发展方向各有不同。在教育上就看得到,现在大学联招分组的办法,问题实在很大,有的人根本不知道每一科系的真正内容,考试之前对自己的性向也不清楚,结果考取被分发之后,才发觉自己并不适宜这个科系。这就是糟蹋人才。现在的所谓性向,不是性相。"性相近,习相远。"人的性质相近,但是各人兴趣不同,习惯也不同。譬如说一个人的个性,硬是不喜欢这一套,可是硬把他拉到这一门工作上,慢慢习惯了,就与原来个性的兴趣越来越远。这还是表面的解释,照这样说法,用来作孔子与阳货见面的解释,等于拿孔子的话自己作声明,他们都希望孔子出来做官,后来孔子硬不出来。各人兴趣不同,习性也不同,没有办法与这个时代社会沟通,不受时代环境影响,自己始终超然独立地站住,这就是"性近"、"习远"的道理。这种修养是很难得的,这是连着上文的说明。

此外我们单独研究这两句话,问题大得很。就是孔子讲到形而上之道了。何谓"性近""习远"?这个"性"字,在现代哲学思想上,也可以说是指人性。什么是人性?是个问题。根据中国文化,都用孟子的话,"人之初,性本善。"就是说人的原始,都很善良,没有坏人。关于性善、性恶的问题,我们已经提到过的。孔子在这里讲的性,虽然是有了生命的后天之性,但人一生下来,在婴儿阶段的天赋之性,还近于先天的本性,总是善的。"习相远也",后来的习惯一来加上,越变越与天赋之性相远了。拿事实来看,我们每人个性,本来是善良的,习惯很容易学坏。这习惯对人是很重要的,环境会改变人,所以在教育思想上,对这六个字就要特别注意。"性相近也,习相远也。"人习惯了以后,离开本来的善良、纯洁越远,嗜好越来越大。所以对于自己的修养,不管是做什么事,乃至出将入相,富到拥有千万美金,而能保持原来朴素的人非常少。这是学问的道理,须要高度的修养。往往本性是相近于道,习惯越来越坏,把自己变得远于道了,这是要注意的。因此:

子曰:唯上知与下愚不移。

这就是连接上面的意思,上面是讲性的相近,一般人没有基本的中心思想,容易受环境影响,习惯越多,距离自己本性越远,下面就说只有上智,第一等智慧的人,与下愚,最笨的人,不会受环境影响。最聪明人自己有思想,有见解,有中心主张;最笨的人,影响不了他。除此以外,世界上都是像我们一样的人,最糟了,说聪明也笨,说笨也聪明,聪明又笨,这一类人最易受时代环境影响。像我的家乡,有些最靠海边的穷家小户,一年到头都是在海滩拣一点最坏的蚶和红薯干,放点盐,喝稀饭。有一次,一位这样的穷人说,假使有一天发了财,餐餐都要吃某人家那样的豆腐干。他的欲望就是那么大,再好的给他吃也受不了,这也可以说就是"唯上知与下愚不移"。有一天来了一些乡巴佬,我拿很好的外国巧克力糖请他们吃,他们走了以后,在桌椅下扫出许多巧克力糖来,原来他们吃了觉得是怪味道,丢掉了,我这才发现自己又错了,这也是"上智下愚不移"的道理。所以这中间有一个哲学:真正第一等聪明的人,是世界上最笨的人;真正笨到绝顶的人,就是第一等聪明人。这个话表面上看起来矛盾,大家仔细研究一下就会了解,所以人不需要玩弄聪明,喜欢玩弄聪明的人,最后还是失败的。

同时,我们也可以看出把上面这两条放在这里,作为孔子见阳货这件事的结论,是非常好的说明,等于替孔子自己解释了。一个人立身出处非常重要,绝不可以受环境影响,绝不受外来的权势、利益诱惑而变更初衷,要始终"确乎其不可拔"才对。

子之武城,闻弦歌之声,夫子莞尔而笑曰:割鸡焉用牛刀?子游对曰:昔者,偃也闻诸夫子曰:"君子学道则爱人,小人学道则易使也。"子曰:二三子!偃之言是也,前言戏之耳!

武城是一个地名,孔子学生子游在那里做首长。一次孔子到了那里,听到弦歌之声。这是孔子教育学生的高级方法,而子游却用这高度的文化礼乐在教育老百姓。孔子嘴巴一咧,比微笑又大一点的这么一笑说,子游真滑稽,在这样一个小地方,用这种高级教育来教育老百姓。等于杀一只鸡,动用牛刀,过于小题大作了!有人把这话告诉了子游,子游马上对孔子不客气了,立即来质询孔子说,老师,以前你不是常告诉我们,有知识的上等人要求学,学道后,能够扩充仁慈的胸襟,更能够爱人;低能的小人物更须要教育,更须要学道,因为低等的人学道就懂道理了,指挥起来就更方便,更怕是不懂道理。教育的目的在此,第一流头脑受了教育更好,下等人受了教育,自己好,对人也好。这个话,是你教育我的啊!我今日出来当地方首长,作之君,作之亲,作之师,我应该教育他们啊!孔子听了这话,立刻收回刚才的话,告诉身边的其他学生,你们大家听好,子游的话是对的,我刚才是开玩笑说笑话的。孔子这一下真是错了。我们不必像古人一样,把孔子塑造得那么好,孔子也是人,有时候也会说个笑话。或者不经过大脑说话的时候也是有的。由此可见他们师生之间无所不谈,老师对的就是对的,不对的就给他退回去。

这一段放在这里,是文章上一个波浪,也和《阳货》这一节有关系,怎么说有关系?孔子这个时候,本身用不着出来了,他培养后一代,只希望自己这一班学生能够有所作为,对社会、时代有所贡献。所以在这个地方我们可以看出来本篇编辑的用意,把子游出来为地方行政首长的事放在这里,说明了孔子用不着自己出来了,但是真的不愿出来吗?不然,这是出处的问题。下面问题就来了!

## 孔子与子路唱双簧

公山弗扰以费畔,召,子欲往。子路不说,曰:末之也已,何必公山氏之之也?子曰:夫召我者,而岂徒哉?如有用我者,吾其为东周乎!

公山弗扰是一个人,公山是姓,弗扰是名,费是地名。公山弗扰在费这个地方叛变了,独立了。这时鲁国的季家三弟兄,势力非常强,而季桓子的部下又叛变了。春秋时代的末期,发生种种叛变,社会非常混乱。公山弗扰叛变以后,使人来请孔子去帮忙,据说孔子准备去,子路大为不高兴。我们知道子路有好几次对老师不高兴,这次又大为不高兴了。他们师生之间感情有这样好,而彼此又这样了解。这次子路说:末之也已(这个"末"字有人说古书上印错了,应该是"未"字。"之"字是至的意思),老师你没有地方去了吗?什么地方不能去?公山弗扰这样一个叛变的人,令人看不起的人,你还要到他那里去吗?孔子说,他要来请我,我也不是主动的,假使有人肯真正用我的话,能听我的话,"吾其为东周乎!"这句话有两个解释,一是孔子说,我可以把这个时代挽回,仍然拥护东周;一是东周的文化可以重新在这个地方兴起来。实际上孔子去了没有?子路发了一顿脾气,并不是子路把他挡住,他本来是逗逗学生说想去,事实上,他绝不会去的。但子路这个人比较直爽,一听以为孔子真的要去。有好几次都是如此,像上论提到过,一次孔子说想要出国,子路就马上要跟着走了。这一次,子路也是听到了便跳脚,马上向老师提出反对意见。

为什么我又说孔子不会去呢？且看下段分解：

> 子张问仁于孔子。孔子曰：能行五者于天下，为仁矣。请问之。曰：恭、宽、信、敏、惠。恭则不侮，宽则得众，信则人任焉，敏则有功，惠则足以使人。

这一段就是说明孔子不会去的理由，尤其对这些不以正道取得政权的人，他更不会理这一套。子张问仁，孔子这里是说仁的作用。他说五个条件都做到的，可以称作仁。子张问哪五个条件？孔子说：恭、宽、信、敏、惠。在古文中这五个字很简单，拿现在来说，就是五条原则、五个目标或守则。第一个恭。对自己的内心思想、外表行为等，要严肃地管制，尤其一个领导人，对自己的管理，特别重要。第二个宽。对人宽大，所谓宽宏大量，能够包容部下、朋友所有的短处及小过错。第三个信。能信任人，有自信。第四个敏。就是聪明敏捷，反应快。第五个惠。更重要，恩惠，以现在说，实行社会福利制度就是恩惠的一种，但不要把福利看成是全部的惠。待人要有真感情，对年轻的视同自己的兄弟儿女，对年纪大的视同自己长辈，不是手段，要出自真心的诚恳。这是做人做事五个基本条件，假使做到了，随便在哪一界做事，都有用处。

下面孔子说的理由，他说一个人如果能够自己对自己管理得严肃，既不欺负人家，自己也不会招来侮辱。能够宽厚待人，部下自然拥护。信人自信，则任何人都可以用。处理事情头脑清楚，反应快，就容易有功绩。最后，最重要的，人与人之间必须具有真的感情，很诚恳的感情，彼此才可以相处，共创事业。

下面讲到另外一个人，可以看到当时鲁国的政治，也反映了春秋战国时，每个国家的混乱：

> 佛肸（佛音弼，肸音细）召，子欲往。子路曰：昔者由也闻诸夫子曰："亲于其身为不善者，君子不入也。"佛肸以中牟畔，子之往也，如之何？子曰：然，有是言也。不曰坚乎？磨而不磷，不曰白乎？涅而

不缁。吾岂匏瓜也哉？焉能系而不食！

佛肸是一个人名，也是一个叛变的人，同样也请孔子去，孔子准备去了，又是子路反对。他提出来说，老师，你从前教育我们的，受国家和长官的培养，结果做出许多不对的事情的人，不能来往，这种人所管辖的地方都不去的。而佛肸在中牟叛变，独立了，你现在却想去这样的地方，这又是什么道理呢？孔子说，是的，是有这个道理。但是你知不知道？一个很坚固的石头，像金刚钻一样，随便你怎么磨它，也不会碎。一块真正无瑕的玉，无论如何也染不黑的。孔子这两句话，就是告诉子路，一个人如果有真正的内涵，则任何一种环境，任何一个时代，都始终站得住。孔子又说我总不能像那个匏瓜一样，永远挂在树上，不给人吃的。这是他跟子路开玩笑了，也就是告诉子路，他只是说去，实际上是不会去的。换句话说，假定真的去，那么在任何环境中都可以站得住而有所建立，并且是有心想挽救这个时代的，不能够永远挂在树上，像匏瓜一样只给人当样品一般欣赏而已。

这几段连下来，我们就了解这一篇，主要讲人的立身出处，孔门弟子就用孔子自己本身的经历来说明这一个道理。下面就是这个道理的发挥，讲立身出处完成一个人格的不容易。

## 正 反 相 依

子曰：由也，女闻六言六蔽矣乎？对曰：未也。居！吾语女：好仁不好学，其蔽也愚。好知不好学，其蔽也荡。好信不好学，其蔽也贼。好直不好学，其蔽也绞。好勇不好学，其蔽也乱。好刚不好学，其蔽也狂。

这段话并不一定是子路问孔子以后，他马上告诉子路的，而是平常教育子路的，编撰《论语》的人把这几段安排在一起，烘托出一个思想系统，使我们看得更清楚。所以在这里是孔子问子路，有没有听过六句话，就是说六个大原则，也同时有六个大毛病？子路说，我没有听见过。那么孔子很郑重地对子路说，你站好，我告诉你，仁虽然好，好到成为一个滥好人，没有真正学问的涵养，是非善恶之间分不清，这种好人的毛病就是变成一个大傻瓜。有许多人非常好，仁慈爱人，但儒家讲仁，佛家讲慈悲，盲目的慈悲也不对的，所谓"慈悲生祸害，方便出下流。"不能过分方便，正如对自己孩子们的教育就是这样，乃至本身修养也是如此。仁慈很重要，但是从人生经验中体会，有时帮助一个人，我们基本上出于仁慈的心理，结果很多事情，反而害了被帮助的人。这就是教育的道理，告诉我们做人做事真难。善良的人不一定能做事，好心仁慈的人，学问不够，才能不够，流弊就是愚蠢，加上愚而好自用便更坏了。所以对自己的学问修养要注意，对朋友、对部下都要观察清楚，有时候表面上看起来是对某人不仁慈，实际上是对这人有帮助。所以做人做事，越老越看越惧怕，究竟怎样做才好，有时自己都不知道，这就要智慧、要学问，这是第一点。

第二点：孔子说有许多人知识非常渊博，而不好学（这就是我们强调过的，在讲第一篇《学而》时所说，学问并不是知识，而是个人做事做人的修养），它的流弊是荡。知识渊博了，就非常放荡、任性，譬如说"名士风流大不拘"，就是荡。知识太渊博，看不起人，样样比人能干，才能很高，没有真正的中心修养，这种就是荡，对自己不够检束，这一类的人也不少。

第三点："好信不好学，其蔽也贼。"这个问题来了，这个"信"到底指哪个"信"？假使指信用的信，对人言而有信，这还不好？假如好信不好学就是贼——鬼头鬼脑，这怎样解释呢？对人对事，处处守信，怎么会鬼头鬼脑？这里的"信"，至少在《论语》里有两层意义：自信和信人。过分的自信，有时候发生毛病，因为过分自信，就会喜欢去用手段，觉得自己有办法，这个"办法"的结果，害了自己，这就是"其蔽也贼"。

第四点:"好直不好学,其蔽也绞。"像绳子绞起来一样,太紧了会绷断的。一个人太直了,直到没有涵养,一点不能保留,就是不好学,没有修养,它的流弊要绷断,要偾事。脾气急躁的人会偾事,个性疏懒散漫的人会误事,严格说来误事还比偾事好一点,偾事是一下子就把事弄砸了。所以个性直的人,自己就要反省到另一面,如果不在另一面修养上下功夫,就很容易偾事。

第五点:"好勇不好学,其蔽也乱。"脾气大,动辄打人,干了再说,杀了再说,这是好勇,没有真正修养,就容易出乱子。

第六点:"好刚不好学,其蔽也狂。"就是直话直说,胸襟开阔,同第四点好像差不多,直爽的人说直话,心肠直,所谓一根肠子。刚的人一动脸就红了,刚正就不阿,好刚的人不转弯的,决不转变主见。个性很刚的人,若不好学,他的毛病就成狂妄自大,满不在乎。

这六点要特别注意,每个人可以把《论语》这一节原文写在笔记本上,或写在案头,随时用来反省自己,作为一面镜子。这六点也就是人的个性分类,有这样六种个性的人。这六种个性都不是坏事,但没有真正内涵的修养,就都会变成坏事,每个人的个性长处不同,或仁、或知、或信、或直、或勇、或刚,但不管哪种个性,孔子告诉我们,主要的自己要有内涵,有真正的修养,学问的道理就在这个地方。最难的就是认识自己,然后征服自己,把自己变过来。但要注意并不是完全变过来,否则就没有个性,没有"我"了,每个人要有超然独立的"我"。每个人都有他的长处和短处,一个人的长处也是他的短处,短处也是长处,长处与短处是一个东西,用之不当就是短处,用之中和就是长处,这是要特别注意的。教导部下和子弟也是这样的,性向一定要认清楚,一个天生内向的人,不能要求他做豪放的事,一个生性豪放的人,不能要求他规规矩矩坐在办公室。要知道他的长处,还要告诉他,帮助他去发挥。孔子这段话,特别提出来告诉子路,实在对机而教。六言六蔽,相对的则有十二种性向典型,其实我们每个人本身知、仁、勇、信、直、刚的因素都具备了,不过还要从这些地方,用心涵养,这就是学问之道。

说到修养,下面孔子又提到诗了:

# 重 论 诗 教

子曰:小子,何莫学夫诗?诗,可以兴,可以观,可以群,可以怨,迩之事父,远之事君,多识于鸟、兽、草、木之名。

孔子在这个地方,讲学问修养必须要读诗,也就是我们经常提到,中国上古的文化,不像西方的文化把宗教放在那么重要的地位,中国上古文化注重于诗的文学境界,它有宗教的情感,也具有哲学的情操,上古的诗,就包括了现在所讲的整个文艺在内,所以孔子告诉学生们,修养方面,多注重一下文学的修养,我们翻开历史,中国古代的文臣武将,每人文学境界都有基本修养,从正史上看,关羽就是研究《春秋》学的专家;岳飞等人,学问都是非常好的,都有他们文学的境界。退休的朋友们走这个路线是不错的,不然就去研究宗教,最怕是退休闲居的人,自己内心没有一点中心修养,除了工作以外就没有人生,很可怜,所以学一种艺术也可以,自己要有自己精神方面的天地,这是很重要的。

所以孔子说,你们年轻人,何不学诗?

诗"可以兴",兴就是排遣情感,人的情感有时候很痛苦,人生有许多烦恼,对父母、妻、儿、朋友都无法说的,如果自己有文学或艺术境界,再不然就写写毛笔字,乱画一阵,也把怨气画去了,绘画也好,诗词更好,所以诗可以兴。这个兴是兴致,就是一切感情的发挥。

"可以观",在诗的当中可以得到很多道理,得到很多启发。对自己的诗,也可以看出自己思想的路线与情绪。看一个人的作品,大致上就可以断定作者的个性。说写字吧,过去就名为"心画",同样的毛笔,一万人写同样的字帖,可是一万人写出来的都不同。所以中国人看毛笔字，可以知道写字者的个性，寿命的长短，前途的祸福，现在发现钢笔字、铅笔字一样可以看出人的个性。"观"就是这个道理，从作品中可以了解人。

"可以群"，也可以合群，自己调整心境，朋友之间、社会之间，可以敬业乐群而不孤立，所谓以文会友。

"可以怨"，这很明显的，有了文学的修养，可以发牢骚了，有时心里的苦闷没有办法发出来，压制在里面，慢慢变成病。脾气大的人、情绪不好的人，心里很多痛苦压制下去，往往得肝病、精神病，所以需要修养，可是修养并不是压制，是自己疏导，不能疏导也不行，人的牢骚往哪里发？会作诗就可以发牢骚了。有文学艺术修养，在文学艺术境界上可以把牢骚发泄掉。

"迩之事父"，近一点可以孝顺父母。怎样孝顺？有艺术修养，侍奉父母，则有乐观态度。

"远之事君"，远大一点可以对国家社会有贡献。

最后一句话，因为喜欢在文学方面多研究，喜欢诗词，就"多识于鸟、兽、草、木之名"。知识渊博了，等于学了现在的"博物"这一科，什么都知道了。我们要知道，孔子的时代，工具书是绝对没有的，就靠一些诗才知道。工具书从唐宋以后才有编辑；《辞源》、《辞海》是民国时代，根据《渊鉴类函》、《佩文韵府》这些类书编的，而这类书都是后世才有。例如汉代左思作《三都赋》，花了十年的时间，并非是文章难作，而是当时没有类书。所谓虫鱼鸟兽、人物等等，资料难以收集，何况远在春秋时代。孔子当时所以特别提倡学诗，也是为了获得各种各样的知识。这是孔子教学生们一定要学诗的道理。

## 面壁而立的悲叹

子谓伯鱼曰：女为《周南》、《召南》矣乎？人而不为《周南》、《召南》，其犹正墙面而立也与！

《周南》、《召南》是《诗经》中《国风》的两篇诗。孔子告诉他的儿子伯鱼说，你有没有研究过这两篇诗？为什么要研究？就是上面说的一些大道理，诗有这样多好处。他说一个人知识不渊博，文学修养不到最高的境界，等于正面对着墙壁而立，墙外面什么也看不见，背后有什么更看不见，就是文盲、白痴了。

说到这里，可以介绍很多东西的，就讲文学境界中诗的牢骚，随便举个例子：宋代爱国诗人陆放翁的诗，就有很多牢骚，对国家世事很多忧虑，爱国热情无法发挥，在他的诗集文集里，可以看到很多；岳飞的有限遗著中也有很多牢骚；再说文天祥的诗词中，也看到很多牢骚。不论古今中外，每个时代，人生的痛苦，尤其想有所贡献于国家社会的人，所遭遇的痛苦，比普通人更大更多，多半见之于诗词之中。前面提到的辛稼轩，他有一阕有名的词，仅举半阕，就看出他有多少的痛苦与牢骚："追往事，叹今吾，春风不染白髭须，却将万字平戎策，换得东邻种树书。"这是下半阕。上半阕是描写他的生平，年轻时壮志凌云的气魄；这里则回想过去，感叹自己，现在老了，头发白了，胡须白了，再没有青春的气息，把自己的白发恢复年轻，回不去了。现在干什么呢？当时南宋不敢起用他，自己住在乡下，他写给南宋的报告，论政治、谈战略，好几篇大文章，如今没有用了，只好拿到隔壁邻居的老农家里，去换种瓜种菜的书。这里面岂不有牢骚？而且牢骚很大，可是他绝不掩盖自己心里的牢骚。他非常平淡，要我贡献就尽量贡献，不需要贡献则不贡献，是牢骚也非常平淡。因为他艺术文学的修养太高，把人生看得很平淡。像这些情感，他的诗词里太多了。看了以后就懂了人生，也懂了历史。古今中外一样，看通了人生，了解了人生，就会更加平淡、更愿贡献给社会。像辛弃疾的一生，所遭遇的打击太大了，照我们现在人的修养，可以造反了。这样一腔爱国的热忱，他带到南宋来的部队，却被解散了，他都受得了，而能淡然处之，虽然怨气填膺，但不像普通人一样动辄乱来，就因为他的目的只在贡献。现在我们举他这个例子，就是说诗可以兴、可以观、可以群、可以怨的道理。

## 礼乐的基本精神

下面就是结束上面的：

子曰：礼云礼云，玉帛云乎哉？乐云乐云，钟鼓云乎哉？

孔子动辄教人学礼乐，这个礼并不是普通的礼貌，所以我们强调说它就是文化的精神、文化的哲学。孔子这里说，礼，并不只是送火腿，这是情礼的一点表达而已，主要在文化的精神，乐也并不只是唱歌跳舞，是把人的精神，升华到永远乐观的境界。

这几段连起来，就归到人生出处。第一步站出来要慎重考虑，并不是说有机会就抓，既不随便站出来，则自己立身，做人总要作的，事业可以不做，官可以不做，人总要作的。所以刚才说要知道六言六蔽，要学诗，以及如何才是礼乐，都是教人晓得立身，如何站得住，知道自己如何做人，这些基本修养要做到的。

## 摆 虚 架 子

子曰：色厉而内荏，譬诸小人，其犹穿窬之盗也与！

这句话在文字上很容易懂。是说有许多人，在外表的态度上非常威风，非常狠，而内心则非常空虚。孔子对这类人下了一个结论，说他们相当于低级的小人，譬如一个小偷一样，在被人抓到时，嘴上非常强硬，而实际上内心非常害怕。孔子这句话所指的是当时——春秋战国时代，许多大人先生们，往往犯了这种变态心理。我们知道,一个人内心没有真正的涵养,就会变成"色厉内荏",外表蛮不在乎,而内心非常空虚。有时我们反省自己,何尝不会如此?坦白地说,有时生活困难,过着"穷不到一月,富不到三天"的日子,表面上充阔气,内心里很痛苦,也是"色厉内荏"的一种。其实大可不必这样做法,一个人好就是好,穷就是穷,痛苦就是痛苦,从历史的法则上看,当领导人,更不可这样。

像唐明皇这个人,少年了不起,中年了不起,晚年差一点,也是感觉到手下没有人才。举两件唐代的历史,就可以了解。唐明皇早年用了名宰相张九龄和韩休,都是唐明皇所相当敬畏的人,所以他的初期功业很了不起。对于唐明皇与杨贵妃这一段,后人写历史把责任都推到女人身上,好像唐明皇宠爱了杨贵妃,才一切都完了,这个话并不公平。有些精明的皇帝,宠爱女人的也很多,并不至于像唐明皇一样,所以问题还是在皇帝本人。唐明皇在他宗族的排行,是老三,所以浑名也叫李三郎。他有时候做了一点错事,马上问旁边的人,韩休会不会知道。往往他的担心还没有完,韩休的谏议意见书就到了。旁边的人说,你用了韩休以后瘦多了。唐明皇说,没关系,瘦了我,肥了天下就好。后来他宠爱了杨贵妃姊妹,又喜欢打球、唱戏,也可以说是心里空虚,找刺激。

但这事是在唐明皇中年以后,所以晁无咎有诗:"闾阖千门万户开,三郎沉醉打毬回,九龄已老韩休死,无复明朝谏疏来。"这是替唐明皇讲出了无限的痛苦,在安禄山叛乱以前的这一段时期,他的政府中人才少了,肯说话的人没有了,张九龄、韩休都过去了,没有敢对他提反对意见的人。唐明皇遭安禄山之乱,逃难到了四川的边境,相当于后世清代慈禧逃难一样,很狼狈、很可怜,他骑在马上感叹人才的缺乏,便说:现在要想找像李林甫这样的人才都找不到了。而历史上公认李林甫是唐明皇所用宰相中很坏的一个,说他是奸臣。这是唐明皇感叹连李林甫这种能耐、这种才具的人才都找不到。旁边另一谏议大夫附和说:的确人才难得。唐明皇说:可惜的是李林甫器量太小,容不了好人,度量不宽,也不能提拔人才。这位谏议大夫很惊讶地说:陛下,您都知道了啊!这时唐明皇说:当然我知道,而且早就知道了。谏议大夫说:既然知道,可为什么还用他呢?唐明皇说:我不用他又用谁?比他更能干的又是谁呢?这就是当了主管以后,为了人才难得,有时会感到很痛苦,明知道"色厉内荏",但是当没有人的时候,比较起来,还是好的。

## 古老文化社会的通病

下面跟着这一原则,讲许多人事道理。

子曰:乡原,德之贼也!

我们中国人经常骂人乡原,什么是乡原?乡就是乡党,在古代是普通社会的通称。这个原字,也与愿字通用。原人就是老好人,看起来样样好,像中药里的甘草,每个方子都用得着他,可是对于一件事情,问他有什么意见时,他都说,蛮有道理;又碰到另一方的反对意见,也说不错。反正不着边际,模棱两可,两面讨好。现在的说法是所谓"汤圆作风"或"太极拳作风",而他本身没有毛病,没有缺点,也很规矩,可是真正要他在是非善恶之间,下一个定论时,他却没有定论,表面上又很有道德的样子。这一类人儒家最反对,名之为乡原,就是乡党中的原人。孔子说这一类人是"德之贼也",表面上看起来很有道德,但他这种道德是害人的,不明是非,好歹之间不作定论,看起来他很有修养,不得罪人,可是却害了别人。总要有一个中心思想,明是非,如此才是真正的道德。

子曰:道听而涂说,德之弃也!

这是知识问题,凡事都要深入,不可道听涂(途)说。有时处理业务,对于一个人、一件事,千万不可道听涂说,拿新闻采访工作来说,在路上听到的消息要留心,但千万不可随便下定论,更不可据以发表传播,一定要先把资料找齐,弄清楚事实的真相,否则道听涂说,在德业上是要不得的。有一次我和一位哈佛大学学生谈起,说他们这个国家真危险。我对他说,你们那些国会议员,那些政策,即使有一百个我们中国的诸葛亮一样的政治家,也没有办法。你们那个样子的民主,随便哪一个国会议员都可以任意提意见,你们那些秀才们既不出门,又不懂天下事,台湾在地球上的哪一个位置都不知道,要想靠这样的人来决定东方的政策,怎么搞得好?这些人的知识就是道听涂说,绝对不曾深入。道听涂说这句话,就是告诫我们,不管读书做学问,或者道德修养、做人处世,都要深入求证,不能胡乱相信传闻。

## 患 得 患 失

子曰:鄙夫!可与事君也与哉?其未得之也,患得之;既得之,患失之;苟患失之,无所不至矣!

用这个"鄙夫"的名词好像孔子在开口骂人,等于后世骂人"匹夫"一样。这"匹"的意思,就是一个。其实这并不一定是骂人,意思只是说"一个人"或"这个人",再白话一点就是"这个家伙"的意思。而这里所记载的"鄙夫"之"鄙",就是"鄙俗"的意思,"鄙夫"就是没有学识的、很糟糕的这种人。如我们给人写信,稍稍带一点古文笔调写,谦虚一点,自称鄙人,但后来又有人改写作"敝人",实际上该写作"鄙人",而且这两个字,还要写小一点,放在旁边,以表示谦虚,自己是鄙夫。这里孔子称人为鄙夫,等于是在骂人。因为当时各诸侯之国的政坛人物,他所看不惯的太多了,他认为这些人都是鄙夫,他说这班人怎么可以主持国家的大事呢?他说这些人连最基本的修养都没有,当他在功名权力拿不到的时候,就"患得之",怕得不到而打主意、想办法,爬上这一个位置。等到爬上了这个位置,权力抓在手里了,又"患失之",怕失去了已经得到的权力。一个大臣,没有谋国的思想,没有忠贞的情操,只为个人的利益而计较,深怕自己的权力地位失去,于是不考虑一切,什么手段都用得出来,打击同事、打击好人、嫉妒贤才等等都来了。孔子在这里就是说明私欲太大,没有真正伟大的思想、伟大的人格和伟大的目标,只为个人利害而计较的为鄙夫。后世"患得患失"的成语,就是根据这里来的。

这几条都是连起来的,说明了一个人修养与人品,以及出来做事、为人处世的原则。下面就转了,讨论到人物了。

## 今古人物论

子曰:古者民有三疾,今也或是之亡也。古之狂也肆,今之狂也荡。古之矜也廉,今之矜也忿戾。古之愚也直,今之愚也诈而已矣。

他说上古时候的人,有三点毛病,是社会的病态,也是人类的病态。但到了现在,"或是之亡也"——"或"为"或者"的意思,"是"为"这个"的意思。这就是说如今看来也许这三项毛病,都变得更坏、更糟糕了。用一幅画来作比喻,古人的画画得这么好,但其中还有三个缺点;不过现在的艺术家,比起古人那些缺点来更差了,还够不上古人认为是缺点的那个水准,也就是说古人认为是缺点的,比现在认为优点的还要更好得多了。下面孔子说讲了这三个缺点:古代的人狂,这个狂在古代并不一定是坏事,不是现代观念的狂,现代对神经病、精神病叫做狂,那就糟了。古代的狂就是不在乎的味道,但是有一个限度的。孔子说,古代的狂不过放肆一点,不大受规范,现在的人糟糕了,狂的人则荡,像乱滚的水一样,兴波作浪。古代的矜,比较自满自傲,但有一个好处,因为自己要骄傲,自己把自己看得很重,于是比较廉洁自守,人格站得很稳;现在骄傲自矜的人,对任何人任何事都看不惯,而有一种忿怒暴戾之气。古代比较笨的老实人,还是很直爽的；现在更糟了，已经没有直爽的老实人，而社会上那些笨人都是假装的笨人，只是一种狡诈的伎俩而已。

这是孔子当时的感叹，事实上我们知道，这三点等于是观察人的六个大原则。我们读到这种地方，要特别注意，这是对于一个人的看法。很多人都讲究看相，这就是"相法"，不过这个"相法"不是看五官和掌纹，而是看神态，看他的做人做事，就看出来了。当领导别人，或与人交往的时候，部下同事狂一点没关系，有时还蛮欣赏其狂，就怕不够狂，有本事不妨狂一点。如果是狂而荡，就问题严重了，狂到不守信诺，乃至把公家的钞票用光了，对什么事情都乱来，就要不得。有才的人多半狂，爱才就是懂得欣赏其狂，不要希望别人和自己一样，自己不喜欢的，不必要求别人也这样做，但是要提防他，不可失诸荡，这个狂就是人才。自我傲慢，有个性就是矜。自矜值得欣赏，一个人没有个性，不傲慢就是没有味道，每个人都有他独立的个性，但有适当限度。假使傲慢而变成愤戾之气，到处怨恨，没有一个人、一件事使他满意的，即使他单独自处，也会跟自己过不去的，那就过于愤戾，这很不好。愚、老实没有关系，可不要故玩老实，伪装老实，所谓"貌似忠厚，心存奸诈"，那就大成问题了。这狂、矜、愚三条，有相对的六点，外在是观察别人，内在是反观自己修养的准则，都要注意的。

子曰：巧言令色，鲜矣仁。

这句话在上论中已经提到过的，现在又重复地放在这里。看起来好像是重复，实际上是一个小结论。说凡是玩嘴巴的，比上面那几种情形，更有问题，简直不可谈了。为什么如此呢？我们再把下面接下来看，就知道了。

子曰：恶紫之夺朱也，恶郑声之乱雅乐也，恶利口之覆邦家者。

这与上面的狂、矜、愚三条有关，这三点是对的，并没有错，但是太过分了，反而不对。孔子就说，为什么自己的修养以及对待人要注意这三件事呢？他说因为"恶紫之夺朱也"。朱是红色，为正色，紫是红得过分了,最怕是紫色侵夺了朱色。他又用音乐来比方,在当时郑国的音乐最下流、最奢靡,所以孔子最反对郑声把正统的音乐搞坏了。第三,利口覆邦家,嘴巴非常会讲,可是没有真正的思想内容,乃至亡国覆家。历史上有很多这样的人,要千万注意,尤其自己要注意,有才的人往往在嘴巴上不让人,不但是害自己乃至送命、连累家人,甚至覆国,古今中外历史上,这种利口覆邦家的例子非常多。这段文字上看容易懂,刚才我说这三点与上面狂、矜、愚三点是连贯的,如荡之于狂,紫之于朱等等,都是一种似是而非的情形。一个人的学问、道德、修养,最怕是成为似是而非。讲到恶紫夺朱,我们想到历史上一件事。大家都知道,清军入关兴了许多文字狱,尤其在康熙、雍正的时代,当时大家都还有反清思想,而一些地方官吏,为了迎合清帝的意思,致使文人冤枉死的太多太多了。有的为了几句诗,就大兴文字狱,当时的刑法,不但是当事人处死刑,还要灭九族。

其中就有一个与"夺朱"有关的案例,有人曾作了一首咏紫牡丹的诗,其中有两句是"夺朱非正色,异种也称王"。这位作者实际上是不是有意,无法知道,不过从文字上看,的确具有民族思想,明朝的皇帝姓朱,所以说"夺朱非正色","异种也称王"自然暗指清朝非汉人。这两句诗被地方官吏报上去,于是大兴文字狱。这两句诗还可以说"罪"证确凿,后来有些文字狱就很可怜了,所认定的"罪"证非常勉强,像有一个文人,在他的一本书中夹了一张字条,有"清风不识字,何以乱翻书?"两句话,被人发现报上去,说他藐视清朝没有文化,也大兴文字狱。

这是今日看到"恶紫之夺朱也"这句话,而想起了清代的文字狱,都是做得太过分了。

## 法 尔 如 是

子曰:予欲无言,子贡曰:子如不言,则小子何述焉?子曰:天何言哉？四时行焉，百物生焉，天何言哉？

孔子有一天感叹地说："我想永远不说话了。"这句话看来好像很平常，年轻朋友们看了这句话，不会有什么感触，年纪大的人就会有所感触了，尤其到了某种社会环境的时候，真是不想讲话了，因为无话可说。所以孔子到了晚年，也有这个感叹。那么子贡就说，老师你都不肯说话，不教我们，我们将来就不懂，也没有办法阐述你的思想了。孔子就说，人何以一定须要讲话？真正的学问，并不一定是读死书的，观察天地就知道，上天曾经说过话吗？天从来没有说过话，可是春夏秋冬四时，运行分列得如此清楚，这样有规律；万物在天地之中，也照常生长。天地何曾说过什么话！这是文字的解释。

但在这里有个问题要讨论了：在这个地方就讲到中国儒家、道家思想，都是一个体系的。孔子这里提到天道，老子也非常注重天道，老子教我们"人法地，地法天，天法道，道法自然"。这是老子思想。现在老、庄思想，在外国无论欧洲、美洲都流行起来，身为中国人，对于老、庄思想的中英文有关书籍，须要阅读，万一有机会到外国去，也许碰到一个外国人谈起这些来，而自己身为中国人反而不知道，这是很难为情的。据我所知道，外交官中没有读过老、庄，因而在外面丢人的，已有很多。不但老、庄，外国人研究中国佛学、禅学的就有很多。这两天又来了两个学生，是比利时人，原在中国读过书，在比利时成立了东方文化中心，教了很多学生，现在碰到很多困难，一些高深的问题解决不了，回来准备补充，由政大一位老教授介绍来找我，研究一些中国文化方面的东西。所以老、庄方面，现在全世界的译本有好几十种，王"老子"、孙"老子"，各人的见解，各不相同。我们都知道老子他曾经说过"人法地，地法天，天法道，道法自然"。人在效法地，地效法天，如何去效法？天效法道，道又是什么？没有定义。道又效法自然，于是有人说，老子的思想，道以外有一个东西"自然"，而认为中国道家的思想，就说宇宙万有是"自然"的。

问题就来了。什么是自然呢？因此在外国有一派，说老子是唯物的。他们列举《老子》里的东西，作这样的说法，有一位外国的学者听了这种说法来问我。我告诉他，不但是老子，我们中国几个大圣人，都从来不谈唯物主义的，但是物质却被包括在其中了。这位外国学者就引用"道法自然"这句话来质疑，我问他是看哪一本书上来的？他说是从中国人所翻译的一个外文本子看到的，我告诉他是翻译上的错误（我的原则，有人来讨论问题，如果说是某某人如何说，我则不表示意见，因为这已经牵涉到人，如果说书本上如此说，或有人有此说法，我才作答，因为这不牵涉到人，只是就事论事）。先说"自然"一词：我们对于"自然科学"这个名词的来源，这个问题我们特别要认识清楚。当年开始接受西方文化的时候，对于"哲学"、"自然科学"、"化学"、"物理"这些名词，我们是参考日本的翻译而再译的，因为西方的文化传到东方来，大多是由日本人先翻译过来的，我们是第二手参考日本翻译过来，所以哲学等等名词，在日文中早已经译定了。可是日本文字，在明治维新前后，仍旧是中国文化，所以日本还是根据中国文化的意义，来翻译西方的东西，而翻得并不一定对，如经济一词在古文中并不是现在的狭义经济，而是"经世济民"的意思，不是工商经济，也不是经济时间的这类来自日文的意义。所以从日文翻过来"自然科学"的"自然"，就是把物理的宇宙，定了一个名称为"自然"，这样第二手翻译过来的名词，大家习惯以后，一提到"自然"，印象中就是"物理世界"，就是唯物的自然。其次，两千多年前，印度有一种哲学思想，叫作自然哲学，那个"自然"，与现在的自然世界又是两回事了，这且不去管它。我们要知道，一如"经济"一词的借自子书学说。自然科学的"自然"，只是借用了一下老子"道法自然"这个地方的"自然"而已。可是现在的年轻人读《老子》，大多数并不知道这些文化上演变的真相，从小只知道"自然科学"，"自然"都是讲物理的，所以一看到《老子》中的"道法自然"，认为《老子》中的"自然"就是物理世界，于是认为老子思想是唯物的，这实在大错而特错。

我们读哪一个时代的书，就是知道当时的时代背景，在老子那个时代,是没有"自然科学"的,所以《老子》中的"自然"是另有意义的。这位外国学者就问我所讲的"自然"又是什么?我说你查完了《老子》,都照他的原文,不要加上我们自己的注解去找答案。照《老子》的本文"人法地,地法天,天法道,道法自然",最后四字本身是一个注解,就是说道效法谁呢?谁也不效法,它自己"本身当然如此"就是道,"本身当然如此"这就是自其然也。这一点要特别注意的。

现在学术界、思想界乱得不得了,十年、十五年以后,将是一个大问题,年轻的人真正要努力,将来的责任很大,而且自己做好了,将来的前途也很大,十年以后,中国的文化将要大吃香。譬如《庄子》,庄子自己说他所说的话是寓言,可是现在人们一提到庄子都说是靠不住的,因为庄子说的是寓言。这观念又错了。为什么错了?大家认为庄子说的话都是空话,这是因为大家读过《伊索寓言》,这是西方神话,神话都是乱想编出来的,像科学小说一样凭幻想写的。那么我们就要注意,这只是当时我们把西方的神话翻译过来,借用了《庄子》中"寓言"这个名称,可是到了现在的教育,因为作小孩子就看《伊索寓言》,老师也告诉学生,这些神话是寓言,于是"寓言"一词的观念,在现代人的印象中,凡是虚构的、乱扯的都是寓言,最后反过来,对于庄子所说的中国文化思想,也认为是虚构乱扯的寓言。现在回过头来问,庄子所说的寓言又是什么寓言?我们要了解,"寓"者"寄寓"也,譬如籍贯,我的祖籍浙江,现在寄寓在台湾,客寄说是寓,所以庄子说他讲的话是"寓言",意思是说"我所讲的话,是打丫头骂小姐的话",这就是寓言。有时人类的言语,没有办法直接表达自己的思想,我们仔细研究,在与人谈话时,直接讲,对方反而不懂,改为讲一段笑话,说一个故事,不等到说完,对方哈哈大笑,他就懂了。这是人与人之间沟通思想意见最好的办法。所以印度的因明(逻辑)有用"喻"这个办法,我们遇到很难表达的意思时,最好的办法是用笑话,用故事。所以庄子讲话的方法,往往用寓言。这是要特别注意的。我们将来弘扬自己的文化,再也不要搞错了,现在已经错得很厉害,我们要慢慢纠正它。

现在回转来讲老子的道法自然,就是说天道是自然的,自己本身当然如此。我们不要把老子的"自然"视为现代科学上的那个名词。老子教我们学天道,翻开《老子》来看,他讲了很多天道,他说到人的最高道德修养,就是效法天地,天地生长了万物给人,它没有居功,没有自私的报功,也不想占有,而且天地是平等的,好的坏的,无毒有毒,它都生长,无分别;只有生生不息,没有要求还报。人类吃了它生长的好东西,还给它的是大便,它也不生气,照样的永远是生长,所以人的胸襟、道德、器度能够效法天地,是最重要的。而且教我们在事业方面做到"功成、名遂,身退,天之道也"。一件事情成功了,交给了后代,就撒手不管,这是天之道也。这也就是后世中国文化"天人合一"思想的滥觞。孔子现在提到的,也就是这个精神——天道。他说,上天有什么话说呢?自然的。人的学问也好,道德也好,一切修养,先要了解自己当然是如此,我又何须多说!这是中国文化的本位文化,不管儒家、道家,都是一样的。

## 手挥五弦　目送归鸿

> 孺悲欲见孔子,孔子辞以疾。将命者出户,取瑟而歌,使之闻之。

这一段古人的注解很明显。孺悲是一个人,准备来看孔子,孔子说了一次假话,叫人就说他今天生病了,所以没有出来见客。孔子学生中有执事的人送客,在将出门的时候,孔子在里面拿起瑟来弹,并且还唱歌,故意使孺悲听见。这一段古人的注解,多半和朱熹先生的一样,认为这个人可能有哪一点为孔子看不惯,得罪了孔子,所以孔子不愿意见他,但是又明白地表示讨厌他,看不起他,所以等他出门的时候,故意唱起歌来,使他听见,知道孔子并没有生病。我的观念又与古人不同了,我认为孔子并没有这个意思,但要解释起来很费时间了。问题在孔子为什么要奏乐唱歌给他听呢？假如像古人解释那样为了使他知道自己没有生病，孔子在里面，说句话或叫一个学生的名字都可以，何必奏乐唱歌呢？这问题来了。关键就在"天何言哉！"真正的学问，并不一定须要讨论，甚至是不可以言喻的。这个道理研究起来是够麻烦的。我的见解是如此，对与不对，并不坚持自己的意见。

那么这段书什么意思呢？我们引用别家的故事，来解释这个问题。我们中国文学中有"闻木樨香否？"这故事。木樨是桂花的一种。这是宋代文学家黄山谷的故事，他是学禅的，他老师就是宋代有名的晦堂禅师。因为禅宗大师们的教育方法，是不立文字不用言语的，黄山谷跟他多年，似乎并无所得。有一天就问老师有没有什么巧妙的方法，露一点消息，露一点缝给他钻一钻，让他钻进去。晦堂就问他念过《论语》没有？这句话现在问年轻人不算稀奇，在当时来问黄山谷这样的人是很不客气的，很难堪的，因为古人考功名的本钱就是四书五经，都能背诵的，晦堂还问他念过没有，这给黄山谷的刺激是很大的。黄山谷答道："当然念过！"晦堂说，你念过《论语》，其中有："二三子，以我为隐乎？吾无隐乎尔。"孔子说的话你懂吗？晦堂大师引用了这句话，就等于说我随时随地都在教你，你自己不懂，有什么办法？黄山谷还是茫然不懂。后来有一天，黄山谷站在老师的旁边，晦堂这位老和尚看他在身侧，摆一摆袖子，就径自往山门外走去。这时正是秋天，一路上桂花盛开，晦堂像是赏花去了，黄山谷也莫名其妙，只好在后面跟着走，晦堂故作不知的样子，走了一阵以后，回过头来问黄山谷："闻木樨香否？"黄山谷答道："闻。"这时晦堂就瞪着眼睛告诉他："二三子，吾无隐乎尔。"据说黄山谷因此恍然有所悟而入了道。就是后来理学家说的，悟到了那个心性的本源。这是有名的一段禅话。事实上黄山谷的修养、诗名都很高，他与苏东坡他们几个人都蛮可怜的，遭遇王安石的种种打击，后来被贬谪到贵州的一个乡下，相当现在的区公所小干事。在古代被贬谪的大官，还要被人押解去报到,等于半个犯人,起居不自由,生活是很苦的。他在被解送的路上,才和王阳明的龙场悟道一样,真懂了晦堂老师的话,因此对于所遭受政治上的打击、环境上的打击、生活上的痛苦,都能处之泰然,还在那里对地方做了很多有益的事情。

现在我们拿这个故事来说明孺悲见孔子,而孔子不见,故意取瑟而歌,就等于是一种不言之教。这是这段书真正的意思所在。

## 爱的回报——孝

宰我问:三年之丧,期已久矣!君子三年不为礼,礼必坏,三年不为乐,乐必崩,旧谷既没,新谷既升,钻燧改火,期可已矣。子曰:食夫稻,衣夫锦,于女安乎?曰:安。女安!则为之!夫君子之居丧,食旨不甘,闻乐不乐,居处不安,故不为也。今女安,则为之!宰我出。子曰:予之不仁也!子生三年,然后免于父母之怀。夫三年之丧,天下之通丧也。予也,有三年之爱于其父母乎?

这提到我们中国的古礼,这个制度,现在改变得很厉害了,历史时代到底挽不回的,我们不要去管现代的情形了。孔子当时,是比较保守的,极力主张维持孝道,父母死生之间的大事,应该依照古礼。宰予,就是白天睡觉的那个学生。

现在他提出一个大问题。中国古代,父母死了是三年之丧,要守孝三年,我们在几十年前,至少在播迁来台以前,在大陆上时,许多朋友还是守这个规矩,手臂上都还戴一块白布或黑布。现在是没有了,三年变三天了。在守丧时期称制中,在名片上面,名字旁边都要加印一个较小的"制"字,表示在守丧。在古代更严重,研究我国古代政治制度,所谓圣朝以孝治天下,做官的人,不管文官武官,也不管官做多大,碰到父母之丧,如果不马上请假还乡,那是不对的,监察御史马上提出弹劾,可以处分到永不录用的程度,是很严重的。不过有一点例外，以武将来说，他正在前方作战，假使父母死了，仍然要向朝廷请假还乡，皇帝可以下诏书，着他移孝作忠，予以慰留，这才可以不还乡。在戏剧里可以看到，有的戏里武将穿半边白袍的，就表示他是戴孝上阵，那都是皇帝特殊的慰留，国家非要这个人不可；有些是他还乡守孝以后，丧服未满，皇帝下命特别起用，名为"起复"。而起复有两种情形，一种是退休以后再起用，一种是还乡守制的人起用。古代这种政治制度，实在也有它的好处。一个人从政久了以后，离开民间太久了，对民间的情形都不知道，回乡以后，杜门思过，也不准宴客，对地方官吏都不得接触，可以深入到民间。这是中国古礼，这种社会风气、政治制度的改变，还只是近几十年来的事。

古代连皇帝也要守丧三年。譬如说丧期中是不准结婚的，年轻皇帝登位前若要结婚，除非由皇太后下命令才可以。在唐代、宋代、明代、清代都有，老皇帝一死，新皇帝没有就位以前，丧事没有发布，先办婚事，第二天再发丧，否则就违犯礼制。这种古礼连皇帝都要遵守，这是中国文化的精神。

宰予现在就提出来问，我们的社会制度，父母死了要守丧三年，从上古行到现在，很古老了，现在宰予说三年什么都不能动，结果什么都坏了，像稻谷一样，旧的割掉了，新的又长起来了，钻燧改火，时令也改变了，岁月换了，我看守丧一年就够了。孔子说，父母死了，你认为过了一年就可以去听歌跳舞了，你觉得心里安吗？宰予说，安呀！孔子说，你心安，你就照你的办法去做吧！并没有人勉强你，你就是过了三天就跳舞也可以，只要你心安。丧礼并不靠规定的，要每个人发乎内心的，古代文化是根据内心来，不是法律规定的。一个君子，父母死了居丧，内心思念的悲愁，吃饭都没有味道，听到音乐也不快乐，睡觉都睡不好，所以三年之中，没有礼乐。我现在问你一年能不能心安，你说能心安，那你去做好了，不必要提倡改为一年，别人不愿改，是别人的事。孔子等于给宰予碰了一个橡皮钉子，他出去了。

于是孔子告诉其他同学，宰予这个人一点良心都没有。下面孔

## 阳货第十七

子说的，就是中国文化三年之丧的道理了。他说，小孩子三岁才能离开父母的怀抱。尤其古时是没有牛奶的时代，要三年才能单独走路，离开父母怀抱，后来二十年的养育且不去管，这三年最要紧，就算是朋友吧！这两个老朋友，这样照顾了你三年，后来他们死了，这三年的感情，你怎么去还？所以三年之丧，就是对于父母怀抱了我们三年，把我们抚养长大了的一点点还报。这是天下人类都一样的，而宰予反对，主张改为一年，像这样，宰予没有三年怀念父母的心情，一如父母怀抱抚养我们三年的心情。如改为一年，可以说天下没有一个孝子，天下任何一个父母，在自己孩子三岁以内的时候，那种慈爱、辛劳，照顾是无微不至。所以中国文化，定父母之丧为三年，就是还报这个慈爱，这仅是最起码的回报，事实上父母的慈爱，并不止此，在孩子三岁以后长大了，还一直要照顾到二十多岁，所以这就看到金圣叹这个调皮的文人所说的话，有最高的道理。

现在我们拿他的意思，说说他写给儿子的信：我和你是朋友，最初你也没有指定要我作你的父亲，我也没有指定要你作我的儿子，大家是撞来的，因为是撞来的，所以彼此之间，没有交情可谈。但是话得说回来，这个老头子（指他自己）和这个老太太（指他的妻子），从替你揩大便小便开始，照顾了你二十年。这二十年，你去社会上找找看，还有没有比这两个老朋友更好的朋友？我们现在不要求你孝不孝，这些都是空话，只要求你把这两个老朋友照顾你二十年的感情，也同样照顾这两个老朋友二十年，就够了。这是金圣叹的游戏文章，也说明了孝道的真正哲学，所以中国讲孝，就是爱的回报。因此孔子说，现在的人，当父母死了而真有三年怀念父母的心情，像父母当时对自己三岁以内这样爱护的有没有？连这个三年怀念都没有，哪里还谈得上孝字。到了最近几十年，"孝子"的意思，是倒过来解释为孝顺儿子。这一大段是讲孝顺的，下面我们就讲到《孝经》了。

曾子根据孔子所述的中国文化，著了《孝经》，为十三经之一。在《孝经》中孝敬父母还是小孝，大孝者为大孝于天下，看天下的老百姓都如自己的父母一样,这是中国政治哲学的大原则。为政的人,把老百姓视如自己父母一样孝,改一个名字就是忠。所以从事政治的人,要有孝天下人之心。以这个道德的基础,出来从事政治,这是中国政治哲学的基本重点,也即《孝经》的基本重点。

# 麻将的学术思想

说到这里,就讲到人品了。

子曰:饱食终日,无所用心,难矣哉!不有博奕者乎?为之犹贤乎已!

到了这里,我们看了可高兴了,孔子主张可以搓搓麻将、下棋。他说,有些人吃饱了饭,一天到晚不肯用心思,这情形大家也许见得少,在我的一些朋友中,我看得多了,有几个人,我经常笑他"饱食终日,无所用心"。生下来父母留给他许多的钱,吃饱了以后,不晓得怎么玩好,有时看到他很苦,苦到不知道有什么好吃的,一切东西都吃厌了,一天到晚不知如何度过才好。真有这种人。孔子说这种人真难。这个话分两头解释,刚才是照文字讲"饱食终日,无所用心"之痛苦。另一方面说,一个人如果要真正修养到"饱食终日,无所用心"可真难,这就讲到修道了。现在有许多人讲修道,就是身外任何事物都影响不了他,坐在那里,什么都不管,庄子称他为"坐驰",坐在那里脑子里思想不停,好像开运动会,如真做到脑子里完全宁静下来,是很难。但在这里,不能作这样解释,因为下面孔子还有话,他说一个人"饱食终日,无所用心",不肯动脑筋,就真难对付,没有办法教育他了。为什么孔子有这个感叹?因为在当时的社会、政治制度下,许多富家公子少爷,都是这个情形。所以孔子说,倒不如学学下棋,还能动动脑筋,总比较好一点,最怕是不用脑筋。这个话我们现在看来,也许没有什么感觉,如果从事教育的话,就会感慨了。据我所了解的,现在的教育,学生们已经到了"饱食终日,无所用心"的程度。大家如果不信,不妨研究一下看,现在我认为最严重的问题是文化思想没落了。虽然目前教育那么普及,一般人却只晓得应付考试,背死书,真的文化思想,乃至到大学里都没有,而且一年比一年差,差到无法再差了。这正如我们前面曾经讲过顾亭林的话,不妨重新再提,好加注意。当明末清初,顾亭林把明末的士大夫,分作南北两种批评,指出明末的所以亡国是:一、南方的士大夫们"群居终日,言不及义"。一般人打打牌,喝喝酒,聚在一起,所谓"国家事,管他娘,没有事情打麻将",所谈论的话,没有谈到国家思想、民族文化,至于义理之学的影子更没有,说些空话而已。二、北方的士大夫们则"饱食终日,无所用心"。所以他认为这样太危险了,国家岂有不亡的?这是当年历史上的士气,所以一个国家的文化思想有如此重要。

下面插了一段很妙:

子路曰:君子尚勇乎?子曰:君子义以为上。君子有勇而无义为乱,小人有勇而无义为盗。

子路问孔子,你都说些文的,难道一个人只需要读书,只为学问的吗?来不来武的?讲不讲勇呢?孔子说,我并不反对勇。不错,武功也要好,但是君子之勇,以义理为上,如果君子没有义理文化的修养,徒然有勇,就容易作乱,使社会混乱。如对人有勇,而没有义理文化作基础,就容易做坏事,匪盗这一类行为,都做得出来了。

因此便引出了子贡的话:

子贡曰:君子亦有恶乎?子曰:有恶。恶称人之恶者,恶居下流而讪上者,恶勇而无礼者,恶果敢而窒者。曰:赐也亦有恶乎?恶徼以为知者,恶不孙以为勇者,恶讦以为直者。

子贡有一天问,一个君子仁人的修养,也有讨厌人家的一面吗?孔子说,当然有。那么讨厌一些什么事?孔子举了个例子,最讨厌说别人坏话的人。讨厌自己在下面对于上面都不满意,加以讪谤的人。讨厌好勇斗狠而又没有文化基础修养的人。许多学了拳的人,见面都要比划几下,是最讨厌的,奇怪得很,学武的人总是性情粗暴,乃至学太极拳的人,动辄喜欢跟人"推手"比一下,这是值得研究的,为什么一种运动,往往会把人的气质变为好勇斗狠?不过据经验所知,初学武的时候的确想打,除非学到很高的时候,看不出来了,不想动手,也不敢动手,因为一动手就伤人。所以好勇而无礼的人很危险,令人讨厌。至于"果敢而窒",也值得注意,有些人很有决断,很容易下决心,尤其为政当领导者更要知道,很果敢、有勇气,下了决心就干了,而把门关起来,任何第二个意见都不听的,这是很严重的问题。

子贡听了以后,说他也讨厌几件事,就是徼以为知者,有些人把自己的偏见,认为是自己最高的智慧,这种人真是无可救药。还有可恶的是没有礼貌,粗暴而自以为有勇的,还有口头上尖酸刻薄攻击人家,而表面上装起来是说直话的,都是可厌恶的。他们师生两人一唱一和,等于唱双簧一样,举出来的这几点,我们每个人都要反省,体会自己,也可据此以观人,如果有了这种毛病,要努力改过来。

## 男 人 与 女 人

子曰:唯女子与小人为难养也!近之则不孙,远之则怨。

有几句话,先要向女性们道歉。我以前讲《论语》就讲过的。有一次一个妇女团体要我去讲中国文化,就有一位提出这两句话来问我。我说我不敢说,我说了你们要上来打我的。她们说不打。我说你们不打,我就赞成孔子的话,这是没有办法来替妇女们辩护的。孔子说女子与小人最难办了,对她太爱护了,太好了,她就恃宠而骄,搞得你啼笑皆非,动辄得咎。对她不好,她又恨死你,至死方休,这的确是事实,是无可否认的天下难事。但问题是,世界上的男人,够得上

## 阳货第十七

资格免刑于"小人"罪名的,实在也少之又少。孔子这一句话,虽然表面上骂尽了天下的女人,但是又有几个男人不在被骂之列呢?我们男士,在得意之余,不妨扪心自问一番。

当然,我们还要明白孔子说这句话的时代背景,在上古时代,以男权为中心的社会结构,女性大多数没有受过教育,对外界事物的陌生,知识的隐蔽,不是现代人——尤其是我们今天社会所能想象的。讲到这里,我又想起以前小孩子时期的笑话,那个时候,也正是正式"小人"的时期。我们那时候读书,碰到写别字,写误字的时候,往往有人开我们的玩笑说,这是孔夫子的夫人教的。事隔几十年,到了今天,孔师母,事实上,也应该和一般女性教育家一样,真正出来当老师了。因此相反的,站在女性的立场来说,也许会讲:"唯男子与小人为难办也。近之则玩弄,疏之则恨。"试想,这也未尝不是理由。

几年前,有一位同学介绍一位提倡女权运动的同学来看我,我对此举并不反对,不过,觉得我们今天的社会,似乎女权已经高了一点。倘使真能做到取男性为中心的社会而代之以女权为主的社会结构,我也很赞成。因为男人们也有男人的苦经,男人们担任社会中心的主角已经几千年了,应该退休让位,完全由女性来管事,当兵打仗,都归她们,男性应该回到家里去管内务,做饭、烧菜、洗衣、打牌。只可惜缺了一样,男性不能生孩子,这一点反不过来,未免遗憾。

话说回来,以前的人们,常站在男性中心的立场来看女人,都有类似从"难养"的角度来看,因此见之于文字言论的也很多。宋代陶谷写了一本《清异录》的书,其中的女行门中,便录有莱州长史于义方著的《黑心符》一篇,专责女性的文章。他首先提的是历史上名女人,如吕后、武则天等等,都是拣坏的方面来说。但我觉得,如果仔细读完了《黑心符》全文,你便会哈哈大笑,作为原告的男人,说了半天,无非都是男人没有出息干的事,几乎与被告女性完全无关。我记得佛经上有一个故事,一个国王与王后反目,同来见佛,佛先站在国王的立场,说了女性许多坏处。国王听了很高兴。最后佛又说,可是人们只知道女性的不对,其实,男性的坏处也很多,于是佛又接连数说许多男性的不是之处。非常好笑。这正如吕纯阳的一首诗说:"独上高峰望八都,黑云散后月还孤。茫茫宇宙人无数,几个男儿是丈夫?"女人!男人!谁对?谁不对?我想,也同宇宙的其他事物一样,永远下不了定论的。对吗?

子曰:年四十而见恶焉,其终也已。

这是这一篇的结论。本篇正好由小人之首的阳货开始,到此作一结论。孔子说,人到了中年,经验也够了,年轻时错误没有关系,到了中年自己应该反省到了,不要再教育,自己也能改正好了。但结果还有许多毛病,很多的坏事改不过来,这就不要说了,这已经定型,改不了啦!

# 微子第十八

现在讲《微子第十八》篇,这一篇和第八篇《泰伯》有相呼应的作用,也可以说,这两篇是连续的。《泰伯》篇是上论接近结论的一篇,《微子》这一篇则接近了下论的结论。这篇所记载的,都是与孔子当时的学说思想有关的事情,所以记载中完全用孔子的话的地方就少得多了。而是记载一些与孔子思想有关的个人历史。这篇东西可以很快研究完,但其中的问题是很重要的。

先说本篇的问题所在。本篇题目是"微子",而微子、箕子、比干这三个人,在周文王、武王要革命的时候,都是纣王的大臣,也都是历史上有名的忠臣。箕子后来封于高丽,就是现在的朝鲜,所以朝鲜的文化,是我们中国文化的遗留,朝鲜的民族,也可以说是箕子的后代。当时箕子把中国文化的阴阳、八卦、五行、天干、地支这些东西,流传到高丽,所以韩国的国旗,用的是《易经》八卦中的四卦:"乾、坤、坎、离。"就是代表天、地、日、月,也可以说整个是中国文化的精神。这是箕子所传的。这里所提的微子、箕子和比干,他们是殷商的贵族,纣王的尊亲。为什么要首先提他们,而且这一篇的最后结论,提到周朝能够兴起来,"周有八士",八位了不起的人,辅助了周朝兴起来,这八士当中还没有提到姜太公、周公,他们还不在八士以内。而这一篇的中间提到许多隐士,隐士并不一定是殷纣时候的人,有许多还属于孔子同时代的人,全篇的编辑路线是这个样子。如果从表面上看这篇书,尤其是"五四运动"以后看这些书,很多人认为这是为专制领导者帮腔的,因而有各种的毁谤。事实上不是这么一回事。但是有一点,从表面上看,这中间又有许多是反孔子的。所谓"反"是我们现代的说法,事实上是与孔子的观点,至少是站在两方面,这里都老实地记载下来了。所以我们读书,有时不可被表面文字骗过去。

其次,我们要研究这篇书为什么要这样编?第一它是说明创造历史,创造时代,完全是属于"人"的问题,等于说英雄可开创时代。在一个时代中有人才,这个时代就兴了,人才衰落了,这时代也完了。第二点用人的问题,一个领导者能鉴识人才,培养人才,他的事业是成功的,如果不认识人才,不知道培养人才,事业一定是失败的。第三点关于个人的,这是很严重的问题,至少过去是如此,将来社会怎么变,就很难说了。过去的时代,个人的立身出处非常重要,也就是第一步站出来很重要,所以有人一辈子当隐士。

## 隐士与历史文化

有人说中国过去的隐士,就是西方文化中自由主义者"不同意"的主张,他不反对,反正个人超然独立,这是民主政治的自由精神。这个比方表面上看起来很对,实际上还是不大对,因为中国一般知识分子中,走隐士路线的人并不是不关心国家天下大事,而是非常关心,也许可以说关心得太过了,往往把自己站开了,而站开并不是不管。印度的思想,绝对出家了,去修道了。就一切事务不管;中国的隐士并不是这种思想。我们研究中国的隐士,每一个对于现实的政治社会,都有绝对的关联,不过所采取的方法,始终是从旁帮助人,自己却不想站到中间去,或者帮助他的朋友,帮助他的学生,帮助别人成功,自己始终不站出来。在中国过去每一个开创的时代中,看到很多这样的人。

最有名的如明朝朱元璋开国的时候,能够把元朝打垮,当然中间是靠几个道家思想的隐士人物出力,正面站了出来的是刘伯温,背后不站出来,故意装疯卖傻,疯疯癫癫的人有好几个,如装疯的周颠,另一个是铁冠道人,都是著名的,这些人朱元璋都亲自为他们写过传记。正史不载,因为正史是儒家的人编的,他们觉得这些人太神奇了,有些资料就不写在正史中。尤其是周颠这个人更怪,既不是和尚,又不是道士,一个人疯来疯去的,与朱元璋的交情也非常好,每逢朱元璋有问题解决不了的时候,他突然出现了,告诉解决的办法。有一次朱元璋还测验他,周颠自己说不会死,朱元璋把他用蒸笼去蒸烤,结果蒸了半天,打开一看,他等于现在洗了一个土耳其浴,洗得一身好舒服。从此朱元璋告诉部下,不可对周颠怠慢,这是一个奇人。像这一类的人,也属于有名的隐士思想一流的人物。

中国过去有道之士,可以不出来干涉现实的事,但他非常热心,希望国家太平,希望老百姓过得好,宁可辅助一个人做到太平的时代,而自己不出来做官。等到天下太平了,成功了,他的影子也找不到了,他什么都不要。在中国古代历史中,这一类的人非常多的。当然正面历史不大容易看到,从反面的历史上,可以看到很多,几乎每个朝代,都有这些人。就拿王阳明来讲,他所碰到的与普通人的生活及观念不同的异人也很多。

本篇当中,就说明了虽然是隐士思想,明知道时代不能挽救的时候,他们站开了,但并不是消极的逃避,等于是保留了文化的精神,培养后一代,等待下一代。最有名的,如隋代的王通,我曾经提到过很多次,他的学生们在他死后私谥他为"文中子"。在隋炀帝的时候,他本来有志于天下,自己想出来干的,但与隋炀帝谈过话,到处看过以后,知道不行,回去讲学,培养年轻一代。所以到了唐太宗开国的时候,如李靖、徐世勣、房玄龄、魏徵这一批唐代的开国元勋,文臣武将,几乎都是他的学生,所以开创唐代的文化思想,文中子是最有功劳的。可是我们读唐代的历史,还没有他的传记,所以后人还是怀疑文中子的事迹,是不是真的,否则为什么没有他的传记?最后经过考证,原来文中子的儿子,得罪了唐太宗的舅子,也是一位很有名的大臣，人也很好，不过在学说思想上意见不同，所以后来修唐史的时候，就没有把文中子的思想摆进去。因此文中子死后，他的谥号，还是朝中这班大臣，也就是他的学生们私下给他的。历史上有名的"自比尼山"故事，就是说不仅他的弟子，连他自己也自比为当代的孔子。而实际上以功业来说，也许他比孔子还要幸运，因为孔子培养了三千弟子，结果没有看到一个人在功业上的成就，而文中子在几十年中培养了后一代的年轻人，开创了唐代的国运与文化。

像这一类，也属于隐士之流的思想，明知道时代不可以挽回了，不勉强去做，不作儒家思想的"中流砥柱"——人应有中流砥柱的气概，但能不能把水流挽回呢？这是不可能的，只可以为自己流传忠臣之名而已，对时代社会则无法真正有所贡献。道家说要"因应顺势"，这类人的做法，就形成了后世的隐士。本篇记载了很多隐士，孔子当时所遇到的，是孔子在他们面前吃瘪的，也是孔子正面和他们冲突的，这冲突并不是吵架，是意见冲突，思想的幽默，可见他们也非常了解孔子，也认为孔子的做法并没有什么错误，各走各的路线，这是本篇的第四个要点。

结论下来，这一篇有两个重点：第一个重点是历史哲学的一种观点，第二个重点是个人的立身处世，自己的人生观，人生哲学，究竟该走哪条路线。虽然这种观念与思想，在本篇的文字中，一个字都没提到，而事实上就是这样一种精神，我们把全篇研究完了，对自己应该是个很好的借镜，可作为一个参考。把本篇的精神与重点报告完了，下面就比较容易研究，不像以前的各篇，每句话都要作很多的发挥，这里差不多每一观念都作了整个的发挥。现在我们讲到本文了。

## 众鸟高飞尽

微子去之，箕子为之奴，比干谏而死。孔子曰：殷有三仁焉！

这是殷纣引起了西周革命的时候。大家都知道纣王是很暴虐的人，因受悠久文化的影响，还是有很多忠臣，可是几个人向他建议（古代下对上为"谏"，上对下为"劝"，现代通用为"建议"了），而纣王无道，不听这些建议，把微子废掉，离开宗室了，后来微子的后代，由周朝封于宋，就是春秋战国时的宋国。这就是中国文化的特色，"兴灭国，继绝世"。周朝起来革命，成功以后，并没有对纣王之后灭绝，还一定把前朝的后人找出来，使他们继承祖宗的香火。箕子是纣王的叔父，也被降为奴役，箕子后来还是没有死，带了殷商的文化，由辽东渡海到朝鲜去了。比干是被纣王杀死的。这三个人都是纣王时代的忠臣，而遇到一个这样暴虐的君主。时代的衰败挽不回的时候，走的走，被关起来的关起来，死的死。孔子认为这是古代的忠臣，虽然他们本身死了，可是对于国家文化的精神，永远留下了千秋万代的榜样。所以称他们是殷商时代的三位仁人，成仁取义的人。

下面跟着说到柳下惠，鲁国的人，大家都知道柳下惠"坐怀不乱"，这还是小事情，历史上坐怀不乱的男人或女人有很多，不过古人以柳下惠作标榜，我们也不必再另外举别人的例子了，而坐怀不乱并不是柳下惠最高的一面，他最高的一面在这里：

柳下惠为士师，三黜。人曰：子未可以去乎？曰：直道而事人，焉往而不三黜？枉道而事人，何必去父母之邦？

柳下惠作士师，等于现在管刑法的官，勉强比作现代的司法部长或最高法院院长。他三次上台，三次都被罢免下台，于是有一个人对他说，你先生何必一定要在鲁国做事，出国去吧！你自己国家不要你，何必一定干，到别的国家说不定有更好的地位。柳下惠答复他说，一个人终身行直道，思想、行为、做事完全直的，走正路来做人家的部下，在任何一个国家社会做事，都是一样会有问题，都要吃亏，会被挤下来的。如果以歪曲的心思，用手段来取得地位，以得功名富贵为荣耀，并不想真为国家社会做事的，那又何必离开自己父母之国呢？祖宗都在这里，一样可以做事。换句话说，随便在哪里，决不走歪路，而走正路，在任何社会都是一样比较困难的。柳下惠的人品就在这里，为了贯彻人格的思想，为了贯彻传统文化以正道事人，以正道立身处世，忽视于功名富贵，那是身外事，并不在乎，这是他的人格。这里先记载他的事情，后面孔子还要提到他的。

为什么把柳下惠的事放在微子、箕子、比干三人的记载后面？柳下惠并不是殷纣时代的人，而是春秋战国孔子这一时代的人，还可能稍稍早一点，比孔子大几岁，不过已是一个天下闻名了不起的人物，这里先记载他的事，柳下惠的这几句话，也说明了前面三个人的事情。所以中国的古文，如《论语》的文章一看起来好像是法律的条文，一条一条，好像连不起来，实际上仔细一读，它是长篇文章，连接得非常好。换句话说，微子、箕子、比干，有的愿杀身以成仁，如比干；被赶出去就走了，如微子；为奴就为奴，如箕子。为什么他们不弯一弯呢？态度稍微改变一下，去拍个马屁，也会好好用他们，更何况他们本来就是皇族。可是他们为什么不这样做？这就说明个人做人也好，在国家社会中立足做一普通人也好，大原则上人格的重要。反过来，就是如果以枉道事人的话，随便哪里都可以干，如果坚持以正道、直道事人，又何必离开？所以引用柳下惠的这几句话，等于是为上面三个人的事，作了一个注解，这就是《论语》的编辑方法。

## 王 不 留 行

**齐景公待孔子，曰：若季氏，则吾不能，以季、孟之间待之。曰：吾老矣！不能用也。孔子行。**

孔子周游列国到了齐国，那时齐国的国君（就是齐国的诸侯，我们随便讲，叫他国君，是借用的名词），正是景公的时代，有一度，他的首相是有名的小矮子晏子——晏婴，这个人品德很好，学问也很好，

## 微子第十八

在历史上是名宰相，了不起的忠臣，也很清高，样样都很好，并且自己著了一本书——《晏子春秋》。另一个更早一点的名臣管仲，也是齐国大臣，著有《管子》，这两部书现在都流传着，当然，其中内容真伪杂陈。孔子到了齐国以后，齐景公本来想用孔子，可是晏子不同意，怕因此自己不能在齐国立足。不过这个问题的资料并不很充分，晏子是不是那么嫉才的人是一个问题。其次，涉及齐景公本身的问题，不过历史上有说齐景公是受了晏子的影响才这样的，但是要注意，当时齐国与鲁国的邦交并不很好，所以后来引起了战争，齐国准备打鲁国，鲁国一定打不过齐国的，孔子这个时候，很为自己祖国的危机着急、彷徨，准备自己出国，去国际上想办法。后来由子贡出面，在各国走了一趟，扭转了整个国际的局势。

当时齐景公对孔子非常好，不过不能用他，所谓不能用是外交辞令，齐景公也没有当面告诉孔子："老先生，你是了不起，我想用你，可是我不会用你啊！"这就太难堪了，他不会那么做，这只能利用别人来透露，所以齐景公说："若季氏，则吾不能。"这季氏，就是鲁国的季家。但季家对孔子非常好，孔子一班学生在季氏兄弟下面做事的也很多，虽然季氏对孔子恭维，可也没有重用他。现在景公就把话透露给孔子，像季氏一样的对孔子则我不能，我要用就重用他，如你孔子愿意永远住在我齐国，我愿如季家的兄弟一样地待你，虽不重用也不冷淡，恰到好处。齐景公并说明采取这个态度的原因，只说是自己年纪大了，没有雄心，不想称王称霸了，假如是年轻的时候，孔子来到我齐国，我一定重用他，这个话一传到孔子耳里，当天孔子就走了。

我们看古代的记载，文字非常简单，其中最重要的就是"吾老矣，不能用也"这句话，使孔子马上就走了，如果写小说，这中间一定还有许多故事。孔子为什么立刻离开？可见左右有人妒忌，从旁说了闲话，孔子不马上走，说不定有人会害他，这也可以说齐景公很爱护孔子，因为自己国内的政权以及其他一切等等，所形成的环境，的确没有办法用他，所以说："吾老矣，不能用也。"只好这样暗示他，因此孔子听了以后,赶快就跑了。

这一段为什么放在上面两段的后面?假使以普通的方法读《论语》,读一辈子也白读了,如以历史人生的观点来读,就和上面两段的意义与精神是一样的,一个人的立身出处,当环境不容许的时候,就毅然决然而去,所谓"飘然远引",没有什么留恋的。人生为了什么呢?为了实现自己的理想,为了自己能对社会人类有所贡献,绝不为现实的功名富贵,乃至如陶渊明不为五斗米折腰,这也说明柳下惠的道理,也是说明殷朝三仁的道理。

## 江山与美人

上面是说孔子离开齐国的关键,下面是说当时孔子为什么离开鲁国:

齐人归女乐,季桓子受之,三日不朝,孔子行。

原来齐国想出兵打鲁国,在这以前,孔子曾经一度当司寇,国际上各国诸侯都很害怕,鲁国如真起用了孔子,就不得了,大家想尽了办法,用各种手段,使孔子下台,同时国内的环境也不许可他展开抱负,所以干了三个月就下来了。后来齐国为了使鲁国更趋衰弱,以现代话来说,就利用了女间谍,选了一批非常漂亮的名女人(为女乐),送给鲁定公,当时孔子主张不能接受,否则鲁定公这个人靠不住,意志会沉迷下去,影响到国家。而当权的季桓子,自动先接受了齐国的女乐,果然,政府规定每天必定举行的早朝——朝会,都接连三天不开,大家去看女乐了。孔子一看这情形,知道齐国这一手很厉害,鲁国的前途完了,孔子马上出国了。

孔子去鲁、去齐这两次的离去,说明了一个人的去留之间,是非常有分寸的,中国文化讲究的,一个知识分子、读书人,立身处世,进退之间大有分寸,绝不会顾虑到生活问题,这是一个大问题。过去每逢过年,很多家庭无论作装饰,或是附庸风雅,都会悬挂朱柏庐《治家格言》,治家格言中:"读书志在圣贤,为官心存君国。"是很有分量的名言。

为什么要出来做官,现代叫做公务员,现在公务员的观念和以前官的观念,的的确确两样,所以有时候拿现代的公务员比过去的官,我也认为大不妥当。过去一个读书人,十载寒窗,一旦考取了功名,那真有味道,哪怕是一个小小的县令,出来时还要鸣锣开道,老百姓还要回避,坐在轿子里比汽车舒服得多了。最小的官是典史,勉强等于现在县里的警察局长、监狱长,这是编制内的人。皂隶之类都不在编制内,由县令自己想办法在节余项下开支。以前一个县衙门里,编制外不过一二十人办事。像清朝康熙时代,全国官吏,上自宰相,下至地方小吏,只有一万七千人,而做了那么多事。这个问题我们今日还是值得研究的。那个时候,考取功名出来做官的,四万万人中只有一二万人,的确是很光荣。现在当然两样了,是公务员,替人服务了。但是大家还有一个毛病,把公务员与官的观念始终混在一起,如果这一点真正分开了,搞清楚了,那好办了。很遗憾的,几十年下来,这一点还没有搞清楚,以致产生了政治上、社会上很多纠纷。

讲到这里,我们知道,古人对于该不该出来当官,所谓立身出处,是很慎重的。现在我们的教育变了,每一个考进来的,都是为自己的职业问题着想,这是美国化、西方文化的影响,所谓杜威等人的思想,"生活就是教育",他们教育与生活、技术配合在一起。人家的文化基础同我们完全两样,我们今天没有搞清楚自己的文化精神,对别人的也没有搞清楚,别人的东西是不是适合我们的国情,今天还在考验中。今日考进来的学生,目的是为了职业,既然为了职业,那么做医生是职业,做公务员也是职业,职业的下面,就只有价值问题,也就是待遇如何?首先问划不划得来。过去我们的思想,从不考虑个人待遇问题,所谓"为官心存君国",讲好的一面,是牺牲自我。为什么要得到权位？是为了实行自己的理想，好替国家做一番事，如此而已。在历史上许多大臣，死了以后可怜得很，像秦桧害死岳飞，抄家的时候，什么都没抄到，破书而已，像这种精神，是值得我们去研究的重大问题。

## 凤凰离乱不如鸡

现在接下来，是孔子离开鲁国以后，周游列国，到处为文化，为人类的思想在努力。

楚狂接舆，歌而过孔子曰：凤兮！凤兮！何德之衰？往者不可谏，来者犹可追。已而！已而！今之从政者殆而！孔子下，欲与之言，趋而辟之，不得与之言。

孔子碰了一个钉子了。楚狂接舆是道家人物，是楚国一个著名装疯的狂人。狂人并不是疯子。过去说的狂，就是满不在乎，有点像现在的嬉痞。美国前几年流行的嬉痞，他们所画的祖师爷，都是我们中国人，其中两个是禅宗的和尚：寒山、拾得，留长发拿扫帚的；还有像楚狂接舆，也是他们的祖师爷。还有我们晋朝的刘伶、阮籍两个爱喝酒的，这些人他们都供起来，自称是他们的祖师爷，这是他们学中国文化的一点点皮毛。所以楚狂并不是一个疯子，接舆是他的名字，道家的书与《高士传》都说他姓陆，陆接舆就是楚狂，也是道家著名的隐士，学问人格都非常高。孔子碰到他时，他就唱着歌过来了。歌是故意唱给孔子听的，他没有直接说孔子，而说"凤兮！凤兮！何德之衰？"古人说麟、凤，有时候代表人中之君子，或者是天下绝对太平，时代有道的时候，就可见到走兽中的麒麟、飞禽中之凤凰，乱世的时候就看不见。不过后世一般人认为没有这两种东西，把长颈鹿叫做麒麟，对不对，也很难讲。这两样东西，是中国文化的标志。还有一样就是龙。现在楚狂是用凤来比孔子,他说凤啊!凤啊!你倒楣了,这个时代出来干什么?过去的错了,你就算了,未来的你还是可以改正。这两句话的含义是很深很深的。大而言之,也可以说是历史错了,是不能挽回的,但是你不要去怀念那过去的历史,应该开创未来的。不过他唱给孔子听,这个意义很深远,等于对孔子说,你老是想把这个时代挽救过来,这是挽救不了的啊!算了吧!算了吧!这个时候想出来挽救这个时代,是危险极了,你这时如想出来从政,你可免了。孔子一听,知道不简单,赶快停下车来,想跟他讲话,可是这个"狂人"一看见孔子停车,知道孔子要来和自己说话,就加快脚步溜了,避开了,使孔子永远无法跟他说话,也是他懒得跟孔子讨论。

楚狂这个人是有名的隐士,给孔子碰了一个很大的钉子,如说他对孔子不欣赏,他偏要来唱这首歌给孔子听,可见他是有心的,孔子晓得,孔子懂他,下来想向他请教,可是他又走开了。历史上隐士们都这样,做了许多怪事,点到为止。这是孔子碰到了和他唱反调的第一个隐士。在这一篇里,这些唱反调的统统出来了。

## 处处关津处处寒

长沮、桀溺,耦而耕,孔子过之,使子路问津焉。长沮曰:夫执舆者为谁?子路曰:为孔丘。曰:是鲁孔丘与?曰:是也。曰:是知津矣!问于桀溺,桀溺曰:子为谁?曰:为仲由。曰:是鲁孔丘之徒与?对曰:然。曰:滔滔者,天下皆是也,而谁以易之?且而与其从辟人之士也,岂若从辟世之士哉?耰而不辍。子路行以告。夫子怃然曰:鸟兽不可与同群,吾非斯人之徒与而谁与?天下有道,丘不与易也。

长沮和桀溺,是两个隐士,一对好朋友,在并肩种田,孔子经过那里,不知是有意或无意的,教子路去问路,问过江的路口,这"问津"是这篇文章的"点题",我们中国以后的文字上,所谓"指点迷津"的典故,就是从这里来的。长沮就先反问子路,你替他赶车的那个老头子是谁?这是明知故问。子路说,坐在车上的是我的老师啊!鼎鼎大名的孔丘。长沮说,就是鲁国的那个孔丘?子路说,是啊!就是他。长沮说,既然是孔丘,他当然知道该怎么走,还要来向我们问路吗?他这话答得很妙,子路问的是车子应该走向哪里的路。长沮答的不是车子走的路,是人生之路,长沮的意思是说这个周游列国、到处还要传道的孔子,他现在"路"都不晓得走吗?他这个话是很妙,很幽默的。

子路问不出道理来,就转过头来问桀溺,桀溺却反过来问子路,你是什么人?子路说,我名字叫仲由。桀溺说,你就是鲁国那个糟老头孔丘的徒弟吗?子路说,是的。桀溺说:"滔滔者,天下皆是也。"滔滔是形容词,现代语汇就是潮流,当潮流来时,海水一涨,浪花滔滔滚滚,不管好的坏的,统统都被浪头淹没了。天下皆是也,就是说现在全世界都在浊浪滔滔,一股浑水在流,这情形又有谁能够把它变得了,那洪水泛滥的时候,时代的趋势来了,谁都挡不住,并且他告诉子路:"且而与其从辟人之士也,岂若从辟世之士哉?"这句话中的"辟"就是"逃避"的"避";"辟人之士",是指孔子,避开了鲁国,鲁国政治太乱,自己的国家他救不了啦!为了想实行自己的理想,到处去看,是避开乱的社会,另外想找更好的环境,为"辟人之士"。桀溺是告诉子路,你跟着孔子这样的"辟人之士",可是人是避不开的,如现在的和尚出家,神父的入会,反正都没有离开社会,不过换了一个生活。哪里出得了家?真出家谈何容易?真出家就是桀溺说的"辟世之士",连这个时代都抛开了。离开这个社会,跑到深山里去,不和任何人打交道,这就是出家吗?永嘉禅师曾经说过,当你的心不能平静的时候,跑到深山都没有用。不要以为到了山里,就是出家修行,有时候看到风吹草动,心里都会烦起来。如果把自己的心修平静了,在任何热闹的地方,就和在山林中一样的清净,这是基本的道理。所以这一段桀溺对子路说，你与其跟着孔子一样，觉得这里不对，就离开到另外一个社会，其实时代是逃避不了的，还不如像我们一样，自己忘记了这个世界，忘记了这个时代，种我的田，什么都不管。他说到这里以后，再不说话了，拿起锄头，还是不停地种他的田。

子路碰了钉子，就回去把经过报告孔子，孔子听了心里很不惬意，脸色变了，很落寞也很难过的样子说："鸟兽不可与同群！"后世自命为儒家的人，抓住这句话作为把柄，认为道家这些隐士都不对，说孔子在骂他们是禽兽，这些人没有国家的观念，不是人，是禽兽。这是后世的解释，但我否认这种解释，后世的儒家根本解释错了。我的看法，孔子非常赞成他们，孔子这句话不是骂他们，因为上面有句"夫子怃然曰"，孔子心里很难过，很落寞的味道，所以告诉子路："鸟兽不可与同群。"鸟是飞的，兽是走的，而且鸟是海阔天空由他飞，兽类之中，绝大多数野兽都在山林里，不在人类的社会中，飞的与走的不能摆在一起，换句话说，人各有志，各走各的路，远走的就去远走，高飞的就去高飞。孔子接着说，其实我很想跟他们一样，走他们的路线，抛开天下国家不管，我还不是跟他们两个人的思想一样的。换句话说，都是在忧世的，担忧这个国家，担忧这个时代，担忧这个社会，这种忧都是一样的，问题只是做法两样。他们可以丢下这个社会、这个时代不管，只管自己种田去，可是我丢不下来。假如说国家社会上了轨道，我又何必来改变它呢？就因为时代太乱了，我必须要牺牲自己，来改变这个社会的潮流。这就是孔子！所以我们知道孔子走的路线，比这些隐士们走的路更难。明知道这个担子挑不动，他硬要去挑。

我们这里引述历史一件事来补充说明：宋代王安石上台了，苏东坡这批人和他的意见不同、分歧，形成了后来著名的"党祸"，而王安石所用的人都非常坏，所以这班正人君子都纷纷辞职。当时有人主张最好不要辞职，因为王安石下面这一批人，将来一定要把事情搞坏，你多占一个位子，使他们少搞坏一点，这就做了好事。这就说明挑这种担子很难,明知道要坏,可硬是不走开,占住一点,少坏一点,虽然不能积极的挽救,也是消极的防止,孔子走的是这个路线。

## 如此风波不可行

下面又来一个:

子路从而后,遇丈人,以杖荷蓧。子路问曰:子见夫子乎?丈人曰:四体不勤,五谷不分,孰为夫子?植其杖而芸。子路拱而立。止子路宿,杀鸡为黍而食之,见其二子焉。明日,子路行以告。子曰:隐者也,使子路反见之。至,则行矣。子路曰:不仕无义。长幼之节,不可废也!君臣之义,如之何其废之?欲洁其身,而乱大伦,君子之仕也,行其义也。道之不行,已知之矣!

子路有一次跟着孔子后面走,大概脱了队,落伍了。"遇丈人",碰到一个老头子。"丈人"不是岳父,古代丈人是对长辈的尊称。过去写信,对父执辈称世伯,自称世晚或世侄,但有的与父辈没有交情,而年岁地位又比自己高得多,这时就尊称对方为"丈",就是长者、前辈的意思。子路碰到一位老先生,用他的拐杖,挑了一些编织竹器的青竹篾藤,子路就问他,你看到我的老师吗?这个老头子可骂了子路一顿,什么你的老师?这种人光在那里吹牛,也不去劳动劳动,连五谷都分不清楚,一天到晚只在那里用头脑,用嘴巴吹牛,我才不认识你的什么老师。老头说完,把拐杖往地下一插,在那里芸田,手扶着杖头,用脚把禾苗周围的草,压到泥土下去。子路搞得没办法,被他的气势慑住了,拱手站在那里恭恭敬敬的不敢动。于是这位老头子带子路回家,留他住下,还杀鸡,做了很好的饭,很丰盛的款待他,而且还教两个儿子来做陪客。第二天子路找到孔子,又报告了经过。孔子说,这是一个隐居的高人,教子路回去找他,可是子路到了那里一看,这位老先生搬家了。

关于这些隐士的事情,儒家记载得很有限,我们如果看《高士传》、《神仙传》这一方面的书,则这种人很多。如佛家禅宗的隐山和尚,这是佛教进入中国以后唐代的故事:有两位很有名的大师,出门"行脚"。"行脚"是佛家的术语,就是到各处参访有道德学问的高人,这两个和尚走到一个深山里面,在溪水中洗脸,其中一个是洞山,告诉另外一个密师伯,这山中住有高人。密师伯说怎么知道?洞山说,我们洗脸时不是看到一片菜叶子,随溪水流下来吗?可见上流有人。于是两个人就去找,虽没有路迹可循,但终于找到了这个隐山和尚,搭了一个茅草棚,一个人住在深山,于是这两个和尚跟他谈道,他们谈得相当投机。后来,这两个和尚就走了。但在半路上一想不对,多年来难得一见的高人,隐居在这里,实在太可惜了。于是第二天回去找,找不到了,连茅草棚都烧掉了,只留了几首诗在那里,最后两句说:"刚被世人知住处,又移茅屋入深居。"像这样所谓隐士思想的人物,在中国历史上很多,并不是灰心,灰心就自杀了,而多半是很有修养的人。

子路找不到这个荷蓧老人,回来告诉孔子后,谈起这件事有所感想——子路不是一个绝对莽撞的人,他跟孔子这么多年,孔子也很欣赏他,所以他讲出一个道理——他说,一个知识分子,有学问有能力,不肯出仕贡献给国家社会(这里要注意,"仕"的观念,在春秋战国以前,是为对国家有所贡献而出仕,后世是为了自己的功名富贵,出来做官为出仕,完全是两回事),不合于义。社会有社会的秩序,长幼的阶级,父是父,子是子,人伦的阶级不可废,家庭父母子女的秩序都不可乱,更何况国家社会的政治体制,怎么能废?假使废了,社会就没有形态、没有秩序,不成社会了。这些隐士思想的人,欲洁身自好,把自己身心人格搞得很清高,自己有自己的观点。社会中有许多人也是这种个性,这种人是守成的第一流人才,可是教他去开创,那就糟了。开创事业的人,好的要,坏的也要,而且要准备接受坏的,天下好的名声固然好，有时候为了成功一件事业，往往要担负很多坏名声，其实很冤枉。但是能够挑得起来，就很难了。这种做法，比洁身自好还更难。所以我们常常感到任劳任怨难，尤其当主管的人更是如此。创业的人，第一个修养要能够任怨，但不是手段，要是一种德行才行。所以洁身自好的人，多半是隐士。子路这时可有个感想，认为洁身自好的人，乱了人伦之道，把一切都丢开了，只管自己。也可以说，是绝对的个人自由主义者，对于国家社会并无贡献。所以子路说，君子的出仕，并不是为了自己想出风头，而是为了贡献给国家社会——"行其义也"。看了这些隐士们，就晓得"道之不行"了。因为社会上的知识分子，多半喜欢走隐士的路线，觉得救不了时代，就做隐士，向后退，不敢跳下这个浑水去。大家都像这个样子，有学问，有修养的人，头脑太清明了，看清楚了，不愿来趟这个浑水。所以子路说他懂了，搞不好了，他知道跟孔子这位老师所走的路线，自始至终，永远都是自我牺牲，因为其他的知识分子，多半只管自己了。

上面到这里，等于告了一个段落，下面一章就等于引用孔子的评论了。先说逸民，古代逸民也近于隐士，在历史上，后来引用孔子这句话，有《逸民传》。尤其清朝的历史，对于明朝的许多绝对不投降，当然更不肯出来做官的知识分子，像王船山逃到湖南的山里去了，像陕西的李二曲、江苏的顾亭林等等，硬是不出来，当然也没有被杀，这一类人在清代的历史上留下来，就列入《逸民传》中，当然不是贰臣，贰臣就是投降了的，逸民是很高逸的，这又与隐士有所同而又大有不同之处了。

## 穷 达 行 藏

现在继续讲《微子第十八》，今天说到"逸民"这一段。上次说过，这一篇所讲的，等于是历史人物的报道，也反映出立身处世的道理，一种走入世的路，一种走隐逸的路，当隐士为出世之路。不过中国过去的隐逸之路，并不完全是消极的，以旧文字来形容，可用"有所待也"四个字。他们不是为个人利益有所待，只是想为国家社会有所贡献而有所待，虽然同入世的人看法两样，角度两样，但都是有所待。因此，隐逸的路线也可说是积极的，他们救人救世的目标是一致的。可是这一类人，和孔夫子正面对照起来，显出两个方向。这一篇里大部分都是说隐逸的，孔子提出来：

逸民：伯夷、叔齐、虞仲、夷逸、朱张、柳下惠、少连。子曰：不降其志，不辱其身，伯夷、叔齐与？谓柳下惠、少连：降志辱身矣，言中伦，行中虑，其斯而已矣！谓虞仲、夷逸：隐居放言，身中清，废中权。我则异于是，无可无不可。

孔子认为这批逸民们，最值得钦佩的，确定了人格，立志不变，自己认清楚了一个主义、一个思想、一个目标。他这个人格不管什么环境，永远不变，不动摇，同时不辱其身——这四个字是很难的，拿社会的现象与历史作一个对比，就会知道，历史上有许多人降志辱身。有人在一个时代变更，尤其国破家亡的时候，例如宋末、明末时期，有很多人，或为了怕死，或为了一己的功名富贵而降志，降志而后辱身，招来不知多少侮辱，被人看不起。但是话说回来，有许多人还以辱身为光荣的，对这种人真是一点办法都没有。同时由这点，也可以了解我们中国思想文化，对于人格教育的建立是很重视的，再说不辱其身的事例，我们但看社会上许多人，虽然发财了，但是乃由降志辱身得来，也是很可怜！对于不辱其身的定义，广义的是坚定人格，高尚其志，这是很不容易的。孔子认为真够得上不降其志，不辱其身的，只有伯夷、叔齐他们，这两个人连皇帝位置都不要，可以做到栖心道德，视天下如敝屣。

孔子又说等而次之，便如柳下惠、少连这两个人。柳下惠这个人我们曾经提到过的，三次上台，三次下台，始终搞不好，孔子说，这好像就差一点,可以说降其志,又辱其身了。明知道做不好,非硬做不可,又不知道权变,如知道权变,将就一点也好,又不能将就,既挽不回时代,又自取其辱,结果既降志而又辱身。辱身是指个人对社会环境而言,降志是对自我人格而言。孔子说,在这方面来讲,柳下惠、少连就比较差了。不过,他们一生的言语思想是中伦的。这个"中"是射箭射中了的"中"。"中伦"就是中于伦常的道理,维持了传统文化的精神,同时也说他们言语思想完全是走中肯的路子,他们的行为,能够中于中正的精神。总之,他们的言行思想,可以保持原来的规矩没有变,只能如此而已。但挽回不了时代,对社会也没有贡献,所以说他们是自己降志辱身。

再其次如虞仲、夷逸这几个人,用现代话说,也可以说是时代的逃兵,或者说是现实社会里退伍了的人,自己认为对社会没有什么贡献,就只好退出。他们一辈子隐居,没有出来做过事,放言高论、批判是非得失。我们把"隐居放言"连起来看,便知唯有隐居可以放言,这怎么说呢?对功名富贵、社会的一切都无所要求,没有企图,所以这可以客观地讲公正的话,也敢于讲话。但孔子说他们虽然如此,也只能做到他们本身一辈子清高而已,尽管再大的功名富贵放在面前都不要,舍弃掉了一切人事上的祸福利害关系,自己退隐了专门自修。固然说时代不对了,环境不许可他们有所作为,没有办法,只好退隐了,不过退隐也是不得已的一个权宜之计,所以说它是一种通权达变的办法而已。

孔子提了这几个隐士的典型以后便说:我和他们则是两样,真正时代不需要我的时候,我可以作隐士,需要我的时候,我也可以出来,绝对地负起责任来做事。并不是自己立定一个呆板的目标,像上面提到这几个著名隐士的作风。因为他们自己划了一道鸿沟,自己规定了人格标准,守住那个格。孔子说无可无不可,就是说不守那个格,可以说是"君子不器",也就是"用之则行,舍之则藏"的意思。需要用我的时候,把责任交给我,我就照做,挑起这个担子,不要我挑这个担子的时候,我绝不勉强去求,所以说孔子是"圣之时者"。他这个圣人与别的圣人不同的地方,就是他自己所说的"无可,无不可",没有规定哪一样可去做,没有绝对否定哪一样事情不可做。"无可,无不可。"有时候被人错误解释是滑头的事,好像这样也可以,那样也可以,其实不是这意思,而是说不固执自己的成见。

这一段等于是这一篇内容要点的画龙点睛了,本篇的宗旨就在这个地方,也可以说,在为人处世上,给我们一个启示,看自己应该向哪一个人生路线迈进。

## 时衰鬼弄人

下面跟着就是讲时代的混乱,由这一节就可见当时春秋战国,尤其在鲁国,传统文化的衰退,结果知识分子统统逃走了,都去做了逸民。

大师挚适齐,亚饭干适楚,三饭缭适蔡,四饭缺适秦,鼓方叔入于河,播鼗武入于汉,少师阳、击磬襄入于海。

在这里孔子提出当时的鲁国,这班人都散了。鲁国是周公之后,周公是建立周代文化的开创人,所以中国上古一直到周代的传统文化,比较能够保存的,是在鲁国,而到孔子这个时代衰败了,人才都散了。当时的文化,重点在礼乐,那个时代管乐的,不是现代一样的音乐专家,以现代语汇说,都是高深的哲学思想家而兼礼乐方面的事,可是当时这一班人都散掉了。管乐的大师挚,"大师"是官名,勉强等于现代的部长阶级,"挚"是人名,这个人离开自己的鲁国,到齐国去隐掉了(并不是去就更好的职位)。亚饭干,这里的"饭"字等于是管乐的官阶官名,亚饭等于副首长,干这个人到楚国去了。三饭缭到蔡国去了。四饭缺到秦国去了。鼓是打鼓的鼓手,中国古代音乐的鼓手是合奏中的指挥手,很难的,那个名叫方叔的鼓手到河内(黄河上游)一带去了。摇拨浪鼓的武,过了汉水到了长江一带。少师,即大师的副手名叫阳的这个人和打大磬的襄出海,到海外去了。这一篇简单的述说就是这样记载这几个人的行踪。单独看这一段记载,没有什么道理,好像毫不相干的,但这说明一个国家社会,在变乱的时候,真正忧时匡世的人才离散,无法存在高位,大家退隐散伙了。真正有学问,想为国家天下贡献能力的人,无能为力,灰心地,都逃避现实而东零西散,人才一去,这个社会、政治的结构,社会的形态就成了大问题。透过这一段,我们要了解它的精神,等于领导一个单位,发现了好几个人才,薪水不足以养廉,或者某一环境困扰他,他们就散掉了,一个人唱独脚戏,就唱不起来。整个历史时代的光辉或黯淡,都是人的问题。不管制度如何好,还是要靠人来执行,没有人才就完了。所以这段要与前后文连起来看,就可看出它的精神来。把这段文章圈断,那是后来宋明儒生们干的事,如照他们圈断的来读,这一段记载,孤零零摆在这里,就毫无意义,就好比王安石骂《春秋》这本书是流水账一样,没有什么道理,但连起来看,这本账大有文章,由此可知当时的时代历史之严重,时代要变乱,人才都离散了。

由此再把下面两节连起来看,作为本篇的结论。

## 周 公 遗 训

周公谓鲁公曰:君子不施其亲,不使大臣怨乎不以,故旧无大故,则不弃也,无求备于一人。

我们再强调要连起来看,就看出了《论语》的道理,指导我们的方针。上面讲了当时文化集中地的鲁国,到了孔子时代已经开始衰微了,老成凋谢,人材星散。这里又推溯记载鲁国开国之初周武王的兄弟,建立周代文化的周公,告诉他的儿子鲁公(就是伯禽,分封在鲁国),一个领导的人,不管是个人做人,或者扩充到政治上,总之,为天下国家社会,要没有私心,好处先不要想给自己的亲信,要大公无私。这是第一点。

不要使自己提拔起来的干部怨乎不以,就是不使重要干部心里不以为然的怨怼,感到不过以他来摆位置、作傀儡,并不是真正要他做事。大臣如不以领导人的做法为然,又不好明说,就会变成尸位素餐,应付一下上班,反正提意见也没用,这样就很危险,这是第二点。再其次:"故旧无大故,则不弃也。"这是说明中国古代文化的念旧精神,共同创业有功的人,这些故旧,到了年纪已大,应该退休时,虽然头脑差些,没有用了,但当时没有功劳也有苦劳,如果他们没有太重大的错误,不要随便舍弃不用。中国文化所讲的人伦文化,就是推己及人地爱人。因此对于故旧,虽然老了,但他年轻时还是有用的,出过力,甚至可能在其间还几乎连命都赔上,今日老了还算是幸运的,所以周公说对于这种人,除非犯了太大的错误,否则不能无故丢弃他们。为政之道也好,做人之道也好,这是念旧、爱人。对朋友当然如此,对于老朋友,如果没有什么严重的问题,活着已经没有几次好见面了。见一次少一次,更不能抛弃这分友情。这是第三点。

还有一点最重要的,一个做领导人的,不可要求干部全部是才。人常常容易犯这种错误,希望干部又能干,又没有缺点。

这是万难做到的。还有一个常犯的毛病,对于一个能干的干部,任何事都交给他办,结果常常使这个能干的干部受不了,因为他到底是人,不是铁打的。这就是说无求备于人。再说,人都有长处,有缺点,不能要求每一个人都是圣人,尤其是共同创业的干部,又能为你打天下,又能为你守成,同时又是圣人,这也是不可能的。所以交朋友,做领导人,不要对人责备求全。

这四点是周公吩咐他的儿子——鲁国的国君,为领袖者的重要原则。因此,把这段放在本篇这个地方,编得太好了。上面讲了许多人生态度与孔子对立的人,以及一般逃隐之士。如《孔子家语》记载所骂孔子的"如丧家之狗",像条野狗一样,到处乱跑。形成两个目标完全不同的相对类型。因此就可以看出一个道理:很多隐逸的人是被环境逼走的,这就关系到政治上做领导人的问题了。孔子经常提到周朝之德,所以下文就以周朝之人才济济作一小结。

周有八士:伯达、伯适、仲突、仲忽、叔夜、叔夏、季随、季骊。

周朝的兴起来,除了主要的姜太公、周公以外,还有重要的干部,就是这八个人,幕僚中的要角,周朝初期奠定了后世八百年天下的基础,并不简单,全是靠人才济济,同心协力所致。对这八个人的历史,我们保存的资料不太多,暂且到此打住。

# 子张第十九

第十九篇的记载，与上论第九篇《子罕篇》性质有相同之处。《子罕》这一篇，记载当时孔子做学问、言论、行为的实际教育理论，现在《子张第十九》这一篇，讲到孔子的学生乃至门人，受孔子教育以后，对于孔门道学的发挥。

子张曰：士，见危致命，见得思义，祭思敬，丧思哀，其可已矣。

上面所说的，在孔子的言论中间，提到什么要紧的事，都是"君子、君子"，到了这里，子张提出来的是"士"，我们由此可以看到先后时代上的稍有不同。中国的"士"，我们曾提到过的，每十个青年中选一个比较有学问、能力强的人为士，这是中国的选举雏形，现在的选举是西方式的，中国古代的选举精神，一直到汉代，表面上都是如此，真正自由民主的选举，推出来为社稷服务的就是"士"。现在子张说，为什么国家社会需要知识分子的士？这个知识分子的观念与现在稍有不同，当时的知识分子是为人群需要的"儒"。"人之需也"，子张说一个知识分子要"见危致命"，看到国家社会艰难的时候，只好出来，挑起这个责任。在《礼记》中也有过同样的话。如我们经常标榜的文天祥，他之当宰相，是很可怜的任务，等到南宋末代最后没有办法的时候，才发表的，他本可以不干，换句话说你们吃肉过好日子的时候不要我，现在却要我了！但文天祥可没有这个不争气的观念，这也是一个知识分子的士所谓"见危致命"的典型，艰难危险的时候，你既然要我，我就来了，准备这条命赔进去。

当然,除了文天祥以外,历史上许多开创的时代中,也有很好的事例,不过,对于成功的一面,大家觉得不够醒目,所以未提。例如郭子仪,便是一个见危致命的典型。"见得思义",就是得到什么利益的时候,或者有功劳酬庸的时候,就要考虑了。"思义"就是考虑是否为我们本分所应得的?不能随便得。由此可见中国文化要求一个知识分子,士大夫阶级的所谓"儒者",是这样严格:最艰难困苦的由我担,好的由你们大家拿去,我不一定要。

中国古代文化对于祭祀天地祖先鬼神,非常重视,譬如十二月廿四的祭灶,也是几千年的历史了,虽然看起来是迷信,其实有重大的意义,当然祭祀行礼的时候,要规规矩矩,如面对神灵。现代的科学只是讲看得见的一面,还有看不见的一面,正在摸索。这看不见的一面,至少现在科学还无法证明有没有,一个真正大科学家不敢说没有,所以对天人之间的祭祀要"思敬"。

"丧思哀",死了人是丧,这是狭义的讲面对丧事要有沉哀的心情,如讲中国《礼记》,这个丧字包括有更大的意义,如时代的失败。今日在座的人,相处此地,内心都有无比的悲愤,都应有责任问题的痛思。子张说要做到了这四点,才够得上是一个知识分子的士,不愧为一个读书人。这一点我们要认清,自己的国家文化中一个知识分子、读书人,构成为士的条件有如此之难。

孔子去世以后,子张在教学生,也就是继承了孔子精神,从事社会教育。

　　子张曰:执德不弘,信道不笃,焉能为有?焉能为亡?

这八个字很难。"执德不弘",执就是抓住,譬如信仰就是抓住某一思想为中心。"德"是广义的,包括道德之德,真理。我们普通每一个人都有这种德,譬如看见别人做好事,心里一定肃然起敬,看见人家有好画,心里也很欣赏,读书时感到书中的道理很对,也很开心。但是我们照着做了没有?没有,这就是"执德不弘"。我们没有这样远大，我们也服从真理，看见好人好事也很钦佩，但是自己做起来，没有那么积极，不能发挥。"信道不笃"的"道"并不只是宗教的"道"，包括一切真理。我们人生的体会，有时明明知道是这个道理，但到处理事情的时候，自己的个性、脾气一来，就不管道理了，这就是"信道不笃"，不踏实。上面这八个字，是我们最容易犯的错误，老实讲不但是普通人如此，有许多宗教徒也如此，他们对信仰应该是坚定，但据经验看来，有时候只好对他们付之一笑，常常发觉他们都是"执德不弘，信道不笃"。他不见得对那个宗教真正有认识、有信仰，像这种人教他得意也不可以，"焉能为有"，他得意就会得意忘形，忘记了自己。让他失意也不可以，"焉能为亡"！他又会失意忘形。换句话说，自己没有建立一个人生观，自己没有中心思想，受环境的转变，有的人没事做时，会很痛苦，就是因为自己没有中心思想的修养，如果自己有中心思想而退休闲居，就没有关系，否则的话，闲居时就很可怜，这情形就是子张这个话，"焉能为有？焉能为亡？"子张认为要做到"执德能弘，信道能笃"，自己有中心思想才可以。能处有处无，坦然自在。

## 有 容 德 乃 大

子张、子夏这些人都是同学，孔子去世后，子张在教学，子夏也在教学，后来荀子这一派都是由子夏这一派流出来的。子张、子夏都有学生，有一天有这样一件事：

子夏之门人，问交于子张。子张曰：子夏云何？对曰：子夏曰：可者与之，其不可者拒之。子张曰：异乎吾所闻，君子尊贤而容众，嘉善而矜不能。我之大贤与，于人何所不容？我之不贤与，人将拒我，如之何其拒人也？

子夏的学生，碰到师叔（子张少子夏四岁），就问师叔什么是交朋友之道，子张就反过来先问，你的老师是怎么告诉你们的呢？子夏的学生说，我们老师教我们，对于可以交的朋友，就和他往来作朋友，不可以交的朋友，就距离远一点。子张就说，那对不住，我当时听到我们的老师孔子所教我们的，和你老师所教你的不一样（子张也蛮会讲话，他并不说你们的老师讲错了）。我所听到我们老师是说，一个人处社会交朋友要尊贤，有学问有道德的值得尊敬，而对于一般没有道德、没有学问的人要包容他，对于好的有善行的人要鼓励他，对不好的，差的人要同情他。假定我是一个有道德修养，有学问的人，自己是个君子，那么对哪一个不可以包容呢？假如我自己是一个混蛋，那么自己不必拒绝人，人家先讨厌我了，何必还要去拒绝别人？

这一段记载得很老实，就是讲子张和子夏都是孔子的学生。一个教育，一个思想，到了第三代就大变。好比三民主义思想，到现在考试起来就很难。这是说一个学问的发挥，到了第二代，第三代，范围扩充了，方向就两样，这是第一个观点。第二个观点，就看到子张的见解，比子夏的见解是高明一点，做人的道理是应该如此，对于不及我们的人，不必讨厌他，要同情他，能够帮助的就尽量帮助他，即使不能帮助也要包容人，原谅人家一点，如果自己是对的，当然要助人，自己不对就免谈，所以子张的见解是比子夏高明。

## 雕虫小技大有可观

子夏曰：虽小道，必有可观者焉，致远恐泥，是以君子不为也。

这是讲学问和人生修养的道理。子夏说，人生天地间的学问，分门别类，不止一种，虽然有很多小道，如下棋、写中国字、作诗、刻图章，甚至于打牌吧，这些都不是什么大学问，只是小道，古人所谓雕虫小技，但也是学问，并不简单，都很难，如果深入去研究，都会有所成就。但为什么它是小道呢？是说一个人的精神思想，前面的目标不放远大,专抓一点小成就当成大学问,就被困住了,像掉进泥坑里去了,爬不起来,所以君子不取小道,宁可走大路,但现在时代不同了,这个事也很难讲,譬如八股文,写文章也是小道,但现代的青年连小道都做不好。

讲人生修养,一个大丈夫,不管对哪门学问,都要能入乎其内,出乎其外,不要被它困住了。因此,反过来讲,对于下棋、打牌等等,能入乎其内,出乎其外,不被它困住的,不能不算是学问。如困住了的话,就变成了"致远恐泥"。有一个朋友的孩子,在大学读书,成绩很好,文章也好,字也好。我这位朋友还嫌他儿子的毛笔字写得不好,要我劝他的孩子去习毛笔字。我告诉他现在已经到了用打字机的时代,而且一支笔千余元,一锭墨二千余元,一张宣纸又好几百元,已经写不起了,将来孩子学成能创业,何必一定要书法好?正是:"销磨百代英雄气,殿体诗书八股文。"殿体书又名殿阁体或台阁体,就是在皇帝面前应试所写的字体,现在印刷界称之为"正楷字"的。这些都是小道。但是现在很可怜了,没有真正的文化,人家外国人来看中国文化,我们拿什么给人家看?动辄到故宫博物院。到了故宫博物院,心里一个惭愧的念头——沾祖宗的光!我们这一代有什么给人家看?我们自己真值得反省,我们只拿书画、音乐这些小道当作文化,而且现在还拿不出来,即使拿得出来,也不过只是做做表面工作,在精神思想上,一点都没有建立自己的文化,这个问题很严重。因此子夏所讲的小道也有可观,对此实在有很多感愧。

## 学问无尽　岁月难留

子夏曰:日知其所亡,月无忘其所能,可谓好学也已矣!

这是子夏告诉学生做学问的道理。我们看到子夏教学生的这两点,真有无限的感慨。子夏说,一个人应该每天反省自己所欠缺的,每个人都有所缺乏的,不要认为自己有一点知识就满足了,还要再去补充、学习。每天补充自己所没有的学问,一个月接着一个月,有恒心不丢掉,不忘记所学的,这样才真可说是好学,就是有恒。

子夏曰:博学而笃志,切问而近思,仁在其中矣。

子夏说,一个人知识要渊博,但是知识越渊博思想越没有中心。这一点大家要研究一下,特别注意,尤其搞思想的人要注意。不但是现在社会,古今中外的知识分子都是一样的,知识渊博的人,思想反而失掉中心。不过也许我这个看法是错的,如果知识渊博,人品又好,修养又有中心,那一定是第一流人物,这种人很难办,什么都沾不上,软硬都不吃,其实,一般的知识分子,并无可怕之处,都是很安分的。我也常常和学生说笑话,将来时代是你们的,你们还年轻,我也看不见了。你们将来做事,万一碰到知识分子捣乱,很容易办,多送他一点钱,弄一个清高的官给他做,然后给他声色犬马,就什么都没有了。试看历史上,皇帝们,对付文人很简单,都是这个法子,给什么翰林院,什么大学士,等于一个顾问,上了班泡杯茶去吹牛,再赏黄金多少镒,另外赐几个宫女给他,他再也没有精神来惹事了,就完了嘛,很容易安排的。对人,学问并不一定可贵,但是文人有知识,最喜欢乱叫。我们几十年来,社会乱成这个样子,首先闹的还不是一般不成器的知识分子。说他真倾向于偏激思想吗?不见得。说他真对什么思想有所研究吗?也不见得。他就是借题发挥来闹,对某一人不满意,就借题发挥地闹,结果把一个国家闹成这个样子。这些人也真可怜,没有中心思想,而且多半是穷极无聊,处处不满意,实际上是乡巴佬说朝廷。这就是博学不一定有用,博学要笃志,有一个中心,意志坚定,建立人品,那么知识渊博,有如一颗好的种子,意志的坚定是肥料,培养出花和果来。内在没有一个中心,知识越渊博,思想越危险,觉得样样都有道理,容易动摇,应该是真理只有一个,要把它找出来,所以要笃志。

"切问而近思"，切问就是经验，多听多问。但要注意，中年人都体会得到，人生经验多了，结果容易走上两条路：灰心或怨恨，觉得自己几十年都上当，社会上没有真理，切问包括了经验，所以有了经验还要近思，要真正有思想学问，去体会人生经验就好了。近思有两个意义，一个是思想要有中心，一个是不要想得太虚玄太高远，要切近的平实的思想，人生到底没有什么太高远，不必向外找，我们知道朱熹先生写一本书叫《近思录》，就是取这句话的意义。子夏教育学生，如果能做这两句话，那么孔子所标榜的"仁"这个学问的中心就有了。

## 体相圆融　用之不穷

子夏曰：百工居肆以成其事，君子学以致其道。

子夏说，社会上各种做工艺的，自己必须有一工艺场地，才能专心做成他的事情。知识分子的求学，首先要认识，学术知识是一回事情，透过知识还要建立一个东西，这个东西无以名之，称它为道。一切学问为了道而学，知识学问都是为了培植这个道，知识并不就是道。"道"是什么呢？这个问题就像"仁"一样，讨论起来就大了，就麻烦了。我们可以简单的分三方面来讲：有它的体，有它的相，有它的用。体就是中心，形而上的。相就是它的现象，譬如全部四书所讲的关于人生的行为思想，都是道的相，这个相为达到人生目的就是用。这是简单的解释"道"的体、相、用。如果严格讲起来太多了，这里不发挥。

子夏曰：小人之过也必文。

讲到人生的修养，后来中国文学中常用"文过饰非"四个字，其出典在此。自己有过错了，粉饰一下，掩护一下。子夏说，一个小人对于自己的过错，总想办法说出一套理由，把过错掩盖起来，一个君子自己错了就承认错了，所谓君子之过如日月之蚀，和太阳、月亮一样，偶然有一点黑影,大家都看得见,可是等一下就会过,仍不失原有的光明。

子夏曰:君子有三变,望之俨然,即之也温,听其言也厉。

这是下论曾经提到过赞扬孔子的话。他说一个人有高度的修养,就是君子之人,有三种变相:看起来不可侵犯,实际上跟他一亲近,又非常温和,充满了感情,但听他讲话,尽管他说笑话,但他言语的内容,又非常庄严,不可侵犯的。这是讲有高度修养的人。上论中有这三句话的同义语用来形容孔子,他这里再重提一下,强调君子学养的典型。

## 交浅不言深

子夏曰:君子信而后劳其民,未信,则以为厉已也。信而后谏,未信,则以为谤已也。

这个地方子夏教学生们将来做人处世的道理,上面两句话是讲如何做领导人,下面两句话,是讲做别人干部,"臣道"应有的态度。他说一个君子,要指挥下面的人,需要他们做事的时候,必须先要建立起来他们对自己的信念,当他们对自己有了信念,然后要他们做事,虽然没有告诉他们所以然,他们仍会做到。当部下对自己还没有信仰的时候,要求他们过多,他会以为是找他麻烦。一个领导人,在与干部之间没有建立信心以前,虽然是为了干部的利益而想的办法,但干部们反而误会你在利用他们,损害他们的权益。一般人的心理如此,人是最难对付的,所以待人处世必须以信,信之重要在此。

第二点,说明作为一个高级干部的人,要对主管长官提出建议之前,先要自己估计,有没有在领导人心中建立信任,真正对自己有了信任,再依信任的程度,作适当的建议才对。如果长官对自己的信任还不够,则自己提出来好的意见,往往会得到相反的结果,上级反而误会,怀疑你在毁谤他、反对他,这问题就大了。我们读历史,甚至看《贞观政要》,唐太宗的意见,常常被魏徵、房玄龄这班大臣碰回去。有人说魏徵、房玄龄了不起,但更了不起的是唐太宗,魏徵如果没有碰到这种好老板,老早被怀疑了。唐太宗到底是唐太宗,能信任大臣,包容大臣的反对意见。张良何以不找别的老板而找刘邦?也还是刘邦了不起,对他言听计从,这都是说明长官与部下之间,要相互有信,下对上敬信,上对下信任,才有伟大的成就。如互信不够,没有真诚的沟通情感和思想,问题就大了。

## 大行与小节

子夏曰:大德不逾闲,小德出入可也。

我们要注意,这两句话是子夏说的,平常很多人都误引述是孔子说的,"闲"就是范围,上古的时候没有房门,晚上睡觉,门用木架子挡着就是了。当年在大陆的西南、西北地区就可看到,一些山洞的门口用木架一挡就算了,并不怕小偷,只防牛羊跑出去,所以叫"闲"。子夏主张大德、大原则不要超出范围,不可以轻易变更,小的毛病大家都有,不要过分责备。人能做到这样也就很好了。那么子游说话了:

子游曰:子夏之门人小子,当洒扫应对进退则可矣,抑末也;本之则无,如之何?子夏闻之曰:噫!言游过矣!君子之道,孰先传焉?孰后倦焉?譬诸草木,区以别矣!君子之道,焉可诬也?有始有卒者,其惟圣人乎!

讲到这里,是记载了子夏教学的事。孔子死后,子夏在河西讲学这个阶段的事。他的同学子游说,子夏所教的这些年轻学生们,"当洒扫应对进退则可矣"。这里"洒扫、应对、进退"六个字,是古人的教育,包括生活的教育、人格的教育,是中国文化三千年来一贯的传统。如果有外国人问起我们中国文化教育方面,过去的教育宗旨是什么?我们不是教育专家,专家说的理论是他们的,我们讲句老实话,中国过去的教育,主要的是先教人格的教育,也就是生活的教育。美国也讲生活的教育,但美国的生活教育是与职业,与赚钱相配合,而我们过去的生活教育是与人格的建立相配合,不管将来做什么事,人格先要建立。这就是中国文化的教育。现在我们的教育跟着西方走,所谓的生活教育,则是美国式的生活教育,教出来的孩子,先以能够谋职业,有饭吃,谋生为第一。这其中差别很大很大,这是教育上一个大问题。当然将来会变,依我的看法非变不可,不变就不得了。社会自然会使它变,中国几千年来的文化,不是偶然的,到了某一情势、某一阶段,自然会变。

过去孩子们进了学校,首先接受的教育就是"洒扫、应对、进退"这几件事。"洒扫"就是扫地,搞清洁卫生等,我们现在小学、中学都有,好像和古代教育一样,其实是两样的。我们从西方文化学来的教育,制度变了,教务、训导、总务三个独立。等于一个政治,三权分立,三样都不连系,结果三样都失败。教务只教知识没有教学问;训导是空的;总务呢?下意识中就认为是搞钱的。变成了这样,可见我们整个教育制度没有检讨,因此学生对学校大体上都是坏印象。中间细微末节的事还很多,譬如老师下命令搞清洁,就没有一个搞好清洁。我经常说搞总务之难,一个好的总务,是宰相的人才,汉代的萧何,就是搞总务的。总务这门学问,在学校里有家政系(这个翻译得不好,实际上就是内务系),训练内务人才。但总务始终很难搞好。任何一个机关团体,一上厕所就发现毛病,管总务的也不可能每天去看每一个抽水马桶,这就可见总务上管理之难。至于洒扫方面,现在的青年连地都不会扫,虽然中学小学要扫地,可是拿到扫把挥舞,反而把灰尘扬得满天飞,抹去桌上灰尘,转身反而抹到墙上,连洒扫都没学会,生活教育真不容易。再其次的"应对",更成问题。现在的学生几乎不会应对，如问他："贵姓？"他就答："我贵姓某。""府上哪里？"他会说："我府上某地。"就是如此，应对的礼仪没有了，这是大问题。最后"进退"更难了，一件东西该拿不该拿？一件事情该不该做？是大学问，小的时候就要开始教。如吩咐去向长辈拜年，到了亲友家，该站该坐？站在哪里？坐在哪里？进退之间，做人的道理，都要注意教育，现在这些都没有了。古代的教育，就从洒扫、应对、进退这些地方开始。

中国的古礼，周公之礼，六岁就读小学，小学就从这种生活规范学起；进一步八岁十岁认字；十八岁入大学，那是学大人。所以中国文化，小学这个阶段，就是求做人的知识，先培养一个人，然后再讲高深的修养，才是大学之道，这是我们中国过去文化教育的路线。

现在我们看到这个时代真可怜，很差劲，"洒扫、应对、进退"统统没有了，非常严重，这不能全怪学校，几乎每个人都要怪自己，因为现在我们搞得不中不西，不今不古。如果完全西化还好，西方人还是蛮有礼貌的，尽管有的披头散发，像嬉痞一样，他对人还是有一套，很有礼貌，也许他只穿一双胶拖鞋来，但对美国人不必要求这些，因为他们很节省，以头发来说，美国孩子一年中难得有一次上理发馆，普通家庭妇女，都是自己动手的，节省得很，只有英国讲究衣饰派头，所以不要以为外国人平时穿着不好就没有文化，当他们参加社交宴会时就很讲究了。人家有人家一套礼貌，可怜的是我们这一代青年们，什么都没有，所以我们这一代必须特别为下一代着想。这是对"洒扫、应对、进退"大概说了一下，如果详细说中国传统"洒扫、应对、进退"的沿革，可以出一本专书了。

子游批评子夏，说子夏办教育，教的学生，"洒扫、应对、进退"这几件事勉强还可以，不过这是枝末的问题，他还没教人家根本。外形都教得很好，没有内容，怎么办？他这个话传到子夏耳里，子夏就说，我这个老同学的要求太苛刻了，太过分了。应该从哪里先开始？哪一样放在最后？乃至哪些应该放弃了？换句话说，办教育的人，造就后一代,要观机设教,没有固定什么叫先本后末的事。基本上就要完成一个人格,人在外形上做好,"洒扫、应对、进退"懂了以后,慢慢就会达到内心。譬如种植草木,要有个区分,不能混合。同样,教育学生,对人才的资质要有自然分类。如果施教如下雨一样普遍浇下来,可是青菜所吸收的雨量和大树所吸收的雨量各不相同,这中间因受教者的本质不同必须有所区别的。不管如何,从事教育的人,固然希望后一代好,但基本的教育最要紧,虽然它是注重形态,可是形态也要教好,怎么可以随便说它没有用呢?至于再进一步,由生活教育一直到精神教育的最高处,不是我们做得到的,要圣人才可以教人马上悟到"道"的真谛。

## 学 与 仕

子夏曰:仕而优则学,学而优则仕。

这两句话要注意,后来一直成了中国文化的中心思想之一,讲到这里,我的感慨特别多。过去我们中国文化,都是走这两句话的路线,我们翻开历史来看,觉得很可爱,过去的人所谓:"十年窗下无人问,一旦成名天下知。"学问有成就,考取功名,做了官,扬名天下。可是做了官以后,始终不离开读书,还在求学,每个人都有个书房,公余之暇,独居书房不断进步,这是古人的可爱处,就是"仕而优则学",尽管地位高了,还要不断求学。"学而优则仕",学问高了,当然出来为天下人做事。然而到了现代几十年看来,只有"学而优则仕",至于说"仕而优则学"就少有了,而是"仕而优则牌",闲来无事大多数都在打牌,有的买了线装的二十五史等书,我担心放在那里将来会被书虫蛀了,因为他都在打牌,这正如《老残游记》所谓:"青琐嬛嬛饱蠹鱼。"所以我深深地感慨,一个时代的风气之可贵,我们要为后一代做好榜样,我们已经害了自己,害了社会,绝不要害后一代,对后一代培养好,使国家未来的前途,看到光明的远景,我们这一代再不能马虎了。历史上,如司马光做了这么大的官,《资治通鉴》是他著作的,退下来,公事之余,他就著作、读书,千古的名著,不是简单的。现在读书的风气没有了。刚才我说笑话,"学而优则仕,仕而优则牌。"现在这个风气又过去了,不是"牌"了,仕而优则"舞",下班以后跳茶舞、喝咖啡等等,花样多了。这就说到社会上读书的风气的确是很重要。其次我有另一个很大的感慨,过去办教育的只是牺牲者,一辈子从事教育,的确是牺牲。很多人教出来的学生地位很高了,回来看老师还磕头跪拜的,学生为什么如此?是老师对教育的负责,学生终生的感谢。现在不然了,学而优则商,读完了书去做生意,生意做垮了就"商而不优则仕",搞一个公务员当当,公务员再搞不好,于是"仕而不优则学",转过来教书去!这怎么得了?我这话是老实话。前几年确是如此,看到这种情形,身在教育界就感慨良多了。时代的趋势变成这样,我们对于子夏这两句话,应该要深切地反省深思,今天的社会,所谓中国文化、中国教育,到了这种情形,应该怎么办?

我们从文化资产中,看到历代名臣的著作太多了。至于名家也不一定是地位高,官做得大。如清代的郑板桥、袁枚这几个名家,官位只不过是当县长而已,而且他们也不想做大官,当了县长以后,年纪轻轻就辞职了,回家之后以名士的身份从事著作,所产生的影响非常大。而我们现在,好像已经没有这个精神了。现在天天在讲中国文化,而中国文化人——知识分子,这个读书的精神可变了。最近以来,有许多年轻的同学,讨论到著作的问题,我告诉他们,现在的教育,由小学一直到大学,这十几年读书,所浪费的精神的确不少,都在应付考试。孩子们真可怜,而用脑力记下来的东西,考试完了以后,连影子都没有了,这些学问到底有没有用,将来至少在文化教育史上,是一个大问题,现在我们也许感觉不到,但历史是一个天平,将来是要算总账的,现在的年轻学生,把脑力用在不必要的记忆上,但到大学以后,开始想真正读书的时候,已经缺乏这个精力了,而且心静不下来，没有读书的习惯。当年我们读书的时候，是尽量地吸收，装进来，当然也启发了自己的思想，但没有像为了考试那样，去担心应付这些记忆，而读得非常轻松，到二三十岁的时候，对于以前读进来的书，统统发挥出来了。尤其碰到做人处世的时候，把原来所吸收的东西，尽量发挥出来，可真的很有用。现在的年轻朋友，他们可以说没有真正读过一本书，而近年来，小学的孩子所具有的知识，比二十年前的孩子又多了许多，但真教他对学问修养下一个决心，他就做不到了。所以我们可以预言的，将来我们国家民族对这个问题，会深深感觉到害多利少，会很痛苦的。这是由"仕而优则学，学而优则仕"两句话联想到的。

再说"仕而优则学，学而优则仕"。古人不但是读书，而且把工作经验和学问融化在一起，所以写真有价值的著作，准备流传。我们看古人有价值的著作，如讲中国政治哲学吧，绝对离不开《管子》。但是《管子》这本书，就不是像现在我们这样，为了拿一个学位或是为了出名而随便乱写的，而是从他一生的经验，乃至从他在历史上有名的"一匡天下，九合诸侯"——这是孔子对他的评语。管仲原是一个犯法的罪人，齐桓公起用他以后，他能够九合诸侯。当时的国际关系比现在还难做好，而他能前后开了九次国际联合会议，而且大家非听他的不可，并没有用原子弹压迫别人，也没有利用石油控制别人，就把政治上一个混乱的时代，领导上了轨道。所以孔子非常佩服他。以他这样一生的事功，也只写了《管子》这一本书。不过后人再研究这本书的内容，认为真正是他写的，不过十分之三四，有十分之六七是别人加进去的，或是后人假托他，或是他当时的智囊人物增进去的。但不管如何，这本书对中国的政治思想、文化思想，是非常重要的，可以说比孔子的思想还早。他这样以一生的经验，只写下了一本书，可见古人著作，慎重得不得了。

还有一本《商君书》，秦始皇以前的秦国，他之所以特别强盛起来，就靠商鞅变法，他是讲法治的法家，也可以说以法律作统制工具的政治家。秦国用商鞅以来，一直主张法治。这本书究竟真假的成分多少，我们不去管他，但在中国法家政治思想上非常重要，要想研究思想斗争，这些书是不可少的。我们一般人，这几十年来接受外国哲学思想，比接受自己的哲学思想更多，洋装书比线装书看得多，这也是一个大问题。清军入关打明朝的兵法，就是用了一部《三国演义》，虽然这个话太概括，也未免太轻视清朝了，但是大体上是如此。《三国演义》虽是一部小说，所包括的外交、政治、经济、军事、谋略思想太多了。第二次世界大战，日本人打中国以前，几乎日本全国的人都在读《孙子兵法》与《三国演义》，这是值得我们注意的，而我们现在的年轻人看过这些小说的，实在是少之又少了。

我们研究文化问题，一定要把别人的根找出来，所谓知己知彼，百战百胜。找出了别人的根在什么地方，然后知道他下一步是怎么走，知道他必然是什么路线，而且实际上历代讲统治的人，内在都是用法家的思想与原则。虽然商鞅变法自己是失败了，而这部《商君书》，它和《韩非子》等这些法家的著作一样，在中国政治的运用上，都是很重要的典籍。假使研究斗争的手段，在这些书里，可以找出来的例证太多了，是用不完的。

这也就是说明了"仕而优则学"，一方面工作服务求经验，一方面不断求学，增加学识的渊博以开拓心胸，再配合自己为人处世的实验，而产生的学问，这是中国文化讲学以致用的精神。但是现在和学人文科学的学生们谈谈，真觉得悲哀，连自己中国的历史都没有读好，只学了研究历史的方法，而中国古人读历史不是走这个路子，读懂了以后，自然知道方法，现在更可悲哀的，有中国学生去美国研究中国学问，如中国史、中国文学等，或是只研究一节中国断代史的某一点，就拿到了学位，想想看这该多可怜！这个样子读历史，学位是有了，而对于历史与人生的配合则不晓得。这也是我们要注意的，将来对后代的教育，对自己工作与处世的方面，也许会有新的认识。所以"仕而优则学，学而优则仕"这句话，我们今天读来，是有无限的感慨。

# 办丧事不是演戏

> 子游曰：丧致乎哀而止。

这是讲丧事，我们看到四书五经，尤其在《论语》中，很多次都说到丧事，以现在年轻人的观念来说，讲死人的问题太多了，这也是一个问题。儒家为什么对于丧事——死人的问题讲了那么多？我们要了解两个道理：第一要了解所谓人生，只有生与死两件大事，这两个阶段就是两头，好比天象一样，早晨和夜晚；或如一年的过程从正月到年底，就是这样一个现象。所以中国文化对人生问题的重点，在于养生送死。西方文化的重点只有一半，养生非常重要。小孩子在西方文化中很有地位，老年人可怜得很，因为他们对送死不是太重视的。中国则顾到两头，养生与送死，因此自古对丧礼就非常重视。但是这种重视，产生了一个流弊，在春秋战国时，丧礼的繁复，讨厌到极点：一副棺材有三套，所谓衣、椁、棺、椁。朱熹有一部著作专门讲这些的，如土葬还要放木炭石灰等等，说来也蛮科学的。有的地方则不同，天葬的挂在树上给鸟吃了，水葬的丢在海里就葬了，简单得很。而中国的丧礼很繁，繁得过分了，所以当时有人出来反对。孔子以后的墨子，也是最反对重视丧礼的一个。他讨厌透了这些，所以《墨子》里有一篇《节丧》，以社会经济的观点，认为这是很大的浪费，很不应该的，这也是墨子经济道德观点。但是孔子、孟子的思想，对于过分的节省是反对的。在《礼记》上有规定，对丧礼是有所修正的，这是我们要注意的历史文化的事实问题。第二个要注意的是属于人类文化的，我们可以不用这个"丧"字，我们研究古书，对这个"丧"字，并不需要头大，如果思想贯通起来，从人类学的观点来看，都是一样的。我们说过，西方文化的根源是宗教，由宗教发展为哲学，由哲学发展为现在的科学，这是三位一体的东西，对于世界上的宗教，我们就以比较宗教来讲好了,这也是近年以来在大学里一门新兴的学科,哈佛大学等都有这个系,对每个宗教的教义、哲学理论、方法,都作一个客观的比较,我们以比较宗教的立场来看,先不谈教义,每个宗教首先讲人死问题,而且每个宗教都是专管死人的,教人不要怕死,死了以后到我这里来,好像每个宗教教主都开了一家观光饭店,招揽生意:"到我天堂上来,我的天堂第一。"有的说:"你到我西方极乐世界,招待周到,非常清净。"好像我们当年到了上海,一上码头,很多打灯笼的旅馆茶房来拉生意一样。为什么每个宗教都如此,都管死的事,没有管生的事?这一点唯有我们中国文化值得自豪,我们中国文化很少谈到宗教,我们固然管死,但也管生的,你们站在殡仪馆门口看,看得很可怜,每天都有抬出去,有时候每个厅还排队,上午下午都忙不过来。可是中国文化,是站在妇产科门口看,天天看到孩子抱出来,没有什么悲哀,你那里抬走一个,我这里抱出两个,高兴得很,"生生不息"。这是西方原始文化与中国原始文化的基本不同点。

但是有一点我们要注意,不管如何,都对于生命的生与死的问题在研究。生与死的确是个大问题,到现在还没有解决。这就是说中国文化丧礼的境界,古人为什么到处提到丧礼的内涵,它包括的问题有这样大,并不简单,我们不要轻视它。

现在回到书上:"子游曰:丧致乎哀而止。"

子游的思想是根据孔子的传统来的,他对于当时社会风气中,对丧礼过分的铺张,有一个修正的论调,认为办丧事要诚心哀痛就够了,表面上办得非常铺张,办得非常隆重,内心没有一点哀痛,外面的礼貌再好,仍不是丧礼的精神。古代就是用这样一句话,概括了上述的观念,如果现在写文章,便可以在报章杂志上,写好几篇论文批评这个事。我们现在如果把这句话对年轻学生讲,一定会引起反感,他们认为这句话有什么了不起。这就是学问与时代没有办法配合。我们这一辈知道,中国旧式社会因几千年来的习俗,有的地方,可以出钱雇人来哭丧的,那种丧声,比唱歌还好听,就有专门以替丧家哭死人赚钱维生的人,这就是中国文化的流弊。而且这种风气,过去在广东、福建某些地方最盛行,因为这是汉唐文化的遗风。这种替人哭丧的人名为"挽郎",等于现在出殡行列中的中西大乐队,因此子游提出这个主张来,修正这种社会风气。

## 难 能 可 贵

子游曰:吾友张也,为难能也!然而未仁。曾子曰:堂堂乎张也!难与并为仁矣。

这是孔子死后,同学们互相的评论,大家关起门来的检讨。这一篇是子张开始,所以这里讨论到子张。子游说,我们的同学子张,做人的确了不起,一般人很难做到的事情,他去做了,困难的事情,他敢去负责任,敢去挑这个担子,而达到任务。这一点子张做到了,但是还没有达到夫子那个仁的境界。

这是子游对子张的评论。曾子也随着附和,认为子张是个堂堂正正的大丈夫,但是他修养的内涵,还没有达到仁的境界。

曾子曰:吾闻诸夫子,人未有自致者也,必也亲丧乎!

这是用曾子的话,说明学问的道理,这里又提到丧事,他说,据我当年听到夫子(指孔子)说"人未有自致者也"。这是一个问题了。自致是自动自发,就是说自动自发的人几乎是没有,虽然有这个心情,但很难构成有恒的行为,而能够达到最后目标的很少。这个话看起来很空洞,但孔门的道统比较注重内心自省的修养,这也是求学问仁的中心。所以这句话就是说,一个人很难做到自己肯责备自己,乃至由自己内心的反省,而到达了圣人的境界,这是很少的事例。换句话说,就是任何一件事,都受客观环境的影响,出于不得已,完全出于主动的很少,例如有一件事——打牌,三缺一的时候,还跑很远的路去拉一个人，这是出于自致。但以心理学来研究，这也不是出于自致，因为打牌这个娱乐就不是靠自己来的，而是靠几个人凑合成一种环境而影响来的。所以真正由自己内心自发，自致，达于仁的境界，的确非常少。严格地说，一定要讲，哪一件事情是比较自发的呢？曾子便引用孔子的话"必也亲丧乎！"一定说起来，只有父母死了的时候，内心真觉得悲哀，那种悲哀是自然的，可以勉强说纯粹是自发的悲哀。但是注意"必也"两个字，就是"勉强、一定、硬是要说的话"的意思，实际上那种悲哀，有时候也是迫于不得已，而并不是真情（所以说中国古文，虚字里有许多值得注意的地方）。因此一个人内心的情感与良心，真正能自发自致的毕竟太难。这节书看起来很简单，如以心理学、哲学来看，可发挥的地方太多了。

## 继往开来

**曾子曰：吾闻诸夫子，孟庄子之孝也，其他可能也，其不改父之臣与父之政，是难能也。**

这是历史哲学的问题。孟庄子是古代的世家，鲁国世袭的大夫，姓仲孙，名速，他的父亲孟献子，名蔑。孔子当时说，孟庄子可真是一个孝子，他对于父母的孝行来说，其他的一般人都做得到（像我有一个朋友，六十几岁了，也是白发苍苍，事业很大，工作忙得很，家中有八十多岁的老父，他每天晚上一定回家陪父亲吃饭，否则他父亲就吃不下饭，有时父亲还骂他，甚至用手杖打他，他赶紧跪下来给父亲打，但这些孝行还不算太难）。孔子说，最难做得到的，是孟庄子承继高位以后，对于他父亲原来用的这班老干部，并不改变，同他父亲一样待他们，没有变更，而且对于父亲的政策，继续执行。这两句话实在道理很多。历史上古代的政治形态，秦汉以前的宗法社会与秦汉以后又不同，与现在更不同，现在社会假使和古代一样，那就糟了。现在是工商社会科学时代。春秋战国不但是农业社会,而且还保留浓厚的宗法社会形态,非常保守的,那时是敬老尊贤,重视前人的经验。现在重视年轻人,着重求新求变。这又是历史文化一个大问题,将来是不是人类整个文化会走回头路?这很难说,看历史的演变,说不定会走回头路。这是第一点。

这段书还要注意的,中国讲孝道,曾子著了一部书,后来列为十三经之一的《孝经》。严格研究孝道,这中间也有些问题,如果我们每个家庭的孩子都是狭义的孝子,那就不会有人去革命了,大家都去当孝子,这个社会还是不会有进步的。所以孝与不孝之间,存在着问题。后来发展到孝与忠是相关连的,但后又变成忠于一人、忠于一事的狭义的忠。实际上讲孝道,就要研究曾子所著的这本《孝经》,其中说到孝道的精神,就是西方文化的爱,爱要扩充到爱天下人,就是大孝于天下,后世所提倡的忠,就是孝的发挥。因此唐宋之后,有"求忠臣于孝子之门"这句名言。一个人对父母家庭有真感情,他如出来为天下国家献身,就一定真有责任感。古代的"忠",现在的名称就是一个大的责任感,不过这两个词句作一比较,我认为还是中国古代的"忠"更好,因为"责任"只是法治的观念,而法治观念产生的流弊,就是会在我们的思想上产生有价值没有价值的问题,如果没有价值又何必尽这个责任?中国古代的文化则不谈价值的问题,只有情义的问题,所以我们要了解,孔子讲孟庄子的孝道"其不改父之臣与父之政,是难能也",是说他能大孝于天下,继父亲善良政治的成规,是难得的。这是第二点。

第三点我们要注意的,这个"不改父之臣与父之政"有什么难呢?其实非常难,也许我们大家没有这样的家庭环境,体会不到,假使有这样的家庭环境就可以体会到,往往对于老一辈的干部不会用。中国有句话"一朝天子一朝臣",我们讲历史上两个故事就可以看出来:

汉武帝杀他最宠爱的妃子钩弋夫人,是因为要立她所生的孩子为太子。当汉武帝立定了这个决心的时候,先把太子的母亲杀了。有人问汉武帝为什么这样做,汉武帝说,自古以来国家所以会乱,都是帝王年少,母后年壮干涉政治所致,我年纪已大了,这妃子还年轻,将来我儿子当了皇帝,母后如果干政怎么办?汉武帝这种做法,说来是一种权术、帝王的统治手段,但也不能说没有道理。

第二个故事也是出在汉朝,以前提过汉文帝到周亚夫细柳营的故事。汉文帝进不了营门;周亚夫出迎,以甲胄之士不便跪拜,拱手为礼,军容严肃,文帝赞他的军队最好,重用他。但是后来景帝时,周亚夫还是被逼死。为什么杀他呢?汉景帝讲了一句话,批评周亚夫为:"此人鞅鞅,非少主臣。"这是景帝就决定要杀了他。他也认为周亚夫绝对是忠臣,但只忠于我景帝、忠于国家,可是我年纪已大,将要死了,儿子年纪还小,上来当皇帝,他心里就不会服气、不痛快了。

我们读历史,看到了很多事,所以有人看通了,一辈子都不愿出来做事(但现在民主时代当然不同)。像这些帝王处理这些事情,如果只以古代宗法社会的体制来说,则有他的道理。

再说唐太宗与徐世勣的故事。徐世勣和太宗一同起来打天下的,战功之多,武功之高,都是了不起的。当唐太宗将死的时候,第一个决定,马上发表徐世勣去边远地区戍守边疆,等于一个总司令降下来当一个团管区司令。唐太宗并且告诉他的儿子高宗,注意这道命令送达后,徐世勣是怎样起程动身的。可是徐世勣到底是年轻时和唐太宗一同起来打天下的,也很高明,深懂唐太宗。他是在半路上接到命令的,一接到命令,连家里都不回去,立即就去边疆报到。别人把这情形报告以后,唐太宗放心了,知道他将来会听高宗的。

假使徐世勣有犹豫或不愉快的表现,恐怕也要被杀了。这件事足见唐太宗的英明。也好在是出于唐太宗的手上,因为他的好处太多了,就把这种玩手段的事忘了,如说出在秦始皇这类人手上,一定给世人骂惨了。唐太宗是怕他功太大了,所谓"功高震主"。

其实社会人情都是一样。岂但是政治?对人付出太多的感情时,对方会受不了,对朋友热心帮忙,如果过分得干涉到他的事务,必会遭反感,所以人生就是政治,政治也是人生。看多了,就知道"不改父之臣与父之政"的确很难。所以这几句话表面上很简单,却是真学问,要好学、要深思,用头脑从人生中去体会。

## 法律不外人情

> 孟氏使阳肤为士师,问于曾子。曾子曰:上失其道,民散久矣!如得其情,则哀矜而勿喜。

孟家找曾子的学生阳肤做士师,勉强比方,士师约等于现在的司法行政部长,但权还更大,可以直接处理执行的官。阳肤上任前向老师曾子请教,征求意见。

曾子就告诉他说,上面领导的人(古代帝王政治是说上面领导的人,现在可以说是整个的历史时代),失其道,社会文化没有上轨道,一个乱的时代,因为时代乱了,民心也散乱了,没有中心思想,没有中心信仰,也没有真感情,这情形已很久了(自春秋开始到曾子这个时代,已经乱了三百多年,比我们现在还可怜,所以我们的历史是多灾多难的历史,中华民族文化会这样深厚,也正因为历史在多灾多难中度过的。知识分子在多灾多难中,把政治的、人生的、社会历史的经验累积起来,流传给我们。这便是历史文化的精神)。"如得其情,则哀矜而勿喜。"这是曾子对法治的观点,他认为应该把社会的实际情形与法治配合起来,这是执法人员应该具有的态度,判案的人,要深深了解人的内情,犯罪的动机究竟在哪里?有许多是社会问题促成人去犯罪,所以在这样的时代,办案的时候,对犯罪的人,应该别有一种怜悯悲痛的心情,因为大家都是我们的同胞,我们的老百姓,为什么这人会犯罪?这是我们的责任。所以只有无比的悲痛和怜悯,没有什么功绩可喜的,更不要认为办了一个大案,自己有功了而高兴。如果社会上永远不发生罪案,那有多好呢?所以古代的士大夫,对于社会风气坏了,每人都有自己应该负责任的感觉。

上面几段,用曾子的话说明学问外用的道理。下面便提到子贡的观念。

## 成败论英雄

子贡曰:纣之不善,不如是之甚也。是以君子恶居下流,天下之恶皆归焉。

这是子贡对历史哲学的一个批评。周武王推翻纣王建立周朝,是因为纣王暴虐。子贡说,纣王的坏,并不像后世说的那么严重,等于另一派的人说秦始皇的坏,不如一般人说的那么坏,秦始皇焚书坑儒是事实,说他把天下的书都烧了则不见得,他只是把全国的书集中到咸阳阿房宫,不许民间多流传,怕老百姓知识高了难统治,这才是真的。至于坑儒,他坑的儒,是实在令人讨厌的一些人,我们注意历史上"处士横议"四个字。秦始皇最初找好多高级知识分子开会,提出很多问题向他们请教,开会时,大家屁都不放一个,开完会以后,心里又在嘀咕。这还不算顶讨厌,更讨厌的是那些没有做到官的处士们,又生横议,鸡蛋里去挑骨头,蛮横地找道理,又不是走直道,所以秦始皇一气就坑了这些人。我们大家也要反省,读书人最容易犯这个毛病。开会开多了就会知道,一些人在开会的时候,唯唯诺诺,对什么事都没意见,等散会以后,他又到处乱批评。所以秦始皇坑儒也有他的理由。这些都是李斯干的,而罪过都归到秦始皇的身上。中国的书谁烧的?项羽烧的,咸阳一把火,连续烧了三个月。秦始皇建阿房宫当然不对,像那种建筑,如果不被项羽烧掉,还流传到现在,那是了不起的文化古迹。假定根据《阿房宫赋》的形容,人站在马上,高举十丈长的旗杆,仍然可以通过阿房宫的城门,意大利的建筑是不能比的。所以我们古书文化的破坏,这位项老兄的罪过也是很大的。

不但项羽罪过大,萧何也有罪,他到底只是县吏——科员出身,到了咸阳以后,所注意搜罗的,都只是户口、钱粮这些行政方面的基本资料，都搬走了。至于书，因为他也没有把书读好过，就不管了。等项羽一到咸阳，这位世家公子一把火，把书都烧了，这也归罪于秦始皇吗？这都是对历史讲公平话。世家公子而兼太保的项羽，就有这样不懂事。近人易实甫有一首诗说他："二十有才能逐鹿，八千无命欲从龙。咸阳宫阙须臾火，天下侯王一手封。"非常有趣。

所以这里子贡说纣王的坏是坏，但并不是后世所说的那么坏，一个人，尤其是一个领导的人，如果自己做得下流，做得坏的时候，天下的错都归到他身上。因此我们看历史，有些人真可怜，不但历史如此，社会也是这样，子贡这个是老实话，所以做人要小心。

子贡曰：君子之过也，如日月之食焉。过也，人皆见之；更也，人皆仰之。

子贡说，一个大丈夫有过错，没有什么关系，好像日月一样，一个本来发亮的东西，给别的影子掩盖起来了，大家都看得见；变转来，大家也看得见，仍然仰慕。这段文字就是这样，在意义上有两个：第一个意义是说，君子人不怕有过，不要自己去掩饰，错了就坦承错了，给大家看得见，这是君子风度，不过现在明白了，改过来了，人家就像对太阳、月亮一样，仍然会仰望他的光明。第二个意义，君子就是代表在上面的人，领导人。在过去的社会，小人有过错没有关系，他本来就是一片无明，黑洞洞的，再也找不出一点亮光，大家看惯了。但对太阳，大家都看惯了他是亮的，假如他有一点黑，就要被人指摘，所以在客观上看，君子之过，有这样的可怕，如果错了，要马上改，一纠正大家都会原谅他，因为人们始终是仰望他的。

## 圣人无常师

卫公孙朝问于子贡曰：仲尼焉学？子贡曰：文武之道，未坠于地,在人。贤者识其大者,不贤者识其小者,莫不有文武之道焉。夫子焉不学?而亦何常师之有?

这一段是研究孔子本人和研究中国文化的几个不同观点。公孙朝是卫国的大夫,他问子贡,孔子是跟谁学的?学问怎么这样好?等于我们现在说他是哪个大学毕业的?子贡说:"文武之道未坠于地,在人。"中国文化集大成的是周朝,周朝有三个人具代表性。文王、武王统一天下,而周公建立中国文化与政治的基础,所以周代维持了八百年的政权。春秋战国的时候,正是周代衰落的时候。子贡这句话,就是说,中国文化并不是完全没有了,还是存在的,问题在于人。如果有比较贤的人("贤"代表有智慧、有道德的人),就懂得中国文化大的一方面。不贤的人,对于中国文化小的部分也知道。等于现代有人以为要了解中国文化,到故宫博物院看看就够了,对于科学方面的文化,不但不欣赏,还反感,甚至还认为我们没有人文科学,不知道中国文化在精神方面的伟大。这也就说明不贤者不是完全不知道。如绘画、编织、木刻,乃至有名的三把刀——厨师的菜刀、裁缝师的剪刀和理发师的剃刀也不能说不是中国文化,它还是中国文化的一种,是其小者。不管大小方面,中国文化,从文、武、周公以来,到孔子那个阶段,都有中国文化的精神。至于老师孔夫子,不管对于哪一样中国文化的精神,样样他都有,如果问他的老师是哪一位,那是没有的,谁有长处,他就跟谁学,所以无常师。没有认定跟一个人学。哪一门有所长,他就学哪一门。后来唐代韩愈"师说"的观念,也由此而发挥。

## 宫 墙 外 望

叔孙武叔语大夫于朝曰:子贡贤于仲尼。子服景伯以告子贡,子贡曰:譬之宫墙,赐之墙也及肩,窥见室家之好;夫子之墙数仞,不得其门而入,不见宗庙之美,百官之富。得其门者或寡矣!夫子之云,不亦宜乎?

叔孙武叔是人名,叔孙氏,名州仇,谥为武,鲁国的大夫。这是孔子以后的事情。这一篇都是说到孔子的学生出场了,这时子路也已经死了,子贡在国际之间很有声望,所以叔孙武叔在朝廷中告诉一班大夫们说,真要比较起来,孔子的学生子贡,比孔子还行。子服景伯也是人名,鲁国的大夫,他和子贡是同学,在《宪问十四》中曾经提到过,他在当时是很有实权的人,他报告孔子,公伯寮在造老师的谣言,只要老师一句话,我就可以除掉公伯寮。孔子说不必那么做。现在子服景伯听了这个话,就回来告诉子贡,说叔孙武叔在如何批评老师。子贡就说,譬如门墙(后来称拜老师为列入门墙,就由这个典故来的),我们筑的墙,只筑到肩膀这么高,人家站在外面一望,就看见了里面的一切。

讲到这里,顺便提一下,我们看了日本式的房子,围墙都很矮,人家都说日本人喜欢矮,其实不然,我们中国古代、唐、宋时间的房子,都是如此,都是矮墙,所以古代的武侠小说讲飞檐走壁,这种墙只要有一点功夫,用手在墙顶一搭,一甩就上去了,是可以做得到飞檐走壁,可不比现在几层楼的高墙。其次,以前的墙是土墙,上面往往有小坑洞,手上有点功夫,是可以抓住洞来上去,现在的钢筋水泥墙,壁虎功也好,什么功也好,完全靠功夫上不去。古代的墙矮,宫墙也并不高,我们到日本看皇宫,靠护城河的外面的宫墙是高的,如城墙一样,里面的宫墙还不高的,这是中国的古制。

子贡说我的墙只到肩膀,人家在外面把头一伸,就看到里面,房间里摆的什么茶几,挂的什么画,好的坏的东西都看得见,换句话说,这个家里有多少内容,给人家一眼就看透了,我的学问、修养、做人就是如此被人看得见,程度只到这个样子而已。讲到我们老师的这个宫墙,有数十尺之高(古时七尺为一仞),因为老师的门墙太高,连门在哪里,一般人都找不到,使人看不到里面的情形,那里宗庙之美,百官之富,更不要说了。我们这里可以看到古人的文字,两个地方的形容词用得不同,子贡说自己的墙矮,人家就看穿家中的内室,"室家"两个字,严格说来就是夫妻的寝室,连私生活的房间都看见了,一眼看到底,这是子贡在形容自己。而在讲到老师的时候,就很恭敬,不用"室家"两个字了,而用"宗庙",在古代的制度,"宗庙"是敬祖宗的地方,最高的地方。这两个形容,一个对自己很随便,一个对老师很恭敬,这就看到古文文字的逻辑概念,身份不同,下面句子形容词都不同,古人是注意到这些要点。我们现在随便有随便的好处,也有随便的坏处。子贡再把孔子的学问用皇宫来形容,宫殿太高了,看不进去。孔子的学问有如帝室的庄严富有,面前站着文武百官有那么多,所以一般人要研究老师,能够找到门的已经很少了,何况登堂入室!叔孙武叔这位先生说我比老师还更好,也难怪,因为我太浅薄了,他们一眼就看穿了,认识我是容易,认识老师则难,因此难怪他们要这样说了。"不亦宜乎"用在这里,是文字的反用。

宋朝的宰相张商英,是学禅的,在他没有当宰相以前,很自负,因为看了很多佛学的书,认为自己懂禅了,这时他还在当转运使,掌管几省的财税,运输补给连带地方行政,权力相当大。一次他经过一个佛寺,寺里的大和尚云峰悦禅师说,张转运使太骄傲了,自以为懂禅,他不过官做得大,但禅的修养不一定就好,我一定要打击他的傲气。可是小和尚们怕死了,因为以前的大和尚,是由政府敦请的,等于现在的大学校长,转运使有权影响把他解聘,所以徒弟们劝他不要得罪了这位大员。这个老和尚说,出家人既不求名、又不求利,是就是,非就非,教徒弟们不必管。第二天张商英来了,当然很客气,两个人就谈到禅,而张商英看不起这个大和尚,只跟这个大和尚谈诗,对大和尚说:"听人家说你诗作得很好。"这个大和尚说:"转运使你不要听外人乱讲,别人说我诗作得好,正如人家说你的禅学得好是一样的。"这句话可把张商英骂惨了,"不亦宜乎!"这句话,就是这个道理。这是讲话的艺术,也是骂人的艺术,非常高明,子贡这句话也是如此。他们说我好,是对的,因为他们眼光浅,只能看到浅的地方,孔子太高深,他们看不到。

## 圣人心日月

叔孙武叔毁仲尼。子贡曰:无以为也!仲尼不可毁也。他人之贤者,丘陵也,犹可逾也;仲尼,日月也,无得而逾焉。人虽欲自绝,其何伤于日月乎?多见其不知量也!

叔孙武叔这个人,又有一次毁谤孔子,子贡就劝他不要这样做,孔子不是你们毁谤得了的,别人学问好,道德好,那就好比山坡,的确崇高伟大,但还是可以慢慢爬到顶上去的。至于孔子的伟大崇高,像太阳、月亮一样,是拿不到,摸不着的。一般人与他隔离关系,想不受孔子思想的影响,等于排拒太阳、月亮的影响一样。太阳、月亮永远照临天下,你盖一间房子想挡住他,太阳、月亮并不生气,你房子里总要有些亮光,这些亮光还是从太阳、月亮来的。就是说,你虽然不接受孔子的思想,但没有关系,孔子的思想还是慢慢会影响到你,所以你想毁谤孔子,只不过是显得你自不量力。

有些人批评孔子,有人就引用了这一段,说明想推翻孔子是没有用的,毁不了孔子的,这种引用是很对。我们常常看到宗教的经典上,如基督教及佛教的经典,也常常用类似这个比喻。一个大圣人的心,就像太阳、月亮一样。我们常看到于右老最爱写的一副对联中的"圣人心日月",就是根据这一段书来的,太阳月亮的光明,永远照临,你要盖间房子遮盖起来,是你自己的事,太阳、月亮照临的心,并没有不平,他永远是平等的。

## 欲 赞 无 词

陈子禽谓子贡曰:子为恭也,仲尼岂贤于子乎? 子贡曰:君子一言以为知,一言以为不知,言不可不慎也!夫子之不可及也,犹天之不可阶而升也。夫子之得邦家者,所谓"立之斯立,道之斯行,绥之斯来,动之斯和,其生也荣,其死也哀。如之何其可及也!"

陈子禽是孔子的学生,在上论和下论中,这位同学有好几次都有所怀疑,而对子贡提出问题。这里他去对子贡说,子贡老兄,我看你很了不起,非常值得我们恭敬,你已经很成功、很完美了,身心内外的修养,都达到"恭"的境界(这个"恭"并不只是"恭敬",而是"谨严"的意思)。实际上我们的老师(古代的礼貌,学生对老师可以称字、称号,不能称名,所以他们口里的"仲尼",就是孔子的号),我看未必比你好。子贡就教训这位同学了,他的话又和答复上面几个人的不同了。他说,一个人言谈很重要,一句话代表了你的智慧学问。换句话说,我们听人家讲话,对方一开口,他有多少程度,多少修养,就可以知道,有时候听一句话,就晓得他无知,所以言语要特别注意,不要乱开口。我们老师的高明,我们永远都达不到他那种程度,他崇高得像天一样,不是可以用一张梯子让我们爬得上去的。从《论语》这些资料,我们知道孔子在生乃至他过世以后,真正能够宣扬孔子、捧孔子的还是子贡;而对于孔子的学问,真正能在事功上用得出来,对于时代有所贡献的,也还是子贡,所以子贡是一个了不起的人物。如果正面地称赞孔子,从完全敬仰孔子的学问这一方面看,古今中外任何恭维孔子的文章,所说的话,都被子贡在这里统统讲完了。结论都在下面,别人无法再超过他的好,这也可以说是预言。

他进一步对陈子禽说,夫子的学问,永远在这个世界上。小至于个人的成家立业,大至于为天下、为国家做大事,想建立一个思想行为作风的基础,必须要以孔子的学问思想作基本,没有办法不这样做,没有办法超过他的范围,人生经验到了的时候,更加深刻地觉得他的对。想做好一个领导人的,必须具有领导的基本道德与学问,领导的基本条件很多,中外有关的书籍也很多,但都是讲权术,不是道德,都不行。真正的领导要以道德为基础。说到以道德为基础的领导,就离不开孔子的思想。要安抚天下,安抚人心,也只有用孔子的思想,因为它代表了中国文化的中坚精神,一般人才会信仰,才会接受这安抚而来附和,而一切行为,也必须以孔子这种以道德为基础的思想,才能达到真正的人与人之间的和平相处。——这是子贡形容孔子的伟大之处。

下面说到孔子个人:孔子活着是大家的光荣,他死了是大家的悲哀,像这样谁都及不了他。我们两个是同学,你怎么把我捧得比老师还更好呢?"如之何其可及也!"就是说怎么办得到呢?这也可以说是子贡真诚恳切的定论,这也是子贡情深意真的心声吐露。

# 尧曰第二十

《尧曰》这篇,我们要用另一个观点研究了。《论语》这部书,有些是孔子的弟子记载孔子的言行,到后来的几篇是孔子的门人们——也就是再传弟子的记载,有些是记孔子的话,有些是记孔子的大弟子如子贡、子夏他们的话。至于《尧曰》这一篇,孔子的话仅在最后一点点,而其余完全是讲中国历史文化的精神。应该说这一篇是历史的书,或者归附到五经之一的《尚书》中去,这是讲尧舜之间的历史。至于是不是孔子当时口说的,或者有这种旧资料,孔子当时用来教学生的,这暂不去考虑它,不过其中所讲的,是尧、舜、禹三代禅位,"公天下"时候让位的事情。

为什么要把这篇放在这里?严格研究起来,的确是个大问题,也是中国文化的真正精神所在。第一,为什么《论语》的编排,拿上古史如《尚书》方面的资料放在这里?它的精神何在?又代表了什么?第二,这一篇所讲尧舜之间的传位内容,与《尚书》中的《尧典》、《舜典》有相同之处,不过描写得更详细。第三,它摆在这里要看什么东西呢?上面由"子曰:学而时习之"开始,一直连贯到这里,为什么把这样大的东西摆进去?同上面一条一条的对话记载完全不同,这是为什么?如果做博士论文,仔细深入研究,钻到牛角尖一研究,就会发现东西,有它的道理。中国文化所认为的一个儒者,一个知识分子,学问并不是文章,是做人做事。做人做事成功还不算,还要把自己的学问,用出来立人,有利于国家、社会、天下,既然利于国家天下,就须讲究领导人的精神,也就是古代讲的帝王政治。那么帝王政治真的精神在哪里？第四，我曾经再三提到司马迁《史记》的《伯夷叔齐列传》，这篇文章，大家都说好，但是光论文章该打手心，并不好读，要通了才晓得真好，司马迁把整个的历史精神，统统写进去，我们也可以强调地说，司马迁的那一种精神，就是根据这里来的。现在我们大概晓得了这几点。如果真写博士论文，还有许多要挖的，有许多值得发挥的。这里是下面的记载。

## 历史文化的重心——公天下

尧曰：咨！尔舜！天之历数在尔躬，允执其中！四海困穷，天禄永终。

根据司马迁《史记》的资料，根据我们中国文化最初的这本历史资料——《尚书》，第一篇《尧典》(《尚书》是孔子整理的，他把《尚书》删订为中国历史的第一本书。孔子删订《尚书》以后，才著《春秋》。)为什么《尚书》从尧开始？尧以前还有很长久的历史，如黄帝就更早了，而孔子站在史料的观点，认为尧以前的资料太少太乱，没办法整理，没有采用，所以从尧的时候开始。现在我们研究，孔子还是有问题，这位老师瞒了我们一手。我的看法，固然他手里搜罗的资料是尧的时候最完整，但有一点，他为什么要从尧开始？我们要指出来。因为尧、舜、禹这三代是公天下，而孔子的思想是"天下为公"，但是他当时是在春秋战国的帝王政治时代，没有办法把这个话说出来，所以删订《尚书》从尧开始，这一点大家千万注意。我这个话不是偶然随便说的。况且整个研究了孔子言行的思想精神，就会发现孔老先生还是瞒了我们一手。当然他不是有意的，等于《史记》寓意，读书要自己有眼光(中国人塑菩萨，顶门上塑一只竖起的眼睛，就是象征智慧之眼，要在顶门上有一只眼，把书中的道理看出来。我们懂了这个道理，他引用《尧典》里的话，就是如此)。这篇文章写得很妙，头尾叙事都不关联，只是中间突然拿出一段来，奇峰突起，等于外国有些电影，故事的头尾都不要，只拿出中间一段来，使观众去猜想、判断、作结论。有人说外国的这种手法好，我说中国早就有了。《论语》的这篇《尧曰》就是现代戏剧的体裁，头尾都不说，只说中间的一段。

我们现在作研究，把它加上头尾。我们晓得尧老了，要传位给舜，在交接的那一天，这是古代很庄严的大典，隆重得和宗教的仪式一样，要在泰山烧火，当着全国百姓，把帝位交下去，尧就告诉舜："咨！"这个"咨"字，我们看历代皇帝的诏书，常用这个字，其实我觉得古人在这种地方真糟糕得很，很丑陋，何必一定套用老式文章！老实讲这个"咨"字，也就是我们现在上台讲话时，说正题前一开口的"喁！这个……"并无含义的语助词而已。古人自汉代以来，搞训诂的汉学家们，为这些字，写十几万字的文章，那真讨厌！实际上是尧上台了，舜还站在下面，尧说："喂！舜上来，我告诉你，天之历数在尔躬。"（中国人过去的政治哲学思想，是天道政治，上天的意旨。"历数"，我们先解释文字，这个"历数"很有内容）上天的意旨，气数到了，轮到你来挑这个担子，不是我个人的意思，是上天的意思，时代的趋势，这个担子必须要你来挑了。第一句话就是要舜继承这个王位。

不过说到"天之历数"这四个字就够麻烦了。第一个是"天"的问题，中国文化讲"天人合一"，到底"天"是什么东西？讨论起来麻烦得很。

## 天人合一的气数

第二是"历数"的问题。中国历史文化精神都在"历数"，"历"古代叫历法，就是我们现在用的阳历、阴历等等，这就是历。中国的历法、天文方面的学问发达最早，而中国所用的阴历、干支等等，代表了一个非常深厚的文化精神。像过去换朝代，明朝亡了，清朝进来，多少人一辈子不投降,清朝统治了中国三百年,可是汉民族的知识分子三百年来没有投降过,许多人"不奉正朔"(正就是正月,朔是月初。代表历法)。再看几年前刚过世的画家溥儒,大家都知道他是清皇室,他一辈子画的画,写的字,作的诗,没有用过我们中华民国的正朔,这也是他表示自己是清朝的皇室,不奉我们民国的正朔。当然,也不会用西历纪元多少年,只好以干支古法纪年,如"甲寅三月","乙卯五月"。这就表示他内心不奉正朔,所以用年号这个问题真有趣。

现在我们自己拚命想把中华文化复兴,而文化的精神在什么地方却不知道。这是"历"所引起的一段感想。

而"数"又是一个大问题,中国人讲历史的命运,这套学问很大很多,还有算命之术。像《论语》最后一段孔子的话中有"不知命,无以为君子也"。讲"命"。有一次,我和一位算命的大家,在一起吃饭,谈到算命的道理,他说中国人读书一定要会算命,当时他就掉了"不知命,无以为君子也"这句书袋。我听了以后,不好意思说孔子的这句话,并不是说每一个读书人要会算命。不过这个"数"字与"命"字有没有关系呢?还是有关系的。历史有个大命运的。譬如历史命运中"数"的道理,到了第六就不是第七,到了第九就不是第八,等于地球行度的轨道,到了这里就是这个样子,这个力要下去的时候,若就把它拉回来,要出毛病了。所以"天之历数"这四个字,在中国的文化思想中很难讲的,一两个字,包括的内容太多了。这四个字发挥起来,不是一天两天可以讲得完的,在此不再发挥。

尧在传位的时候告诉舜,这是天命,不是他尧个人的意思。我们看这句话的内在意义,尧把帝位交给舜,既非自己的亲戚,又非朋友,更非他的子孙,这就是古代的"公天下"。他经过几十年,多少次试验,培养一个人,等到自己真的年纪老了(根据历史记载,古人比我们活得长久),百把岁了,于是禅让,表示不是个人私见。历史的精神,就在这里。

"允执其中"这句话也有问题来了。经书上有四句话:"人心惟危,道心惟微,惟精惟一,允执厥中。"这里只引用了一句话,我们讲中国思想,儒家思想,尧、舜、禹、汤、文、武、周公、孔子都用这四句话。也可以说中国文化讲人的学问修养的中心,教育的中心,都在这里,也可以只说一个字"中"。"人心惟危",人的思想是非常危险的,这个危险并不一定是杀人的危险。凡是人都有欲望,而欲望是一个总称,现代说的"好胜心"、"荣誉心"、"有希望"、"生活有意义"这些都是好事情,归纳起来都是欲望,欲望的奔驰,会使人心非常危险。能毁灭了自己,也毁灭了世界,都是欲望问题。

这里我们说一个阿拉伯文化中的故事。中东都是信奉伊斯兰教的,有一个伊斯兰教的老阿訇退休,在山里修道。有一天一位中东的国王,带一批人去打猎,这位国王射中一只麋鹿,这只麋鹿带箭负伤,拚命地逃奔,逃到这位阿訇的身后,阿訇回头见这只麋鹿负伤,知道有猎人在后面追杀,就将宽大的袍襟把受伤的麋鹿掩盖起来,不久国王的一名部下,先追到阿訇的身前,不见了麋鹿,就问阿訇有没有看见,阿訇闭目修道,理也不理;这名部将问几次都是如此,就说要杀掉阿訇,阿訇张开眼睛请问部将是什么人?这名部将报告了国王的名号,阿訇说:你的国王是我的奴隶的奴隶,这位部将听了大光其火,要把阿訇杀掉。这时国王正好赶到,问明原因后,转问阿訇知道不知道犯了罪。这位阿訇说事实上你是我的奴隶的奴隶。国王说:你的奴隶又是谁?你讲得出来,可以无罪。阿訇说,你不要生气,坐下来慢慢听。我以前给欲望当奴隶,现在我修道了,已经懂了,再不会听欲望的指挥了,我可以指挥欲望,所以欲望变成了我的奴隶。而你虽然当国王,却充满了欲望,连一只麋鹿都不放过,可见你还是听欲望的指挥,做了欲望的奴隶,所以你是我奴隶的奴隶。这位国王一听恍然大悟,马上拜这位老阿訇为师,追随他学道了。这是伊斯兰教流传的故事,这也就是人心惟危的一个例子,思想领导自己正就正,领导自己坏就坏。

我们现在说,思想形成了一个观念,如戴有色眼镜看东西,所看的统统不同,当我们怀疑有鬼,汗毛就竖起来了。佛经上就说,不必真的站到悬崖,自己坐着闭上眼,心想处身于万丈悬崖,如跌下去会没命,脚就会酸软起来,事实是这个现象。这就说明心中欲望的可怕。如果要把这种欲念平静下去,变成道心,那就太难,微妙得很,不可思议。怎样才是道心?我们中国文化中讲了几千年,四书讲道心,宋明理学家也讲道心,佛家、道家、老子、庄子一概讲道心,都微妙得不得了,怎样做到这个道心的境界?要"精"、要"一",最后"允执厥中",就是这一句话。

# 辨中边论

什么叫"中"?如果我们做知识的研究就很多了,如"中庸"就讲中道,在物理世界,讲一个茶杯的中心点,那是假定的。一个人站在房子的中间,说他是中,那是对四周而言;实际上还是边,因为在某一边看是中,在另一边看,他是站在左边或右边,或前边或后边,所以还是边。没有绝对中的。这是物理上的中,思想上的中更难确定了。自己脑子能够想的,停留在中,这个中在什么地方?力量均衡了就是中,拿一支筷子来说,不要以为筷子两端间的中心点就是中,筷子两端的粗细不同,重量不一样,将一支筷子搁在手指上,使筷子保持水平,两边均衡了,这筷子与手指的接触点,才是中。所以在思想上可以持平的才谓之中。因此中是一个抽象的名称。也可以说是一个实际的东西,如太极拳每一个动作都有一个中心,这就是圆的道理,也就是太极的道理。并不如后世的解释中庸为滑头,而是要懂得持平的中心点。这个学问研究起来太难了,并且涉及人格的修养,所以我们做人处世要持平,真能做到平,则一个人平了就没有话讲,"水平不流"、"人平不语"。"不平则鸣",一不平就乱起来了。为政的道理在持平,可是求平很难,所以中国人讲究天下太平,太平实在难求。

"平"就是"中"的道理，个人修养，做人处世也如此。"中"的道理暂时讲到这里，发挥起来很多，可以讲上半年多。

尧告诉舜要"允执其中"，"允"字有两个意义，一是信，一是平。就是告诉舜要坚持把握住公平的原则，不能有偏私，不可动摇，如果不把握这个原则，天下国家，四海之内，人也好，物也好，都会垮的。在尧的时代，中华民族的国家还没有建立完成，还有水灾，大禹治水之后，黄河、长江未开发，整个国家在水患中，还痛苦得很，是最艰困的时代，如果为政不能持平，整个国家就完了，假使做得不好，就"天禄永终"。这四个字可作两面解，做坏了不得好死，做好了上天给你的禄位，永远有好的结果。古文的美感在这里，讨厌难懂之处也在这里。"天禄永终"四个字是凌空的，每个角度看都是圆满的。所以好的古文用白话一作解释就完了，美感就破坏了，等于好的图画，没办法加一笔，也没办法减一笔。

这是引用当时尧舜禅让交接的时候，尧把中国文化政治思想的中心交待下来。等到舜也老了，大禹治水成功了。在中国文化史中认真讲，文化开创的功劳，首推尧舜；至于国家建设的奠基，则大禹的功劳最大，自他以后，固然政治上变成家天下了，但在他个人的功绩，真是千秋万载，由他建立了以农立国的基础。

## 禹 分 九 州

禹分了九州，所以：

> 舜亦以命禹，曰：予小子履，敢用玄牡，敢昭告于皇皇后帝，有罪不敢赦，帝臣不蔽，简在帝心，朕躬有罪，无以万方；万方有罪，罪在朕躬。

舜将自己的帝位，交给大禹的时候，也把这个文化的传统精神告诉禹王,而舜在这里所说的一段话,别的地方没有,是在《论语》里才见到的。这里舜加重了语气,其所以加重,我们从另一角度来看,是因为时代不同,文化越来越发达,如现在用的白话文,就有这么噜嗦,越上古越简单,所以尧传给舜很简单,舜传给禹就复杂一点了。舜将帝位交给禹的时候,也是行大礼,向天地祭告。

舜对天祷告说:"予小子履",我这个小子——向天不敢自称帝——履是说,学步前辈的办法。"敢用玄牡",才敢用黑色的公牛作祭品,"敢昭告于皇皇后帝",代表全国的百姓,向在上面广大的、威严的、高深不可知的天帝天后祝告。"有罪不敢赦",我执政了许多年,恐怕自己有很多过错,不敢希望上天原谅,我若有罪,你还是惩罚我,不要宽恕我,不要赦免我。"帝臣不蔽,简在帝心。"这句话就是告诉禹要学习。帝是上面领导人,臣是部下,对天来讲,这个帝是天帝,自己是臣子。这是中国过去的政治思想,与宗教精神是连在一起的。加以皇帝称天子,是上天之子民。人世间是皇帝,阴世间是阎罗王,所以过去的皇帝,受万人之拜而不拜人,但在祭天的时候,皇帝就要下跪,祭祖先时或到后宫见皇太后也要跪。他这里说"帝臣不蔽",就是说你天帝的臣子,我这个舜,年纪大了,精神不够,已无法作天下的庇护。"简在帝心",现在我选来一个人,可以继承我这个位置,而我所选的这一个人,天帝也会同意的,因为他的功劳太大,对国家百姓的贡献太大了。"朕躬有罪,无以万方。"这是作领导人最重要的政治德性,做领导的人,自己个人的错误,不要推卸责任,不要推给部下或老百姓。这是中国文化政治哲学的精神,也是中国政治领导哲学的大原则,太难做到了。我自己有罪,一切处罚我承担,与我的部下和老百姓没有关系。"万方有罪,罪在朕躬。"老百姓或部下错了我负责,都由我来挑起。

我们看了这段书,感觉到非常严重,也非常敬佩,不禁为之肃然起敬。中国文化谈到尧、舜、禹、汤、文、武、周公,就同佛学讲到菩萨,道家讲到神人、天人一样。就是有好处,也绝没有一点自私,应该是大家的,好处是大家的,不是自己的,自然一点不能要。佛家所谓布施,乃至自己的生命都可以交给别人,这个精神多难!所以看了这一段记载历史的资料,懂得中国的政治思想。拿现在西方来的民主精神比较,西方思想无论怎样民主,也没有到达我们这个"朕躬有罪,无以万方;万方有罪,罪在朕躬"的程度,这种带宗教性的自我牺牲的君主,可不容易。缩小范围来说,如果作一个单位主管,自己的政治道德修养,能够到达这个地步,就是最成功的人。当然对自己本身来说,会是很痛苦的,但是一个成功的人,就要担负所有人的痛苦,自己的痛苦绝对不放在别人的肩上,而部属的痛苦,都由自己替他承担。

## 周重九鼎

周有大赉,善人是富。虽有周亲,不如仁人。百姓有过,在予一人。

前面是讲尧、舜、禹三代的文化、政治思想以及做人的道理。我们文化的鼎盛,是三代以下到周朝完成的,孔孟思想就是继承周公的思想。周朝有一著名文献为《大赉》,就是周朝开始立国时候的重要思想(主义),它这个思想的中心是"善人是富"。什么是真正的富强,包括家庭的富强,个人的富强,都是善人,都是好人,各个是好人,没有坏人,这好人不是老实的老好人,是思想纯正,行为端正,一切都好的好人,"愿天常生好人,愿人常做好事"。这就是大富。至于"虽有周亲",这个"周"代表了圆满,四周充满了的意思。就是说一个人有很多的群众,很多"盲目"的人跟着你。"不如仁人",不如有一个两个有眼光的人,有仁义道德的人。人很容易犯一个毛病,喜欢在矮子里当高人,不喜欢到高人里当矮子,到了高人中间,处处不对,成天只有听话的分,看看谁都比自己行,这个味道很难受。可是从人生中体验到,有成千上万的"盲人"跟你走,一点都不希奇,只怕有一个明眼人对你说："你走错了!"这就完了。历史上有许多人,当时人人捧他,真是了不起,但后来明眼人在历史上写一两句,就把他刷下去了。所以当在台上的时候要当心,所听的,所看的,所讲的都是顺意的,都是对的,这时切不可得意忘形。"百姓有过,在予一人。"周朝也是三代时的那种精神,由此可知当皇帝之难。我常和美国朋友讨论民主与帝王政治,说他们的民主政治是假的,而我们中国过去的帝王政治思想是真民主。这也是有所本的。

## 上古的政治经济

一种真正的学问要达到外用,在古人多是用之于政治方面。现在我们所讲的,都是中国历史上政治哲学的道理,现在说到上古为政的九个字:

谨权量,审法度,修废官,四方之政行焉。

这是写作《论语》当时,引用上古的文献。"谨权量"有两个观念,我们看到《尚书》中《舜典》有一句话,"同律度量衡"。我们的文字越到上古越麻烦,这也是中国文字与外国文字基本上的不同,中国文字依六书的法则而来,每一个字,单独代表一个观念,有时一个字包括了四五个概念;外国文字要几个字母拼起来,才表示一个概念。这是中国与西文化不同的重点之一,我们必须了解的。我们后世年轻人读古文会觉得麻烦,就因为他们所受的教育,没有从研究中国字入手,尤其现在更是如此。

像这里,就是说从尧舜的时代才统一了全国的"律"。这个"律"包括了两个方面,一方面是天文的、物理的规律,就是现在所说科学性的各种"律",包括了历法、天文的法度等等,这是中国最早、最古老、也是最光荣的。在全世界各国,天文学的发展,我们是最早最早的,比别人早了好几千年。另一方面就是政治制度的各种官制规律,虽然历代都有变更,但原则上仍是一贯相承的。

"度"可以分开来说,一种是地理方面的行度,等于现在西方文化的地球经纬度。另一种就是长度,经济方面应用的丈、尺、寸、分等等名数单位。这是古代为了经济上使用,求得公平合理而统一的。

"量",即是合、升、斗等容量的总称。

"衡"就是称,就是称东西的斤、两、钱等等名数的总称。

这就是在尧舜时代,已经发现,各个宗法社会,各自为政,律、度、量、衡都没有统一,所以他要把它统一起来。我们要研究经济,研究社会发展,看二十五史就知道了。我们直到现在,这些东西都还没有完全彻底统一,上菜场就知道,有台尺、台斤,又和我们当年在大陆所用的不同,现在又有公尺、公斤等等,是根据西方文化来的。现在以全世界来说,很少有已经统一了的地方,只有小部分统一了,如装船的吨位算是统一了的,可是在各国社会自己国内所用的,还是没有统一。由此我们也了解,人类努力了几千年,自己号称文明进步,事实这些地方,我们还是停留在几千年前的阶段,统一的工作,还没有做到,这是以哲学的观点,看历史的所谓进化,是一个讽刺。

《论语》上这里也说,要"谨权量,审法度"。这个法度,就是现在所谓的制度,各种办事的制度,要严格注意,这是第一层的意义。其第二层的意义,如果我们不根据《尚书》记载的传统而讲,"谨权量"的权量,就是权变的意思,我们中国文化中,尤其儒家喜欢讲究这两个字,所谓"经权"之道,经就是常经,大原则不变,永远不变的,如人之穿衣饮食是经,但吃白米或吃面包,穿西装或穿中山装,可以随意,则是权变。"权"具有了这样的意义。在为政的大原则就是"谨权量",对政治权能的分辨,要非常谨慎,以个人而言,如领导一个单位,对某同仁在权力上应该使用到什么程度,要量才而用。要非常谨慎,这也是对人事而言。"审法度"是对制度而言。固然说为政在人,但是制度的发挥,非常重要。

## 人治法治并重

  这两句话连起来研究,在我看来有一个非常严重的问题,现在全世界都跟着西方文化跑。其中譬如用在工厂人事管理,因为效果很好,所以将这一套又扩大到行政方面。美国对这方面特别重视。还有一位丹麦人写了一本书,我们有人译作《领导的艺术》或《领导的技术》,这个书名相当新颖,里面的内容,就是人事管理,而这些东西,在我们中国文化讲来,就是"审法度"。但是这种管理用之于行政,我们以冷静态度,不掺入任何东西来看,它的毛病非常大,就是人跟着制度在转,人变成没有灵魂,将来这个东西的祸害非常大。可以断言,将来一定要变,不变吃不消的。依法规来做事,人会变成机械,没有灵魂,人到底不是机械,是有灵魂的。

  回过来看中国过去的政治,是重"人治",而人治的毛病,是往往变成独裁,所谓"朕即国家,国家即朕"。我就是法律,生杀予夺,完全由我,就变成没有制度。我们为什么偏重于中国历史文化的引证和发挥?讲历史人事的经验,老实讲,我们国家的文化,几千年来,比外国人多得多了,所以只有我们的历史值得自豪。以我们的历史,来与西方民主自由制度下的人事管理科学方法比较,我觉得如作一个统计的话,还是中国的人治毛病较少。古来也有不少暴虐的帝王,造了许多错误的领导,但是他的祸害还是少。就是以目前来说,美国对于越南的问题,为什么弄到如此结果?不能说美国人中没有眼光远大,没有世界性的政治家。但在美国的现行的制度下,任何一个政治家、思想家、军事领导家都没有办法。因为他们讲"科学管理",民主自由精神的法度把他们难住了。像我们中国有句在军事方面常用的老话:"将在外,君命有所不受。"一个在前方作战的大将,不一定听

## 尧曰第二十

皇帝的指挥，他不是不听，因为路太远，皇帝不会了解前方随时变化的情况，前方将士为了国家的利益，他就可以视前方的实况来决定战略，对于皇帝所下不适合情况的命令，可以不听，就不算抗命犯罪。但在西方的人事法规中就行不通。但话说回来，中国历史上也有很多事例，大将在外，临时应变并没错，一旦班师回朝却受朝议和执法者依法审判，就变成犯罪了。

我们了解了这些思想与观点，再回过来看中国文化，在尧舜当时，人事与制度并没偏废，而把这两方面"谨权量"，像天平一样，法规与人事，配合得非常好。我们现在社会上就经常看得到，有时候去机关办事，碰了钉子，一肚子牢骚回来，可是没有办法，因为机关里的人照法规办事，遇到法规上某一部分会互相抵触的，上面没有做过深入的研究，而给下面的人找了很多麻烦。在我们古代的人治思想，法规因人事而变的原则，情形就两样，究竟谁好谁坏，的确难下定论。这是介绍了"谨权量，审法度"两句话当中，所产生的很多的联想。

第三句"修废官"。古代官者管也，就是管事的人。严格地研究起来，中国古代所谓做官，在秦汉以后，才变成特殊阶级，在上古时候，如国父所说的，是管理的意思，服务的性质，是对某事的主管人员而说。"修废官"也有两层意义。第一层意义就是说，在尧、舜、禹以后，经过殷商的阶段，政治荒废，到了周朝重新整顿起来。第二层的意义，一个制度，一个法规，一个行政措施，依我们中国《易经》的道理，是没有不变的。很好的计划，施行下去，到了下层，经过空间或者时间的关系，今天这个办法对，明天情况变更就不对了，非变不可，不变就会出问题，所以修废官等于说兴废之间要多注意。

这三个重点把握住，了解周朝政治思想的大概规模，就好办了。"四方之政行焉"，为什么说"四方"？中国上古的政治制度，虽说中央集权，但四方都是诸侯，地方分治，实际上他是"中央分权"。

## 承 先 启 后

根据近几十年来西方文化的说法,中国上古如周朝,中央反而没有集权,地方的权力非常大。所谓的中央集权,只是道德上的领导,思想上的领导,而行政上的指挥,多属于地方。所以他说"谨权量、审法度、修废官"这三点注意到了,四方之政自然行得通了。缩小范围来说,个人也是这样,一个家庭中处理事情也是这样,中国文化向来是宗法社会——族有族规,家有家规,治家之道也是一样的。

兴灭国、继绝世、举逸民,天下之民归心焉。

这就是中国文化的重点,美国人也想走这个路线,老实说他没有深厚文化基础,是走不通的。这里引用的几句话,是说周代以后,就是这种做法。中国古代的政治思想,是由宗法社会的基础而来的,"兴灭国,继绝世",过去已经灭掉的国家,万一这个国家没有后人,就要把他远支的宗亲找出来。所以周武王统一了中国以后,分封诸侯达两三百个国家,而所封的并不全是周文王的儿子,如当时的宋国,就是殷商的后代,许多都是曾经一度灭亡的,周武王再封建,把这种国家重新建立起来。

这种思想一直影响到后世,如刘邦、项羽他们起来推翻秦始皇的暴政,当项家初起的时候,还不敢自己称王,要找出楚国最后一个皇帝的孙子怀王出来,奉为义帝。在我们现在看来觉得奇怪,项家起来就起来了,为什么要找个小孩子出来为帝?这就是宗法社会的思想,必须要找个帽子戴上。这固然是项家的权术,但从道德的观点看,中国人始终有这种"兴灭国,继绝世"的精神。后来刘邦称帝,却封赠了项家和战国时代好些后人,这便是汉代初兴时的可爱可敬之处。

我对外国朋友说，这是他们办不到的，拿美国来说，尽管他们没有领土的野心，但是仍有经济市场的野心，过去我们中国帮助一个国家，尤其帮助附庸国家，平了他的内乱，建立或稳定了他自己好的政权，就把兵撤回来，只有一个条件，岁岁来朝。如唐初"万国衣冠拜冕旒"的时代，财物上我们实际贴很多，绝没有领土或经济的野心，这是中国文化与众不同的"兴灭国，继绝世"的政治哲学思想。现在美国既非王道，霸道也没有搞好，所以想走这个路子可走不通，结果许多的国家，像切西瓜一样，被他切成了两半。所以我说他们到底不过两百年历史，这一方面若要到中国来当学生，至少还要学一百年，以我们自己的文化，研究全世界历史文化的精神，在这个对比下，就看得出来，人类应该走什么路。而周朝走的是传统的正确的路。

"举逸民"，所谓"逸民"，就是纣王的时代，许多人不同意纣王的做法逃走了，避世于海外。到了周武王统一天下以后，把这些人都找回来，给他一个相当好的位置，尽量发挥他们的长处与思想，这样人心就归顺了。由这三点来讲，我们看自己的历史，过去讲仁讲义，现在讲就很难了。过去某人的家庭出了问题，朋友就把这家庭的担子挑起来，这就是义，也是中国人几千年的传统。以前我们疏忽了两个东西：一个是特殊社会的组织，另一个是宗法社会的被破坏。这相当重要，中国人过去的祠堂，初一、十五，都召集族中的年轻人读训，那时读的尽管是清朝的圣谕——康熙、雍正写的《圣谕广训》，教人如何孝顺父母、如何做好人好事，原来是作为政治的安定力量，后来变成宗法社会非常好的中心思想。我们当时疏忽了这些东西，只有爱好自己文化的人，感到非常严重。现在更加上思想的离析，这些东西破坏了。所以这些地方我们要了解，这些精神，在宗法社会中，为朋友卖命，替朋友挑担子的这些事，普遍得很。为什么这样做？就是几千年"兴灭国，继绝世"深厚文化教育的结果。

# 养生送死无憾

**所重：民食、丧祭。**

这句话，古书上圈点的句读作："所重民，食丧祭。"这个句读，我不同意。不要以为古人大儒讲的话，就一定是对的，我们为真理，为了求真，对的就是对，不对的就是不对，大儒不一定没有错，错了的事多得很。像我们这些连小儒都不够格的经验，常有写错字的时候，学生看到也不讲，后来自己发现，问他们为什么不讲？他们说老师写的怎会错，像这样的态度就糟糕，老师不一定就对，要多提意见。即使我对了，学生没懂，多提意见问一声，也不算错，为什么只是听话？所以对古人的话，也要注意。这句话是说，施政所注意的重点，在民食，人民的生活；其次丧祭，就是送死。换言之，政治的重点，就是养生送死，这是关于经济方面的。

**宽则得众，信则民任焉，敏则有功，公则说。**

这里是另外四个原则。上古的政治，始终是宽，这是儒家的主张。道家则主张宽猛并重。我们读历史读到用猛的时代，就是法治，严格的管理；宽则是讲礼治，如历史上有名的汉唐时代。

说到这里，想到另一个问题，近四五十年来的一般人喜欢研究明史，而且最喜欢研究明代后半纪的历史，这事怪得很，大家为什么喜欢研究明史？是否与清代有关？与我们推翻清朝的革命有关？其实这些都不是理由，我认为这是一种历史的风气，如以《易经》的道理来看，这是一个怪现象。为什么我们专研究这些，不去研究汉代怎么兴的，唐代怎么兴的，这些兴旺的气象为什么不去研究？

汉朝的文景之治，是主张宽的，法令也宽，最初汉高祖到坝上，因为始皇法令太严，而他与老百姓只约法三章，最简单的三点，可见汉朝的兴起，一开始就是宽的。当一个社会经过多年的战乱，老百姓受严刑统治以后，最好的政策就是济之以宽。汉朝到了汉武帝以后讲法治，酷吏就出来了，慢慢收紧，严起来了。这是因为社会群众的心理，太宽了以后，容易放任，就非要用猛，非严格管理不可，政治上运用宽的猛的手法在于人。儒家宽可以得众，而"信则民任焉"，上面领导的人言而有信，老百姓就完全信任你。"敏则有功"，敏捷聪明，就可建功业。"公则说"，凡事公正、公平，则大家心悦诚服。

这篇书从一开头到这里的叙述，好像同孔子乃至孔子的弟子门人都没有关系，只是记载了上古历史的资料，写的和前面十九篇完全不同，实际上是表示孔子的思想，延续中国上古的传统文化，就是从这些地方来的，因此下半篇就提出来孔子的思想。

## 从政典范论

子张问于孔子曰：何如斯可以从政矣？子曰：尊五美，屏四恶，斯可以从政矣。子张曰：何谓五美？子曰：君子惠而不费，劳而不怨，欲而不贪，泰而不骄，威而不猛。子张曰：何谓惠而不费？子曰：因民之所利而利之，斯不亦惠而不费乎？择可劳而劳之，又谁怨？欲仁而得仁，又焉贪？君子无众寡，无小大，无敢慢，斯不亦泰而不骄乎？君子正其衣冠，尊其瞻视，俨然人望而畏之，斯不亦威而不猛乎？子张曰：何谓四恶？子曰：不教而杀谓之虐，不戒视成谓之暴，慢令致期谓之贼，犹之与人也，出纳之吝，谓之有司。

这一段的文字，我们很容易看懂，剩下的问题，是做起来很难。"惠而不费"在从政的时候很容易做到。民间有句古谚："身在公门好修行"。做公务员有时很容易做好事，往往一件事，一个案子决定了。坐在办公桌上想出来的一个建议，一个办法，经上面决定以后实行起来，影响之大是不可想象的。所以最高明的从政者，经常有这种机会,给别人很好的利益,大家获得福利,而对自己没有什么牺牲损害。但是有的人,对这一类的事,往往不干,譬如有一个人来办事,或请求什么,而有些公务人员连多讲一句话,指导人家一下都不干,致使许多人埋怨,结果这些埋怨都归到领导人的身上。所以为政之道,许多"惠而不费"的事,做了多好!可是有时候还做不到。交朋友也一样,我们常常发现帮忙朋友一件事,是"惠而不费",可是现在年轻人流行的话"多管闲事,多吃屁"。其实管闲事又何妨?朋友之间,"惠而不费"的事情该多做,这种惠而不费的事情,随时做得到,又岂止为政!

最难的是"劳而不怨"。大家常说,做事要任怨,经验告诉我们任劳易,任怨难,多做点事累一点没有关系,做了事还挨骂,这就吃不消了。但做一件事,一做上就要准备挨骂,"劳而不怨",我觉得难在任怨。

"欲而不贪"这句话很有道理,人要做到绝对清廉,可以要求自己,不必苛求任何一个人。人生有本能的欲望,欲则可以,不可过分地贪求。中国文化,儒家也好,道家也好,都主张大公,但也都容许部分私心的存在。

"泰而不骄"是指在态度方面、心境方面,胸襟要宽大,不骄傲。

"威而不猛",对人要有威,威并不是凶狠,一个人的修养,真有威德,人家看见自然会害怕,这是威,而别人的害怕,并不是恐惧,是一种敬畏、敬重之意。如果"威"得使人真的恐惧,就是猛了。我们看历史上许多人,一犯猛的毛病,没有不失败的。

这五美包括了为政和做人处世的原则,我们自己对五美作了解释以后,看孔子的解释,孔子说:"因民之所利而利之,斯不亦惠而不费乎?"这等于现在的民主政治,就老百姓所需要的,所要求的福利而利之,这就是惠而不费,取之于社会,用之于社会。"择可劳而劳之,又谁怨?"同样的使用劳力,以对老百姓利益有关的事而劳动老百姓,就不会有人怨恨。"欲仁而得仁,又焉贪?"所要求的是仁,而得到了仁,还有什么其他的贪念?所要求的正当本分,而达到了目的,就没有分外之贪。

"君子无众寡,无小大,无敢慢,斯不亦泰而不骄乎?"君子之人处在任何环境当中没有多与少的观念,如待遇的多少、利益的高低等等观念,也没有什么职位大小的观念,对于任何事情都不轻慢,一件小事情,往往用全力。佛学中有句话非常好:"狮子搏物",狮子是百兽之王,狮子何以会是百兽之王?因为他对任何事情都很恭敬,很认真,当狮子要吃人的时候,使出全副的力量,绝不放松,当狮子抓一只小老鼠的时候,也是用全部力量,这种狮子的精神,就是无小大,无敢慢,一件事情到了手上,不管小事大事,不要以为容易,如果以为容易往往出毛病,这就是说怎样可以做到泰而不骄。下面讲到态度:"君子正其衣冠,尊其瞻视,俨然人望而畏之,斯不亦威而不猛乎?"这还是就外形论,关于内在的意义,我们说过了。现在根据文字表面来说,一个人衣冠端正,礼貌威仪都到了,别人无论是远瞻或近看,各个都生敬畏之心,这就是威而不猛的道理。

## 四　　恶

对于五美,在我们自己的研究以及孔子本身的解释都了解了,下面是孔子解释四恶:

"不教而杀谓之虐",对部下,对学生都是如此,如果没有教导他,他做错了,我们要自己负责。人并不一定对任何事情都有经验,而教了以后,改不过来,才可以处罚他。"不戒视成谓之暴",这个"戒"就是告诫。对部下事前不告诫他,到时候又要他拿出成果来,要求太高,不合情理,不可以,这就是非常要不得的事。"慢令致期谓之贼",对于法规、命令,处以轻慢的态度,不在乎。"慢令"就是现在所谓玩弄法令。"慢令致期",自己玩弄法令,而希望别人达到目的,完成任务,符合你的期望,这就是贼。"犹之与人也,出纳之吝,谓之有司。"为政之道,一切事情都要想到,我所需要的,别人也需要,假使一件事临到我身上,我会很不愿意,临到别人身上也是一样,这是"犹之与人也",比之自己与人家相同。"出纳之吝"——为政与经济分开来——就是怎样节省或放开来用,这个分寸,各有专门负责的人,该用则用,该省则省。

## 学至三知的结论

上面是孔子答复了子张的五美四恶,下面是全部《论语》二十篇的结论了。

子曰:不知命,无以为君子也。不知礼,无以立也。不知言,无以知人也。

古代中国人讲三理,本来三理的"理"是礼,中国文化有三礼,即"《周礼》、《礼记》、《仪礼》"为三礼。宋明以后又有三理的说法,读书人必须懂三理,是"医理、命理、地理(堪舆)",这是由孝道的观念来的。知识分子要懂得这三理,因为父母病了,自己要懂得照顾,这就要懂医理。"父母之年不可不知也",要懂算命。父母这年有问题,为儿女的要特别小心。万一出了事,要找个好风水,就得懂地理。

因此有一位朋友精于算命的引用这句话,说孔子主张知识分子必须懂得算命,实际上孔子这句话,并没有提到算命,孔子的时代,还没有用八字来算命的事,用八字算命兴起在唐代,严格说来早一点在南北朝才有,中间加上了印度传过来的文化,如子、丑、寅、卯等十二地支的动物生肖,是由印度传来的,我们原来只有地支,没有配上这些动物,东汉以后印度传来了这一套,到唐代才形成算命的学问。而算命之术分许多大派,同样的八字用这一派方法算很好,用另一派方法算又很坏。在算命者说来,历史上最好的命是乾隆,他八字内地支涵的四个字是"子、午、卯、酉",叫作四正的命,乾隆的命好,历史上的皇帝,没有比他更舒服的,六十年的太平皇帝,活到八十几岁,所以自称十全老人,样样好,只有当这种皇帝还蛮舒服。历史上其他皇帝,没有一个不忧患的。可是有一个人的八字和乾隆一样,同年同月同日同时生而为叫化子。那么这个命怎么去算?像这样的算命例子多得很,算命的人却说,因为地区不同,乾隆生在北方,那叫化子生在南方。在空间上,同一房间两张床上出生的,还是有差别,这叫移形换步。变动一步,所看的对象,形态就变了,形态变了,结论就不同。如果要讲这一套,那么一个人连路都不敢走了,这中间就有一个道理,所谓"魔从心造,妖由人兴"。

孔子所讲的命,其真正意义,指宇宙的某一法则,人事、物理、历史的命运,时间空间加起来,形成这一股力量的时候,人对他没有办法转变,这就是命。现在我们称它为"时代的趋势"。势在那里的时候,像汽车那股动的力量还没有完,没办法停止,历史时代有他的前因后果,为什么我们这个时代会形成这样?所以这个"命"很难讲。就现代来说,我们的八字早已算好了,不过不是生辰八字,而是"生于忧患,死于忧患"八个字。中国古代有"天命之谓性"的"命"又是另一种解释,解释作宇宙生命之命,如果我们把《论语》中这一句解释作生命之命,又牵涉到哲学问题了,而命运之命包括了哲学与科学的问题,也是非常难研究的。孔子这里说"不知命,无以为君子也",换句话说,就是一个人不知道时代的趋势,对于环境没有了解,不能有前知之明,无法为君子。

"不知礼,无以立也。"这个礼包括了文化,以前我们再三的解释过了,不多说了。简单说,一切礼义,中国传统文化的哲学道理、人生道理要懂得,假使不懂,就无法站立在这人世间,就永远跟着环境转,自己没办法特立独行。

"不知言,无以知人也。"照文字解释,不知道说话,无法做人。人怎会不知言？个个都会说话，这个"言"就代表言语文化，比如古人先贤告诉我们的话，我们不能深切真正了解，就无法做人处世。如《论语》，是孔子的人生经验，告诉了我们，不懂，就不知怎样做人做事。

这一节书到此结束了，就是自"子曰：学而时习之"开始，全部《论语》二十篇连起来，都是学问。学问不是知识，不是文字，学问是拿人生修养来体验，随时随地来学习，才能达到"知命"而"自立"的境界。这样，才能算是"知言"，才不是白读了《论语》。我认为《论语》的精神大致是如此。对与不对，我也不知道。我的学识止于如此，如果明天更有深造，那又另作别论了。（一笑。）

# 乡党第十

我们还有一篇没有讲的第十篇《乡党》。这一篇不补讲了。《乡党》这一篇,以现在观念来说,都是描述孔子的生活形态,以现代新闻报道的方式来看,也可以说是孔子生活的"花絮",中间提到了孔子办外交的时候什么态度,对人的时候什么态度,上班的时候什么态度,开会的时候什么态度。这篇书过去的读书人看得很严重,现在看来是生活的艺术。孔子的学生们要为孔子立一个塑像,或演一出孔子的戏,就要拿这一篇好好研究了。

孔子于乡党,恂恂如也,似不能言者。其在宗庙朝廷,便便言,唯谨尔。

朝,与下大夫言,侃侃如也。与上大夫言,訚訚如也。君在,踧踖如也,与与如也。

君召使摈,色勃如也,足躩如也。揖所与立,左右手,衣前后,襜如也。趋进,翼如也。宾退,必复命,曰:宾不顾矣。

入公门,鞠躬如也,如不容。立不中门,行不履阈。过位,色勃如也,足躩如也,其言似不足者。摄齐升堂,鞠躬如也,屏气似不息者。出,降一等,逞颜色,怡怡如也。没阶,趋进,翼如也。复其位,踧踖如也。

执圭,鞠躬如也,如不胜,上如揖,下如授,勃如战色。足蹜蹜如有循。享礼,有容色。私觌,愉愉如也。

君子不以绀緅饰,红紫不以为亵服。当暑,袗絺绤,必表而出之。缁衣羔裘,素衣麑裘,黄衣狐裘。亵裘长,短右袂。必有寝衣,长一身有半。狐貉之厚以居。去丧,无所不佩。非帷裳,必杀之。羔裘玄冠，不以吊。吉月，必朝服而朝。

齐必有明衣，布。齐必变食，居必迁坐。

食不厌精，脍不厌细。食饐而餲，鱼馁而肉败，不食。色恶不食，臭恶不食。失饪不食，不时不食。割不正不食。不得其酱不食。肉虽多，不使胜食气。惟酒无量，不及乱。沽酒市脯不食。不撤姜食，不多食。祭于公，不宿肉。祭肉不出三日，出三日，不食之矣。食不语，寝不言。虽疏食菜羹瓜祭，必齐如也。

席不正不坐。

乡人饮酒，杖者出，斯出矣。乡人傩，朝服而立于阼阶。

问人于他邦。再拜而送之。康子馈药，拜而受之。曰：丘未达，不敢尝。

厩焚，子退朝，曰：伤人乎？不问马。

君赐食，必正席先尝之。君赐腥，必熟而荐之。君赐生，必畜之。侍食于君，君祭，先饭。疾，君视之，东首，加朝服拖绅。君命召，不俟驾行矣。

入太庙，每事问。

朋友死，无所归。曰：于我殡。朋友之馈，虽车马，非祭肉，不拜。

寝不尸，居不容。见齐衰者，虽狎必变。见冕者与瞽者，虽亵必以貌。凶服者式之。式负版者。有盛馔，必变色而作。迅雷，风烈必变。

升车，必正立执绥。车中不内顾，不疾言，不亲指。

色斯举矣。翔而后集。曰：山梁雌雉，时哉！时哉！子路共之，三嗅而作。

## 《乡党》的歇后语

现在讲这一篇书很难讲，要想讲得好，除非由人扮演出一个孔子,拍成电影。但能担任这角色的演员则很难,就像电影上的耶稣,很少出现他的正面,很难传神。有一个笑话,以前有一个老迂夫子,认为一个人只要做到《论语》里面一两句话,就终身受用无穷。当下就有一个年轻人说,我就做到了两句,老夫子马上改容相敬,立刻请教他做到了哪两句,年轻人说"食不厌精,脍不厌细",我就完全照做了。这只是一个笑话。这些生活上的描写,都放在《乡党》篇中,这是说孔子的生活习惯,代表了他学问的精神,表示他的言行一致,这是《乡党》篇的第一个观念。而第二个观念,在以前看不出这篇的道理,现在我们看到年轻人,穿衣服不会穿,讲话不会讲,吃东西不会吃,走路也不会走,才知道《乡党》这一篇,把孔子的生活形态记下来,的确有道理。还有第三点,我们可以看到的,孔子是讲仁、讲孝、讲忠的,这也就反映出春秋战国时代,社会的人心太坏,不忠不孝,不仁不义的人太多了。同样的一个道理来看《乡党》,为什么把孔子的生活形态,记载得这么多?就是那个时代的青年和现在一样,生活的礼仪不知道,有学问的不一定处得合适,待人处世之间,什么立场应该什么态度?应该怎样说话?都不知道。就是现在,一般人以为美国人生活形态很随便,其实他们的上流社会、领导阶层,还是端端正正的打领带,服装整齐,还是非常讲礼。所以真正的学问,还是要自己用智慧去发掘。《乡党》这一篇,我们就不讨论了,全部《论语》就到此结束。

总之,万事都从做人开始,一个人生,无论做什么事业——做官、经商、做学者、做平民,都是要做人。事业的升沉成败,各有变化不同。但无论如何,总要做人。《乡党》一篇,记载孔子如何做人。后世的人们,敬重他的成就便尊称他所谓"圣人"。人人都可成圣,只看自己如何做到圣地的成就。

# 附　录

## 孔学新语自序

髫年入学,初课四书;壮岁穷经,终惭三学。虽游心于佛道,探性命之真如;犹输志于宏儒,乐治平之实际。况干戈扰攘,河山之面目全非;世变频仍,文教之精神隳裂。默言遁晦,灭迹何难。众苦煎熬,离群非计。故当夜阑昼午,每与二三子温故而知新。疑古证今,时感二十篇入奴而出主。讲述积久,笔记盈篇。朋辈咐嘱灾梨,自愧见囿窥管。好在宫墙外望,明堂揖让两庑。径道异行,云辇留连一乘。六篇先讲,相期欲尽全文。半部可安,会意何妨片羽。砖陈玉见,同扬洙泗之传薪。讽颂雅言,一任尼山之桂杖。是为序。

时

岁次壬寅(一九六二年)孔圣诞辰　南怀瑾序于台北寓居

## 孔学新语发凡

我们作为现代的一个人,既有很沉痛的悲惨遭遇,也有难逢难遇的幸运;使我们生当历史文化空前巨变的潮流中。身当其冲的要负起开继的责任。但是目前所遭遇的种种危难,除了个人身受其苦以外,并不足可怕。眼见我们历史传统的文化思想快要灭绝了,那才是值得震惊和悲哀的事！自从"五四运动"的先后时期,先我们一辈而老去了的青年们,为了寻求救国之路,不惜削足适履,大喊其"打倒孔家店"。虽然人之将死,其言也善,有些人到了晚年,转而讲述儒家的思想,重新提倡孔孟之学,用求内心的悔意,可是已形成了的风气,大有排山倒海之势,根本已无能为力了！

其实,孔家店在四十年前的那个时代,是否应该打倒,平心而论,实在很有问题,也不能尽将责任推向那些大打出手的人物。原因是孔家店开得太久了,经过二千多年的陈腐滥败,许多好东西,都被前古那些店员们弄得霉滥不堪,还要硬说它是好东西,叫大家买来吃,这也是很不合理的事。可是在我们的文化里,原有悠久历史性的老牌宝号,要把它洗刷革新一番,本是应该的事,若随便把它打倒,那就万不可以。这是什么原因呢？我有一个简单的譬喻：我们那个老牌宝号的孔家店,他向来是出售米麦五谷等的粮食店,除非你成了仙佛,否则如果我们不吃五谷米粮,就要没命了！固然面包牛排也一样可以吃饱,但是它到底太稀松,不能长日充饥,而且我们也买不起,甚至不客气地说：还吃得不太习惯,常常会患消化不良的毛病。至于说时令不对,新谷已经登场,我们要把本店里的陈霉滥货倒掉,添买新米,那是绝对可以的事。

因此,就可了解孔家店被人打倒是不无原因的：

第一,所讲的义理不对。第二,内容的讲法不合科学。我们举几个例子来说：(1)"三年无改于父之道,可谓孝矣。"几千年来,都把它解释做父母死了,三年以后,还没有改变了父母的旧道路,这样才叫做孝子。那么,问题就来了,如果男盗女娼,他的子女岂不也要实行其旧业三年吗？(2)"无友不如己者。"又解释做交朋友都要交比自己好的,不要交不如自己的人。如果大家都如此,岂不是势利待人吗？其实,几千年来,大家都把这些话解错了,把孔子冤枉得太苦了！所以我现在就不怕挨骂,替他讲个明白,为孔子申冤。这些毛病出在哪里呢？古人和今人一样,都是把《论语》当做一节一节的格言句读,没有看出它是实实在在首尾连贯的关系,而且每篇都不可以分割,每节都不可以支解。他们的错误,都错在断章取义,使整个义理支离破碎了。本来《论语》二十篇,都已经孔门弟子的悉心编排,都是首尾一贯,条理井然,是一篇完整的文章。因此,大家所讲的第二个问题,认为没有体系,不合科学分类的编排,也是很大的误解。

为什么古人会忽略这一点,一直就误解内容,错了二千多年呢?这也有个原因:因为自汉代独尊儒学以后,士大夫们"学成文武艺,货与帝王家"的思想,唯一的批发厂家,只有孔家一门,人云亦云,谁也不敢独具异见,否则,不但纱帽儿戴不上,甚至,被士大夫所指责,被社会所唾弃,乃至把戴纱帽的家伙也会玩掉,所以谁都不敢推翻旧说,为孔子申冤啊!再加以到了明代以后科举考试,必以四书的章句为题,而四书的义解,又必宗朱熹的为是。于是先贤有错,大家就将错就错,一直就错到现在,真是冤上加错!

现在,我们的看法,不但是《论语》二十篇,每篇都条理井然,脉络一贯。而且二十篇的编排,都是首尾呼应,等于一篇天衣无缝的好文章。如果要确切了解我们历史传统文化的思想精神,必须先要了解儒家孔孟之学,研究孔子学术思想的体系,然后才能触类旁通,自然会把它融和起来了。至于内容方面,历来的讲解,错误之处,屡见不鲜,也须一一加以明辨清楚,使大家能认识孔子之所以被尊为圣人,的确是有其伟大的道理。如果认为我是大胆的狂妄,居然敢推翻几千年来的旧说,那我也只好引用孟子说的:"予岂好辩哉!予不得已也!"何况我的发现,也正因为有历代先贤的启发,加以力学、思辨和体验,才敢如此做为,开创新说。其次,更要郑重声明,我不敢如宋明理学家们的无聊,明明是因佛道两家的启发,才对儒学有所发挥,却为了士大夫社会的地位,反而大骂佛老。我呢?假如这些见解确是对的,事实上,也只是因为我在多年学佛,才悟出其中的道理。为了深感世变的可怕,再不重整孔家店,大家精神上遭遇的危难,恐怕还会有更大的悲哀!所以我才讲述二十年前的一得之见,贡献于诸位后起之秀。希望大家能秉宋代大儒张横渠先生的目标:"为天地立心,为生民立命,为往圣继绝学,为万世开太平。"为今后我们的文化和历史,担承起更重大的责任。我既不想入孔庙吃冷猪头,更不敢自己杜塞学问的根源。

其次,我们要了解传统文化,首先必须要了解儒家的学术思想。要讲儒家的思想,首先便要研究孔孟的学术。要讲孔子的思想学术,必须先要了解《论语》。《论语》是记载孔子的生平讲学和门弟子们言行的一部书。它虽然像语录一样用简单的文字,记载那些教条式的名言懿行,但都是经过门弟子们的悉心编排,自有它的体系条贯的。自唐以后,经过名儒们的圈点,沿习成风,大家便认为《论语》的章节,就是这种支支节节的形式,随便排列,谁也不敢跳出这传统的范围,重新加以注释,所以就墨守成规,弄得问题丛生了!这种原因,虽然是学者因袭成见,困于师承之所致。但是,最大的责任,还是由于汉、宋诸儒的思想垄断,以致贻误至今!

我们传统的历史文化,自秦汉统一以后,儒家的学术思想,已经独尊天下,生当汉代的大儒们,正当经过战国与秦汉的大变乱之后,文化学术,支离破碎,亟须重加整理。于是汉儒们便极力注重考据、训诂、疏释等的工作,这种学术的风气,就成为汉代儒家学者特有朴实的风格,这就是有名的汉学。现在外国人把研究中国文化的学问也统名叫做汉学,这是大有问题的,我们自己要把这个名词所代表的不同意义分清楚。唐代儒者的学风,大体还是因袭汉学,对于章句、训诂、名物等类,更加详证,但对义理并无特别的创见。到了宋代以后,更有理学家的儒者兴起,自谓直承孔孟以后的心传,大讲其心性微妙的义理,这就是宋儒的理学。与汉儒们只讲训诂、疏释的学问,又别有一番面目。从此儒学从汉学的范畴脱颖而出,一直误认讲义理之学便是儒家的主旨,相沿传习,直到明代的儒者,仍然守此藩篱而不变。到了明末清初时代,有几位儒家学者,对于平时静坐而谈心性的理学,深恶痛绝,认为这是坐致亡国的原因,因此便提倡恢复朴学的路线,但求平实治学而不重玄谈,仍然注重考据和训诂的学问,以整治汉学为标榜,这就是清儒的朴学。由此可知儒家的孔孟学术,虽然经汉、唐、宋、明、清的几个时代的变动,治学的方法和路线虽有不同,但是尊崇孔孟,不敢离经叛道而加以新说,这是一仍不变的态度。虽然不是完全把他构成为一宗教,但把孔子温良恭俭让的生平,塑成为一个威严不可侵犯的圣人偶像,致使后生小子,望之却步,实在大有瞒人眼目之嫌,罪过不浅!所以现代人愤愤然奋起要打倒孔家店,使开创二千多年老店的祖宗,也受牵连之过,岂不太冤枉了吗?

现在我们既要重新估价,再来研究《论语》,首先必须了解几个前提。(一)《论语》是孔门弟子们所编记,先贤们几经考据,认为它大多是出于曾子或有子门人的编纂,这个观念比较信实而可靠。(二)但是当孔门弟子编辑此书的时候,对于它的编辑体系,已经经过详密的研究,所以它的条理次序,都是井然不乱的。(三)所以此书不但仅为孔子和孔门弟子们当时的言行录,同时也便是孔子一生开万世宗师的史料,为汉代史家们编录孔子历史资料的渊源。由此可知研究《论语》,也等于直接研究孔子的生平。至于效法先圣,自立立人以至于治平之道,那是当然的本分事。(四)可是古代书册是刻记于竹简上的,所以文字极需简练,后来发明了纸张笔墨,也是以卷幅抄写卷起,但因古代的字体屡经变更,所以一抄再抄,讹误之处,不免有所脱节,因此少数地方,或加重复,或有脱误,或自增删,都是难免的事实。(五)古代相传的《论语》有三种,即《鲁论》二十篇,和《齐论》二十二篇,又在孝景帝的时期,传说鲁恭王坏孔子故宅的墙壁,又得《古文论语》。但《古文论语》和《齐论》,到了汉魏之间,都已逐渐失传,现在所传诵的《论语》,就是《鲁论》二十篇了。(六)至于《论语》的训诂注疏,历汉、唐、宋、明、清诸代,已经有详实的考据,我们不必在此另作画蛇添足的工作。至若极言性命心性的微言,自北宋五大儒的兴起,也已经有一套完整的努力,我们也不必另创新说,再添枝叶。

最后举出我们现在所要讲的,便是要入乎其内,出乎其外的体验，摆脱二千余年的章句训诂的范围，重新来确定它章句训诂的内义。主要的是将经史合参，以《论语》与《春秋》的史迹相融会，看到春秋战国时期政治社会的紊乱面目，以见孔子确立开创教化的历史文化思想的精神；再来比照现代世界上的国际间文化潮流，对于自己民族、国家和历史，确定今后应该要走的路线和方向。因此若能使一般陷于现代社会心理病态的人们，在我们讲的文字言语以外去体会，能够求得一个解脱的答案，建立一种卓然不拔，矗立于风雨艰危中的人生目的和精神，这便是我所要馨香祷祝的了。

岁次壬寅(一九六二年)八月
南怀瑾记于台北

# 南怀瑾先生著述目录

1. 禅海蠡测 (1955)
2. 楞严大义今释 (1960)
3. 楞伽大义今释 (1965)
4. 禅与道概论 (1968)
5. 维摩精舍丛书 袁焕仙 南怀瑾合著 (1970)
6. 禅话 (1973)
7. 静坐修道与长生不老 (1973)
8. 论语别裁 (1976)
9. 习禅录影 (1976)
10. 新旧的一代 (1977)
11. 参禅日记(初集,原名:外婆禅) 金满慈著 南怀瑾批(1980)
12. 参禅日记(续集) 金满慈著 南怀瑾批 (1983)
13. 定慧初修 袁焕仙 南怀瑾合著 (1983)
14. 孟子旁通(一) (1984)
15. 净名庵诗词拾零·佛门楹联廿一副·金粟轩诗话八讲 (1984)
16. 观音菩萨与观音法门 (1985)
17. 历史的经验(一) (1985)
18. 道家、密宗与东方神秘学 (1985)
19. 中国文化泛言(原名:序集) (1986)

20. 历史的经验(二)　(1986)
21. 禅观正脉(上)　(1986)
22. 一个学佛者的基本信念——华严经普贤行愿品讲记　(1986)
23. 老子他说(上)　(1987)
24. 中国佛教发展史略述　(1987)
25. 中国道教发展史略述　(1987)
26. 易经杂说——易经哲学之研究　(1987)
27. 金粟轩纪年诗初集　(1987)
28. 如何修证佛法　(1989)
29. 易经系传别讲　(1991)
30. 圆觉经略说　(1992)
31. 金刚经说什么　(1992)
32. 药师经的济世观　(1995)
33. 原本大学微言　(1998)
34. 现代学佛者修正对话(上)　(2003)
35. 现代学佛者修正对话(下)　(2004)
36. 花雨满天　维摩说法　(2005)
37. 庄子諵譁(上下)　(2006)
38. 南怀瑾与彼得·圣吉　(2006)
39. 南怀瑾讲演录　(2007)
40. 与国际跨领域领导人谈话　(2007)
41. 人生的起点和终站　(2007)
42. 答问青壮年参禅者　(2007)
43. 小言黄帝内经与生命科学　(2008)
44. 漫谈中国文化　(2008)
45. 禅与生命的认知初讲　(2008)
46. 老子他说续集　(2009)

47. 我说参同契(上中下)　(2009)
48. 列子臆说(上中下)　(2010)
49. 孟子与公孙丑　(2011)
50. 瑜伽师地论声闻地讲录(上下)　(2012)
51. 廿一世纪初的前言后语　(2012)

打开微信，扫码观看

《复旦大学出版社南怀瑾著作出版纪程》视频

打开微信，扫码观看南怀瑾先生授课原声视频

打开微信，扫码听南怀瑾著作有声书

《老子他说》有声书

《易经杂说》有声书

购买南怀瑾先生纸质图书，请打开淘宝，扫码登陆
复旦大学出版社天猫旗舰店

打开微信,扫码看南怀瑾著作电子书

《金刚经说什么》电子书

《如何修证佛法》电子书

购买南怀瑾先生纸质图书,请打开淘宝,扫码登陆复旦大学出版社天猫旗舰店

图书在版编目(CIP)数据

南怀瑾选集(典藏版):第一卷/南怀瑾著述.—上海:复旦大学出版社,
2013.3(2023.2 重印)
ISBN 978-7-309-09437-4

Ⅰ.南… Ⅱ.南… Ⅲ.文史哲-中国-文集 Ⅳ.C52

中国版本图书馆 CIP 数据核字(2012)第 316974 号

**南怀瑾选集(典藏版):第一卷**
南怀瑾 著述
出 品 人/严　峰
责任编辑/陈　军

复旦大学出版社有限公司出版发行
上海市国权路 579 号　邮编:200433
网址:fupnet@fudanpress.com　http://www.fudanpress.com
门市零售:86-21-65102580　团体订购:86-21-65104505
出版部电话:86-21-65642845
浙江新华数码印务有限公司

开本 890×1240　1/32　印张 25.25　字数 623 千
2013 年 3 月第 1 版
2023 年 2 月第 1 版第 12 次印刷

ISBN 978-7-309-09437-4/C·250
定价:88.00 元

如有印装质量问题,请向复旦大学出版社有限公司出版部调换。
版权所有　侵权必究